옴부즈만 : 제4부

한국미래정부연구회 연구총서 17

박재창 지음

OMBUDSMAN THE FOURTH BRANCH

옴부즈만: 제4부

국가는 더 이상 무오류의 주체가 아니다

HU:iNE

서문
적폐청산과 환류 거버넌스

옴부즈만의 발흥과 변용

적폐청산이 시대정신처럼 되었다. 국정운영 과정에서 누적된 왜곡과 모순을 청소하지 않고서는 더 이상 나라를 이끌 수 없다는 고백이다. 보수 정부냐 진보 정부냐를 가리지 않고 주술처럼 토해내는 자기 진단의 현주소는 실로 처연하다. 나라의 안전보장을 위해 비밀공작비로 써야 할 국가정보원의 특활비가 대통령에게 상납되어 사적 용도로 쓰였다거나 고속도로를 내면서 경작하던 논밭을 양단해 사실상 더 이상 영농이 불가능하게 되었다는 어느 농민의 피맺힌 호소를 듣노라면, 우리에게 있어 국가란 과연 무엇인가를 되묻지 않을 수 없게 된다. 얼마 전까지만 하더라도 공무수행 중 부상당한 직업 군인이 군병원의 사전승인을 받지 않고 민간병원 진료를 받으면 공무상 요양비를 받을 수 없었고, 건강보험료를 납부했더라도 군인인 경우는 건강보험 혜택을 받을 수 없었다. 국방의 의무를 위해 입대한 공관병과 조리병을 사실상 노예처럼 부리고, 국정원장 공관 미화를 위해 고위 공무원을 불러 잔디밭 풀 뽑기에 동원했다는 소식도 있었다. 사법부의 수장이 대통령과 재판을 거래했다는 말에 이르면 듣는 이의 귀를 의심하게 된다. 이러고도 나라가 유지된다는 사실이 그저 신기할 뿐이다. 위임된 국가권력의 행사 과정에서 도처에 부도덕, 비상식, 월권, 권한남용, 부패, 인권유린 같은 부정의가 뿌리를 내렸다. 상황이 이런 만큼 피해본 일반 시민의 억울함과 고충은 어느 곳에나 편재해 있다.

사적 영역에서도 형편은 크게 다르지 않다. 프랜차이즈업체 미스터 피자의 창업주가 자신의 우월적 지위를 이용해 가맹점을 상대로 '갑질'을 일삼았다거나, 종근당 제약 회장, 몽고식품 부회장, 현대비엔지 스틸 사장, 대한항공 사주 부인 등이 자신의 운전기사를 상대로 폭언, 폭행을 일삼았다는 데에 이르면 인권이라는 말 자체가 무색해진다. 회사를 규율하는 법률이나 사내 규칙이 있지만 고도로 집권화된 실질 권력 앞에서는 이 모두가 무용지물이었다.

이는 사실 오래된 새 문제에 지나지 않는다. 권력이 응집하는 곳에는 거기가 어디든 권력남용의 너울이 드리우고, 기득권에 의한 소수자 배제나 외면이 일상화하기 마련이다. 시민을 지키기 위해 근대 국가가 등장했다고 하지만, 그 국가 권력이 시민권을 능멸하는 데 앞장서 있다. 불공정을 시정하기 위해 법규가 마련되어 있지만 공적 영역이냐 또는 사적 영역이냐를 가리지 않고 그것이 오히려 사회적 강자의 지위를 강화하는 데에만 유효하다면, 그런 사회를 지속적으로 유지해 나가기는 쉽지 않다. 이는 우리만 당면하는 문제가 아니다. 공적 영역만의 문제는 더욱 아니다. 지금까지 이 시대를 지탱해온 인류문명의 한계와 치부가 드러나면서 그의 초라한 모습이 보다 더 광범위하게 그리고 과거보다는 훨씬 더 적나라하게 인구에 회자되고 있을 뿐이다.

이런 사회현상, 시대적 병리에 대한 대응의 한 양식으로 등장한 것이 바로 옴부즈만 이다. 그런 탓에 옴부즈만은 오늘날 그곳이 어디든 권력의 오남용이 우려되는 곳에는 고충의 해결자, 갈등의 조정자, 행정권력의 통제자, 행정과정의 혁신자, 국민권익의 보호자로 나서게 되었다. 범지구적으로 확산되고 있으며 활동 공간을 공적 영역에서 사적 영역으로까지 넓히고 있다. 오늘날 세계 전역에 걸쳐 옴부즈만을 설치하지 않은 지역은 찾아보기 어렵다. 2019년 현재 전 세계 193개 UN 회원국 가운데 3분의 2에 가까운 112개 국가가 옴부즈만을 설치하고 있고, 206개의 옴부즈만 기관이 국제옴부즈만협회(IOI: International Ombudsman Institute)의 정회원으로 등록되어 있다(IOI, 2019). 그 동안 옴부즈만 제도를 도입한 나라 가운데 이를 폐지한 곳은 아직 없으며(정순교, 2005: 19), 지금도 채택하는 나라가 계속 증가하는 추세에 있다.

이런 범지구적인 확산은 최근 들어 훨씬 더 가속화하고 있다. 정보사회와 지구화 시대가 도래하면서 다른 나라의 국정운영 양식이나 가치관의 변화에 대한 정보가 손쉽게 공유되고, 초연결 사회로의 이동이 급속히 진행되면서 다른 나라의 옴부즈만 운영이나 경험에 대한 정보의 수요가 커진 탓이다. 힐(Hill, 1976: 21)은 이를 국가간에 이루어지는 매우 복잡한 사회 커뮤니케이션의 한 양식이라고 보았다. 사실상 옴부즈만의 범지구적인 확산은 그것 자체가 지구화 현상의 하나이기도 한 것이다. 지구화로 인해 국가 간의 경계가 무너지고 그로 인해 일반 시민은 일국주의의 경계를 벗어나는 생활 양식을 일상화하기에 이르렀지만 개별 국가의 행정권은 자국의 영토 경계 내에 머물 수밖에 없다는 사실이 국가와 일반 시민 사이에서 고충과 민원을 양산하는 새로운 차원의 원인으로 작용하고 있다. 이에 조응하기 위한 대안 가운데 하나로 옴부즈만에 대한 수요가 비등하고 있다. 이는 또 사회주의국가권의 붕괴 이후 민주정체를 도입하는 나라가 많아지면서 정치적 자유의 공간이 확대되고 그로 인해 국가와 시민사회의 관계에서 시민사회의 비중이나 언권이 커진 데에 힘입은 바도 적지 않다.

이렇듯 국가 간의 경계를 넘어 범지구적으로 확산되는 과정에서 옴부즈만은 자신의 본래 모습을 적지 않게 변모시켜 왔다. 옴부즈만 제도는 원래 스웨덴에서 행정통제 수단의 하나로 시작되었지만, 이제는 더 이상 스웨덴만의 고유한 제도도 아니고 단순한 행정통제 장치 가운데 하나도 아니다. 지금의 스웨덴 옴부즈만이 오히려 다른 나라 옴부즈만보다 많이 달라진 이유는 스웨덴 옴부즈만보다는 덴마크의 옴부즈만 운영 양식이 보다 더 광범위 하게 소개된 탓이다. 그러나 보다 더 근본적인 이유는 여러 나라가 옴부즈만을 자신의 법률체계와 정치, 문화 환경에 맞게 다소 변형시켜 받아들이고 발전시켜 왔기 때문이다. 이런 환경 적응력과 자기 변용성은 가히 옴부즈만의 기관 특성 가운데 하나라고까지 말할 만하다. 본래 공적 영역에서 정부의 대 국민 책임성 확보 내지는 행정정의 구현을 위한 장치로 출범한 옴부즈만이 이제는 기업이나 학교, 언론사 같은 사적 분야의 생산성 증대나 고객 서비스 제고 수단으로까지 자신의 역할 범위를 확장하고 있다.

이런 변화 가운데에서도 가장 두드러진 것은 아무래도 개인의 고충 해결이나 권리 구제에 주목하던 공적 영역의 옴부즈만이 이제는 다양한 유형의 갈등 조정이나 기관 혁신에도 강조점을 두기 시작함으로써 공공재의 효율적 사용이나 사회 전체의 유익성 증대 등에도 유의하기 시작했다는 점일 것이다. 그러나 이런 옴부즈만의 "다기능 기관화(multi-functional institution)"(National Democratic Institute, 2005: 30) 현상은 이미 예견되었던 것이나 다름없다. 초기의 옴부즈만이 행정과정의 오류나 고충을 시정하자는 것이었기는 하지만, 그 오류나 고충을 어떤 관점이나 철학적 토대에서 이해하고 접근하느냐에 따라 실로 다양한 차원에서 문제의 본질에 대한 성격 규정이 가능하고, 그에 따라 크게 다양한 대안 개발이 가능하며, 나아가 그로 인해 다양한 유형의 역할 추가가 가능할 것은 자명한 이치였기 때문이다.

또한 옴부즈만이 처음 등장할 당시에는 주로 국가의 행정집행 절차나 과정에서 비롯되는 민원 해결에 주목하자는 것이었지만 이제는 은행, 항공운항, 청소년, 인권, 반부패, 소비자 보호 등 실로 다양한 분야의 정책과제 내지는 정책수요 해소 문제로까지 기관 목표를 이동, 확장하고 있다.[1] 나아가 옴부즈만으로 활동하는 데에만 만족하는 것이 아니라 추가적인 기능을 부가해서 특수 역할을 겸임하

1) 그렇기 때문에 고전적인 옴부즈만의 관점에서 볼 때 과연 정책성과 평가나 정책수요 진단이 옴부즈만이 감당해야 마땅한 역할 과제냐에 대해 문제가 제기되고 있는 것이 사실이기는 하지만, 현실은 그런 영역으로까지 활동 범위를 확대하고 있는 것이 사실이다.

는 경우까지 등장하게 되었다. 단순히 옴부즈만 기능을 다각화하는 차원을 넘어 옴부즈만이 통상 수행하지 않는 기능까지도 겸임함으로써 일종의 융복합 기관화 하고 있는 것이다. 이는 뉴질랜드의 옴부즈만이 정보감찰관(Information Commissioner) 역할을 겸임한다거나 이스라엘의 옴부즈만이 회계감사관(State Comptroller) 기능을 수행하고 파키스탄의 옴부즈만이 신정체제 감찰관 역할[2]을 담당하는 데에서 확인된다.

그뿐만이 아니다. 한 사회에서 옴부즈만이 차지하는 기능의 비중도 확장 일로에 있다. 예를 들어 연방 법률의 규정에 따라 운영되는 미국의 장기 요양환자 옴부즈만 사업(LLTCOP: the Long-Term Care Ombudsman Program)의 경우 1,300명의 유급직원과 62,000명의 유자격 자원봉사자들이 매년 평균 271,000건의 민원을 접수 처리하고 327,000명의 고객에게 원하는 정보를 제공하고 있으며 21,000개의 요양인 위원회와 4,900개의 환자 가족 위원회와 협력하고 있고, 73,000명의 옴부즈만을 교육하며, 7,600명의 시설요원을 훈련하고, 10,000개 이상의 지역사회와 협력한다. 단순히 민원을 처리하는 일 외에도 지역사회 교육, 거소자 및 그 가족 교육, 관련 법규의 모니터링, 관련 국가 정책의 감시와 정책대안의 제시 및 입법 제안 등 실로 다양한 역할을 수행한다(Hollister & Estes, 2012, 709). 하나의 옴부즈만 기구가 일상 속에 얼마나 깊숙이 침투해서 활동하고 있는지를 여실히 보여주는 사례다.

이렇듯 옴부즈만의 양적 규모가 확대되고 기능적인 비중이 강

---

2) 파키스탄 신드 지역의 지방 옴부즈만은 무슬림의 교리에 따라 남녀가 분리해서 버스 좌석에 착석하는지를 감찰하는 역할까지 수행한다(Abedin, 2011: 20).

화되며 또 다양화하는 현상은 우리나라에서도 결코 예외가 아니다. 「경제 자유무역의 지정 및 운영에 관한 법률」이 '외국인 투자 옴부즈만'을 설치하고 「산업 집적 활성화 및 공장 설립에 관한 법률」이 '공장 설립 옴부즈만'을 운영하는 근거가 되어 있다. 법무부의 교정시민 옴부즈만, 관세청의 관세 옴부즈만, 국세청의 납세자 보호관 같이 정부의 여러 부처가 자체 규정을 통해 설치한 사례도 적지 않다. 자치단체 가운데는 대표적으로 부천시가 조례로 옴부즈만을 설치, 운영하고 있으며 서울시가 청렴계약 옴부즈만을 운영한다. 옴부즈만이라는 용어를 직접 사용하는 것은 아니지만 1994년에 국민고충처리위원회로 출범한 국민권익위원회는 오늘날 우리나라의 국가 옴부즈만으로 간주된다. 국가인권위원회, 한국소비자원, 사학분쟁조정위원회, 공정거래위원회, 정보통신위원회, 등도 옴부즈만 역할을 일부라도 수행하는 것으로 평가된다.

그 가운데에서도 국민권익위원회는 오늘날 외국에 체류 중인 해외교포마저 서비스의 대상으로 삼는다. 비록 초기적인 형태이기는 하지만 경찰 옴부즈만과 군사 옴부즈만 같은 전문 옴부즈만이 도입되어 분야별 옴부즈만의 활동도 강화되고 있다. "국민신문고"는 민원·국민제안·정책참여 등 대 국민 창구를 통합한 원스톱 범정부 국민소통 포털로 UN 전자정부 평가의 '온라인 참여지수' 부문에서 2010년, 2012년, 2014년 3회 연속 1위를 달성한 바 있다. "110 정부민원안내 콜센터"는 일반 시민이 전화로 민원을 상담하고 서비스 받게 함으로서 민원인의 접근성과 편의성을 획기적으로 개선했다는 평가를 받는다.

역사적으로 보더라도 우리나라는 과거 조선왕조 시대에 암행어사 제도를 두어 왕명으로 특별한 임무를 맡기고 지방의 관리를 감찰하거나 백성의 민원을 현장에서 해결하도록 독려한 바 있다. 이는 국왕이 파견하는 독립 행정관리라는 점에서 스웨덴에서 활동하던 '정의의 옴부즈만(JK: Jstiitiekansler)'과 크게 달라 보이지 않는다(Saunders, 2014: 9). 이뿐만이 아니다. 상소제도가 있어 노비도 글만 쓸 수 있으면 국왕에게 직접 억울함을 호소할 수 있었으며 심지어 공식 문자인 한문을 모르는 경우에는 언문 상소도 가능케 했다. 신문고를 두어 글을 모르는 이가 구두로 억울함을 호소할 수도 있었다. 도성에서 멀리 떨어져 사는 사람을 위해서는 격쟁(擊錚)제도를 두어 국왕이 행차할 때 징을 울려 행렬을 세우고 국왕에게 직접 민원을 고하는 제도도 두었다. 이렇게 근대 이전에도 우리에게는 민원을 해소하기 위한 제도적 장치가 적지 않았다. 공적 영역에서 옴부즈만과 유사한 일을 수행하는 것은 우리에게 있어 결코 생경한 일이 아니었던 셈이다. 다만 근대 국가로 이행하면서 그에 걸 맞는 진화와 성장을 이루어내지 못했을 뿐이다(정순교, 2005: 21). 현대 사회로 들어와서도 제3공화국의 박정희 대통령이 1967년도 연두교서에서 밝힌바 같이 청와대 직속 특별 민정반을 두어 민원비서관으로 하여금 비리척결과 민원해결을 통해 관료제의 병폐를 시정하고자 한 바 있다(박정희, 1967: 27). 문재인 정부도 청와대 민정수석실 반부패비서관실에 특별감찰반을 두어 고위 행정관료에 대한 감찰활동에 나서고 있다. 가히 암행어사 제도의 현대적 변용이라고 말할 만한 일이다(이하경, 2018.12.03.).

여기에 더해 오늘날 우리나라에서 옴부즈만이라는 용어는 정부기관 같은 공적 영역에서 뿐만 아니라 방송, 신문, 기업 같은 사적 영역에서 보다 더 널리 사용되고 있다. 주식회사 다음의 열린 사용자 위원회, 삼성 그룹의 삼성을 지켜보는 모임, 현대쇼핑의 고객 모니터, 한겨레 신문의 시민편집인, 코리아 헤럴드와 헤럴드 경제의 헤럴드 미디어 고충처리인 제도 등은 일종의 고객지향형 또는 소비자 주권형 옴부즈만인 셈이다. 경향신문의 e-옴부즈만, 디시인사이드의 시민 옴부즈만 공동체, 증권선물거래소의 시장 감시 옴부즈만, sbs의 "열린 TV 시청자 세상" 등은 보편적 유익을 지향하는 사회고발형 시민 옴부즈만이라고 할 수 있다. MBC TV의 "TV 속의 TV", 현대 홈쇼핑의 "현대 홈쇼핑을 말한다", CJ 홈쇼핑의 "열린 TV로 쇼핑 속으로" 등은 옴부즈만 기능을 겨냥한 자체 프로그램에 해당된다.

공사 영역을 불문하고 실로 다양한 형태의 옴부즈만이 이미 우리 사회에서 폭넓게 활동하고 있다. 그럼에도 불구하고 아직 우리 사회가 옴부즈만을 명확히 이해하고 그에 따라 사회 수요의 변화에 효율적으로 조응해 나간다고 말하기는 어렵다. 이런 현상은 일반 시민은 물론이고 공직 사회 지도자나 여론 선도 층에서조차 같다. 근대적인 의미의 옴부즈만이 소개된 지 얼마 되지 않아 아직 옴부즈만 개념에 대한 논의가 일천한 탓도 있지만, 보다 중요한 것은 옴부즈만 자체가 자기 진화형 변용을 거듭하고 있기 때문일 것이다.

옴부즈만 개념의 다양성과 다원성

이렇듯 실로 다양한 양식의 옴부즈만이 등장하고 확산되면서, 먼저 긍정적으로는 옴부즈만에 대한 사회적인 인지도를 높이는 데에 크게 기여하게 되었다. 이 점은 옴부즈만이 제 기능을 다하기 위해서는 사회적인 신뢰를 확보하는 일이 선결과제이고, 이를 위해서는 우선 폭넓은 인지도를 확보하는 일이 전제조건이라는 점에서 매우 중요한 변화다. 다양한 역할을 여러 기관이 수행할 수 있게 됨으로서 일반 시민으로써는 폭 넓은 서비스를 매우 효율적으로 전달받을 수 있게 되었다. 사회적으로는 기관의 활착화가 진행됨으로서 집권세력의 변화나 정치적 변동에 관계없이 기관의 안정성을 유지할 수 있게 되었다. 다양한 옴부즈만 사이에서 서로 경험을 공유하고 배우며 협력할 수 있게 되었다는 점도 긍정적 변화 가운데 하나다. 특히 정부의 관할영역이나 권한이 급속히 비대해지고 있다는 사실을 감안해 보면 이를 감시하고 문제 제기할 수 있는 공간이 확대된다는 점은 매우 다행스러운 일이 아닐 수 없다(Field, 2018: 121).

그러나 부정적인 면에서는 다양한 양식의 옴부즈만 모두를 통칭해서 옴부즈만이라고 부르는 데서 오는 용어상의 혼란이 적지 않다.[3] 이는 한 나라에서 개발된 기관이 다른 나라로 또는 공적 영역에서 사적 영역으로 이식되는 과정에서 전통적인 의미의 옴부즈만이 갖추어야 할 요소를 갖추지 않은 기관도 옴부즈만이라고 부르게 된 데에서 오는 영향이 적지 않다(Hill, 1999: 5). 전통적인 옴부즈만과는 달리 기관 독립성이 행정부 수장에게 기속되면서 독립성과 자율성이 결여되거나, 일반시민 편에 섬으로서 공정성이나 중립성을 잃고, 행정정보에 대한 접근권이 거부됨으로서 조사권이 침해되는 경우, 이를 온전한 의미의 옴부즈만이라고 보기 어렵다는 뜻에

3) 용어상의 통일도 이루어져 있지 않아 ombudsman, ombudsperson, ombud, ombuds, ombuds practitioner 등 실로 다양하다(Rowe, 1991: 361).

서 이들을 종종 유사 옴부즈만(quasi-ombudsman)이라고 부르기도 한다(Hill, 1999: 5). 그런데 이런 유사 옴부즈만은 대개 권력적 동기를 지닌 가부장적 지도력(patrimonial boss)의 통제 하에 운영되는 것이 보통이다. 그렇기 때문에 실체적 진실의 규명이나 행정정의의 구현을 위해 노력하기 보다는 그런 시늉을 통해 대 국민과의 관계에서 국가의 이미지를 개선하거나 단순히 정보의 공유를 통해 행정과정에 대한 저항을 순화하려는 동기에서 설치되는 것이 보통이다(Hill, 1999: 5; Wyner, 1973). 그런 점에서 유사 옴부즈만을 가성 옴부즈만(pseudo-ombudsman)이라고 부르기도 한다.

이렇듯 운영 실제에 있어 실로 다양하고 심지어는 일종의 위장용 옴부즈만이라고까지 말할 수 있는 것들을 모두 포괄해서 옴부즈만이라고 부르게 되는 이유는 기본적으로 유사 옴부즈만 내지는 가성 옴부즈만에 대한 사회적인 관용성 정도가 높기 때문이다. 이렇게 관용성의 정도가 높아진 이유는 실로 다양하다. 개별 사회의 정치현실을 고려해 볼 때 상황적응적인 변용이 불가피하다고 보는 현실론, 현재는 아니더라도 장차 진성 옴부즈만으로 발전할 것이라고 보는 데에서 오는 낙관론, 진성 옴부즈만이 아니더라도 좋은 일만 하면 되지 않느냐는 식의 관용론, 누가 옴부즈만인지의 여부를 판단할 자격이 도대체 누구에게 있느냐고 스스로를 자문해 보는 불가지론, 또는 개인적이거나 사적인 이유로 옴부즈만이라고 스스로를 지칭하는 사람들과 나쁜 관계를 맺고 싶지 않다는 무책임론 등이 어우러져 이런 결과를 낳았다(Hill, 1997: 3).

그러나 이렇게 다양한 용도와 동기에 의해 옴부즈만이라는 용어가 무분별하게 쓰이기 시작하면서 옴부즈만의 개념에는 일대 혼란이 일어나게 되었다(Rowe & Gottehrer, 1997: 1; Hill, 1997: 1; Chambers, 2001: 3). 이를 두고 협의론자들(Hill, 1997: 3)은 전통적인 의미의 옴부즈만만을 옴부즈만이라고 보아야 한다는 입장을 견지하는가 하면, 광의론자들(Ombudsman Association, 2018; Pettisgrew, 2003: 1)은 다양한 양식의 옴부즈만 모두를 옴부즈만이라고 불러서 안 될 것이 없지 않느냐는 입장을 취한다.

협의론자에 따르면 무분별한 옴부즈만 개념의 확산과 그에 따른 혼란이 옴부즈만을 아무나 도입해서 쓰다 버려도 좋은 제도로 인식하게 만들 우려가 있으며, 유사 옴부즈만이 진정한 의미의 옴부즈만이 지닌 기관 가치를 훼손할 위험성이 크다는 것이다(Gregory, 1993: 12). 대외적으로 국민의 권리가 보장되는 민주정체로 위장하거나(Ayeni, 2000: 95), 회사나 단체의 이미지를 제고하기 위한 홍보용 수요에 조응하여 형식화된 옴부즈만을 운영함으로써 옴부즈만이 일반 시민에게 별로 내실 없는 제도 내지는 다른 제도와 기능적으로 중복되어 불필요한 제도로 인식될 수 있다는 점도 우려된다.[4] 특히 우리나라 같이 의회제도의 전통이 짧고 옴부즈만 제도가 확고히 자리 잡지 못한 곳에서는 옴부즈만 개념의 무분별한 확산으로 인해 옴부즈만의 가치가 일반 시민에게 잘못 전달될 수도 있고, 국가기관 내부에서도 옴부즈만의 개념과 가치를 제대로 공유하지 못하게 될 위험성이 작지 않다(정순교, 2005: 1).

이런 점을 우려한 뉴질랜드에서는 일정한 조건을 충족시키지 않는 기관에 대해서는 함부로 옴부즈만이라는 용어를 쓰지 못하도

4) 옴부즈만이 매력적인 기관으로 비추어지는 원인 가운데 하나는 스웨덴의 원형이 "정의"를 위한 기관이라는 의미를 함축했기 때문이다(Hill, 1997: 2).

록 법률로 규제하는 일까지 벌어지게 되었다(Elwood, 1999). 이는 영국에서도 같다. 옴부즈만이라는 명칭을 사용해서 회사를 등록하거나 사업을 펼치려면 옴부즈만 협회의 회원이어야 하고, 옴부즈만으로 활동한 업적이 증명되어야 하며, 관련 행정청으로부터 인증을 받아야 한다. 그렇지 않을 경우 1000파운드의 벌금을 부과하고 시정될 때까지 매일 100파운드를 추가하도록 되어 있다(Ombudsman Association, 2018).

반면에 광의론자들은 옴부즈만을 공사 관료제(public and private bureaucracy)의 과도함으로부터 일반 시민의 기본권이나 자긍심을 보호하기 위한 것이라고 보는 데에서부터 입장을 달리한다(ABA, 2004: 20). 관료제가 이미 공사 영역을 넘어 모든 대규모 조직에 퍼져 있는 일반적 현상인 만큼 이로 인한 민원 해소에 기관 존립 이유를 두는 옴부즈만은 더 이상 공적 영역만의 것이 아니며 이미 사적 영역의 것이기도 하다는 것이다. 나아가 대체적 분쟁조정제도(ADR: Alternative Dispute Resolution)[5]의 연장선상에서 옴부즈만을 이해하는 경우(Hill, 1997: 10; Lewis, 2001: 1), 갈등관리 관련 수요는 공사 조직을 막론하고 일반 시민이나 집단이 상호작용하는 곳에서는 언제나 발생할 개연성이 있다고 본다. 따라서 가장 적은 비용으로 이런 사회적 갈등을 최소화하는 일이 매우 중요한 과제로 제기되는 데, 일반적으로 사법적 심사 절차가 이런 갈등 관리를 위해 마련된 유

5) ADR(Alternative Dispute Resolution)을 논자에 따라 대체적 분쟁해결제도(조칭현, 2004; 이선묵, 2012), 대체적 분쟁조정제도(김태환, 2016), 대안적 분쟁해결방식(임동진, 2013)으로 설명하는 등 아직 용어의 통일이 이루어져 있지 않다. 여기에서는 갈등조정 역할에 주목한다는 뜻에서 대체적 분쟁조정제도로 통일해서 쓰고자 한다.

효 수단이기는 하지만, 거기에는 많은 비용의 지출이 요구되고, 일의 진행이 더디며, 운영 양식이 보수적이기 때문에 더 이상 문제 해결의 유효 대안이 되지 못한다는 것이다(Hill, 1997: 11). 특히 정보사회의 도래는 전혀 새로운 조직 및 사회 환경을 제공하고 있고, 그렇기 때문에 "새로운 성질의 법적 보호 및 구제 장치" 가 필요하게 되었다고 본다. 바로 그런 판단의 결과물 가운데 하나가 옴부즈만이며(Kostelka, 1998: 1), 공사 영역을 막론하고 옴부즈만이 확산되고 있어 이들 모두를 옴부즈만이라고 불러 문제될 것이 없다는 것이다.

이렇듯 협의론자들이 고전적인 옴부즈만을 기준으로 연역적 방법에 의해 옴부즈만을 개념 규정하거나 한정하고자 한다면, 광의론자들은 귀납적 방법에 의해 옴부즈만 개념을 도출하거나 일반화하고자 하는 경향성을 지녔다. 그러나 연역적 방법을 통해 지금과 같이 다양한 양식으로 진화한 옴부즈만 모두를 어떤 일관된 양식에 따라 정리하기는 쉽지 않은 일이다. 오히려 현재의 시점에서는 그런 다양성 가운데 어떤 공통점 내지는 표준적 질서가 내포되어 있는지를 천착하려 한다는 점에서 귀납적 접근 방법이 보다 더 높은 호소력을 지녔다(Rowe & Gottehrer, 1997: 7). 이는 지금 같은 전환기 사회의 급진적인 변용과 생성에 조응하기 위해서는 거의 유일한 대안이자 불가피한 선택지로 여겨진다. 특히 후기 근대의 인식론적 프레임이 사회과학적 현상을 소여의 것으로 간주하고 일정한 기준이나 준거에 따라 제3자의 관점에서 관조하는 일을 거부하고, 현상 참여자의 주관주의적 상호작용을 통한 변증법적 창조와 변용을 지향한다는 점에서 보면 더욱 그렇게 판단하지 않을 수 없다. 사회문화적 특성이나 실무차원의 수요 내지는 권력적 요인에 대한 배려가 실로 다양한 양식의 옴부즈만을 낳고 있지만 이런 다양성은 시간이 지나면서 서로의 필요와 현실 인식에 따라 변증법적 상호작용을 통해 어떤 통일적 양식으로 귀일해야 마땅하고(ABA, 2004: 20), 또 그렇게 될 수밖에 없을 것으로 여겨진다.

그러나 현재의 시점에서 보면 이렇게 옴부즈만의 개념이나 포괄범위에 대한 합의가 이루어지지 않은 가운데 옴부즈만 내지는 유사 옴부즈만이 발흥하면서 옴부즈만의 규범적 모형이 무엇인지에 대해 일대 혼란이 야기되고, 고전적인 옴부즈만 모형의 현실 적합성을 크게 위협하는 상황을 낳고 있는 것 또한 부정하기 어렵다. 이런 혼란을 시정하기 위해서는 우선 옴부즈만의 다양한 운영 실제에 대한 정보를 체계적으로 수집하고 공유하는 일이 선결 과제로 여겨진다. 특히 고전적인 옴부즈만이 주로 행정통제적인 관점에서 이해되거나 관리됨으로써 정부기관 간의 견제나 균형의 유지에 주목하는 것이었던 데에 반해, 오늘날에는 국가와 시민사회 내지는 정부와 일반 시민 간의 단절이나 소외를 극복하기 위한 수단, 즉 시민참여의 한 양식으로 기능적 중심축을 이동하기 시작했다(김상묵 외, 2004: 501)는 점을 상기해 보면, 옴부즈만의 운영 실제를 체계적으로 조사해 보는 일은 이제 매우 시급한 과제가 되었다.

옴부즈만 연구의 실용적 가치와 학술적 기여

이렇듯 옴부즈만을 국정 운영 과정에 대한 시민 참여의 한 양식으로 다루기 시작한 이유 가운데 하나는 오늘날의 국정운영 과정이 사실상 시민의 통제권 밖으로 벗어나 있기 때문이다. 후기 근대 이후 정부의 실패가 이제 더 이상 예외적, 병리적 현상이 아니며 그에 따른 시민의 고충과 갈등은 일상화, 보편화되어 있다. 이런 시대 환경 속에서 확인되고 있는 것 가운데 하나는 행정에 대한 제반 통제 장치가 제 역할을 다하지 못하고 있다는 점이다. 그런 만큼 행정 과정의 대 국민 책임성 확보에 대한 요구가 높고, 그렇기 때문에 직접민주주의에 대한 사회적인 수요가 급증할 것은 자명한 이치이다. 옴부즈만은 바로 이런 직접민주주의에 대한 수요를 행정 과정에 대한 시민참여 통로를 확장함으로써 해소하고자 하는 대안 가운데 하나이다.

그런 점에서 보면 국정 과정에 대한 시민참여의 중요성을 강조하던 참여정부가 옴부즈만의 확산에 유의하고 그의 기능적 확대를 위해 노력했다는 사실은 결코 우연이라고 보기 어렵다. 국민권익위원회의 전신인 국민고충처리위원회를 확대 강화한 참여정부의 옴부즈만에 대한 인식은 정치권의 무력함과 사법 과정의 부패와 폐쇄성에 대한 행정적 대응의 결과물로 보아진다. 이는 참여정부가 다양한 통로를 통해 국민과 직접 대화하고 의사소통하고자 하는 과정에서 그의 중요성을 재인식하게 되었기 때문이기도 할 것이다. 그러나 이를 다른 측면에서 보면, 어느 정부든 "국민의 원성"에 귀 기울이지 않는 정부는 그의 권력적 지위의 유지가 어렵다는 역사적 교훈을 되새긴 결과이기도 한 것이다. 옴부즈만을 일반 시민의 편에서 보면 자신의 고충과 민원을 해소하기 위한 방편이지만, 정부를 장악하고 있는 권력 레짐의 관리자 입장에서 보면 정치적 안정과 권력적 지위의 유지를 위한 전략적 수단으로써의 가치가 적지 않기 때문이다.

이 점에서 보면 국가 옴부즈만으로써의 국민권익위원회의 현주소는 개선해야 할 점이 적지 않다. 무엇보다도 옴부즈만과 일반 종합민원 행정처리 기관으로써의 역할과 좌표에 대한 구분이 잘 이루어져 있지 않다는 점은 가장 본질적인 문제다(김성근 외, 2016: 135). 이는 민원 처리 현장에서 활동하는 공무원이나 일반 시민사회의 구성원이 모두 같다. 기관으로써의 옴부즈만 스스로가 관료적인 인식의 틀에서 벗어나지 못해 다양한 양식의 옴부즈만 제도를 관행적인 관료제의 양식으로 운영하는 데에서 오는 민원인의 좌절과 절망은 보다 더 심각한 과제다. 특히 과거의 국민고충처리위원회, 국가청렴위원회, 국무총리 행정심판위원회를 통합해서 국민권익위원회를 탄생시키는 과정에서 국민고충처리위원회의 권고적 문제해결 양식, 국가청렴위원회의의 고발권 행사, 국무총리 행정심판위원회의 쟁송적 재결 방식에 의한 갈등 관리가 하나의 기구로 통합되면서 기관 내부 가치 준거의 통일성 유지가 어렵게 되고 옴부즈만으로써의 기관 특성을 살리기가 곤란하게 되었다는 사실은 주의깊게 살펴보아야 할 과제다.

따라서 이를 그냥 방치해 둘 경우 옴부즈만으로써의 국민권익위원회가 일반 시민의 기댓값에 미치지 못하게 되면서, 그렇지 않아도 불신의 대상이 되어 있는 정부에 대한 일반 시민의 신뢰를 보다 더 훼손하는 것은 물론이고 재정의 중복 지출로 인한 공공재의 낭비마저 우려되는 실정이다. 보다 신속하게 옴부즈만에 대한 체계적이고 종합적인 연구가 이루어져 단순 행정 민원의 처리와 옴부즈만의 역할 정향을 구분하는 이론적 토대가 제공되어야 하며, 나아가 그런 인식상의 구분을 위한 정부 내외의 종합적인 노력도 확대되어야 한다. 현재는 사법 및 유사 사법적인 갈등 관리 양식은 이를 차치하고라도 정책 순응 과정에서 야기되는 공권력과 정책대상 집단 사이에서 발생하는 공공 갈등의 조정, 공공기관 간의 갈등관리, 다양한 양식의 행정형 대체적 분쟁조정제도(ADR)의 운영, 전통적인 행정 민원의 처리 등을 엄격히 구분해서 다루는 인식상의 성숙을 말하기 이전 단계에 머물러 있다고 해도 과언이 아니다.

이런 문제 의식이 이 책 저술의 핵심적인 동인 가운데 하나가 되었다. 보다 근본적으로는 국민권익위원회의 전신인 국민고충처리위원회의 정책자문 기구를 책임지면서 우리나라의 옴부즈만 운영 현장을 직접 참여 관찰할 수 있었던 데에 기인한다. 이때의 경험이 우리나라 옴부즈만 운영 현장의 실체를 일목요연하게 이해, 평가할 수 있게 해주었고 행정 실패에 따른 일반 시민의 고충이 얼마나 심각한 것인지도 알게 해 주었다. 이후 옴부즈만 포럼과 옴부즈만 연구소를 통해 옴부즈만에 대한 사회적인 관심을 제고하고자 노력하는 과정에서 우리 사회의 옴부즈만에 대한 관심이 점증하는 데 비해 이를 다루는 학계의 관심은 상대적으로 미진한 상태에 놓여 있다는 사실을 절감하게 되었다. 그러나 이 분야의 연구가 일천한 것은 국내뿐만 아니라 국외에서도 마찬가지이다. 옴부즈만이 범세계적으로 확산되기 시작한 것 자체가 다른 사회과학 연구 대상 과제에 비해 비교적 최근의 일인데다가 옴부즈만의 변용과 진화가 지속적으로 전개되고 있어 이를 이론화 하는 일이 쉽지 않았기 때문일 것이다. 무엇보다도 과제의 성격상 법학, 행정학, 정치학, 정책학, 사회학, 협상학, 상담학 같은 사회과학 분과과학 간의 학문종단적인 협업을 필요로 한다는 점이 연구의 지체를 불러온 또 다른 핵심 요인 가운데 하나일 것이다.

그러나 옴부즈만에 대한 체계적인 연구가 사회과학계에 미칠 영향은 결코 적지 않다. 우선 행정학 이론의 정교화 차원에서 볼 때, 오랜 동안 체계적인 설명이 부족하다고 여겨져 오던 정치와 행정 또는 정치적 합리성과 경제적 합리성의 융합 과정에 대한 이해를 촉진함으로서 정책 과정의 작동 메커니즘에 대한 후속 연구를 촉발하게 될 것으로 기대한다. 이는 또 거버넌스 이론의 정교화에 기여하는 것은 물론이고 관료제의 대안 모색을 위해 보다 구체적인 기준이나 방향을 제시하는 데에도 영향을 미치게 될 것이다. 특히 관료제의 종말론 이후 암중모색 단계에 있는 행정학 이론 전반에 걸쳐 합리성의 시대로부터 감성의 시대 또는 윤리의 영역으로 이행해 나가는 과정이 과연 어떠해야 하는지를 조망할 수 있는 시론적 토대를 제공하기도 할 것이다. 정책 과정을 정보의 유동성 차원에서 접근하고 이해하려 한다는 점에서는 숙의민주주의의 구체적인 운영 양식에 대한 기초 정보를 축적하게도 될 것으로 믿는다. 이는 간접민주주의의 한계를 보완하기 위한 국정 운영 원리의 개선이나 보완의 방향이 어떠해야 하는지에 대해서도 시사해주는 바가 적지 않을 것이다.

실용적인 차원에서는 먼저 국민권익위원회의 활동을 활성화하는 과정에서 왜, 무엇이 일반 종합행정 민원치리 기구와 다르고 또 달라야 하는지를 명료하게 인식할 수 있는 기초 정보를 축적, 제시할 수 있게 될 것이다. 보다 구체적으로는 옴부즈만의 역할을 객관적으로 평가하는 데 필요한 자료를 축적할 수 있게 되기를 고대한다. 여기에서 더 나아가 이미 다양한 양식으로 활동하고 있는 여러 유형의 옴부즈만들을 묶어 하나의 공적 업무 수행 영역으로 인식하는 전기가 마련되기를 희망한다. 이럴 경우 정책 과정에 대한 일반 시민의 참여 공간을 획기적으로 확대하는 결과가 되기도 할 것이다. 특히 우리 사회의 대의 과정이나 사법적 판단을 담당하는 기구가 심각한 불신의 대상이 되어 있다는 저간의 사정을 감안해 볼 때, 이런 구조적인 한계를 보완함으로써 사회 갈등이나 대립의 요인을 크게 줄이는 데도 기여할 수 있을 것으로 기대한다. 일반 시민의 정부에 대한 불만과 갈등을 줄이고 신뢰 회복에 기여함으로써 사회통합과 공동체 유지에도 기여하게 될 것은 물론이다.

교육적인 차원에서는 옴부즈만에 대한 체계적인 연구 업적물이나 교과서 차원의 저작물이 전무하다는 사실을 감안해 보면, 학문 후속 세대의 육성이나 국정관리론, 행정통제론, 정책평가론, 한국정부론, 정치과정론, 의회정치론, 행정개혁론 등을 교수하는 데 있어 매우 중요한 참고 자료를 제공하게 될 것으로 기대한다. 이는 또한 이 분야에 대한 학계의 연구를 촉발할 뿐만 아니라 특히 행정학, 정책학, 정치학, 언론정보학, 교육학 등 관련 학문 분야 간의 협동적 노력을 촉진함으로써 융합 학문의 개발과 확산에도 기여할 수 있을 것이다.

그럼에도 불구하고 여러 개인적인 이유로 중단했던 저술 작업을 재개하게 된 것은 박근혜 정부의 비극적 몰락을 지켜보면서 였다. 연일 수백만 명의 시민이 자발적으로 거리에 나서서 외치는 함성이 단순히 박근혜 정부의 부도덕이나 불법 행위를 규탄하는 것이 아니라 거기에서 더 나아가 오늘날 우리가 절실히 필요로 하는 국정의 새로운 디자인, 후기 근대의 요구에 조응하는 국민 참정 기회의 획기적 확대를 보장하는 제도적 장치를 고안해내지 못한 정책공동체의 나태와 무력함에 대한 원성처럼도 여겨졌다. 특히 촛불 시위 과정에서 드러난 "광장 민주주의"의 성숙성을 지켜보면서 이런 건전하고 적극적인 참여 동력을 수용할 수 있는 새로운 국정 디자인에 대한 모색 수요가 실로 절박한 수위에 이르렀음을 통감하게 되었다. 한국국제협력단(KOICA: Korea International Cooperation Agency) 대표 청렴 옴부즈만과 국민고충처리위원회의 명예 옴부즈만으로 활동하면서 관찰한 옴부즈만 운영 현장의 실태도 이를 보다 더 건설적으로 개혁해야 할 과제가 누적되어 있다는 생각과 함께 관련 정보의 체계적인 정리와 공유가 필요하다는 판단에 이르게 했다.

따라서 이 책은 옴부즈만의 규범적 실체를 소개하기 위한 이론서이기도 하지만 동시에 운영 실제를 공유하고자 하는 실무 지침서이기도 하다. 그러나 기본적으로는 모노그래프(monogragh)를 지향하고자 했다. 그런 탓에 그 동안 행정학, 정책학, 정치학을 아우르는 분과 과학 간의 융복합 내지는 통합적 중간지대를 배회해 온 저자로서는 국정 운영의 투입, 전환, 산출 및 환류 단계 모두에서 개척서를 간행하는 셈이 된다. 투입 단계에서는 「한국의회행정론(1988)」을 통해 우리 사회에 처음으로 의회행정론을 소개했고, 전환 단계에서는 「한국의 거버넌스(2005)」를 통해 국정 과정에 대한 시민참여의 문제를 제기했으며, 산출 및 환류 단계에서는 이 책을 통해 산출물에 대한 평가와 환류의 문제를 국내에서는 처음 단행본 규모로 다루게 되었다. 이들은 모두 국가와 시민사회의 상호작용 관계를 행정학의 관점에서 다루고자 한다는 점에서 같다.

특히 옴부즈만에 대한 체계적인 연구는 단순히 새로운 연구 영역의 개척이라는 의미 외에도 이를 새로운 교육 과제와 직역의 확장이라는 차원에서 접근하고 이해할 필요가 있음을 알리는 계기가 되기도 할 것이다. 옴부즈만은 입법부, 행정부, 사법부에 이어 이제 정부의 제4부를 형성함으로써 국정 운영의 핵심 기관 가운데 하나로 다루어져야 할 뿐만 아니라 사적 영역에서도 다양한 역할 수요에 직면해 있다. 이런 변화에 조응해 나가기 위해서는 조정과 중재를 중심축으로 하는 교육 훈련 및 인재 양성이 필요하게 되고, 나아가 새로운 직업 유형의 개발과 고용 기회의 확대라는 차원에서도 접근해야 마땅한 일이다. 협상, 갈등 관리, 조직 진단, 상담, 중재, 조정 등에 대한 교육 수요가 크다는 뜻이다. 특히 외국에서는 이미 정착되어 있는 조정인 전문가 인증제도(certified mediator)의 도입을 통해 새로운 직역을 개발하는 일은 고용 기회의 창출이라는 점에서도 진지하게 검토해 보아야 할 과제이다. 그런 점에서 이 책은 새로운 교육 훈련 과정이 필요로 하는 교과서, 새로운 직업에 도전하고자 하는 이들에 대한 취업 안내서, 새로운 학문 영역을 개척하고자 하는 이들을 향한 연구서, 국정 운영 양식의 새로운 디자인 개발을 위해 세론을 모아나가려는 사회운동가에게는 운동지침서 내지는 사회 혁신의 나침판 역할을 수행할 수 있게 되기를 소망한다.

아직 우리 사회에 이 분야에 대한 학문 공동체가 형성되었다고 보기 어려운 형편인 만큼 책의 내용을 정리하는 과정에서 동류 평가의 기회가 많지 않았다. 그만큼 책의 내용 가운데 편견이나 오류도 적지 않을 것으로 생각된다. 독자 제현의 가차 없는 비판과 조언을 기대한다. 다만 이 책 출간이 후속 연구의 토대가 될 수만 있다면, 이 책은 자기 소임을 다하는 것이라고 믿는다. 국정 운영의 신지평을 여는 일에 동참한다는 뜻에서 출판을 결심했을 도서출판 휴인의 관계자 여러분께 감사의 말씀을 드린다.

분당 우거에서

2019년 8월

저자

목차

서문 : 적폐청산과 환류 거버넌스 • 5

제1편 옴부즈만의 이해 • 31

제1장 옴부즈만의 등장 배경 • 33

제2장 옴부즈만의 분석 전략 • 69

제3장 옴부즈만의 역사 전개 • 109

제4장 옴부즈만의 유형 분류 • 143

제2편 옴부즈만의 역할 • 189

제5장 옴부즈만의 역할 구성 • 191

제6장 옴부즈만의 역할 규범 • 239

제7장 옴부즈만의 역할 수행 • 295

제8장 옴부즈만의 역할 평가 • 349

제3편 옴부즈만의 관리 • 379

제9장 옴부즈만의 행정 관리 • 381

제10장 옴부즈만의 갈등 관리 • 411

제11장 옴부즈만의 사례 분석 • 461

제12장 옴부즈만의 혁신 관리 • 515

부록 • 563

참고문헌 • 565

일러두기 • 591

저자 소개 • 593

OMBUDSMAN
THE FOURTH BRANCH

제1편

옴부즈만의 이해

제1장 옴부즈만의 등장 배경
제2장 옴부즈만의 분석 전략
제3장 옴부즈만의 역사 전개
제4장 옴부즈만의 유형 분류

제1장
옴부즈만의 등장 배경

I. 민주주의와 입헌주의의 대립

옴부즈만은 민주정체를 규범적 당위로 삼는다. 그런데 민주정체는 민주주의가 지향하는 핵심 가치를 구현하기 위한 제도적 장치에 다름 아니다. 옴부즈만을 민주주의의 핵심 가치를 구현하기 위한 여러 수단 가운데 하나로 이해해야 하는 이유이다. 그런데 민주주의가 지향하는 핵심 가치는 흔히 자유, 평등, 정의, 행복의 추구로 요약된다. 논란의 소지가 아주 없는 것은 아니지만 대체적으로 보아 이때의 자유와 평등이 정치 사회 차원이나 행정 관리 차원에서 주로 논의되는 이성적 판단의 과제라고 한다면 정의는 윤리 도덕적 차원으로까지 확장되는 과제이고 행복은 감성과 정서 차원에서 보다 확실하게 드러나는 성질을 지녔다. 이렇듯 민주주의는 서로 차원을 달리하는 요소들을 함께 지향하는 것이어서 개별 가치 간의 갈등을 소화해야 하는 과제가 항상적으로 내재되어 있다.

먼저 자유는 개인주의와 연동하면서 소극적 자유(negative freedom)와 적극적 자유(positive freedom)로 대별된다(벌린, 2006: 343-344). 흔히 "...로부터 간섭받지 않는 자유(freedom from)"로 표현되는 소극적 자유는 부모나 선조로부터 부과되는 책무나 책임으로부터 해방되거나 사생활의 자유와 사상의 자유 같이 국가가 침범할 수 없는 영역의 권리를 말한다. 여기에는 주로 경제적 자유와 사회적 자유가 들어간다. 경제적 자유는 정부의 부당한 간섭에 의해 통제되지 않는 사적 자산의 존엄, 즉 자산을 자유롭게 취득, 보유, 처분, 양여할 수 있는 권리를 말하며 그렇기 때문에 직업선택의 자유, 자유로운 경제활동의 자유 등으로 확장된다. 사회적 자유는 흔히 사회생활에서 다른 개인이나 집단 또는 사회제도에 의해 방해받지 않고 자신의 이성적 판단이나 선택에 따라 자유롭게 행동할 수 있는 권리를 뜻한다. ".....을 할 수 있는 자유(freedom to)"로 구분되는 적극적 자유는 주로 집단으로써의 시민이 정치에 참여할 수 있는 자유를 말한다. 이때의 정치적 자유는 자유롭게 정치과정에 참여하여 국가운영에 대한 권위적인 의사결정에 영향을 미칠 수 있는 권리를 의미한다. 대의민주주의에서 정치적 자유는 주로 선거를 통해 대표를 뽑을 수 있는 권리를 뜻한다. 이와 더불어 정부기구의 각종 위원회에 참여하여 협의를 할 수 있는 권리와 심의민주주의의 정치기제인 공론화위원회에 참여하여 부의된 정책안을 심의를 할 수 있는 권리 등이 포함된다.

반면에 평등은 공동체주의와 연동하면서 사회적 연대를 중시한다. 그런데 사회적 연대는 상대방의 존재를 전제하는 것이기 때문에 사회공동체 구성원들 서로 간의 관계에 주목한다. 그렇기 때문에 서로의 존재를 같은 비중으로 다루고 존중한다는 뜻에서 다양성을 지향하거나, 타인의 권리를 침해해서는 안 된다는 생각의 출발점이 되기도 한다. 따라서 사회공동체 전체의 안전과 유익의 증대에 주목하는 공공재로써의 성질을 지녔다. 이는 민주 정체가 공동선이나 사회적 헌신을 강조하게 되는 보다 근본적인 이유 가운데 하나다.

문제는 사회관계를 개인 중심의 관점에서 보느냐 또는 공동체 중심의 관점에서 보느냐에 따라 자유와 평등이 서로 충돌적인 관계를 형성한다는 데에 있다. 개인의 자유를 강조하는 경우에는 그런 자유권의 행사를 가능케 하는 기득권의 크기, 즉 공동체 내부에서 이미 차지하고 있는 권력적 지위의 높이에 따라 사실상 자유의 서열화가 형성되는 문제에 봉착한다. 반면에 사회적 평등을 강조하는 경우에는 공공선의 이름으로 개인의 자유가 제한되거나 침해되는 일이 벌어진다. 그런데 자유로운 개인이 모여 평등 지향적인 공동체를 구현하자는 것이 민주정체의 근간이라고 한다면, 이런 모순과 갈등은 결국 민주정체 자체에 내재되어 있는 논리체계상의 충돌이 빚어내는 결과물에 다름 아니다. 민주주의를 합리주의와 이성의 논리로 해석하고 규정하는 데에서 빚어지는 결과로 여겨지는 이유이다.

이런 모순에 대한 대안을 윤리적 준거에서 찾고자 하는 이들은 정의를 강조하고, 감성과 정서의 차원에서 접근하는 경우는 행복의 추구에 주목한다. 이때 정의는 공정성이나 진실성을 핵심 구성요소로 삼는다. 공정성이 기회의 제공, 책임의 부과, 정부에의 접근,

의사결정권의 행사 등에 필요한 균등성 내지는 불편 부당성을 함축한다면, 진실성은 개인의 윤리의식에서 출발하여 공동체를 관통하는 공동선의 핵심 가치에 해당된다. 정의를 자유와 평등을 통합적으로 수렴하는 과정에서 요청되는 어떤 도덕적 기반으로 인식하는 셈이다.

반면에 행복은 본질적으로 주관적이며 그렇기 때문에 다의적 이다. 추구하는 이의 인생관이나 가치관에 따라 상이할 뿐만 아니라 기본적으로 감성적 차원의 과제이기 때문이다. 물질적 충족을 행복으로 보는 사람도 있고 정신적 만족을 행복으로 이해하는 사람도 있다. 이들 모두가 충족되어야 비로소 행복을 느끼는 사람도 있을 것이다. 이렇듯 행복은 이를 추구하는 이의 인생관에 따라 다르며, 그가 생각하는 안락하고 풍족한 삶의 성질이 무엇이냐에 따라 달라질 수밖에 없다. 따라서 일률적으로 규정할 수 없고, 시공간적 특성에 따라 좌우되는 성질을 지녔다. 그러나 인간의 가장 기본적이며 궁극적인 욕구에 부응하고자 하는 것이라는 점에서 자연권적인 권리이며 인간의 존엄성과 직결되는 가치로 여겨진다. 그렇기 때문에 입헌주의나 법치주의에 따라 헌법에 열거적으로 명시되지 않는 헌법 밖의 기본권까지도 포괄하는 최광대역 가치로 간주된다. 이를 구현하기 위해서는 먼저 개인 단위에서 볼 때, 물질적 풍요와 정신적 만족을 추구하기 위한 자유가 전제되어야 하고, 그런 권리가 누구에게나 보장되어야 한다는 점에서는 사회공동체 차원의 책임을 필요로 한다. 나아가 그것이 정의로울 때 인간은 비로소 궁극적인 행복감에 젖는다. 이런 점에서 볼 때 행복은 자유, 평등, 정의를 모두 포괄하는 것으로 여겨진다.

이렇듯 민주주의의 핵심 가치는 자체 개념의 모호성과 다의성 그리고 그로 인해 생기는 개별 가치 내재적인 갈등, 가치 간의 상호충돌 등으로 인해 명료성, 보편적 적용성, 일반성을 결여하는 것이 보통이다. 따라서 이를 구현하는 과정에서 원래 의도했던 가치가 파괴되거나 역기능이 발생할 가능성이 적지 않다. 이를 극복하기 위한 방안으로 근대의 관행적 민주주의(conventional democracy)는 국가에게 최고 고권을 부여하고 권력을 집단화하는 일이 불가피하다고 보았다. 그러나 동시에 바로 그런 국가 권력이 개인의 자유를 침해하거나 유린하지 않도록 견제하는 일도 불가피한 과제라고 보았다. 국가 권력으로부터 개인의 자유를 보호하기 위한 수단적 장치를 마련해야 한다는 뜻이다. 바로 이 점에서 국가 권력을 행사하는 과정과 절차를 어떤 기준에 따라 규제하고 관리하는 일이 필요하다고 보고, 이를 위해 입헌주의를 도입했다. 과거의 왕정체제나 귀족주의와는 달리 치자와 피치자 모두가 법 앞에 평등하다고 보고, 그런 평등 관계를 제도적으로 보장하고자 한 것이다. 이럴 때 한해비로소 자유와 평등은 상합적 관계를 구축한다고 보았다. 법률적 구속을 통해 개인 단위의 실질적인 자유를 보다 경제적, 효율적으로 담보하고자 한 것이다. 이로 인해 자유는 국가 개입에 의해 준법성이 전제될 때에나 보장 가능한 개념으로 재정리 된다.

그러나 입헌주의 아래에서 헌법이 지향하는 가치를 구현하기 위해서는 헌법을 해석하고 집행하는 일이 전제되어야 하고, 그 과정에서 헌법을 해석하는 엘리트 내지는 전문가의 우월적 지위를 수용하지 않을 수 없다. 법 만능주의 내지는 엘리트에 의한 권력 독점의 위험성이 생겨난다는 뜻이다. 사회적 평등이 충족되지 않은 상태에서 지나치게 개인의 자유와 권리를 강조하는 경우, 실제로는 사회적 엘리트나 사회 상층부 집단의 이해를 우선적으로 대변하는 결과를 불러오기 십상인 것이다. 따라서 전문가 제일주의 내지는 소수에 의한 다수의 지배가 발현할 위험성을 경계하지 않을 수 없다. 자유주의자인 밀(Mill, 2007)에 의하면 기존의 법률에 나타나는 도덕률은 대체로 그 사회의 유력 계층에 의해 결정되며, 그 지배계층의 이해관계에 따라 좌우된다는 것이다. 이는 헌법이나 법률의 제정과 해석이 지배 집단이 변하는 데 따라 변하는 성질을 지녔다는 뜻에 다름 아니다.

이런 가운데 산업사회의 도래와 함께 근대 자본주의가 발달하자, 다수의 노동자를 중심으로 새로운 사회 권력의 주체라고 할 수 있는 시민계급이 등장하게 되었다. 이들이 자기 권리를 주창하면서 참정권의 보편화가 이루어지고, 이를 구현하기 위한 장치로 정당정치가 고안되었다. 다수의 지배를 정당화하고 또 그것을 구현하려는 참정의 시대, 즉 평등을 으뜸 가치로 다루는 대표성의 시대가 도래한 것이다. 이로서 입헌주의가 지향하는 자유주의적 요소와 대중민주주의가 구현하고자 하는 평등주의적 요소가 충돌하는 결과를 낳게 되었다. 국정운영 과정에서는 준법성과 대표성이 갈등을 빚는 이유이기도 하다. 이는 입헌민주주의의 경우 입헌주의와 대중민주주의가 결합하면서 실질 권력의 주체가 개인이 되어야 하느냐 아니면 다수가 되어야 하느냐를 내포적 갈등 과제로 떠안게 되었음을 뜻한다. 이는 민주정체 아래에서도 행정 실패가 구조화 하는 가장 근원적인 이유 가운데 하나다. 국가는 결코 계급적으로 중립적이지 않으며, 그렇기 때문에 민원의 발생을 태생적 요건으로 삼는다.

II. 권력분립론과 관료제의 결합

입헌주의가 국가 권력의 자의적 운영을 방지하려 한다는 점에서 민주정체를 유지하기 위한 핵심 장치, 또는 전제 조건에 해당한다는 사실은 이를 부정하기 어렵다. 그러나 민주주의의 기본원리와 유리된 체 운영될 경우, 사회 구성원의 진정한 자유를 보장하기는 어렵다. 바로 이 점에서 볼 때 오히려 민주정체가 입헌주의의 전제 조건에 해당되는 셈이다. 공정한 경쟁의 조건, 기회의 평등 등이 확립되어 있지 않을 경우, 입헌주의의 핵심 기제라고 할 수 있는 법치주의 내지는 기계적인 평등이 사실은 개인의 실질적인 자유를 왜곡하기 마련이다. 그렇다고 해서 민주주의의 핵심 가치만을 강조하는 경우, 다수에 의한 횡포 내지는 그에 따른 전제주의의 위험성을 피하기 어렵다. 따라서 여하히 자유와 평등 또는 자유주의와 입헌주의 간의 긴장을 완화하고 균형을 유지할 것인가가 민주정체 운영의 핵심 과제로 제기된다.

이런 요구에 부응하여 고안된 국정운영 전략 가운데 하나가 바로 권력의 분립이다. 권력 분립론은 국가 권력 내부의 분업을 통해 분립된 국가 기구들 사이에 권력을 분산하고, 분산된 기구들 사이의 상호 간여와 견제를 통해 힘의 균형을 이루고자 한다. 이렇듯 균형정부(balanced government)는 권력의 집중을 막아 국가 권력의 자의적 운영을 적극적으로 차단해 보자는 의도의 산물이다. 이를 운영 실제에서 보장하기 위해서는 분립된 기구의 담당자들 사이에서 겸직을 통한 권력의 융합이 발생하지 않도록 조심해야 할 것은 물론이다. 인적 자원의 분립을 국가 권력 분립의 핵심 구성 요소 가운데 하나로 삼는 이유다. 이를 기능론의 관점에서 보면, 국가 기구들 사이의 분업을 통해 입헌주의와 대중민주주의 사이의 긴장과 대립을 완화하자는 것에 다름 아닌 일이기도 하다.

그런데 권력 분립의 대표적인 운영 양식 가운데 하나인 3권 분립론은 국가 기능을 3개의 국가기관으로 나누어 다수에 의해 대변된다고 간주되는 대중민주주의의 평등성에 대한 요구를 입법부가 수렴하고, 소수의 엘리트를 중심으로 하는 입헌주의의 자유권 보호 정신을 행정부를 통해 반영하며, 자유와 평등 내지는 대중민주주의와 입헌주의 간의 긴장을 순화하기 위한 가치의 해석 내지는 적용의 과제를 사법부가 맡도록 했다. 이럴 경우 국가 권력이 분립하는 것은 물론이고 분업의 원리에 따른 분야별 전문성이 제고되며, 나아가 국정 운영의 효율성을 높이게 된다고 본 것이다. 이는 민주주의의 핵심가치인 평등, 자유, 정의를 기능적 분업을 통해 구현하자는 것에 다름 아닌 일이기도 하다.

권력 분립은 이렇듯 기관 분립, 인적 자원 분립, 기능 분립을 통해 완성된다. 그러나 이의 운영 실제에서 보면 3권 간의 분립 내지는 "견제와 균형"을 서로에 대한 불간섭이 아니라 개입과 간여를 통해 구현하고자 한다는 점에 주목할 필요가 있다. 이는 행정부의 내각이나 대통령이 의회 해산권을 갖거나 의회가 대통령 탄핵권이나 내각 불신임권을 갖는 데에서 극명하게 나타난다. 의회가 입법권을 갖는 데 반해 사법부가 법률해석권을 갖는 것도 같다. 이로 인해 3권 간의 분립은 그의 운영 실제에 있어 사실상 균형정부가 아니라 혼합정부를 초래한다. 기관 간의 기능적 경계가 무너지면서 권력의 융합이 발생하고, 그 결과 부분적인 권력분립과 부분적인 권력융합이 동시에 발현하는 현상을 불러온 것이다. 여기에 더해 정당정치가 발달하면서 정당을 매개로 국가기관 간의 권력분립이 사실상 융합되는 결과를 낳았다. 이런 현상은 권력융합형 정체를 지향하는 내각책임제 국가에서 보다 더 명료하게 드러난다. 사정은 권력분립형 정체를 지향하는 대통령제 아래에서도 크게 다르지 않다. 행정부 고위직을 내각책임제의 경우는 입법부 소속 국회의원이 차지하고 대통령제 하에서는 정당 추천 인사들로 채우면서 엽관제에 의한 폐해가 일상화 하게 된 것이다. 이로 인해 인적 자원 분립의 원칙이 무너지면서 행정부에 대한 효율적인 통제가 사실상 무력화 하는 결과를 낳았다.

이런 변화는 순수 관료제의 순기능을 강조하려는 경향으로 나타나고 관료제의 정치적 중립성에 주목하는 정치행정 이원론의 사회적인 타당성 내지는 수용성 정도가 크게 높아지는 결과를 불러왔다. 국가 권력의 실질적인 분립을 행정부와 입법부 사이가 아니라 관료제와 정당정치 사이에서 찾으려는 관점을 낳게 된 것이다. 그런데 관료제는 본디부터 근대 산업사회의 사회관계를 다루는 데 있어, 가장 효율적인 국가 구성의 원리로 평가되어 왔다. 입헌주의를 구현하는 과정에서 산업사회의 소품종 대량생산 체제가 요구하는 경제적 합리성(economic rationality)을 확보하기 위해서는 관료제가 가장 이상적이라고 본 것이다. 그러나 관료제는 그의 외형적 기댓값과는 달리 관료제와 그의 외부 관계를 다룬 이론의 틀이나 내부와의 관계에서 나타나는 운영 실제에 있어 모두 치명적인 결함을 지닌다. 이로 인해 순수 관료제가 민주주의의 핵심 가치 구현에 효율적일 것이라는 믿음은 보다 더 정밀한 검증을 필요로 하게 되었다.

먼저 관료제 외부와의 관계, 그러니까 민주 정체의 핵심 주체인 시민과의 관계를 설정한 논리의 틀을 점검해 보면, 관료제는 기본적으로 시민을 참정의 주체로 존중하는 것이 아니라 일방적 향도나 관리의 대상으로 삼는다. 이는 관료제의 이론 구성이 관료제가 작동하는 환경적 토대가 민주 정체라는 사실을 간과하거나 외면한 데에서 오는 결과다. 이런 시각상의 장애는 관료제가 그의 구성 준거를 계서제의 원리와 함께 전문성의 원리에 두는 데에서부터 비롯된다.

계서제는 조직목표 달성을 위한 수단의 합리성 제고를 위해 지식과 정보를 조직의 상위 계층에 집중시킨다. 또한 분야별 지식과 정보를 장악한 전문가가 전문가적인 식견이나 윤리의식에 따라 정책 판단에 나서기 위해서는 그의 자율적 의사결정권을 존중해야 한다. 이런 구조 아래에서는 행정기구나 관료가 시민에 대해 우월적 지위를 가지면서 실질적으로 시민의 통제권 밖에서 활동하는 결과를 낳는다. 그 결과 아무리 관료제의 원리에 따라 질서정연하게 운영된다고 하더라도 행정국가의 운영 결과가 시민의 선호나 판단 내지는 의지와 항상적으로 합치하기는 어렵다.

이로 인해 다양한 양식의 행정 실패가 유발될 것은 당연한 이치이다. 행정 행위가 시민이 생각하는 의미의 정의에 부합하지 않거나, 입법 의도를 외면하고, 재량권을 남용하며, 시민에 대한 예의범절을 지키지 않고 거친 행동양식을 보이거나 위엄을 떨고 권위를 남용하는가 하면, 억압하고, 감시하며, 불공정한 정책을 입안하고,

특정 정당을 편들거나, 법률을 지키지 않는 일들이 발생하게 된다.[1] 국가와의 관계에서 행정정의가 무너지고 나아가 시민의 행복추구권 훼손이 일상화 한다는 뜻이다.

보다 더 중요한 것은 관료제가 지향하는 목적 가치가 입헌주의 정신을 구현하는 과정의 경제성 내지는 과학적 합리성(scientific rationality)의 실현에 있다면, 시민이 지향하는 목적 가치는 대표성 내지는 정치적 합리성(political rationality)의 충족에 있다는 점이다. 따라서 기본적으로 지향하는 바가 서로 다르다. 경제성 내지는 능률성과 대표성 내지는 참여성은 서로 다른 성격의 것이어서 우연히 공유하는 영역이 있을 수는 있지만 기본적으로는 서로 다른 영역에서 구현되는 가치와 질서를 추구한다.

따라서 관료제에 의존하는 행정국가가 아무리 성공적으로 운영된다고 하더라도 그가 시민의 정치적 요구에 조응하기에는 본질적인 한계가 있을 수밖에 없다. 아니 행정국가의 관료제 운영이 성공적일수록 그만큼 더 과학적 합리성의 구현에 충실할 것임으로 오히려 정치적 합리성의 구현 그러니까 시민의 일상적인 선호나 소망이 반영될 가능성은 줄어들게 된다(de Castro, 1997: 1). 역으로 행정국가가 정치적 합리성 증대에 유의한다면 적어도 이론적으로는 더 이

1) Ghottehrer & Hostina(1998: 12)는 행정오류로 인한 민원 발생 요인으로 입법의도 외면, 비합리적 지체, 행정오류, 재량권 남용, 예의범절 결여, 단순 사무 실수, 억압, 감시, 해태, 적절치 못한 조사, 불공정한 정책. 파당성, 의사소통 실패, 거친 행동, 행정실책, 불공정성, 불합리성, 자의적 결정, 위엄 떨기, 비능률성, 불법성, 권한남용, 차별성, 무력성, 과실, 실수, 부주의, 자의적 결정에 대한 불인정, 일상적 업무수행 양식으로부터의 일탈, 법률의 결함이나 사실관계 확인의 임의성, 적실성 결여, 불분명하고 부적절한 양식에 의한 설명, 비능률성 등과 같이 의도성의 유무와 관계없이 치자가 피치자에 가하는 모든 유형의 부정의를 들고 있다.

상 행정국가일 수가 없다. 행정국가는 그의 존립 근거를 관료제의 원리와 그에 따른 생산성의 증대 내지는 경제성 제일주의에 두기 때문이다. 따라서 행정국가는 필연적으로 민원 발생의 소지를 안고 출범하는 셈이다.

또한 행정국가는 대내적으로 관료제가 경제성이나 능률성 확보에 있어 가장 이상적인 조직 구성 양식이라고 보고 이를 정당화해 왔다. 그렇지만, 그의 운영 실제를 살펴보면 행정과정의 합목적성 달성에 역기능적인 요소를 동반하면서 비능률적인 결과를 불러오기도 한다. 이른바 관료제의 병리 현상이 다양한 형태의 행정 실패를 유발하기 때문이다. 관료로 하여금 전문가적인 판단과 식견에 따라 행정 과제를 다루도록 하기 위해서는 자율적 의사결정권을 부여해 주어야 한다. 그런데 이런 재량권이 오히려 관료로 하여금 사적, 부가적 가치를 추구하도록 허용하는 빌미가 된다거나, 그 결과 행정 과정의 자의성, 불합리성, 불공정성, 차별성, 오류, 과실, 실수 등을 빈발하게 된다. 계서를 통한 상급자의 통제나 법규중심주의는 형식주의, 무사안일주의, 해태, 무력성, 몰인격성 등을 가져오고, 문서중심주의는 번문욕례와 함께 행정의 지체를 낳으며, 절차중심주의는 행정의 경직성, 획일성, 개별적 사례에 대한 외면 등을 불러온다.

그러니까 관료제에 기초한 현대 행정은 민원 발생을 본래적인 속성 가운데 하나로 삼는 셈이다. 그런데 제2차 세계대전 이후 등장하기 시작한 복지국가와 발전국가는 정부의 규모를 증대하고 사회관계에 대한 개입 범위를 확대했으며 권한의 확장을 가져왔다. 여기에 더해 동서 냉전체제의 심화에 따른 양 진영 간 긴장의 고도화는 국가중심주의를 강화하는 결과를 낳았다. 행정국가 현상의 심화와 더불어 관료제의 역할 강화를 가져온 것이다. 또한 행정행위의 종합적 성격이 강화되고 입법부에 의한 위임입법 범위까지 확장되면서 관료제의 기능적 비대화는 걷잡을 수 없이 가속화 되었다. 증대된 관료의 권한과 함께 행정 실패가 일상화 하면서 행정권의 오남용으로부터 시민을 보호해야 할 필요성이 현격히 증가하게 되었다. 시민의 법적 지위를 보호하기 위해 추가적인 장치를 개발해야 한다는 공감대가 폭넓게 형성되기에 이르렀을 것은 당연한 이치이다 (Ghottehrer & Hostina, 1998: 11).

III. 행정통제 장치의 구조적 한계

그런데 3권 분립론에 기반한 근대 행정국가는 행정권의 오남용과 그에 따른 행정 실패를 방지하기 위한 장치로 입법부에 의한 대행정부 통제, 행정부 내재적인 자기 통제, 사법부에 의한 권리구제제도를 고안해 두었다. 이는 몽테스키외를 비롯한 고전적인 권력분립론자들이 주목한 바, 국가 기구들 사이의 수평적 분업을 통해 국가 권력 기관 간의 견제와 균형을 구현하고자 한 것에 다름 아니다(몽테스키외, 2006). 그러나 행정부 내재적인 자기 통제의 무력성은 물론이고 대의구조와 사법적 심사의 무기력성이 드러나면서 대안 모색에 대한 수요가 순증하게 되었다. 이런 현상은 정보사회의 도래 이후 보다 더 심화되고 있다.

먼저, 입법부의 기능적 실체라고 할 수 있는 대의과정은 개인주의와 공동체주의를 연결, 융합하고자 한다는 점에서 구조적인 한계를 지닌다. 개인의 자유로운 처분권에 기초하는 개인주의는 자기제어적인 자율적 통제가 작동하지 않는 한 결코 평등성을 지향하는 공동체주의로 승화하기 쉽지 않다. 바로 이 점으로 인해 개인이 추구하는 사적 이익의 총화가 언제나 다수가 지향하는 공익으로 전환하게 되는 것은 아니다. 특히 사적 이익의 결집 과정이 다수결의 원리에 의존하는 한 소수자의 의사가 외면되는 일은 불가피하고, 그런 만큼 소수자 의견이 대의과정에서 소외되는 일도 피하기 어렵다. 따라서 개인의 자유와 그가 소속되어 있는 사회공동체가 추구하는 이해관계 사이에서 갈등이 발생할 가능성은 얼마든지 열려 있다(국민고충처리위원회, 2004: 27). 더욱이 이 과정을 주도하는 입법부는 조정과 타협을 기관운영의 기본원리로 삼는 데, 정치사회적 비중이 높은 과제일수록 이해집단 간의 갈등과 대립의 골이 깊기 마련이며, 그렇기 때문에 조정과 타협을 이루어내기가 쉽지 않다. 그 결과 갈등 조정에 대한 사회적인 수요가 클수록 오히려 입법과정의 우선순위에서 밀려나 방치되거나 외면당하기 쉽고, 그렇기 때문에 입법부의 사회 갈등 관리자로서의 기능은 반감될 수밖에 없다(박재창, 2003: 178). 언필칭 무의사결정의 한계에 빠진다는 뜻이다.[2] 이는 입법부의 자기모순에 해당된다. 입법부가 대 행정부 통제력을 발휘하기 위해서는 그의 전제 조건으로 입법부 자체의 기관의견이 수립되어 있어야 하지만 그것 자체가 쉽지 않다는 뜻이다.

지금과 같이 선거를 통해 시민의 집합적 선호를 파악하고자 하는 것도 문제다. 선거는 일반 시민으로 하여금 "합리적 무지(rational

2) 무의사결정에 대해서는 Bachrach & Baratz(1962)를 참조하기 바란다.

ignorance)" 에 따라 정치과정에 참여하도록 독려하는 성질을 지녔다. 개인의 한 표가 사회 전체의 정책 방향을 정하는 데에서 차지하는 비중이 매우 낮다고 판단하는 경우 많은 시간과 노력을 들여 합리적 선택에 나서기보다는 정치적 동원에 순응하고 말게 될 가능성이 크다는 뜻이다. 더 나아가 비록 시민의 집합적 선호가 확인된다고 하더라도 그것이 항상적으로 공공선 내지는 민주 정체가 지향하는 철학적 가치를 지향할 것이라는 보장은 없다. 단순히 사적 이해관계의 총화를 의미할 가능성이 얼마든지 열려 있다. 이럴 경우 흔히 행정오류의 시정작업이 지향해야 한다고 여겨지는 행정정의의 실체란 과연 무엇이냐는 문제에 봉착하게 된다.

무엇보다도 정치적 대리인으로서의 국회의원이 선의성에 기초해 활동할 것이라는 가정적 전제가 비현실적이라는 점에 주목하지 않을 수 없다. 정치적 대리인은 행정적 대리인인 관료와 마찬가지로 자신의 사적, 부가적 가치를 우선적으로 추구하기 마련이며, 그렇기 때문에 대의과정이 시민의 일반의지를 반영할 것이라는 믿음은 규범적 논의와 경험적 사실을 혼돈한 데에서 오는 대표적인 인식 오류 가운데 하나다. 의회 내부에서 이루어지는 의사결정이 로그롤링(log-rolling)과 투표거래를 통한 홍정으로 얼룩지기 마련이라는 점도 의회에 의한 정책결정이 정치적 거래로 오염되기 일쑤라는 사실을 웅변한다. 임기제와 교체임용주의의 원리에 따라 활동하는 국회의원은 2년이나 4년 같이 자신의 임기주기에 맞춰 단기적 시관(short term time perspective)으로 정책을 조율하기 마련이라는 점도 중장기적인 회임 기간을 필요로 하는 국가 정책과정을 왜곡시키는 또 다른 차원의 이유이다.

입법부의 기능적 동반자인 정당이 더 이상 제 역할을 수행하기 어렵게 되었다는 사실도 문제 가운데 하나다. 정당은 그동안 그의 구조적 특성인 순차적, 점진적 갈등 조정 원리에 따라 운영되어 왔다. 어떤 이해충돌 관계가 발생하는 경우, 이를 우선 현장 지근거리에서 서로의 입장을 경청하고, 순차적으로 대화를 통해 의견을 바꾸어 나가도록 조정하는 과정을 밟았다. 이는 정당의 점진주의적인 정책 조율 과정에서 확연히 드러난다. 그러나 정보사회가 도래하면서 바로 이런 조정과 타협에 필요한 시간적, 공간적 여백이 증발하게 되었다. 어떤 사건이 발생할 경우, 그에 대한 정보가 전국적으로 일시에 확산되면서 거의 같은 시간대에 그에 대한 찬반의 입장이 갈라져 정립되고 만다. 정당이 개입할 수 있는 소지가 현격히 줄어들었다는 뜻이다. 이처럼 대립적 이해관계가 일단 정립되는 경우에는 서로의 입장을 조율하기 위한 기회가 원초적으로 박탈되는 가운데 정해진 입장과 견해만이 병치되는 현상이 일상화하게 된다. 이는 정당에 기반해서 운영되는 입법부가 행정부를 견제하거나 감독하기 위해 개입할 수 있는 기회가 원초적으로 차단된다는 의미에 다름 아니다. 더 나아가 입법부의 정책 정향이나 입법 의도가 사회적 총화를 토대로 형성되지 않는 경우, 그런 의지를 관철하는 데 필요한 사회적 지지를 동원하거나 대 행정부 통제에 필요한 정치적 동력을 확보하기도 쉽지 않게 된다. 효과적인 행정통제가 이루어지지 않으면서 행정 실패가 방치되거나 외면되는 일이 일상화 한다는 뜻이다.

입법부가 행정통제에 나서고자 하는 경우에도 그 운영 실제에서는 행정부에 의존하는 경우가 적지 않다. 입법부는 그의 기관 특성상 전문성의 축적 정도가 낮을 수밖에 없다. 임기제로 인해 기관의 기억 장치가 취약하고 국회의원을 선발할 때에도 전문성 정도가 평가의 기본 척도가 아니기 때문이다. 반면에 행정부는 전문성의 정도에 따라 행정관료를 선발할 뿐만 아니라 조직의 편제 자체가 분업의 원리, 생애직 제도, 신분보장, 기관의 영속성 보장 등으로 인해 전문성을 축적하거나 확장하도록 되어 있다. 기관 운영에 필요한 예산이나 지원 인력의 규모 면에서도 행정부와는 비교할 수 없을 정도로 취약하다. 이런 입법부가 행정부를 상대로 효율적인 민원 조사에 나서거나 행정을 통제하기는 어려운 일이다.

행정 내재적 통제의 경우에는 관료제의 한계를 다시 관료제를 통해 극복하고자 한다는 점에서 동의반복적 자기모순에 빠진다. 관료제의 구조적 한계를 극복하기 위해 구조적 한계를 지니는 관료제에 의존하려는 것이기 때문이다. 실제로 관료제적인 행정민원 처리기관으로 당해 행정기관에 의한 재심제도, 행정소청, 행정재판, 계서제에 의한 고위 행정관료의 비공식적인 조정 등 다양한 방식과 통로가 개척되었지만 모두 부적절하거나 비효율적인 것으로 확인되었다(Matsunaga, 1999: 2). 재심제도, 행정소청, 행정재판 등은 기본적으로 사법적 재결과 유사하게 대심제도를 취하기 때문에 판단을 얻어 보기까지 더디게 진행되고 시간이 오래 걸린다는 문제점을 지녔다(Kirchheiner, 1983: 28). 행정 내재적 통제는 그의 본질적 특성상 모두가 상위 계서자나 상급기관이 권력적으로 인내하거나 허용하는 범위 내에서만 운영 가능하다는 점에서 상위 계서자나 상급기관의 이해에 반하는 감찰이나 평가 활동에는 나설 수 없고, 바로 그 점에서 스스로 한계를 지닌다. 행정기관에 의한 행정오류를 행정기관으로 하여금 조사하고 시정 조치하도록 한다는 점에서 기본적으로 불공정하거나 편파적일 수밖에 없다는 점도 문제다(Kirchheiner, 1983: 28).

사법적 재결의 경우도 사정은 결코 다르지 않다. 무엇보다도 법원이 행정 과정에 미치는 영향력 행사의 범위는 최소한의 것에 머무르도록 되어 있기 때문이다(Nachmias & Rosenbloom, 1980: 56). 이는 3권 분립의 정신을 반영한 결과다. 대의기구에 의한 통제가 무력화 하면서 사법적 재결에 의한 권리구제 요구가 폭증하게 되고, 그 결과 과중한 업무가 사법심사 과정에 부가되면서 민원 처리가 지체되는 점도 문제다. 그렇지 않아도 사법적 재결이 사후 통제에 지나지 않는다는 평가를 듣는 마당에 업무처리가 지체되면서 자기소임을 다하지 못하게 되는 것이다. 이는 행정실패가 장기간 방치된다는 의미에 다름 아니다. 사법적 판단을 받아보려면 많은 비용이 들어 사실상 일반 시민의 권리 구제 수단으로서는 접근성이 결여된다는 점도 문제다. 사법적 대리인이라고 하면 가장 객관적이고 중립적인 입장에서 평결을 내려줄 것이라고 기대하지만, 사법적 대리인의 경우도 정치적 대리인이나 행정적 대리인과 마찬가지로 자신의 부가적 가치 추구를 최우선적인 과제로 삼는다. 이 점도 사법부에 의한 대 행정부 통제가 무력화하게 되는 또 다른 차원의 이유다. 무엇보다도 국가권력이나 고위공직자의 정치적 압력으로부터 자유로운 가운데 사법적 판단에 나선다는 것에 대한 사회적인 신뢰가 부족하다는 점이 일반 시민으로 하여금 사법부에 의한 권리 구제나 행정 통제를 외면하게 되는 핵심적인 요인 가운데 하나다. 일반 시민은 소송절차, 특히 대심과정에서 유발되는 긴장과 심리적 부담을 달가워하지 않는 경향도 있다. 엄격한 절차주의와 실정법에 기초하는 기계적인 심사도 완승완패에 대한 두려움을 유발하는 또 다른 요인 가운데 하나다. 3심제로 인해 결과를 얻어 보기까지 너무 오랜 시간을 필요로 한다는 점도 문제다.

이렇듯 행정국가 운영의 전 과정에 걸쳐 행정적 대리인 체제의 모순을 시정하거나 예방하고 그것을 통해 민주주의의 핵심가치를 구현하려는 시도는 처음부터 구조적 모순과 한계를 안고 출범한다. 민주 정체의 운영 실패가 불가역적 과제로 등장하게 되는 이유다. 따라서 행정적 대리인, 정치적 대리인, 사법적 대리인 체제 모두의 운영 양식으로부터 자유로운 제3의 대안을 모색해야 한다는 요구가 비등할 것은 자명한 이치이다.

IV. 정보사회와 제3의 대안 모색

이렇듯 보다 효과적인 행정통제를 위해 제3의 대안을 모색해야 한다는 생각은 정보사회가 도래하면서 보다 더 증폭되었다. 정보사회는 정보소통 양식의 신속성, 복잡성, 유동성, 다양성, 역동성으로 인해 사회관계 양식을 혁명적으로 바꾸고, 그 결과 정부의 사회관계에 대한 대응전략에도 급진적인 변화를 촉구한다. 먼저 사회관계가 매우 빠르게 변화하면서 그에 조응해야 하는 정부의 관료적 의사결정 체제는 너무 느리다는 평가를 받는다. 이는 관료제가 안정성과 자급자족성에 기초해 고안된 것인 만큼 당연한 귀결이다. 조직의 변방에서 일어나는 현상에 대한 일차 정보를 기관 내부의 일사불란한 계서질서를 통해 일원적으로 집적함으로써 정보유통 과정의 생산성을 담보하고자 한 것이 관료제 구축의 핵심 추동 요인이다. 따라서 정부가 사회문제 해결에 보다 더 즉응적으로 대처하기 위해서는 의사결정의 중추를 현장에 접근시켜 정보 자원의 수직적 전환에 따르는 시간 비용을 절약할 필요성이 제기된다. 그렇지 않을 경우 사회문제 해결의 지체로 인해 국민 고충이 도처에 산재할 것은 너무나도 당연한 일이다.

정보사회는 또 사회관계의 복잡성을 높이게 된다. 그런데 관료제는 상대적으로 느슨한 사회관계망을 전제로 분업의 원리에 기초해 구성된다. 복잡한 사회정책 과제를 몇 개의 부분 구성요소로 분해해서 이를 개별적으로 처리함으로서 전체로서의 완성과 문제 해결에 이르고자 한다. 이런 관리양식은 부분 구성요소 사이의 상호의존성 정도가 상대적으로 낮을 때에나 적실성을 갖는다. 사회관계의 빈도나 밀도가 높아지면서 부분 구성요소 간의 상호의존성 정도가 심화되는 경우, 다양한 사회정책 과제가 서로 얽혀 있게 마련이며, 그렇기 때문에 이들 모두를 관통하는 종합적 접근시각(holistic approach)이 아니고서는 효율적으로 문제 해결에 이르기가 쉽지 않다. 고식적인 분업의 원리로는 다양한 정책 분야를 관통하는 사회문제의 해결에 적절히 대응할 수 없다는 뜻이다. 이 경우 현실 적합성과 적실성을 결여한 정부 정책이 국민 고충 유발의 근인이 될 것은 물론이다.

이는 정부와 시민 간의 관계에서도 같다. 시민은 문제 해결의 객체이고 정부는 그런 문제 해결의 독립 주체라는 인식은 사회공동체가 당면한 과제를 기능적으로 구분해서 접근하려 한다는 점에서 일종의 분업의 원리에 기초한 할거주의의 산물인 셈이다. 그런데 국가와 시민사회를 이렇게 이원론적으로 구분하는 경우, 정부는 사회 현상의 외부에서 제3자의 눈으로 사회 문제의 인과관계를 추적 조사해야 하게 된다. 그러나 정보사회의 도래로 인해 사회관계의 밀도가 높아지면서 그 구조의 복잡성과 유동성으로 인해 현상의 외부에서 제3자의 눈을 통해 인과관계를 추적하기는 쉽지 않다. 어찌어찌하여 문제의 원인을 규명하고 해결의 대안을 개발한다고 하더라도 이를 들고 다시 사회관계에 개입하여 문제 해결에 나서고자 할 때, 밀도 높은 사회관계로 인해 일종의 '간섭효과'를 낳는다. 문제의 성질 자체를 변화시킨다는 뜻이다. 따라서 정부가 제3의 평정자 내지는 권위적인 문제 해결자로써 사회정책 과제의 해결에 전인적인 책임을 감당하는 가부장적 존재를 자임하는 한 정부의 무력성은 일상화하지 않을 수 없다.

따라서 정부는 정책결정의 유일한 책임자라는 점을 더 이상 고집해서는 안 되며, 오히려 그 동안 문제 해결의 객체로만 여겨지던 시민사회 내부로부터 필요 정보가 수집되고 문제 해결의 주도권이 행사되도록 조장하고 지원하는 일에서 자신의 존립 근거를 찾아야 한다. 문제의 발원지야 말로 가장 정교하고 풍부한 정보 자원의 생산지이고 또 그렇기 때문에 문제 해결의 출발점일 것이기 때문이다. 그러나 그렇다고 해서 정부의 존립 이유가 완전히 소진되었다는 의미는 결코 아니다. 정부는 여전히 규범적 지표의 제시자로써[3] 그리고 시민사회와의 관계를 규율하거나 설정하는 총합적 조망자로써 자신이 감당하고 소화해야 할 책무와 과제를 지닌다. 다만 자신의

3) 특히 시민사회와 정부 간 협력의 양식이나 질서를 설정하고 제시하는 역할은 여전히 정부가 담당해야 한다.

역할수행 양식을 수정해야 하는 일은 이제 어쩔 수 없는 과제가 되었다. 국가와 시민사회 간의 경계를 초월하는 융합적 질서를 창출함으로써 "이음새 없는 간접국가(seamless indirect government)" 를 모색해야 한다는 뜻이다.

또한 정부가 공공재의 생산과 공급 과정에서 더 이상 배타적 독점권을 향유하도록 방치해서는 안 된다는 주장 속에는 사회구조의 다양성 정도가 매우 높아졌다는 인식에 기인하는 바도 적지 않다. 정보사회에서는 매우 다양한 정책 대안 제시자들이 경쟁적 관계를 형성한다. 인터넷을 비롯한 뉴미디어의 계몽과 대안 제시 기능이 이런 현상의 중요 인자로 작용하는 것은 물론이다. 따라서 관료제가 지향하듯 범용대안(one-size-fits-all)의 개발을 통해 모든 사회정책 과제를 일거에 해결하기는 어려운 시대가 되었다. 정부의 일방적이고 일원적인 문제 해결 전략이 더 이상 호소력을 갖기 힘들게 된 것이다. 그렇다고 해서 모든 개인의 특정적 이해관계를 전수 수용한다는 것도 지나치게 비경제적이며 반 공동체적 이다. 따라서 정부의 일원적 대응전략과 시민사회의 다원적 요구를 절충 조절하지 않으면 안 된다.

정보사회는 또한 사회구조의 역동성과 함께 정책 과제의 가변성도 크게 증대시킨다. 그만큼 현재의 시점에서 미래의 상황을 조망하고 예측하는 일이 보다 더 어려워질 것은 물론이다. 따라서 미래를 조망하는 데에서 출발하는 정부의 기획 기능은 이제 더 이상 적실성을 유지하기 어렵다. 그렇지 않을 경우 도처에서 국민고충이 유발될 것은 정한 이치와 같다. 따라서 정부가 더 이상 정태적인 기획 업무에 매달릴 것이 아니라 사회구조의 변화에 민감하게 반응하는 동태적 자세를 갖추고, 또 거기에 필요한 기능을 강화해 나가야 한다. 아니 사회정책 과제의 해결 책임이 정부에 있다는 일원론적인 인식의 틀 자체를 바꾸지 않고서는 정보사회의 역동성에 제대로 조응할 수 없으며, 그렇기 때문에 행정 실패를 근인적으로 치유할 수도 없다.

이런 상황은 당연히 정부에 대한 일반 시민의 신뢰를 약화시키고 신뢰받지 못하는 정부가 자신이 속한 정치체제의 정당성과 효율성 제고에 기여하지 못할 것은 정한 이치나 같다. 그런데 신뢰가 어떤 사회체제를 통합하는 접착제이며 정책기관이 원활하게 돌아가도록 지원하는 윤활유에 해당한다는 사실은 사실 새로울 것도 없다. 그런데 정보사회의 도래 이후 여러 서구 선진제국에서조차 공공기관에 대한 사회적인 신뢰가 지속적으로 하락하고 있다는 사실이 실증조사에 의해 확인되고 있다(Hertogh, 2012: 2).

이런 현실인식과 문제의식은 당연히 정부와 시민사회 간의 협력적 공조체제를 통해 공공문제 해결에 나설 것을 주문하게 된다. 과거 정부를 공공문제 해결의 유일무이한 주체로 그리고 시민을 정부가 감당해야 할 공공문제 해결의 객체 내지는 비용으로 인식하던 때와는 사뭇 달라진 셈이다. 오히려 시민을 일종의 자원 내지는 동반자로 보는 시각상의 교정을 구하게 되었다. 고전적인 자유민주주의 체제 내지는 입헌주의 체제가 공공문제 해결의 주체를 국가로 한정하던 것과는 달리 국가와 시민사회의 협력적 공조체제 내지는 동반지 관계를 통해 공적 과제를 해결해 나가자는 것이다. 정부와 시민사회가 협력적 파트너로 작동하는 거버넌스 체제의 도입이 불가피하게 되었음을 뜻한다.

그런데 거버넌스 체제는 그의 본질적 특성상 국가, 시장, 시민사회 간의 영역별 경계가 모호해지면서 이들 간의 융합과 통섭을 이루는 일이 공공재 생산에 있어 매우 중요한 과제라는 점을 전제한다. 강제력이나 외부의 권위에 기초하는 공적 영역과 자유의지를 매개로 운영되는 사적 영역 간의 경계가 무너진다는 것은 사적 영역의 본래적인 성격이 변화를 맞게 된다는 의미이기도 하고 공적 영역이 과거와는 달리 유사 시장적 내지는 유사 시민사회적 성격을 지니게 된다는 의미로도 읽혀진다.

이에 따라 국정관리는 이제 더 이상 상명하달식의 일방적이고 일원적인 관료적 질서를 의미하지 않게 되었으며, 밑으로부터의 다양한 동기 유발이나 가치 유인 요소도 함께 중시하게 되었다. 무엇보다 중요한 것은 국가의 역할이 더 이상 일방적으로 지시 명령하거나 시정 조치하거나 징벌을 가하는 데 있는 것이 아니라, 공공재 생산 과정에 참여하는 다양한 활동자들이 자율조정 능력을 발휘하도록 지원하거나 조장하는 간접 활동에 초점을 맞춰야 한다고 보게 되었다는 점이다. 이는 정보사회의 도래에 힘입어 입헌주의 내지는 자유주의와 대중민주주의 내지는 공동체주의 사이의 오랜 긴장이 비로소 교묘한 절충점을 찾기에 이르렀다는 의미이기도 하다.

이는 또한 국정관리를 통해 달성하고자 하는 목적이 민주성 제고에 있다면 이를 달성하기 위한 수단적 방편의 생산성 제고도 시민참여를 통한 민주성 확장에 의해 달성 가능하고 또 그렇게 되어야 한다고 보게 되었음을 뜻한다. 거버넌스는 이렇게 그것 자체가 국정운영의 목푯값이자 동시에 수단적 방편이기도 한 이중적 성격을 지녔다. 그런 점에서 거버넌스는 등장의 동기를 신공공관리론과 비슷한 곳에 두고 있지만, 국정운영 과정의 생산성 증대에 몰입하려는 신공공관리론과는 본질적으로 그의 성질을 달리한다. 이렇게 정보사회 도래 이후의 후기 근대 정부가 당면한 과제를 시민참여를 통해 해결하고자 하는 현상에 대해 국가와의 관계에 주목해서 설명하고자 하는 정치학이나 행정학에서의 시도들은 과부하 이론을 통해 종합되고 있다. 전환비용론이나 공공선택론의 연장선상에서 볼 때 후기 근대 정부는 과부하 상태에 있으므로 정부의 이런 부담을 줄이기 위해 정부의 역할을 축소 조정하고 시민의 투입 기능을 확대하는 것이 보다 합리적 선택이라는 것이다.

이렇듯 거버넌스를 국정운영 과정에 대한 시민참여의 기회 공간을 확장하려는 것이라는 측면에서 보면, 거기에는 실로 다원적인 참여의 창구가 열리게 된다. 우선 3권 분립론의 관점에서 보면 국정운영 과정은 입법부, 행정부, 사법부로 기능적인 분립체제를 이루고 있다. 이는 국정운영 과정을 이스톤 모형(Eastonian model)의 투입, 전환, 산출로 구분해 다루었음을 뜻한다. 따라서 한 나라의 국정운영 체계를 거버넌스의 관점에서 접근할 경우, 입법부를 중심으로 하는 투입 거버넌스, 행정부를 중심으로 하는 전환 거버넌스, 사법부를 중심으로 하는 산출 거버넌스를 구축, 운영하게 된다. 이때 투입 거버넌스의 대표적인 사례로는 일정한 수의 유권자가 법률안을 제출하는 경우 이를 의회가 심의토록 강제하는 국민발안제, 일정 수 이상의 유권자가 동의하는 경우 임기 전이라도 국회의원을 해임하게 하는 국민소환제 등을 들 수 있다. 전환 거버넌스의 사례로는 영국의 12주법에서 보는 바와 같이 행정부가 어떤 정책을 창안하여 집행하고자 하는 경우에는 최소 12주 이전에 관련 NGO나 전문가 단체와 협의하도록 강제하는 제도를 들 수 있다. 대표적인 산출 거버넌스로는 국민참여재판의 배심원제도가 있다.

그런데 이스톤 모형에는 투입, 전환, 산출에 이어 환류 단계가 추가되어 있다(Easton, 1965). 이런 관점의 연장선상에서 국정운영 체계를 살펴보면 기존의 3권 분립론에는 국정운영 양식의 설계 과정에 중대한 결함이 내포되어 있음을 알 수 있다. 정부의 기능적 실체를 입법부, 행정부, 사법부로 분할할 경우 정부 활동을 일정 시점의 정태적인 사진으로 파악하는 데에는 유용할지 몰라도 시간 경과에 따라 이들이 역동적으로 상호작용하고 조응하는 동태적 현상을 파악하는 데에는 적절치 못하다는 한계를 지닌다. 3권 분립론은 국정운영 과정에서 분립된 국가기구들의 운영 실제를 점검, 평가하고 그 결과를 다음 회차의 역할 수행과정에 반영함으로써 오류를 시정하는 환류 전담 부서에 대한 디자인 수요를 간과했던 것이다. 입헌주의의 연장선상에서 3권 분립론을 정립하면서 이를 기계론적인 관점에서 접근한 탓이다. 이렇듯 국정운영 실제에서 발생하는 행정실패를 극복하고 개혁 대안을 모색해 나가는 환류체계를 기관 차원에서 제도화 하지 않았다는 점이 국민고충 해소를 외면하고 행정실패가 일상화 하는 일에 체계적으로 대응하지 못하게 되는 원초적인 이유 가운데 하나다. 행정오류를 시정하는 환류 전담 부서의 설계가 시급한 이유다.

이를 앞서 거버넌스에 대한 사회적인 수요가 커져 있다는 사실과 견주어 보면, 국정운영의 비중이 앞으로는 환류 거버넌스 쪽으로 보다 더 이동해야 한다는 의미에 다름 아니다. 그런데 그동안 운영되어 온 여러 제도 가운데 환류 거버넌스의 관점에서 해석해 볼 여지가 있는 것으로는 흔히 공공갈등관리, 청원, 국민제안, ADR, 종합행정 민원제도 등을 들 수 있다. 그러나 이들은 ADR의 일부를 제외하고는 모두가 기본적으로 행정오류의 시정 문제를 관료적 질서에 따라 상명하달식 양식을 통해 행정적 대응에 나서자는 것에 다름 아니다. 따라서 관료제의 병리 현상을 극복하고자 환류한다고 하면서 관료제의 병리 현상을 재현하고자 하는 것과 다를 바가 없다. 개개인의 개별적 고충이나 권익 침해보다는 집단민원이나 정부 기관 간의 갈등 또는 정책수용자 집단과 국가기구 사이의 치차 조절을 겨냥한다는 점에서도 기본적으로 관료제적인 접근시각의 한계를 벗어나지 못한다. 보편적, 일반적 원칙을 통해 문제 해결에 이르고자 하기 때문이다. 무엇보다 중요한 것은 주로 준법성의 유지 여부를 중심으로 행정오류를 평가하고 대안을 모색하는 과정의 평가 준거로 삼는다는 데에 있다. 그렇기 때문에 환류의 과정이 합리적, 이성적 판단과 인식의 프레임을 벗어나지 못한다는 공통점을 지녔다. 관료제의 한계를 벗어나고자 하는 환류 거버넌스의 한 양식이면서도 관료제의 핵심적 요소라고 할 수 있는 기계론적 인식 프레임을 승계하는 한계를 지녔다.

그러나 옴부즈만은 행정오류를 평가하고 시정 조치하는 환류 거버넌스의 전개 과정에서 권고와 조정을 통해 합의에 도달하고자 한다. 갈등 당사자들 사이의 합의와 대안의 수용을 중시한다는 점에서 크게 다르다. 이때 합의의 내용이 준법성의 테두리 내의 것인지의 여부에 대해서는 이를 고집하지 않는다. 합리적, 이성적 논리체계에 함몰되는 것이 아니라 그것을 초월해서 감정적, 정서적 순화와 동의를 통해 문제 해결에 이르는 것도 가능하다고 보기 때문이다. 바로 이 점에서 기존의 여타 환류 거버넌스 양식들과는 근본적인 성격을 달리한다. 부언하면 조정을 통한 환류 거버넌스의 여러 유형들이 법률문제 해결과 심리치료를 양 극단으로 하는 일직선상에 정렬된다고 한다면[4] 옴부즈만은 위법성 여부를 판단하는 일에서부터 심리치료의 과제에 이르기까지 초광대역 역할 범주를 포괄한다. 바로 이 점에서 여타의 것들과 크게 다르다. 바로 그렇기 때문에 가장 근인적인 차원에서 대항관료제적인 또는 탈관료제적인 접근전략을 구사하고자 하는 것으로 이해된다. 따라서 옴부즈만이야 말로 3권 분립론에 반영되지 못한 환류 거버넌스 체제 구축에 대한 수요를 가장 본질적으로 대응하고 또한 적극적으로 반영하고자 하는 것이라고 하지 않을 수 없다.

V. 환류 거버넌스와 제4부의 구상

그런데 옴부즈만의 이런 국가와 시민사회를 연결하는 환류 거버넌스 역할에 대해서는 그동안 두 개의 대립적인 시각이 다툼을 벌여왔다. 먼저 긍정론자들에 의하면 옴부즈만은 행정 통제를 통해 일반 시민에 대한 행정권의 남용을 방지하고(Center for the Study of Democracy, 2002: 10), 행정관료의 불법 행위를 포착하거나, 그런 행위의 시정에 필요한 조치를 취하고, 행정관료와 일반 시민 간의 대화를 촉진하며 조정하고, 행정개혁 대안을 제시하는 등 체제의 안정과 효율화에 적극적으로 기여한다는 것이다. 이를 통해 옴부즈만

4) Alberstein(2007: 324)은 조정자의 정체성을 법률가와 심리치료사의 특성을 배합한 것이라고 보았다.

은 국정운영에 일종의 경고등 같은 역할을 수행한다고 보았다. 행정과정에서 발생하는 문제의 소재를 포착하도록 유도함으로써 더 큰 문제로 발전하기 전에 사전 조치하거나 예방할 수 있는 선제적 대응 기회를 마련한다는 뜻이다. 잘못된 행정에 대한 시정 조치가 이루어진다는 점에서는 국가에 대한 불만이 누적된 나머지 혁명적으로 분출하는 것을 사전에 방지하는 정치적 안전판 역할도 수행한다. 격동기 사회가 빠지기 쉬운 인권 유린이나 부패를 방지하고 보다 더 시민 친화적인 행정을 펴도록 유도하는 과정에서도 유사한 효과가 발생한다. 나아가 이는 궁극적으로 일반 시민의 국가에 대한 신뢰를 회복하며 그 결과 정치적 안정을 촉진한다는 의미이다(Center for the Study of Democracy, 2002: 10).

그러나 부정론자들에 따르면 옴부즈만이 그렇게 체제의 안정화나 효율화에 기여하는 것은 아니라는 것이다. 옴부즈만은 기본적으로 권력 엘리트로부터 자유롭지 못하기 때문에 일반 시민의 의사를 정부에 전달하거나 행정과정을 개선하는 수단이라기보다는 권력 엘리트에 봉사하는 일종의 권력 누수 점검 장치에 지나지 않는다는 평가다. 이는 스웨덴에서 처음 근대적 의미의 옴부즈만이 고안될 때부터 내재되어 있던 한계다. 그 시대의 옴부즈만은 단지 왕권에 대한 위협 요인으로 작용할 가능성이 있는 행정 비효율이나 위법 요인을 찾아내자는 것이었지 그걸 통해 보통 사람의 민원이나 고충을 해결하는 일은 부차적인 과제였다. 현대 사회에서도 사정은 같다. 재정 자원 조달기관이 예산 지원을 중단하면 더 이상 활동할 수 없는 것이 옴부즈만 이다. 그렇기 때문에 권력 엘리트의 권력적 이해관계를 넘어 활동할 수 없다. 뉴욕시의 쥴리아니 시장의 사례에서 보는 바와 같이 옴부즈만이 너무 권력적으로 강대해지면 권력 엘리트가 베일 속에 감추고 있던 실체를 드러내면서 옴부즈만의 독립성을 침해하거나 영향력 차단에 나선다. 바로 이 점에서 보면 옴부즈만이 사회적인 불평등을 시정하고 행정오류를 바로잡는다는 주장은 신화에 지나지 않는다는 것이다(Saunders, 2014: 32). 판사나 검사가 수뢰죄로 감옥에 가는 일은 있어도 옴부즈만이 부패해서 감옥에 갔다는 얘기는 듣기 어려운 이유다. 부패시킬 만큼 효율적이거나 영향력이 크지 않기 때문이다. 옴부즈만의 효율성은 실재하는 것이 아니라 그럴 것이라고 인식하는 의식 속에서만 존재한다는 뜻도 된다. 사실 옴부즈만은 근대에서나 현대에서나 늘 현상 유지 도구의 수준 이상을 벗어나지 못했다는 평가를 받는다. 옴부즈만은 기존의 권력 구조를 바꿀 힘이 없는 이들에게 단지 현상 유지를 통한 평화와 안정을 공급하자는 것 이상도 이하도 아니라는 의미이다.

그러나 반대로 옴부즈만을 현상 타파 또는 기존의 질서를 파괴하는 적극적 수단으로 이해하려는 경향도 있다. 옴부즈만은 기본적으로 기존의 행정제도나 법규에 내재되어 있는 정통성을 부정하고 추가적으로 문제 해결을 위해 새로운 장치를 마련하고자 한 결과물이라는 것이다. 그러나 이를 제도론적인(institutional) 관점에서 보면, 기존의 제도나 체제가 필요로 하는 질서나 안정을 해치게 된다는 의미에 다름 아니다. 새로운 차원의 비효율과 초과 비용 지출 요인 가운데 하나로 작동한다는 뜻이다. 인식론적 관점에서 보더라도 옴부즈만을 통해 특단의 문제 해결 방식을 동원하는 것은 순률적이고 점증적인 절차와 과정을 중시하는 민주 정체의 철학적 원리와 가치관에 역행하는 발상의 결과물로 여겨진다. 그러니까 옴부즈만은 기본적으로 기존의 질서나 절차를 훼손하는 속성을 지녔고, 그런 점에서 이는 결코 한 사회의 안정이나 제도화에 기여하는 것이 아니라는 견해이다.

옴부즈만이 지향하는 갈등 관리 기구로서의 역할에 착안해서 보더라도 사정은 같다. 객관적, 중립적 갈등관리 기구로 작동하기 위해서는 적절하고 타당한 절차가 제도화 되어 있어야 하지만 옴부즈만의 경우에는 그렇지가 못하다. 철저한 증거주의에 따르는 것도 아니고 그렇다고 해서 객관적 논증에 의존하는 것도 아니며 단순히 말로 제기하는 민원인의 주장에 근거해서 문제 해결에 나서기 때문에 갈등 관리를 위한 사법 절차의 대안이라고는 하지만 저급한 수준의 대안에 속한다는 평가다. 따라서 사법적 절차와 쟁송을 벌여 다투는 경우 패배할 가능성이 매우 높을 수밖에 없다. 무엇보다 중요한 것은 이런 식으로 어떤 민원을 해결하는 일과 행정정의를 구현하는 일이 언제나 같은 성질의 과제가 아니라는 점이다(Saunders, 2014: 29).

그런데 사법 절차는 경쟁성, 승자독식주의, 개인의 자유 보장, 당사자의 지위나 입장의 재규정 같은 서구식 가치관에 기초한다. 반면에 옴부즈만은 이해당사자들 간의 관계 유지, 윈윈(win, win) 해법의 모색, 절충주의에 의한 행정정의의 추구, 중도 노선의 모색, 현상유지 등을 지향하기 때문에 기성의 질서나 행정법의 도전자 내지는 경쟁자라기보다는 동반자 내지는 보완자 지위를 모색하려는 것으로 평가된다(Saunders, 2014: 31). 이 경우 행정오류의 시정을 통해 행정정의를 구현하는 일에는 상대적으로 무력할 수밖에 없다.

이런 견해들은 그것이 긍정론이 되었건 또는 부정론이 되었건 기본적으로 옴부즈만을 사회변동의 독립변수로 간주한다는 특성을 지녔다. 그러나 옴부즈만이 활성화 되면 한 사회의 민주화를 촉진하고 나아가 정치발전을 향도하는 성질을 지니는 것이 사실이기는 하지만, 다른 한편에서 보면 정치발전이 되어 민주화가 선취되어 있어야 옴부즈만의 활동이 활성화 되는 역순의 관계도 성립된다(Chambers. 2001: 5). 전자를 기관결정론이라고 한다면, 옴부즈만을 그가 속해 있는 정치사회 체계의 종속변수로 본다는 점에서 후자의 경우를 환경결정론이라고 정리해 볼 수 있다.

그런데 기관결정론에 따르면 민주화 이행기 사회의 경우 옴부즈만은 그의 기관 속성상 민주화의 촉진, 인권보호, 부패추방, 대민관계 개선 등에 있어 매우 탁월한 기능을 수행한다(Center for the Study of Democracy, 2002: 8). 옴부즈만은 그의 영향력과 보고권 및 공표권 행사 그리고 일반 시민과 언론에 대한 관심의 유발 등을 통해 전환기 사회의 구조적 한계를 극복하는 데 있어 매우 효과적 이다. 전환기 사회는 정치적 민주 질서의 제도화 부진, 정부와 일반 시민 간의 의사소통 미숙, 국제수준에 미치지 못하는 법률과 규칙의 일관성 부재, 구조 개혁의 저속 진행 등으로 인해 사회 변화를 견인하는 데 있어 많은 곤란을 겪는 것이 보통이다. 그러나 옴부즈만은 바로 이런 기존의 사회구조적 한계에 의해 구속되거나 지체되지 않고 별도로 특단의 장치를 마련하자는 것이기 때문에 인권보호나 정부개혁의 촉진 등을 통해 이런 장애를 돌파하고 변화를 촉진하는 데 있어 매우 중요하고 또 적극적인 변인으로 작용한다(Center for the Study of Democracy, 2002: 9). 이는 동유럽국가들 사이에서 옴부즈만이 시민사회 발전의 독립변수로 인식되고 있다는 데에서 확인된다. 그렇기 때문에 시민권 보호 수단으로 여겨진다(Kostelka, 1998: 1).

반면에 환경결정론에 따르면 옴부즈만이 제대로 기능하기 위해서는 거기에 합당한 환경 조건 즉, 민주 정부의 활착화나 공직자에 의한 법치주의의 준수 등이 전제되어 있어야 한다는 것이다(Center for the Study of Democracy, 2002: 8). 옴부즈만의 활성화를 위해서는 일정한 양식의 환경 조건이 충족되어 있어야 한다는 뜻이다. 그렇지 않을 경우 정치사회적 기득권의 이해관계를 초월하기가 쉽지 않다. 옴부즈만의 설치 자체가 정치적 기득권의 양해와 동의 없이는 성사 가능한 일이 아니라는 앞서의 주장을 돌이켜 보게 되는 이유다. 권력적 기득권자의 자유로운 활동을 제약할 것으로 판단되는 한 옴부즈만의 활동은 제한될 수밖에 없다. 국가 권력 통제 수단으로서의 옴부즈만에 대한 사회적인 기대가 큰 것은 사실이지만 그의 운영 실제에 있어서는 그에 상응하는 사회적 비용의 지출을 각오해야 한다. 옴부즈만 운영이 불투명하고 비효율적이라고 불평하는 이들이 적지 않지만 이는 결코 정의의 여신이 눈이 멀어서가 아니라 옴부즈만의 활동이 경제사회적 기득권자나 지배적인 문화 질서의 허용 범위 밖으로 나갈 수 없는 환경적 조건 속에 놓여 활동하기 때문이다(Saunders, 2014: 3-4). 따라서 시민사회의 기댓값과 정치사회적 기득권자의 이해관계 사이의 간극이 클수록 옴부즈만의 역할 범위는 제한적일 수밖에 없다. 그러니까 민주화가 아직 공고화되어 있지 않은 곳에서는 사회의 민주적 하부구조가 형성되기 이전 상태에 있기 때문에 민주화를 견인하려는 옴부즈만에 대해 기득권층으로부터의 반발이나 저항이 적지 않고, 그렇기 때문에 이를 극복하는 일이 선결 과제로 제기된다(Des Rosiers, 2003: 4).

이와 관련하여 정치경제적 기득권자의 이해관계와 시민사회의 기댓값 사이의 간극이 최소한에 머무는 서유럽 사회의 경우 옴부즈만이 내생적 성장을 거듭해 왔음은 우리 모두가 잘 알고 있는 바와 같다. 그러나 그렇다고 해서 환경결정론을 따를 경우 그런 환경조건의 창출을 위해 구체적으로 어떤 노력이나 전략을 세워야 하는지를 밝히기는 쉽지 않은 일이다. 오늘날의 서유럽 사회는 그 사회가 성장해 온 역사적 궤적의 결과일 뿐이지 이를 재연하기 위해 어떤 정책적 의지가 필요한 것인지에 대해서는 어느 누구도 선뜻 대안을 내놓기가 쉽지 않다. 설혹 그런 전략적 대안이 개발되거나 제시된다고 하더라도 이를 통해 사회구조 변화를 견인하기에는 회임 기간이 너무 길며, 조작적 대안의 고안이 쉽지 않다.

따라서 옴부즈만의 존재적 당위를 강조하는 경우 기관결정론의 입장에 서게 되는 것은 당연한 이치이다. 이렇게 기관결정론의 입장에서 옴부즈만을 이해하는 경우, 옴부즈만의 활성화를 위한 구체적인 대안 개발이 상대적으로 용이하고, 대안 개발에 따른 성과의 회임 기간이 상대적으로 길지 않아 실질적인 효용성이 크다는 점에도 유의할 필요가 있다. 그러나 그렇다고 해서 환경결정론적인 접근시각의 부당성을 말하려는 것은 결코 아니다. 비록 기관결정론이 조작적 전략 대안 모색에 있어 유리한 입장에 있다고 하더라도 이는 단지 일회적인 차원에서의 설명이며 옴부즈만이 사회변동에 기여하기 위해서는 기관과 환경이 서로 영향을 주고받는 가운데 시간 경과에 따라 서로 교호적 관계를 맺어야 하기 때문이다.

이런 환경결정론과 기술결정론 간의 관계는 옴부즈만이 “시민으로부터 법률이 비롯된다(come from the people)"고 보는 데에서부터 그의 정당성 근거를 찾는 것이기도 하지만(Kostelka, 1998: 2), 다른 한편에서는 "법률을 시민에게 환원하려는(come back to the people)" 것이기도 하다는 점에서 재확인된다(Rowe, 1991: 353; Hill, 1997: 2). 그러니까 전자가 입헌주의 내지는 법치주의를 옴부즈만 활동의 전제조건 내지는 독립변수로 간주하려는 것인 데 반해, 후자는 옴부즈만이 바로 그런 입헌주의나 법치주의 구현을 견인하는 독립변수로 인식되고 있음을 뜻한다. 그러나 이런 논의들은 기본적으로 사회와 옴부즈만의 관계를 한 시점의 현상에 대한 정태적 진단을 통해 접근하려 함으로써 양자가 시간의 경과에 따라 서로 교호적 관계를 갖는다는 사실을 간과하는 한계를 지녔다. 옴부즈만이 한 사회의 민주화나 법치주의를 견인하는 동력원인 것이 사실이기는 하지만 동시에 옴부즈만의 활성화를 위해서는 그 사회의 민주화나 법치주의 따위가 정착되어 있어야 한다는 점에서 양자는 서로 상호작용적 관계를 구축한다.

이를 국가와 시민사회의 관계에서 보면 옴부즈만이 거대한 환류체계의 중심축으로 작동한다는 것에 다름 아니다. 국가 기구의 하나인 옴부즈만이 시민사회의 구성원인 민원인과의 상호작용을 통해 행정오류를 시정해 나가자는 것이 바로 옴부즈만의 기능적 실체이기 때문이다. 최근에 들어서면서 바로 이런 유형의 정의 구현 내지는 갈등관리 기구들이 속속 등장하고 있음은 우리 모두가 잘 알고 있는 바와 같다. 이들은 각급 규제위원회, 부패방지위원회, 공정거래위원회, 인권위원회, 언론중재위원회, 노동위원회 등에서 보는 바와 같이 선출직 공무원이 아니면서도 국정운영에 대한 감시, 감독, 감사, 평가 업무를 통해 정부의 책무성이나 청렴성을 확보하고자 한다는 점에서 같다. 이런 환류 업무 전담부서들이 확산되면서 이들을 한데 묶어 기관의 역량을 배가하자는 논의가 제기될 것은 당연한 이치이다. 이렇듯 다지다양화하고 있는 옴부즈만 기구들을 연결하여 입법부, 행정부, 사법부에 이은 제4부 내지는 감독부(integrity branch)라 칭하고 이를 따로 분류하여 다루자는 제안이 빈발하게 되는 것은 당연한 이치이다(Gill, 2014: 9). 이는 기본적으로 행정정의의 중요성을 강조하는 시대 조류와는 달리 의회의 대 행정부 통제기능이나 사법적 재결기능이 사실상 날로 쇠퇴일로에 있기 때문에 생겨나는 일이기도 하다. 정보사회의 도래 이후 급증하고 있는 환류 거버넌스에 대한 수요는 이제 옴부즈만을 기반으로 하는 제4부의 구상을 필수적인 현안 과제로 제기하기에 이르렀다.

제2장
옴부즈만의 분석 전략

I. 옴부즈만의 다면성과 다층성

국제옴부즈만협회(IOI)는 옴부즈만을 정부의 행정작용에 대한 민원(complaints)을 조사하고, 이를 해소하기 위해 정부에 적절한 수단을 권고하며 그렇기 때문에 행정기관으로부터의 독립성 확보, 민원을 조사할 수 있는 권한의 행사, 권고라는 비권력적인 문제 해결 수단에 대한 의존을 가장 기본적인 구성 요소로 삼는 "제도(institution)"라고 보았다(IOI, 2019). 오스팅(Oosting, 1998: 2)도 옴부즈만은 시민을 위해 세워진 "제도(institution)"로써 그의 존립 이유를 국가로부터 보통 사람들을 보호하는 데에 둔다고 했다.

그러나 국제변호사협회(IBA: International Bar Association)의 옴부즈만 위원회는 1974년 처음으로 옴부즈만 개념을 규정하면서 옴부즈만을 헌법이나 법률에 의해 만들어지며 독립적이고 고위직인 공무원을 수장으로 삼고, 의회에 책임을 지며 정부 기관이나 그 공무원 또는 직원에 의해 야기된 고충민원을 민원인으로부터 접수받거나 직권으로 조사하여 적당한 해결책을 권고하고 공표하는 역할을 수행하는 "공직(office)"으로 규정했다(Gottehrer, 2009: 2-3). 1980년의 베를린 대회에서는 이를 일부 수정하여 옴부즈만을 과오 행정이 있다고 판단될 경우, 그에 대한 시정 조치를 권고하고 이행 상황을 의회에 보고할 수 있는 "권한(authority)"에 다름 아니라는 점을 추가했다(IBA, 1980).

반면에 미국옴부즈만협회(USOA, 2003)는 옴부즈만을 정부의 어떤 조치에 대한 국민의 고충을 접수, 조사, 또는 비공식적으로 해결할 수 있는 권한과 책임을 지녀 필요하다고 판단하는 경우 조사 결과를 확정하고 개선책을 제안하며 보고서를 발간하는 "공무원(public official)"이라고 보았다. 옴부즈만 연구의 선두 주자라고 할 수 있는 로왓트(Rowat, 1968)도 옴부즈만을 행정을 감시하는 의회의 독립적이고 비당파적인 공무원으로써, 공행정 분야의 부정의(injustice)나 행정오류(maladministration)에 대한 국민의 민원을 다루며, 이를 조사하고 비판하며 공표할 수는 있지만 행정행위를 취소할 수는 없는 "사람(person)"으로 규정했다. 이는 옴부즈만이라는 용어가 처음 쓰일 당시의 스웨덴에서도 같았다. 옴부즈만은 다른 사람의 이익을 대리하거나 보호하는"사람(man)"으로 이해되었다(Caiden, 1983: 3).

이를 종합해 보면, 옴부즈만은 행정에 대한 시민 개개인의 민원을 접수하거나 직권으로 찾아내 중립적인 입장에서 이를 조사하고 필요한 경우 시정 조치를 권고함으로써 시민과 행정관료 또는 행정기관 사이에서 발생하는 이견과 갈등을 보다 간편하고 신속하게 해결하기 위해 운영되는 "제도," "공직," 또는 "사람"에 다름 아니다. 이렇게 옴부즈만의 정체성에 대한 인식이 제도, 공직, 사람 등으로 나뉘어 서로 다른 이유는 옴부즈만의 기능적 실체를 파악하는 데 있어 어떤 관점에서 접근하느냐에 따라 인식의 내용이 달라지기 때문이다. 부언하면 옴부즈만이라는 동일 현상을 거시적 관점에서 접근하는 경우에는 제도로, 중범위론적인 접근을 채택하는 경우에는 공직으로, 그리고 미시적 관점에서 이해하는 경우에는 사람으로 파악한 것에 다름 아니다.

그런데 거시적 접근, 중범위론적 접근, 미시적 접근은 서로 별개의 현상을 다루자는 것이 아니라 동일 현상을 어떤 정도의 포괄 범위 내지는 인식의 범주를 통해 이해하고자 하느냐에 따라 구분된다. 따라서 이들은 포괄 범위의 크고 작음에 따라 서로 상위체계와 하위체계를 구성하는 관계에 있다. 서로 연동되어 있으며 상호의존적 관계를 구축한다는 뜻이다. 다만 미시적 접근이 개인이나 하위 구성요소의 적극적 주동성이나 독자성을 강조하는 경향이 있는 데 반해 거시적 접근은 개인이나 하위 구성요소가 작동하기 위해서는 그의 거시적 배경이 전제되어 있어야 한다고 보고 개인이나 하위 구성요소를 수동적 존재로 인식하려는 특성을 지녔다. 중범위론이 이들 거시적 배경과 개인이나 하위 구성요소 사이의 상호작용적 관계에 주목할 것은 물론이다.

그런데 제도는 일반적으로 어떤 조직이 자신의 환경과 영향을 주고받는 가운데 조직 내부적으로는 학습이 일어나고 조직 외부적으로는 환경에 수용됨으로써 양자를 이어주는 연계변수가 뿌리를 내려 활착화한 상태를 말한다. 따라서 옴부즈만을 제도로 인식하는 경우 옴부즈만 외부의 사회공동체까지를 포괄하게 되는 만큼 인식의 범위가 가장 넓은 경우에 해당된다. 따라서 이는 옴부즈만을 거시적 관점에서 관찰했음을 뜻한다.

반면에 공직은 공공의 목적을 달성하기 위해 헌법이나 법률이 부여한 직무의 외피에 해당된다. 또한 권한은 그런 직무를 수행하는 데 필요한 영향력 행사의 근원이라는 점에서 직무의 내포에 다름 아니다. 따라서 옴부즈만을 공직으로 이해하는 것은 직무를 통해 옴부즈만을 파악하고자 하는 것에 다름 아니다. 그런데 옴부즈만은 그의 직무을 어떤 개인 혼자서 수행하는 것이 아니다. 아무리 옴부즈만이 그의 존립근거를 대항관료제의 구현에 둔다고 하더라도, 그의 운영 실제에 있어서는 점증하는 민원에 대응하기 위해 일단의 사람이 서로 협력하는 체제를 갖추기 마련이다. 민원의 해결이라는 공동의 목표를 달성하기 위해 협동적 노력의 체제를 갖추게 된다는 뜻이다. 그런 점에서 옴부즈만을 공직으로 이해하는 경우 그때의 공직은 집합적 개념일 수밖에 없다. 여러 개의 직무로 구성된 조직을 상정하게 되는 이유이다. 그런데 조직이 제도와 조직을 구성하는 직무 점직자로써의 개인 간의 관계를 매개하는 중간자의 위치에 놓여 있다는 점에서 보면 이는 옴부즈만을 중범위론적인 관점에서 접근했음을 뜻한다.

이때 개별적 존재로써의 공직을 담당하는 점직자가 바로 공무원이다. 그런데 공무원으로써의 옴부즈만은 자신에게 주어진 권한을 기계적인 강제력으로서가 아니라 스스로 재해석하거나 적의 판단해서 개별 상황의 특성에 맞게 대응해 나가야 하는 존재이다. 옴부즈만은 자기 주동성과 독자성을 기관 특성으로 삼는다는 뜻이다. 그런데 개인이나 하위 구성요소의 주동성이나 독자성을 강조해서 포착하기 위해서는 미시적 접근이 유용하다는 점은 이미 밝혀본 바와 같다. 옴부즈만을 미시적 관점에서 접근했다는 뜻이다.

따라서 제도가 주로 거시적인 차원에서 사회공동체와의 상호작용적 관계에 주목한 결과라고 한다면, 개인은 주로 미시적 차원에서 옴부즈만을 공직의 점직자로 인식하고 있음을 의미한다. 이들을 중범위 차원에서 살펴보면 양자는 서로 연동되어 있어 상호의존적일 뿐만 아니라, 이들을 이어주는 연계 장치로 "조직"이 가동되고 있음도 알 수 있다. 옴부즈만을 이렇듯 사회공동체와 공직자 개인 그리고 이들을 매개하는 연계체로서의 조직에 의해 구성되는 것으로 이해하는 경우, 이는 주로 공적 영역의 옴부즈만을 말하는 것이 된다. 이는 매우 당연한 귀결로써 공적 영역의 옴부즈만은 사적 영역의 옴부즈만과는 달리 훨씬 더 사회공동체의 요구에 대한 대응 수요가 크기 때문이다. 오늘날 비록 공적 영역에서 시작된 옴부즈만이 사적 영역으로까지 그의 활동 범위를 넓히고 있는 것이 사실이기는 하지만, 사적 영역에서의 옴부즈만은 그의 기능 면에서 볼 때 기존의 조직관리 기법 가운데 하나이거나 또는 그의 연장선상에서 크게 벗어나지 않는 것으로 이해된다. 옴부즈만을 통해 해결하고자 하는 민원의 사회적 비중이나 고충의 강도도 공적 영역에서 훨씬 더 크고 넓다. 그런 점에서 옴부즈만의 본래적인 속성을 보다 잘 유지하고 또 유지해야 하는 곳은 공적 영역의 옴부즈만이라고 할 수 있다. 특히 사적 영역의 옴부즈만을 중심으로 옴부즈만을 이해하는 경우 공사 행정 일원론에 빠지면서 공적 영역의 옴부즈만을 단지 관리론 차원의 평면적 과제로 다루는 결과를 낳게 된다. 이런 점들을 감안하여 여기에서는 공적 영역의 옴부즈만을 주된 분석의 대상으로 삼고자 한다.

그런데 이런 공적 영역의 옴부즈만을 그가 수행하는 민원 처리 과정에 초점을 맞추어 관찰해 보면 그의 역할 수행 과정에는 다층적인 요소가 내포되어 있음을 알 수 있다. 먼저 미시적 차원에서 행태론의 관점을 통해 접근할 경우 옴부즈만은 민원인과 관련 행정 관료 내지는 행정기관 사이의 이견이나 갈등을 조정하고 그 결과 민원인의 고충을 해소하고자 하는 존재로 이해된다. 그런 점에서 대체적 분쟁조정제도(ADR)의 이론적 틀을 빌리어 설명하는 전략의 유용성이 크다. 갈등 당사자들 사이의 프레임을 조정하여 궁극적으로는 갈등의 해결에 이르고자 한다는 점에서 서로 다를 것이 없기 때문이다. 이렇듯 갈등 당사자 개인 사이의 현안을 해결하고자 한다는 점에서 흔히 화재진압(fire-fighting) 활동으로 비유된다.

그러나 민원 발생의 행정 구조적인 요인에 주목하면서 중범위론의 차원에서 접근할 경우에는 옴부즈만이 행정통제를 통한 행정개혁 내지는 행정관리 체제의 합리성 제고를 위한 역할 수행에 나서는 것으로 파악된다. 이때 행정오류의 시정을 민원인의 문제제기와 그에 대한 옴부즈만의 대응을 통해 해소해 나간다는 점에서 보면 옴부즈만은 관료 조직의 구조적 한계를 인식하고 조직 밖의 조력자로서 민원인을 파트너 삼아 제기된 문제의 해결에 나서고자 하는 것에 다름 아니다. 거버넌스 이론의 틀을 빌리어 접근할 경우 보다 더 용이하게 설명할 수 있게 되는 이유이다. 민원을 유발하는 정부 행정의 구조적인 문제 해결에 유의하고자 한다는 점에서 흔히 화재감시(fire-watching) 역할로 비유된다.

민원 처리의 최광역 외연이라고 할 수 있는 사회체계에 주목하면서 거시적 관점에서 접근할 경우 옴부즈만은 제도의 운영을 통해 국민권익의 보호 기능을 수행하는 거대한 환류체계에 해당된다. 민원의 제기를 환류체계의 관점에서 보면 이는 국가가 사회공동체에 미친바 영향을 평가하고 거기에서 발견된 결과를 국가를 상대로 투입자원의 한 양식으로 전달하려는 것에 다름 아니기 때문이다. 이때 옴부즈만은 국가의 행정작용이 그의 궁극적인 목적 가치를 구현하고 있는지의 여부를 평가의 기준율로 삼을 것이기 때문에 단순히 행정통제나 관리개선을 도모하는 수준을 넘어 국가 행정작용의 궁극적 목적 가치인 행정정의의 구현 여부를 따지게 된다. 국민권익의 보호 같은 사회공동체 구성원의 기본권 보장의 기능이 발현된다고 보게 되는 이유이다. 그 결과 사회공동체와의 관계에서 민원의 발생에 대해 보다 더 선제적, 근인적으로 대처하게 된다는 뜻에서 흔히 "화재예방(fire-preventing)" 기능이 발현되는 것으로 비유된다.[1)]

종합해 보면. 옴부즈만은 이를 민원인과의 관계에서 볼 때 미시적으로는 ADR, 중범위론적으로는 거버넌스, 거시적으로는 환류체계라는 3중원에 의해 구축되는 다층적 성격의 구조물에 해당된다.

---

1) Harlow & Rawlings(2009)는 민원의 해소과정에서 개인의 고충 해결에 우선적으로 초점을 맞추어야 하느냐 아니면 행정체계의 통제나 개혁에 초점을 맞추어야 하느냐의 문제를 놓고 전자를 화재진압(fire-fighting)으로 후자를 화재감시(fire-watching)로 나누어 설명한다. 여기에서는 양자를 뛰어넘어 보다 근본적으로 대응하고자 하는 "화재예방(fire-preventing)"(Snell, 2007: 104) 기능을 추가해서 다루고자 한다.

그런데 옴부즈만이 어떤 성과를 배출하는 과정을 이스톤의 투입·산출 모형에 따라 정리해 보면, 이들은 서로 연계되어 있어 먼저 투입자원으로 미시적 차원에서는 다양한 활동이 이루어지고 그런 활동이 누적되어 중범위 차원에 이르면 역할을 구성하며 더 나아가 다양한 역할이 거시적 차원에서는 기능으로 응집하는 관계를 구축한다. 이런 투입자원이 어떤 영향을 발현하기까지의 전환과정을 추적 조사해 보면, 미시 차원에서는 갈등 당사자 간의 프레임을 조절하는 작업이 진행되고 중범위 차원에서는 조직 관리가 이루어지며 거시 차원에서는 제도의 운영으로 표출된다는 사실을 알 수 있다. 이로 인해 미시 차원에서는 갈등의 조정을 통한 민원의 해소가 이루어지며, 중범위 차원에서는 행정통제의 효과가 그리고 거시 차원에서는 국민의 권익 보호가 이루어지는 결과를 낳는다. 이를 비유적으로 말하면 미시적으로는 화재진압, 중범위 차원에서는 화재감시 그리고 거시적으로는 화재예방이 이루어지는 셈이다.

지금까지의 논의를 정리하면 아래의 <표 2-1>과 같다.

<표 2-1> 옴부즈만의 다면성과 다층성

접근 전략	접근 차원	이론 모형	투입 자원	전환 양식	산출 결과	결과 비유
거시적 (macro)	제도	환류 체계	기능 (function)	운영 (operation)	국민 권익 보호	화재예방 (fire- preventing)
중범위 (meso)	조직	거버 넌스	역할 (role)	관리 (management)	행정 통제	화재감시 (fire- watching)
미시적 (micro)	개인	ADR	활동 (activity)	프레밍 (framing)	갈등 조정	화재진압 (fire- fighting)

이 책에서는 주로 중범위론적인 접근을 통해 옴부즈만의 실체를 파악하는 일에 나서고자 한다. 이는 중범위론적 접근이 거시적 접근과 미시적 접근을 연계하고 융합하는 성질을 지니고 있어 거시적 관점과 미시적 관점을 포괄할 뿐만 아니라 옴부즈만의 실체를 보다 효율적으로 파악하는 데 유리한 위치에 있다고 보기 때문이다. 이를 위해 우선 제1편 옴부즈만의 이해에서는 옴부즈만을 다루는 데에 필요한 기초 정보를 공유하고자 한다. 이를 위해 먼저 행정학 일반이론을 통해 옴부즈만 등장의 불가피성을 체계적으로 정리한 후(제1장 옴부즈만의 등장 배경), 옴부즈만을 분석적으로 다루기 위한 기본 프레임을 모색해 보고(제2장 옴부즈만의 분석 전략), 나아가 옴부즈만의 기능적 실체를 수직적 관점에서 추적 조사해 본다는 뜻에서 그의 역사적 총체를 다루고(제3장 옴부즈만의 역사 전개) 나아가서는 수평적 관점에서 비교를 통한 귀납적 실체를 포착해 보고자 한다(제4장 옴부즈만의 유형 분류). 제2편 옴부즈만의 역할에서는 옴부즈만이 한 사회에 미치는 영향을 투입자원의 관점에서 다루고자 한다. 이를 위해 먼저 옴부즈만이 자신의 역할을 정립하기 위해 필요로 하는 구성 요소들이 무엇인지를 논의한 후(제5장 옴부즈만의 역할 구성), 그런 역할 구현을 위해 자신의 일거수일투족을 구속해야 하는 역할 규범에는 어떤 것들이 있는지를 밝힌 후(제6장 옴부즈만의 역할 규범), 그런 역할의 수행을 위해 구체적으로 어떤 업무를 집행해야 하는지를 따져보고(제7장 옴부즈만의 역할 수행), 자체 환류의 한 양식으로 자신의 역할 수행 결과를 평가하는 방법에는 어떤 것들이 있는지를 천착해 보고자 한다(제8장 옴부즈만의 역할 평가). 제3편 옴부즈만의 관리에서는 옴부즈만이 어떤 산출물을 배출하기 위한 전환과정을 조직론의 관점에서 추적해 보고자 한다. 이를 위해 우선 조직체로써의 옴부즈만을 어떻게 구성하고 관리할 것인가의 문제를 다루고(제9장 옴부즈만의 행정 관리), 이를 토대로 실제 어떻게 갈등관리 전략을 세우는 것이 갈등을 조정하는 데에 있어 효율적인가의 문제를 다루며(제10장 옴부즈만의 갈등 관리), 한국의 경우를 개별 사례로 들어 옴부즈만의 현주소를 분석 평가해 본 후(제11장 옴부즈만의 사례 분석), 옴부즈만의 발전을 위한 미래 지향적인 개혁 대안에는 어떤 것들이 있는지를 밝혀 보고자 한다(제12장 옴부즈만의 혁신 관리).

II. 옴부즈만 환류체계의 다원성

거시적 시각에서 본 옴부즈만은 민원의 해결을 통해 국가 행정작용의 오류를 시정하고 나아가 개혁 대안을 모색한다는 점에서 거대한 환류체계를 구성한다. 그런데 환류는 어떤 대상에 대한 어떤 이의 평가와 반성을 통해 다음 회차에서의 개선이나 문제 해결을 지향하자는 것임으로 환류체계는 환류의 객체와 주체에 의해 구성된다. 그런데 어떤 사회공동체를 그 구성요소의 특성에 따라 구분하는 경우 통상 국가, 시장, 시민사회로 나누게 된다. 따라서 옴부즈만에 의한 환류 활동의 객체인 민원이 국가, 시장, 시민사회 가운데 어느 영역에 의해 유발되느냐의 차원과 환류 활동의 주체인 옴부즈만 자신이 어느 영역에 속하느냐의 차원을 기준으로 구분해 보면 아래의 <표2-2>에 나타나 있는 바와 같은 관계 도식의 구성이 가능하게 된다.

<표 2-2> 옴부즈만 환류체계의 분류

주체 \ 객체	국가	시장	시민사회
국가	I	II	III
시장	IV	V	VI
시민사회	VII	VIII	IX

위의 <표 2-2> 가운데 제 I 유형은 환류의 객체가 행정관료 내지는 행정기관처럼 국가의 영역에 속하는 반면, 환류의 주체도 중앙정부 또는 지방정부 처럼 국가의 영역에 속하는 경우이다. 대부분의 공적 영역 옴부즈만이 이 유형에 속한다. 제 II 유형은 기업 활동을 대상으로 제기되는 민원을 국가기관이 나서서 해소하고자 하는 공정거래위원회나 한국소비자원 같이 환류의 객체가 시장인 반면 환류의 주체는 국가의 영역에 속하는 경우이다. 제 III 유형은 환류의 객체가 시민사회이면서 주체는 국가의 영역에 속하는 경우이다. 시민사회의 대표적인 의사소통 기구인 언론에 대한 민원을 다루고자 설립된 국가기구로써 방송통신위원회나 언론중재위원회 같은 경우가 여기에 속한다. 제 IV 유형은 국가를 상대로 시장이 주체가 되는 경우이다. 기업이 중심이 되어 환경보호 옴부즈만이나 증권거래 옴부즈만을 운영하는 가운데 국가의 행정작용을 상대로 국민권익 신장이나 민원 해소를 위해 노력하는 경우 기업주도형 옴부즈만이라고 부르는 데 이 경우가 바로 이 범주에 속한다. 기업의 사회책임 구현이라는 관점에서 기업은 물론 정부를 상대로 운영하는 기업 사회책임 옴부즈만(CSR ombudsman)(Nivarthi et al. 2015: 52-54)도 여기에 속한다. 새로운 대안 가운데 하나로 제시되고 있는 공적 영역의 옴부즈만 업무를 민영화 내지는 외주화 주는 경우도 여기

에 해당된다. 공적 영역의 옴부즈만 업무를 옴부즈만 업무 대행을 사업으로 삼는 기업에 대행시키는 경우 환류의 객체가 국가이면서 주체는 시장에 속하기 때문이다. 제 V 유형은 환류의 객체가 시장이면서 주체도 시장인 경우이다. 기업이 기업을 상대로 운영하는 고객지향형 옴부즈만 또는 소비자 주권형 옴부즈만이 여기에 속한다. 이런 경우는 기업이 자기 기관내부형 옴부즈만을 기관 외부 전문 옴브즈만에게 외주 주는 경우에서도 발견된다. 캐나다의 은행업계는 은행 거래 기업이나 고객과의 관계에서 유발되는 민원을 관리하기 위해 은행 전문 옴부즈만에게 민원업무를 위탁하고 있다. 영국에서는 모든 화물운송업자들과 그의 고객 사이에서 유발되는 민원을 전담해서 다루는 기업형 전문 옴부즈만이 운영된다. 제 VI 유형은 환류의 객체가 시민사회이면서 주체는 시장인 경우이다. 디시인사이드의 시민 옴부즈만 공동체, 증권선물거래소의 시장 감시 옴부즈만, sbs의 "열린 TV 시청자 세상" 등은 보편적 유익을 지향하는 사회 고발형 시민 옴부즈만에 해당된다. 제VII 유형은 환류의 객체가 국가에 속하면서 주체는 시민사회에 속하는 경우이다. 시민사회 영역에 속하는 NGO 가운데 하나인 소비자 권익 보호 시민운동 단체가 소비자 보호 옴부즈만을 운영한다거나, 환경운동 단체가 환경보호 옴부즈만을 통해 정부의 행정관료나 행정기관을 상대로 조정 또는 중재에 나서는 경우 시민사회 주도형 옴부즈만이라고 말할 수 있다. 같은 이치로 지역주민이 자발적으로 시민 옴부즈만을 구성해서 지방자치단체의 운영을 감시하거나 민원해소를 위해 노력하는 경우도 시민사회 주도형 옴부즈만으로써 이 범주에 속한다. 제 VIII 유형은 환류의 객체가 시장에 속하는 데 반해 주체는 시민사회에 속하는 경우이다. 소비자 권익 보호 시민운동 단체가 소비자 보호 옴부즈만을 운영한다거나 환경운동 단체가 환경보호 옴부즈만을 통해 기업을 상대로 소비자 관련 민원이나 환경보호 관련 민원을 해결하거나 압력을 행사하며 갈등조정에 나서는 경우가 여기에 속한다. 제 IX 유형은 환류의 객체가 시민사회에 속하면서 주체도 시민사회에 속하는 경우다. 미국의 여성유권자연맹이 대학 옴부즈만을 조직해서 운영하는 경우는 시민사회에 속하는 대학내부 문제를 시민사회에 속하는 NGO가 옴부즈만을 운영한다는 점에서 이 유형에 속한다.

여기에서는 행정관료나 행정기관이 유발한 민원을 상대로 국가에 속하는 옴부즈만이 문제 해결에 나서는 경우인 제 I 유형을 주된 분석의 대상으로 삼고자 한다. 이는 제 I 유형이 가장 고전적인 형태의 옴부즈만일 뿐만 아니라 가장 대표적인 공적 영역의 옴부즈만에 해당되기 때문이다. 또한 시장이나 시민사회에 의해 유발된 민원이라고 하더라도 이를 국가에 속하는 옴부즈만이 다루고자 하는 제 II 유형과 제 III 유형도 분석의 대상 범위로 삼고자 한다. 공적 영역의 옴부즈만에 해당된다고 보기 때문이다. 다만 필요에 따라서는 행정관료나 행정기관이 유발한 민원을 다룬다는 점에서 국가를 상대로 시장이나 시민사회에 속하는 옴부즈만이 민원 해결에 나서는 제 IV 유형과 제 VII 유형도 보충적으로 분석의 대상으로 다루고자 한다.

이런 관점의 연장선상에서 보면 제 I 유형, 제 II 유형, 제 III 유형의 옴부즈만 자체를 운영하는 과정에서 유발되는 민원을 해소하기 위한 환류체계의 구성과 운영은 어떻게 할 것인가의 문제가 제기된다. 이렇듯 “감시견을 감시하는 문제”는 옴부즈만이 국가기구의 하나라는 점에서 의회가 보다 체계적으로 감시하고 관리하면 되지 않느냐는 주장이 제기되기 십상이다. 그러나 옴부즈만이 등장하게 된 이유 가운데 하나가 행정통제 장치로서의 의회가 무기력하거나 제 역할을 다하지 못하기 때문이라는 점에서 보면 특단의 장치로써 옴부즈만을 대상으로 하는 옴부즈만의 설치가 불가피한 과제로 제기된다. 이는 옴부즈만 자체의 운영과정에서 제기되는 민원을 해소하거나 민원 유발을 미연에 방지하기 위해 민원 처리 기구를 설치하고, 운영하자는 것임으로 자기 충진형 옴부즈만 또는 “특별 옴부즈만(super ombudsman)”(Kirkham & Wells, 2014: 7)에 해당된다.

같은 문제의식을 가지고 시민사회에 속하는 NGO가 시민운동의 한 양식으로 제 I 유형, 제 II 유형, 제 III 유형의 옴부즈만을 감시하거나 평가하기 위해 옴부즈만을 조직해서 운영하는 경우, 이는 시민주도형 옴부즈만으로써 옴부즈만을 대상으로 하는 옴부즈만에 해당된다. 영국의 “공공 옴부즈만 감시자(the Public Services Ombudsman Watchers)”가 대표적인 사례다.[2] 환류의 객체가 국가에 속하면서 주체는 시민사회에 속한다는 점에서 제 VII 유형에 해당되는 경우이다. 이론적으로는 기업이 조직하는 옴부즈만이 공적 영역의 옴부즈만을 상대로 옴부즈만 활동을 전개하는 경우도 있을 수 있다. 이는 당연히 제 IV 유형에 속한다. 이렇듯 옴부즈만을 상대로 하는 옴부즈만이 조직된다는 것은 옴부즈만이 관료제의

2) 영국의 경우 시민주도형 옴부즈만으로 “지방정부 옴부즈만 감시운동(LW: Local Government Ombudsman Watch)”, “스콧트랜드 책무성(AS: Accountability Scotland)”, “의회 보건 옴부즈만 감시(PF: Parliamentary and Health Services Ombudsman the Facts)” 등이 활동하고 있다(Gill & Creutzfeldt, 2017: 7).

병리 현상을 초극하기 위해 대항관료제를 지향하고자 한 것이라는 점에서 볼 때, 논리적 충돌을 피하기 어려운 요소를 지녔다. 그러나 옴부즈만이 국가 기구의 하나로 운영되는 한 그의 운영 실제에 있어 철저히 관료제적인 요소를 외면하기는 어려운 일이다. 이 점은 특히 정보사회의 도래 이후 국가에 의한 민원유발 요인이 폭증하고, 그 결과 민원을 해결하기 위해 제기되는 옴부즈만에 대한 수요가 급격히 증대하고 있으며, 그로 인해 옴부즈만의 규모가 커지면서 관료제적인 요소를 내포하는 일은 이제 불가피한 과제가 되었기 때문이다. 이렇듯 옴부즈만은 자연인 혼자가 아니라 일단의 사람들이 상호 협력하는 가운데 업무 처리에 임하지 않을 수 없고, 그렇기 때문에 자체 민원 유발의 개연성을 부정하기 어렵다. 따라서 여기에서는 이들도 논의의 대상으로 삼고자 한다.

III. 환류 거버넌스의 유형

그런데 위의 여러 유형 가운데 제 I 유형의 옴부즈만을 중범위론의 차원에서 민원인과 국가와의 관계에 주목해서 관찰해 보면, 옴부즈만은 국정과정에 대한 시민참여를 조타하는 협력적 공조체제의 중심축에 해당된다. 어떤 행정처분을 평가한 후 적절치 못하다고 판단하는 경우, 국가를 상대로 이의를 제기하고 관련 행정관료 내지는 행정기관과 상호작용하는 가운데 행정오류를 시정하거나 무오류를 확인함으로써 행정처분에 대한 만족도를 높이고 나아가 국가에 대한 신뢰를 개선하는 과정을 보충성의 원리에 따라 후원, 조장, 지원, 조정하자는 것이 옴부즈만이라고 한다면, 옴부즈만은 국가와 시민사회가 공공문제 해결을 위해 협력적 공조체제를 구성하는 것에 다름 아니기 때문이다. 옴부즈만을 거버넌스의 관점에서 이해해야 하는 이유이다. 바로 이 점에서 보면 옴부즈만은 참여민주주의의 한 양식이기도 한 것이다.

이런 참여민주주의의 특성은 특히 옴부즈만이 민원의 해결 과정에서 미리 정해진 어떤 잣대를 일방적으로 강요하거나 보편적으로 적용하는 것이 아니라 민원인과 관련 행정관료 내지는 행정기관 사이의 개별적인 상호작용을 독려하거나 권고하고자 한다는 점에서 확인된다. 전문가의 판단에 따라 미리 정해진 행정행위를 일방적으로 강제하는 행정국가의 관행적인 행정 운영 양식과는 달리 간주관주의적인 상호작용과 변증법적 학습 및 성찰을 통해 문제 해결에 이르고자 하기 때문이다. 바로 숙의민주주의의 한 공간을 열고자 하는 것에 다름 아니다. 이 점은 거버넌스가 일반 시민의 욕망이나 선호와 한 나라의 정책과정을 연계시켜보려 한다는 점에서 기본적으로 중범위론적 이라는 사실에 의해서도 확인된다. 개인이나 단체의 미시적 수요와 국가 전체의 작동 원리를 연계시키고자 한다는 점에서 거버넌스는 옴부즈만의 구성 원리와 다를 것이 없다.

다만 기존의 거버넌스 이론은 대부분의 경우 주로 국가 정책과정의 투입, 전환, 산출 단계에 초점을 맞추어 논의를 전개해 왔던 데에 반해, 옴부즈만은 그 이후의 평가나 환류 단계에 서 발현되는 거버넌스의 한 양식이라는 점에서 다르다. 그런데 옴부즈만은 앞서 살펴 본 바와 같이 국정운영 과정에서 빚어진 국민의 고충이나 민원을 청취하고 그 결과 민원을 해결하거나 행정개혁 대안을 제안함으로서 이를 국정운영 과정에 반영하고자 한다는 점에서 환류의 역할을 수행한다. 환류 거버넌스의 한 양식이라는 뜻이다. 이렇듯 옴부즈만을 환류 거버넌스의 관점에서 이해하고 설명하고자 하는 것은 옴부즈만을 분석하는 데 있어 새로운 접근시각의 타당성을 확인해 보려는 일일 뿐만 아니라 거버넌스의 이론화 과정에서도 그의 완성도를 높이는 데에 기여하게 된다.

이렇듯 옴부즈만을 분석적 관점에서 환류 거버넌스의 한 양식으로 다룰 경우, 거기에는 실로 다양한 유형의 환류 거버넌스가 내포되어 있음을 알게 된다. 투입, 전환, 산출, 환류의 각 단계마다 환류 거버넌스가 작동할 것이기 때문이다. 이런 인식의 틀을 토대로 한 나라의 국정운영 체계를 검토해 보면 보다 구체적인 분석 모형을 도출해낼 수 있게 된다. 먼저 국가를 기능적인 분업체계로 나눈 3권 분립론에 의하면 한 나라의 권력구조는 각기 서로 다른 기관 구성 원리에 따라 입법부, 행정부, 사법부로 나뉜다. 따라서 각각의 부서가 각기 자기 부서의 소관 업무를 수행하는 과정에서 발생하는 개별 민원과 고충을 처리하는 경우, 각각 자기 부서의 업무를 평가하거나 개선하기 위해 각각의 부서별로 별도의 환류 체계가 작동하게 된다. 여기에 더해 이들 3부는 서로 기능적으로 연계되어 있는 만큼 비록 행정부의 소관 업무를 대상으로 환류 작용이 이루어진다고 하더라도 그 영향이 다른 부서의 환류 과정에 영향을 미치지 않을 수 없다. 거기에 더해 이들 모두를 연계, 포괄하여 국정관리체계 전체 차원에서도 환류체계가 작동할 것은 두말할 나위가 없다. 따라서 별도의 환류 거버넌스가 하나 더 추가된다. 이때는 입법부, 사법부, 행정부 모두를 관통해서 환류 작용이 이루어지는 만큼 앞서의 환류 거버넌스를 모두 통합하는 성격을 지니게 된다. 이를 도식으로 정리해 보면 아래의 <도 2-1>과 같다.

<도 2-1> 옴부즈만 환류체계의 다원성

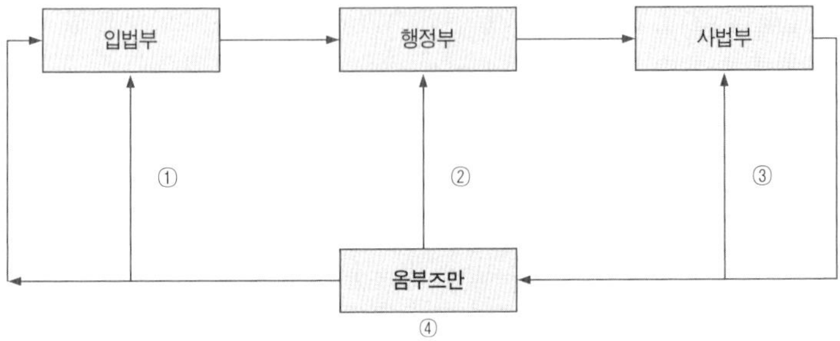

위의 <도 2-1>에서 ①은 입법부를 중심으로 이루어지는 환류체계인 만큼 국가와 시민사회 내지는 정부와 일반 시민과의 관계에서 일반 시민의 의사를 상향식으로 투입하는 과정에서 발현된다. 옴부즈만을 투입형 환류 거버넌스로 인식하게 되는 이유이다. ②는 행정부를 중심으로 이루어지는 환류체계인 만큼 국가와 시민사회 내지는 정부와 일반 시민 사이에서 수평적 상호작용 내지는 협동적 파트너십에 의해 운영된다. 이 경우 전환과정에 주력한다는 점에서 전환형 환류 거버넌스라고 하겠다. ③은 사법부를 중심으로 이루어지는 환류체계인 만큼 국가와 시민사회 내지는 정부와 일반 시민 사이에서 국가가 시민사회를 향해 하향식으로 자신의 가치나 의견을 관철하려는 데에 주안점을 두어 운영된다. 옴부즈만이 산출과정에 강조점을 두는 산출형 환류 거버넌스에 해당된다. ④는 이들 전체를 포괄하여 투입, 전환, 산출을 연동하는 가운데 총체적인 국정관리 차원에서 형성되는 환류체계인 만큼 환류형 환류 거버넌스라고 하겠다.

따라서 ①은 일반 시민의 의사를 보다 평등하게 국정 운영에 반영할 수 있도록 행정과정에 문제가 있을 경우 이를 개선해 나가자는 것임으로 대표성 내지 참여성 회복에 주목하고자 한다. 그 결과 국정 운영의 지지 기반을 확장하고 정통성을 높이는 데에 기여한다. 이때 옴부즈만은 정치적 반응성을 높이고자 한다는 점에서 유사 대의기능을 수행하는 셈이 된다. ②는 정부와 시민사회 사이의 협력적 공조와 수평적 상호작용에 주목하는 만큼 일반 시민 개개인이 지향하는 자유와 사회적 규율 사이에서 발생하는 긴장의 관리를 통해 경제성 내지는 운영 효율성을 제고하고자 한다. 이 경우 옴부즈만은 행정집행 과정의 오류를 시정한다는 점에서 법률적 구속력을 높이고 그 결과 오도된 행정조치를 수정하게 된다. 바로 이 점에서 일종의 치유기능을 수행하게 된다. ③은 정부의 의사를 일방적으로 관철하자는 것임으로 국가가 지향하는 철학적 가치의 정당성을 전제하는 가운데 정의의 구현을 위한 준법성 내지는 진실성 확보에 주력한다. 이 경우 옴부즈만은 국가의 성찰적 분별력을 높이기 위해 그렇지 않은 상태에 대해 적극적으로 대응하도록 촉구한다는 점에서 유사 징벌기능을 수행하는 것으로 이해된다. ④는 대표성, 경제성, 준법성을 모두 포괄적으로 지향하는 가운데 어느 한 쪽으로 치우치지 않는다는 점에서 국정 운영상의 형평성을 높여보자는 것으로 이해된다. 따라서 이 경우 옴부즈만은 인간의 근본적 가치라고 할 수 있는 주관적 존엄성 내지는 행복의 구현 정도를 높이고자 하는 셈이 된다. 이때 옴부즈만은 국가와의 관계에서 행정오류로 인해 빚어진 국정운영상의 과오를 시정하고 정서적 좌절을 수정하게 된다는 점에서 일종의 회복기능을 수행하는 셈이 된다. 이를 정리하면 <표 2-3>과 같다.

<표 2-3> 환류 거버넌스의 다원성

지향점 \ 환류유형	투입형 환류 거버넌스	전환형 환류 거버넌스	산출형 환류 거버넌스	환류형 환류 거버넌스
목적 가치	반응성	합리성	진실성	존엄성 (주관성)
수단가치	대표성	경제성	준법성	형평성
환류역할	대의역할	치유역할	징벌역할	회복역할

이렇게 옴부즈만을 국정관리 차원에서 이루어지는 거버넌스의 한 양식으로 이해하는 경우, 옴부즈만 자체도 거버넌스 양식으로 구성하고 운영할 것을 주문해야 하느냐의 문제가 제기된다(OECD, 2018: 9-10). 행정정의의 구현에 합당한 양식으로 국가가 운영되도록 담보하고 시정 조치하기 위해 옴부즈만이 고안되는 것처럼 옴부즈만이 행정정의의 구현에 합당한 양식으로 운영되기 위해서는 옴부즈만 자체도 거버넌스의 양식으로 구성되고 운영되어야 할 것이라는 의미이다. 이는 옴부즈만 자체의 운영 과정에 대한 시민참여의 공간을 만드는 일이 필요하다는 주문에 다름 아니다. 그러나 이런 발상은 옴부즈만에 대한 무한 신뢰를 철회하는 것일 뿐만 아니라 옴부즈만 자체가 관료화 한다는 사실을 전제로 논리를 전개한다는 점에서 이론의 여지가 없지 않다. 그러나 오늘날 옴부즈만 개인 혼자 운영하는 옴부즈만 사무실은 없으며 일단의 사람들이 옴부즈만 업무를 수행하기 위해 조력함으로써 협동적 노력을 경주하고 있음은 주지하는 바와 같다. 특히 옴부즈만 영역이 제4부로써의 네트워크 체제를 갖추는 경우 그 수요가 필연적으로 확대될 것은 당

연한 이치이다. 따라서 앞서의 제 IV 유형과 제 VII 유형에서 보는 바와 같이 옴부즈만을 대상으로 하는 옴부즈만을 포함하여 일반 시민의 옴부즈만 운영과정에 대한 참여공간을 제도화 하는 과제가 제기된다.

이렇게 옴부즈만의 운영과정에 대한 시민참여 공간의 창출을 제도화 하고자 하는 이유는 그럴 경우 옴부즈만의 기능적 좌표를 관련 법률이나 규칙 따위를 통해 공식화 내지는 기관화 하면서 어떤 일관된 행위 양식에 따라 활동할 것을 요구하게 되고, 그에 따라 역할 수행이 일정한 궤적을 이루면서 사회적 가치의 배분 원칙을 안정적으로 공급할 수 있게 될 것이기 때문이다. 옴부즈만이 국정운영 과정에 보다 더 체계적이고 지속적인 영향을 미칠 수 있게 되면서 행정정의의 구현에 필요한 기능의 궤적을 보다 더 용이하게 쌓을 수 있게 된다는 뜻이다.

IV. 대체적 분쟁조정과 갈등관리

그런데 옴부즈만에 의한 민원의 처리 과정을 미시적 차원에서 접근해보면 일종의 갈등조정 과정으로 이해된다. 그 동안 어떤 사회의 갈등을 관리하기 위한 방법으로는 실로 다양한 양식이 제시되어 왔다. 가장 대표적인 것으로는 사법 재판이 있지만 이는 엄격한 절차주의를 따르는 데에서 오는 지나친 형식주의, 실정법에 입각하여 일도양단식으로 처리하는 데에서 오는 기계론적 접근의 한계, 3심제로 인한 시간과 비용의 과다지출 등으로 인해 그 동안 대안 모색에 대한 사회적인 요구가 적지 않았다. 이에 대한 대안 가운데 하나로 등장한 것이 바로 ADR 이다. ADR은 그 운영내용 면에서 보면 알선, 조정, 중재 등으로 구분해 볼 수 있지만, 시행의 주체를 중심으로 구분하면 사법형 분쟁조정 제도, 행정형 분쟁조정 제도, 민간형 분쟁조정 제도로 나눌 수 있다. 사법형 분쟁조정 제도는 법원이 주관하는 소송대체 제도를 말한다. 민사조정, 가사조정, 재판상 화해 등이 여기에 속한다. 행정형 분쟁조정 제도는 행정과 관련된 분쟁을 해결하기 위한 것으로 다시 행정법상 분쟁조정 제도와 행정기구를 통한 분쟁조정 제도로 나뉜다. 민간형 분쟁조정 제도는 민간부분에서 자체적으로 이루어지는 분쟁조정 제도를 뜻한다.[3)]

이 가운데 행정과 관련된 분쟁을 관할 대상 과제로 삼고자 한다는 점에서 행정형 분쟁조정 제도는 옴부즈만과 많은 유사성을 지녔다. 그런데 행정형 분쟁조정 제도가 동원하는 갈등해결 양식 가운데 알선은 적극적인 제3자 개입을 통해 당사자 간의 대화를 촉진하고 갈등 해소를 진작시키려는 것이라기보다는 상담이나 주선의 의미에 가깝다. 가장 소극적인 제3자 개입의 양식에 해당하는 셈이다. 조정(mediation)은 중립적인 입장에 있는 제3자가 분쟁에 개입하여 당사자들로 하여금 합의에 이르도록 조력하는 경우이다. 조정자의 역할은 어디까지나 당사자 간의 협상이 진전을 이루도록 조언하는 데에 있으며 분쟁의 궁극적인 해결은 당사자들의 자유의지에 달려있다고 본다. 이때 조정자의 핵심적인 역할은 갈등의 핵심이 무엇인지를 명확히 규명함으로써 오해로 인한 갈등의 소지를 줄이고,

---

3) 한국의 경우는 아직 행정법상 분쟁조정 제도는 마련되어 있지 않기 때문에 행정기구를 통한 분쟁조정 제도가 대종을 이룬다. 한국의 경우는 아직 뚜렷이 민간형 분쟁제도가 채택된 것이 없다(김태환, 2016: 30).

갈등의 당사자들이 자신들의 관심 사안을 보다 구체화하고 명백히 하여 갈등의 범위를 줄이는 데에 기여하며, 갈등과제에 대해 관련 당사자들이 보다 효율적으로 의견을 교환하고 협상에 이를 수 있도록 그 방법을 개발하거나 권고하는 데에 있다. 당사자 사이에서 서로의 의견을 정확하게 전달하여 의사소통을 진작하는 데에 기여하려는 것이기도 하다(조창현, 2004: 68). 당사자 가운데 일방이 동의하면 조정이 개시되며 조정자와 당사자들이 모두 함께 만나 회합을 갖기도 하고 조정자가 당사자를 각기 개별적으로 만나 의견을 교환하기도 한다. 당사자들이 합의하지 않으면 합의에 이를 수 없으며 조정 도중이라도 일방이 원하는 경우 조정은 취소된다. 반면에 중재(arbitration)는 갈등의 당사자들이 합의하여 제3자로써의 중재인을 선임하고 중재자가 어떤 결정을 내리든 그 결과를 수용한다는 당사자 간의 약정을 토대로 진행된다. 그런 점에서 중재는 일종의 사적 재판과 유사하며, 그렇기 때문에 제3자의 개입 정도가 가장 높은 경우라고 할 수 있다. 그러나 구체적인 중재제도를 어떻게 만드느냐에 따라서는 중재자의 결정이 구속력을 가질 수도 있고 단지 권고로써의 의미만을 지닐 수도 있다(조창현, 2004: 69). 그러나 기본적으로는 중재자의 결정에 반듯이 승복해야 한다는 점에서 조정과 본질적으로 그의 성격을 달리한다.

이렇듯 다양한 갈등해결 양식 가운데 어느 하나만을 채택하는 것이 아니라 여러 가지를 모두 활용하는 경우를 흔히 혼합형 ADR이라고 부른다. 옴부즈만은 자신에게 부여된 권한과 기능을 이용하여 주로 조정에 나서는 것이 보통이지만 운영 실제에서는 사실 확인과 알선, 조정, 중재 같은 다양한 갈등해결 양식을 필요에 따라 적의 활용할 수 있다는 점에서 통상 혼합형 ADR로 간주된다(임동진, 2013).

그뿐만이 아니다. 민원 해결을 위한 제3자 개입의 전 과정에서 옴부즈만은 절대적 재량권을 행사하도록 되어 있다. 자신의 성찰력이나 전문가적 판단에 따라 자의적으로 현실 문제에 조응해 나가도록 기대되는 존재이다. 이는 옴부즈만의 가장 본질적인 특성 가운데 하나이다. 이렇듯 옴부즈만이 상황 조응적으로 적의 조응해 나가도록 되어 있다는 점에 주목해 보면 옴부즈만은 마치 나이(Nye)가 말하는 바 경성권력(hard power)과 연성권력(soft power) 사이에서 지능권력(smart power)을 행사하는 것과 유사한 양식으로 자기 역할 수행에 나선다. 나이에 따르면 어떤 사람이 다른 사람에게 영향을 미쳐 상대방의 의사결정을 유도하는 자원에는 물리적 강제력, 위협, 물질적 보상, 압력의 행사 같이 영향력의 주도자에 의해 일방적으로 전달되는 경성권력과 카리스마, 유도, 설득, 의사소통, 매력, 동원 같이 영향력의 수용자에 의해 자발적으로 승인, 접수되는 연성권력이 있다는 것이다(Nye, 2006). 전자가 물리적 지능을 필요로 한다면 후자는 정서적 지능에 기초한다. 이후 그는 여기에 더해 제3의 영향 요인으로 지능권력을 추가했다(Nye, 2009). 지능권력은 상황 변화에 따라 경성권력과 연성권력을 적절히 섞어 전략적으로 접근하는 능력을 말한다. 이를 위해서는 문제의 미래를 내다보는 시관(時觀)이나 유리한 시점을 포착하는 능력 같은 맥락적 지능을 필요로 한다.

여기에서도 옴부즈만의 이런 현장 조응적, 임기응변적 대응력에 주목하여 옴부즈만을 혼합형 ADR 가운데 하나로 인식하여 다루고자 한다. 다만 그 가운데에서도 조정의 역할 수행에 보다 더 강조점을 두어 분석하고자 할 것은 물론이다. 이는 옴부즈만의 다양한 갈등해결 양식 가운데에서도 조정이 옴부즈만의 기능적 특성에 가장 근접하는 것으로 여겨지기 때문이다. 이 점은 옴부즈만을 사실조사형 갈등조정 양식 가운데 하나로 인식하는 데에서도 확인된다. 원래 갈등조정 방법 가운데 사법형 분쟁조정 제도를 유사 사법형(quasi-judicial) 갈등조정 양식에 기초하는 것이라고 한다면, 행정형 분쟁조정 제도는 사실조사형(investigatory) 갈등조정 양식에 기초하는 것으로 이해된다(Jacobs, 2013: 297). 그런데 흔히 전자를 질서창출형(order-making) 내지는 판결형(adjudicative model)이라고 부르는 반면 후자는 옴부즈만형(ombudsman model)이라고 칭한다. 옴부즈만이 주로 채택하고 또 그렇게 해야 마땅하다고 생각되는 갈등해결 양식이기 때문이다.[4)]

원래 전자는 기본적으로 법원과 유사한 절차를 통해 진행된다. 개인의 권리와 관련된 분쟁에 대해 중립적인 심판자가 기존의 법률이나 원칙을 적용해서 객관적 조사를 진행하고 그 결과 확정된 사실을 근거로 정의롭고 권위적인 결론을 제시한다. 이 과정에서 이해 당사자들은 자신에게 유리한 증거와 이성적이고 합리적인 논변을 제시하고 그에 따라 내려지는 판결 내용을 객관적이고 권위적인 결정으로 받아들인다. 그렇기 때문에 그 판결의 내용은 당해 사례뿐만 아니라 사회 전체를 구속하는 효력을 갖는다. 질서창출형 내

4) 모든 옴부즈만이 사실조사형 접근전략을 채택하는 것은 아니다. 예를 들어 캐나다의 연방 정보감찰관(OIC : Office of the Information Commissioner)은 유사 사법형 접근전략과 사실조사형 접근전략의 혼합형 모델을 채택하고 있으며(Jacobs, 2013: 305-307), 스웨덴의 경우에는 기본적으로 사실조사형 접근전략에 의존하고 있지만 때에 따라서는 기소권의 행사를 통해 직접 사법적 절차를 밟기도 한다(von der Esch, 2011: 80). 이는 역사의 유물로 평가된다.

지는 판결형 조정이라고 부르는 이유이다. 위법 부당한 일을 당해 갈등에 빠졌을 때 흔히 이런 갈등조정 양식을 채택하는 이유는 준법성의 회복이나 법 집행의 정상성 회복에 앞서 오히려 완승을 통해 그 동안 입었던 상처를 회복하거나 복수하려는 심정에서 이런 해결 방법을 찾는 경우가 적지 않다. 이는 사법적 재결이 이해와 소통보다는 차이와 차별을 강조하고 승자와 패자를 가르거나 공격과 분열을 유도하는 성질을 내포한다는 의미에 다름 아니다.

그런데 후자의 경우는 권위적인 결론이 아니라 하나의 권고안을 개별적 사례를 대상으로 제시하려는 데에 일차적인 목표를 둔다. 어떤 결론을 도출한다기보다는 정보를 수집하고 갈등의 유발과 관련된 사실 자체에 대한 이해당사자들 사이의 인식상의 합의를 이끌어내는 일에 주력하고자 한다. 이를 위해 당사자들을 상대로 매우 강력한 조사권을 행사한다. 그렇기 때문에 대심주의를 허용하지 않는다. 국가가 어떤 개인을 잘못 대했는지의 여부를 판단하고 그 결과 행정오류를 시정하거나 회피하도록 조정하기 위해서는 당사자들이 승인하는 객관적인 사실정보를 획득하는 일이 관건이라고 보기 때문이다. 바로 이 점에서는 일종의 프레임 공유 과정이라고도 말할 수 있다. 이렇듯 조정을 통한 갈등해결 방법은 공격보다는 화합을, 차이보다는 합치점을 모색하고자 하며 소통을 통해 이견을 해소하고자 한다는 특성을 지녔다.[5]

전자가 영합 게임(zero sum game)을 지향한다면 후자가 원윈 게임

5) 사실조사형 접근전략을 채택한다고 해서 곧 바로 조정이나 중재 활동에 나서는 것을 의미하는 것은 아니다. 스웨덴의 의회 옴부즈만은 사실조사는 하지만 조정이나 중재에 나서지는 안는다(von der Esch, 2011: 77).

(win win game)을 지향하는 것으로 평가되는 이유이다. 따라서 사실조사형 접근전략을 통해 조정과 중재에 나서고자 하는 경우 결코 관련자의 징계 문제와는 연동될 수가 없다. 그러나 후자가 실패해서 더 이상의 대화나 조정을 통한 갈등해결이 어려운 경우 새로운 긴장을 유발하거나 갈등을 동반하는 속성이 내재되어 있다. 그렇지만 그런 경우에라도 그런 결과로 인해 전자의 전략을 채택할 수 있는 논리적 근거를 제공하게 된다는 장점을 지녔다. 무엇보다도 갈등의 당사자들이 인식하는 갈등과 대립의 근인이 무엇인지를 서로 인식하고 공유할 수 있는 계기가 마련된다는 점에서 후자는 전자의 정당성을 제고하는 토대가 된다. 전자를 더 이상 복수의 수단으로 대하지 않고 갈등을 해결하기 위한 최후의 장치로 대할 수 있게 해준다는 뜻이다(Delevoye, 2009: 4).

여기에 더 해 후자는 제3자 개입에 의한 조정과 중재를 모색한다는 점에서 갈등의 조정과정이 전자보다 상대적으로 간편하고, 자유로우며, 신속하고 무엇보다도 접근가능성이 높다는 장점을 지녔다. 대심제를 취하는 것이 아니기 때문에 당사자가 직접 소통하기가 용이하다는 점에서도 유리하다. 프랑스에서는 "전자 조정인(e-mediator)"을 통해 웹사이트에서 24시간 민원인이 직접 국가조정인(the Mediator)과 소통하거나 면접을 예약할 수 있도록 제도적 장치를 마련해 두고 있다. 무엇보다도 기소절차 없이 결론에 도달할 수 있어 결과 지향적이라는 점에서 선호된다. 준법성 여부뿐만 아니라 거기에서 더 나아가 경제성 내지는 대표성 나아가서는 형평성 여부를 기준으로 개입하려는 것이기 때문에 정의의 구현에 보다 직접적으로 영향을 미칠 수 있다는 점도 장처로 여겨진다.

따라서 옴부즈만은 그의 본래적인 성격상 행정형 분쟁조정 제도의 갈등관리 양식 가운데 중재보다는 조정에 더 비중을 두어야 한다고 말할 수 있다. 그러나 브라운과 메리엇 (Brown & Marriott, 1999)은 사실조사형 접근전략은 결코 ADR과 상합하지 않는다는 견해를 피력한다. 사실조사형 갈등조정 양식의 우선적인 목표는 갈등의 조정이나 분쟁의 해결에 있는 것이 아니라 민원인의 고충을 조사하는 데에 있다는 것이다. 옴부즈만을 개별적인 민원의 해결보다는 국민고충을 조사하고 그 고충의 원인을 근인적으로 제거하는 데에 목적을 두는 기관으로 인식하는 셈이다. 부언하면 옴부즈만을 궁극적으로 행정기관과 공무원이 법규를 준수하도록 도와주고 행정 절차나 집행 과정이 보다 더 투명하고 정의로워지도록 감시하고 독려하는 데에 주력해야 하는 존재로 이해하는 셈이다(정순교, 2005: 14).

이런 인식상의 차이로 인해 조사권 행사의 대상 범위를 개별 민원으로 한정해야 한다는 주장과 집단 민원으로 확장해서 문제 될 것이 없다는 견해가 대립해 온 것도 사실이다. 전자는 개별 민원의 해결을 위한 정보 수집에 초점을 맞추는 것이 옴부즈만의 본질에 가장 충실해지는 것이며 나아가 옴부즈만의 정당성을 높이는 길이라고 본다. 이에 반해 후자는 주로 민주화 이행기 사회에 주목하면서 그런 사회에서는 개별 사례에 치중하기 보다는 일반적, 보편적 과제에 주목하면서 전반적, 통일적 양식으로 문제 해결에 나서는 것이 보다 더 실효성이 높다는 주장이다. 이는 아직 민주화가 공고화하기 이전 단계에 있기 때문에 행정오류나 행정정의의 훼손 가능성이나 빈도가 높고, 그렇기 때문에 개별 사례에 일일이 조응하기 보다는 예방적 조처를 통해 사전적으로 문제 대응에 나서는 것이 보다 더 효율적이라는 것이다. 그렇기 때문에 집단민원 해소 차원에서 행정개혁 대안 모색에 주력해야 한다는 견해이다.

그러나 개별 민원과 집단 민원은 결코 서로 대체적, 경쟁적 관계를 구성하는 것이 아니다. 개별 민원이 빈발할 경우 집단 민원이 되고 집단 민원이 해소되는 경우 개별 민원의 발생 가능성도 줄어든다. 그렇기 때문에 개별 민원과 집단 민원 가운데 어느 곳에 우선순위 내지는 강조점을 두어야 옳으냐의 문제는 성립 가능한 논제이지만 어느 한쪽을 배척하는 것이 옳으냐의 문제는 성립 자체가 불가능한 논제인 셈이다.

더욱이 행정환경이 격변하는 정보화 시대에는 아무리 집단 민원의 해소를 통해 지속적인 행정개혁에 나서고, 그 결과 총체적 차원에서 민원 발생의 소지를 줄인다고 하더라도 개별 민원의 발생 가능성 자체를 없앨 수는 없는 일이다. 이는 국가의 행정작용이 기본적으로 일반성, 보편성에 기초하고, 그에 따르게 되는 안정성을 지향해야 하는 것이기는 하지만 안정성과 비탄력성은 동전의 양면과도 같기 때문이다. 탄력적 대응을 요구하는 정보사회의 행정국가하에서 개별 민원이 발생하는 일은 항상적, 일상적 현상이라는 뜻이다. 옴부즈만은 그의 기관 존립 이유를 바로 이런 국가 행정 작용의 내재적 한계 극복에 두자는 것인 만큼 옴부즈만이 개별 민원에 주목하는 것은 존재구속적 자기 특성 가운데 하나에 해당된다. 바로 이 점 때문에 개별 사례를 해결할 때 옴부즈만이라고 하는 공적 기관에 대한 사회적인 신뢰가 신장하는 것이기도 하다. 집단 민원도 개별 민원을 해결할 때 해소 가능해지는 과제인 것은 물론이다.

따라서 여기에서는 개별 민원과 집단 민원이 동심원적 중층 관계를 형성한다고 보고 그에 따라서 개별 민원에 주목하는 갈등해소, 집단 민원에 주목하는 행정개혁이나 국민권익 보호 모두를 옴부즈만의 역할 과제로 다루고자 한다. 그러나 그 가운데에서도 개별 민원의 처리에 주력하고자 할 것은 물론이다.

V. 갈등 조정 과정과 프레밍 이론

그런데 이렇게 옴부즈만을 환류 거버넌스나 행정형 분쟁조정 제도의 하나로 이해하기 위해서는 옴부즈만의 사회공동체적인 단면과 조직체적인 단면 또는 국가와 시민사회를 이어주는 기능적 단면의 작동원리 내지는 운영 메커니즘에 대한 분석적이고 체계적인 설명을 필요로 한다. 보다 구체적으로는 국가와 시민사회를 이어주는 옴부즈만이라는 공직의 점직자가 그의 역할을 구현해 나가는 과정을 분석적으로 설명할 수 있어야 한다. 그러나 그 동안 거버넌스 이론은 국가와 시민사회 또는 정부와 일반 시민이 상호 협력 내지는 공동 생산하여 정책의 적실성, 타당성, 수용성, 경제성, 합리성 정도를 높인다고만 말할 뿐 그 협력 내지는 공동 생산의 구체적인 작동원리에 대해서는 체계적인 설명을 내놓지 않았다. 거시적 차원의 작동 원리가 미시적 차원에서 구체화하는 과정에 대한 체계적인 논의가 부진했다는 뜻이다. 대부분의 논의가 이를 블랙박스(black box)로 치부하면서 간과해 왔다. 그러나 거버넌스가 일반 시민의 정치적 요구나 의지적 선호와 행정관료의 전문가적인 판단이나 경험적 사실관계에 대한 평가 결과를 융합하려는 것이라고 한다면, 이 두 가지의 요소가 지향하는 정치적 합리성과 경제적 합리성이 과연 어떻게 절충되거나 또는 조정되는 것인지에 대한 설명 없이는 환류 거버넌스의 현실 정합성에 대해 말하기가 쉽지 않다. 협력적 공조나 공동 생산의 구체적인 작동 메커니즘이 밝혀져야 옴부즈만을 환류 거버넌스의 한 양식으로 다루려는 접근전략의 정당성 여부를 확인할 수 있다는 뜻이다.

이는 단지 거버넌스 이론의 전개 과정에서만 제기되는 과제가 아니다. 행정형 분쟁조정 과정에서도 어째서 심층적 사실조사의 실시가 갈등 당사자 사이의 이해와 합의의 도출을 용이하게 하는 것인지에 대한 분석적 설명을 필요로 한다. 그런데 행정형 분쟁 또는 옴부즈만이 다루는 민원의 발생은 국가의 일부인 행정관료나 행정기관과 민원인 사이에서 발생하는 선택의 불일치에서 비롯되는 일에 다름 아니다. 이를 톰슨과 루덴(Thompson & Tuden, 1959: 199)의 의사결정 분석 모형에 빗대어 보면 "성취 가능한 결과에 대한 선호(preference about possible outcomes)"와 "인과관계에 대한 확신(belief about causation)"이 서로 일치 하지 않는 데에서 비롯되는 결과이다. 이들에 따르면 모든 의사결정은 목적과 수단을 전제로 하는 데 의사결정에 참여하는 이들 사이에서 목적과 수단에 대한 합의가 이루어져 있는 경우와 그렇지 못한 경우로 대별해 볼 수 있다. 이는 아래의 <표 2-4>에 나타나 있는 바와 같다.

<표 2-4> 의사결정의 제 유형

목표 / 수단	합의	불합의
합의	I	II
불합의	III	IV

톰슨과 루덴은 위의 <표 2-4>에 나타나 있는 제 I 유형을 계산에 기초하는 관료구조(bureauctratic structure)의 의사결정이라고 보았다. 제 II 유형은 타협에 의존하는 대의구조(representative structure)의 의사결정, 제 III 유형은 판단에 기초하는 집단구조(collegial structure)의 의사결정, 제 IV 유형은 오로지 영감에 따라 의사를 결정하는 아노미 구조(anomic structure)의 의사결정으로 규정한다. 그러니까 사실조사를 통해 수단으로써의 현실에 대한 합의가 촉진되는 경우 제 III 유형이나 제 IV 유형으로부터 제 I 유형이나 제 II 유형으로의 전환 가능성이 높아진다는 의미이다.

그런데 옴부즈만이 민원에 개입해서 갈등 관련 당사자들 사이의 타협을 촉진하고자 한다는 것은 제 II 유형을 지향하자는 것에 다름 아니다. 물론 민원인과 행정관료나 행정기관이 지향하는 목적가치 자체를 일치시키고자 노력하기도 하지만 이는 일반적으로 성취하기가 쉽지 않은 일이다. 민원인이 사적이고 개인적인 차원의 이익을 추구하는 데 반해 행정관료나 행정기관은 공적이고 집단적인 이익을 추구할 개연성이 높고, 설사 행정관료나 행정기관이 자신들의 사적인 이해관계를 반영하고자 한다고 하더라도 민원인이 추구하는 사적 이익과는 결을 같이 하는 것이 아니기 때문이다. 반면에 옴부즈만이 사실조사권 행사를 통해 갈등 현상의 본질을 규정하는 작업은 사실에 대한 일치를 통해 수단 차원에서의 불일치를 극복하자는 것에 다름 아니다. 옴부즈만을 사실조사형 갈등조정 양식에 기초하는 행정형 분쟁조정 제도로 보고자 하는 이유이다.

그러나 문제는 사실에 대한 인식의 공유가 왜 어째서 갈등 당사자들 사이의 타협을 촉진시키는가에 대한 분석적 설명이 결여되어 있다는 데에 있다. 이는 시민사회나 민원인 개개인의 이해관계를 대변하는 가치선호 과정으로서의 정치와 현실 세계의 사실 관계에 대한 국가의 초이성적 판단을 대행하는 것으로 여겨져 온 행정의 관계에 있어서도 같다. 양자가 어떻게 협력하거나 융합하는 것인지에 대해서는 오랫동안 구체적인 설명이 결여되어 왔다. 거시적으로 볼 때 전통적인 국가 구성의 원리에 따르면 행정부 내지 행정관료는 입법부가 정한 정책 정향을 받아들여 이를 구체화 하는 가운데 어떤 정책을 구상하거나 집행한다고만 말하지, 그때 전문가적인 식견과 판단에 따라 활동해야 하는 행정관료가 입법부의 가치선택적인 정치적 요구를 어떻게 수용하고 혼합해서 구체화 하는 것인지 또는 구체화해야 하는 것인지에 대해서는 체계적이고 구체적인 설명이 제시되고 있지 않다. 엄밀히 말한다면 다만 규범적 차원에서 그렇게 되어야 한다는 주장을 거듭하고 있을 뿐이다.[6]

이를 가장 잘 보여주는 이론의 틀로는 "목적과 수단의 연쇄 고리"를 들 수 있다. 의회에 의한 정치적 요구를 반영하는 행정부의 정책 집행 과정은 마치 목적과 수단이 매 단계마다 교차적으로 적용되는 연쇄고리와 같아 그 교차적용의 과정을 통해 입법부의 정치적 주문이 행정부의 공적 서비스로 구체화 한다는 것이다. 그러나 이 "연쇄 고리" 이론은 어떻게 상위체계에서의 수단이 하위체계에서의 목적으로 전환하는지에 대한 분석적 설명을 내놓지 못한다. 이런 현상은 정치와 행정의 관계를 분석적 차원에서 접근한 경우에

6) 이 문제를 조직론의 차원에서 접근하는 이들은 목적과 수단의 연쇄고리라는 개념을 통해 목적이 수단으로 전환하면서 정치적 요구가 행정적 과제로 구체화 한다고 말하지만, 결코 목적이 어떻게 수단으로 전환되는 것인지에 대해서는 입을 다물고 있다.

도 같다. 사이몬(Simon, 1959)은 가치전제와 사실전제를 의사결정의 핵심적 구성요소로 제시하고 있으나 정작 그 가치전제와 사실전제가 의사결정 과정에서 어떻게 융합하는 것인지에 대해서는 적절하고 구체적인 설명을 제공하지 않는다. 이런 문제를 의식한 사이몬(Simon, 1990)은 스스로 자신의 합리적 의사결정론을 수정하여 의사결정의 만족모형을 제시하게 되지만 여전히 왜, 어떻게 만족하는 수준에서 의사결정이 이루어지는 것인지에 대해서는 납득할만한 설명을 내놓지 않았다.

이는 모두가 정치와 행정의 관계 내지는 국가와 시민사회의 관계를 주로 의사결정론의 관점에서 접근하는 데에서 오는 한계로 여겨진다. 의사결정론은 그것 자체로서 일종의 경계개념을 내포하고 있어서 정치와 행정 같이 서로 격리되어 있는 요소를 융합하는 일을 설명하기에는 적절치 않다. 정치적 합리성과 경제적 합리성이 가치전제와 사실전제라는 요소적 개념에 갇혀 있는 한, 양자 간에 관련 정보가 흐르고 유동해야 하는 융합 과정에 대한 설명은 당연히 지난한 과제일 수밖에 없다. 시민이 지향하는 정치적 합리성과 관료가 지향하는 경제적 합리성 간의 절충과 통합을 통해 제3의 대안 모색에 이르는 과정이 거버넌스라고 한다면, 그 절충과 통합의 과정은 당연히 양자 사이에서 관련 정보가 흐르고 유동하는 현상을 전제해야 하며, 의사결정론이 상정하는 바와 같이 어떤 정형적인 요소를 기계적으로 선택하거나 배척하거나 병치시키는 것이어서는 성취하기가 곤란한 일이다.

이런 점을 감안하여 여기에서는 옴부즈만을 정보유동론(information flow)의 관점에서 이해해 보고자 한다. 그 가운데에서도 프레밍 이론(framing theory)을 차용해 접근하고자 한다. 프레밍 이론은 주로 언론정보학 분야에서 활용되어 왔으나 두 개의 서로 다른 인식의 틀이 왜, 어떻게 조정, 통합되는지 또는 조정, 통합할 수 있는가를 설명하는 데 있어 매우 유용한 도구로 여겨진다. 이는 정책과정의 정치적 합리성을 지향하는 의견과 경제적 합리성을 지향하는 의견이 왜, 어떻게 융합되는지를 설명하는 데 있어서도 같다. 옴부즈만의 역할이 일반 시민의 행정과정에 대한 평가나 의지적 선호 내지는 호불호를 전달받아 관련 행정기관이나 행정관료에게 전달하고 행정관료의 전문가적인 판단이나 석명을 들은 후 이를 토대로 양자를 설득하거나 권고하여 어떤 타협적 결론에 이르고자 하는 것이라고 한다면, 바로 그런 과정을 설명하고 이해하는 데 있어 매우 유용할 것으로 여겨진다. 전자가 정치적 합리성을 지향하는 것이라고 한다면 후자는 경제적 합리성을 지향하는 것이고 결국 옴부즈만의 활동으로 인해 옴부즈만의 권고가 행정관료에 의해 수용되거나 거부되며 민원인이 민원을 철회하거나 또는 관철하게 될 때, 이는 옴부즈만에 의한 프레임이 관련 정보의 유동 과정을 거쳐 행정관료나 민원인에 의해 수용 또는 배척되는 과정으로 이해되기 때문이다.

그런데 이런 정보의 융합과정에서 프레밍 이론은 프레밍의 주체와 객체를 의사결정의 결정자 내지는 해결자로서가 아니라 조장자 내지는 지원자로 상정하고 있으며 관련 정보의 흐름이나 유동성을 촉진하는 존재로 파악한다. 이는 옴부즈만이 지향하는 바와 같다. 옴부즈만은 관료제적인 양식에 따라 어떤 결정을 시정하기 위해 새로운 결정을 내리거나 새롭게 어떤 행정조치를 취하자는 것이 아니라 민원인과 행정관료 사이에서 양자 간의 대화를 촉진하고 이해의 폭을 확장하기 위해 조정자 내지는 중재자로 활동하고자 한다. 그런 점에서 어떤 의사의 결정자나 문제의 해결자가 아니며 다만 정보의 유동성을 촉진하거나 조정하는 권고의 주체로 이해된다. 옴부즈만이 대항관료제(counter-bureaucratic identity)를 지향하는 것으로 평가되는 이유이다. 이 점에서도 정보유동론 내지는 프레밍 이론은 옴부즈만의 역할을 설명하는 데 있어 매우 유용한 분석의 틀을 제공한다. 그러나 프레밍 이론이나 정보유동론의 보다 큰 유용성은 이론의 성격상 일종의 아코디언과 같아서 그의 적용 대상 범위가 매우 탄력적이라는 데에 있다. 그러니까 미시적으로는 개인의 의식세계(cognitive map)을 설명하기 위한 분석의 틀에서부터 개인과 조직이나 제도 간의 관계, 나아가서는 개인과 체계나 시스템과의 관계를 설명하는 거시적 과제에 이르기까지 신축적으로 적용 대상 범위를 조정할 수 있다는 뜻이다. 따라서 옴부즈만에 대한 거시적 접근과 미시적 접근을 융합하여 중범위론적 접근을 시도하고자 하는 경우 매우 정합성이 높은 분석 틀이 되는 셈이다.

이렇듯 옴부즈만을 에워싸고 있는 거시적 환경과 그의 미시적 활동 사이에서 벌어지는 상호작용을 중범위 차원에서 접근할 경우, 민원인과 행정관료 사이에서 이견과 갈등을 조정 내지는 중재하여 이해충돌이나 갈등해소에 이르고자 하는 옴부즈만의 활동은 프레밍의 전달 및 수용 과정과 다를 것이 없다. 쉬펠레(Scheufele, 1999)에 따르면 프레임 자체가 현실을 규정하고 해석하는 방식이며, 현실은 객관적으로 존재하는 것이 아니라 미디어가 이를 어떻게 보도하고 인식하느냐에 따라 여러 형태로 존재한다는 것이다. 같은 이치로 민원인이 제기하는 민원은 옴부즈만의 관점에서 볼 때 객관적으로 존재하는 고정적인 실체가 아니며, 이를 어떻게 규정하고 해석하느냐에 따라 달라지는 가변적 성질의 것이다. 옴부즈만의 기대 역할 자체가 민원을 청취한 후 강화된 사실조사를 통해 추가 정보를 수집하고 이를 토대로 옴부즈만의 관점에서 민원의 내용을 규정한 후, 이를 수용하도록 민원인과 행정관료에게 설득하고 권고하는 데에 있다. 따라서 프레밍 이론의 관점에서 옴부즈만의 활동을 해석할 경우, 옴부즈만의 프레임에 영향을 미치는 핵심적 요소가 무엇이며 이를 민원인과 행정관료가 수용하도록 유도하는 방법에는 어떤 것이 있는지를 밝혀야 한다.

그런데 쉬펠레(Scheufele, 1999)는 프레밍 과정에 미디어 프레임과 수용자 프레임이 있으며, 이들은 각기 독립변수이기도 하고 종속변수이기도 한 양가적 관계를 구성한다고 보았다. 미디어 프레임은 그를 에워싸고 있는 사회적 규범, 가치, 사고, 압력, 관행, 정치적 이데올로기 등의 종속변수로써 그것들에 영향을 받아 형성되며, 일단 형성된 프레임은 독립변수로써 수용자의 태도, 의견, 해석 프레임 구성에 영향을 미친다는 것이다. 반면에 수용자 프레임은 미디어 프레임의 종속변수로써 미디어 프레임이 어떤 강도나 전략으로 전달되느냐에 따라 수용자의 해석 프레임에 영향을 미친다고 보았다. 나아가 수용자 개인이 어떤 사회화를 거쳐 신념, 가치, 이해관계를 발전시켜왔느냐에 따라 하나의 독립변수로써 미디어 프레임을 수용하는 태도나 자세에 영향을 미친다는 것이다.

이런 인식의 틀을 통해 옴부즈만의 활동을 조명해 보면 옴부즈만은 민주 정체의 한 기관으로써 민주 정체가 지향하는 핵심가치를 구현해야 한다는 당위적 요구에 따라 자신의 프레임을 정한다는 뜻에서 민주 정체의 종속변수가 된다. 이때 옴부즈만이 규정한 현실 인식이 행정관료나 민원인에게 영향을 미쳐 그들의 민원 사안에 대한 인식이나 태도를 교정 또는 수정하는 결과를 낳는다는 점에서는 독립변수가 된다. 이는 아래 <표 2-5>의 경우 제 I 유형(행정관료)과 제 II 유형(민원인)의 관계를 뜻한다. 이를 수용자의 관점에서 보면 민원인이나 행정관료가 옴부즈만의 권고를 수용하여 이견이나 갈등을 순화하거나 배척하게 되는 데, 이 경우 옴부즈만 프레임의 종속변수가 되는 셈이다. 그런데 수용자로서의 민원인이나 행정관료가 옴부즈만이 제시한 프레임을 수용하거나 배척하는 의사를 결정하는 데에는 그들에게 기왕에 축적되어 있던 가치관이나 법의식 내지는 현실 인식이 영향을 미치게 된다. 이 경우의 수용자 프레임은 옴부즈만과의 관계에서 독립변수가 되며 옴부즈만은 이들의 종속변수가 된다. 이는 <표 2-5>의 제 III 유형(행정관료)과 제 IV 유형(민원인)을 뜻한다. 이를 정리하면 아래의 <표 2-5>와 같다.

<표 2-5> 옴부즈만의 역할 구성과 프레임 효과

민원관계인 / 옴부즈만	행정관료	민원인
독립변수	I	II
종속변수	III	IV

이런 프레임을 통해 옴부즈만의 활동을 분석할 경우, 옴부즈만은 민주정체의 핵심가치인 행정정의 구현이라는 책무성 내지는 기댓값에 영향을 받아 이를 구현하고자 노력하는 것이 되며, 그 결과

민원이 해소되는 경우에는 옴부즈만의 그런 프레임이 민원인이나 행정관료에 의해 수용되었음을 뜻한다. 옴부즈만에 의한 역할이 수행된 것이며 국민고충이 다루어진 것이다. 이 경우 옴부즈만 프레임의 수용자 입장에서 보면, 옴부즈만이 어떤 양식으로 자신의 프레임을 전달하고자 했는지가 프레임 수용을 결정짓는 핵심 변수 가운데 하나가 된다.

그런데 옴부즈만은 좋은 정부의 구현을 위해 기본적으로 관료주의의 한계를 초극하고 민주적 가치의 실현을 위해 매진하고자 하는 존재로 이해된다. 그러나 그렇다고 해서 정부 운용상의 생산성을 아주 외면하자는 것이거나 민주성의 원리만을 기초로 정부를 운영하거나 스스로를 구축하자는 것도 아니다. 관료제의 한계를 절감하고 그로 인한 고충이나 갈등을 해결하자는 것이 옴부즈만이기는 하지만, 그렇다고 해서 그 자신의 운영에 있어서도 관료제적인 요소를 철저히 배제하게 되는 것은 아니다. 그 결과 옴부즈만은 관료주의와 민주주의 또는 생산성과 민주성 사이에서 빚어지는 갈등을 여하히 해결할 것인가를 두고 일종의 자기 한계에 빠진다고도 말할 수 있다. 이를 인식론의 차원에서 점검하는 경우 합리적 과학주의와 감성적 쾌락주의 가운데 어느 쪽을 지향해야 하느냐를 두고 모순적 갈등에 직면한다는 뜻이 된다. 옴부즈만은 그의 권고적 대안 개발 과정 또는 프레임 개발 과정에서 합리적, 이성적 논리를 개발하거나 과학적 검증에 기초해야 하지만 그 결과를 수용하는 잣대는 감성적, 정서적 판단이어야 한다는 대칭적 준거율에 기초해 운영된다는 뜻이다.

그뿐만이 아니다. 옴부즈만이 그의 존재 이유를 관료제의 병리 현상에 대해 대안적 조치를 취해야 할 필요성을 절감하는 데에서부터 찾는다는 점에 착안해 보면, 관료 내지는 그들에 의해 구축되는 관료 시스템 자체에 대한 불신으로부터 기관 출범의 당위성이 구축되어 있음을 알 수 있다. 그런데 관료제는 관료라는 인간에 대한 불신에 기초하여 이를 보다 효율적으로 통제하거나 관리하기 위해 고안되었다. 바로 이 점을 감안해 보면, 옴부즈만은 인간에 대한 거듭된 불신으로부터 그의 존재 이유를 찾는 셈이다. 그러나 다른 한 편에서 보면, 바로 이런 불신의 문제를 옴부즈만이라는 우월적 존재의 인간성에 대한 무한 신뢰를 통해 해결하자는 것에 다름 아니다. 옴부즈만은 관료제라는 시스템이 발현한 병리 현상을 옴부즈만이라는 기관의 독립적 판단을 통해 종국적으로 해결에 이르고자하기 때문이다. 바로 이런 모순이 옴부즈만이 시정하고자 하는 관료제의 병폐를 절감하면서도 그의 해결을 위해 옴부즈만이 지향하고자 하는 대항관료제의 실체가 모호하다거나 때로는 지엽말단적인 차원의 서술적 설명 이상의 것을 시도하는 것이 아니라는 평가를 받게 되는 근인 가운데 하나이기도 하다. 바로 이 점에서 볼 때 옴부즈만은 대항관료제를 지향하지만 그렇다고 관료제적인 속성을 완전히 극복하게 되는 것은 아니다. 옴부즈만의 자기 프레임 개발과정에 본래적인 한계 요인이 내재되어 있음을 뜻한다. 앞서의 논의에서처럼 옴부즈만 자체에 대한 환류 차원의 수요가 제기되는 이유이며 옴부즈만에 대한 옴부즈만의 문제를 제기하는 이들이 의존하는 논거이기도 하다.

제3장

옴부즈만의 역사 전개

I. 옴부즈만의 전개 과정

기관으로써의 옴부즈만이 설치되는 사건을 정태적 관점에서 조망해 보면 이는 어느 사회에서건 역사의 한 시점에서 의도된 기획에 의해 일거에 빚어지는 결단의 소산물에 다름 아니다. 그러나 이를 동태적 관점에서 통시적으로 추적해 보면, 오랜 인류문명의 진화를 통해 점진주의적으로 발전해 온 역사적 총체임을 알 수 있다. 오늘의 옴부즈만을 이해하기 위해서는 그의 진화과정을 추적 조사해 보아야 하는 이유이다. 이런 관점에서 보면 오늘날 우리가 옴부즈만으로 부르는 것과 유사한 기구들이 근대 이전에도 동서양을 막론하고 폭넓게 설치, 운영되어 왔음을 알 수 있다.

다만 근대 이전의 유사 옴부즈만 기구들은 궁극적으로 국가나 정치적 기득권의 유지를 위해 설치, 운영되었다는 점에서 오늘날의 옴부즈만과는 크게 다르다. 은사적인 차원에서 이루어지는 국민의 고충 해결을 통해 권력의 유지나 체제의 안정을 도모하고자 했던 것이다. 따라서 이 시대의 민원 제기는 국정의 개혁이나 행정정의의 구현을 위해 현재의 행정운영 양식을 평가하고 그 결과를 환류하자는 것이 아니라 폐쇄된 국정운영 과정에 예외적으로 마련된 의견 투입 창구에 다름 아니었다. 예를 들어 1215년 영국에서 마그나카르타(Magna Carta)나 평민의회가 등장하는 과정에서도 민원의 제기를 청원의 한 양식으로 다루면서 국정운영 과정에 대한 의견 투입의 창구가 마련되어 있었다(Hyson, 2010: 186). 언로가 차단되고 검열이 일상화 하는 전통사회에서 민원의 제기는 정부에 대한 의견 투입 통로를 열어주는 은사적 조치 가운데 하나였던 것이다.

그러나 근대로 들어서면서 옴부즈만은 점차 행정정의의 구현을 위한 일에 주목하게 되고, 그 결과 군주정의 타도나 독재 체제의 와해에 영향을 미치는 것같이 기득권에 저항하는 수단의 하나로까지 자리 매김하게 되었다(Bousta, 2005: 42). 근대 옴부즈만의 효시로 여겨지는 스웨덴의 옴부즈만 자체가 전제군주제로의 복귀를 막기 위한 방편의 하나로 고안되었다(Tyndall, 2015: 5). 1713년 스웨덴에 처음 설치된 국왕 최고 옴부즈만(King's Supreme Ombudsman)이 국왕을 대리하는 기구였다고 한다면, 1809년 시민혁명 이후 세워져 흔히 정의의 옴부즈만(JO: Ombudsman for Justice)으로 불리는 의회 옴부즈만(Parliamentary Ombudsman)은 시민 개개인의 시민권 보호를 위해 설치된 바 있었다(von der Esch, 2011: 78-79).

이렇듯 옴부즈만이 기득권에 대한 대항 권력의 일종으로 활동하기 시작했다는 점에서 보면 환류의 한 양식으로 간주되기 시작했다는 의미이기도 하다. 그러나 이를 다른 측면에서 보면 행정정의의 구현을 표방하지만 실제로는 권력투쟁의 한 요소적 장치로 등장했음을 뜻하는 것이기도 하다. 그러나 현대에 이르러서는 다시 생경하고, 복잡하거나, 불완전한 국가권력의 정통성 기반을 확장하고자 한다는 점에서 기득권과의 관계에서 일반 시민으로 하여금 권력적으로 화해하도록 종용하는 일종의 “설득 수단”으로 활동하는 변화를 보여준다. 국가와의 관계에서 볼 때 옴부즈만은 이제 일반 시민의 권력적 지위와 역량을 강화시켜주는 장치로 이해되고 있음을 뜻한다. 나아가서는 유럽연합의 사례에서 보는 바와 같이 시민사회 자체의 성장을 지원하거나 확장하기 위한 수단으로 동원되는 것과 같이 보다 더 본질적인 사회 변화를 추구하는 장치로 변모하게도 된다.

이렇듯 국민권익의 제고 수단으로 간주되는 옴부즈만이 범지구적으로 폭발적인 확산의 전기를 마지하게 된 것은 1960대의 복지국가 도래에 있었다. 복지국가의 등장은 국정운영 과제 가운데 환경, 노동, 복지, 연금 같이 공적 서비스 친화적인 영역과 철도, 우편, 항공, 법원 등과 같은 서비스 제공 영역의 비중을 확장시켰다. 국가의 규모가 커지고 복잡해지며 국민에게 미치는 영향력도 함께 커지게 되었다(Levine, 2007: 57). 이로 인해 국가와 일반 시민 사이의 면대면 접촉 기회가 급진적으로 확대되고 다원화 하게 되었으며, 그 결과 국민고충의 발생 빈도가 높아지고 국민고충 처리 기구에 대한 수요를 증대시켰다. 이런 변화는 또한 국가를 공공재의 서비스 제공자로 인식하려는 경향과 함께 일반 시민을 고객중심주의의 관점에서 다루려는 접근시각도 확산시켰다. 국민권익 보호에 대한 수요의 지평을 넓힌 것이다. 이런 현상은 시장의 영역에도 영향을 미쳐 소비자 보호에 대한 경각심이 높아지는 계기가 되었다. 1970년대 이후 사적 영역에서의 옴부즈만 확산이 급속히 진행되는 변화를 낳게 되는 이유다.

그런데 이런 옴부즈만의 진화 과정은 옴부즈만 영역 전체에 대해 어떤 일관된 인식의 틀이나 가치관이 성숙된 이후에 이를 토대로 어떤 원칙을 기준 삼아 질서정연하게 기획되거나 설계도가 마련되고 그걸 토대로 전개된 것이 아니다. 그런 만큼 어느 나라에서건 옴부즈만의 발전 과정은 무질서하고 무계획적이며 파편적이다. 그렇기 때문에 이용하기에 너무 복잡하다거나 비일관적이고 관할 영역의 중복으로 인한 비효율이 적지 않다는 평가를 받는다. 그런 분절적인 변화 가운데에서도 어떤 일관된 흐름이 아주 없는 것은 아니어서 이를 여기에서는 근대 이전, 근대, 현대, 현대 이후의 미래사회로 나누어 검토해 보고자 한다.

II. 근대 이전의 옴부즈만

1. 민선 행정감독관(Ephors)

가장 오래된 유사 옴부즈만 기구로는 기원전 6세기 후반 고대 그리스의 스파르타에서 운영되던 민선 행정감독관 제도를 들 수 있다. 스파르타는 행정 전반에 대해 통제권을 갖는 일종의 행정 감독관을 선거를 통해 선출했다. 5인 위원회를 통해 다수결의 원리에 따라 운영했으며, 시민이 국가의 행정작용에 대해 동원할 수 있는 거의 유일하면서도 효율적인 통제장치였다. 이들은 세금을 부과하고 체포영장을 발부하며 판사를 해임하거나 전쟁을 선포하고 심지어 국왕에 대한 견제권 마저 행사했다. 이런 권한으로 인해 실로 전제적인 감독권을 행사한다는 평가를 받았다. 페르시아와의 전쟁에서 승리한 포세니아(Pausanias) 국왕을 적과 내통했다는 이유로 체포하고 사형 선고할 정도로 막강한 권한을 행사했다. 비민주적이라고 할 수 있는 스파르타에서조차 시민의 의지를 국정과정에 자유롭게 반영하고 행사할 수 있는 행정감독 기관이 마련되어 있었던 셈이다. 그러나 다른 한편에서 보면 국왕을 처단하는 데에서 볼 수 있는 것같이 권력투쟁이나 기득권의 유지 수단으로 활용되기도 했음을 숨길 수 없다.

2. 호민관(Tribunes Plebis)

기원전 5세기경 로마제국에서는 공화정 헌법을 채택한 후 얼마 되지 않아 평민을 국가 권력으로부터 보호한다는 차원에서 호민관 제도를 도입했다. 호민관은 평민 가운데에서 선출되었으며 평민회의를 소집하고 의장으로 회의를 주재하는 가운데 평민의 요구를 대변하고 그들의 권리를 옹호하는 일을 담당했다. 정무관의 전횡을 막아달라고 도움을 요청하는 모든 평민의 생명과 재산을 보호하는 책무도 부과되었다. 이는 평민이 귀족과 함께 법 앞에 평등하다는 사실을 확인하는 것과 다름없다(Hajdari, 2014: 516). 따라서 평민이 언제든 찾아와 도움을 청할 수 있도록 밤낮 자기 집 문을 열어놓아야 했고 멀리 도시 밖으로 나갈 수도 없었다.

책무의 수행을 위해 평민회의에서 독점적으로 법률을 발의할 수 있는 권리가 주어졌으며 때에 따라서는 원로원을 소집하고 청원할 권리도 부여되었다. 또한 집정관이나 다른 정무관의 결정이나 동료 호민관의 결정에 대해 그것이 평민에게 해롭거나 불법적이거나 부정적 영향을 미칠 것으로 판단되어 평민의 권익에 배치된다고 여겨질 때에는 거부권을 행사하거나 무효화하고 중재할 수 있는 권리도 주어졌다.

이 거부권은 비록 구체적으로 헌법에 명시된 것은 아니었지만, 관습상 인정되어 정치적인 효력을 발휘했다. 오히려 그렇기 때문에 법률에 명시되는 것보다 훨씬 더 강력한 영향력을 발휘했다는 평가를 받는다. 평민의 권리를 침해하는 자들을 징계하거나 부정적인 방법으로 폄하하는 것이 아니라 설득하고 대안을 제시하며 경청하는 가운데 문제 해결에 이르고자 했다(Hajdari, 2014: 517). 이로 인해 후대에는 원로원조차 그 효용성을 인정하고 문제를 일으키는 집정관을 제재하는 데 그런 권한을 사용하도록 장려했다.

또한 호민관이 위협 받지 않는 가운데 권리를 행사할 수 있도록 그의 신체는 신성불가침의 것으로 선포되었다. 그에게 폭행을 가하거나 권리 행사를 의도적으로 방해하는 자는 사형에 처해졌다. 그러나 평민의 중범죄를 보호하는 데 호민관이 나설 수는 없도록 했다.

3. 자사[1]

기원전 106년 중국의 한나라에서는 한무제가 "자사"라는 감찰 전담 관리를 두어 지방행정을 감독하고 민원을 접수, 처리했다.

1) 히스토리아(2017.01.20.)를 참조했다.

이 관찰사는 군현의 관리와 지방 제후를 감시하기 위해 황제가 파견한 관리로써 행정오류를 시정하거나 민정을 청취했다(Saunders, 2014: 8). 실제, 한나라 군현 내에서의 태수는 봉건영주와 같이 독자적으로 지방민을 다스렸기 때문에 황제로서는 이들을 철저히 통제할 필요가 있었다. 이로 인해 한무제는 13주에 자사를 보내는 "13주 자사제"를 통해 제후들을 끊임없이 감시던 것이다.

이 자사는 한무제 시기에는 지방 제후를 감시하기 위한 임시 파견관이었지만, 후한 대에 들어서면서부터 호족들의 세력이 강해지자 아예 상설 행정기구로 만들어 지방 군현을 감독하게 했다. 자사는 곧 국왕의 권력을 보위하는 지방장관이었던 셈이다.

한이 망한 후 위진남북조에서는 자사에게 지방 통치의 모든 권한을 부여했다. 위진남북조가 혼란한 시대였던 만큼, 이때 자사는 지방의 모든 민정, 군정, 인사권을 장악할 수 있었고, 이를 귀족들이 독식함으로써 후대에 귀족사회가 성립하는 계기가 되었다.

4. 시민 보호관(Defensor Civitatis)

서기 364년 로마제국 황제 발렌티니아누스(Valentinianus) 1세(364~375)는 송사(訟事)에서 시민 그 가운데에서도 평민을 특권층으로부터 보호하기 위해 시민 보호관 제도를 두었다. 치자와 피치자 사이에서 치자의 권력 남용으로부터 피치자를 보호하자는 것이었다. 평민 보호관 또는 시민의 대부로 불리기도 했으며 호민관과 비교 평가되기도 했다. 집정관(執政官, Praetor)이 시민 가운데에서 종신직으로 임명할 수 있게 했고, 송사가 있을 때에는 문제 해결을 위해 집정관 심지어는 국왕에게도 쉽게 접근할 수 있었다. 데오도시우스(Theodosius) 1세(387) 때에 와서는 선거로 뽑게 했고 권한도 커져서 형사범과 종교 문제까지도 다루었다. 428년부터는 시 행정관으로 승격되어 광범위한 시정 과제를 다루었다.

그러나 권력이 증대하면서 부패했고 기대했던 효과를 내지 못하게 되자 유스티니아누스(Justinianus) 1세 황제 때(535)에는 권한을 강화한다는 뜻에서 시의 제1급 시민들 손에 맡겼다. 이에 따라 2년을 기한으로 교대로 돌아가며 직무를 수행하게 되었다. 시장의 상품가격을 감독하거나 시장의 일반적인 활동을 규제, 관리하고 세금 징수의 타당성을 심사하며 부동산 거래와 관련한 증빙서류를 발급하고 시의 행정조치를 확인하는 등 시정부의 행정과 법률을 관할하면서 세력이 커지게 되자 시장의 부관과 유사한 역할을 수행했다. 이후 시와 지방의 관리들이 이들에게 복종하면서 권력이 커지자 본래의 취지에서 벗어나 통치자와 유사하게 되었다. 권력의 중심축 가운데 하나로 활동하게 되었다는 뜻이다. 이로 인해 9세기에 폐기될 때까지 시민의 권익 보호 문제는 이를 주교들이 맡아 처리해야 했다.

5. 모타십(Mohtasib)

선지자 모하멧(Mohammad)이 활동하던 시기의 아랍권에는 무슬림 율법에 따라 설치, 운영하던 유사 사법행정 기구(quasi-judicial administrative authority)로 모타십(Mohtasib) 또는 무타십(Muhtasib)이 있었다. 서기 640년 당시 모하멧을 추종하던 하쯔라트 우마르

(Hazrat Umar) 2세가 일상 속의 정의 구현을 강조하는 종교적 율법을 지킨다는 생각에서 "재판관을 재판하는 사람(Quadi-al-Qadat)"의 개념을 도입해 모타십을 두었다(Asif, 2013: 710).

모타십은 무슬림 율법에 따라 공공 행정이 정의롭게 이루어지고 있는지를 감찰하는 업무를 수행했다. 예를 들어 술탄 바르크(the Sultan Barqūq) 시대의 카이로 무타십은 무게 계량, 화폐, 시장의 상품 가격, 공중도덕, 공공장소의 청결 등에 대한 규제; 학교, 교사, 학생, 학업지도 등의 감독; 공중목욕탕, 일반 치안 및 안전, 교통의 흐름 등을 관장했다. 정부가 정한 가격대로 상품을 팔고 있는지를 사업가를 상대로 감찰하는 권한도 지녔다. 공예품 생산자나 건축가에게는 표준규격을 제시하고 판매하는 음식이 안전한지와 도량형기가 정확한지를 확인하는 업무도 수행했다.

대중음식점을 상대로 조리기구의 교체나 수리를 명령하고 조리하는 음식에 뚜껑을 덮어 파리나 기타 벌레를 차단하고 있는지를 감독했다. 의사, 약제상, 매혈자에 대한 근접 관찰 업무도 수행했다. 이로 인해 오늘날 파키스탄에서는 옴부즈만을 모타십이라고 부른다.

그 밖에도 고대 이집트에서는 국민 고충 처리를 위해 당시의 법원에 민원 담당관을 두었다는 기록이 있고, 성경에도 모세가 히브류 사람들의 민원 처리를 위해 전담 관리를 두었다고 기록했다. 중세에도 국가는 물론이고 교회나 기업 조직 내에 치자와 피치자 또는 행징관리와 행정관리의 대상자 사이에 다양한 양식의 조정자 내지는 중재자를 두었었다. 민족국가 여명기의 절대왕조들도 공직자들이 법률을 준수하는지, 자신들의 지시를 잘 따르는지, 일상의 행동

거지는 어떤지 등을 확인하기 위해 별도의 대리인이나 관리 또는 충복을 임명하곤 했다(Saunders, 2014: 8).

이렇듯 근대 이전의 유사 옴부즈만들은 대개 국정 운영의 실태를 밝히자는 것이기는 하지만 보다 본질적으로는 국가의 도구로서 그 당시 지배계급의 계급적 이익의 영속화, 지배 논리의 정당화, 권력 레짐의 유지에 기여하기 위한 것이 대부분이었다(Saunders, 2014; 9). 당시는 물론이고 그 이후에도 옴부즈만이 기본적으로 지배계급의 이익을 외면하거나 무시하는 경우 결코 오랫동안 기관 계속성을 유지하기 어렵다는 사실을 환기시켜주는 대목이다. 그러나 그렇다고 해서 지나치게 지배계급의 이익에 봉사하는 경우 부패하거나 타락하면서 기관 설치의 본래 목적에서 벗어나 폐지되거나 다른 기구로 전환하는 숙명을 겪었다. 이는 옴부즈만이 기관 운영 당시의 권력 구조 내지는 국정운영 체제의 성격과 긴밀하게 연동되어 있음을 뜻한다.

III. 근대 옴부즈만의 발전

이후 잠잠하던 국가권력으로부터의 시민 구제 문제는 18세기 스웨덴에서 다시 등장하게 된다. 당시의 유럽 여러 나라 가운데 스웨덴 국왕의 절대권이 상대적으로 취약했다는 점과 왕정국가 시대가 저물고 근대 민주정체의 여명기에 들어섰다는 점이 영향을 미쳤을 것으로 관측된다. 흔히 1809년 스웨덴 의회에 “정의를 위한 옴부즈만(JO)” 이 임명된 때를 근대적 의미의 옴부즈만이 등장한 기점으로 삼는다. 이때를 기산하면 그로부터 2019년 현재까지 근대적 의미의 옴부즈만은 210년의 기관 역사를 갖는 셈이다. 그 동안 기관의 부침이 없었던 것은 아니지만 민주주의의 범지구적인 확산과 더불어 지속적으로 전 세계에 퍼졌으며, 그에 따라 기능의 다양화와 유형의 이질화도 심화되었다. 이는 옴부즈만이 설치된 사회의 시공간적인 특성에 따라 기관 변용이 이루어져 왔음을 뜻한다. 아니 이런 변용성과 유연성 그리고 거기에서 비롯되는 다양성과 확산성이야말로 이 시기 옴부즈만이 지니는 가장 대표적인 특징 가운데 하나다.

그러나 그렇다고 해서 그런 변화를 관통하는 어떤 경향성이 전혀 없었던 것은 아니어서 근대 이후 전개된 옴부즈만의 변용 과정은 이를 몇 개의 단계로 나누어 구분해 볼 수 있다. 예컨대 그레고리(Gregory, 1997)는 성숙한 자유민주주의 체제 하에서 발현하는 고전적 옴부즈만과 이후 등장하는 신생 민주정체하의 전환기 사회에서 정권교체와 더불어 설치되는 옴부즈만으로 구분하여 다루었다. 리프(Rief, 2004)는 고전적 옴부즈만과 1970년대 이후 등장하는 융복합형 옴부즈만으로 대별한다. 히드(Heede, 2000)는 행정통제형 옴부즈만과 고충처리형 옴부즈만의 등장으로 나누었다. 여기에서는 르맥(Remac, 2013: 63-66)의 분류를 원용하여 옴부즈만이 추구하는 궁극적인 목적 가치가 무엇이었는가를 기준으로 구분해 보고자 한다. 이에 따라 근대에서는 제1세대 옴부즈만으로 입헌주의의 연장선상에서 개인의 자유를 보호하고 준법성을 촉진하고자 하는 옴부즈만을, 그리고 제2세대에서는 경제성이나 대표성 및 형평성을 지향하는 정의 추구형 옴부즈만의 등장으로 나누어 보고자 한다.

1. 제1세대 옴부즈만[2)]

옴부즈만(ombudsman)의 어원은 원래 스웨덴어로 남을 대신해 청원하는 사람을 뜻했다. 고대 스칸디나비아의 말인 '*umbodhsmadher*'에 연원을 두었다. *umbodhsmadher*의 '*um*'은 '--에 관하여(regarding)', '*bodh*'는 '명령(command)', '*madhr*'는 '사람(man)'을 뜻한다. 이로 인해 'umbodhsmadher'는 노조처럼 어떤 단체의 이익이나 법적인 문제를 돌봐주는 대리인을 의미한다. 또 다른 주장에 의하면, '*om*'은 '--에 관하여(about)', '*buds*'는 '벌금을 징수하여 나누어 주는 사람'을 의미한다. 따라서 옴부즈만은 어떤 사람이 다른 사람에게 손해를 가한 경우, 법원에 의해 결정된 배상금을 손해를 입힌 사람으로부터 받아 손해를 입은 사람에게 공정하고 정당하게 나누어주는 역할을 수행하는 사람을 뜻했다. 옴부즈만이 스웨덴에서 흔히 대리인이라는 뜻으로 사용되는 이유다. 이렇게 여러 단체들이 노조 같이 자신을 대리하는 옴부즈만을 두고 있어서, 스웨덴에는 실로 많은 수의 옴부즈만이 활동하게 되었다(Lundvik, 1983: 179).

그러나 옴부즈만이 이슬람의 KADI에서 발전되었다는 주장도 있다. KADISMS은 그의 기능면에서 현재의 옴부즈만과 유사하지만 사법적 권한을 가지고 있었던 점에서 다르다. 스웨덴의 찰스 12세가 터키에 있을 때 이 KADI를 보고 스웨덴에 도입한 것이 바로 옴부즈만의 시초라는 것이다(Veny & Passemiers, 2000: 47). 그러나 스

2) 국민고충처리위원회(2003: 7)를 주로 참조하였다

웨덴과 노르웨이에서는 13세기 이래로 옴부즈만과 유사한 역할을 수행하는 기관이 있었고, 이것이 옴부즈만으로 발전했다는 주장이 훨씬 더 설득력이 있어 보인다. 과거 한국의 암행어사 제도나 중국의 자사에서 보는 바와 같이 국왕을 대리하여 관리들을 감시하는 제도에서 유래했다고 보는 것이다.

그런데 의회의 대리인으로 민원을 조사하고 처리하는 기관을 스웨덴에서는 *Justitieombudsman*(JO)이라고 부른다. JO는 의회의 '정의를 위한 옴부즈만(Parliament's Ombudsman for Justice)'으로 번역된다. 따라서 정의를 구현하기 위해 '의회의 대리인'으로써 법관과 행정부 공무원의 법률 준수 여부를 감시하는 것을 책무로 삼는 기관이 바로 옴부즈만인 셈이다. JO는 1809년 스웨덴에서 근대 헌법이 만들어지면서 처음 등장했다. 근대 옴부즈만의 효시인 셈이다. 그러나 JO의 뿌리는 이보다 훨씬 더 깊다.

1709년 스웨덴의 국왕 찰스 12세(Charles XII)가 러시아에 패해 터키로 망명하게 되는데, 그곳에서 1713년 스웨덴의 행정적 무질서를 막기 위해 왕의 대리인 *Högste Ombudsman*(최고 대리인: Supreme Procurator)을 임명하게 된다. 이 왕의 대리인은 공무원이 법과 규정을 잘 지키는지의 여부, 임무를 적절히 수행하고 있는지의 여부를 감시하도록 되어 있었다(Lundvik, 1983a: 179-190). 이 왕의 대리인은 1719년 *Justitiekansler*(스웨덴어로는 JK, 영어로는 Chancellor of Justice로 불리어짐)로 이름이 바뀌는 데, 이것이 지금까지 존속하고 있는 스웨덴 최고의 사정기관이다. JK는 옴부즈만과 같은 기능 외에도 왕과 내각에 대한 법률의 자문, 국가의 이익과 관련된 소송에서 국왕을 대리하는 일, 국왕을 대신해서 공무원을 감시하고 감독하며, 기타 특별한 기능으로 예컨대 변호사협회에 대한 감독 등의 역할을 수행한다. 무엇보다도 행정부에 의해 임명된다는 점에서 JO와 다르다.

그런데 1766년부터 1772년까지 스웨덴에서는 의회(Riksdag)가 국왕으로부터 모든 권한을 넘겨받게 되었고, 그에 따라 JK도 의회가 임명하게 되었다. JK는 이제 의회의 대리인으로써 의회의 옴부즈만 역할을 수행하게 된 것이다. 이때의 JK가 오늘날의 옴부즈만인 JO의 전신인 셈이다. 그러나 1772년 구스타프 국왕(King Custavus)이 쿠테타를 통해 의회로부터 왕권을 회복함에 따라 JK에 대한 임명권도 국왕이 이를 다시 찾아 행사하게 되었다.

이후 1809년에는 시민혁명의 결과 절대 왕조체제에서 벗어나 국가 권력을 3개의 기관 즉 국왕을 중심으로 하는 내각과 의회 및 사법기관으로 나누는 근대 헌법을 채택하게 된다. 국왕과 내각은 법률집행권을, 의회는 조세부과권을, 의회와 국왕과 내각은 공동으로 법률제정권을 갖도록 하고, 사법부는 독립 기관화 하는 것이 주요 내용이었다. 일종의 3권 분립제도를 도입한 것이다. 특히 중요한 것은 이 헌법을 만들면서 국가기관과 그의 공무원에 대한 감독권을 의회와 국왕이 함께 행사하는 것으로 정했다는 점이다. 즉, 국왕의 대리인으로써 JK는 국가기관과 공무원을 감시하는 기능을 수행하면서 국왕과 내각으로부터 독립된 지위를 갖게 되었고, 의회를 대리하여 공무원을 감시하는 기관으로는 JO를 새로 만들어 의회 소속이지만 독립된 지위를 갖도록 헌법에 규정했다. 공공기관과 공무원을 감시하기 위해 이렇게 두 개의 기관을 갖게 된 것은 의회와 국왕 간의 권력분립 과정에서 생겨난 타협의 산물로 여겨진다.

그러나 대 의회와의 관계에서 국왕의 권한이 점차 증대한다는 인식은 시민권 보호라는 차원에서 1915년 의회로 하여금 군사 문제에 관한 옴부즈만을 별도로 설치하게 되는 계기가 되었다. 군사옴부즈만(MO: Militieombudsman)이 등장하게 된 이유다. 이 군사옴부즈만은 제2차 세계대전이 끝나면서 임무가 줄어들자, 1968년 JO와 통합되었다. 결국 스웨덴에서는 1713년부터 1809년까지는 JK가, 1809년부터 1915년까지는 JK와 JO 두 개의 옴부즈만이, 1915년부터 1968년까지는 JK, JO 그리고 MO 이렇게 3개의 옴부즈만이, 1968년 이래로 현재까지는 JK와 JO, 즉 국왕의 옴부즈만과 의회의 옴부즈만이 국가기관과 공무원을 감시하는 역할을 담당해 왔고 또 담당하고 있는 셈이다. 이로 인해 옴부즈만 간에 업무의 중복이 일어나게 되는데, 이를 그들 사이의 비공식 접촉을 통해 조정하는 것이 보통이다. 예컨대, 옴부즈만은 주기적으로 법원이나 교도소, 기타 국가 기관을 방문하여 감사하는데 JK와 JO가 서로 중복되지 않게 방문 대상을 조정한다(Modeen, 1981: 41-52).

이렇게 스웨덴에서 처음 옴부즈만이 탄생할 때에는 '의회의 대리인'으로써 행정부 수반인 국왕으로부터 독립하여 판사나 공무원이 법률과 규칙을 잘 준수하고 있는지를 감시하기 위해 마련된 일종의 준법성 감시기구였다. 따라서 근대 최초의 옴부즈만은 민원 처리보다 행정부와 사법부의 공무원이나 판사를 감시하기 위한 도구였던 셈이다. 그리고 그 감시의 목적이 준법성 여부를 판별하기 위한 것이라는 점에서는 공직 수행 과정의 적법성을 확보하려는 데 우선적인 목표를 두는 것이었다. 스웨덴의 헌법은 옴부즈만의 임무를 '판사, 정부관리 기타 다른 공무원이 법률을 준수하는지의 여부를 감독하고, 이들이 위법한 행위를 하거나 임무를 소홀히 할 경우 기소하는 것' 이라고 규정하고 있었다.

그러나 옴부즈만에게 일반 시민이 직접 공무원의 법률위반 행위를 고발하거나 청원하는 일이 빈번해지면서 점차 일반 시민의 일상적 보호자로 변모해 나가게 된 것이다. 그러나 행정 행위의 준법성 정도를 가늠하기 위해서는 어느 곳에서나 헌법적 토대가 마련되어 있어야 한다. 이런 근본적이고 철학적인 변화 없이 단지 사무 처리나 관리 대상의 범위가 확장된다고 해서 기관의 정체성이 변하게 되는 것은 아니다. 기본적으로는 기득권에 대한 대항 권력으로써의 성질을 벗어나지 못했다는 뜻이다.

그런 점에서 JO를 스웨덴 시민혁명의 소산이라기보다는 16세기 정의의 결핍이나 개혁과제가 있을 경우 이를 국왕에게 조언하던 최고귀족(the Grand Senechal, the Drotsen)에게서 그의 연원을 찾고자 하는 주장도 적지 않다. 1713년 찰스 12세는 이를 최고행정위원장(the King's Chief Commissioner)이라고 칭하고 다시 JK(Justitie Kansler)로 바꾸었으며 나아가서는 JO로 대체하게 된다. 2세기 이상 국왕의 직접적인 통제 아래 두었던 셈이다.

그러나 진짜 변화는 1720년에 나타나게 된다. 찰스 12세 국왕이 죽자 왕권이 쇠락하면서 JK가 국왕의 오른 팔이 아니라 의회의 오른 팔로 작동하게 된다. 급기야 1766년에는 국민의 대의기관인 의회에 의해 선출되게 된다. 그러나 1777년 구스타프 3세(Gustav III)에 이르러서는 다시 국왕의 영향권 아래로 들어오게 되며, 1809년 JO로 대체될 때까지 단순한 준법성의 수호자로 머무르게 된다. 옴부즈만이 준법성 확보 장치이기는 하지만 권력의 부침과 운명을 같이하는 정치적 권력 동원의 도구이기도 했던 것이다(Bousta, 2005: 38).

이렇듯 스웨덴에서 시작된 옴부즈만 제도는 이후 핀란드, 덴마크 등 스칸디나비아 주변 국가들과 뉴질랜드, 영국 등 영연방 국가들에 의해 채택되면서 전 세계로 전파되어 오늘날에 이른다. 그 결과 오늘날 대부분의 나라에서는 고충처리관(Grievance Man), 조정인(Mediator), 의회감찰관(Parliamentary Commissioner), 국민상담관(Public Counsel), 법률수호자(Defender of the Law), 시민보호관(Citizen's Defender) 등 다양하게 불리는 옴부즈만을 두게 되었다. 전 세계로 확산되면서 기관 목표의 다양화도 함께 진행되었음을 뜻한다.

2. 제2세대 옴부즈만

이런 스웨덴의 준법성 지향형 옴부즈만은 그것이 만들어진지 110년이나 지난 1919년에야 핀란드에 소개된다. 그 이전 핀란드가 스웨덴에 의해 합병되어 있을 때에는 스웨덴 국왕의 최고행정 사령관(the King's Chief Commissioner, *JK*의 전신) 관할 아래에 있었다. 러시아의 지배 아래에서는 러시아판 옴부즈만이라고 할 수 있는 *Prokuratura*의 지휘 아래 *JK*를 유지했다. 그러나 러시아의 지배로부터 벗어나 정치적 자율성을 갖게 되자 비로소 독자적인 옴부즈만을 설치하기 시작했다. 이로써 처음 스웨덴 외부로 옴부즈만의 수출이 이루어진 셈이다. 이렇듯 스웨덴의 인접국인 핀란드가 옴부즈만 도입에 소극적이었던 이유는 핀란드가 이 시기의 대부분을 러시아의 영향권 아래에 있어서 자유롭지 못했다는 점이 크게 작용했을 것으로 관측된다(Cheng, 1968: 21). 핀란드에 도입된 이후에도 다른 나라로의 확산이 이루어지지 않은 채 스칸디나비아 국가들의 지역적 특성처럼 남아 있게 되는 데, 이는 언어 소통상의 장애로 인해 외부 세계에 잘 알려지지 않았던 탓이었다(Cheng, 1968: 2).

그러나 1953년 제2차 세계대전 이후 덴마크가 헌법 개정을 통해 옴부즈만을 도입하면서 전 세계적인 확산에 시동을 걸게 된다. 이는 헌법적 질서나 문화적 배경이 전혀 다른 곳에도 옴부즈만의 이식이 가능하다는 사실을 확인해 주는 계기가 되었다(Bousta, 2005: 39). 이때 옴부즈만의 기능을 다소 수정해서 관할 대상을 사법부를 제외한 행정부 공무원으로 제한하고 사법부 독립의 원칙에 위배된다는 이유로 유사 사법 감찰 기능을 삭제하게 된다. 내각 구성원에 대한 민원 제기는 가능하지만 그들을 기소할 수는 없도록 한 것도 바로 이때이다. 이것이 오늘날의 고전적 입법부형 옴부즈만의 전형이 되었다. 옴부즈만의 관할 대상 영역이 이렇듯 행정부로 축소되면서 옴부즈만이 의회의 대리인이라는 의미가 부각되고, 그 결과 '행정부에 대한 의회의 대리인[3)]'이라는 의미로 기능적 좌표가 다소 수정되는 변화를 겪었다. 이렇듯 옴부즈만의 의미가 '의회의 대리인'에서 '행정부에 대한 의회의 대리인'으로 바뀌게 된 것은 옴부즈만의 기능이 변화한 때문이라기보다는 옴부즈만이 의회의 대리인이지만 그의 관할 범위가 행정부로 다소 축소된 데에 따르는 것이었다. 다만, 이로 인해 옴부즈만의 역할에 약간의 변화가 나타나게 된 것은 사실인데, 행정부 공무원의 행태나 규범의 법적 타당성보다는 행정부가 수행하는 일의 일반적, 보편적, 규범적 타당성 여부에 보다 더 관심을 갖게 되었다(Modeen, 1981: 51). 이로 인해 행정 행

3) Commissioner는 특정한 일을 담당하기 위하여 임명된 사람으로서 대표자, 감독관, 감찰관 등 여러 의미로 사용된다.

태의 평가 기준도 준법성으로부터 사회 일반의 규범적 통념과 합치하느냐의 여부로 이동하게 되었다. 이후의 여러 나라들이 옴부즈만(Ombudsman)이라는 용어뿐만 아니라 의회감찰관(Parliamentary Commissioner for Administration)이라는 용어를 병행해서 사용하게 되는 이유이기도 한다.

1962년에는 덴마크와 유사한 법률체계와 의원내각제 정부형태를 채택하고 있던 뉴질랜드와 노르웨이가 덴마크에서 이런 유형의 옴부즈만이 뿌리를 내려 성공적으로 작동하는 것을 보고 옴부즈만 제도를 서둘러 이식하게 된다. 그전까지는 옴부즈만이 내각에 대한 외부 간섭을 정당화 한다거나 행정 기밀의 유지를 어렵게 한다는 우려로 인해 이의 도입을 저어했던 것이 사실이다. 그런데 이렇게 뉴질랜드와 노르웨이로 옴부즈만이 확산되면서 재확인하게 되는 현상 가운데 하나는 개별 민원 해소라는 고전적인 의미의 역할보다는 행정오류의 시정 내지는 재발방지 쪽으로 기능의 중심축이 이동하게 되었다는 점이다(Cheng, 1968: 23). 행정오류의 직접적이고 과거회고적인 시정 작업으로부터 간접적이고 미래지향적인 재발방지 쪽으로 강조점을 옮기는 역할 변화가 나타나기 시작한 것이다.

이렇게 뉴질랜드가 덴마크형 옴부즈만을 도입하면서 옴부즈만은 범 지구적인 확산의 전기를 마련하게 되는 데, 이는 뉴질랜드가 영연방 국가의 하나로써 영연방 국가들에게 하나의 모범 사례로 비추어졌기 때문이다. 이에 따라 1967년에는 영국, 캐나다의 엘버타 주와 뉴 부른스윅 주, 미국의 하와이 주, 호주의 뉴 사우스 웨일즈 주가 제도 도입에 나섰으며, 가이아나, 모리셔츠, 싱가포르, 말레이시아, 인도, 스리랑카 등이 옴부즈만 도입 논의를 시작한 것도 이 즈음이었다. 특히 영국은 뉴질랜드를 통해 영국의 법률체계가 옴부즈만과 상합한다는 점이 확인되었다는 사실에 고무된 바 있다. 행정심판제도에 대한 프랭크 위원회(the Frank Committee on Administrative Tribunals and Inquiries) 보고서와 휘야트(Whyatt) 보고서를 통해 사법제도의 한계, 의회의 대 행정부 질문이나 특별조사위원회 활동의 결함과 문제점을 확인하고 보다 저비용으로 운영할 수 있는 대안을 모색하던 영국 의회로써는 의회 행정감찰관제도(PCA: the Parliamentary Commissioner for Administration)가 안성맞춤으로 생각되었다. 의회 특별위원회 위원장과 수상의 보좌를 받아 여왕이 임명한다는 점에서 초기에는 행정부 친화적인 기관으로 평가하는 것이 보통이었으나 의회에 의해서만 해임된다는 점에서 "국회의원의 무기고에 배치된 추가적인 장비" 로 평가되기에 이른다.

이 과정에서 나타난 새로운 변화는 미국과 함께 여러 개발도상국들이 이른바 행정부형 옴부즈만(Executive Ombudsman)을 설치하면서 옴부즈만에 새로운 의미가 추가되기 시작했다는 점이다. 행정부형 옴부즈만은 전통적인 의미의 입법부형 옴부즈만과는 달리 의회가 아니라 행정부에 속하면서 민원인에 대한 조정자 내지는 행정정의의 주창자(advocator)로 활동한다는 의미를 강조하게 된다. 이런 변화의 연장선상에서 1972년 프랑스는 내각이 임명하는 옴부즈만을 설치하면서 국가 조정인(MRF: Mediateur de la Re'publique)이라는 용어를 처음 도입해서 사용한 바 있다. 영국의 PCA와는 달리 의회에 의해 해임되지 않는다는 점에서 행정부 소속 옴부즈만으로 평가되고, 그 결과 "괴상하고 유용성 없는 물건(bizarre and useless creature)" 이라고 비판되기도 했다(Bousta, 2005: 40).

이렇듯 행정부형 옴부즈만이 등장하면서 옴부즈만은 행정부의 한 기관으로써 민원을 해결하는 기구라는 뜻으로 쓰이게 되었다. 이는 옴부즈만 기능에 있어 매우 중요한 변화로 평가된다. 옴부즈만은 더 이상 의회의 대리인으로써 행정부를 감시하는 기관이 아니라 주로 '민원을 해결해 주는 기관'이라는 의미로 사용되기 시작했기 때문이다. 행정 행태의 사회적 규범에 대한 순응성 정도를 따지기 시작한 것이다. 이는 법률적 요건을 갖추었느냐에 추가해서 "좋은 행정" 이 이루어지고 있느냐 내지는 행정정의가 구현되고 있느냐를 묻기 시작했음을 뜻한다. 산업사회의 새로운 환경과 함께 행정국가에 대한 수요가 급등하자 과관료제로 인한 개인 권리의 추가적인 보호와 불충분한 사법제도에 대응하고자 한 결과로 여겨진다.

IV. 현대 옴부즈만의 확장

근대의 제1세대와 제2세대 옴부즈만은 현대로 들어서면서 제3세대와 제4세대로 기관 성격상의 다양화 내지는 다원화를 이룬다. 제3세대를 반부패 및 인권 지향형 옴부즈만으로 구분한다면 제4세대는 소비자 권익보호형 옴부즈만의 등장으로 대별해 볼 수 있다. 기능의 다각화와 다원화가 촉진되었음을 뜻한다.

1. 제3세대 옴부즈만[4)]

옴부즈만이 행정정의의 구현 수단으로 인식되면서 대체로 1970년대 말 스페인, 포르투갈 등지의 남유럽과 1980년대 폴란드를 비롯한 동유럽에서 권위주의 체제가 무너지고 민주정체가 들어서기 시작하는 시기에 등장하는 옴부즈만은 인권 보호를 새로운 기관 목표로 추가하기 시작한다. 이런 경향은 1990년대 동유럽의 사회주의 국가권 붕괴 이후에도 지속되었다. 옴부즈만이 추구하는 행정정의를 인간의 기본권 구현에서 찾기 시작한 것이다. 옴부즈만을 권리 보호자(Defenders of Rights), 인민의 보호자(People's Defenders), 인권의 수호자(Protectors of Human Rights), 시민권의 수호자(Protectors of Civil Rights), 인민의 주창자(Advocates of the People)로 부르기 시작한 것이 바로 이때이다. 인권이 법률 체제의 일부를 구성하는 것이 사실이기도 하고 또 좋은 행정과 연계되어 있지만 전체 법률 체계와의 합치성 정도가 아니라 인권이라고 하는 특정 분야에 치중해서 실체적으로 접근하는 변화를 낳은 것이다. 인권을 외면하는 경우 인권법 위반의 형태로 구체화 되지만 행정 행위의 준법성 여부가 아니라 인권 침해라는 내용상의 문제를 별개의 차원에서 다루기 시작한 것이다.

이런 관점의 연장선상에서 등장한 것이 바로 반부패 지향형 옴부즈만이다. 부패는 공직을 타락시키고 공직의 타락이야말로 인권 침해의 가장 큰 요인 가운데 하나라고 보았다(Patel, 2013). 이로 인

4) Remac(2013: 65-66)을 참조했다.

해 아시아, 아프리카 지역의 개발도상국을 중심으로 반부패가 옴부즈만의 핵심적인 과제로 등장하기 시작했다. 이런 현상은 이 지역에서 서구식 전통적인 개념의 옴부즈만이 다양한 이유로 시련과 도전에 직면해 왔다는 사실과 무관치 않다. 법률 제정을 통해 옴부즈만 제도를 도입했지만 그의 역할 정향을 명백하게 규정하지 않아 오히려 행정 통제 기능을 수행하는 과정에서 반부패 관련 과제를 추가해서 다룰 수 있었다는 아이러니를 낳았다. 르완다 옴부즈만(the Ombudsman of Rewanda)이 좋은 거버넌스를 강화하거나 좋은 정부 운영에 지장을 주는 법제적인 장치를 추적, 조사하는 일에 추가하여 부정의나 부패 관련 불법 행위를 다루게 된 것이 대표적인 사례다. 남아프리카 공화국의 공익 수호자(the Public Protector of South Africa)나 우간다의 정부 감찰관(the Inspectorate of the Government in Uganda)도 행정정의의 구현 과제를 다루는 가운데 운영 실제에 있어서는 반부패 문제에 주력했다. 이런 옴부즈만은 기존의 행정 통제 문제를 다루기는 하지만 주된 목표를 반부패 정책을 촉진하거나 공직 사회로부터 부패를 추방하는 일에 둔다는 특징을 지녔다.

이런 기관 목표의 다원화 내지는 기능적 확장으로 인해 전 세계에 1960년대에는 노르웨이, 탄자니아, 영국 등 8개국에 총 11개의 옴부즈만(국가, 주 및 도시 포함)이 공적 영역에 설치되어 있던 것이, 1970년대에 들어서면서는 18개국에 총 62개의 옴부즈만으로 확산되었고, 1980년대 및 1990년대에는 113개국에 총 240개의 옴부즈만이 운영되었다. 1983년에서 2010년 사이에는 국가 수준의 옴부즈만이 5배 이상 급증했다(Finkel, 2012). 실로 급진적인 신장세를 보여주는 셈이다.

2. 제4세대 옴부즈만

그런데 옴부즈만의 기능적 좌표를 “좋은 행정”의 구현 쪽으로 이동하자 1980년대와 1990년대에 들어서면서부터 “좋은 행정”의 의미를 공적 영역뿐만 아니라 사적 영역에서도 찾기 시작하게 되었다. 국가 주도형 옴부즈만에서 시민사회 주도형 내지는 시장 주도형 옴부즈만으로 확산되기 시작한 것이다.

시장에서는 기업과 소비자 간의 계약 위반에 따른 분쟁 조정을 통해 소비자 권익 보호를 목표로 하는 ADR형 옴부즈만이 기업 주도로 생겨나게 되었다. 여기에는 정보사회의 도래로 인한 소비자 주권 의식의 신장과 이의 행사를 용이하게 해주는 정보통신기술의 지원에 힘입은 바 크다. 정보자원에 대한 접근성과 다양성이 높아지면서 상품과 서비스를 생산하고 공급하는 기업과의 관계에서 소비자 친화적인 권력의 재조정이 일어난 것이다. 정보통신기술의 발전은 또한 상품이나 서비스의 공급자로 하여금 보다 신속하고 간편하며 개인 수요에 특화된 양식으로 대응해 줄 것을 기대하는 정도를 높이게 되었다. 소비자 민원 발생의 소지가 커졌다는 의미이다.

이런 환경 속에서 세계 경제가 불황의 늪으로 빠져들자 기업 경영인들이 기업에 대한 소비자의 인식에 대해 매우 민감하게 반응하는 결과를 낳았다. 기업이 세론을 살피고 기업 이미지 관리에 적극적으로 나서면서 기업에 나쁜 이미지를 낳게 될 자기 실패를 사전에 예방하기 위한 자체 감시 체계의 중요성에 눈 뜨게 되었다. 이를 위해 초기에는 외부 인사들로 구성되는 감사위원회 제도를 도입했으나 이사회가 위원을 선정하거나 최소한 승인해야 하기 때문에 사실상 독립성과 투명성을 유지하기가 어려웠다. 결국 기존의 이사회와 다를 것이 없다는 판단과 함께 이를 대체할 기구로 다양한 양식의 기업 옴부즈만(corporate ombudsman) 제도를 도입하게 되었다. 기업 옴부즈만은 독립적인 사실조사권, 기록검토권, 증인접견권 등이 부여되면서 여러 사업 분야로 확산되었다(Saunders, 2014: 22).

시민사회에서는 시민에 의한 대 행정부 감시기관인 시민 옴부즈만, 소비자 권익 보호기관인 소비자 옴부즈만, 대학생의 권익 보호기관인 대학 옴부즈만 등 다양한 양식의 분야별 공익 추구형 옴부즈만이 생겨나게 되었다. 심지어는 옴부즈만을 감시, 감독하는 옴부즈만(ombudsman watchers)까지 생겨나게 되었다. 미국의 경우 이 가운데에서도 대학 옴부즈만이 가장 크게 활성화 되었다. 여기에는 1970년대 이후 지속된 미국 대학에서의 소요사태와 기존의 대학 행정관리 체제에 대한 불신이 중요 요인으로 작용했다. 대학 옴부즈만이 상대적으로 가장 독립적으로 운영될 수 있는 여건을 갖추었다는 점도 대학 옴부즈만 확산의 주요 동인이 되었다. 대학 옴부즈만은 시대 상황을 반영한다는 점에서 사회 문제에 민감하기는 하지만 그렇다고 해서 집권 세력에 대한 직접적인 위협 요인으로 작동하지는 않는다. 공적 영역의 옴부즈만처럼 대학 옴부즈만이 정부의 행정 실패를 들추어낸 결과 실권하게 되거나 공직자가 결과적으로 직위에서 물러나게 될 위험성도 적고, 그렇다고 해서 기업 옴부즈만처럼 비리 폭로로 인해 기업 주식이 하루아침에 휴지 조각이 될 위험성도 낮다. 대학 옴부즈만의 예산을 관장하는 대학 재정이 외부와의 관계에서 상대적으로 독립성이 높고, 학생의 지지가 중요 변수이기는 하지만 학생은 계속 교체되기 때문에 학생에 의한 압력 행사에도 스스로 한계가 있다는 사실도 대학 옴부즈만 확산에 영향을 미쳤다(Saunders, 2014: 22).

이런 사조직 모두를 관통하는 현상 가운데 하나로는 조직 내부의 갈등을 조정, 처리하기 위한 기관 내부형 옴부즈만이 등장하게 되었다는 점을 들 수 있다. 이렇듯 옴부즈만의 포괄 범위가 넓어지면서 오늘날에는 과연 어디까지를 옴부즈만으로 보아야 하느냐가 핵심 과제 가운데 하나로 부상하게 되었다. 이는 다시 옴부즈만과 전통적인 민원 처리 기구가 서로 어떻게 다르며 행정기관의 내부 감찰 기구와는 또 어떻게 달라야 하느냐가 현실적인 논의의 과제로 등장하는 결과를 낳았다.

V. 미래 옴부즈만의 진로

돌이켜 보면 근대와 현대를 거치면서 옴부즈만은 마치 야생화가 피듯 산발적으로 이곳저곳에 다양한 양식으로 자생하며 확산되어 왔다. 그러나 이제는 어떤 질서 정연한 체계에 따라 정원을 설계하고 개발하듯 관리되어야 하는 시점에 이르렀다는 인식이 팽대하게 되었다(Stieber, 2000). 그런 인식의 연장선상에서 2000년대에 접어들면서 나타나기 시작한 대표적인 흐름은 옴부즈만 영역에 융복합화 프레임이 확산되기 시작했다는 점이다.

이미 제3세대 옴부즈만부터 드러나기 시작한 새로운 경향성 가운데 하나는 기능적 융복합화 추세였다. 행정행위의 준법성 여부에 주목하는 제1세대와 관리의 경제성과 운영의 대표성에 주력하는 제2세대가 서로 대체적 관계를 구성하면서 확산되어 왔던 데에 반해, 제3세대에서는 준법성과 경제성 및 대표성에 추가해 인권 보호나 반부패 문제에 주목하면서 인간의 존엄성이나 사회적 형평성에 눈뜨기 시작했다. 여기에 더해 제4세대에서는 소비자 주권의식이 추가되었다. 이런 옴부즈만 기능의 융복합화 현상은 옴부즈만의 자체 판단과 대응에 기인한 것이기도 하지만 관련 법규의 개정을 통해 의회나 내각 같은 옴부즈만 외부 기관으로부터 추동되는 것이기도 했다. 이렇듯 다기능화 내지는 여러 기관 목표를 함께 다루는 기능적인 융복합화 현상이 옴부즈만 전반에 확산되면서 그것 자체가 새로운 유형의 옴부즈만 세대의 등장을 의미하게 되었다. 이를 제5세대 옴부즈만이라고 한다면 제5세대 옴부즈만의 등장은 융복합 프레임이 옴부즈만 영역의 대 내외관계 모두를 지배, 주도하게 되었음을 뜻한다.

1. 외연의 융복합

먼저 대외관계에서 보면 관할 영역의 확장으로 구체화 되고 있다. 공적 영역 옴부즈만과 사적 영역 옴부즈만이 공사 융합형 내지는 절충형 옴부즈만으로 통합하는 경향이 나타나기 시작한 것이다. 이 점은 특히 신자유주의 시대의 도래와 더불어 작은 정부론이 확산되면서 광범위한 영역에 걸쳐 민영화 내지는 공적 서비스 제공기관의 사기업화가 추진된 결과다. 민영화는 우편, 전기, 가스, 수도, 공공교통, 전신 같은 영역에서 두드러지게 나타났다. 이에 따라 과거에는 정부가 제공하고 그렇기 때문에 민원이 발생할 경우 정부를 상대로 민원을 제기하던 과제들이 더 이상은 공적 과제로 다루어지지 못하는 결과를 낳게 되었다. 이들 민영화가 대부분의 경우 국가 재정의 투입을 계속하면서 다만 서비스 전달 체계를 사적 경영체계로 전환했다는 점에서 납세자의 기본권이 침해되는 현상이 방치되고 있다는 평가를 낳았다. 기왕 행정정의의 확보 차원에서 이들에게도 민원 제기의 창구를 마련해 주어야 한다면, 기존의 공적 영역 옴부즈만으로 하여금 통합 관리하도록 하는 것이 보다 더 효율적이라는 판단도 작용했다. 공적 영역 옴부즈만이 사기업에 대한 민원 처리 문제로까지 관할 영역을 확장하는 변화가 나타나기 시작한 것이다.

대표적으로는 영국의 주택 옴부즈만(the Housing Ombudsman Service)과 전자통신 옴부즈만(the Telecommunications Obudsman)에서 찾아볼 수 있다. 2013년 유럽 이사회(European Council)가 유럽연합 회원국으로 하여금 기업과 소비자 사이의 계약 관련 분쟁에 관해 ADR에 대한 효율적인 접근이 가능하도록 그 통로를 제공해야 한다는 행정명령을 발한 데에서도 확인된다. 이렇듯 국가가 소비자 보호를 위해 ADR 설치를 의무화해야 한다면, 이를 기존의 공적 영역 옴부즈만이 통합 관리하도록 하는 것이 효율적이고 또 사리에도 맞는다고 본 것이다(Tyndall, 2015: 12).

공사 경제 융합형 옴부즈만에 대한 수요가 확산되고 있다는 뜻이다. 이런 현상은 또한 정보사회의 도래로 인해 사회관계의 네트워크화가 촉진되면서 공적 영역과 사적 영역의 경계가 모호해지고, 그로 인해 공경제와 사경제가 사실상 통합적인 질서를 창출하게 되었다는 사실에 의해 힘입은 바도 크다. 나아가 이런 경제 활동 양식의 변화는 과정 통제가 아니라 결과 통제에 주목하는 결과를 불러왔다. 이런 결과론적인 접근시각은 민원 유발 과정이 공경제냐 사경제냐를 따지기 보다는 민원 발생 자체에 주목하도록 하는 변화를 불러왔다.

유럽연합은 또 1993년 마스트리히트 조약(Maastricht's Treaty)이 체결된 이후 이 조약에 따라 유럽 옴부즈만(EO: the European Ombudsman)을 설치했다. 이는 유럽연합 내부의 민족국가 간의 경계를 넘어 유럽연합의 시민과 유럽연합 차원의 국정운영 기관 사이에서 일치와 연대를 개발, 촉진하여 거버넌스 체제의 구축을 독려, 강화하기 위한 것이다(Diamandouros, 2005). 일부 국가에서는 옴부즈만의 설치가 유럽연합 가입을 허용하기 위한 전제 조건으로 제시되어 있다. 유럽연합이 일반 지역주민에게는 아직 너무 생경하고 복잡하며 잘 이해하기 어렵다는 사실을 감안할 때 유럽주민의 대표성이 발현될 수 있는 창구를 열어주자는 것에 다름 아닌 일이다. 따라서 개별 회원 국가 내부의 문제가 아니라 유럽연합 차원에서 발생하는 부적절한 행정행위만이 민원의 대상으로 간주된다. 개별 국가 차원을 넘어 유럽 차원의 시민사회를 건설하고자 하는 정치적 필요와 판단에 따른 결과다. 이는 국가 간의 경계를 넘어 활동하는 옴부즈만의 등장이라는 점에서 민족국가 융합형 옴부즈만의 등장을 의미한다. 이런 국가 간의 경계를 넘어 활동하기를 지향하는 것으로는 기업사회책임 옴부즈만(CSR ombudsman)(Nivarthi et al, 2015: 52-54)도 들 수 있다. 세계경제 체제 아래에서 활동하는 기업의 사회책임 가운데 하나로 기업이 운영하는 옴부즈만을 통해 국가와 기업의 사회책임을 강화하고자 하기 때문이다. 같은 이치로 UN이나 세계은행(World Bank) 같은 국제기구들도 옴부즈만을 설치하기 시작했는데, 이는 사실상 국가 간의 경계를 넘어 활동하는 국경 통합형 옴부즈만의 등장을 뜻하는 것에 다름 아니다. 여러 나라의 옴부즈만이 협력적 공조체제를 갖추기 시작한 것도 같은 유형의 변화 가운데 하나다. 1976년에 영연방옴부즈만(Commonwealth Ombudsman)이 등장했으며 1978년에는 옴부즈만 간의 국제 협의체인 국제옴부즈만협회(IOI)가 결성되었다. 1995년에는 유럽연합옴부즈만(Ombudsman for European Union)이 설치되었고 2005년에는 대학옴부즈만협의회(UCOA: the University and College Ombudsman Association)와 옴부즈만협회(TOA: the Ombudsman Association)를 통합한 국제옴부즈만협의회(IOA: the International Ombudsman Association)가 결성되었다.

2. 내포의 융복합

옴부즈만의 융복합화 현상은 대내적 관계에서도 나타나고 있다. 옴부즈만 내부 운영체계의 통합 현상은 민원 처리 과정의 개혁 대안 가운데 하나로 제기되었다. 이는 옴부즈만 자체에 대한 민원 발생 현상에 주목하면서 이에 대해 선제적으로 대처해야 진정한 의미의 민원 대응이 가능하고 행정정의를 보다 효율적으로 확보하게 된다는 판단에 따라 민원 대응체계 자체의 개혁에 대한 주문이 높아진 결과다. 민원 처리가 지체되거나, 관련 정보의 공유가 미흡하거나, 충분한 답변이 이루어지지 않거나, 방어적 태도로 민원인을 대하거나, 효율적인 민원 처리가 이루어지지 않는 것 같이 민원의 처리 과정에서 어떤 통일적인 기준이나 이유 없이 다양한 양식이나 여러 수준의 서비스가 제공되고 있어도 이에 대한 대응 체계 없이 옴부즈만이 운영되고 있어 옴부즈만에 대한 사회적인 신뢰나 기댓값 유지가 어렵다는 반성의 결과다(Tyndall, 2015: 13). 이에 따라 모든 옴부즈만 기관을 관통하는 통일적인 업무처리 표준을 정하자는 제안이 제시되고 있다. 민원 처리 기간의 설정, 응답 표준 양식의 작성, 업무처리 절차의 표준화, 등을 통해 언제 어디서나 누가 조사하든 한번 조사하면 최종적인 조사(investigate once, investigate well)가 되도록 운영체계를 개선하자는 것이다. 여러 옴부즈만을 관통하는 업무 처리용 통합 매뉴얼을 개발하자는 것이며 융복합형 관리 체계를 도입하자는 것에 다름 아니다. 이를 위해 스코틀랜드에서는 2010년 스코틀랜드 공공서비스 옴부즈만(Scottish Public Services Ombudsman)에게 표준적인 업무 처리 절차와 우수 사례 개발 등을 담당하는 민원 처리 관리처(Complaints Standard Authority) 기능을 부여했다. 민원 처리 관리처는 민원 접수 후 5일 이내에 비공식적인 조정의 완료, 20일 이내에는 공식 조사 종결 같이 표준 업무 지침서를 작성해서 발간한 바 있다(Hirst, 2016: 15).

이렇듯 여러 옴부즈만 사이의 협력과 공조 체제를 확장해야 한다는 뜻에서는 옴부즈만 권역 내부에서의 조화로운 협력관계 구축에 대한 논의도 활발하다. 그 동안 옴부즈만이 기능적 특화 내지는 전문화를 추진하는 과정에서 지나치게 개별 옴부즈만의 독자성과 독립성을 독려하거나 최소한 방치한 나머지 옴부즈만 간의 이질성과 차등성이 너무 크고, 그 결과 민원인에 대한 균질의 서비스 제공이 어렵게 되었다는 판단의 결과다. 업무 중복에 따른 재정 자원의 낭비나 옴부즈만 사이의 업무 충돌도 극복되어야 할 과제로 지적된다. 다지분극화한 옴부즈만 사이의 조화로운 협력 관계의 구축이 당면 과제라는 인식이다. 제3 세대 옴부즈만과 제4 세대 옴부즈만의 등장이 불러온 과제를 보완해 나가자는 것이며, 이를 위해 일종의 통합적 네트워크 체제를 구축하자는 주문이기도 하다.

이런 요구는 정보사회의 도래 이후 행정 과정의 네트워크화가 심화되면서 행정 과정의 칸막이를 넘어 이루어지는 융복합 행정 수요가 신장하는 데에 따른 결과이기도 하다. 행정 과정 자체에 대한 통합 수요가 커지고 있는 만큼 그에 대응하는 옴부즈만도 통합적 협력 체제를 갖추는 일이 불가피하다는 생각이다. 영국의 북 아일랜드는 이런 관점에서 북 아일랜드 지방정부 표준 감찰관(Northern Ireland Local Government Commissioner for Standards)과 사법 임용 옴부즈만(Judicial Appointments Ombuman)을 포괄하는 북 아일랜드 공공 서비스 옴부즈만(NIPSO: Northen Ireland Public Service Ombudsman)을 설치하고 2016년에는 여기에 대학을 포함시켰다. 2017년에는 국가가 재정을 지원하는 국공립학교를 추가했다. 스웨덴은 장애인 집단을 위한 여러 전문 옴부즈만을 통합해서 평등성을 위한 일반 옴부즈만을 탄생시켰고, 헝가리는 환경 옴부즈만을 일반 헝가리 옴부즈만에 통합시킨바 있다(Beckman & Uggla, 2016: 128).

같은 이치로 복잡하고 다양한 민원 처리 양식이 민원인을 당황하게 하고 옴부즈만에 대한 실질적인 접근성을 떨어뜨린다는 점에서 통합형 포털 사이트를 개발, 운영해야 한다는 제안도 빈발하고 있다(Tyndall, 2015: 13). 옴부즈만에 대한 접촉 창구를 일원화해서 보다 쉽게 해당 옴부즈만을 찾아갈 수 있게 하자는 것이다. 이미 영국의 웨일즈 주정부에서는 이를 실시하고 있다. 같은 프레임 아래에서 이미 40여 년 전 센더(Sander, 1976)는 갈등 조정을 위한 최적 통로의 안내를 위해 "다출입문 법원(multi-door courthouse)"의 개념을 소개한 바 있다. 그에 따르면 민원인이 다출입문에 도달하면 먼저 민원의 내용을 확인한 후 여러 개의 분쟁조정 장치 가운데 그 민원에 가장 합당한 분쟁조정 절차를 안내 받아 최적 대안을 선택할 수 있게 하자는 것이다. 여기에서 더 나아가 그는 선별 조력자를 현장에 배치해서 민원의 성질, 이해 당사자 간의 관계, 분쟁 가액, 처리 비용, 처리 기간 등을 감안해 최적 대안을 안내하자고 제안한 바 있다(Sander & Goldberg, 1994).

이들은 모두 옴부즈만 체제 자체를 어떤 일관된 질서에 따라 재정비하자는 것이며 나아가 옴부즈만을 포함한 민원 처리 기구 전체를 하나의 통합된 헌정 기구로 발전시켜 나가자는 것에 다름 아니다. 다기다양화한 옴부즈만을 융복합 프레임을 통해 네트워크화하거나 통합하려 한다는 점에서 기관 차원의 제도화를 겨냥하는 것으로 여겨진다. 입법부, 사법부, 행정부에 이어 제4부의 제도화를 예고하는 셈이다. 이는 3권 분립과 관료제에 의존하는 근대 행정국가의 실패를 목격하면서 후기 근대의 사회관계에 부합하는 대안 국가 모색에 고심하는 시도 가운데 하나다.

제4장
옴부즈만의 유형 분류

1990년대 이후 지구촌에서는 "옴부즈만 쓰나미"(Abedin, 2011: 2)라고 할 만큼 옴부즈만이 급진적으로 확산되었다. 그 결과 다양한 양식과 유형의 옴부즈만이 등장하면서 어떤 선험적 기준을 통해 옴부즈만을 규정하거나 그의 정체성을 파악하는 일에는 일대 적신호가 켜졌다. 귀납적 방법을 통해 옴부즈만의 실체 파악에 나서야 하는 이유 가운데 하나다. 그런데 귀납적 방법을 통해 옴부즈만의 정체성을 파악하기 위해서는 우선 비교론적인 접근전략을 필요로 한다. 다양한 옴부즈만들 사이의 비교를 통해 옴부즈만의 실체를 인식하는 일이 옴부즈만의 정체성을 파악하는 데 있어 그 첫 번째 과제라는 뜻이다.

그런데 비교는 비교 대상의 대비를 통해 그의 유사성과 상이성을 밝혀 일반화에 이르자는 것임으로 비교 대상의 유형화 작업을 전제 조건으로 삼는다. 유형화 작업은 어떤 준거를 통해 인식의 대상을 유사한 것과 상이한 것으로 가려 집단화 하자는 것이다. 이런 유형화가 가능하기 위해서는 유형의 분류 작업이 어떤 기준에 따라 상호배타성과 피소모성(exhaustibility)을 충족시킬 수 있어야 한다. 분류의 대상을 어떤 기준에 따라 완벽하게 이것과 저것으로 구분할 수 있어야 하고, 그 결과 어떤 분류의 대상도 소진되지 않고 남아 있는 것이 없어야 한다는 뜻이다.

이런 기준에 따라 여기에서는 옴부즈만을 공적 영역과 사적 영역 가운데 어느 영역에 속하느냐, 공적 영역에 속하는 옴부즈만의 경우는 이를 다시 정부 기관 가운데 어느 기관에 속하느냐를 기준으로 나누어 비교해 보고자 한다. 또한 분석적 차원에서 볼 때 자신이 다루는 민원의 유발 기관 외부에 설치되어 있느냐 아니면 기관 내부에 설치되어 있느냐, 또는 어느 정도의 전문성 내지는 분업의 원리에 따라 구성되고 운영되느냐를 기준으로 분류해 보고자 한다. 이를 통해 옴부즈만의 기능적 실체를 파악해 보고자 할 것은 물론이다.

I. 소속 영역에 따른 분류

옴부즈만이 처음 공적 영역에서 탄생한 것이 사실이기는 하지만 오늘날에는 사적 영역에서 오히려 더 발흥하고 있다. 그뿐만 아니라 정보사회의 도래 이후 공사 영역 간의 구분이 모호해지면서 공사 영역 융복합 옴부즈만도 확산되고 있다. 이로 인해 옴부즈만은 이제 어느 영역에 속하느냐에 따라 공적 영역 옴부즈만(Public

Sector Ombudsman), 사적 영역 옴부즈만(Private Sector Ombudsman) 그리고 이들 사이의 중간지대에서 활동하는 것으로 여겨지는 공사 융합형 옴부즈만(Public/Private Hybrid Ombudsman)으로 구분해 볼 수 있게 되었다.

1. 공적 영역 옴부즈만(Public Sector Ombudsman)

원래의 고전적인 옴부즈만은 모두 공적 영역에 속한다. 이 경우 옴부즈만은 중앙정부나 지방정부 또는 독립 행정기관 같은 국가기관 내지는 그 소속원인 행정관료로 인해 발생하는 민원을 다루며, 그 자신이 정부 기관의 하나로 설치되고 운영된다. 옴부즈만 활동의 주체와 객체가 모두 국가 기관에 속하는 경우이다. 그렇기 때문에 당연히 헌법이나 법률 같은 공법에 의해 그의 권위와 역할이 보장된다. 따라서 제기되는 민원을 주로 행정정의에 부합하는지의 여부를 기준으로 확인하고 평가한다. 민주적 책무성의 구현 여부를 기준으로 사실조사하고 실체적 진실을 규명하고자 한다는 뜻이다. 운영양식에 있어서는 강제적인 구속력이 아니라 권고와 조언을 통해 이견과 갈등을 조정하고자 한다. 초기에는 주로 일반 옴부즈만의 형태를 취하는 것이 대부분이었으나 오늘날에는 다양한 양식의 전문 옴부즈만도 확산되는 추세에 있다.

이는 대체로 옴부즈만을 그가 시정하고자 하는 민원이 국가의 행정오류에 기인하는 것인지의 여부에 따라 판단하고, 분류한 결과로 여겨진다. 옴부즈만 발흥의 초기에는 민원의 원인 제공자 그러니까 옴부즈만 활동의 객체가 행정기관이나 행정관료 같이 정부 기관의 일부인가의 여부, 또는 공법에 기초하느냐의 여부, 국가의 재정이 투입된 일인가의 여부 나아가서는 서비스의 대상이 보편적, 일반적인가의 여부 그러니까 일반 시민을 대상으로 하는 것이지의 여부가 공사 영역을 나누는 기준이 되었다. 이런 변화는 공적 영역의 옴부즈만을 "공적 서비스를 제공하는 옴부즈만(public service ombudsman)"으로까지 그의 개념적 범주를 확장해서 다루게 되었음을 뜻한다. 이런 관할 범위의 확대는 신자유주의의 도래 이후 공사 영역의 중간지대에서 활동하는 정부 기관이 순증하면서 이런 변화를 반영하여 분류 기준의 타당성 정도를 높이고자 한 결과이다.

그러나 이런 인식상의 변화와 함께 공적 영역의 포괄범위가 확대되면서 공적 영역과 사적 영역 간의 구분을 민원의 원인 제공자를 기준으로 분류하는 작업의 타당성 정도를 회의하는 경향이 생겨나게 되었다. 이로 인해 옴부즈만 역할의 객체가 아니라 주체를 중심으로 공사 영역을 구분하고자 하는 전략상의 변화를 불러오게 되었다. 옴부즈만이 정부 기관에 속하느냐의 여부를 기준으로 공사 영역을 분류하고자 하게 된 것이다. 그러니까 민원의 유발자가 국가가 아닌 시장이나 시민사회에 속하는 경우라도 이를 다루는 옴부즈만이 국가 기구에 속하는 경우에는 이를 공적 영역의 옴부즈만으로 다루게 되었다는 뜻이다. 보다 구체적으로는 옴부즈만 자신이 공무원의 신분을 지니는가의 여부와 그의 고용인이 국가 기구인가의 여부를 기준으로 공적 영역의 옴부즈만인지의 여부를 구분하자는 것이다.

그러나 이런 기준을 토대로 분류하기에는 공적 영역의 성격 자체가 지속적으로 확장되고 있다는 생각과 함께 옴부즈만 자체가 비록 국가가 아닌 시장이나 시민사회에 속하더라도 활동의 목적이 공익을 지향하는 것이라면 이를 공적 영역의 옴부즈만에서 배제해야 할 이유가 없다는 생각에까지 이르게 되었다. 그 결과 민주적 책무성의 구현을 활동 목표로 삼느냐의 여부를 분류의 기준으로 삼는 변화를 낳게 되었다. 옴부즈만의 설치나 운영이 공익성을 지향하느냐의 여부 그러니까 시민권에 의한 정치적 통제의 대상인가가 새로운 분류의 기준점으로 부상하게 된 것이다. 공적 영역의 범위를 보다 더 확장하는 추세에 있는 셈이다. 특히 정보사회가 들어서면서부터는 공사 영역의 경계가 허물어지고 있어 이런 분류 기준에 대한 수요가 보다 더 커지게 되었다. 이 경우 공사 융합형과의 경계가 불분명하게 되는 것은 물론이다.

2. 사적 영역 옴부즈만(Private Sector Ombudsman)

그런데 중요한 것은 오늘날 전통적인 옴부즈만처럼 국가권력의 운영 과정에서 발생하는 민원을 처리하는 것이 아니라, 사적 관계로 인해 발생하는 민원을 다루는 옴부즈만도 생겨나 지속적으로 확산되고 있다는 점이다. 이런 옴부즈만은 대부분 기관 내부형 옴부즈만의 양식을 취하면서 기존의 조직 내 일반부서와 유사한 역할을 수행하지만 일반부서와는 기능적으로 독립하여 전적으로 민원만을 처리한다는 점에서 다르다.

이런 사적 영역의 옴부즈만은 사인에 의해서 유발되는 민원을 다룬다는 점에서 NGO 같은 시민사회 부문과 신문사, 병원, 기업 같은 시장 부문의 옴부즈만 모두를 포괄하지만 그 가운데에서도 기업 옴부즈만이 대종을 이룬다. 따라서 정치적 책무성이나 공익성의 확보가 아니라 기본적으로 서비스의 질적 수준 제고나 재정적 손실의 보전 등을 통해 궁극적으로는 기업의 영리 추구나 경제성 제고에 기여하고자 한다. 사익 지향적이라는 뜻이다. 민원의 해결 과정에서도 단순히 조정안을 권고하는 데에 그치는 것이 아니라 구속력을 갖는 대안을 제시해서 기업 활동과 관련한 갈등이 민사소송으로까지 이어지는 것을 대체하려는 속성도 내포되어 있다. 이런 기업 옴부즈만은 크게 보아 기업 내부의 갈등관리에 주목하는 ADR형 옴부즈만과 고객의 민원 처리에 주목하는 소비자 권리 보호형 옴부즈만으로 대별된다.

전자의 경우는 거의가 다 기관 내부형 옴부즈만 양식을 취하고 있으며, 그렇기 때문에 기밀성의 유지가 기관 운영의 성패를 좌우하는 주요 요인으로 평가된다. 권리 구제보다는 갈등 관리에 보다 더 초점을 맞춘다는 점에서 ADR과 크게 다를 바가 없다(Hill, 1997: 16-17). 대부분의 경우 기업의 기관 내부형 옴부즈만은 그 운영 실제에 있어 자율성을 확보하기가 쉽지 않고, 그렇기 때문에 옴부즈만이 중립적 조사자라기보다는 일종의 대변인 형태의 조사자라는 평가를 받는 것도 사실이다(Matsunaga, 1999: 4).

후자의 경우는 사적인 차원에서 시민사회의 정의를 구현하는 일에 주목하려는 것으로써 최근 들어서 사적 영역 옴부즈만이 공적 영역 옴부즈만보다 상대적으로 활성화하게 되는 이유 가운데 하나다(Hodges et al, 2012). 기업과 소비자 사이에서 사법절차에 대항하는 비공식적인 갈등 관리를 지향하며 이를 위한 대안 통로의 역할을 자임한다. 상품과 서비스에 대한 민원 해결, 소액 소비자 민원,

소비자 보호, 에너지, 정보통신 분야에서의 소비자 민원 해결, 등을 다루는 데에서 나타나고 있다. 영국의 은행, 보험, 신용카드, 대출, 부채 상환, 금융 상담, 주식 문제 등을 다루는 금융 옴부즈만(FOS: the Financial Ombudsman Service)이나 지적재산, 정보통신, 에너지, 자산 관리 같은 분야의 소비나 분쟁을 다루는 옴부즈만 서비스(OS: Ombudsman Services), 독일의 기차, 버스, 비행기, 선박 등을 이용하는 과정에서 발생하는 민원을 다루는 공공 교통 민원 처리기구(SO"P: Schlichtungsstelle fu"r den O"ffentlichen Personnenverkehr) 등이 여기에 해당된다. 귀책자 부담의 원칙("polluter pays" basis)에 따라 기업이 민원 처리 비용을 부담하는 것이 원칙이다. 민원의 해결 여부와 관계없이 민원 제기에 따라 발생하는 비용 일체를 기업이 자체 부담한다는 뜻이다. 이는 기업으로 하여금 보다 신중하게 활동하여 소비자 보호에 유념하고 그 결과 추가 비용 부담이 발생하지 않도록 유도하고 촉구하는 결과를 가져온다. 적법성 여부를 넘어 서비스가 공정하고 합리적이었느냐에 주목하는 경향(Creutzfeldt, 2016: 2)이 내포되어 있다. 공적 영역의 옴부즈만이 주로 행정 시스템 전체의 개혁이나 공식적인 사과에 주목하는 데 반해 상대적으로 개별적인 민원 사례 해결과 신속한 처리에 주력하고자 한다는 특성을 지녔다(Creutzfeldt, 2016: 14). 그러나 이 모든 활동이 궁극적으로는 기업의 유익을 증대하고자 한다는 점에서 사익 지향적이라고 할 수 있다.

그리나 이런 유형의 옴부즈만이 고전적인 유형의 옴부즈만이나 나아가서는 공적 영역 옴부즈만이 갖추고 있는 조건들을 충족시키지 못한다고 보는 이들은 이들을 옴부즈만이라고 부르는 것 자체에 문제가 있다는 주장을 펴기도 한다(Abedin, 2011: 27). 옴부즈만의 정체성 변용이 도를 넘어 옴부즈만 고유의 성질을 훼손하는 경계 지점에까지 이르렀다는 것이다.

3. 공사 융합형 옴부즈만

최근 새로 등장하는 옴부즈만 가운데는 비록 사적 영역에서 설치되고 운영된다고 하더라도 그것이 사익의 증대를 위한 것이라고 규정하기 어려운 사례가 적지 않다. 예컨대 미국의 장기 노인요양 옴부즈만(Long-Term Care Ombudsman)은 노인요양 기관에 거주하는 노인들이 노인요양 기관으로 인해 겪게 되는 고충민원을 처리하고자 한다. 그런데 장기 노인요양 옴부즈만이 정부의 행정기관 가운데 하나는 아니기 때문에 공적 영역에 속하는 옴부즈만이라고 규정하기는 어렵다. 그러나 이들 기관이 정부로부터 허가를 받아 운영되거나 공적 자금의 지원을 받으며 기본적으로 사익보다는 공익을 지향하는 성격을 지녔다는 점에서 볼 때는 단순히 사적 영역의 옴부즈만이라고 규정하기도 쉽지 않다(정순교, 2005: 20).

그뿐만이 아니다. 일반 시민의 권익 구제를 정부에만 맡겨둘 수는 없다는 인식이 확산되면서 지역 시민사회의 NGO가 나서서 공익형 옴부즈만 활동을 펼치는 일도 생겨나게 되었다. 이런 NGO에 의한 옴부즈만이 확산하는 이유 가운데 하나는 지역 주민의 접근성이 용이하고 정부실패 이후 직접민주주의에 대한 수요가 급증한 데에 기인하는 바가 크다. 이런 NGO 주도형 옴부즈만은 비록 비정부 영역에서 활동하지만 그의 기본적인 설립 목적이 공익 증대에 있다는 점에서는 공익 지향형 옴부즈만이라고 할 수 있다. 그러나 그렇다고 해서 공적 영역의 옴부즈만처럼 정부에 속하는 것은 아니기 때문에 공사 영역의 중간지대에 위치하는 것으로 평가하려는 경향이 생겨나고 있다.

이렇듯 옴부즈만이 비록 시장이나 시민사회에 속하기 때문에 공적 영역의 옴부즈만이라고 분류하기는 어렵더라도 다루는 민원이 국가에 의해 유발되었거나 시장이나 시민사회에 의해 유발되었더라도 이의 해결에 간여하는 목적이 공익성의 신장에 있는 경우 단순히 사적 이익의 확대를 지향하는 사적 영역의 옴부즈만과는 다르기 때문에 이를 사적 영역의 옴부즈만으로 분류하기는 어렵다는 문제가 발생한다. 이런 경우 공적 영역과 사적 영역의 성격을 공유한다는 의미에서 공사 융합형 옴부즈만으로 다루고자 한다.

II. 소속 기관에 따른 분류

공적 영역의 옴부즈만은 이를 다시 그가 소속되어 있는 국가기관에 따라 입법부형 옴부즈만(Legislative Ombudsman)과 행정부형 옴부즈만(Executive Ombudsman)으로 나눌 수 있다. 나아가 이 두 기관의 융합형을 절충형 옴부즈만(Eclectic Ombudsman)으로 구분하기도 한다.

1. 입법부형 옴부즈만(Legislative Ombudsman)

입법부형 옴부즈만은 입법부에 소속되어 입법부의 일부분을 이루면서 일반 시민이나 입법부 내부로부터 민원을 접수받아 처리한다. 입법부에 의해 선출되는 것이 보통이며 간혹 입법부의 동의를 받아 행정부가 선출하는 경우도 있다(ABA, 2004: 19). 그렇기 때문에 기관 지속성(durability)이 상대적으로 높으며, 변호사와 유사한 기관 전문성을 유지하는 것이 보통이다. 역사적으로도 가장 오래된 유형이며 아직까지 일단 설치된 이후 폐쇄된 사례가 없다(Anderson, 1974: 5). 주로 행정부의 기관, 관료, 고용인, 계약자 등에 의해 이루어지는 작위 또는 부작위를 상대로 제기되는 민원을 다룬다. 행정부 서비스의 전달 양식에 대해 감시, 감독, 시정 조치하는 일에 주목하며, 행정의 질적 수준 개선에 유의하면서 행정처리 절차의 개선을 도모한다. 법문욕례, 서면주의, 행정의 지체 등 관료적 병리현상을 시정하고자 하는 데에 주력하는 특성을 지녔다((Anderson, 1982: 3). 행정기관으로 하여금 대 국민 책임성을 유지하도록 하는 것은 물론이고 의회에 의한 대 행정부 통제를 지원한다. 업무 수행을 위해 법적 권위를 이용하는 경향이 있으며 그렇기 때문에 법률에 규정된 분야에 대해서만 간여한다(정순교, 2005: 13). 증인소환권과 자료제출요구권을 지니고 있어 필요한 조사를 실시할 수 있고, 대내외적으로 보고서를 공표하는 권한과 개혁적인 대안을 권고하는 권한을 지닌다. 과정 중심의 접근시각을 지니고 있어 절차를 통해 문제를 해결하려는 의도를 내포하고 있으며, 권고의 수용성 정도를 높이기 위해 합리적이고 비강제적인 설득력(reasoned persuasion)에 의존하는 경향이 크다(Anderson, 1974: 3-4).

그런데 이런 입법부형 옴부즈만은 의회에 소속되는 데에서 비롯되는 다양한 장점을 지닌다. 무엇보다도 국민의 대표기관에 의해 선임되기 때문에 일반적으로 일반 시민의 정치적 요구에 대한 순응도가 높다. '진정한 시민들의 마음(genuine civic feeling)'을 읽고 대변하는 데 유리하다는 의미다(Rief, 2004: 5). 이는 정치적 참여자로써의 시민을 만나 그들과의 논의에 참여하고 설명을 듣는 데 있어 상대적으로 유리하기 때문이다. 국가 기관에 대한 창설권을 지니는 의회에 의해 구성되기 때문에 가장 강력한 독립성 보장 장치에 의해 구성되는 셈이고, 그렇기 때문에 절차적 정당성 확보에 있어서도 행정부형보다 유리한 입장에 있다(Anderson, 1974: 5-7). 의회의 일부이기 때문에 입법 의도대로 행정이 집행되고 있는지의 여부를 확인하는 데 있어 행정부형 옴부즈만보다 훨씬 더 유리할 것은 당연한 이치이다. 의원의 기능적 대행자로 인식되기 때문에 대 행정관료와의 관계에서 보다 더 우월적인 지위를 확보할 수 있고, 그렇기 때문에 민원 해결에 있어서도 유리한 입장에 선다. 의회의 권력성 때문에 권고적 조언을 하는 경우에도 이를 수용하는 정도가 높아지는 효과를 기대해 볼 수 있다.

나아가 의회의 기능을 강화하는 효과도 낳는다. 의회가 교체임용주의의 원리에 따라 임기제로 운영되고, 그렇기 때문에 전문성이나 기관 계속성의 유지에 결정적인 결함을 지니는 데에 비해 옴부즈만은 기관 계속성이 유지되는 장치이기 때문에 의회의 바로 이런 한계를 보완해주는 역할을 수행한다. 바로 이 점에서 의회의 대 행정부 통제 기능을 강화한다. 국회의원은 일반적으로 업무량의 폭주로 인해 시간에 쫓기기 마련이며 그렇다고 해서 지원 인력이 풍부한 것도 아니기 때문에 언제나 민원 처리에 있어 부진을 면치 못한다. 무엇보다도 국회의원은 적극적으로 분쟁 대상자나 고충 민원인을 찾아 나서기보다는 유권자가 민원을 제기하면 이에 수동적으로 반응해서 문제 해결에 나서는 것이 보통이다. 이 점에서 볼 때 상대적으로 소극적인 셈이다. 그러나 옴부즈만은 민원 발굴과 해결에 우선적인 기관 목표를 두기 때문에 보다 적극적이고 국회의원에 추가해서 민원 처리 업무를 담당하는 의회 소속 기관이라는 점에서는 민원 처리를 대행하거나 보완하는 효과를 낳는다. 이는 의회의 대표기능을 강화한다는 의미이기도 하다. 옴부즈만이 다양한 민원을 처리하는 과정에서 관련 정보를 취합하고 그 결과 사회의 실상을 파악하는 데에 유리한 입지에 있다는 점에서는 의회의 입법기능을 한 단계 더 높이는 효과도 낳는다.

입법부형 옴부즈만은 또 행정부형 옴부즈만이 지니는 한계를 극복하거나 보완하는 성질도 지녔다. 행정부형 옴부즈만에게는 행정부에 소속되어 있으면서 행정부를 상대로 활동해야 하기 때문에 행정부로부터 독립되지 않은 상태에서 과연 옴부즈만으로써의 역할을 제대로 수행할 수 있을 것인가에 대해 지속적으로 의문이 제기되어 왔다. 그렇기 때문에 진정한 의미의 옴부즈만 가치를 훼손할 수 있다는 주장도 제기된다(Gregory, 1998: 12). 독립성을 보장하기 어려운 만큼 단순한 내부 민원 치리 기관으로 전락할 우려가 있다는 것이다. 행정부 내부 결속에 의해 옴부즈만 활동의 공정성이나 중립성이 훼손되고 나아가 행정부에 대한 통제나 감시 능력이 약화될 가능성도 있다. 행정 수반에게 소속되어 있기 때문에 행정 수반의 정치적 판단을 수용하고 순응하는 경향이 있으며, 그 결과 독립성과 불편부당성을 유지하기 곤란해질 위험성도 크다(Anderson, 1974: 4; Matsunaga, 1999: 4). 행정 수반의 권위에 의존하는 문제 해결 방식은 행정 수반 일신 종속적인 성격을 지니고 있어 행정 수반이 교체되는 경우 그와 함께 옴부즈만의 기관 권위도 유실되거나 폐쇄될 위험성도 지적된다(Anderson, 1974: 5). 이에 반해 입법부형 옴부즈만은 행정부로부터 철저히 독립되어 있기 때문에 행정부형 옴부즈만의 바로 이런 한계를 극복하는 데 있어 매우 효과적이다. 그러니까 대 행정부 통제나 감시, 감독은 물론 개혁 대안을 개발하는 데 있어서도 객관성과 중립성을 견지하기가 훨씬 더 용이하다는 뜻이다.

논리적으로만 보더라도 옴부즈만은 권고를 통해 민원을 해결하고자 하는 기관이다. 그런데 권고는 개념상 다른 기관에게 어떤 행위를 권유하는 것을 뜻한다. 따라서 행정부를 상대로 권유하려면 행정부를 기반으로 하는 곳에 소속되어서는 곤란하며 행정부로부터 독립된 제3의 지대에 설치되어야 마땅한 일이다. 입법부형 옴부즈만이 의회에 소속되어 있으면서 행정부를 감시, 감독하는 것은 3권 분립의 원리에 위배된다는 주장이 있지만 이는 설득력이 부족한 견해다. 3권 분립론은 불간섭의 원리에 기초하는 것이 아니라 간섭에 의한 견제와 균형을 지향한다. 그렇기 때문에 의회에 소속되어 있는 기관이 행정부를 상대로 민원 해결에 나서거나 고충 처리를 위해 노력하는 것은 오히려 정당하고 또 당연한 일에 속한다. 전통적인 옴부즈만의 원류에 해당하는 것도 입법부형 옴부즈만이며 그렇기 때문에 옴부즈만의 전통적인 기능을 강조할수록 입법부형 옴부즈만의 정당성과 타당성은 커지는 관계에 있다.

그러나 시민권 수호자로써의 옴부즈만이 과연 효율적이냐 아니냐의 여부를 결정하는 것은 단순히 그가 입법부에 속하느냐 아니면 행정부에 속하느냐가 아니라 오히려 그의 법률적 지위, 소속된 정부의 형태, 철학적 토대, 역사적 전통 같은 옴부즈만 외부의 환경 요인이 미치는 영향이 훨씬 더 크다는 주장(Bader & Brompton, 1968: 80, 83-84)에도 유의해 볼 필요가 있다.

2. 행정부형 옴부즈만(Executive Ombudsman)

행정부형 옴부즈만은 일반 시민은 물론이고 행정부서 내부로부터도 민원을 접수, 처리한다. 이로 인해 특정 사업이나 해당 기관의 책임성 확보와 사업성과 신장에 기여하는 성질을 지녔다. 관련 사업 담당 부서에 대해 전폭적인 지지와 지원을 요청할 수 있으며 이를 위해 관련 자료에 대한 제출 요구권을 갖는다. 정부 내에 설치되는 경우 한 기관 이상을 관장하는 일반형 옴부즈만과 어린이 복지 분야, 범죄 희생자 분야, 정신보건 분야 같이 다양한 분야에서 그 한정된 영역을 대상으로 활동하는 전문 옴부즈만을 모두 포괄한다. 그러니까 행정 서비스와 관련하는 것이면 무엇이든 불만족스러운 것에 대해 문제를 제기할 수 있으며, 거의 모든 행정 분야에서 발생하는 민원 사안을 다룬다. 다만 규제 담당 기관으로부터 규제를 받는 행정기관이 그 규제와 관련하여 민원을 제기하는 경우에는 이를 관할 대상에 포함하지 않는 것이 보통이다(ABA, 2004: 19). 총리실 소속일 경우 총리를 업무 대상 관할 영역에서 제외하는 것과 같다. 제기된 민원을 다루는 데 있어서는 결과 중심주의의 관점에서 (result-oriented) 접근하는 것이 일상적이며, 정부의 결단과 조치를 촉구함으로써 민원을 해결하고자 한다(Anderson, 1982: 3). 경험적인 사실조사에 의하면 일반적으로 보다 많은 인력을 투입하고, 보다 많은 민원 사례를 다루며, 일인당 소화하는 업무량도 입법부형 옴부즈만보다 많은 것이 보통이다. 행정 소비자로서의 시민이 원하는 서비스를 제공하고자 하며 이를 위해 요청되는 서비스의 질적 수준을 개선하기 위해 노력한다. 입법부형 옴부즈만에 비해 상대적으로 신속하고 양질의 서비스를 제공한다는 평가를 받는다(Anderson, 1997: 7-8).

이런 행정부형 옴부즈만은 행정부에 소속되는 데에 따르는 여러 가지 장점을 지닌다. 먼저 행정 네트워크에 따라 지부를 설치해서 운영함으로써 보다 현장 밀착적이고 적극적인 대민 접근성을 확보할 수 있다. 특히 행정민원의 속성상 민원인 스스로가 적극적으로 문제를 제기하기가 어렵다는 점을 감안해 보면, 행정부형 옴부즈만의 이런 특성은 주목할 만한 일이다. 행정 수반의 권위를 이용할 수 있기 때문에, 상대적으로 민원 해결 과정의 신속성과 효과성이 높으며, 문제가 잘 풀리지 않을 경우에는 최종적으로 행정 수반의 명의를 빌어 행정명령을 발동할 수도 있다. 행정명령의 타당성(reasonableness of order)을 행정 수반의 권위에 의존하는 만큼, 보다 직접적이고 명료한 벌칙 부가의 의지를 가시화 할 수도 있다(Anderson, 1974: 4-5). 행정 수반에 귀속되기 때문에 정치적 중립성을 유지하기가 곤란하다는 주장도 있지만 정치적 중립성 유지가 쉽지 않은 것은 입법부형 옴부즈만의 경우에도 마찬가지이다. 정치적 중립성의 유지 문제는 옴부즈만이 어디에 소속되느냐에 따라 결정되는 것이 아니라 민원을 다룰 당시의 정치적 환경에 따라 보다 더 영향을 받기 때문이다(Anderson, 1974: 4). 예컨대 입법부형 옴부즈만은 부패한 정치권의 부당한 압력으로 인해 자신의 공정성이나 불편부당성을 견지하기 어려울 수도 있다. 오히려 그런 부패 정치로부터 행정과정의 공정성, 중립성, 정당성을 확보하기 위해서는 행정부형 옴부즈만이 보다 더 절실히 요청된다고 할 수 있다. 경우에 따라서는 행정 수반의 판단과 선호에 따라 오히려 옴부즈만의 독립성을 강조할 수도 있다(Anderson, 1974: 4). 설혹 독립성 훼손에 대한 우려가 상존한다고 하더라도 그때 요청되는 것은 조사대상으로부터 독립성을 확보하는 문제이지 보고 대상으로부터 독립성을 확보하는 것이 중요하지는 않다.

민원인에게 있어서는 어떤 방법으로든 당면한 민원의 해결을 통해 고충을 해소하는 것이 최우선적인 관심사다. 그러나 옴부즈만이 새로운 개념과 기능을 강조하면서 고충 조사보다 갈등 해소나 개혁 대안의 발굴에 초점을 맞추고자 하는 경우 행정부 소속이 상대적으로 보다 더 유리하다. 고충 조사의 경우에는 객관적인 판단과 정보의 수집이 보다 더 중요한 반면에 갈등 조정이나 개혁 대안의 발굴 과정에서는 오히려 심층 정보의 수집과 관련한 행정당사자의 적극적인 협조가 필요하기 마련이고, 이는 옴부즈만이 행정부 소속이어서 내부 협력을 도모할 때 보다 더 용이하기 때문이다. 옴부즈만은 또 민원 처리의 신속성을 그의 본질적 특성 가운데 하나로 삼아야 한다. 그런데 이렇게 신속히 민원 관련 사안을 다루어 어떤 결론을 내기 위해서는 내부 통제에 의한 시정 조치가 유리하다. 무엇보다도 문제 현장에 대한 접근성에 있어 상대적으로 유리하고, 권고적 해결이나 간이 구제 활동 등의 문제 해결 양식에 보다 더 적합한 것도 바로 행정부형 옴부즈만이다. 권고적 해결이나 간이 구제는 그의 특성상 내부 협의나 협조를 유도하는 것이 성패의 관건인 데, 이는 당연히 민원 대상 기관과 함께 같은 행정부에 소속되어 있을 때 보다 용이하게 확보할 수 있을 것이기 때문이다.

전문성 확보에 있어서도 같다. 오늘날 행정민원의 발생원인 가운데 하나가 의회에 의한 행정통제의 무력성에 있고, 이는 바로 의회의 기관 전문성이 부족한 데에 연유한다는 주장은 경청할만한 가치가 있다. 그러니까 의회의 전문성 부족이 모든 문제의 발단이라는 인식을 가질 필요가 있으며, 이는 옴부즈만을 의회가 아닌 행정부에 소속시켜야 하는 또 다른 이유로 제기된다. 옴부즈만은 그의 활동 과정에서 민원인이나 관련 행정기관의 안전성을 확보하는 일이 중요하게 되는 데 이 안전성 확보 문제는 사실상 전문성의 확보와 동전의 양면과 같은 관계에 있다. 옴부즈만 활동 과정에서 요구되는 기밀성의 유지나 기록성 유지에 있어서도 외부 통제보다는 내부 통제가 유리하다. 그만큼 관련 정보 노출의 빈도나 범위가 축소되는 까닭이다. 조사과정의 내밀성 유지나, 숨은 정보 찾기 등에 있어서도 같다. 옴부즈만과 민원 대상 기관이 같은 행정부에 소속됨으로 인해 민원 처리 과정의 상호작용이 보다 직접화하고 그 결과 상대적으로 저비용으로 민원을 해결할 수 있다는 점도 긍정적으로 평가되어 마땅한 일이다. 그렇기 때문에 맞춤형 접근전략의 개발이 가능하다는 점도 장처다,

행정부형 옴부즈만은 또 행정부의 한계나 과제를 보완하고 성장을 지원해 주는 데 있어서도 유리하다. 행정부의 관점과 이해관계를 파악하고 추적 조사하는 데 있어 보다 용이하기 때문에 행정부의 입장을 옹호하거나 지원하는 데 있어 당연히 보다 더 효과적이

다. 옴부즈만은 행정관료를 압박하거나 비판하기만 하자는 것이 아니라 행정관료의 입장도 고려하고자 한다. 옴부즈만은 다른 행정통제 장치와는 달리 행정기관의 업무 수행에 큰 지장을 주지 않으면서 민원을 해결하자는 것이며, 행정관료의 재량적 처분을 시정하자는 것이다. 더 나아가 일방적 강제권이 아니라 권고를 통해 민원을 해결하자는 것이라는 점을 고려할 때 내부 통제가 훨씬 더 타당성을 갖는다. 공식적, 제도적으로 외부 기관의 개입을 정당화 하는 경우에는 행정의 안정성이나 지속성 유지에 어려움을 겪을 가능성이 있기 때문이다. 그러니까 행정의 계속성 유지에 지장을 주지 않으면서 재량적 행위에 대해 재검토 기회를 주자는 것이 옴부즈만이라고 한다면, 이를 위해서는 우회적, 비공식적 접근전략이 요청되고 이럴 경우에는 내부 접근이 보다 유리하기 때문이다.

행정부형 옴부즈만은 또 입법부에 소속되었을 때 발생 가능한 문제점을 시정하거나 예방하는 성질도 지녔다. 옴부즈만이 의회에 소속되는 경우에는 그의 독립성을 유지하는 데 이로울 것이라고 하지만 이는 이론 차원이나 규범적인 논리에서만 정당할 뿐, 실제로는 정당을 매개로 하는 행정부의 영향력 하에 편입될 위험성이 적지 않다. 그렇지 않을 경우에는 예산 지원권을 쥐고 있는 의회 자체에 종속적, 의존적 관계를 형성하게 될 위험성이 크다. 독립성이나 불편부당성의 유지가 곤란해진다는 의미다(Anderson, 1974: 4). 의회가 극심한 정쟁으로 교착상태에 빠지거나 정파 간 대립이 격화하는 경우에는 제 기능을 발휘하기 어렵다. 의회에 의한 행정부 간섭을 결과하기 때문에 3권 분립의 정신에 따라 제한적이고 한정된 분야에서만 의회에 의한 행정부 간여가 허용되어야 한다. 특히 행정

과정의 기획기능이 아닌 집행기능에 대한 간여는 매우 조심스럽게 접근해야 한다. 의회 소속의 경우에는 상대적으로 옴부즈만의 청렴성을 보장하기 어렵다는 점도 문제다. 이는 부패에 노출되는 빈도가 높거나 쉽게 용인하는 기관 문화를 지니고 있는 의회의 특성과 의회에 대한 외재적 통제 장치가 미흡한 데에서 오는 결과다. 대리인에 대한 통제와 감시를 대리인을 통해 수행하고자 하는 것은 직접민주주의에 대한 수요가 증대하고 있는 후기 근대 사회의 특성에 반하는 것이기도 하다. 이렇게 대리인을 통해 문제를 해결하고자 하는 과정에서 국가 행정 작용의 지체가 유발되거나 전환비용의 지출이 불가피해진다는 점도 문제다. 업무 수행상의 신속성 보장이 어려워지는 것이다. 옴부즈만이 국회의원의 대표기능을 대행하거나 보완하는 성격을 지녔다는 관점에서 보면 옴부즈만의 개입으로 인해 국회의원의 대표성 발현과정이 관료화 되고 그 결과 국회의원의 대 국민 반응성 내지는 조응성 정도를 약화시킬 수 있다는 점도 우려된다. 옴부즈만은 기본적으로 권고적인 양식에 의해 민원 해결에 나서야 하는 것인 데 의회 소속의 경우에는 이를 지원할 만큼의 직접적인 권위의 기반이 취약하기 때문에 문제 해결 능력이 부족하게 된다. 행정 정보의 공개가 전제되지 않고서는 의회 소속 기관이 독자적으로 행정 정보를 수집하는 데에는 어려움을 겪을 수밖에 없다. 따라서 옴부즈만의 정보력이나 전문성에 있어 상대적으로 뒤지게 될 것은 물론이다. 국정조사나 국정감사에서 보듯이 의회의 사실 조사 능력이 취약하다는 사실은 주지하는 바와 같다. 그 결과 보다 전문적인 지식을 필요로 하거나 신속한 대응이 필요한 경우 의회 소속의 옴부즈만은 사실상 무력하게 된다(Anderson, 1974: 6).

바로 이런 입법부형 옴부즈만이 지니고 있는 구조적인 한계는 옴부즈만이 행정부에 소속됨으로써 해결 가능하게 된다. 이로 인해 미국을 위시한 서구 여러 나라에서는 최근 행정부형 옴부즈만의 발흥이 두드러지게 나타나고 있다(정순교, 2005: 13).

무엇보다도 옴부즈만을 의회에 소속시킴으로써 의회의 대표기능이나 대 국민 접촉기능을 강화하게 된다고 하지만, 의회를 통해 옴부즈만의 기능을 강화하는 일이 중요하지, 옴부즈만을 통해 의회의 기능을 강화하려는 것은 일의 본말이 전도되어 있음을 뜻한다. 옴부즈만은 의회기능의 보조 수단성에 일차적인 목표를 두는 것이 아니라 독립기관으로써 자기 기능 확립에 최우선적인 목표를 두어야 마땅한 일이다. 입법부형 옴부즈만이 의회의 대 국민 접촉기능을 확장한다고 하지만 오히려 입법부형 옴부즈만이 상대적으로 적극적 접근권 행사를 저어하고 소극적 가촉성(passive accessibility)에 안주하려는 경향이 있다는 점에서 보더라도 그의 접근성은 오히려 제한적이다(Anderson, 1974: 5). 옴부즈만의 의회 소속화가 의회가 국민 대표성을 반영하는 기관이기 때문에 정당화 되는 것이라고 한다면, 대통령도 국민 대표성을 의회와 함께 분점한다는 사실을 감안해야 한다.

행정부형 옴부즈만을 옴부즈만의 변형이라거나 왜곡된 결과물이라고 일방적으로 폄하해서는 곤란하다는 의미다. 오히려 입법부형 옴부즈만이 지니고 있는 약점을 보완하고 새로운 기능을 추가해서 시대 상황의 변화에 조응하기 위한 것이라고 보는 시각상의 교정이 필요하다는 주장도 가능하다. 따라서 행정부형이나 입법부형 가운데 한 가지만 가지고 국민 고충의 다양한 수요를 모두 소화하려 하기 보다는 오히려 이런 여러 유형의 옴부즈만을 통해 시대 상황이나 지역의 특성에 따라 다양한 수요를 소화하는 것이 보다 더 이상적이라는 관점도 제기된다(Anderson, 1997: 8).

3. 절충형 옴부즈만(Eclectic Ombudsman)

입법부형 옴부즈만은 행정부로부터 독립하여 행정 감시 기능을 보다 공정하게 수행할 수 있는 장점이 있는 반면에, 행정부형 옴부즈만은 행정 수반의 권한에 의거하여 행정 내부를 용이하게 조사할 수 있으므로 민원 사안을 간이·신속하게 처리할 수 있다는 장점을 지닌다. 민원인의 권리 구제 과정에서 성과 달성을 중시하는 경우에는 논리적으로 행정 수반과 격리시켜야 하지만 그 성과의 효율적인 달성을 약속받기 위해서는 권위의 수용이 전제되어야 하며 이를 위해서는 행정 수반의 권위를 이용할 필요가 있다. 다시 말하면 입법부형만이 옴부즈만의 전부가 아니며 행정부형만이 많은 이점을 지녔다고도 말할 수 없다. 그렇기 때문에 오늘날에 있어서는 입법부형과 행정부형 사이에서 어떤 유형을 채택할 것이냐의 문제를 전적으로 그 나라의 통치구조와 법제도, 특히 옴부즈만을 필요로 하게 된 역사적 배경 등을 종합적으로 감안하여 결정할 문제로 평가하게 되었다(정순교, 2005: 15).

그러나 이렇게 입법부형 옴부즈만과 행정부형 옴부즈만이 상호 보완적 성격을 지녔다는 점에 착안하는 이들은 행정부형의 경우에도 옴부즈만의 임명에 있어 의회의 관여를 인정하게 되면 입법부형과 큰 차이가 없고, 입법부형의 경우에도 순수 입법부형과는 달리

의회와 대통령 모두에게 조사 결과를 보고하도록 하거나 옴부즈만을 의회의 추천으로 대통령이 임명하도록 한다면 행정부형과 크게 다를 것이 없다는 견해를 가지게 되었다. 소위 수정형 모델을 구상하게 된 것이다. 이를 절충형 옴부즈만이라고 한다면 이는 당연히 입법부형 옴부즈만과 행정부형 옴부즈만의 중간 형태를 지향하는 것이 된다. 그러나 이 중간형이 입법부형 옴부즈만의 장점과 단점 그리고 행정부형 옴부즈만의 장점과 단점 가운데 어떤 성질을 보다 우선적으로 발현할 것이냐의 문제는 전적으로 절충형 옴부즈만이 놓여 있는 사회의 정치사회적 환경과 시간 공간의 특성에 따라 좌우된다고 하겠다.

III. 소속 위치에 따른 분류

옴부즈만이 민원 유발 기관과 다른 기관에 속하느냐 아니면 같은 기관에 속하느냐에 따라 기관 외부형 옴부즈만(External Ombudsman, Classical Ombudsman)과 기관 내부형 옴부즈만(Internal Ombudsman, Organizational Ombudsman, Workplace Ombudsman)으로 구분해 볼 수 있다.

1. 기관 외부형 옴부즈만((External Ombudsman)

민원 제기 대상 기관 외부에 옴부즈만이 설치되는 경우로써 공적 영역 옴부즈만의 경우에는 입법부형 옴부즈만이 대표적인 사례다. 그런데 입법부형 옴부즈만은 스웨덴에서 처음 소개된 의회 소속 옴부즈만에 연원을 두고 있어 고전적 옴부즈만이라고도 부른다. 따라서 기관 외부형 옴부즈만은 흔히 고전적 옴부즈만과 혼용하여 지칭되기도 한다. 기관 외부형 옴부즈만은 대체로 연방정부, 중앙정부, 지방정부에 설치되고 있으며, 정부의 행정을 조사하고 민원을 수렴하며 행정관료를 감시하는 데에 주된 목적을 두고 있다. 따라서 행정실패에 대한 공적 조사권을 갖는 것이 보통이며, 기밀성 유지에 관한 특권을 법률을 통해 인정받는 경향이 있다(Barkat, 2015: 37). 그러나 최근에 들어서면서부터는 잘못을 범한 것은 아니지만 개선의 여지가 있다고 판단되는 경우에도 정부를 상대로 조사하여 보고하는 사례가 늘고 있다. 법적, 제도적으로 독립성이 보장되고 있을 뿐만 아니라 견제와 균형의 원리 내지는 일단의 통제장치에 의해 보호된다. 사회적으로 현저성 정도가 높고 따라서 사회적인 관심이 고조되는 과제에 주요 인력과 자원을 투입해서 다루려는 경향이 있다. 기관 외부형의 경우 민원인이 민원의 제기를 크게 두려워하거나 기피하는 정도가 그리 높지 않다는 것이 특징이라면 특징이다. 민원 관련 기밀성의 유지가 실패하는 데에 따른 폐해가 상대적으로 적다고 보기 때문이다. 단순한 갈등 관리보다는 정의의 구현이나 시민의 요구에 부응하기 위해 도입하는 경우 흔히 이런 모형을 채택하는 경향이 있다.

거의 모두가 의회 소속 기관이지만 기능적으로는 의회로부터 독립하여 활동하며 그렇다고 해서 행정부와 연계되어 있는 것도 아니다. 다만 의회에 의한 총체적인 지휘 감독 하에 놓여 있는 것은 사실이다. 조사 대상 과제와 관련한 정부의 공식문서에 대해 무제한적인 접근권을 가지고 있으며 그 결과 무엇이 어떤 행정적 판단을 유발한 요인인가를 자유롭게 추적 조사할 수 있다. 치자가 행한 거의 모든 것과 피치자가 원치 않는 거의 모든 것에 대해 의견을 표명하고 공표할 수 있다. 민원을 매우 진지하게 다룸으로써 관련 행정 관료나 민원인 모두가 그의 권고안을 권위 있게 수용하는 경향이 있다(Gellhorn, 1966: 9-10).

2. 기관 내부형 옴부즈만(Internal Ombudsman)

민원 제기 대상 기관 내부에 옴부즈만이 설치되는 경우로써 공사 조직 모두에서 발견된다. 공적 영역에서는 행정부형 옴부즈만이 가장 대표적인 사례이며 행정 각 부처나 기관별로 자기 부서 내부에 옴부즈만을 둔다는 점에서 기관 외부형 옴부즈만과 다르다. 공적 영역보다는 사적 영역에서 훨씬 다양한 사례가 발견된다. 대부분의 기업 옴부즈만이 여기에 해당된다. 기관 내부 구성원 간의 갈등, 업무상의 충돌, 신체적 안전의 위협, 관료적인 업무처리상의 지체, 부당한 괴롭힘 등에 직면하여 기관 구성원의 보다 가치 있고 품위 있는 행동을 촉진하고 유지하고자 기관 행정의 공정성, 형평성, 정의, 기회의 평등성, 존경심 따위를 고양하기 위해 설치하는 것이 보통이다. 일상적인 관리 경로에서 벗어나 비공식적인 내부 통로를 통해 기관장에게 직접 보고할 수 있는 위치에 있으면서도 관리자와 피관리자 사이에서 엄정한 중립성을 유지하는 존재로 인식된다. 은밀하고 비공식적인 정보 수집원이자 의사소통의 통로이고 고충민원의 처리인이며 기관내부 갈등의 해소자 및 조직변화의 선도자로 간주된다(Rowe, 1995: 103).

그렇다고 해서 기관 내부의 공식적인 고충 처리 장치, 고용 평등 촉진 기구나 감사 기관 등을 대신하거나 공식적 후견인 또는 어떤 상황의 평결자 역할을 수행하는 것은 아니다. 다만 조직의 규모가 커지면서 조직 내부에서 개인의 목소리가 점점 줄어들고, 공식적인 업무처리 과정에 많은 부하가 걸리면서 업무의 처리가 지체되는 현상을 해소하기 위해 조직의 고위관리자나 노조의 책임자에게 평사원이나 일반 구성원의 의견을 직접 신속하게 전달하기 위한 통로를 개척하고자 한 경우가 대부분 이다. 따라서 기관 내부의 인사관리 시스템이 제대로 작동하지 않거나, 신뢰성을 잃고 있어 기관 구성원들이 잘 활용하려고 하지 않거나, 기관 내부의 갈등 문제에 대해 기관의 갈등관리 기구가 주의를 태만하거나 적극적으로 대처하려고 하지 않는 경우, 기관 구성원의 사기가 땅에 떨어져 있을 때, 관리자와 피관리자 사이의 의사소통이 잘 되지 않거나, 노조와 관리층 사이의 갈등이 고조되어 있는 경우, 이를 완화하거나, 갈등을 해소하는 데 있어 보다 효율적이고, 신속하며, 적극적인 장치로 이해된다(Meltzer, 1998: 598-599).

미국의 경우 공적 영역에서는 스미소니언 박물관, 미국 대외홍보처, 미국의 소리방송, 미국 재무성 산하의 비밀경호국, 미국 국무성, 미국 에너지성, CIA, 미국 사회보장처, 연방조사국, 미국 수도경찰국, 연방준비 보험공사, 해군 범죄수사국, 등에 설치되어 있으며, 사적 영역에서는 실로 수많은 기관 내부형 옴부즈만이 설치되어 있다. 여러 병원이 환자 대표자 참여 기구를, 신문사가 독자 고충처리 기구를, 대학이 학생 고충처리 기구를, 기업이 고객 민원 처리 기구를 마련해 두는 데에서 알 수 있다.

이런 기관 내부형 옴부즈만은 특히 중립성과 기밀성의 유지에 유의한다. 어느 누구에게도 민원상담 사실 자체를 은폐하고자 하며, 심지어 최고 관리자에게도 이를 비밀로 하려는 경향이 있다. 다만 민원인의 허락이 있는 경우 문제의 비공식적인 해결을 위해 정보를 누설하는 경우는 있을 수 있다(Rowe & Gottehrer, 1997: 3). 그러나 아무리 관련 정보를 밝혀도 좋다는 허락을 받았다고 하더라도 기관 내부형 옴부즈만은 이를 어떤 형태의 공식적인 자리에서도 증언하지 않는다. 관련 기록을 문서로 남기지도 않으려고 하며, 사법적 심사나 그와 유사한 자리에 증인으로 나서지도 않는다. 어느 누구도 옴부즈만에게 증언하도록 요청할 수 없다는 점에서는 배타적 특권을 약속받고 있는 셈이다. 그러나 그렇다고 해서 기밀성의 유지와 관련해서 법률로 이를 보장하는 것이 아니라 관행과 선례를 통해 보호하는 것이 보통이다(Barkat, 2002: 2). 이는 옴부즈만의 기관 속성에 기인한 결과다. 기관 내부형 옴부즈만의 임명권자는 기관 내부형 옴부즈만과 일종의 협약을 맺는 것이 보통인데 아무리 임명권자라고 하더라도 자기 자신의 방어를 위해 기관 내부형 옴부즈만을 증인으로 내세울 수 없다는 점을 약속한다(Rowe & Gottehrer, 1997: 3). 조사 결과를 공표한다는 점에서는 기관 외부형 옴부즈만과 크게 다를 바가 없다. 그러나 기관 내부형 옴부즈만의 경우는 강제로 문서를 압수하거나 그의 제출을 강요할 수 없으며 다만 비공식적인 통로를 통해 문제 해결에 이르고자 한다. 따라서 조정자, 상담자, 제3의 개입자, 대체적 분쟁조정자(ADR)로 이해되는 것이 보통이다.

현실적으로 독립성이 확보되어 있어 활동 과정에 외부 압력이 작용한다거나 권력적인 개입이 있는 것은 아니지만 이를 제도적으로 보장하기보다는 사실상의 관행이나 관리자의 묵인에 의해 소극적으로 보호하는 이유는 적지 않다(Belson, 1997: 6). 첫째, 옴부즈만의 독립성을 침해하고자 하는 경우 적극적으로 독립성을 훼손하기보다는 단순히 옴부즈만에 의한 권고를 무시하는 것만으로도 독립성 훼손을 무릅쓰는 데에서 오는 위험 부담을 상쇄하면서도 소기의 목적을 달성할 수 있다고 보기 때문이다. 이 점에서 보면 결국 기관 내부형 옴부즈만은 조직 내부의 국외자이지만 기관 종사자 내지는 피고용자라는 신분을 벗어나기 어렵다는 점을 유의할 필요가 있다. 둘째, 국가 전반을 상대로 하는 고전적 옴부즈만에 비해 기관 내부형 옴부즈만은 해당 기관 구성원을 상대로 활동하는 것이 대부분인 만큼 활동의 대상 영역이 협소하고 그렇기 때문에 민원 관련 이해당사자들과 보다 자주 접촉하고 교류하지 않을 수 없다. 따라서 비공식적 관계에 대한 수요가 크고, 그렇기 때문에 법적 강제력보다는 선의의 이해와 협조를 통해 문제를 풀어야 하는 환경적 요인도 작용한다. 셋째, 기관 내부형 옴부즈만이 다루는 과제는 기관 외부형 옴부즈만이 다루는 과제보다 과제의 성격이 상대적으로 덜 명료하다. 명백히 법률이나 규칙에 의해 규정되거나 정교한 절차가 마련되어 있다기보다는 일종의 정책적 의지를 통해 설정된 준거에 따라 활동하도록 되어 있다. 따라서 보다 비공식적인 관행이나 문서화되지 않은 규칙에 의존하는 정도가 높을 수밖에 없다. 넷째, 기관 내부형 옴부즈만은 또 상대적으로 사회적 비중이 높지 않은 과제를 다룬다. 어찌어찌하여 기관의 최고 관리자에게 문제를 제기하고 대안을 권고하더라도 일반 조직의 경우에는 그런 최고 관리자에게 접근해서 자신을 방어하거나 변호할 통로를 확보하고 있는 이들이 적지 않다. 그만큼 옴부즈만의 권위와 위상이 상대적으로 취약할 뿐만 아니라 그렇기 때문에 외부의 압력이나 개입으로부터 보호되는 정도가 크지 않다. 기관 내재적인 독립성 정도가 상대적으로 취약할 수밖에 없다는 의미다(Belson, 1997: 7).

그러나 기밀성 유지에 대한 민감성 정도는 매우 높다. 기관 내부형 옴부즈만의 경우에는 민원인이 지니는 혹시 있을지도 모르는 보복에 대한 두려움이 상대적으로 크고, 그렇기 때문에 기밀성 유지에 대한 수요가 높다. 민원인이 대개 고용 관계나 지도 감독 관계에 있기 때문에 민원의 제기로 인해 일상생활에 직접적인 위해가 생길지도 모른다는 염려를 하게 될 것은 당연한 이치이다. 그만큼 기관 내부형 옴부즈만의 민원인은 각종 위해에 노출되어 있다는 의미이기도 하다(Belson, 1997: 8).

기관 내부형 옴부즈만은 민원인 보다는 기관 관리자나 고용인의 이익을 위해 고안되고 도입되었을 가능성이 적지 않다. 궁극적으로는 조직 관리상의 효율성이나 갈등해소를 통한 생산성 증대에 일차적인 목적을 두는 것이 보통이기 때문이다. 이런 인식은 대개의 경우 기관 내부형 옴부즈만이 기관 내부의 혹심한 갈등을 겪은 후 도입되는 것이 보통이라는 점에서 설득력을 갖는다(Belson, 1997: 9).

IV. 기능 분화에 따른 분류

옴부즈만의 역할 구분 내지는 분업 정도에 따라 일반 옴부즈만(General Ombudsman)과 전문 옴부즈만(Professional Ombudsman,

Particular Ombudsman, Specialty Ombudsman)으로 나누고 옴부즈만이 아닌 기관과 기능적으로 결합함으로써 역할 미분화 상태에 있는 경우를 혼합형 옴부즈만(Hybrid Ombudsman)으로 구분하기도 한다.

1. 일반 옴부즈만(General Ombudsman)

일반적으로 관할 대상 기관이나 영역을 특정하지 않고 중앙정부나 지방정부의 행정 과정에서 야기되는 거의 모든 고충이나 권리 침해를 다루는 옴부즈만을 일컫는다. 따라서 기능적 통합형이라고 할 수 있는 데, 그 결과 전 정부적인 통일성과 일관성을 갖는다. 따라서 성문법에 기초하면서 전 정부적인 통일성을 갖는 대륙법 전통과 상합한다. 특히 현대 사회의 구조가 복잡화, 다원화 하고 그의 구성요소 간에 상호의존성이 증대하면서 복합적 중층구조를 이루게 되고, 그 결과 복합 옴부즈만의 등장을 낳았다. 그런데 복합 옴부즈만은 다양한 과제를 함께 다루기 때문에 관할 범위가 넓고 그로 인한 시너지 효과가 적지 않다. 대부분의 국가 옴부즈만이 여기에 해당된다. 관할 범위가 넓은 만큼 그렇지 않은 옴부즈만에 비해 상대적으로 보다 더 존경받고 그의 결정에 대한 사회적 수용성 정도도 높아지는 경향이 있다(Chambers, 2001: 7).

따라서 분야별 목적 가치의 상이성이나 우선 순위 상의 차이와 그로 인한 갈등을 예방하고자 하는 경우에는 당연히 통일적 접근을 필요로 하고, 이런 경우 일반 옴부즈만에 대한 수요가 커지게 된다. 개혁적 대안의 제시를 위해서는 대립적 갈등의 창조적 통합과 새로운 질서의 제시 능력이 필요하게 되는 데, 이는 국가 행정작용에 대한 총체적이고 종합적인 이해력을 필요로 한다. 이 경우에도 종합적인 접근을 가능케 하는 일반 옴부즈만이 효과적이다. 일반 옴부즈만은 또 전 정부적인 관련 정보를 한 곳에 집중하는 결과가 되기 때문에 어떤 사회의 내재적 경향성이나 성질을 파악하는 데 있어서도 용이하다. 그 결과 총체적이고 종합적인 분석이 가능해진다. 이렇게 종합적인 분석력이 증대하는 경우 행정관료의 일반 시민에 대한 대응성이 증대되도록 유도하고 권고하는 데 유리하다. 이러한 요인들은 일반 옴부즈만의 업무 영역을 분할하여 전문 옴부즈만으로 전환하던 경향이 최근 들어서면서 일반 옴부즈만이나 융복합형 네트워크로 다시 통합, 조정되는 추세의 근인을 밝혀주는 셈이다.

그동안 특정 분야의 민원 처리를 전담하는 전문 옴부즈만이 계속해서 생겨남에 따라 기존의 일반 옴부즈만은 이제 인기 없는 사안만을 취급하는 기관으로 전락하게 될 것이라는 우려가 없지 않았다. 오스트리아나 캐나다의 경우 계속해서 전문 옴부즈만이 신설되면서 일반 옴부즈만의 업무영역이 축소되고 영향력도 약화되어, 일반 옴부즈만의 활동이 보다 더 제약되는 변화를 불러왔다. 분야별 관할 범위로 나뉘어 옴부즈만이 여기 저기 산재하면서 옴부즈만에 대한 일반 시민의 경외심이 줄어들고 그 결과 자신의 고유 기능을 약화시키게 된다는 우려도 있었다(국민고충처리위원회, 2003: 17).

그러나 이와는 달리 행정 일반을 다루는 옴부즈만의 창설을 통해 그 안에서 다양한 분야를 통합하여 처리하고자 하는 경향도 나타나고 있다. 예를 들면 유럽 각국의 군사 옴부즈만이 일반 옴부즈만의 설치와 함께 일반 옴부즈만으로 흡수되고 있으며, 영국의 경우 의회 옴부즈만이 의료행정 옴부즈만을 겸임하고, 스웨덴의 의회 옴부즈만은 군사, 경찰, 의료, 건축 및 환경 옴부즈만으로써의 기능을 함께 수행하고 있다(국민고충처리위원회, 2004: 13-15). 전문 옴부즈만이 오히려 일반 옴브즈만으로 통합되는 경향이 늘고 있는 것이다.

일반 옴부즈만은 또 중립성, 청렴성, 독립성, 권고성 유지에 있어 상대적으로 유리한 입장에 있다. 다루는 분야가 한정되어 있지 않기 때문에 조사대상 행정기관이나 행정관료와 일정 정도 격리되어 있고, 그런 만큼 유착하거나 동류의식을 개발하게 될 개연성이 상대적으로 적기 때문이다. 그런 만큼 사회적인 신뢰를 구축하기가 상대적으로 용이하고 그 결과 권고를 통해 문제를 해결하는 데 필요한 권위의 확보가 용이해진다. 그뿐만이 아니라 협상이나 조정의 기술을 개발하고 확보하는 데에 있어서도 유리하다. 이를 위해 필요로 하는 재원을 동원하거나 한정된 자원을 집중적으로 투입하고 활용하는 데 있어 상대적으로 유리하기 때문이다. 이 점은 특히 옴부즈만 기능의 우선순위가 갈등 해소 지원 업무 쪽으로 전환하고 있는 세계적인 추세를 감안해 볼 때 보다 더 주목해 보게 된다.

나아가 전문 옴부즈만의 한계와 과제를 극복하는 데에도 유리하다. 전문 옴부즈만은 기본적으로 파편적, 분업적 양식에 의해 민원인의 권리 구제에 나서자는 것이기 때문에 강력한 권리 구제 수단으로서의 기능을 수행하기가 어렵다. 그러나 일반 옴부즈만은 종합적, 총체적 관점에서 접근하기 때문에 그에 따른 시너지 효과를 기대해 볼 수 있고, 권위의 신장도 기대된다. 전문 옴부즈만은 제한된 분야만을 특정해서 다루기 때문에 할거주의 시각으로 인해 전반적인 준법 감시 기구로서의 역할 수행에 어려움을 겪을 수도 있다. 그러나 일반 옴부즈만은 총체적, 전 정부적 관점에서 문제에 접근하기 때문에 통일적, 보편적 판단이나 평가가 가능해진다.

전문 옴부즈만을 두는 경우에는 분야별 전문 옴부즈만과 일반 옴부즈만 사이에서 업무 중복 현상이 일어나게 되고, 그 결과 옴부즈만 전체에 대한 사회적인 신뢰가 떨어지고 운영 효율성이 감소할 우려가 있다. 이에 따라 전문 옴부즈만을 두기보다는 중앙 옴부즈만의 관할 아래 분야별 전문 부서를 두어 전문적인 대응에 나서려는 경향이 나타나고 있다. 이는 옴부즈만이 활성화되어 있는 나라들 사이에서 여러 종류의 옴부즈만을 보다 적은 종류의 옴부즈만으로 통합하려는 경향에서 확인되고 있다(Center for the Study of Democracy, 2002: 22).

전문 옴부즈만의 증가는 현대 행정의 복잡성과 다양성에 비추어 보면 바람직한 점도 있다. 그러나 옴부즈만 간의 영역 중첩이나 관할 범위를 잘 모르는 일반 시민의 입장에서 보면 매우 불편하고, 여러 옴부즈만의 설치에서 오는 비용의 증가는 결국 시민의 세금으로 충당된다는 점도 문제다. 그러나 일반 옴부즈만의 경우에는 바로 이런 문제들을 극복하는 데에 상대적으로 유리하다. 따라서 특수 옴부즈만의 설치는 매우 신중해야 하며 각국의 정치 상황, 행정 여건, 지리적 환경 등을 고려해서 결정해야 한다(정순교, 2005: 19).

2. 전문 옴부즈만(Professional Ombudsman, Particular Ombudsman, Specialty Ombudsman)

일반 옴부즈만에 대한 대칭적 개념으로써의 전문 옴부즈만이라는 말에는, 흔히 일반 행정가적인 소양이 아니라 전문가적인 식견과 지식을 지닌 전문가로 하여금 민원 해결에 나서게 한다는 의미의 전문 옴부즈만(professional ombudsman), 상대적으로 제한된 범위의 분야별 과제만을 다룬다는 의미의 특수 옴부즈만(particular ombudsman), 특정의 주제를 강조해서 다룬다는 의미의 특별 옴부즈만(speciality ombudsman)의 의미가 중첩되어 있다. 이 가운데 전문 옴부즈만은 옴부즈만의 본성 가운데 하나가 전문성의 원리로 인해 발생하는 시민 경시의 자세를 개선하자는 데 있다는 점에서 볼 때, 스스로 자기 모순적이라는 한계를 지닌다. 그러나 옴부즈만이 행정국가 자체를 부정하자는 것은 아니며 단지 전문성의 원리에서 파생되는 시민 경시 태도를 시정하자는 것이기 때문에 행정국가의 윤리적 가치관 속에 살고 있는 대부분의 일반 시민에게 있어 전문가적인 식견과 경험을 토대로 고충 처리 업무를 다룬다는 사실은 당연히 호소력을 갖는다. 특수 옴부즈만은 단순히 제한된 범위만을 다룬다는 점을 전달하려는 것이기 때문에 가장 중립적이고 또 객관적이라고 할 수 있지만, 지나치게 객관화 한 결과 기관 속성 및 기능에 대한 전달력이 취약해지는 결정적인 취약점을 지닌다. 특별 옴부즈만은 특정한 성질의 민원만을 다룬다는 의미에서 지나치게 옴부즈만의 정치적 역할을 강조하는 결과가 되고 그로 인해 오히려 옴부즈만의 정당성 확보나 대 국민 호소력이 취약해지는 문제점을 낳는다.

그러나 이들은 모두 별개의 것이라기보다는 하나의 기관에 귀속되어 있는 다양한 속성 가운데 어느 하나를 강조해서 설명하려 한 결과로 여겨진다. 그렇기 때문에 상호 연계되어 있고 따라서 실제에 있어서는 이 가운데 어느 것 하나를 지칭해서 설명한다고 하더라도 결국에는 이들 모두를 함축해서 전달하게 되는 관계에 있다.

그런데 이런 전문 옴부즈만의 시초로는 흔히 1915년 스웨덴에 설치된 군사 옴부즈만(MO)을 지목한다. 이때의 전문 옴부즈만은 1968년 일반 옴부즈만과 합병될 때까지 활동했다. 이어서 독일은 1959년, 이스라엘은 1972년, 호주는 1975년 각각 군사 옴부즈만을 설치한 바 있다. 스웨덴에서는 이러한 군사 옴부즈만 외에 1954년 공정거래 옴부즈만, 1961년 소비자 옴부즈만, 1969년 언론 옴부즈만, 1973년 아동보호 옴부즈만 등 여러 분야에서 전문 옴부즈만을 설치, 운영해 왔다. 이러한 스웨덴의 전문 옴부즈만 설치에 영향을 받아 독일은 1978년 정보보호 옴부즈만, 영국은 1973년 의료행정 옴부즈만, 캐나다는 1969년 공용어 옴부즈만, 1973년 교정보호 옴부즈만, 1977년 프라이버시 옴부즈만을 각각 설치했으며, 미국에서도 교육, 농정, 통상 분야 등에 다양한 전문 옴부즈만을 두고 있다(국민고충처리위원회, 2003: 16-17). 한국도 2001년 인권보호를 강화하기 위해 국가인권위원회라는 특수 옴부즈만을, 그리고 2006년에는 전문 옴부즈만으로 군사 옴부즈만 및 경찰 옴부즈만을 국민권익위원회의 전신인 국민고충처리위원회에 도입한 이래 오늘에 이르고 있다.

이렇게 특정 분야의 민원을 전문적으로 다루는 전문 옴부즈만은 1970년대에 들어와 널리 확산되기 시작했는데 이는 기존의 일반 옴부즈만으로는 잘 해결되지 않는 민원이나 고충에 적극 대처하고 새로운 정책을 채택하는데 따르는 국민의 반발을 완화하기 위한 것이었다. 따라서 행정통제보다는 국민권익 구제 쪽에 보다 더 강조점을 둔 것이라고도 말할 수 있다.

이런 전문 옴부즈만 가운데에는 입법부형 옴부즈만의 운영 원리에 따라 의회가 직접 임명하거나 의회의 승인을 요구하는 경우도 있지만, 의회가 전혀 관여하지 않고 행정부 수반이 임명하거나 관계 부처의 장관이 임명하는 경우도 적지 않다. 또한 전문 옴부즈만은 심사기관의 성격을 띠고 있어서 단순한 권고 범위를 넘어 종종 법원에 준하는 결정권을 행사하는 경향도 있다. 한국의 경우도 옴부즈만 성격을 띠고 있는 한국소비자원 등 각종 분쟁 조정위원회의 결정은 "법률상의 조정" 효력을 갖는 경우가 적지 않다.

그런데 전문 옴부즈만은 특정 분야에 대한 배타적 관할권을 가지고 그 분야에 대해서만 전념하여 관련 민원을 다루자는 것이기 때문에, 우선 행정부 소속의 일반 옴부즈만과는 달리 행정부의 관료적 계서로부터 벗어나 독자적인 활동 영역을 확보할 수 있다. 관련 분야를 지속적, 반복적으로 다루어 독자적인 전문성을 구축하게 되기 때문에 해당 분야에 대해서는 다른 일반 옴부즈만이 관여하기 어려운 환경이 조성되기도 한다. 따라서 일반 옴부즈만을 통해 민원을 해소할 때 보다 관료적 통제로부터 상당 정도 훨씬 더 벗어나 활동할 수 있게 된다.

관련 분야에 한정하여 활동하자는 것이기 때문에 해당 분야와 보다 더 밀착하여 옴부즈만을 구성할 수 있고, 그렇기 때문에 해당 분야 민원인의 접근성이 개선될 뿐만 아니라 관련 정보의 수집이나 전문적인 판단력이 신장되며 그 결과 보다 창의적이고 효율적인 권고안의 개발이나 권유도 가능하게 된다. 무엇보다도 행정 시스템의 오류 개선을 위한 개혁 대안의 모색에 있어 보다 더 선도적인 역할을 수행할 수 있다. 일반 옴부즈만에 추가하여 부가적으로 전문 옴부즈만을 두는 것이기 때문에 민원인의 입장에서 보면 접근 통로가 훨씬 더 확장된다는 의미가 있고 따라서 민원 해소의 속도성이 개선된다는 점을 시사하기도 한다.

무엇보다도 현장 밀착적인 서비스가 가능하기 때문에 민원에 대해 보다 신속하게 조응하는 것은 물론이고 보다 정교하고 저렴한 비용으로 대응할 수 있다. 따라서 사회구조의 역동성과 유동성이 큰 곳에서는 그로 인해 민원의 내용도 보다 더 가변적이고 유동적인 만큼 바로 이런 전문 옴부즈만을 통해 그런 변화에 보다 신속히 조응해야 한다는 수요에도 대응할 수 있다. 보다 협소하고 제한된 특정 분야나 집단을 대상으로 활동하기 때문에 보다 한정된 공동체 내부에서 문제가 제기되고 처리되며, 그렇기 때문에 다양한 과제를 보다 광범위한 영역에서 접근하고 다루는 일반 옴부즈만의 경우보다는 훨씬 더 기밀성 유지에 유리하다는 평가를 받는다.

이렇게 전문 옴부즈만이 일반 옴부즈만에 비해 상대적으로 규모가 작거나 덜 관료적이라는 데에서 오는 장점은 적지 않다. 옴부즈만 자체가 보다 친밀하고 상호 긴밀하게 연대하거나 협력하는 체제로 구축되며 그 결과 동류의식이나 협동성이 높아지고 그렇기 때문에 보다 정교하고, 철저하며, 책임성 있게 활동할 수 있다. 대규모 조직이 흔히 빠지게 되는 무임승차나 자체 관리 비용의 지출 그리고 운영상의 지체나 무책임성 따위를 극복하는 데 상대적으로 유리하다는 점도 장처이다(Hill, 1999b: 4).

전문지식과 경험을 토대로 민원을 해소하려는 것이기 때문에 과학성과 객관성 확보에 유리하고, 그렇기 때문에 업무 처리상의 공정성 유지에도 효과적이다. 무엇보다도 급격히 사회정책과제의 고도 기술성, 복잡성, 전문성이 증대하는 곳에서는 옴부즈만의 전문성 정도가 제고되어야 보다 효과적인 대응이 가능해진다. 요즈음 같이 혁신적인 정책대안의 채택이 빈발하는 때에는 과거의 관행이나 관성에 순치되어 있는 시민들이 새로운 대안에 순응하기가 쉽지 않다. 그렇기 때문에 개혁적 조치에 반발하거나 저항하려 들기 쉽다. 이런 때 관련 분야에 한정해서 전문 옴부즈만을 도입한다면 새로운 개혁 조치에서 비롯되는 민원 발생 소지를 최소화하려는 정부의 의지를 시민사회에 천명하는 셈이 되고, 그 결과 시민의 반발을 완화하거나 정치적 완충을 유도하는 효과를 기대할 수도 있다(국민고충처리위원회, 2004: 14).

같은 맥락에서 기존의 일반 옴부즈만으로는 잘 해결되지 않던 분야에 대해 보다 적극적으로 민원 해소에 나서겠다는 정부의 의지를 표명하고 또 효과적으로 대응하기 위해서도 전문 옴부즈만의 도입은 유용하다. 그렇기 때문에 그 분야에 대해서는 일종의 조장적 효과를 유발할 수도 있다. 사회적 관심과 이목을 높이고 특정과제를 사회적 쟁점으로 부각시키는 성과를 가져오기 때문이다. 이런 사회적 쟁점화를 통해 다양한 논의가 이루어지고 관련 정보가 확산되는 경우에는 정보의 공유와 이해의 확충이 이루어짐으로서 결과적으로는 교육 및 사회화 효과도 낳게 된다(Human Rights Ombudsman, 2000: 1). 해당 분야에 대한 사회적 합의의 도출을 원활하게 하는 결과가 되는 것이다.

다만 이럴 경우 기존의 일반 옴부즈만과의 관할권 중복에서 오는 갈등이나 분쟁의 소지가 아주 없는 것은 아니다. 이런 관할권 문제를 전문 옴부즈만 내부에서만 본다면 전문 옴부즈만은 특정 대상 집단이나 영역만을 상대로 활동하자는 것이기 때문에 관할 영역의 경계가 분명하고 그렇기 때문에 관련 분야에 대해서만큼은 책임의 소재가 명백하게 된다. 그로 인해 보다 책임성 있는 민원 대응 체제의 구축이 가능케 된다. 이렇게 특정 대상 집단을 상대로 하는 활동이 활성화되는 경우 그 대상 집단에 대한 권리 구제나 갈등 관리가 능률적으로 이루어질 것이고, 그 결과 옴부즈만 전체에 대한 사회적인 신뢰나 기댓값이 증가하게 되는 것도 장점이다(Human Rights Ombudsman, 2000: 2).

특히 옴부즈만이 처음 도입되는 단계에서 사회적인 기댓값의 담보나 신뢰 구축에 크게 성공하지 못한 경우에는 전문 옴부즈만의 도입을 계기로 일반 시민과의 관계를 새롭게 정립하는 전환점으로 삼을 수도 있다. 사회구조의 분절화와 파편성이 심화되고 있다는 점에서 보면 일원적인 질서나 원리에 따라 운영되는 일반 옴부즈만보다는 전문 옴부즈만이 개별적이고 구체적인 요구에 보다 더 세밀히 배려하고 조응할 수 있을 것이라는 점에서 보다 더 사회구조 조응적인 대처 전략이라고 할 수 있다. 사회구조의 파편화와 다층화가 심화되는 곳에서는 특별히 민원 구제에 취약하거나 민원이 빈발하는 대상이나 영역이 따로 생겨나기 마련이다. 바로 그런 취약 집단이나 영역에 대한 특단의 조치를 가능케 한다는 점에서도 유용하다.

바로 이런 이유로 인해 전환기 사회의 구조적 특성 가운데 지체되거나 원활하게 진행되지 못한 부문들을 선별하여 그의 변화를 적극적으로 추동하고 지원, 조장하는 기능을 지니는 것이 전문 옴부즈만이라고도 말할 수 있다. 따라서 사회구조의 진행속도에 비해 천연하고 있는 행정관행이나 관성을 개선하여 보다 그 사회의 실질 수요에 부응할 수 있도록 변화를 촉진하고 그 업무가 성취되면서 스스로 존립해야 할 이유가 감소되는 자기 소진형 기구이기도 한 셈이다.

무엇보다도 민주화에 대한 사회적인 요구, 특히 참여에의 욕구를 수용할 수 있다는 점에서 주목된다. 전문 옴부즈만은 그의 구성 양식이나 전략에 따라 해당 분야의 민간 전문가나 시민의 참여가 보다 더 용이하게 되고, 이를 통해 민원인과의 정서적인 연대나 공감대 형성을 보다 더 확장할 수 있다. 전문 옴부즈만은 전문성을 통해 민주성을 강화하는 동기와 공간을 배태하는 셈이다. 시민참여형 환류 거버넌스 구축에 유리하다는 뜻이다.

그러나 그렇다고 해서 전문 옴부즈만을 무조건 지지하고 확장해서는 곤란한 점도 적지 않다. 전문 옴부즈만은 일반 옴부즈만에 추가해서 특정 집단이나 영역을 상대로 별도의 민원 처리 기구를 두자는 것이기 때문에 기관운영 비용이나 인력 충원에 따른 지출이 추가될 뿐만 아니라 기존의 일반 옴부즈만과의 업무 중복이나 충돌에서 오는 갈등으로 인해 유발되는 관리 비용 증가도 예견해 볼 수 있다. 이는 전문 옴부즈만 사이에서도 발생한다. 따라서 전문 옴부즈만을 도입하고자 할 때에는 그로 인해서 얻게 되는 이익과 지출하게 되는 비용을 교량하여 유리한 쪽으로 정책방향을 설정하는 안목이 필요하다(Human Rights Ombudsman, 2000: 2). 그러니까 옴부즈만 활동의 민주성을 강조하다가 경제성이나 합리성을 외면하는 결과가 되어서는 곤란하다는 뜻이다.

특정 분야에 대한 전략적 접근을 너무 강조한 결과 헌정질서를 침해하거나 정부 구성의 원리를 뛰어넘어 활동하도록 해서도 곤란한 일이다. 전문 옴부즈만의 활동이 그의 특성상 아무리 특단의 대처나 접근 전략을 요구하는 것이라고 하더라도 그것은 어디까지나 정부 구성의 원리 내에서만 정당화된다는 인식이 필요하다. 따라서 헌법이나 정부가 기왕에 구축해 놓은 법률에 저촉되지 않는 범위 내에서 구성해야 하며 바로 이 점을 면밀히 따진 후 전문 옴부즈만의 활동 영역과 관할 범위를 설정하는 주의가 요청된다.

3. 혼합형 옴부즈만(Hybrid Ombudsman)

옴부즈만이 그의 관할 영역이나 기능을 확장하는 경우 이는 사회의 수요 변화에 보다 적극적으로 대응한 결과다. 이때 내부적으로는 그로 인해 구조나 업무처리 절차 같은 기관운영 양식상의 변화를 동반하기 마련이다. 그런데 바로 이런 내부 구조의 변화가 지나치게 되면 옴부즈만의 본래적인 성격을 담보하는 임계 범위를 넘어서게 된다. 이런 경우 이를 과연 옴부즈만이라고 해야 할 것이냐의 문제가 제기될 것은 물론이다. 따라서 아무리 옴부즈만이 그의 직무 확장이나 기능 추가를 통해 기관 관할 범위를 넓힌다고 하더라도 거기에는 스스로 한계가 있어야 한다. 그런데 바로 이런 기관의 임계 범위를 벗어난 옴부즈만을 비판적으로 지칭하여 흔히 혼합형 옴부즈만이라고 부른다(National Democratic Institute, 2005: 32).

옴부즈만의 기능 팽창이 일정한 경계를 넘어서지 말아야 하는 이유는 그럴 경우 기존의 전통적인 옴부즈만이 수행해야 하는 기능과 충돌하거나 모순을 유발하게 될 가능성이 커지기 때문이다. 예를 들면 새로운 기능의 추가가 전통적으로 옴부즈만이 지향해 왔던 독립성을 훼손할 위험성이 있다거나 중립적인 조사 활동을 저해할 가능성이 있다면 이는 당연히 옴부즈만의 새로운 관할 영역으로 수용해서는 곤란한 일이다. 새로운 기능의 추가로 인해 불필요하게 행정관료나 다른 정부기관과 긴장 관계를 유발한다든지 갈등을 촉발하게 된다면 이는 실로 곤란한 일이기도 하다. 반부패 기능이나 인권보호 기능이 추가되면서 행정관료의 부패 문제를 집중적으로 다룬다거나 인권유린 문제를 거론하게 되는 경우가 여기에 해당된다.

따라서 옴부즈만의 기능을 추가하거나 확장하고자 하는 경우에는 바로 이런 점에 유의해야 한다. 기능의 추가로 인해 옴부즈만의 종합적이고 총체적인 가치나 국정운영 체계 전반에 대한 기여도가 하락 또는 상승하는지의 여부를 확인해야 한다는 말이다. 이런 혼합형 옴부즈만은 주로 전통적인 옴부즈만에 기능이 추가되면서 드러나는 경향이 컸지만 요즈음은 여러 분야로 분화하거나 전문화한 옴부즈만이 다시 융합하는 과정에서 흔히 발견되고 있다. 바로 이점에서 볼 때 전문화의 원리를 벗어나고자 하는 것이지만 그렇다고 해서 전문화 이전의 일반화 수준으로 회귀하는 것은 아니라는 점에서 전문화와 일반화의 요소를 모두 지녔다. 바로 그런 뜻에서 혼합형으로 분류하고자 하는 것이다.

V. 옴부즈만 유형의 비교 평가

옴부즈만이 그 동안 보여준 상황 적응력이나 자기 변용성을 옴부즈만의 본래적인 특성 가운데 하나라고 해야 할 만큼 옴부즈만은 실로 다양하고 또 다원적인 변화를 거듭해 왔다. 이런 현상은 옴부즈만을 전천후 기구라고 부른다거나(Abedin, 2011: 27), 무엇이든 재단해서 만들 수 있는 옷감과 같은 존재라거나(Gregory & Giddings, 2000: 18), 갈등관리 운동이 자체 필요에 따라 옴부즈만이라는 이름을 차용함으로서 옴부즈만의 정체성 훼손이 심각하게 됐다(Rowat, 2007)는 주장 가운데에서도 확인된다. 이런 옴부즈만의 다양성과 변용성에도 불구하고 이들 모두를 관통하는 옴부즈만의 정체성을 파악하기 위해 비교론의 관점에서 검토해 본 옴부즈만의 여러 유형들은 실로 많은 기초 정보를 제공해 주었다. 그러나 그 과정에서 확인된 사실 가운데 하나는 옴부즈만의 보편적이고 일반적인 성질을 도출해내는 일이 결코 용이한 과제는 아니라는 점이다.

우선 다양한 준거에 따라 유형 분류가 이루어진다고 하더라도 각각의 유형 내부에서 개별 옴부즈만이 놓여 있는 환경에 따라 실로 다양한 기능적 실체가 정립되고 있어 옴부즈만 기능의 일반화가 결코 쉽지 않은 과제이다. 옴부즈만은 각자가 활동하는 사회의 민주화 정도 같은 정치적 환경이나 역사 문화적 배경 나아가서는 헌법이 규정한 권력구조나 법률이 제공하는 권한이나 지위에 따라 실로 상이하고 다양한 영향력을 발휘한다. 이런 변용성은 옴부즈만이 지방정부 수준에서 활동하느냐 아니면 중앙정부나 연방정부 수준에서 활동하느냐에 따라서도 다르게 반응한다. 이에 따라 유형 분류의 준거를 넘나드는 사례가 빈발하게 되고 그 결과 제3의 절충적인 대안 모형을 모색해야 하는 수요가 생겨나고 있다. 공적 영역과 사적 영역의 중간지대에서 공사 융합형 유형을 창안한다거나 입법부형과 행정부형 사이에서 절충형 유형을 그리고 일반형과 전문형 사이에서 혼합형 유형을 모색해야 하는 경우가 대표적인 사례다.

보다 심각한 과제는 유형 분류 작업의 전 단계라고 할 수 있는 기본 개념의 설정 과정에서조차 통일성을 유지하기가 쉽지 않다는 데에 있다. 먼저 옴부즈만 자체에 대한 인식의 차원이나 관점이 실로 다양하게 열려 있다는 점을 지적하지 않을 수 없다. 제2장에서 살펴 본 바와 같이 어떤 때는 옴부즈만을 그에 주어진 업무를 수행하는 자연인으로 이해하기도 하고 또 다른 때에는 조직이나 제도로 다루기도 한다. 공적 영역에 속하는 옴부즈만을 대상으로 한정했지만 이때의 공공성이란 구체적으로 무엇을 의미하는지도 명확하지가 않다. 어느 때는 공익 지향적이라는 가치판단의 문제로 이해하는가 하면 어느 때는 공법에 기초하느냐의 유무로 나누고 또 다른 때에는 공적자금의 투입 여부를 판단의 기준으로 삼는다. 가장 큰 문제는 옴부즈만의 기능적 실체를 실로 다양한 차원과 양식으로 이해한다는 점이다. 같은 유형 내부에서조차 옴부즈만을 민원의 해소, 고충의 조사, 이해충돌의 조정, 갈등의 관리, 행정오류의 시정, 기본권의 보호, 좋은 정부의 모색, 국민권익의 보호, 행정정의의 구현, 등 실로 다양한 역할 수행자로 다룬다. 같은 이치로 민원의 제기를 청원의 한 양식으로 볼 것인지 아니면 대안적 갈등관리의 하나로 다루어야 하는지 또는 행정개혁의 시발점으로 이해해야 하는 지도 명확하지 않다. 이는 옴부즈만이 일차적으로 겨냥하는 목표가 민원인 개개인의 사익을 보장하자는 데에 있는 것인지 아니면 공익을 신장하려는 것인지가 분명하지 않다는 뜻이기도 하다. 이를 다른 관점에서 보면 옴부즈만이 다루는 과제가 개인의 이해관계 조정 문제인지, 그가 속해 있는 집단의 이익 보장 문제인지, 아니면 사회 전체의 공적 유익을 신장하자는 것인지가 불분명하다는 의미이기도 하다.

이런 기본 개념상의 혼란은 현상 인식의 프레임에 내포되어 있는 문제점에 의해 가중되는 경향도 있다. 옴부즈만이 민원인과 행정관료 사이에서 이해충돌을 조정 또는 중재한다고 하지만 민원인과 행정관료 사이의 이해충돌을 이분법적으로 구분하는 일이 과연 가능한 것인가의 문제가 제기된다. 조정이나 중재의 기준을 행정윤리에 맞추어야 하는지 아니면 실정법의 준수 여부에 맞추어야 하는지도 명확하지 않다. 이를 다른 한편에서 보면 옴부즈만이 해결해야 할 것으로 기대되는 부적절한 행정행위나 좋지 않은 행정오류란 과연 무엇을 말하는지가 분명하지 않다는 의미이기도 하다. 이 모든 것이 시민 개개인의 기본권을 보장하기 위한 것이라고 하지만 시민의 기본권은 매우 불명확하거나 비한정적인 개념이다. 조정이나 중재가 갈등이나 이해관계의 충돌을 해소하자는 것이기는 하지만 이때의 이해관계 해소는 객관적, 과학적으로 규정되는 성질의 것이 아니라 이해 당사자들이 수용하고 수긍하는 정도를 말한다. 그렇다면 이는 매우 감성적 차원의 과제를 뜻하고, 그렇기 때문에 실로 다양하고 불확실한 개념을 동반할 수밖에 없다.

이런 상이성과 불명확성에도 불구하고 그것이 공적 영역의 옴부즈만이든 또는 사적 영역의 옴부즈만이든 가리지 않고, 또는 입법부 소속이냐 행정부 소속이냐에 관계없이, 기관 외부형이냐 기관 내부형이냐와 무관하게, 일반형이냐 또는 전문형이냐 에도 상관없이 모든 유형론을 관통하는 통일적 요소가 아주 없는 것은 아니다. 거의 모든 옴부즈만을 관통하는 핵심적 구성요소로는 권고성, 독립성, 종국성, 유연성, 도덕성을 들 수 있다. 이는 영국 및 아이랜드 옴부즈만 협회가 규정한 옴부즈만 자격에서도 드러나 있다. 동 협회는 독립성, 접근성, 공익 지향성 등을 옴부즈만의 자격을 규정하는 핵심적 구성 요소로 보았다. 나아가 궁극적으로 거의 모든 옴부즈만이 겨냥하는 바는 공직의 효능감을 높이자는 데에 있다고 보았다. 그러나 옴부즈만에는 이를 구현하는 데 필요한 정치적 지지의 동원 메커니즘이나 강제권이 결여되어 있다. 이 점도 모든 옴부즈만에서 드러나는 공통적인 현상 가운데 하나다. 옴부즈만의 실존적 특성인 셈이다.

OMBUDSMAN
THE FOURTH BRANCH

제2편

옴부즈만의 역할

제5장 옴부즈만의 역할 구성
제6장 옴부즈만의 역할 규범
제7장 옴부즈만의 역할 수행
제8장 옴부즈만의 역할 평가

제5장
옴부즈만의 역할 구성

I. 옴부즈만의 역할 준거

옴부즈만이 행정과정에서 발생하는 불법, 지체, 왜곡, 시민권 침해 등을 시정함으로써 국민의 고충이나 민원을 해소하고 보다 좋은 정부나 국민권익의 신장에 기여하기 위해서는 우선 자신의 역할 준거를 분명히 해야 한다. 그래야 옴부즈만의 활동이 그 준거 가치를 향해 일정한 궤적의 군집을 이루면서 옴무즈만을 에워싸고 있는 환경에 대해 의미 있는 영향을 미치게 되고, 그 결과 어떤 역할을 수행하게 될 것이기 때문이다. 더욱이 그런 역할이 민주정체에 기여하기 위해서는 그런 준거가 민주정체가 지향하는 핵심 가치와 상합해야 할 것도 물론이다. 그런데 민주정체는 국민 개개인의 행복을 극대화 하자는 데에 체제의 목표를 두고자 한다. 또한 행복의 추구는 가치의 속성상 국민 개개인이 느끼는 감정이나 정서의 최종 상태를 지향한다. 그런 행복의 필수적인 구성요소로는 흔히 정의를 말한다. 정의로운 사회라야 국민 개개인의 행복을 약속할 수 있기 때문이다. 따라서 민주정체를 지향하는 옴부즈만이 추구해야 마땅한 핵심가치는 정의의 구현에 있는 셈이다. 부언하면 국민이 행복하기 위해서는 그가 소속되어 사는 사회가 정의로워야 하고, 정의로운 사회를 만들기 위해서는 그런 사회의 가치 배분을 다루는 국가의 행정작용이 정의로워야 하며, 더 나아가 이를 위해 활동하는 옴부즈만 자체가 정의로운 양식에 의해 운영되어야 마땅한 일이다. 그런데 이런 가치 준거로써의 정의를 국가의 행정 운영 차원에서 파악할 경우 이는 행정정의에 해당된다. 따라서 옴부즈만 자신의 역할 준거도 행정정의여야 할 것은 물론이다.

이렇게 옴부즈만이 행정정의의 구현을 통해 사회정의를 구현하고자 하는 경우, 거기에서 비롯되는 효익은 한두 가지가 아니다. 먼저 행정정의가 지향하는 내용상의 가치로 인해 한 사회의 통합과 일반 시민의 기본권 신장에 기여한다. 이는 당연한 일로서 옴부즈만이 행정정의를 구현할 목적으로 행정오류 시정에 나서는 경우, 국가가 자신이 지향하는 정의에 반해 사회구성원을 차별하거나 부당하게 대우하기는 쉽지 않다. 정의가 국가의 행정작용을 구속하는 규범적 지표로 작용하는 까닭이다. 그렇지 않을 경우 개인의 기본권이 침해되어도 이를 적극적으로 시정하지 않고 방치하는 일이 빈발하게 되고, 그 결과 서로 신뢰하고 협력하는 사회기반을 조성하기가 쉽지 않게 된다. 모든 사람이 법 앞에 평등하고, 공정하게 자기 몫을 분배 받으며, 사회적으로 합의한 절차에 따라 운영되는 곳이라야 사회 구성원 개개인이 누리는 삶의 만족도가 높아지고, 공동선을 지향하게 되며, 또 공동체 발전을 위한 협력에 자발적으로 나서게 되고, 나아가서는 행복감을 극대화 하게 된다. 정의로운 사회라야 진정한 의미의 사회통합을 불러올 수 있다.

옴부즈만 자신에게 있어서도 행정정의는 보다 합리적이고, 이성적인 양식으로 판단하고 기관 의사를 결정하며 역할 정향을 작성하는 데 있어 매우 효과적인 준거율이 된다. 흔히 옴부즈만이 궁극적으로 좋은 행정에 기여하고 나쁜 행정을 시정하기 위한 것이라고 말하지만 이처럼 포괄적으로 옴부즈만의 기능적 좌표나 역할 정향을 제시하는 경우, 궁극적으로는 그 의미를 해석하고 현실에 적용하며 문제 해결에 나서야 하는 책무를 짐지게 되는 것은 바로 옴부즈만 자신이다. 그런데 행정정의의 구현이라고 하는 역할 준거가 명료하게 정립되는 경우 역할 수행상의 불확실성을 낮추면서 자신에 대한 평가 작업을 보다 명료화할 수 있다. 자기 자신의 업무 수행 관행을 돌아보고 재평가하는 가운데 반성과 성찰에 이르기 위해서는 스스로가 지향하는 가치 준거가 명료해서 이를 내재화할 수 있어야 한다. 가치 준거로써의 행정정의는 옴부즈만이 자신을 회고하고 반성하는 데 있어 그의 촉진제가 되는 셈이다.

민원의 심사나 그에 따른 민원인과 행정관료 사이의 갈등을 조정하거나 중재하는 과정에서도 옴부즈만 스스로가 이런 역할의 수행을 통해 달성하고자 하거나 또는 달성해야 하는 궁극적인 가치가 무엇인지를 명확하게 설정할 수 있어야 한다. 그래야 일관된 양식으로 자신의 의견을 전달하고 그 결과 민원 관련 당사자들의 동의를 구하는 데 유리할 것이기 때문이다. 그런데 행정정의는 바로 이런 자기 역할 수행 과정에서 활동 노선 작성의 지표로 작용하게 된다. 이는 또한 옴부즈만 영역 자체의 내부 메카니즘 작동원리가 보다 더 명료해지는 결과를 가져온다. 다지다양한 양식으로 분업질서를 형성하거나 기능적인 분화를 거듭해온 여러 옴부즈만 사이를 일관된 원리에 따라 통섭하거나 융합하는 데 필요한 준거율을 제공하는 결과가 되기 때문이다. 다양한 옴부즈만 내외의 네트워크 구축이 보다 체계적으로 이루어질 수 있게 된다는 뜻이다. 여러 유형의 옴부즈만 사이에서 업무 추진의 일관성이나 행정관리상의 통일성을 유지하는 데 유리한 환경을 조성하게 되는 것이다. 이렇듯 옴부즈만의 의사결정이나 전략적 선택의 준거가 된다는 점에서는 옴부즈만 역할의 예정성이나 예측 가능성을 높이는 기제로도 작용한다. 자기 성찰의 준거를 제공한다는 점에서는 옴부즈만으로 하여금 아무런 문제의식 없이 무비판적으로 또는 무조건적으로 선례를 답습하는 가운데 지나치게 경직되거나 또는 자의적인 데에서 벗어나 사회의 수요에 보다 더 유연하게 대응하고 그 결과 그에 보다 더 근접한 의사결정에 이를 수 있게 유도, 조장하는 효과도 낳는다. 이 경우 옴부즈만에 대한 사회적인 수용성의 정도가 높아질 것은 당연한 이치이다.

또한 역할 준거로써의 행정정의는 행정관료나 행정기관에게 법률이 규정하는 것 외에 추가적으로 자신들이 준수해야 할 일종의 규범 내지는 목적 가치를 제공하는 결과가 되기도 한다. 이로 인해 관련 이해당사자들로 하여금 자신들이 준수해야 할 규범적 지표가 무엇인지를 이해하고, 그것을 수용하는 데 필요한 윤리적, 도덕적 기반을 제공하는 결과가 된다. 이 점은 특히 옴부즈만이 권고성에 기초해 활동한다는 점에서 볼 때, 그 의의가 적지 않다. 관련 행정기관이 옴부즈만의 권고에 공감하고 적극적으로 반응하지 않으면 옴부즈만은 제 역할을 다하기가 쉽지 않다. 그런데 행정정의는 규범적 지표를 통해 행정기관이나 행정관료에게 자기 성찰의 기회를 제공하고 나아가 옴부즈만에 의한 권고를 수용할 것인지의 여부를 판단하는 데 필요한 준거율을 제공해주는 결과가 된다. 같은 이치로 다른 나라나 또는 한 나라 내부의 다른 정부기관에 대해서도 옴부즈만의 역할 정향이 어떤 것인지를 알려주는 일종의 지시등 내지는 방향타 같은 역할을 수행한다. 물론 때로는 재판에 영향을 미쳐 판결의 기준이 되기도 한다. 종합하면 일종의 교육, 홍보 기능을 통해 한 사회가 공유하는 보편적 가치 판단의 준거율 내지는 프레임을 공유할 수 있게 함으로서 사회공동체 전체의 수준에서 사회화를 촉진한다.

민원인이나 일반 시민에게는 옴부즈만의 역할 범위나 기능적 좌표를 예측하거나 기대할 수 있는 경계 범위가 어디까지인지를 판단할 수 있는 기준율을 제공하는 결과가 된다. 이로 인해 불필요한 기대에서 오는 실망이나 갈등의 소지를 선제적으로 축소하거나 배제하는 효과를 낳는다. 나아가 옴부즈만을 통해 행정관료나 행정기관에게 기대해야 하는 역할 범위 내지는 기댓값의 경계가 어디까지인지에 대해서도 스스로 한정하고 제어할 수 있게 된다.

결국 역할 준거로써의 행정정의는 옴부즈만에게 있어 회고의 차원에서는 가치평가의 기준이 되며 미래지향적인 예정이나 전망의 차원에서는 가치 선택의 기준율로 작용한다. "좋은 행정" 에 대한 지표를 제공함으로서 혹시 있을지도 모르는 행정실패를 사전에 예방하고 보다 적극적으로 미래의 행정수요에 대응해 나가도록 추동하는 역할을 수행하기도 한다. 문제는 무엇을 정의로 이해하느냐에 따라 행정정의의 의미와 내용이 달라지고, 그에 따라 옴부즈만의 역할 준거가 달라지며, 그 결과 옴부즈만의 역할 수행 양식이나 국민고충 처리 과정의 실질내용이 달라진다는 데에 있다. 이 경우 행정정의를 너무 경직되게 이해해도 문제지만 너무 추상적이거나 지나치게 유연한 양식으로 개념화해도 곤란한 일이다. 일관된 보편성을 지니면서도 내용상의 역동성과 유연성이 내재되어 있어 시간과 장소의 변화에 따라 유동하면서 다양한 양식의 적용 능력을 보여주어야 한다. 이와 관련해서는 먼저 행정정의의 일반적인 의미를 천착해 보는 일이 선결 과제이다.

II. 역할 준거로써의 행정 정의

목적 가치로써의 정의를 행정 운영 과정에서 파악하는 경우 이를 행정정의라고 한다면, 행정정의는 정의를 어떻게 이해하느냐에 따라 실로 다양한 의미를 내포하게 된다. 그런데 정의는 흔히 민주정체의 핵심가치인 자유와 평등을 통섭하는 정의적(emotive)이면서도 동시에 규제적(prescriptive)인 개념으로 이해되어 왔다. 플라톤(Platon, 2013)은 정의를 세상에서 가장 으뜸가는 덕목으로 간주하면서 옳음(righteousness)에 해당된다고 보았다. 정의를 정의론(emotive theory)의 관점에서 다루었음을 뜻한다. 반면에 아리스토텔레스(Aristoteles, 2009)는 정의를 그의 구성요소에 주목하여 "동등한 사람이 똑같이 배당받는 것"이라고 보았다. 이를 위해 법을 지키는 것이 넓은 의미의 정의라면 좁은 의미의 정의는 평등을 지향하는 것이라는 견해이다. 이는 정의를 규제적(prescriptive) 차원에서 접근한 결과이다. 이렇듯 서로 다른 관점과 차원에서 다루는 정의론은 현대에 이르러 자유와 평등을 어떤 차원에서 얼마만한 비율로 배합하느냐에 따라 실로 다양한 접근시각을 낳았다. 이들 접근시각은 대체로 자유주의, 공리주의, 공동체주의, 자유주의적 평등주의 등으로 대별해 볼 수 있다.

1. 자유주의

서구 자본주의 체제의 이념적 토대를 형성해 온 정의에 대한 자유주의적 접근시각은 기본적으로 시민의 권리 보장, 정부 개입의 제한, 자유방임주의적 시장 경제를 특징으로 삼는다. 그런 점에서 최소 주의의 입장(minimalist positions)을 취하는 것으로 평가된다. 이런 관점에서 고전적 자유주의를 선도해 온 노직(Nozick, 1989)은 국가에 의한 부의 재분배와 사회권 행사에 반대하면서 개인의 천부적 자유권을 보장하는 것이 정의라고 보았다. 그는 이런 개인의 권리를 로크(정윤석, 2003)가 상정한 자연권적 자유의 상태로부터 찾았다. 로크의 자연 상태는 자유로울 뿐만 아니라 동시에 평등한 상황을 말한다. 그러나 그가 말하는 평등은 사람들 사이의 우월성 정도에 차이가 없다는 의미가 아니라 타인의 의지나 권위에 복종하지 않고 자신의 자유를 보장받는 데 있어서의 동등성을 말한다. 사회 성원 가운데 일부가 타인을 위해 희생되는 것은 여하한 경우도 용납될 수 없다는 의미이다. 반면에 롤즈(Rawls, 1971)는 노직의 이런 자유지상주의에 반대하면서 개인의 정치적, 경제적 자유는 상호 양립 가능한 양식과 그 범주 내에서만 보장되어야 한다는 입장을 취한다. 그러면서도 더 큰 선을 위해 개인의 자유를 침해하는 것은 결코 정당화될 수 없다고 본다. 이런 자유주의 사상은 20세기에 들어서면서 진보적 사상과 결합하여 실로 다양한 스펙트럼을 낳았다.

예컨대 사회적 자유주의는 사회문제 해결을 위해 정부가 시장에 개입하는 것을 어느 정도 용인하는 입장을 취한다. 공정거래의 확립, 최저임금의 확보, 환경오염의 방지, 사회복지의 제공 등을 통해 적극적 자유를 구현하는 일이 소극적 자유를 지키는 일보다 훨씬 더 정의에 근접한다고 보려는 것이다. 개인의 선택권을 절대화하지는 않지만 최대한 유지하는 사회체제의 확립을 정의로 이해하려는 것에 다름 아니다.

따라서 이를 행정정의라고 보는 경우 보다 적극적으로 개인의 자유를 지키기 위해서는 개인 간의 자유가 서로 양립 가능하도록 해야 하기 때문에 이를 구현하기 위해 국가가 개입하는 것은 불가피한 일이 된다. 그러나 이때의 국가에 의한 개입은 필요악에 해당하는 것인 만큼 최소한에 머물러야 한다. 그렇기 때문에 국가 개입의 외피라고 할 수 있는 법률의 준수 여부는 사회적 관계를 규율하는데 있어 결코 면제해줄 수 없는 최소 절대값으로 인식된다. 사회구성원 간에 갈등이 있을 경우 법률의 준수 여부 그러니까 준법성 여부를 물어야 하는 이유이다. 따라서 행정정의를 자유주의의 관점에서 지향하는 옴부즈만이 새로운 의사결정이나 행정조치에 나서는 것을 저어하면서 권고를 통해 자발적인 합의와 수용을 유도하고자 하는 것은 새로운 국가의 개입을 배제하려고 한다는 점에서 너무나도 타당하고 당연한 일로 여겨진다. 이런 권고적 갈등 조정 양식은 민원인 개개인은 물론이고 관련 행정관료의 자유주의적 자기결정권을 존중하고자 한다는 의미도 함축한다. 개인의 자유를 보호한다는 이유로 개인의 기본권적 자유 영역에 대해 국가가 개입하거나 그의 외피라고 할 수 있는 법률적 구속이 이루어지는 일은 이를 최소화하는 것이 옳다고 보기 때문이다.

그러나 이렇듯 자연권적 자유를 우선시하는 자유주의는 "무연고적 자아(unencumbered self)"[1)]를 전제하고 개인이 마치 진공상태에 있는 것처럼 가정하지만, 실제로는 사회공동체와 결코 분리될 수 없다는 점에서 비판된다. 개인의 자아정체성 형성 과정에 그가 살아온 역사 문화적 전통이 영향을 미치고 있듯이 공동체가 개인의 삶에서 차지하는 중요성은 이를 간과할 수는 없다는 것이다. 그렇기 때문에 사회공동체가 시민의 도덕성 함양에 유의해야 하는 일은 일종의 필수적 과제로 이해된다. 바로 이 점에서 사회공동체와 상호 작용해야 하는 국가와 단순한 정치적 결사체는 서로 다른 것으로 이해된다. 국가는 특정의 포괄적 가치를 공유하면서 이를 의도적으로 장려해야 하는 과제를 짊진다. 이 경우 오늘날 세계가 심각한 혼란과 무질서에 빠져 있는 것은 바로 이런 공동체가 배양해야 마땅한 도덕성을 경시하거나 외면한 결과로 여겨진다.

1) Rawls가 상정하는 원초적인 자아는 무연고적 자아 즉 자신의 목적이나 가치관에 따라 추상된 그림자일 뿐이라는 비판에 대해서는 Sendel(1982)를 참조하기 바란다.

2. 공리주의

정의를 공리주의의 관점에서 접근하는 벤담(Bentham, 1996)은 "최대 다수의 최대 행복(the greatist happiness of the greatest number)"을 지향한다. 어떤 사회의 구성원들에게 최대의 행복을 가져다주는 사회가 정의로운 사회라는 뜻이다. 따라서 이때의 행정정의는 어떤 사회의 최대 다수가 최대 행복을 갖도록 그 사회의 자원을 배분하는 일에 가치 준거를 두는 것이 된다. 그러나 이런 공리주의는 최대 다수의 최대 행복에서 보는 바처럼 계량적 지표를 전제하지만, 과연 이들이 측정 가능한 것인가에 대해 끊임없는 비판이 제기되어 왔다. 어떤 사회를 구성하는 개개인은 서로 다르고 다양한 삶을 영위하기 때문에 서로 지향하는 가치의 준거가 다르며, 그렇기 때문에 어떤 통일적인 기준에 따라 계량화하는 일이 불가능하다는 평가이다.

그러나 공리주의는 다양한 가치의 질적 차이를 구분하지 않고 "시를 쓰면서 얻는 행복과 압정을 꼽으면서 얻는 행복은 같은 것"인만큼 당연히 계량화가 가능하다고 본다. 그렇기 때문에 다수결 원리의 정당성 기반으로 간주되기도 한다. 그러나 다수결로 진리를 규정하거나 사회구성원 상호 간의 이해충돌을 해소할 수는 없는 일이다. 무엇보다 중요한 것은 이로 인해 소수가 다수를 위해 희생되어도 좋다는 명제를 정당화하게 된다는 점이다. 부언하면 벤담의 "최대 다수의 최대 행복"은 자체의 내재적 한계와 모순으로 인해 배분적 정의로서가 아니라 단지 법 앞의 평등 같은 시정적 개념의 정의(retributive justice)로 다루어져야 마땅한 일로 이해된다. 즉 개인의 이기심이 국가 전체의 안녕과 질서를 깨뜨려서는 안 된다는 차원에서 접근해야 한다는 뜻이다.

이 점을 인식한 밀(Mill, 2007)은 공리주의의 기본 개념을 효용성에 두고 그의 본질을 쾌락에서 찾고자 했다. 다만 이때의 쾌락은 개인 차원의 것이 아니라 사회 전체 차원의 것이라고 보았다. 이 점에서 벤담과 의견을 같이 한다. 그러나 벤담과는 달리 사회구성원이 추구하는 삶의 양식에 있어 그의 다양성을 존중하고자 했다. 이로 인해 개인이 즐기는 쾌락에도 당연히 질적 차등이 있다고 보았다. 밀은 "배고픈 소크라테스가 배부른 돼지보다 낫다"라는 명제를 통해 저급한 쾌락과 고급한 쾌락을 구분한다. 밀의 공리주의는 벤담의 "최대 행복론"에 내포되어 있는 "소수가 다수를 위해 희생되어도 좋다는 명제"의 한계를 극복하고자 한 것이다.

이런 공리주의의 접근시각에서 보면 행정정의는 어떤 사회의 공중이 누리는 쾌락과 행복을 늘리는 일에 얼마나 기여하느냐 라고 하는 비례성의 원칙에 의해 평가되어야 마땅한 일이 된다. 그렇기 때문에 민원인의 고충을 해결하는 일은 단순히 개인 차원의 문제가 아니라 사회 전체 차원의 과제로 인식되며, 따라서 시급히 시정되어야 마땅한 과제로 간주한다. 더 나아가 이를 시정하고자 하는 옴부즈만의 역할도 개인의 고충 해결 차원에서 벗어나 보다 더 넓은 집단이나 조직 사회에 얼마나 효율적으로 기여하느냐의 차원에서 다루어져야 다땅한 과제로 인식된다. 그러니까 벤담의 입장에서 보면 개인이 겪고 있는 고충을 해결하는 일은 개인의 사적 이기심에 영합하자는 것이 아니라 국가 전체의 안녕과 질서를 유지하는 일에 보다 더 효율적으로 기여하려는 것으로 이해된다. 그런데 이를 관련 국가 조직의 관리차원에서 보면 관련 조직을 얼마나 합리적이며 또 경제적인 양식으로 관리하느냐를 묻는 것에 다름 아닌 일이 된다.

또한 밀의 공리주의가 정초하고 있는 다원주의와 평등성의 원리에서 보면 개인은 누구나 그가 처해 있는 물질적 상황에 관계없이 동등하게 취급되어야 하는 것임으로 만일 어떤 행정행위가 어떤 이에게는 쾌락을 제공하고 어떤 이에게는 고통을 제공한다면 이는 당연히 시정되어야 마땅한 일이 된다. 그러니까 이때의 옴부즈만은 전체적으로 사회의 총화적 쾌락을 최대화하기 위한 도구이며, 구체적으로는 그런 사회적 총화에 대한 기여 과정에서 발생하는 개인 간의 불평등을 효과적으로 시정하려는 장치에 다름 아닌 것이 된다.

3. 공동체주의

공동체주의는 공동체의 유지 및 강화를 정의의 본질로 삼고자 한다. 20세기 후반에 시작된 이런 접근시각은 기본적으로 고전적 자유주의에 대한 반동에서 비롯되었다. 자유주의는 개인주의에 빠져 공동선, 미덕, 헌신, 연대 같은 어떤 사회의 서사적 가치를 무시하는 특성을 지녔다는 것이다. 부언하면 개인은 개인의 선택과 무관하게 그가 사는 사회와 이미 하나의 공동체로 묶여 있기 때문에 자유주의가 상정하는 "고립된 자아" 내지는 이기적 존재로부터 벗어나 "소속된 자아" 내지는 덕성과 헌신으로 맺어진 인간으로 해석되어야 마땅하다는 것이다. 모든 개인은 공동체의 구성원으로만 존재하며, 그렇기 때문에 개인이 누리는 자유도 공동체의 틀을 벗어

나서는 지속적으로 유지되기 어렵다는 주장이다. 지속 가능한 개인의 자유를 보장하기 위해서는 공동체 속에서의 개인을 상정하는 것 외에 다른 대안이 없다고 본다. 이럴 경우 모든 개인은 사회에 의해 만들어지기 때문에(왈저, 2009) 개인과 공동체를 별개의 것으로 따로 떼어 생각할 수는 없는 노릇이다.

따라서 공동체주의는 공동체가 앞으로 건설해 나가야 할 어떤 것이 아니라 문화, 전통, 사회적 관습 및 이해관계 같은 것을 통해 이미 구축되어 있고, 그렇기 때문에 보호하고 존중해야 마땅한 것으로 이해한다. 이 점에서 공동체주의의 대표 주자인 센델(Sandel, 2010)은 공동체주의를 공화주의와 연계하여 다루고자 한다. 공화주의는 자유로운 시민의 자발적 연합에 의한 참여를 전제로 구성된다. 이때의 참여는 개인의 선택을 단순히 집적하자는 것이 아니라 공동의 목적을 의식하는 가운데 연대와 협력 나아가서는 그에 기초한 공동체 위에서 자치를 구현하자는 것으로 이해된다.

따라서 정의로운 사회는 공동선을 추구하는 사회이고, 공동선을 추구하는 사회가 되기 위해서는 시민의식, 희생, 봉사 같은 강한 공동체 의식이 함양되어 있어야 한다. 시민의 미덕을 키워야 한다는 뜻이다. 그런 만큼 좋은 삶, 정의로운 사회를 만들기 위해서는 국가가 도덕에 개입하는 일을 보다 더 강화해야 한다고 본다. 따라서 이때의 국가에 의한 행정작용은 공동선을 구현하고 함양하기 위한 도구로 이해된다. 행정정의는 바로 이 지점에 목표를 두는 것에 다름 아니다. 따라서 사회통념상 사회공동체가 지향하는 바가 무엇인지를 파악하는 일이 중요하게 되는 데 이를 위해서는 대응성 내지는 정치적 합리성 확보가 관건이 된다. 바로 이 대응성 확보의 한 양식이 대표성일 것은 물론이다.

이런 관점의 연장선상에서 보면 민원이나 국민의 고충을 해소하고자 하는 옴부즈만의 역할도 단순히 개인의 고충 해결을 통해 그의 쾌락이나 만족감을 높이자는 것보다는 공동체 전체가 지향하는 공동선의 구현을 위한 것으로 이해된다. 고충 해결을 통해 공동체에 대한 귀속감, 헌신, 연대감 등을 높이려는 것이다. 옴부즈만은 사회 전체가 지향하는 공동선이 무엇인지를 유의해서 민원인의 고충을 해석하고 해결에 나서야 한다는 뜻이다.

그러나 공동체주의는 본질적 특성상 개인의 자유와 권리를 훼손할 위험성을 내포하고 있으며 극단적인 양태가 전체주의와 다를 것이 없다는 점에서 비판된다. 공동체주의는 질서 있고 조화로운 공동체를 상정하기 때문에 전제주의화할 위험성을 항상적으로 배태한다는 것이다. 개인이 공동체가 지향하는 가치나 전통을 받아들여 거기에 순응해야 하는 것이라고 한다면, 공동체의 그런 가치에 눌려 개인이 자유로운 선택이나 미래지향적인 변화를 추구하기가 어려울 것은 자명한 이치이다. 공동체가 지향하는 공공선이 무엇인지도 사실은 명확하지가 않다는 비판도 제기되어 있다. 공공선이 어떤 공동체가 보편적으로 공유하는 가치와 문화에 의해 상대적으로 형성되는 것이라고 한다면 이때의 공공선은 당연히 인류 보편적 가치로서의 의미를 배제하게 될 위험성을 안게 된다. 이 점도 공동체주의의 접근시각에 흔히 내포되어 있는 한계점 가운데 하나로 인식된다.

4. 자유주의적 평등주의

롤즈(Rawls)는 그의 저서 "사회정의론(1971)"에서 순수한 평등이 보장되는 원초상태에서 합의되는 일련의 원칙이라야 사회정의의 준거가 된다고 보았다. 그러니까 자유가 정의롭기 위해서는 자유의 발생 이전에 무조건적으로 평등한 상태가 전제되어 있어야 한다는 것이다. 어떤 조건이 자신에게 유리한 것인지를 모르는 무지의 베일(veil of ignorance) 속에 있을 때에 한해 인간은 최소 극대화의 원리에 따라 공정한 사회 규칙을 선택할 수 있고, 그런 경우에 한해 평등한 자유의 극대화와 정당한 불평등의 기준에 합의할 수 있다는 것이다(Rawls, 1971: 12). 그러니까 정의로운 사회계약의 체결에 논리 구성의 핵심적 요소를 두는 셈이다. 이를 위해 그는 제1 원칙과 제2 원칙을 제시했는데, 전자가 어떤 사회경제적 이익과도 교환될 수 없는 자유의 우선성 내지는 자율성을 강조하는 것이라고 한다면, 후자는 사회경제적 가치의 분배와 관련해서 정당화될 수 있는 불평등의 기준으로 기회균등과 최소 극대화의 원칙을 들었다. 제2의 원칙은 단순히 기회가 평등하게 주어지는 것만을 의미하는 것이 아니라 개개인의 선천적 차이 등으로 인해 발생하는 사회적 약자의 처지가 개선되는 상태까지를 포괄한다. 이렇듯 사회적 약자 친화적으로 불평등한 분배가 이루어지기 위해서는 최소 수혜 집단에게 더 많은 이익을 보장해야 하고 개인의 재능과 노력에 의한 성과도 개인의 소유로 모두 돌릴 것이 아니라 일정 정도 사회의 공동 자산이 되도록 하는 관행과 질서가 자리 잡고 있어야 한다고 보았다. 그러니까 원초적 평등을 전제로 하여 자율과 호혜라는 두 조건을 충족시키는 사회계약만이 정의롭다는 뜻이다. 이로 인해 롤즈의 정의론은 전통적인 자유주의와 생산수단의 사회적 소유를 강조하는 사회주의의 양 극단을 지양하면서도 자유와 평등을 조화시키고자 노력한 결과물로 이해된다. 자유주의적 평등주의로 불리는 이유이다.

이런 자유주의적 평등주의는 공동체가 지향하는 공공선을 강조하면서도 동시에 그 공동체 내에서 개개인이 지니는 존재의 존엄성에 유의하고자 한다는 점에서 볼 때 개인 간의 균형성 내지는 형평성에 주목하고자 하는 셈이다. 이는 민원의 해소에 어째서 국가가 나서야 하는가를 밝히는 근거를 제공하는 셈이기도 하다. 행정행위가 공공선 구현의 관점에서 보편적 일반적 원리에 따라 고안되고 집행되었다고 하더라도 그것이 민원인의 보다 근원적인 자유의지와 일치하지 않아 수용 불가한 것이라고 한다면 이를 시정하는 것은 단순히 사적 이익이나 쾌락만을 위한 것이 아니며 동시에 공공선의 증대를 위한 것이기도 하다는 뜻이다. 나아가 옴부즈만이 민원인의 고충 해소에 나서는 경우 그가 준수해야 할 역할 준거로서의 행정정의는 민원인 개인의 자율적 선택이나 선호를 충족시켜 만족시키기도 해야 하지만 동시에 일반적, 보편적 원리나 가치에 저촉되는 것이어서도 안 된다는 점을 주문하는 셈이다. 그런 의미에서 양자 간의 형평성에 주목하는 것이기도 하다.

이런 롤즈의 자유주의적 평등주의는 당연히 고전적 자유주의자의 눈으로 볼 때는 천부적 자유권을 침해하는 것으로 여겨지고 공동체주의자의 관점에서 보면 "정당한 불평등" 개념을 통해 계급적 불평등을 정당화하려는 시도로 간주된다. 특히 원초 상태에 있는 인간을 마치 자신의 선에 대한 개념이 미처 개발되기 이전 상태에 있는 것으로 상정하는 것에 대해서는 인간이 처한 현재의 상태가 그가 살고 있는 사회적 배경에 의해 빚어진다는 사실을 간과한 결과라는 점에서 비판된다.

이렇듯 다양한 접근시각에서 논의되는 정의의 개념에 대한 오늘날의 일반적인 경향은 자유주의적 평등주의에서 보는 바와 같이 각각의 접근시각을 상호 배타적인 것으로 다루기보다는 상호 보완적인 것으로 보고자 한다. 이런 관점의 연장선상에서 행정정의도 공동체주의와 자유주의를 조화시키고자 하는 공동체 자유주의로 수렴되는 경향이 대세를 이루고 있다. 그러나 이때 자유주의적인 요소와 공동체적인 요소를 얼마만한 비율로 조합할 것이냐의 문제는 문화 특수적이고 재화 특수적인 것으로 여겨진다. 처한 사회의 시간적, 공간적 특성이 다르고 그에 따라 개인과 공동체에 대한 인식의 프레임이 다르며 그 결과 양자의 상호 관계가 상이하게 구축될 것은 자명한 이치이기 때문이다. 같은 이유로 다루는 재화의 성질에 따라서도 개인의 선호나 공동체에서의 수요와 비중이 다를 것임으로 다루고자 하는 재화의 특성에 따라 대응 논리가 달라야 할 것도 물론이다. 그렇다고 해서 행정정의에 대한 여러 접근시각을 관통하는 보편적 특성이나 일반적 수요가 전혀 없는 것은 아니다. 행정정의를 어느 관점에서 접근하든 행정정의에는 자유와 평등이 그의 핵심적 구성요소로 자리 잡고 있음을 알 수 있다.

III. 행정정의의 수단 가치

그런데 옴부즈만이 이런 행정정의를 자신의 역할 준거로 삼아 이를 구현하기 위해서는 거기에 필요한 역할을 구성해야 하고 이를 위해서는 우선 보다 더 가시적이고 구체적이며 그렇기 때문에 상대적으로 보다 조작이 용이한 양식에 의해 표현되는 하위 가치 준거를 필요로 한다. 이를 수단 가치라고 한다면 수단 가치는 행정정의에 대한 접근시각의 차이에 따라 서로 다를 수밖에 없다. 이렇게 볼 때 행정정의의 수단 가치로는 준법성, 경제성, 대표성, 형평성을 들 수 있다. 이들은 그 수단 가치의 내용 면에서 볼 때 가장 구체성이 높은 차원에서부터 추상성이 높은 차원을 향해 정렬해 놓은 것과 같다. 같은 이치로 경직성이 높은 것에서부터 유연성이 높은 것을 향해 정렬한 것이기도 하다. 이를 인식론의 차원에서 보면 미시적 접근에서 중범위론을 거쳐 거시적 접근을 지향하면서 인식의 포괄 범위를 확장해 나가는 것이라고도 말할 수 있다.

1. 준법성

행정정의의 자유주의적 목적 가치를 구현하기 위해서는 입헌주의의 도입이 불가피하고, 그렇기 때문에 행정과정 나아가서 옴부즈만의 역할 준거로 준법성이 제기된다는 점은 이미 밝혀본 바와 같다. 옴부즈만이 민원을 처리하는 과정에서 그 민원이 행정정의로부터 벗어났는지의 여부를 판단하는 가장 전통적이면서도 기초적인 가치 준거로 흔히 준법성이 제시되는 이유이다, 스웨덴이나 핀란드의 입법부형 옴부즈만이 주로 의존해온 수단 가치이기도 하다. 인권 같은 기본권의 보장 여부나 행정관리 과정상의 적절성이나 경제성 여부를 묻는 경우에도 궁극적인 판단의 근거는 법률에의 저촉 여부로 모아진다. 이는 현대 정부가 입헌주의 위에 구축되고 또 운영되기 때문이다.

그런데 법률에 대한 국민의 동의를 구하기 위해 국민주권의 대표기관인 의회가 법률을 제정하도록 했음은 주지하는 바와 같다. 따라서 준법성 여부를 따지기 위해서는 의회의 입법 의도가 무엇인지를 밝히는 일이 선결과제로 제기된다. 옴부즈만이 자신의 역할을 수행하는 과정에서 의회의 입법 의도가 무엇인지에 주목해야 하는 이유이다.

민원의 처리 과정에서 좋은 행정의 구현 여부를 평가 준거로 삼는 경우에도 좋은 행정의 개념을 정립하고 해석하는 일은 오롯이 옴부즈만 자신이 감당해야 할 과제로 남는다. 이때 옴부즈만이 좋은 행정의 핵심적 구성요소 가운데 하나로 삼아야 하는 것도 입헌주의 체제 아래에서는 당연히 기존 법률에의 저촉 여부에 모아지게 된다. 어떤 행정행위의 적법성 여부가 좋은 행정의 전부일 수도 있고 그의 일부일 수도 있지만, 어느 경우든 법률이 국가의 일반의지를 표현하는 최후의 장치인 것만은 틀림없기 때문이다. 따라서 옴부즈만이 어떤 행정행위의 준법성 여부를 따진다는 것은 법원의 전 단계에 해당하는 성격 내지는 전제 조건과 유사한 의미를 동반하게 된다. 바로 이 점에서는 마치 법원의 역할을 대행하는 것과 유사한 효과를 낳는다. 옴부즈만을 법치주의의 수호자 내지는 촉진자로 평가하게 되는 이유이다(Field, 2018: 122).

2. 경제성

행정정의를 구현하는 과정에서 정부가 사회공동체에 영향을 미치는 수단에는 단순히 관련 법률에 따라 이루어지는 행정행위 내지는 정책 결정 외에도 비법률적 영역에 속하는 행위들이 있기 마련이다. 이는 법규범이 윤리규범이나 도덕규범의 최소한을 지향하는 데에서 연유하는 결과이다. 예를 들면 관료에 의한 의견의 공표, 관료의 태도 정향이나 행태, 행정업무의 처리 기간, 충분하고 적절한 정보의 제공, 무의사의 결정, 시민에 대한 태도 등은 비록 행정기관의 운영과정에서 발생하는 것이기는 하지만 단순히 준법성 여부를 확인하는 것만으로는 행정정의와의 관계에서 그의 타당성 정도를 가늠하기가 쉽지 않다. 비록 법률의 영역에 속하는 과제이고 그렇기 때문에 법률의 규정에 따라 합법적으로 취해진 행정행위라고 하더라도 그것이 과연 좋은 정부의 구현에 기여하는 것인지의 여부를 판단하기 위해서는 별도의 추가적인 가치 준거를 필요로 한다. 준법성은 수단 가치의 최소한에 해당되기 때문이다.

그런데 행정정의를 공리주의의 관점에서 접근하는 경우 그의 수단 가치로는 흔히 경제성을 들게 된다. 공리주의는 행정정의를 그의 구현 과정에서 발생하는 효율성 여부를 통해 파악하자는 것에 다름 아니기 때문이다. 효율성은 합리성과 경제성을 통섭함으로서 구성되는 개념이다. 따라서 어떤 행정행위가 비록 합법적인 것이라고 하더라도 그 과정이 최소의 비용으로 최대의 성과를 약속하는 것이었느냐를 묻게 된다. 이는 특히 국가가 국민의 세금에 의해 운영되는 기관이라는 점에서 그렇다. 또한 정부의 행정행위가 충동이나 감정에 치우쳐 취해진 것이 아니고 객관적이며 심사숙고하는 가운데 지성적 사고를 통해 이루어진 것인지의 여부 그래서 이성적 판단에 기초한 합리적 조치인지의 여부를 묻게 된다. 그런데 이런 합리성은 이분법적 인식의 틀 위에서 구축되는 것인 만큼 경제성을 전제로 구성된다. 바로 이 점에서 공리주의적 접근에 따른 수단 가치로는 경제성을 지목하게 된다.

3. 대표성

행정정의를 공동체주의의 관점에서 이해하는 경우 이는 행정과정에서 사회공동체 구성원 모두의 쾌락을 반영하는 것이 공공선이라고 보고자 한다는 점에서 대표성을 수단 가치로 삼게 된다. 흔히 입헌주의가 개인의 자유를 보호하기 위해 도입되었다고 하지만 이 때의 법률제정권을 의회가 담당한다는 점에서 보면, 대표성이 정부가 개인의 자유를 보호하기 위해 노력하는 일의 최일선에서 주문되는 과제 가운데 하나임을 알 수 있다. 준법성이 일종의 절차적 타당성 여부를 묻는 것이라고 한다면 그것만으로는 내용상의 적합성 여부를 판단하기가 쉽지 않은 데에서 연유하는 일이다.

옴부즈만의 눈에서 볼 때 국가의 행정작용이 인종주의, 편애, 정실주의, 관리 실패, 비능률, 등으로 얼룩질 경우 비록 적법성의 경계 범위 내에 있다고 하더라도 그것들에 대한 사회적 통념이나 정치적 수용성 여부를 물어보지 않을 수 없게 된다(Caiden, 1984: 222). 이 경우 요청되는 가치 준거 가운데 하나가 바로 대표성이다. 행정정의라는 국가 행정작용의 목적 가치를 달성하는 과정에서 동원되는 수단적 장치의 기술적, 사회적, 정치적 타당성 정도를 묻자는 것이다. 이 과정에서 공리주의자들은 당연히 목적과 수단 사이의 효율성 정도에 주목하고, 자유주의자들이 법률적 타당성 정도를 묻는 데 반해 공동체주의자들은 정치적 대표성 정도에 주목하게 된다.

이는 매우 당연한 귀결로서 행정정의를 사회공동체 전체의 수요에 대한 반응성 정도로 개념화 하는 경우 이를 위해서는 사회 구성원 개개인이 지향하는 바를 비례적으로 파악하는 일이 필요하게 되기 때문이다. 이때의 개개인은 이미 사회공동체에 의해 만들어진 존재이기 때문에 공동체의 요구가 무엇인지를 이들 개개인에게 물어 파악하는 것은 너무나도 당연한 일로 여겨진다. 따라서 이때의 개개인이 자신의 개별적 수요가 아니라 공동체 전체의 요구를 주문하는 것으로 이해될 것도 당연한 이치이다.

4. 형평성

행정정의를 구현하기 위해서는 정부의 행정작용이 절차적으로 합법적이고 과정적으로 합리적이며 또 경제적이라고 하더라도 그것만으로는 불충분하다. 결과로써 공공선이나 사회 책임에 순응적이어야 한다. 일의 성격상 소수자 보호, 인권 침해의 방지, 사회적 연대 책임의 구현 같은 기본권 보호의 과제들이 흔히 이 차원에서 주목된다. 이는 서술적이라기보다는 주로 정의적이며 감성적인 영역에서까지도 다루어지는 과제이다. 그렇기 때문에 어떤 정체가 자유주의나 민주주의의 이미지를 유지하는 데에 있어 그의 핵심적인 구성요소로 작용한다(Sudama, 1983: 45).

이렇듯 인간의 기본권을 구성하는 정의적 차원의 핵심 요소 가운데 하나로 평가되는 것이 바로 형평성이다. 형평성은 양심의 지각 대상에 속하는 과제라는 점에서 볼 때 도덕적, 윤리적 차원의 인식 프레임을 필요로 한다. 정부로부터 균등하게 대우받아야 한다는 생각은 형평성 개념의 기본 구성요소에 해당된다. 이는 자유권, 평등권, 양성평등권, 정보권, 환경권 같은 인간의 기본권에 대한 인식에서 비롯되는 것이기는 하지만 사회적 가치 배분의 공정성, 정당성, 옳음 등을 지향하면서도 동시에 성별, 직업, 계층, 지역, 인종 등에 따라 차별받지 않아야 한다는 점을 투사하기 때문이다.

이를 자유주의자들이 인간은 그의 능력과 업적에 따라 비례적 차등성을 기준으로 가치 배분되어야 한다고 본다는 점에서 실적주의(meritarianism) 차원에서 접근하는 것이라고 한다면, 공리주의자들은 인간의 존엄성이 개인의 능력이나 자질에 관계없이 동일하게 처우 되어야 한다는 점에서 평등주의(equalitarism)의 관점에서 다루는 것이 보통이다. 평등주의자들은 균등한 가치 배분에 의한 결과의 평등을 지향한다는 점에서 필요 중심의 원리에 입각한 것이라고 할 수 있다. 그러나 자유주의적 평등주의자들은 인간의 기본 욕구에 대해서는 균등한 가치 배분을 통해 결과의 평등을 지향하고 고차원적인 욕구 충족을 위해서는 기회균등을 전제로 하는 차등적 배분을 주문한다. 결과의 평등과 기회의 평등 사이에서 양자 간의 형평성을 요구하는 것에 다름 아니다.

이런 형평성은 보다 근본적인 가치 준거라는 점에서 흔히 권위주의 정부가 붕괴한 이후 민주성을 회복하는 과정에서 강조되는 경향이 있다. 옴부즈만 기능의 융복합화 과정에서 추가적으로 강조되는 인식 프레임이기도 하다. 최근 들어서면서부터는 옴부즈만을 채택하고 있는 나라들 사이에서 이를 강조하려는 경향이 범 지구적으로 확산되고 있다. 예컨대 옴부즈만이 인권을 강조하는 흐름이 UN 총회 결의안의 부속 문건에서 인권기구의 최소 기준을 규정한 파리 기준(Paris Prinsicples)이 채택된 이후 확산되는 데에서 확인할 수 있다. 이는 형평성이 행정정의의 보다 더 본질적이고 근원적인 구성요소에 해당된다고 보게 되었기 때문이다.

오늘날의 일반적인 경향은 이런 수단 가치들 가운데 어느 하나에 함몰되기보다는 이들 모두나 일부를 융복합하거나 중층적으로 적용함으로써 행정정의 구현에 이르고자 하는 특성을 보여준다. 이는 마치 행정정의의 목적 가치에 대한 최근의 접근시각이 자유주의와 평등주의 내지는 자유주의와 공동체주의를 서로 배척적 관계에 있는 것이 아니라 상호의존적 관계에 있다고 보고 이들을 모두 통섭하려는 경향이 대종을 이루는 것과 같다.

그런데 다른 한편 이들 수단 가치는 그 운영 실제에 있어 서로 충돌할 가능성도 적지 않다. 이는 정의에 대한 접근시각인 자유주의, 평등주의, 공동체주의 등이 서로 갈등적 요소를 내포하는 데에서 연유하는 결과이다. 합법적이지만 경제적이지 않고 경제적이지만 대표성에 합치하지 않으며 대표성에 합치하지만 사회적 형평성에 반하는 경우가 얼마든지 있을 수 있다. 그 반대의 경우도 가능한 일이다. 따라서 행정오류를 시정하는 일에 주력하고자 하는 옴부즈만의 운영 실제에 있어서는 이들 수단 가치를 적의 조정하여 적용해 나가는 상황 조응적 대응 능력을 필요로 한다. 옴부즈만의 상상력과 자의적인 조정력이 요구된다는 뜻이다. 이는 일률적, 기계적인 잣대를 들이대는 것과는 달리 민원처리 과정에서의 탄력성, 설득력, 유연성이 필요하게 되는 원초적인 이유이다. 이를 다른 측면에서 보면 옴부즈만 개인의 경험이나 세계관, 그 사회의 정치 사회적 발전 정도, 그 사회가 의존하는 법률체계의 특성 등이 미치는 영향으로부터 벗어나기 어렵다는 뜻이기도 하다.

IV. 수단 가치의 개입 강도

옴부즈만이 행정정의의 구현을 위해 민원을 처리하는 과정에서 일단 문제를 규정하고 설득하는 데 필요한 가치 준거 내지는 인식의 기본 프레임으로서의 수단 가치가 설정되는 경우에는 이를 어느 정도의 개입 강도를 가지고 적용할 것인가가 다음 차례의 과제로 제기된다. 그런데 민원처리 과정에서 요구되는 수단 가치의 설정이 맥락적 상황에 따라 가변적 유동성을 필요로 하는 것처럼 어느 정도의 개입 강도를 취할 것인가의 문제에 있어서도 일반적, 보편적 적용력을 갖는 획일적 기준을 찾기 어렵다. 이는 옴부즈만이 지향하고자 하는 역할 정향 내지는 기능적 좌표가 복합적이며 유동적이어서 기계적인 대응을 거부할 뿐만 아니라 개별 민원이 처한 상황 자체가 가변적이며 동시에 사례 특수적이기 때문이다. 옴부즈만은 원래 자신이 채택하는 전략적 대응의 타당성 여부를 특정할 수 없는 불확실성 내지는 위험부담 속에서 문제 해결에 나선다는 특성을 지닌 셈이다. 따라서 상황 조응적 대응 즉 지능권력을 발휘해야 한다는 점을 일종의 기관 숙명으로 삼는다.

즉 어느 정도의 적극성 내지는 소극성을 가지고 민원 해결에 나서야 할 것인가의 과제를 해결해야 한다. 그런데 이와 관련하여 바르카트(Barkat, 2015)는 4단계 모형을 제시한다.[2] 그에 따르면 행정 오류를 시정하거나 행정정의를 구현하는 데 있어 옴부즈만이 간여하는 양식은 그 간여의 적극성 정도에 따라 가장 소극적이고 수동적인(passive) 개입을 한 축으로 하고 가장 적극적이고 능동적인(proactive) 개입을 다른 한 축으로 하는 연속선상에 정렬된다. 양극단 모형의 가운데에는 반응적(reactive) 개입과 제한적(limited) 개입이 자리 잡는다. 여기에서도 그의 분류 프레임을 원용하여 4단계로 구별해서 다루고자 한다.

1. 수동적 개입

수동적 개입은 주로 개별 민원의 처리에 주력하는 경우이다. 이런 접근 전략은 개별 민원을 우선 공간적으로는 기관 전체 차원의 과제로 확대해서 다루거나 시간적으로 갈등 관리 능력을 앞으로 개발하거나 신장시키고자 하는 문제 등과 연결하여 다루는 일은 이를 부차적인 과제로 여긴다. 이럴 경우 비록 개인 차원의 민원이 해결된다고 하더라도 관련 행정 조직의 관리나 제도 운영 차원에서

2) Barkat(2015: 43-44)는 옴부즈만의 개입 강도를 수동적 개입(passive), 반응적(reactive) 개입, 제한적(limited) 개입, 능동적(proactive) 개입으로 세분화하여 4단계 모형을 제시한다. 이는 기본적으로 Stuhmcke(2012a)의 3 단계 모형과 유사하다. 다만 Stuhmcke가 개별 민원을의 해결하는 과정에서 체계론적 접근으로 활동의 초점을 이동하는 정도에 따라 구분한 것이라고 한다면, Barkat는 개입의 포괄 범위 내지는 적극성 정도 즉 얼마나 근원적으로 민원 유발 요인에 대응하고자 하느냐에 초점을 맞추어 구분하고자 했다는 점에서 다르다.

보면 마치 옴부즈만이 존재하지 않는 것과 같은 상황이 발생하게 된다. 그러니까 민원의 해결을 민원의 당사자가 현재의 시점에서 개인적으로 겪고 있는 고충이나 갈등을 해소하는 일로 한정해서 다루고자 한다는 뜻이다. 그렇다고 해서 민원의 해결을 위한 체계적인 조사나 행정 운영상의 질적 개선 문제를 철저히 외면하자는 것은 아니다. 다만 옴부즈만의 간여 범위가 매우 제한적이라는 점에 주목하고자 하는 경우이다. 고전적인 옴부즈만에서 가장 두드러지게 나타나는 역할 모형에 해당된다.

2. 반응적 개입

민원의 유발 요인을 개별 민원 사례 자체는 물론이고 그 개별 민원이 관련된 팀이나 행정 조직의 차원에서 문제의 원인을 추적하고 대응책을 찾고자 한다는 점에서 수동적 개입과 구별된다. 수동적 개입보다는 보다 더 적극적인 개입에 나서는 셈이다. 우선 역할 범위에서 단순히 개별 민원의 고충이나 갈등의 해결에만 주력하는 것이 아니라 민원인 개인의 갈등 관리 능력을 제고하고 다른 이들과 협력해서 고충 해결에 나서는 데 필요한 지침을 개발하거나 교육 훈련하는 일에도 나서고자 한다. 나아가 개별 민원의 사례에 기초해서 그와 관련된 행정 조직 전체 차원의 쟁점을 발굴하고 이를 정기 보고서의 형태로 발간하기도 한다. 옴부즈만의 기능을 단순히 개별 민원에 내포되어 있는 갈등 관리 차원에서 벗어나 관련 행정 조직의 관리 감독 차원으로까지 확장해서 다루고자 하는 셈이다. 그러나 기본적으로 민원이 제기된 이후 그에 대한 일종의 대응 양식으로 개입하고자 한다는 점에서 반응적이며 사후적이다.

3. 제한적 개입

옴부즈만의 역할이 단순히 개인 차원의 갈등을 조정하거나 관련 행정 조직 차원의 과제를 다루는 데에서 벗어나 그 과정에서 축적된 정보를 토대로 관련 행정 제도의 운영 전반을 상대로 민원에 대응해 나가고자 하는 경우이다. 단순히 개별 사례의 문제나 현안을 파악하는 데에서 더 나아가 체계적인 진단이나 보고서의 작성과 공표 같이 문제의 근본 원인의 진단과 치유책 마련에 주력하고자 한다. 관련 행정 제도가 사회공동체와의 관계를 설정하는 과정에서 어떤 취약점이 있어 민원이 유발되는 것인지 까지를 밝혀 대응하고자 하는 경우에 해당된다. 민원 관련 당사자들이 갈등 과제를 해결하는 데 필요한 제도 운영 역량을 강화하기 위해 체계적인 교육 훈련 사업을 지원하는 것도 이 차원에서 흔히 발견되는 역할 가운데 하나이다. 갈등 관리 체제의 제도화 수준으로까지 간여의 범위를 확장하는 셈이다.

4. 능동적 개입

이 경우는 개별 민원의 고충 해결, 조직 관리 차원의 역량 강화, 제도 운영 차원의 문제 해결 단계를 지나 보다 적극적으로 근인적인 과제를 발굴하고 선제적으로 대응하고자 한다. 그런 의미에서 시간 공간에 대한 적극적 개입의 한 양식이라고도 말할 수 있다. 이를 위해 민원이 발생한 행정기관의 최고 관리자와의 비공식적인 회합을 통해 민원 유발 요인에 선제적으로 대응하고자 한다는 뜻에서 조직 문화 개선을 위한 대안을 모색하거나 행정 고위 관료의 의사소통 능력이나 갈등 관리 능력을 제고하는 데에도 주력한다. 이렇듯 보다 국정관리체계 전체 차원의 과제나 행정 오류 유발의 본질적인 문제 교정에 나서기 위해 개별 민원 자체의 심각성이나 중요도에 대해서는 오히려 이를 등한시하는 경향마저 나타난다. 따라서 많은 수의 민원을 다루려고도 하지 않는다. 주로 행정체계 전체에 미치는 영향이 큰 집단민원에 집중하려는 경향이 있다. 제기되는 모든 민원을 다룰 수 있는 행정 자원의 여력이 없다는 점을 분명히 밝히는 경우도 있다. 이렇듯 기관 운영 역량 개발에 대한 총체적인 접근에 강조점을 두고자 하기 때문에 보다 포괄적이고 근본적인 문제 해결 전략을 취한다는 점에서 민원 해결의 과제를 국민권익 구제 차원에서 접근하고자 하는 경우라고도 말할 수 있다.

그런데 민원을 처리하는 데 있어 수동적으로 접근한다고 해서 단순히 갈등 관리 차원에서만 접근한다는 뜻은 아니다. 당연히 수동적으로 개입하는 경우에도 행정 관리 감독 차원의 과제와 국민권익 구제 차원에 대한 배려가 연동되는 것은 물론이다. 다만 보다 능동적인 개입으로 이동할수록 국민권익 구제 쪽에 대한 비중이 커진다는 뜻이다. 나아가 능동적 개입으로 이동할수록 개별 민원의 해결을 통해 확보하고자 하는 개개인에 대한 정부의 민주적 책무성 회복은 소홀하게 취급되기 쉽다. 이는 마치 민원 해결이 겨냥하는 갈등조정, 행정통제 및 행정개혁, 국민권익 보호의 기능들이 상호 중첩하는 가운데 갈등조정을 중심으로 중층적 동심원을 구성하는 것과 같다.

그런데 단순히 제기되는 민원에 수동적으로 반응하는 것이 아니라 능동적 개입을 통해 국민권익 보호 쪽으로 옴부즈만 역할의 비중이 이동할수록 보다 근본적이고 총체적인 차원에서 문제 해결에 나서게 되고, 그 결과 제도 개선이나 법률 개정 따위를 제안하게 될 개연성이 커지게 된다. 불가피하게 민원 해결을 위해 선제적으로 조치를 취하거나 총체적, 일반적으로 영향을 미치고자 하게 될 가능성이 커지고 나아가 일종의 강제력을 동원하는 결과가 될 위험성도 커진다는 뜻이다. 유사 규제 기관화하는 경향을 낳는다는 우려이다. 옴부즈만의 본래적인 특성이라고 할 수 있는 권고성이나 종국성의 범주를 벗어날 가능성이 커진다는 의미이다.

따라서 옴부즈만이 개입 강도를 정할 때에는 바로 이런 현실적인 한계와 기능적 좌표에 대한 사회적인 수요를 감안하는 가운데 당면한 시간적, 공간적 조건 속에서 행정정의를 구현하기 위해서는 어떤 정도의 개입 강도를 유지하는 것이 타당한 것인지를 판단하고 조정해야 한다. 이는 상황 조응적으로 대응해야 한다는 의미이고 따라서 지능권력을 필요로 한다는 뜻이기도 하다. 고충민원의 맥락적 환경에 대한 전략적 판단이 선행해야 하는 이유이다.

V. 옴부즈만의 역할 유형[3)]

이렇듯 대립적 요구 속에서 역할 수행에 나서야 하는 옴부즈만은 자신의 역할 구성에 필요한 수단 가치와 개입 강도를 적절히 조정하는 가운데 자신의 역할을 구성해 나가야 한다. 그런데 앞서 행정정의의 구현을 위한 수단 가치로는 준법성, 경제성, 대표성, 형평성을 든 바 있다. 이들은 준법성에서 형평성으로 이동할수록 구체성에서 추상성으로 내용상의 비중이 변화하는 관계에 있다. 수단 가치의 구체성이 높을수록 옴부즈만 스스로가 판단하거나 규정할 수 있는 개입 범위가 줄어들 것은 자명한 이치이다. 반면에 수동적 개입, 반응적 개입, 제한적 개입, 능동적 개입으로 정리되는 개입 전략은 개입의 강도를 더할수록 개입의 초점이 개인으로부터 행정 체계 전체 내지는 국가 수준으로 이동하는 관계에 있다. 개입의 강도가 높아질수록 포괄 범위가 확대되면서 옴부즈만의 자의적 판단이나 조정의 공간 범위가 넓어지는 경향도 나타나게 된다. 그런데 이들 두 개의 축, 그러니까 행정정의를 구현하기 위한 수단 가치와 옴부즈만에 의한 개입 강도를 교차하는 경우 아래의 <도 5-1>과 같은 도식의 구성이 가능하게 된다.

아래의 <도 5-1>에 나타나는 옴부즈만의 역할 공간을 헌정 체계와 연동시켜 보면 ①은 준법성 여부를 활동의 준거로 삼으면서 민원인 개개인의 개별적 사례에 집중한다는 점에서 옴부즈만의 자율적인 판단과 개입의 여지가 상대적으로 제한적인 경우에 해당된다.

---

3) 징벌역할, 치유역할, 대의역할에 대해서는 Rowe & Gottehrer(1997)를 주로 참조했다.

<도 5-1> 옴부즈만의 역할 공간

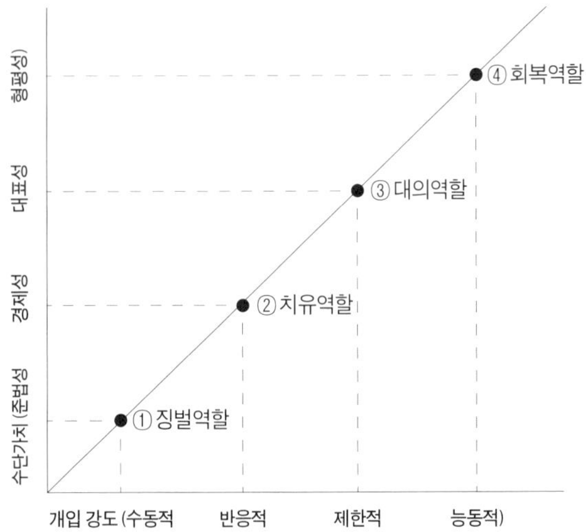

다만 운영의 양식이 사법부에 의한 대심 판결과 유사한 역할 공간을 지녔다는 점에서 준법성 여부를 기준으로 판정하는 사법적 재결과 유사한 성질을 지녔다. 산출형 환류 거버넌스의 경우와 연동하는 이유이다. 따라서 징벌적 역할을 수행하는 것으로 평가된다. ②는 준법성을 포괄하는 경제성을 기준으로 개별 민원뿐만 아니라 관련 행정조직의 관리 차원까지를 관할 대상으로 삼는다. 행정운영 과정의 경제성 정도를 점검하고 이를 제고하고자 한다는 점에서 정부에 대한 행정통제나 행정개혁과 유사한 역할을 수행한다. 전환형 환류 거버넌스와 연동되는 이유이다. 행정오류의 구조적인 원인을 바로잡고자 한다는 점에서 치유 역할을 수행하는 것으로 평가된다. ③은 대표성을 지향하면서 개입 범위를 행정 제도와 사회공동체의 상호작용으로까지 확대하는 경우이다. 대표성을 수단 가치로 삼는다는 점에서 사회적 통념을 행정 제도의 운영과

정에 반영하는 과정에 문제가 있는 것은 아닌지에 주목하고자 한다. 이는 고전적인 옴부즈만이 의회 소속으로 입법부의 활동을 확장하는 보조적 장치로 활동했던 사실을 상기시키기에 부족함이 없다. 이를 민원인의 관점에서 보면 행정통제력 강화, 입법 능력의 제고 등에 기여함으로서 국정운영에 대한 시민 참여의 통로를 확대하려는 것에 다름 아니다. 투입형 환류 거버넌스와 연동하는 이유이다. 대의 역할을 수행하는 것으로 평가된다. ④는 앞서의 모든 역할 공간을 통섭하는 것으로서 국정 전반을 포괄하여 미래의 상황에 능동적, 선제적으로 대응하면서 형평성을 지향하는 경우에 해당된다. 환류형 환류 거버넌스와 연동하는 이유이다. 환류 과정 자체가 현재의 다양한 유형의 행정 실패를 평가하고 이를 토대로 미래의 상황에 대응함으로서 정부의 책무성 정도를 제고하고자 한다는 점에서 회복 역할을 수행하는 것으로 평가된다. 이들을 상술해 보면 아래와 같다.

1. 징벌 역할

옴부즈만이 민원을 다루는 데 있어 가장 협소한 프레임으로 접근하는 경우는 행정법의 준수 여부에 대한 확인을 통해 개별 민원에 행정정의의 침해가 있었는지의 여부를 확인하는 때이다. 이 경우 옴부즈만은 준 사법적 기능(quasi-judiciary role) 내지는 법치주의에 기초한 법원의 판결과 유사한 역할을 수행하는 셈이 된다(Gill, 2014: 8). 국가와 시민사회 또는 정부와 일반 시민과의 관계에서 볼 때, 이때의 옴부즈만은 국가의 일부 또는 국가를 초극하는 초이성적 판단의 주체 가운데 하나가 되어 기존에 이루어진 국가의 판단이나 의사결정을 교정함으로써 궁극적으로는 자신의 윤리적 판단을 관철하려는 것으로 이해된다. 다만 사법부보다는 상대적으로 비공식적이고 보다 유연한 양식을 취한다는 점에서 다르다. 그러나 기본적으로는 옴부즈만이 지니고 있는 권위를 통해 기존의 행정조치에 내포되어 있는 오류를 시정하고자 한다는 점에서 기존의 질서에 대한 일종의 징벌적(punitive) 기능이 발현되는 셈이다.

이런 국가 중심주의적인 관점에 따르면 국민의 고충이나 민원은 궁극적으로 법규를 일탈하는 데에서 비롯되는 것인 만큼 이를 시정하는 일은 행정과정에 내포되어 있는 준법성에 대한 주문에 조응하고 그에 따른 공정성이나 청렴성을 일정 수준 이상 유지함으로써 법의 사각지대에서 발생하기 쉬운 일반 시민의 기본권 침해를 교정하자는 것으로 이해된다. 그렇기 때문에 사법 구제 제도의 한계를 보완하려는 장치 가운데 하나로 여겨진다(국민고충처리위원회, 2004: 8). 옴부즈만을 정치적 책무성 확보나 대 행정부 통제 장치가 사법부화 하는 경향이 불러오는 부산물로 이해하게 되는 이유이다(Elliot, 2012).

스웨덴에서 처음 옴부즈만이 설치되었을 때 옴부즈만을 바로 이런 관점에서 이해했다. 지금도 스웨덴이나 핀란드에서는 주로 이런 관점에서 옴부즈만을 다룬다. 스웨덴 옴부즈만의 당초 역할은 행정관료의 위법한 행위나 부패, 의무 위반, 게으름 등에 대해 법원에 기소하거나 징계 조치하는 등의 방법을 통해 공직윤리를 바로 세우자는 데 있었다. 행정제도나 정책이 불합리하거나 불공평한지를 검토하고 이유가 있다고 판단되는 경우 이의 개선을 권고하는 일은 이후에 추가되었다. 오늘날 옴부즈만이 행정관료를 기소하는 일은 이제 많이 줄어들게 되었지만 스웨덴 및 핀란드 옴부즈만의 주요 기능은 여전히 이런 유형의 행정 감시와 통제 역할을 펼치는 데에 있다.

이렇게 옴부즈만은 행정관료와 일반 시민사이에서 중립적 미덕윤리(virtue ethics)의 최종 수호자 내지는 평결자로 간주된다. 그런데 이렇듯 옴부즈만이 징벌의 역할을 수행하는 배후에는 일반 시민을 옴부즈만이 조력하거나 지원해야 하는 분쟁이나 갈등의 피해자 또는 열등한 존재 나아가서는 제3자의 지위에 있는 존재로 인식하려는 경향이 내포되어 있다. 반면에 옴부즈만에 대해서는 평결자로서의 우월적 지위 내지는 객관적 권위를 보유하는 것으로 간주하려는 경향이 내재되어 있다. 이로 인해 옴부즈만에 의한 일방주의가 정당화되고 있으며, 그런 점에서는 관료제의 연장선상에 정렬되어 있다는 비판도 가능하다.

따라서, 준 사법적 기능을 수행하는 옴부즈만에게 있어 독립성과 객관성의 유지는 선택사안이 아니라 필수적 과제에 해당된다. 또한 옴부즈만은 이 경우 사법적 재결과 같이 발생 이후의 단계에서 문제 해결을 위해 개입하는 "사후적 권익 구제"기관에 해당되기 때문에 수동적 개입의 주체로 평가되는 것은 당연한 일이다. 옴부즈만의 이런 역할에 대한 수요가 증대하는 이유는 행정관료의 재량권 행사 범위가 확대일로에 있고, 그로 인해 일반 시민의 권익 침해가 증가하고 있지만, 이에 대한 사법부의 구제 활동은 실로 제한적이기 때문이다. 사법부는 행정관료의 재량적 의사결정에 대해서는 재량의 일탈이나 남용이 아닌 한 원칙적으로 개입하려고 하지 않는 성향이 있다. 사법적 재결이 행정권의 침해로 귀결될 것을 우려하기 때문이다. 그러나 옴부즈만은 비권력적 양식으로 국민의 권리 구제에 나서고자 하는 것이기 때문에 행정관료의 재량적 의사결정에 의한 일반 시민의 권익 침해에 대해 행정부의 권한을 침해하지 않으면서도 그 침해된 권익을 구제하려는 것이다.

특히 개발도상국같이 행정부에 의한 권한 남용의 위험성이나 사법적 권익 침해의 가능성이 큰 곳에서는 사법적 구제에 대한 예상 수요가 크고, 그런 만큼 옴부즈만의 징벌 기능에 대한 요구도 증가하는 추세에 있다. 이는 보다 신속하고 저렴한 양식으로 법률 위반에 대응하자는 수요가 커지고 있다는 것에 다름 아니다(정순교, 2005: 9-10; Des Rosiers, 2003: 5-6)). 부언하면 기존의 사법적 조치를 통해 행정부의 재량행위를 기속하는 데에는 근본적인 한계가 있기 때문에 이 회색 지대를 담당할 제3의 장치가 필요하게 되는 데, 이를 옴부즈만으로 보충하고자 한다는 뜻이다. 또한 지구화 시대가 도래하면서 인간의 기본권과 자긍심에 대한 인식이 높아지자 국정 운영 과정에서의 시민권이나 인권 침해에 주목해야 한다는 각성이 확대되면서 징벌적 장치로서의 옴부즈만에 대한 수요가 급증하는 경향도 나타나고 있다.

2. 치유 역할

옴부즈만이 민원의 유발 요인을 관련 행정 조직의 관리 과정에서 찾고자 하는 경우 개별 민원에 한정해서 다루는 수동적 개입보다는 한발 더 나간다는 점에서 반응적 개입에 해당된다. 민원의 유발

자체가 관련 행정조직의 관리과정에서 합리성이나 경제성이 훼손되었음을 시사하는 것으로 이해하고자 하는 경우이다. 이때 관련 행정 조직의 관리 과정에서 유발되는 민원유발 요인을 제거한다는 것은 조직 관리상의 경제성 훼손을 치유(remedial)하는 일에 다름 아닌 것으로 여겨진다.

원래 민주정체의 구성 원리에 따르면 행정부는 시민사회의 일반적 선호나 정책 의지를 반영하여 정책을 집행하고 그 과정을 통해 일반의지를 구현하도록 되어 있다. 그러나 오늘날의 현실 세계에서는 국가의 행정 조직과 일반 시민 사이를 이어주는 행정집행 과정의 실패로 인해 국가의 시민사회에 대한 조응성 내지는 정부의 일반 시민에 대한 책임성 확보가 지난하게 되었다. 바로 이 점에 유의해 보면 옴부즈만이 국민의 민원과 고충을 처리한다는 것은 행정과정의 적실성, 효율성, 전문성, 투명성 등을 높여 행정 실패에 대응하려는 것으로 이해된다. 이는 보다 더 경제적으로 국민의 요구에 반응하자는 것에 다름 아닌 일이다(국민고충처리위원회, 2004: 8).

입헌주의 이래 현대 행정과정은 그의 외형적 약속과는 달리 일반적으로 법규중심주의에 함몰되어 명료하고 적실성 있는 지시 명령 체계가 결여되는 등 행정윤리를 일탈하기 일쑤이다. 말로만 고객중심주의 내지는 민주정체를 주창할 뿐 행정 조직의 관리과정에서 관료중심주의를 벗어나기가 쉽지 않다. 여기에 더해 행정과정은 그의 기관 속성상 어떤 일을 한번 결정하면 그 결정된 내용을 선례로 삼아 계속 지속하려는 관성의 법칙을 안고 있다. 그렇기 때문에 이를 행정 조직이 스스로 개선하기는 어렵다. 이런 가운데 옴부즈만은 제3자의 입장에서 행정관행을 시정하거나 개선하도록 권고하고 나아가 행정의 관성을 깨뜨려 잘못된 관행을 바로잡고 행정집행상의 합리성 정도를 높임으로써 실질적인 고객중심주의를 경제적으로 실현하고자 한다(국민고충처리위원회, 2004: 8).

이는 옴부즈만을 준 관리적 차원(quasi managerial dimension)에서 이해하려는 것에 다름 아니다. 한 조사결과에 의하면 기관 내부형 옴부즈만의 경우, 자기 시간의 4분의 1 내지 3분의 1을 조직 내부의 관리 차원에 대한 자문이나 개혁 대안 개발에 소비하는 것으로 나타났다(Rowe, 1991: 352,357). 행정과정의 윤리 일탈과 그에 따른 사회 책임 구현 실패의 원인을 조직 관리 차원에서 파악한다는 뜻이다. 이는 또한 행정관행의 개선에 민원 해결의 열쇠가 놓여있다고 보려는 것이기도 하다. 개별 민원을 면밀히 검토해 보면 재발 가능성이 높은 사례들이 모여 일종의 빈발민원 유형 군을 형성하게 되는 데, 이런 경우 그의 구조적인 요인을 조직 관리 차원에서 파악하여 시정함으로써 유사 사례가 다시는 발생하지 않도록 구조적인 요인을 개선하고자 한다(Wagner, 2000: 100). 이렇듯 수동적 개입보다 한 단계 더 적극적으로 대응하는 경우 행정 시스템상의 관리 능력 부족 문제에 주목하게 되고, 이의 개선을 위해 보다 창의적이고 생산적인 대안 마련에 나서게 된다. 행정부가 만든 각종 규정이나 정책을 제3자의 입장에서 재검토하고 대안을 제시함으로써 관행적으로 내려온 불합리한 규정을 개선하거나, 다양한 민원의 발생 원인을 분석하여 보다 체계적인 해결책을 모색해 보려 한다는 점에서는 행정개혁을 추동하자는 것에 다름 아니다.

이런 경우 설혹 개별적인 차원의 당면 과제가 해결되지 않는다고 하더라도 최소한 정부 기능의 질적 성장을 촉진할 수는 있게 된다

(Matsunaga, 1999: 6). 이렇듯 행정 조직 관리 과정의 질적 개선을 이루어 치유 역할을 수행한다는 사실 자체가 행정관료로 하여금 보다 더 일반 시민의 요구에 부응하도록 독려하는 결과를 불러올 수도 있다(Matsunaga, 1999: 7). 옴부즈만은 그가 행정작용을 검토, 평가, 환류한다는 사실 자체만으로도 행정관료에게 자신이 행정 실패나 부적절한 행동 내지는 민원의 대상이 되지 않도록 노력해야 한다는 인식을 심어줘 일종의 예방적 행정개혁 촉진 효과를 낳게 된다(Caiden et al, 1993: 8-9). 나아가 행정과정 내부에 자체 진정 처리 기구를 설치하도록 재촉하는 결과가 될 수도 있다. 일종의 간접 효과를 불러오는 것이다.

그러니까 개별 민원의 조정이나 갈등 순화보다 더 적극적인 개입을 통해 이루어지는 옴부즈만의 행정통제 내지는 행정개혁 작업은 고충민원에 책임이 있는 자를 비난하고 처벌하려는 것이 아니라, 고충민원이 더 이상 발생하지 않도록 행정의 절차, 규칙, 법률 등을 시정, 개선하려는 데에 우선적인 목표를 둔다. 행정과정에 대한 통제를 통해 행정이 보다 원활하게 이루어질 수 있도록 행정의 집행 절차에 관한 법령의 내용을 보다 명확히 하고 행정에 대한 책임소재를 분명히 하는 등 법의 지배가 더욱 공고해지고, 행정처분을 보다 신중히 행할 수 있도록 관리 체계를 개선하자는 것이기도 하다.

따라서 옴부즈만은 단기적으로 행정과정의 적실성과 타당성 여부를 확인하여 경제적 합리성 정도를 높이려는 데 주력하며, 보다 장기적인 관점에서는 행정개혁 및 그로 인한 민원 발생 요인 해소에 적극적으로 대응하고자 노력하는 것으로 이해된다. 무엇보다도 행정과정 내부 문제 개선을 통해 민원 유발 요인을 근인적으로 제거하려 한다는 점이 주목된다. 전환형 환류 거버넌스로써의 옴부즈만은 적극적 개입을 통해 자기 소멸 지향적인 역할을 수행해 나간다는 기관 특성을 지닌 셈이다(Oosting,1999: 13). 행정과정의 개혁적인 변화를 겨냥한다는 점에서는 상대적으로 주관적이며 적극적인 민원 대응 양식 가운데 하나이기도 하다(Matsunaga, 1999: 7).

3. 대의 역할

옴부즈만이 민원의 발생을 행정제도가 사회공동체와의 관계에서 사회공동체의 요구나 사회적인 통념을 적절히 반영하지 못하는 데에서 비롯된다고 보려는 경우는 옴부즈만이 자신의 역할 개입 범위를 행정제도 전반과 사회공동체와의 상호작용 관계로까지 확대해서 다루는 때에 해당된다. 이때 옴부즈만에 의한 민원의 해결은 사회공동체 구성원으로써의 일반 시민이 지니고 있는 고충을 파악하고 이를 정부를 상대로 조정하거나 중재하여 문제 해결에 나선다는 점에서 일반 시민의 의견을 정부에 전달하거나 관철하는 정치적 대리인과 유사한 역할을 수행하는 것으로 평가된다. 이 점은 특히 입법부형 옴부즈만에서 두드러지게 나타난다. 의회 소속인 만큼 일반 시민의 민원 관련 욕구를 대행하거나 지원해주는 역할을 수행하는 가운데 의회의 기능적 연장체 내지는 추가적 장치로 간주되거나 대 행정부 감시, 감독 기능을 발휘하게 된다(Magnette, 2003). 이 과정에서 국정운영에 대한 일반 시민의 상향식 참여의 통로가 추가되고 입법 과정의 생동감을 제고하며, 나아가 민주주의의 쇠퇴에 대응하는 적극적 수단으로 작동하게 된다. 국가와 시민

사회 사이에서 새로운 논전의 장이 열린다는 점에서는 숙의민주주의의 제고 장치로도 이해된다(Elliot, 2012). 나아가서는 시민의 참여공간을 확장하면서 개별 시민의 참여 역량 강화에도 기여한다(Abraham, 2008: 681,693).

이렇게 의회의 역할을 지원하는 일종의 준입법 기능(quasi legislative role) 내지는 대표 기능(representative role)을 수행 한다는 인식은(정순교, 2005: 8-9) 고전적 옴부즈만 같은 초기 유형의 옴부즈만에서 보다 더 강하게 나타났다. 이는 준법성 프레임을 통해 옴부즈만이 의회를 대신해서 의회가 정한 법률이나 입법 의도가 행정과정에 제대로 전달되고 또 준수되는지의 여부를 확인하고 감시하는 과정에서 발현되는 결과이다. 원래 의회에 의한 대 행정부 통제는 의회의 존립 이유에 해당될 만큼 의회의 가장 본질적인 기능 가운데 하나다. 그러나 현대 사회의 정책 과제가 고도기술화하고 전문화하는 데 반해 의회는 자체 전문능력의 신장에 태만해 왔고 기관의 구성 양식 자체가 의회로 하여금 행정부를 상대로 기관 능력이나 전문성 정도를 다투기가 쉽지 않게 되어 있다. 그런 만큼 의회의 행정통제 기능을 대행하거나 지원해줄 장치에 대한 수요가 항상적으로 존재한다. 옴부즈만은 의회의 바로 이런 수요에 부응하여 보완적 기능을 제공하는 셈이다.

옴부즈만은 또 자신의 개입 강도를 높이는 경우 그의 역할 수행이 지니는 특성상 정부의 거의 모든 영역에 걸쳐 조사 활동과 정보 수집 및 접촉 활동에 나서게 된다. 그 결과 정부의 운영과 관련하여 많은 정보를 축적하기 마련인데 의회의 대 행정부 감독 업무를 수행하는 위원회와 비공식적으로 접촉하거나 공식적인 보고서를 제출함으로써 이를 의회에 전달하게 된다. 의회가 이를 활용해서 대 행정부 감독 기능을 강화하게 될 것은 물론이다. 더욱이 객관적이고 중립적인 입장에서 행정부 활동을 조사하는 기관이 존재한다는 사실 자체만으로도 행정부의 권한 남용이나 행정 실패를 미연에 방지하는 효과를 낳게 된다. 경각심을 유발하는 간접 효과를 발현하기 때문이다. 바로 이 점에서도 의회의 대 행정부 감독 역할 그러니까 행정부의 권한 남용이나 일탈을 시정하는 역할을 지원, 강화하게 된다(National Democratic Institute, 2005: 9). 따라서 옴부즈만은 정부의 책임성 확보 과정에서 일반 시민이 필요로 하는 대표적인 대 정부 접촉 창구가 되는 것이다(de Castro, 1997a: 2).

그러나 그동안 대의 과정에서의 민원처리는 국회의원의 고유 영역에 해당되는 것으로 여겨져 왔다. 과거 영국이나 프랑스가 옴부즈만으로 하여금 국회의원을 통해서만 민원을 접수하도록 규정했던 것은 바로 이런 이유 때문이었다.[4] 그렇지만 행정부 외재적 통제 장치로서의 국회의원은 지역구민의 고충민원을 처리하기 위해 필요로 하는 행정 정보에 접근하기가 쉽지 않고, 관련 정보를 수집하기 위한 시간이나 자원이 부족하며, 행정부 내부의 구체적인 업무 분장에 대해 잘 알지 못하고, 행정처리 절차나 규정에 대해서도 익숙하기가 쉽지 않다. 그렇기 때문에 국회의원이 민원을 처리하는 일은 비효율적일 수밖에 없다. 보다 더 근본적인 문제는 국회의원이 직접 민원을 처리하게 되면 의회와 행정부 그리고 정부와 일반

4) 과거 영국의 경우 민원의 처리는 의원의 고유한 권한이며 의무라는 이유로 옴부즈만 설치를 반대하는 의견이 적지 않았으나, 결국 그의 유용성에 동의하면서 민원의 접수는 의원을 통해서만 가능하다는 선에서 타협점을 찾게 되었다. 그러나 이마저도 바뀌어 오늘날에는 국회의원의 소개 없이 민원의 접수가 가능하게 되었다.

시민 사이에서 불편부당하고 공정한 양식으로 민원을 처리하기가 쉽지 않게 된다는 데에 있다. 국회의원은 그의 기관 특성 자체가 일반 시민의 권익을 대리하도록 되어 있기 때문이다. 따라서 보다 더 깊은 전문지식과 정보 수집 능력을 가지고 보다 공정하고 중립적인 양식으로 민원에 대응함으로써 행정 운영상의 반응성 제고에 기여할 기관이 필요하게 되는 데, 이런 양식을 통해 대의 기능 보완 요구에 부응하게 되는 것이 바로 옴부즈만인 셈이다(정순교, 2005: 8).

옴부즈만이 그의 민원업무 처리 과정에서 축적한 다양한 정보 자료는 또 사회 문제 진단의 효율적인 지표로도 활용된다. 보다 더 개입 강도를 높여 적극적인 개입에 나서는 경우 축적된 자료를 의회에 제공하면서 일반 시민이 정부에 대해 요구하는 것이 무엇인지를 밝히는 근거가 되며, 나아가서는 행정과정의 취약한 부분을 찾아내어 이를 개선하는 데에도 기여하게 된다. 결과적으로 옴부즈만은 일반 시민의 의사를 대의 과정에 전달하는 적극적 매개자가 되는 셈이다. 따라서 옴부즈만을 일반 시민의 "사전적 권익 보호기관"이라고 말해서 문제될 것이 없다.

그렇다고 해서 옴부즈만이 의회의 기능을 대체하자는 것은 물론 아니다. 아무리 적극적인 개입에 나선다고 하더라도 거기에는 스스로 한계가 있을 수밖에 없고, 그렇기 때문에 의회의 민원처리 기능이나 대의 기능과 경쟁 관계를 형성하게 되는 것은 아니다. 오히려 의회가 접근하기 어려운 행정부 내부 정보에 대한 접근 가능성을 높여 의회의 대 행정부 통제 능력을 강화시켜 준다는 점에서, 양자는 서로 보완적 관계를 구성한다. 보다 정밀하고 신속한 정보를 의회에 제공함으로써 입법 활동의 질적 수준을 제고한다는 점에서도 의회의 기능적 보완장치라고 말할 수 있다(Matsunaga, 1999: 7). 그러나 만일 옴부즈만이 의회 기능을 대체하는 경우에는 옴부즈만이 의회의 대행 기관으로 변모하면서 옴부즈만 고유의 독자적인 역할 공간을 상실하게 된다(Center for the Study of Democracy, 2002: 15). 이는 당연히 옴부즈만이 자신의 존재 이유를 부정하는 결과를 낳는다는 의미에 다름 아니다.

종합해 보면 관료제가 지배하는 행정국가 시대의 치자와 피치자 사이에서는 관료의 개입으로 인해 양자 간의 의사소통, 특히 일반 시민의 정부에 대한 의견 전달이 지체되거나 왜곡되는 일이 적지 않다. 그렇기 때문에 치자와 피치자 사이를 성공적으로 연계시켜주는 연결핀(linking pin)이 필요하게 되는 데, 이런 역할을 강화시켜주는 것 가운데 하나가 바로 투입형 환류 거버넌스로써의 옴부즈만인 셈이다(Hill, 1999: 5). 이는 옴부즈만을 정치 사회적 차원에서 치자와 피치자 간의 권력 관계에 초점을 맞추어 인식한 결과이다. 나아가서는 정치적 커뮤니케이션을 활성화함으로서 정부 운영 과정의 민주성, 투명성, 참여성 유지에 기여하고 그 결과 일반 시민의 개별 고충을 사전에 예방하거나 해소하자는 것으로도 이해된다. 이는 주로 한 사회의 대표성 제고에 주목하면서 그것을 통해 행정정의의 구현에 기여하자는 것에 다름 아니다.

4. 회복 역할

이 경우는 국가와 시민사회 사이의 모든 상호작용을 관할 대상으로 삼을 뿐만 아니라 결과적으로 준법성, 경제성, 대표성 모두를 역할 구성의 수단 가치로 통섭한다. 개별 민원의 해결을 통한 국민 고충의 해소나 이를 체계적으로 담보하기 위한 행정통제 나아가서는 국민권익 보호에 이르기까지 모든 행정정의의 구현 과제들을 총화적으로 포괄하는 역할 공간에 해당된다. 여기에서 더 나아가 국민권익 보호에 필요하다면 기업이나 NGO 같이 공적 영역 밖의 과제에 대해서도 간여의 폭을 넓히고자 한다. 그런 점에서 기존의 헌정체제보다는 훨씬 넓은 영역의 과제를 다루고자 한다. 다만 기존의 국정운영 양식과는 달리 비법제적, 비집행적, 비정치적으로 국가의 대 국민 책무성 확보에 나서고자 한다는 점에서 차별성을 갖는다.

이는 또한 기존의 헌정체제에서는 제도화 되어 있지 않은 역할 공간을 추가하는 데까지 옴부즈만의 개입 범위를 넓히는 것으로도 이해해 볼 수 있다. 그런 의미에서 옴부즈만 개입 범위의 최광대역화를 시도하는 경우라고 하겠다. 기존의 3권 분립론에 따르면 국가는 투입, 전환, 산출의 단계별 분업의 원리에 따라 사법부, 행정부, 입법부로 나뉘어 운영된다. 따라서 이들의 운영과정에서 유발되는 민원을 다루는 것이 옴부즈만의 역할 공간으로 인식되어 왔다. 그러나 이를 보다 더 적극적, 능동적으로 확대해 보면 국정운영에 대한 환류과정이 체계적으로 작동하지 않아 민원이 유발되고 있다는 평가가 가능하게 된다. 그런데 환류는 국정 운영과정에 대한 평가를 통해 다음 회차에서의 정상성 유지 내지는 왜곡의 시정을 겨냥하는 것이라는 점에서 볼 때 일종의 선제적 대응에 해당된다. 이런 의미의 선제적 대응이 정상성으로의 복귀를 겨냥하는 것이라는 점에서는 회복 역할을 수행하는 것이기도 하다. 국정운영의 투입, 전환, 산출 단계 모두를 관통하는 국정관리체계 전체 차원의 환류 작업을 모색한다는 점에서 환류형 환류 거버넌스에 다름 아닌 일이다.

그리고 그런 정상성의 회복을 통해서 궁극적으로 달성하고자 하는 수단 가치가 사회공동체와 그 구성원으로서의 개개인이 지니는 존엄성 사이의 균형성을 유지하기 위한 것이라는 점에서는 형평성을 지향하는 것에 다름 아닌 일이기도 하다. 이를 국정관리 체계의 구조적 차원에서 접근하는 경우 입헌주의와 대중민주주의 사이의 갈등을 순화하고 나아가 시민의 행복을 확장하기 위해 구축하는 추가적인 역할 공간으로 이해된다. 국정운영 과정에서 발생하는 모든 모순이나 갈등을 순화하는 종국적 대안을 선제적으로 모색하고자 한다는 점에서 갈등의 종결자 역할을 수행하자는 것이기도 하다.

이렇듯 행정정의를 담보하기 위한 종국적 장치에 대한 사회적인 수요가 증대하는 이유는 행정오류와 그에 따른 민원의 발생이 더 이상 일회적, 병리적, 예외적, 부분적 현상이 아니라 항상적, 일상적, 일반적, 전반적 현상이라는 데에 있다. 이로 인해 행정오류의 시정이 항상적, 일상적, 일반적, 전반적 과제로 등장하면서 국정운영의 중심축을 투입, 전환, 산출에서 환류 단계로 이동해야 한다는 주장이 설득력을 더하고 있다. 이제 국가가 사회관계에 개입하는 경우 거기에서 민원이 발생하는 것은 필연적이고도 불가피한 일이므로 국정운영의 적절성에 대한 평가를 항상적 필수 과제로 삼지 않을 수 없게 된 것이다.

이는 정보사회가 도래하면서 사회의 정보유통 구조에 혁명적인 변화가 나타나고, 그 결과 정부와 시민사회 간의 지식이나 정보의 격차가 급속히 줄어들면서 생겨난 현상 가운데 하나이기도 하다.

정보사회에서는 행정국가가 상정한 것 같이 정부가 더 이상 전문성을 독점하기는 어렵다. 이로 인해 정부의 정책 결정 독점권이 무너지고 정부와 시민이 공동으로 기획하고 집행하는 공생적 관계를 형성하지 않으면 안 되는 시대가 되었다. 언필칭 포스트모더니즘의 시대는 정부와 시민이 국정운영의 동반자적 지위를 공유해야 하며, 그 결과 시민은 이제 공공재의 생산자이면서 동시에 소비자인 프로슈머(prosumer)의 지위에 서게 되었다. 시민은 더 이상 정부에 의해 일방적으로 관리되는 수동적 존재가 아니며 평등한 지위에서 서로의 의견을 교환하는 가운데 정책의 공동제안자가 되어야 하는 시대로 진입한 것이다.

이런 협의제 민주주의 시대 내지는 거버넌스 체제하에서 시민참여가 효율적으로 이루어지기 위해서는 국정 현안에 대한 이해가 선행되어야 한다. 따라서 국정운영에 대한 전일적인 평가는 필수적 과제로 제기된다. 이런 구조 아래에서는 정부와 시민이 동등한 지위에서 행정과정에 참여하지 않을 경우 행정민원의 발생이 불가피해지고 이를 해결하기 위해서는 당연히 양자 간의 동등 참여나 공동 숙의를 필요로 하게 된다. 바로 그럴 수 있는 여건과 환경을 조성하는 일을 담당하는 것이 바로 옴부즈만인 것이다. 이는 국정운영 전체 차원에서 옴부즈만을 인식한 결과다. 옴부즈만은 준 직접 민주주의 시대를 여는 시민참여의 또 다른 창구인 셈이다.

이렇듯 국정운영 체제 전체 차원에서 제4부를 통해 행정정의의 구현 문제를 보다 종합적으로 다룰 경우, 환류 거버넌스로써의 옴부즈만은 실로 다양한 역할을 수행하게 된다. 국민의 민원과 고충을 해소하는 과정에서 국가 행정작용의 대 국민 순응성 내지는 책임성 확보에 기여하고, 정서적인 순화를 통해 국정운영 체제가 폭발하기 전에 미리 안정시키는 효과를 낳기도 하며, 공적 자원의 재배분 효과를 불러오기도 한다. 한 나라의 민주성 진작이나 정치적 안정화에 기여한다는 의미이다. 그뿐만이 아니다. 행정절차의 개선을 통해 국가 행정작용의 생산성을 높이는 일에도 기여한다(Rowe, 1991: 353). 그런데 민주성과 생산성은 언제나 상생적 관계를 구축하는 것이 아니기 때문에 결국 옴부즈만은 국가의 행정작용이 지향해 나가야 할 민주성과 생산성 사이의 갈등과 모순을 조정하는 역할까지도 담당하게 된다. 모순의 종결을 통해 국정관리 체계의 정상성 회복에 기여하려는 것이다. 바로 이 점에서 국정운영상의 모순을 극복하고 회복하는 역할을 수행하는 것이 바로 환류형 환류거버넌스로써의 옴부즈만인 셈이다.

제6장
옴부즈만의 역할 규범

I. 정보사회의 도래와 국정 관리

국가의 행정작용과 관련한 갈등 관리 수요가 급증하고 있다. 가장 큰 이유는 정보사회와 지구화 시대의 도래로 인해 기존의 사회질서가 급변하는 데에 반해 이에 조응하는 국정 관리 체제는 그에 걸맞는 양식으로의 변화와 혁신을 이루어내지 못하고 있기 때문이다.

정보사회에 토대를 둔 지구화 시대의 도래는 세계 경제 체제를 불러왔으며 상거래의 빈도와 범위를 혁명적으로 확대했고 자본과 노동의 권력적 불균형을 심화시켰다. 가진 자와 못 가진 자 사이의 경제적 격차가 악화 일로에 있다. 국가 간의 교류가 빈번해지고 사람의 국가 간 이동이 빈발하면서 이민 노동자가 증가하고 국제결혼을 통한 다문화 가정이 늘어나고 있다. 개별 국가의 경계를 넘는 교류와 접촉의 빈도가 높아지면서 문화와 종교 간의 갈등이 격화되고 주류사회와 소수집단 간의 갈등과 충돌이 커지고 있다. 이런 가운데 집단주의와 개인주의 사이의 모순과 대립이 심화될 것도 물론이다.

국정 관리 차원에서는 행정과정에 대한 정보통신 기술의 도입이 확산되고 복지국가의 위기로 인해 긴축재정에 대한 요구가 커지면서 공사 영역 간의 융복합화가 급속히 촉진되고 있다. 공적 서비스의 민영화, 외주화, 대집행이 빈발하고 있으며, 영역별 경계가 무너지고 있다. 이로 인해 사실상 공적 영역의 경계가 사적 영역으로까지 확장되는 변화를 낳게 되었다. 그에 따라 국가를 상대로 제기되는 민원의 내용도 융복합화하는 일이 빈발하고 있다. 여러 행정 분야나 기관의 관할 영역을 관통하는 민원도 거듭 확산되고 있다. 이는 행정기관 간의 경계가 모호해지면서 생겨나는 불가피한 현상 가운데 하나이다.

정보사회의 도래는 또 정부의 업무처리 양식을 혁명적으로 바꾸고 있으며 행정의 정보통신 기술에 대한 의존성을 급격히 증대시키고 있다. 파일로 문서를 주고받는 것 같은 모바일 행정의 시대가 열리고 있고, 기존의 국정운영 체제가 의존하던 분업적 질서를 초월하는 새로운 행정운영 양식이 자리를 잡고 있다. 과거 법규에 의존하던 국가의 영향력 행사가 행정지도라고 하는 비가시적이며 간접적인 양식으로까지 확대되는 이유도 모바일 행정 시대의 도래에 기인하는 바 크다. 이런 행정 운영 양식의 변화가 모든 행정 영역에 걸쳐 같은 강도나 속도로 진행되는 것도 아니어서 국가 행정 작용의 영역별, 부문별 격차와 차등이 일어나고 있으며 행정 내재적 갈등을 확대하는 중요 요인 가운데 하나이다.

또한 국정 관리의 기초가 되는 법률의 정합성에 대한 의구심도 커져 있다. 일관성과 보편성을 특징으로 하는 법률로는 유연성과 개별적 특성을 주문하는 정보사회의 사회적 관계를 규율하기가 쉽지 않다. 이로 인해 공적 영역에서조차 법률 위반이 일상화하고 위법 부당한 행정행위가 도처에 편재한다. 이에 대응하기 위해 새로운 법률을 재정하거나 개정하지만 이는 오히려 법률의 생명선이라고 할 수 있는 안정성을 훼손하고 집행 절차의 복잡성을 키우는 결과가 되고 있다. 복잡하게 얽혀 있는 법률체계를 상대로 위법 부당한 행정조치로 인해 상처 입은 개인들이 혼자 나서서 자신의 의사를 관철해 나가기는 결코 쉬운 일이 아니다. 더군다나 그런 법률체계가 기득권자에 의해 권력적으로 편향된 양식으로 운영된다면 상황은 더 말할 필요가 없다.

반면에 정보사회의 도래는 또 시민 개개인의 역할 주동성을 강화시켜 과거의 수동적 존재로부터 벗어서 보다 적극적이고 능동적인 존재로 변모시키고 있다. 국정 과정에 대한 시민 참여의 욕구가 급격히 신장하고 있으며 국가의 행정 작용을 일방적으로 수용하던 피동적 자세에서 벗어나 보다 적극적으로 대응하려는 욕구와 역량이 강화되고 있다. 관행적 민주주의 시대로부터 급진적 민주주의 시대로 이행하는 변화를 낳고 있는 것이다.

상황이 이런 만큼 국가의 행정 작용이 시민사회의 요구와 기대에 잘 부합하지 않을 것은 정한 이치나 같다. 국정 관리 과정의 모순과 갈등이 누적되고 있다. 이는 행정관료와 일반 시민 사이에서뿐만 아니라 정부 내외의 여러 공적 영역에서도 발견된다. 수평적 차원에서는 관료사회와 정치권, 사법적 평결과 행정적 대응, 여당과 야당, 국내법과 국제기구 사이에서 흔히 발견된다. 수직적 차원에서는 상하 관계에 의존하는 정부 내의 상급자와 하급자 또는 상급기관과 하급기관, 지방정부와 중앙정부, 일국 정부와 유럽 연합 같은 국제지역 정부, 나아가서는 국제지역 정부와 UN이나 세계은행 같은 지구 차원의 국제기구 사이에서도 갈등과 충돌이 빈발하고 있다.

이런 상황 속에서라면 공적 영역을 바라보는 시민사회의 불안감이 커질 것은 당연한 이치이다. 이런 만큼 보다 직접적이고 가슴 따뜻하며 실질적이고 가시적인 도움을 제공할 수 있는 갈등 관리 기구에 대한 수요가 급증할 것은 당연한 이치이다. 사회적인 고립이나 차별에서 벗어나는 데 도움을 주고 성심으로 배려하며 경청하는 “사회적인 안전판(safety-valve)”에 대한 요구가 높아질 수밖에 없다. 갈등 관리 기구로써의 옴부즈만에 대한 수요가 급증하는 이유이다. 그러나 이를 다른 한편에서 보면 옴부즈만이 감당해야 할 갈등 관리 기구로써의 역할 수행이 과거 그 어느 때보다도 지난하게 되었다는 말에 다름 아니다. 그런 만큼 보다 더 효율적으로 역할 수행에 나서야 한다는 주문이기도 하다.

그런데 옴부즈만이 효율적으로 민원을 처리하기 위해서는 보다 더 정합성 높고 호소력 있는 역할 규범을 필요로 한다. 더 나아가 그것을 자신의 역할 수행 과정이나 결과 산출에 있어 보다 철저히 적용하고 준수해야 할 것도 물론이다. 이런 점에서 민주주의 연구소(Center for the Study of Democracy, 2002: 14)는 옴부즈만이 보다 성공적으로 자기 역할을 수행하기 위해서는 독립성(independence), 자율성(autonomy), 객관성(objectivity), 정교성(accuracy), 진지성

(consciousness), 치밀성(preciseness), 비차별성(nondiscrimination), 합법성(legality), 불편부당성(impartiality), 타당성(correctness), 개방성(openness) 등이 요청된다고 보았다. 마쓰나가(Matsunaga, 1999: 3)는 공정성, 합리성, 사실성, 행정적 건전성(administratively sound), 합법성, 효율성, 호소성, 객관성, 전문성, 중립성, 독립성, 중재성 등을 주문했다. 그러나 곳티러와 호스티나(Ghottehrer & Hostina, 1998: 1)는 독립성, 불편부당성, 공정성, 신뢰성, 기밀성을 견지하는 일이 관건이라고 보았다.

이와 관련하여 보스니아·헤르체고비나 공화국에서는 옴부즈만이 준수해야 한다고 생각되는 역할 규범을 헌법에까지 명기해 두고 있다. 헌법이나 기타 법률 및 규칙의 준수 범위 내에서 역할을 수행해야 한다고 보기 때문이다. 준법성을 중시한 결과다. 그뿐만이 아니다. 보편적 원리로써의 윤리나 정의감에 입각해야 한다는 뜻에서 도덕과 정의(moral and justice)에 유의할 것을 요구하기도 한다. 다른 사람이나 국가권력이 옴부즈만의 역할에 개입하거나 영향을 미쳐서는 안 된다는 의미에서는 자율성과 독립성(autonomy and independence)을 강조하고, 일반 시민, 다른 국가기관 또는 다른 옴부즈만이 서로 공조하는 가운데 활동해야 한다는 점에서는 협력성(cooperation)을 강조하기도 한다(Center for the Study of Democracy, 2002: 14).

이런 역할 규범들을 조감해 보면 옴부즈만이 준수해야 하는 역할 규범을 역할을 수행하는 과정에서 준수해야 하는 규범과 그런 역할의 수행 결과 창출되는 결과물이 견지해야 하는 규범으로 구분해 볼 수 있다. 전자가 대체로 권고성, 독립성, 접근성, 기밀성, 신속성이라고 한다면 후자는 종국성, 공정성, 유연성, 도덕성, 신뢰성으로 정리된다.

II. 역할 수행의 과정 규범

옴부즈만이 자기 역할을 수행하는 과정은 민원 관련 당사자들인 민원인, 행정관료 내지는 행정기관과의 상호작용에 의해 구체화 된다. 따라서 이 과정이 옴부즈만의 기관 목표에 합당한 양식으로 전개되어야 옴부즈만의 정체성 구현에 유리할 것은 당연한 이치이다. 이렇듯 역할 수행의 과정이 옴부즈만의 기능적 기댓값과 상합하는 양식으로 전개되어야 그의 결과도 옴부즈만의 정체성 구현에 유리하게 작용하게 될 것은 두말할 나위가 없다.

1. 권고성

옴부즈만은 자신의 역할을 수행하는 과정에서 비권력적인 양식, 즉 권고적 조언에 의존해야 한다. 권고성은 옴부즈만의 기관 특성을 발현하는 가장 대표적인 역할 규범에 해당된다. 만일 옴부즈만이 관료제적인 문제 해결 양식에 따라 민원의 해결을 위해 구속력 있는 명령권을 행사하거나 새로운 행정행위를 구사하는 경우, 새로운 형태의 관료제적인 의사결정이 되면서 옴부즈만을 매우 강력한 관료조직으로 전환하게 된다. 이 경우 관료제 내재적인 결함과 모순을 재현하게 될 위험성이 커진다. 민원을 해결하기 위해 새로운 양식의 민원을 유발하게 되는 셈이다. 민원의 발생 소지를 근절하지 못하기 때문이다. 옴부즈만이 존재 구속적 자기모순에 빠진다는 뜻이다. 그렇기 때문에 옴부즈만은 기왕의 행정행위를 취소하거나 재구성하고자 하지 않는다. 다만 민원을 공정하고 심도 있게 조사해서 무엇이 진실인지를 밝혀내고, 그 결과를 공개하거나 공개할 것이라고 압박함으로써 민원 당사자들이 조정과 타협에 이를 수 있도록 보충적 조치를 취하고자 한다. 관련 당사자들이 동의하지 않을 수 없는 객관적 사실에 대한 인식의 공유를 통해 공동의 프레임을 제시하고 이를 기초로 타협의 여건을 조성하고자 하는 것이다.

만일 취소나 변경같이 강제적이고 권력적인 방법을 동원하는 경우 옴부즈만은 결코 최종적이고 종국적인 문제 해결 수단이 될 수 없다. 그렇지만 권고처럼 비권력적인 방법을 동원한다면 당사자 간의 이해와 타협에 의해 문제를 해결하는 것이기 때문에 당면 과제에 대한 근본적인 동의를 구하는 것이 되고 그 결과 종국적으로 문제를 종결짓게 된다. 그러니까 옴부즈만을 비권력 기관화함으로서 권력기관으로써의 관료제를 최종적으로 감시하는 '최후의 감시기관화' 하자는 의도이다. 만일, 옴부즈만이 권력기관화 하는 경우에는 이를 감시하기 위해 제2의 권력기관이 있어야 하고, 그 제2의 권력기관을 감시하기 위해서는 제3의 감시기관을 필요로 하기 마련이다. 따라서 권력기관의 감시에는 더 이상 감시가 필요 없는 비권력형 기관이 필요한 법이다(Ayeni, 2000: 96). 왜냐하면 비권력형 기관은 권력이 없기 때문에 더 이상 부패하거나 왜곡될 위험이 없고, 그렇기 때문에 민원 유발의 소지가 없으며, 그런 만큼 이를 감시해야 할 필요성도 없어지기 때문이다(정순교, 2005: 15-16).

또한, 옴부즈만이 강제적인 구속력에 의존하는 경우 그에 상응하는 대응조치로서 옴부즈만에 대한 소청권도 인정하지 않을 수 없다. 그럴 경우 옴부즈만도 사법 소추의 대상이 된다. 그렇게 되면 옴부즈만의 활동에 대한 사법적 통제가 가능해지고 그 결과 기능적 독립성을 헤치는 결과를 낳는다. 이럴 경우 옴부즈만의 중립성과 공정성에 대한 사회적인 신뢰를 확보하기도 어렵다. 또한 옴부즈만이 사법적 소추의 대상이 되는 경우에는 사법적 재결로부터 자신을 보호하지 않을 수 없으며, 그렇기 때문에 옴부즈만 활동을 위해 배정된 재정 자원을 법원의 재결로부터 자신을 보호하기 위한 비용으로 지출해야 하는 문제에 봉착할 수도 있다(Ghottehrer & Hostina, 1998: 8-10).

옴부즈만이 민원 해결에 있어 권고에 의존해야 하는 또 다른 이유는 3권 분립의 정신에 충실해야 하기 때문이다. 만일 옴부즈만이 행정부의 행정행위를 취소하거나 변경할 수 있게 한다면, 옴부즈만이 판사의 역할을 수행하는 셈이 되고 이는 사법부와 행정부의 권한 모두를 침해하는 결과가 된다. 특히 옴부즈만이 행정부에 설치되어 있어 기능적으로 독립되어 있지 않을 경우, 굳이 권고라는 형태를 취할 필요 없이 취소나 변경, 시정명령 등의 조치를 취하는 것이 보다 더 효과적이고 또 논리적이라고 생각하기 쉽다. 그러나 이는 기왕의 행정 조치를 부정하고 새로운 지침을 내놓는 것이기 때문에 사법적 재결의 성격을 동반하게 된다(정순교, 2005: 15-16). 더 이상 행정행위가 아닌 것이다. 이는 옴부즈만의 기능적 한계 범위 밖의 일이 된다.

또한 이렇게 행정부의 행정행위 특히 재량적 행정행위에 대해 취소나 변경 같은 강제적인 해결 수단을 동원하면 그 효력이 그 처분과 관련된 모든 행정행위에 미쳐 관련 행정행위를 중지하거나 중단하게 된다. 이는 행정부의 업무 지속성에 중대한 지장을 초래하게 된다. 반면에 권고는 조정과 중재를 통해 당해 사안에 대해서만 부분적인 합의에 이르자는 것임으로 행정의 계속성 유지에 영향을 주지 않으면서도 관련 행정기관에게 자신의 행정행위를 재검토할 수 있는 기회를 제공한다. 그런 의미에서 권고는 민원을 보다 신속하고 간편하며 안전하게 처리하기 위한 간이 권익구제 절차에 해당되는 셈이다. 옴부즈만은 이렇듯 모든 사실을 감안하는 가운데 최후적이고 최종적인 결정을 내리자는 것이 아니라 해당 행정기관을 구속하지 않으면서도 쉽고 안전하게 접근해서 신속하고 저렴한 비용으로 해당 민원을 해결하자는 것이다(Ayeni, 2000: 99-100).

특히 정보사회에서는 국가와 시민사회, 정부와 일반 시민 간의 관계가 거버넌스 체제로 전환해야 한다는 요구에 직면해 있다. 행정국가 시대처럼 정부의 우월성이나 전문성을 더 이상 유지하기가 어렵게 되었기 때문이다. 이런 변화는 옴부즈만이 민원을 해결하는 데 있어 권고적인 접근 전략을 채택해야 하는 또 다른 차원의 이유이다. 즉, 공적 영역의 옴부즈만은 이제 국가와 시민사회 또는 행정관료나 민원인 가운데 어느 쪽의 권력적 우위도 이를 인정해야 할 이유가 없게 되었다. 중립적인 위치에서 민원을 다루어야 하고, 그렇기 때문에 거버넌스적인 양식에 의해 운영되어야 마땅하게 된 것이다. 이 경우 정부와 일반 시민 간의 관계를 평등성의 원리에 따라 접근해야 할 것은 물론이다. 관료권의 절대적인 우월성을 더 이상 인정하기 어렵기 때문에 이제 양자 간의 협력적 공조는 필수 과제이며, 그렇기 때문에 어느 일방의 강제적, 위압적 주문이 아니라 상호 권고를 통한 설득과 자발적인 수용의 양식을 모색하지 않을 수 없게 되었다.

2. 독립성

옴부즈만이 행정정의를 구현하기 위한 수단 가치 가운데 하나가 형평성이라는 점은 주지하는 바와 같다. 그런데 이를 위해서라면 옴부즈만이 민원인과 행정관료 내지는 행정기관과의 사이에서 공정성과 중립성을 견지해야 한다. 이를 위해서는 당연히 관련 이해당사자들로부터 독립성을 유지하는 일이 관건이다. 옴부즈만은 그의 역할 수행과정에서 행정기관으로부터 뿐만 아니라 민원인으로부터도 독립해야 한다. 그렇기 때문에 시민을 위해 일하기는 하지만(citizen-centered) 결코 시민의 후견인(citizen advocate)이 되어서는 안 된다(Hill, 1976: 44). 무엇보다 중요한 것은 조사 대상인 행정관료나 행정기관에 의해 간섭받지 않는 가운데 역할 수행에 나서야 한다는 점이다. 이는 옴부즈만의 가장 기본적인 역할 규범 가운데 하나다(Gregory, 1998: 85). 대부분의 옴부즈만 관련 법률이 옴부즈만의 바로 이런 독립성 보장에 주력하는 이유이다(정순교, 2005: 13).

옴부즈만의 설치 근거를 헌법이나 법률에 명시적으로 규정하는 이유는 관련 규정의 개폐를 어렵게 함으로써 기관 계속성이나 안정성을 확보하고 이를 통해 기관 폐쇄나 기능 제한에 대한 두려움 없이 독립적으로 역할 수행에 나설 수 있게 돕고자 하기 때문이다. 관련 법규의 개폐권을 보유한 조사 대상 기관으로부터 실질적인 독립성을 보장받자는 것이다. 이는 고전적인 입법부형 옴부즈만이 의회에 소속되거나 의회의 대리인 역할을 수행하도록 한 데에서 확인해 볼 수 있다. 행정관료나 행정기관을 조사대상으로 하는 만큼 행정부로부터 독립해야 하며, 이를 위해서는 행정부와 견제적 긴장 관계에 있는 입법부에 설치하는 것이 효율적이라고 본 것이다(ABA, 2004: 13).

그러나 입법부에 소속시키는 경우에는 의회나 의회 지도자가 주창하는 정책 방향에 영합하거나 그런 이미지를 일반 시민에게 전달할 위험성이 있다. 따라서 입법부의 통제나 관리로부터도 독립해야 한다(Gregory, 1998: 86; Hill, 1997: 7). 옴부즈만이 다른 민원 처리 제도와 다른 점은 바로 이렇게 조사할 권리를 지닌 기관으로부터도 독립해야 한다는 점이다(Gregory, 1998: 86). 아니 조사 주도 기관으로부터 독립성을 견지하는 일이야말로 옴부즈만의 가장 본질적인 역할 규범 가운데 하나이다. 외부 기관에 의한 '간섭 배제의 원칙'을 역할 규범으로 삼아 이를 법률에 구체적으로 명시하고자 하는 이유이다. 이렇듯 독립성의 법제화는 대부분의 옴부즈만이 채택하는 독립성 확보 전략 가운데 하나이다(National Democratic Institute, 2005: 13).

같은 이유로 옴부즈만의 신분을 임명권자로부터 보호하는 일도 중요한 과제로 제기된다. 옴부즈만의 임용, 재임용, 해임 등의 절차와 조건을 법률로 규정해서 임용권자가 자신의 편의에 따라 손쉽게 인사 조치할 수 없도록 하자는 것이다. 임명권자에 의한 정치적 임용을 배제하기 위해 의회 구성원 3분의 2 이상의 찬성을 얻어야 한다고 규정하는 경우도 의회 구성원의 3분의 2 이상으로부터 지지를 얻기 위해서는 정파적 연고를 떠나 여러 정당으로부터 광범위한 존경을 받아야 하고, 그럴 경우 파당적 구속으로부터 벗어나 보다 독립성을 견지하기가 유리할 것이라고 보기 때문이다. 3분의 2 이상의 찬성을 얻기 위해서는 의회를 구성하는 여러 정파 사이에서 비공식적인 협의와 조정을 거쳐야 하고, 그 과정에서 여러 정파가 모두 수용하고, 그렇기 때문에 어느 쪽에도 경도되지 않는 대안의 모색이 가능해진다고 보는 것이다(Ghottehrer & Hostina, 1998: 1-2).

옴부즈만의 임기를 의원 내지는 임명권자의 임기와 같거나 길게 하는 재임 제도를 두고, 합리적이면서도 명문으로 규정되어 있는 사유가 아니고서는 임기 내에 해임할 수 없도록 하는 것도 정치적인 이유나 임명권자의 이해관계에 반한다고 해서 손쉽게 해임할 수 없도록 하려는 것이다(국민고충처리위원회, 2004: 10). 그래야 신분에 대한 위협을 느끼지 않는 가운데 자신의 신념과 전문성에 따라 독립적으로 역할 수행에 나설 수 있게 된다고 보기 때문이다. 장관이나 판사와 같은 고위 관료에 상당하는 보수를 보장하고 정액 보수제를 채택하는 것도 보복행위의 하나로 보수를 삭감하는 일이 없도록 하고 그 결과 인사권자로부터 독립성을 확보하려는 것이다(ABA, 2004: 13).

역할 수행에 필요한 재정 자원의 확보가 위협받지 않도록 하는 일도 독립성 확보 장치 가운데 하나다(Hill, 1997: 8). 무엇보다도 조사대상 기관으로부터 재정적 독립을 확보하는 일은 필요 불가결적인 요소이다. 자신을 지원하는 인력에 대한 독자적인 인사권과 관리권을 확보하는 일도 중요하다(USOA, 2003: 3). 그렇지 않을 경우 자신의 권한을 조력자에게 위임하지 않을 수 없게 되고 그 결과 조력을 받는 데 있어 장애가 생길 수 있으며, 그렇기 때문에 역할 수행 과정에서의 자율성과 독자성이 위협받을 수 있기 때문이다. 같은 맥락에서 내부 규칙 제정권도 보장해주어야 한다. 조직 관리 차원의 자율성이 보장 되어야 역할 수행상의 독립성 유지에 유리하다고 보기 때문이다.

사법적 제재로부터 옴부즈만을 보호하고자 하는 일도 역할 수행상의 독립성 유지를 지원하고자 하기 때문이다. 합법적인 역할 수행에 대해서는 민사상의 책임이나 형사상의 소추로부터 벗어나게 해야 민원 조사 대상자의 예상할 수 있는 반발이나 공격으로부터 옴부즈만을 보호할 수 있고 그래야 역할 수행상의 독립성 유지가 용이해진다고 보는 것이다. 면책 특권을 부여해야 아무런 두려움 없이 실체로서의 진실 확인에 몰두할 수 있을 것이고, 그렇지 않을 경우 방어적인 역할 수행 양식을 취하게 되고, 그 결과 독립적인 역할 수행에 지장을 초래하게 된다(USOA, 2003: 5). 형사상의 면책 특권은 또 정치적 통제로부터 옴부즈만을 보호하려는 것이기도 하다. 이는 마치 검사나 판사로 하여금 독자적이고 자율적인 의사결정에 이르도록 하기 위해 면책특권을 부여하는 것과 같다(National Democratic Institute, 2005: 10).

옴부즈만의 권고나 의사결정에 대해서는 다른 기관이 시정하거나 압도할 수 없게 하는 것도 같은 이유 때문이다. 만일 다른 기관이 옴부즈만의 결정을 시정하거나 압도할 수 있게 하는 경우에는 옴부즈만에 의한 결정 이후에 다른 결정이 뒤따르게 된다는 의미임으로 옴부즈만에 의한 결정이 일단의 행정절차 가운데 한 단계로 축소되는 결과를 빚게 된다. 이는 옴부즈만의 조사나 권고가 일상적인 행정절차로부터 벗어나 독립적이고 중립적인 양식에 의해 이루어져야 한다는 점과 강제적 구속력을 동반하는 것이 아니라는 점을 감안해 볼 때 결코 있을 수 없는 일이다(USOA, 2003: 5). 옴부즈만에 의한 의사결정은 최종적이어야 한다는 점에서 볼 때도 당연히 의사결정의 독립성이 존중되어야 한다. 이와 관련하여 옴부즈만의 관할 범위에 관한 분쟁을 제외하고는 옴부즈만이 법원의 심사대상이 되지 않도록 해야 한다는 주장이 호소력을 더하고 있다(USOA, 2003: 4).

더 나아가 옴부즈만이 필요하다고 판단하는 경우 법원에 제소할 수 있는 권한을 부여하는 것도 자신의 역할을 수행하는 과정에서 독립성을 견지할 수 있도록 지원하고자 하기 때문이다. 증인출석요구권이나 자료제출요구권 등이 침해되는 경우 이를 보호할 수 있는 장치가 마련되지 않는다면 사실상 독립적인 역할 수행에 적지 않은 지장을 받게 된다.[1] 이런 점을 감안하여 옴부즈만으로 하여금 자신만의 독자적인 법률고문을 둘 수 있도록 배려하는 방안도 검토해 볼 만한 일이다(Ghottehrer & Hostina, 1998: 4-5).

3. 접근성

시민권 행사의 대리 기관으로써 관료제가 유발하는 주요 과제 가운데 하나는 국가와 시민사회 사이를 격리하거나 양자 간의 의

1) 이 점에 대해서는 양론이 대립하고 있다. 조사권의 실효성을 담보하기 위해서는 이런 강제권이 보장되어야 한다는 주장과 그럴 경우 옴부즈만을 또 다른 형태의 권력기관화 함으로서 관료적 병폐를 재현하게 된다는 주장이 그것이다. 그러나 옴부즈만의 실효성이 담보되지 않는다면 옴부즈만의 존재 이유 자체가 없어지는 것임으로 여기에서는 그의 운영 과정에서 요구되는 강제권은 이를 불가피한 과제로 다루고자 한다.

사소통을 지체하고 왜곡한다는 점이다. 따라서 옴부즈만이 또 다른 형태의 관료제 일부가 되지 않기 위해서는 자신이 민원의 현장으로부터 격리되지 않도록 유의해야 한다. 늘 접근성을 견지해야 한다는 뜻이다(Hill, 1997: 7). 이를 위해서는 먼저 옴부즈만의 존재 자체를 널리 알려 가시성을 높여야 한다. 그래야 그 존재를 알고 접근하고자 하는 동기를 유발하고 또 접근의 현실적인 통로를 개척할 수 있게 될 것이기 때문이다. 가시성을 높이기 위한 홍보전략 가운데 하나로는 흔히 대상 집단별 맞춤형 의사소통 전략이 제안된다(Pettigrew, 2003: 8). 옴부즈만과 민원인 사이에 어떤 형태의 장애도 허용해서는 안 되며, 그런 점에서 장애인을 위해 옴부즈만 사무실의 시설물을 개선하거나 언어소통 상의 불편을 해소하기 위해 통역 서비스를 제공하는 일 등은 가장 기본적인 접근성 보호 조치 가운데 하나이다(USOA, 2003: 9).

이런 접근성 규범은 그의 성질과 내용에 따라 적극적 접근성과 소극적 접근성으로 구분해 볼 수 있다(Ghottehrer & Hostina, 1998: 10). 적극적 접근성은 해당 민원인으로부터 직접적인 문제 제기가 없더라도 옴부즈만이 스스로 문제를 파악하고 규정하여 그의 해결에 나서는 의지와 규범을 말한다. 이에 대해서는 논란의 여지가 아주 없는 것은 아니다. 옴부즈만 스스로 문제를 제기하고 민원의 소재를 규정하는 경우 민원 해소에 있어서도 대리인 체제에 의존하는 결과가 되고, 이는 새로운 형식의 대리인을 승인하는 것에 다름이 아니기 때문이다. 그러나 옴부즈만이 행정 과정의 민원 발생 소지를 줄이자는 데에 목표를 두는 제도나 조직이라면 민원 발생 원인을 보다 적극적으로 발굴하여 근인적으로 대처함으로서 예방적 조처를 취하는 것이 훨씬 더 효율적이라는 주장도 타당성을 갖는다. 무엇보다도 민원인에 의한 문제 제기가 행정기관이나 행정관료의 방해나 비협조로 인해 은폐되거나 원활하지 못하게 되는 상황에 대해 적극 대응해야 한다는 점에서 그의 당위성에 이론을 제기하기 어렵다.

같은 맥락에서 많은 옴부즈만이 무기명이나 제3자의 이름으로 제기되는 민원에 대해서는 이를 외면하도록 규정하는 경향이 있다. 그렇지 않을 경우 옴부즈만의 민원인에 대한 접근성이 제한되는 결과를 가져올 수 있기 때문이다. 그러나 민원 제기의 대상이나 영역에 대해서는 아무런 제한도 두지 않는 것이 보통이다.[2)] 증거에 따라 어느 곳이든 조사가 가능하도록 해야 민원 발생의 근저에 대한 접근이 용이해지기 때문이다. 이런 관점에서 3권 분립의 전통이 취약한 곳에서는 심지어 사법부에 대해서도 옴부즈만이 관할권을 행사하여 조사하고 접촉할 수 있게 하자는 주장도 확대되고 있다.

그러니까 행정부에 의한 작위와 부작위, 의사결정과 제안, 제도 차원과 개인 차원 등 거의 모든 형태의 민원과 고충에 대해 옴부즈만이 접근할 수 있어야 한다는 의미이다. 다만 사법적 재결에 대해서만큼은 관할 대상에서 제외하는 것이 보통이다. 이는 3권 분립의 원칙과 재판 독립의 원칙을 지키고자 하기 때문이다. 그러나 정부는 물론이고 유사 정부기관에 대해서도 이를 관할 대상으로 삼고

2) 다만 민원인이 옴부즈만 이외의 보다 효과적인 문제 해결 대안을 갖고 있거나 옴부즈만의 임명권자가 민원의 대상자가 되는 경우에 대해서는 관할권을 인정하지 않는 것이 보통이다. 옴부즈만의 접근성을 보장하자는 것은 보다 효율적으로 민원을 해결하자는 데에 근본 취지가 있는 것인 만큼 오히려 그런 관할권 충돌로 인해 새로운 행정 갈등이 발생하거나 옴부즈만 스스로가 민원인이 되는 현상은 옴부즈만의 기관 설립 취지에 반한다고 보기 때문이다.

자 하는 것이 일반적 이다. 이는 국고가 투입되는 곳은 모두 옴부즈만의 활동 대상이라고 보기 때문이다. 심지어 과거 정부의 관할 영역이었지만 현재는 민영화 되어 있는 곳에 대해서도 접근권이 인정되어야 한다고 본다. 이 경우 정부가 재정 지원을 약속한 계약 내용이 접근권 행사의 근거가 되는 것은 물론이다.

따라서 옴부즈만의 적극적 접근성 발현 대상에는 그것이 국가의 행정권 행사와 관련되는 한 사실상 제한이 없다. 그러나 현실적으로는 그런 관할 대상에 대한 접근 과정에서 발생하는 장애요인을 옴부즈만이 얼마나 효율적으로 돌파할 수 있느냐에 따라 그의 실질적인 접근 경계가 설정된다. 그렇기 때문에 이런 장애를 돌파하는 데 있어 결정적 관건이 된다고 할 수 있는 행정기관의 옴부즈만에 대한 협조를 의무화하는 것은 당연한 일로 여겨진다. 이로 인해 옴부즈만에게는 보통 문서접근권, 증인출석요구권, 증언요구권, 증언강제권 등이 부여된다.

반면에 소극적 접근성은 일단 민원인이 어떤 문제를 옴부즈만에게 제기하고자 하는 경우 그 과정에서 어떤 형태의 장애물에 직면해서도 안 되며 원활한 접촉이 가능하도록 배려해야 한다는 것이다. 이런 관점에서 미국의 하와이 주에서는 민원을 문서로 제기하도록 규정하는 것도 서면 중심주의로 인해 민원인에 의한 대 옴부즈만 접근성을 저해하는 요인이 된다고 보고 구두나 전화 및 인터넷으로 신청할 수 있게 하고 있으며 그에 따르는 전화비용까지도 옴부즈만 사무실이 부담하도록 하고 있다.[3] 민원의 제기에 따르는

3) 스칸디나비아와 핀란드는 문서로 민원을 신청해야만 민원으로 성립된다고 보고 있으며, 뉴질랜드는 민원 신청비 2달러를 납부하도록 하고 있다. 미국 하와이 주의

수수료의 징수를 금지하거나 민원 해소 과정에서 발생하는 비용을 민원인에게 부담시켜는 안 된다는 것도 같은 맥락에서 제기되는 과제이다. 그렇지 않을 경우 민원 제기에 필요한 재정 자원의 확보 여부가 접근성 여부를 결정하는 요인의 하나로 작용하게 되기 때문이다.

옴부즈만이 보다 성공적으로 자신의 역할을 수행하기 위해서는 현지를 방문해서 실태를 파악하고 실체적 진실을 규명하는 일에 진력해야 한다는 주장도 그럴 경우 옴부즈만에 대한 민원인의 접근성을 높이는 효과를 낳는다고 보기 때문이다.

4. 기밀성

민원을 제기하는 일은 민원인에게 관련 행정기관이나 행정관료로부터 다양한 형태의 위협이나 피해를 촉발할 가능성을 동반한다. 따라서 민원 제기 관련 정보를 비밀에 부치지 않을 경우, 민원 제기의 동기 자체를 크게 위축시킬 위험성이 있다. 그러므로 보다 활발하게 민원을 제기하도록 유도하기 위해서는 관련 정보의 공개를 차단하고 기밀성을 지키는 일이 중요한 역할 규범으로 제기된다. 단순히 민원이 제기되었다는 사실이 공개되는 것만으로도 해당 행정관료나 민원인의 인격이 훼손되거나 인권이 침해될 수도 있다. 따라서 법률로 따로 규정된 경우를 제외하고는 옴부즈만이 그의

경우에도 최근에 들어서면서부터는 경찰의 가혹행위 같은 행정관료의 오류나 실수를 고발하고자 하는 경우에는 이를 서면으로 제기하고 민원인이 서명하도록 요구하고 있다. 이는 모두 민원인에 의한 대 옴부즈만 가촉성 보다는 옴부즈만에 의한 대 민원인 가촉성 증대에 유의한 결과로 여겨진다.

역할을 수행하는 과정에서 발생하는 정보를 증언하거나 기록물로 남기도록 강제하지 말아야 하며, 관련 정보를 공개할 것인가의 여부를 결정하는 권한은 절대적으로 옴부즈만에게만 부여해야 한다(ABA, 2004: 15). 이는 관료제적인 행정운영이 서면중심주의로 인해 다양한 폐해를 동반하고 민원 유발의 요인 가운데 하나가 되고 있다는 점에 대해서도 유의한 결과이다.

민원의 성질상 기밀성의 유지가 곤란하다고 판단되는 경우에도 민원인의 동의를 얻어서만 공개해야 하며, 민원인이 관련 정보의 공개를 원치 않지만 민원의 처리 과정에서 관련 정보의 공개가 불가피하다고 판단되는 경우에는 안건 자체를 접수하지 않는 것도 문제해결 방안 가운데 하나로 제시된다(Ghottehrer & Hostina, 1998: 10). 그만큼 기밀성의 유지는 옴부즈만의 역할 수행에 있어 핵심적인 규범 가운데 하나에 해당된다. 옴부즈만은 민원인으로 하여금 자신의 가장 사적인 문제를 마음 놓고 말할 수 있게 하자는 장치이며, 그렇기 때문에 바로 이점이 옴부즈만을 다른 국가 기관 그러니까 국회의원이나 판사 내지는 검사와 차별화하게 되는 핵심적 요인 가운데 하나이기도 한 것이다(Kostelka, 1998: 4).

특히 기관 내부형 옴부즈만(organizational ombudsman)의 경우 기밀성의 유지는 매우 중요한 규범으로 간주된다. 동일 조직 내부에 설치되는 만큼 민원 관련 정보의 유출로 인한 피해가 상대적으로 보다 더 크기 때문이다. 물론 고전적인 옴부즈만의 경우에도 기밀성의 유지는 옴부즈만이 유념해야 할 핵심적인 역할 규범 가운데 하나이다. 따라서 옴부즈만이 업무를 수행하는 데 있어 공적 부문의 업무 수행 성격상 최소한의 기록 유지가 불가피하다고 하더라도 기록 범위를 최소한으로 규정하고 일정 기한이 지나면 자동 폐기토록 하는 일몰법(sunset law)을 도입하거나 문서에 대한 접근권을 담당 옴부즈만으로 한정하는 등 다양한 장치를 통해 기밀성 유지에 힘쓰고자 하는 것이 보통이다.

보다 적극적으로는 기밀유지권을 법률로 규정할 수도 있다. 사법부의 영장 청구로부터도 옴부즈만의 관련 정보 보호권을 인정하고 그에 따르는 면책권을 법률로 정해 두려는 것이다(USOA, 2003: 8). 성문법상 옴부즈만의 이런 권리를 명시하지 않는 경우에는 최소한 옴부즈만 운영 관련 정책 기조에라도 문서로 이를 밝혀둘 필요가 있다. 이를 광범위하게 공표하고 공지해서 여러 사람이 숙지할 수 있도록 해야 할 것도 물론이다(ABA, 2004: 15).

매우 예외적이기는 하지만 옴부즈만이 이런 기밀성 유지의 규범을 견지하기가 어려운 경우가 아주 없는 것은 아니다. 무엇보다도 행정정보 공개 제도와의 충돌 문제는 심각한 과제이다. 행정정보 공개 제도의 규정에 따라 공개가 금지되는 경우를 제외하고는 공개 청구가 있을 경우 기밀성의 유지 규범이 침해될 수밖에 없기 때문이다. 최소한 공개 여부를 판단하기 위해 관련 업무 담당자가 관련 문서나 정보를 검토하는 일은 불가피하고 이 과정에서의 공개는 막기 어렵다. 검토의 결과 공개 대상에 해당된다는 판단이 나오는 경우에는 더 말할 나위도 없다. 정부 감사업무 담당관이 관련 행정관료의 부패, 왜곡, 권력 남용 등과 관련하여 관련 정보의 공개를 요구하는 경우에도 문제는 심각하다. 그렇지만 기본적으로는 이런 경우에도 옴부즈만은 기밀성 유지의 규범을 지켜야 하며 이를 위한 권한이 부여되어야 한다는 것이 중론이다(Meltzer, 1998: 604-605). 그렇다고 해서 공익 유지를 위해 필요하다고 판단되는 정보의 공유마저도 차단되어야 한다는 뜻은 물론 아니다. 민원인의 진술을 통해 제3자의 안위가 위협받는다거나 사회적인 질서의 유지가 크게 훼손될 가능성이 있는 정보를 지득하는 경우에는 이를 당연히 관련 정부기관과 공유할 수 있어야 한다(ABA, 2004: 15).

5. 신속성

'지연된 정의는 부인된 정의다(Justice delayed is justice denied)' (Gregory, 1998: 152)라는 말이 있지만 관료제의 가장 큰 병리 현상 가운데 하나는 행정행위의 지체에 있다. 하물며 그런 지체에서 유발되는 민원의 해소를 감당해야 할 옴부즈만이 즉응적인 문제 해결에 나서지 않는다면, 이는 자기 존재의 정당성을 부정하는 것이나 다름없다. 옴부즈만은 민원 해소나 행정정의의 회복 같은 자기 역할 수행 과정에서 즉각적이면서도 신속하게 대응해야 한다. 이는 민원의 해소가 정부 운영의 정상성을 회복하는 과정으로 이해되기 때문이다. 병이 들었다면 이를 하루라도 신속히 치유해야 할 것은 당연한 이치이다. 노르웨이의 전직 옴부즈만이 술회한 바와 같이, 시민은 그의 권리를 보장받는 것 못지않게 그의 권리를 제때에 보장 받는 것이 중요하다. 이점이 결여된 옴부즈만은 다른 권익구제기구와 다를 것이 없다(Fiflet, 1994: 125).

이런 신속성 규범을 담보하기 위한 전략으로는 대개 두 가지 방안이 제시된다. 여과 모형(Filtering Model)과 갈등해소 모형(Resolution Model)이 그것이다(Bondy & Le' Seuer, 2012). 여과 모형은 미리 절차나 관할 범위가 정해진 바에 따라 또는 자의적 판단에 따라 심도 있는 대응을 필요로 하는 것인지의 여부 또는 민원으로 성립 가능한 것인지의 여부 등을 따져 보다 자세하고 비용이 많이 드는 방법으로 처리하는 것이 마땅한 민원과 그렇지 않은 민원을 가려내자는 전략이다. 이는 대부분의 민원을 단순 처리 과제로 다루고 거기에서 발생하는 여유 자원을 심도 있는 대응이 필요한 사례에 집중 투여함으로서 관리의 경제성을 높이자는 것에 다름 아니다. 당연히 단순 처리 민원으로 분류되는 경우 시간의 투입 정도가 줄면서 보다 신속하게 처리될 것은 물론이다. 갈등해소 모형은 민원 처리 과정 자체의 비용과 시간을 최소화하려는 전략에 기초한다. 원래 민원에 내포되어 있는 이견이나 갈등을 해소하는 방법에는 공식적인 조사절차를 통해 문제의 본질을 규명하는 방법과 비공식적인 조정이나 후견을 통해 민원 당사자들이 합의에 이르도록 지원하는 방법이 있을 수 있다. 이 가운데 후자의 비공식적인 접근 전략을 확대 강화하고 이를 공식화하자는 것이다.

그런데 전자의 경우, 우선 옴부즈만을 어느 차원에서 접근하느냐에 따라 상이한 대응전략을 모색하게 된다. 미시적 차원에서 갈등 조정 과제로 다루는 경우 옴부즈만을 '시민의 도우미(citizen helper)'로 이해하고 민원으로 인한 고충 해소에 주안점을 두게 된다. 이때는 비공식적인 조정이나 중재를 통해 협상을 시도하면서 그 결과 문제를 신속히 처리하는 데에 방점을 두게 된다. 중범위 차원에서 접근하면서 옴부즈만을 '행정의 감시자(administrative auditor)'로 인식하고 행정 시스템의 결점이나 오류를 확인하고 시정하는 것과 같이 행정관리 및 통제 기능에 강조점을 두는 경우에는 보다 공식적이고 체계적인 조사에 의존하게 되기 때문에 보다 많은 시간의 투입이 불가피하게 된다(Gregory, 1998: 153). 보다 신속한 민원 처리를 위해서는 옴부즈만을 행정통제보다는 갈등 조정의 도우미로 다루는 접근전략을 필요로 하게 된다. 제도의 운영이나 조직의 관리보다는 개인 차원의 갈등조정 활동에 주력할 때 보다 신속한 역할 수행이 가능해진다는 뜻이다. 따라서 신속성 규범의 관점에서만 본다면 개별 민원의 갈등 조정 역할이 옴부즈만의 본래 과제라고도 말할 수 있다.

국회의원으로 하여금 민원에 대한 청원권을 행사하게 하자는 것도 신속성 규범의 연장선상에서 제안된 바 있었다. 여러 민원 가운데 어떤 것이 보다 가치 있고 중요한 지를 가려내는 역할을 국회의원에게 맡겨 민원접수단계에서부터 차등 대응이 가능하도록 해서 민원 처리 과정에 투입되는 비용과 시간을 보다 효과적으로 배분하자는 것이다. 이럴 경우 보다 중요한 사안에 대해서는 훨씬 더 신속하게 대응할 수 있게 된다는 것이다. 이런 관점에서 프랑스와 영국에서는 국회의원을 통해서만 민원의 접수가 가능하도록 했었다. 국회의원에 의해 민원의 완급이나 경중이 가려질 경우 중요 민원에 대해서는 보다 신속하게 대응할 수 있게 된다고 보았기 때문이다. 특히 국회의원을 거치기 때문에 민원에 대한 행정부의 대응이 보다 신속해지고 나아가 고위 행정관료의 검토 과정을 거치기 때문에 민원에 대한 행정기관의 대응이 보다 신중하고 유연해지는 부수 효과도 유발된다고 보았다(정순교, 2005: 17).

그러나 국회의원에 의한 이런 여과 과정은 옴부즈만의 민원 현장에 대한 즉응적인 대처를 지연시키거나 훼손하는 한 원인이 되며,

나아가 옴부즈만의 독립성과 접근성을 저해한다는 평가를 받게 되었다(Ghottehrer & Hostina, 1998: 5). 그렇기 때문에 모든 민원은 중개인을 거치거나 수수료를 청구하는 일 없이 직접 옴부즈만에게 제기되어야 하며, 민원 접수 여부를 결정하는 권한은 오로지 옴부즈만에게만 부여해야 한다는 주장이 타당성을 더하게 되었다. 그렇지 않을 경우 결국 대리인 체제의 모순을 해결하기 위해 새로운 대리인 제도를 도입하자는 것과 다를 바가 없다. 따라서 이런 민원 선별권은 옴부즈만의 절대권으로 보장되어야 하며, 그렇기 때문에 사법적 판단의 대상이 되어서도 안 된다는 것이 오늘날의 지배적인 견해이다. 이는 민원인의 옴부즈만에 대한 직접적인 접근권 보장이 옴부즈만의 본질적 속성에 해당된다고 보기 때문이기도 하다. 이로 인해 프랑스와 영국에서도 국회의원의 소개를 통해 민원을 옴부즈만에게 전달하던 관행을 재검토해야 한다는 논의가 오랫동안 제기 되어 왔고(Ghottehrer & Hostina, 1998: 5), 최근에는 결국 이를 폐지하는 변화에까지 이르게 되었다.

이런 역할 수행상의 신속성 규범에 대한 요구 때문에 여과 장치를 사무 처리 절차의 정교화를 통해 행정 관리 차원에서 해결하자는 제안도 있다. 민원 접수의 초기 단계에서부터 민원의 처리 절차를 보다 정교하게 설계해서 접수와 동시에 기계적으로 간편 신속절차에 의해 다룰 사안과 보다 신중하고 심도 깊은 조사를 필요로 하는 사안으로 자동 구분하는 분류장치를 설치, 운영하자는 것이다(Gill et al, 2013: 39). 이럴 경우 민원 해결 과정 자체의 신속 대응이 가능할 뿐만 아니라 어느 부류의 민원으로 구분할 것이냐를 두고 불필요한 행정 자원이 소요되거나 시간이 지체되는 일도 막을 수 있다는 것이다.

그러나 이는 상대적인 평가에 지나지 않는다. 오히려 옴부즈만의 역할을 어느 쪽에 강조점을 두어 인식하든 옴부즈만이 그의 역할을 수행하는 데 있어 신속성을 유지해야 한다는 것은 가장 기본적이고 또 본질적인 규범에 속한다(정순교, 2005: 17). 이런 관점에서 볼 때 민원 처리 과정이 비공식성에 의존할수록 업무 처리가 보다 더 신속하게 이루어질 것은 자명한 이치이다. 이에 따라 역할 수행상의 비공식성을 되도록 확대하고 이를 기관 내재적 특성으로 삼을 필요가 있다. 민원 처리 과정의 비공식성을 공식화하자는 것이다. 이와 연계하여 업무처리 절차의 단순화 정도가 높을수록 처리 과정의 비공식성과 함께 신속성 정도가 높아질 것도 물론이다. 예를 들어 전화나 이-메일을 통해 의사소통하는 경우 우편을 이용하거나 면대면 접촉이 이루어질 때 보다 업무의 처리가 훨씬 더 신속해진다(Merricks, 2011: 249). 이렇듯 옴부즈만의 활동 과정에 정보통신 기술을 접목해서 온라인 포털을 통해 민원 관련 정보를 관리하고 검색하는 경우 신속한 업무 처리는 물론이고 민원인 친화적이며 중립적이고 종합적인 업무 관리가 가능해질 것도 물론이다. 그렇다고 해서 고식적인 업무 처리 양식을 온라인으로 전부 대체하는 경우에는 기밀성의 유지가 어려워질 가능성이 있으며 일종의 "정보격차" 문제가 발생하면서 사회 열등 계급의 접근성이 위협받을 수도 있다. 여기에서 더 나아가 온라인 시스템이 직접 대면의 기회를 제거하는 결과가 되면서 보다 감성적이고 인간적인 교류나 대응의 기회를 박탈할 수도 있다. 그러나 정보통신 기술의 활용이 업무 처리상의 신속성을 담보할 것이라는 데에는 의심의 여지가 없다.

그런데 업무 추진의 신속성과 관련한 보다 근본적인 과제 가운데 하나는 옴부즈만이 상시 운영체제를 갖추어야 한다는 데에도 있다. 옴부즈만이 유고시에도 항상적으로 그의 기능이 수행될 수 있도록 해야 업무 수행상의 신속성을 언제나 담보할 수 있을 것이기 때문이다. 이를 위해서는 옴부즈만이나 그의 조력자인 조사관 등에 결원이 생길 경우 이를 조속히 충원하도록 강제하는 제도적인 장치를 갖출 필요가 있다(Ghottehrer & Hostina, 1998: 5).

III. 역할 수행의 결과 규범

옴부즈만을 옴부즈만답게 만드는 것은 그의 역할 수행 과정뿐만 아니라 그런 과정이 지향하는 결과적 소산도 어떤 특정한 성질을 담보하고 있을 때이다. 이를 구현하기 위해서는 역할 수행 과정 자체가 요구하는 규범뿐만 아니라 그 과정을 통해 성취하고자 하는 지향점에 의해서도 역할 수행 양식이 규범적 구속 하에 놓여 있어야 한다.

1. 종국성

옴부즈만에 의한 의사결정은 대개의 경우 사법적 심사의 대상에서 제외된다. 이는 옴부즈만의 관할 범위에 관한 분쟁이나 기타 심각한 오류가 있는 경우를 제외하고는 옴부즈만의 결정에 대해 법원이 개입하지 않도록 하고자 한 결과다. 이렇듯 관련 당사자들이 옴부즈만의 결정에 대해 불만을 토로하거나 수용하지 않을 수는 있어도, 옴부즈만이 취한 결정에 대해서는 옴부즈만이 아닌 어느 누구도 이를 재심하거나 변경하거나 또는 수정을 요구할 수 없다. 이는 옴부즈만에 의한 의사결정은 종국성(finality)을 지향해야 하는 것이기 때문이다(Ghottehrer & Hostina, 1998: 8-10). 옴부즈만의 존재 이유 자체가 바로 이런 이해관계나 분쟁 속에서 최후적인 해결책을 모색하자는 데에 있다.

이렇게 옴부즈만에게 종국적인 의사결정권을 부여하는 원인 가운데 하나는 국가의 행정작용 내지는 분쟁 조정 기능이 지지부진하거나 반복되는 경우 의사결정의 적기를 놓치거나 조정의 지체에서 오는 행정의 비효율과 국고의 낭비가 적지 않을 것이기 때문이다. 이를 통해 국민의 고충을 신속히 회복하자는 의도도 내포되어 있을 것은 물론이다. 바로 이 점에서 종국성은 옴부즈만의 또 다른 역할 규범인 신속성과도 연계된다.

같은 맥락에서 옴부즈만에 의한 의사결정 결과를 관련 이해당사자나 행정기관에게 통보하는 과정에서도 이를 어느 누구도 방해하거나 지체해서는 안 된다(Pettigrew, 2003: 8). 민원의 해결 과정에서 옴부즈만의 종국적 권위를 상정하는 경우, 이를 압도하는 권위기관이란 따로 있을 수 없는 일이기 때문이다.

그뿐만이 아니다. 옴부즈만은 자신이 결론에 이르기까지의 과정에서 어느 누구로부터도 방해받지 않고 자유롭게 자신의 관점을 정립하고 선택하며 결론에 도달할 수 있는 권리를 지닌다. 그렇기 때문에 그에 의한 의사결정 결과는 당연히 외부의 힘에 의해 왜곡되거나 훼손되지 않는 것으로 간주된다. 그 결과 옴부즈만 자신만의 고결한 판단과 독자적 평가의 결과라는 정통성을 지니게 되고,

그렇기 때문에 존중해 마땅한 것으로 인식된다. 이 점에서도 옴부즈만의 의사결정은 종국적인 권위를 지니는 것으로 여겨진다.

그런 종국성이 관련 이해당사자들 사이의 이해와 정서적 수용을 전제로 유지되는 것이라는 점에서는 역할 수행의 과정 규범인 권고성과도 연계된다. 일방적 지시나 강제력이 아닌 자발적 수용과 이해력에 기초하는 것이기 때문에 더 이상 재론의 여지가 없고 그렇기 때문에 종국적인 결론에 도달한 것으로 간주된다는 의미이다.

특히 옴부즈만이 도덕적, 윤리적 판단자로써 행정정의 구현의 책무를 지닌다는 점에서 볼 때 정의에 입각한 결론은 하나일 수밖에 없고, 그렇기 때문에 옴부즈만의 역할 수행에 의한 결과적 소산은 재론될 수 없는 성질의 종국적 결론으로 간주된다.

2. 공정성

옴부즈만이 권고적 양식을 통해 민원을 해결하고자 한다면 그의 권위에 대한 시민사회나 행정관료의 수용이 전제되어야 한다. 그렇지 않을 경우 비관료제적인 문제 해결 양식, 그러니까 법적 강제력이 아닌 자발적 동의와 수용을 통해 갈등을 조정하기는 어렵다. 그런데 이렇게 옴부즈만의 권위가 승인되기 위해서는 옴부즈만의 역할 수행에 의해 산출되는 결과가 정부와 시민 사이에서 어느 한 쪽으로도 치우치지 않는다는 의미에서 일종의 공정성이 견지되어 있어야 한다. 균형성과 중립성이 유지되어야 한다는 뜻이다. 그렇지 않으면 일반 시민으로부터는 정부기관의 하나로 치부될 가능성이 있고, 행정관료나 행정기관으로부터는 또 하나의 시민사회 운동 단체로 간주되고 말 위험성이 있다. 옴부즈만에 의한 민원의 처리 결과가 정부에 유리한 것으로 평가되는 경우에는 옴부즈만도 정부기관의 일종이라는 점에서 자기 자신이 자기를 편드는 결과가 되며, 이는 자기가 자신을 평가하는 것은 정의가 아니라는 법원과도 어긋난다(정순교, 2005: 12-13).

이렇듯 결과의 균형성이나 공정성을 유지하기 위해서는 기본적으로 옴부즈만이 선입견으로부터 자유로워야 하며 이해관계에 구속되지 않아야 한다. 예컨대 파당성은 정치적 중립성에 대한 의구심을 촉발하는 한 원인이 되며 바로 이런 선입견에서 벗어나기 위해서는 당연히 일체의 정치활동에 간여하지 않는 것은 물론이고 어떤 형태로든 외부의 단일 소스로부터 대부분의 지출 재정을 지원 받는 일도 지양해야 한다(Hill, 1997: 7). 옴부즈만이 개인으로써는 특정 정당을 지지하고 투표한다고 하더라도 이를 공개적으로 표명하거나 특정 정당이나 정치인을 지지하는 것처럼 보이는 행동을 취하는 것은 위험한 일이다. 자신이 어떤 정책을 지지하거나 선호한다고 해서 이를 적극적으로 관철하려고 해서도 안 되며 그런 입장 자체를 견지해서는 곤란한 일이다.

또한 관련 당사자들과 "이해충돌(conflicts of interests)"이 일어날 경우 결과의 공정성을 기약하기 어려울 뿐만 아니라 공정성을 유지하기 어려울 것이라고 생각되는 정황 자체가 공정성 훼손의 개연성을 낳게 된다(USOA, 2003: 5). 그렇기 때문에 옴부즈만으로써는 어떤 형태로든 사전에 이해관계를 맺고 있는 상대로부터 민원이 제기되는 경우에는 이를 공개하고 스스로를 제척해야 마땅하다(Ghottehrer & Hostina, 1998: 5; USOA, 2003: 8). 따라서 이해충돌을 유발할 개연성이 있거나 있어 보이는 직위를 겸직해서도 안 된다. 옴부즈만의 관할 범위 내에 있는 기관과 관련되거나 계약 관계에 있어 영향을 미치게 되는 직위도 당연히 제척해야 마땅한 일이다.

또한 옴부즈만은 민원인과 민원 관련 행정관료 가운데 어느 한쪽을 비호하거나 배척하자는 것이 아니기 때문에 민원 관련 대상기관이나 행정관료에 대한 사실조사를 취합하거나 평가하고 이를 공표하기 전에는 관련 기관이나 관료에게 의견 진술 기회를 부여해서 선입견이나 과오 또는 실수로 인해 편향된 결과가 생기지 않도록 역할 수행상의 균형성을 유지해야 한다. 이럴 경우 민원 관련 조사 결과를 공표하기 전에 관련 당사자로 하여금 자기 변호의 기회를 부여하는 것이 되기 때문에 결과적으로는 조사 결과의 정교성, 타당성, 수용성 정도를 높이게 된다. 따라서 관련자의 의견 진술이 있기 전까지는 관련 조사 내용을 대외비로 다루어야 할 것도 물론이다. 이렇듯 옴부즈만이 행정관료로 하여금 편향성이나 선입견 따위를 시정할 수 있는 기회를 갖게 한다는 사실은 그것 자체가 민원인으로 하여금 옴부즈만의 역할 수행과 그 결과에 대해 신뢰할 수 있는 빌미가 된다.

옴부즈만이 원래 행정과정의 공정성이나 타당성 정도를 높이려는 목적을 가지고 등장한 제3의 장치라면, 옴부즈만 자체의 운영도 바로 이런 원리와 원칙에 따라 이루어져야 할 것은 물론이다. 이 점에서도 공정성 유지는 중시되어야 마땅하다. 옴부즈만은 일의 성격에 따라 민원인의 의견을 존중하는 조사 결과를 내놓을 수도 있고, 자신이 제안한 프레임을 따르도록 대상 기관에게 재차 권고할 수도 있다. 그런 행위가 민원인의 이해관계를 증진시키는 데에 기여하는 결과를 가져올 수도 있는 노릇이기는 하지만, 옴부즈만이 민원인의 이해관계를 직접 증진시키려는 대리인의 위치에 서서 접근하지는 말아야 한다. 이 점은 이미 밝혀 본 바와 같다. 옴부즈만은 기본적으로 어느 누구의 이해관계를 지지하거나 지원하는 대변인과 같은 존재가 아니다. 선입견 없이 실체적 진실을 밝히고 그를 통해 중립적인 판단에 이르자는 것이며, 그 결과 행정정의나 좋은 정부(good government)의 구현에 기여하자는 것이다(Ghottehrer & Hostina, 1998: 6-8).

따라서 옴부즈만은 그의 본질적 특성상 역할 수행 결과의 중립성을 확보하고자 노력해야 한다. 그렇다고 해서 아무런 가치 판단도 해서는 안 된다거나 어떤 목적 가치를 주창하거나 지향해서는 안 된다는 의미는 결코 아니다. 오히려 바로 그런 가치 판단을 통해 옳고 그름과 좋음과 나쁨을 가릴 수 있어야 한다. 옴부즈만은 비록 어떤 행정행위가 합법적으로 이루어졌다고 하더라도 그것이 보다 넓은 의미의 행정정의에 부합하는지의 여부를 검토하자는 것이고, 그렇기 때문에 그런 의미의 공정성 유무를 평가하고 심사하는 국가기관으로는 거의 유일한 존재라고도 말할 수 있다(Ghottehrer & Hostina, 1998: 8-10). 그런 판단의 결과 시정 조치가 필요하다고 평가되는 과제에 대해서는 당연히 그런 의견을 표명하고 시정 조치를 요구해야 한다. 이런 요구가 의도하지 않게 어떤 일방의 이익을 증대하거나 불이익을 촉발하게 될 수는 있다. 그렇다고 하더라도 그런 결론이 의도적인 편들기나 중립성의 훼손을 통해 이루어져서는 논란한 일이다(ABA, 2004: 14).

이런 생각의 연장선상에서 영국은 옴부즈만이 규제 개혁의 일반 원칙(Regulatory Reform Order)에 따라 운영되어야 한다는 점을 명시적으로 강조한다. 옴부즈만에 의한 개혁 대안의 제시는 "필요한 보호(necessary protection) 조치"를 유지하는 가운데 이루어져야 한다는 것이다. 이는 관련 국가 기관 사이나 국가와 시민사회 사이에서 일종의 견제와 균형을 유지하기 위해 마련된 제반 장치들을 훼손하지 말아야 한다는 의미로 해석된다. 그 가운데에서도 권리와 자유(rights and freedom)를 보호해야 한다는 의미는 옴부즈만의 역할 수행 결과가 합리적으로 판단되는 범위 내에서 볼 때 개인의 기본권을 헤치지 않아야 한다는 뜻으로 이해된다. 비례성의 원리(proportionality)는 옴부즈만의 조치로 인한 이익이 관련 당사자들에게 비례적으로 배분될 수 있어야 한다는 의미이다. 균형성의 원리(fair balance)는 이해 관련 당사자들 사이에서 어느 한쪽에게 일방적으로 유리한 결과를 낳아서는 안 되며, 이는 결코 모든 이해당사자들이 균일하게 처우되어야 한다는 의미가 아니라 사회공동체 전체에 대한 유익을 도모한다는 것이 결과적으로 소수파나 개인에게 추가적인 부담을 지우게 되는 경우에는 그런 행위가 정당화될 수 있는 범위 내의 것이어야 한다는 뜻이다. 바람직한 조치의 원리(desirability)는 옴부즈만이 어떤 조치를 취할 경우에는 그 결과가 총체적인 관점에서 볼 때 바람직한 것이어야 한다는 의미로 해석된다. 예컨대 비용 효과 면에서 유익한 것인가의 여부를 따져보아야 한다(Cabinet Office, 2005: 4-5, 24). 옴부즈만은 그의 역할 수행 결과에 따른 이해관계로부터도 자유로운 가운데 역할 수행에 나서야 한다는 의미에 다름 아니다. 가장 윤리적인 것이 중립적이며 이해관계로부터 중립적인 것이야말로 공정성을 확보하는 지름길인 것이다.

3. 유연성

옴부즈만은 그의 발흥과 전개 과정에서 드러나는 바와 같이 처해 있는 환경에 따라 유연하게 조응하고 적응하는 변용성을 특징으로 삼는다. 이는 고전적인 옴부즈만이 행정부형 옴부즈만 내지는 기관 내부형 옴부즈만으로 확산, 변화하는 현상이나 공적 영역에서나 목격되던 옴브즈만이 사적 영역으로까지 확대되는 데에서도 알 수 있다. 의원내각제를 권력구조로 삼는 헌정체제 아래에서 개발된 옴부즈만이 오늘날은 다양한 양식의 헌정체제와 결합하면서 범지구적으로 확산되고 있다(Field, 2018: 120). 그러나 이런 변용과 적응을 단지 모든 조직이나 기관이 환경 변화에 따라 순응해 나가는 제도화 과정의 일부라고 보기보다는 옴부즈만의 내재적 속성 가운데 하나라고 보아야 한다. 이유는 바로 이런 변화와 적응 현상이 기관 자체의 운영 양식이나 성질의 변화에서도 나타나고 있기 때문이다.

옴부즈만은 자체 기관형성의 초기 단계에서는 대체로 공식적인 절차나 조사 양식에 의존하려는 경향이 높지만, 일단 제도가 공고화되거나 활착화한 연후에는 비공식적인 조정이나 절차에 의존하는 성향이 커진다. 캐나다 온타리오 주의 옴부즈만 경우를 보면 옴부즈만 형성의 초기에는 주로 법원의 결정을 통해 갈등을 해결하거나 분쟁을 조정하려는 성향이 크지만 기관의 제도화가 촉진되면서부터는 전화나 기타 개인적인 접촉 등을 통해 비공식적으로 신속히 문제 해결에 나서고자 하는 변화를 보여준다(Pettigrew, 2003: 5).

옴부즈만에 의한 분쟁이나 갈등의 조정은 민원이 제기된 연후에 조치가 취해지는 것이 상례이지만 요즘에는 그런 민원이 발생하기 전에 미리 예방적 차원의 선제적 조치로서 문제발생 소지가 있는 부분이나 과제를 발굴하여 대응함으로서 문제 발생의 소지를 근인적으로 차단하려는 경향도 나타나고 있다. 민원 해결의 결과 행정개혁을 주문하거나 대안을 제시하고 법률개정을 제안하는 경우가 바로 여기에 해당된다. 옴부즈만은 개별적인 민원 해결에 대한 주문을 받고 이의 해결을 위해 노력하는 것이 보통이지만 최근에는 그런 개별적 사례보다는 보다 포괄적이고 총체적인 적용력을 갖는 시스템의 교정이나 개혁에 보다 더 주목하려는 변화를 보여준다.

이와 같이 옴부즈만은 환경 변화에 조응해서 지속적으로 자신을 적응시켜 나가는 대응성과 변용성을 기관 특성 가운데 하나로 삼는다. 이런 환경적응력과 그에 따른 기관 운영상의 유연성은 연성권력을 통해 민원 해결에 나서고자 하는 옴부즈만의 본질적 특성 가운데 하나다. 연성권력 나아가 지능권력을 통해 문제 해결에 임하고자 한다는 것은 그의 본질적 특성을 환경 변화에 유연하게 조응해 나가는 데에 둔다는 것에 다름 아니다. 권고를 통한 문제 해결 양식 자체가 기관 운영상의 유연성을 전제로 한다. 옴부즈만의 기관 특성상 개별 민원의 성질에 따라 상황 조응적으로 대처하는 인식의 프레임을 개발한다거나 개입 강도를 조절하고자 한다는 점도 옴부즈만의 바로 이런 역할 규범상의 유연성에서 비롯되는 일이다. 옴부즈만에게 독립성과 종국성을 부여하여 그의 최고 권위를 보장하는 것은 민원 해결 과정에서의 비공식적인 접근이 가능하게 하고 그로 인해 조정과 중재가 보다 효율적으로 이루어지게 하려는 것이다. 이때 조정과 중재가 비공식적으로 관리된다는 의미는 현장 상황의 변화에 따라 유연하게 대응할 수 있게 하자는 것에 다름 아니다.

따라서 옴부즈만은 자신의 역할 수행이 결과적으로 어떤 고정적인 양식의 산출물을 약속해야 한다는 기계론적인 관점에 서 있는 것이 아니라 "보충성의 원리"에 따라 그때그때의 상황변화와 환경 수요에 따라 유연하게 활용되는 결과를 지향하고자 하는 셈이다.

4 도덕성

정의로운 것이 도덕적이라고 한다면 도덕적이라는 언명에는 실로 다양한 의미가 함축된다. 민주정체 하에서는 당연히 사회공동체 구성원으로써 견지해야 하는 사회적 책임성, 공정성, 동료애 내지는 박애의 정신 따위가 도덕성의 실체일 것이다. 또는 어떤 세상을 살아가면서 체득하게 되는 사회적인 합리성이나 직관 따위를 도덕성이라고 말할 수도 있다. 아니면 종교적, 사상적인 원류에 기초하는 실존적 책무일 수도 있다. 도덕성이 이렇게 다양하고 다원적인 의미를 함축한다는 것은 도덕성에는 인간이 본래적으로 지니는 근원적인 덕목을 지칭하는 차원도 있지만 그가 살아온 사회문화적 환경에 의해 구속되거나 규정되는 사회통념도 가치에 함축되어 있기 때문이다. 그런데 대개 근원적 덕목으로써의 도덕성이 도덕성의 목적 가치와 연동된다면 사회통념으로써의 도덕성은 도덕성의 수단 가치와 연결되는 성질을 지녔다.

이렇듯 도덕성을 목적과 수단의 차원으로 나누어 보는 경우, 옴부즈만은 인권을 보호하고, 사회적 약자를 대변하는 등 도덕적 가치의 근원적인 덕목을 구현하고자 노력한다는 점에서 도덕성을 목적 가치 차원에서 접근한다. 그러나 그런 역할의 수행 양식이 사회적 통념의 범위를 벗어나는 것이 아니어야 한다는 점에서는 도덕성의 수단 가치에 주목하는 셈이기도 하다.

그런데 옴부즈만이 하는 일은 접수된 민원의 유발 요인이 도덕적 가치를 훼손한 데에서 비롯되는 것인지의 여부를 확인하자는 것에 다름 아니다. 이때 옴부즈만이 의지하게 되는 궁극적인 판단의 준거는 자신의 확인 작업이 과연 정의에 입각한 것인가의 여부에 모여지게 된다(Rowe & Gottehrer, 1997: 2). 이 점은 특히 옴부즈만이 적극적 조사권을 행사하거나 적극적 접근권을 활용하고자 하는 경우 매우 명료해진다. 단순히 수동적으로 민원인의 문제 제기에 반응하는 것이 아니라 능동적으로 어떤 상황을 진단하고 평가하며 행정관료나 일반사회를 상대로 문제를 제기하기 위해서는 무엇이 오류이고 무엇이 부당한지를 판단하는 윤리적 판단의 준거 프레임을 지니고 있어야 한다. 이는 옴부즈만의 역할 수행 결과가 도덕적이어야 하고 그렇기 때문에 역할 수행의 목적 가치로 도덕성이 요구된다는 것에 다름 아니다.

이렇게 놓고 볼 때, 행정정의의 구현을 위해 행정과정의 도덕성 회복에 나서야 한다는 것은 시대 상황의 변화에 조응하지 못한 데에서 오는 행정 운영상의 구태나 목적 가치와의 불일치를 시정하자는 것이 아닐 수 없다. 그렇기 때문에 옴부즈만은 단순히 민원인의 권리를 구제하거나 행정관료와의 갈등을 해소하는 데에 끝나지 않고 행정과정의 개혁이나 쇄신을 겨냥하게 된다. 이렇듯 제도나 조직 관리 양식의 개혁이나 쇄신에 주목하게 되는 이유는 개별 사례가 다른 사례와 격리되어 있는 것이 아니라 그런 개별 사례들이 상호 연계되어 있어 하나의 체계를 형성한다고 보기 때문이다. 그렇게 볼 때 보다 총체적이고 종합적인 차원에서의 문제 인식이 가능하고 그때 보다 본질적인 문제 해결을 위한 대안 모색이 가능하다고 보는 것이다. 도덕성을 주문하는 것은 개별 사례에 내포되어 있는 본질 문제에 천착하자는 것에 다름 아닌 일이다

이로 인해 항용 옴부즈만이 지향하는 목표가 윤리담당관이나 윤리경찰의 업무와 크게 다를 것이 없지 않느냐는 질문이 제기되기도 한다. 그러나 옴부즈만이 스스로 중립적 관점에 서서 행정관료나 행정기관의 행정행위가 도덕적으로 타당했느냐의 여부를 따져 개선책을 모색해보고자 하는 것이라고 한다면, 윤리담당관이나 윤리경찰은 중립적 입장이 아니라 윤리적 가치에 함몰되어 행정관료나 행정기관의 활동을 평가하고 거기에서 더 나아가 도덕적 가치를 적극적으로 확산시키고자 한다는 점에서 다르다(Ziegenfuss & O'Rouke, 2011: 142). 그렇기 때문에 옴부즈만이 단지 민원에 한정해서 일하고자 하는 데 반해 윤리담당관이나 윤리경찰은 민원이 유발되지 않은 사안에 대해서도 도덕성의 관점에서 관찰하고 평가하고자 한다는 차이를 지닌다.

이렇듯 옴부즈만의 역할 수행 결과가 도덕적이기 위해서는 당연히 그의 역할 수행 과정도 도덕적이어야 한다는 문제가 제기된다. 그런데 이런 주문은 왕왕 사회통념상 중립성이나 불편부당성을 견지해야 한다는 의미로 해석되기도 한다. 그러나 중립성과 불편부당성을 견지한다고 해서 무관심하거나 부정의(injustice)에 대해 관용적이어도 좋다는 의미는 결코 아니다(Levine, 2005: 1). 이 점은 특히 옴부

즈만이 강성권력을 동원하는 것이 아니라 지능권력을 통해 권고적 양식으로 민원을 해결해야 한다는 데에서 비롯되는 요인이 적지 않다. 지능권력의 행사란 옴부즈만의 자율적 판단과 전략적 대응을 전제하는 것인 만큼 자의적 의사결정의 여지가 넓고, 그런 만큼 윤리적 도덕률을 일탈할 가능성도 커지게 된다고 보기 때문이다.

이렇듯 옴부즈만의 역할 수행 결과가 도덕적이어야 한다는 말은 도덕성의 수단 가치에 유의하자는 것인 만큼 옴부즈만이 생활하는 곳의 사회문화적 차원에서 해석하게 되는 것이 보통이다. 이 경우 도덕성은 정파 간의 이해관계에서 초월해야 한다는 의미에서의 정치적 중립성 견지, 행정기관으로부터의 포획에서 벗어나야 한다는 의미에서의 자율성 유지, 특정 정책이나 주의를 주창하지 말라는 주문, 일체의 선입견이나 편견으로부터 벗어나 객관적으로 업무에 임해야 한다는 요구, 이해충돌에서 벗어나기 위해 스스로를 제척해야 한다는 주장, 자기의 결정에 대해 자신이 평가의 주체가 되어서는 안 된다는 의미의 중립성 내지는 불편부당성 같은 원리들을 견지해야 한다는 과제를 함축한다.

이렇듯 옴부즈만이 도덕성을 지향한다는 사실은 민원인을 비롯한 대 시민사회와의 관계에서 매우 유효한 선전수단 내지는 정당성 확보의 요인으로 작용한다. 신뢰성 신장에 기여한다는 뜻이다.

5. 신뢰성

옴부즈만은 그의 역할 수행 결과에 대한 사회적인 신뢰가 전제되어 있어야 한다. 특히 민원인으로부터의 신뢰를 담보하는 일은 핵심적인 과제다. 이런 신뢰를 확보하기 위해서는 민원인을 비롯한 관련 당사자들이 옴부즈만의 권위를 인정하고 수용해야 하며 옴부즈만으로써는 그들에 대해 책임을 다할 수 있어야 한다. 옴부즈만의 역할 수행 결과에 결함이나 부족함이 있을 경우 민원인을 비롯한 관련 당사자들이 옴부즈만의 조언이나 권고에 귀 기우리려 하지 않을 것은 당연한 이치이다. 이런 옴부즈만의 권위 형성 요소에 대해서는 개인 차원과 기관 차원으로 나누어 볼 수 있다(Pettisgrew, 2003: 7).

먼저 개인 차원에서 볼 때, 옴부즈만은 법률, 행정, 정책 등을 다루는 데 필요한 전문가적인 식견과 판단력을 지니고 있어야 한다. 성공적인 옴부즈만이 되는 데 필요한 자격 요건이 무엇인지를 일반화하기는 어렵다. 왜냐하면 옴부즈만의 판단이나 권고가 관련 당사자들로부터 존경받고 수용되는 과정에는 실로 다양한 변수가 작용할 것이기 때문이다. 그러나 최소한 법률, 행정, 정책 따위를 분석하고 검토하는 데 필요한 기본 능력을 갖추고 있어야 할 것만큼은 자명하다. 이 점은 특히 제한적인 분야를 다루도록 되어 있는 전문 옴부즈만의 경우 보다 더 분명히 드러난다. 따라서 어떤 옴부즈만에게 특정 전문지식이 필요하다고 판단될 때에는 이를 법률로 명시할 필요가 있다. 옴부즈만이 휘하에 조력자를 두는 경우에는 이를 관리하고 통솔할 수 있는 능력도 겸비해야 한다(USOA, 2003: 8-9).

그뿐만이 아니다. 비공식적으로 역할을 수행하는 데 필요한 역량도 갖추어야 한다. 옴부즈만의 핵심적 과제 가운데 하나인 민원 관련 실체 파악에 성공하기 위해서는 공식적인 조사 활동 외에도 다양한 양식의 비공식적인 노력이 요구된다. 정보를 제공하거나 스스로 문제를 제기하도록 조언하거나 촉진하고 조정하며 중재하는 등 여러 형태의 조력을 제공해야 하기 때문이다. 이 가운데 어떤 전략이나 접근 방법을 채택할 것인가는 전적으로 옴부즈만 자신이 결정할 문제다. 모든 민원이 공식적이고 철저한 조사를 통해서만 해결되는 것은 아니다. 그렇게 할 수 있을 만큼 충분한 자원이 제공되는 것도 아니다. 그렇다고 해서 민원인에게 타당하고 합당한 조력을 제공하지 못할 경우 어느 민원인도 옴부즈만을 신뢰하거나 의존하려 들지 않게 된다(USOA, 2003: 9).

관련 행정기관과의 관계에서 보면, 관련 당사자들이 수용하고 실행할 수 있는 대안을 권고하거나 제안하는 일에 초점을 맞추어 조정 활동에 나서야 한다. 그렇지 않을 때의 문제는 심각하다. 옴부즈만은 기본적으로 자신의 견해나 입장을 견지하고 이를 일방적으로 관철하고자 해서는 안된다. 관련 당사자들을 지원하고 조장하며 촉진하는 데에 초점을 맞추어 활동해야 한다. 그래야 다른 행정기관과의 차별성이 유지되면서 그의 활동 결과에 대한 신뢰성을 확보할 수 있을 것이기 때문이다(Chambers, 2001: 5). 역할 수행의 상시성 보장도 중요한 일 가운데 하나다. 옴부즈만은 언제나 활동 상태에 있고 그렇기 때문에 하시라도 조력을 받을 수 있다는 믿음이 형성되어 있어야 한다.

그러나 이 과정에서 옴부즈만의 관할 범위를 분명히 하고 이를 일반 시민에게 숙지시켜 불필요한 기대나 민원 신청이 이루어지지 않도록 유의해야 할 것은 물론이다. 당연히 관할 범위 밖의 문제에 대해서는 관여할 수 없고, 그렇기 때문에 그로 인해 불필요한 실망감을 안겨주어서는 안 될 것이기 때문이다. 또한 옴부즈만은 그의 기본적인 존재 이유가 정부의 비능률이나 책임성 부재를 시정하자는 데에 있는 만큼 옴부즈만 자체가 능률적으로 운영되어야 하고 또 자신의 책임성 확보에 유의해야 할 것은 당연한 이치이다(Hill, 1999: 5). 이는 모두 옴부즈만의 역할 수행 결과에 대한 관련 이해 당사자들의 신뢰성을 담보하고자 하는 과제들에 다름 아니다.

IV. 옴부즈만 역할 규범의 내재적 갈등

이렇듯 옴부즈만은 그의 기관 특성에서 비롯되는 역할 규범 내에서 활동하고 기능을 발휘해야 한다. 그러나 이를 엄격히 준수하는 경우 역할 규범 간의 충돌로 인해 역할 정립에 곤란을 겪게 될 가능성이 적지 않다. 역할 규범들 사이에 갈등적 요소가 내재되어 있기 때문이다. 이런 상황은 옴부즈만으로 하여금 오작동이나 미작동에 빠지게 할 위험성이 크다. 이럴 경우 옴부즈만이 처음 도입되는 단계에 있는 대부분의 나라에서는 옴부즈만에 대한 일반 시민의 기댓값이 높기 마련이고 그렇기 때문에 쉽게 실망하게 될 개연성이 크다. 따라서 옴부즈만의 역할 정향에 대해 적절한 정보를 미리 제공해 두는 일이 필요하게 된다. 이를 위해서는 옴부즈만의 역할 규범에 대해서 뿐만 아니라 그의 한계와 제약점에 대해서도 보다 적극적으로 논의하고 공유해야 한다.

우선 옴부즈만은 민원 관련 행정관료나 행정기관과의 관계에서 권고성을 자신의 역할 규범으로 삼도록 되어 있다. 이는 물론 민원인과의 관계에서도 같다. 옴부즈만은 민원을 다루는 데에 있어 자신이 어떤 대안이나 프레임을 일방적으로 강제할 수 있는 권력을 지녔다고 생각해서는 안 되며, 일반 시민의 자신에 대한 신뢰를 토대로 관련 행정기관의 적정 계서 수준에 대한 조정과 중재를 통해 민원 해결에 나서야 한다. 그런 점에서 옴부즈만은 간접적이고 비공식적인 문제 해결 양식에 의존한다.

따라서 기본적으로 사례 특수적인 접근 전략을 취하는 셈이다. 이렇듯 개별 사례 중심적인 접근 전략을 취하는 경우 일반적, 보편적 판단 기준이나 평가 프레임을 설정하기가 어렵게 된다. 그 결과 또 다른 역할 규범인 공정성과의 충돌을 피하기 어렵다. 누구에게나 언제나 동일 사안에 대해서는 같은 비중이나 문제 해결 프레임을 적용하기가 어려워지기 때문이다. 이렇듯 개별 사례에 따라 다른 논리의 틀이나 문제 해결 대안이 거듭 제시되는 경우 옴부즈만의 문제 해결 능력이나 공정성에 대한 의구심이 생기면서 그의 도덕성 자체를 의심하게 될 가능성도 있다. 이런 경우 신뢰성 유지가 어려울 것은 물론이다.

강제력이 아니라 권고에 의존해서 민원을 해결해야 하기 때문에 옴부즈만은 보통 관련 정보를 공개하거나 공개를 압박함으로써 문제를 해결하고자 한다. 이는 관련 행정관료나 행정기관의 반응성과 수용성을 확보하는 데에 효과적인 것으로 생각되기 때문이다. 그러나 이를 반복해서 사용하는 경우 관련 기관이나 관료에게 일종의 내성이 생기면서 더 이상 조응하지 않게 될 위험성이 있다. 옴부즈만의 활동에 비협조적인 관계가 형성되는 것이다. 이는 옴부즈만이 유독 자신들에게만 보다 민감하게 반응하거나 압박을 가한다고 판단하면서 더 이상 중립적이고 공정한 입장에서 활동한다고 생각하지 않게 되는 까닭이다. 이런 경우에도 공정성 규범과 갈등 관계를 낳는다(Hill, 1999b:11).

권고성이 사후적인 문제 해결 전략을 전제한다는 점도 문제다. 권고를 통해 민원을 해결한다는 것은 문제의 발생 연후에나 문제 해결에 나설 수 있다는 것에 다름 아니다. 이를 민원의 해결이 단순히 한 개인의 사적 이익을 제고하는 데에 끝나는 것이 아니라 나아가서는 공적 이익의 증대에도 기여하는 것이라는 관점에서 보면 사전적인 문제 해결의 기회가 배제되고, 그 결과 사회나 행정기관이 당면한 문제에 대한 대응이 상대적으로 지체되는 결과를 낳는다는 뜻이 된다. 가장 빠른 민원 해결은 발생 전 해결이라는 점에서 신속성 규범과도 충돌하는 셈이다.

권고성은 또 옴부즈만이 제안하는 프레임을 일방적으로 강제하거나 보편적으로 적용하기를 저어한다는 점에서 스스로를 관료제처럼 초이성적 판단의 주체라고 생각하지 않는다는 점을 시사한다. 그러나 이런 생각은 자신의 문제 해결 프레임이 최선의 것이 아닐 수도 있다는 인식과 궤를 같이 하는 만큼 타인이나 다른 기관으로부터의 개입이나 간여를 용납하지 않는 독립성 규범과 충돌적인 요소를 낳는다.

같은 이치로 독립성은 유연성 규범과 충돌의 소지를 안고 있다. 독립성은 어떤 내외적 환경으로부터도 압도되지 않는 최고성 내지는 종국성을 전제로 성립된다. 그러나 유연성은 내외적 환경에 상황 조응적으로 대처해 나갈 것을 요구한다. 환경 순응적이어야 한다는 의미이다. 이로 인해 지능권력이 발휘되어야 한다고도 본다. 이런 갈등적 관계는 도덕성 규범과의 관계에서도 같다. 도덕성 규범은 옴부즈만에게 선택의 자유를 허용하는 규범이 아니다. 도덕성은 옴부즈만이 행정정의를 구현하는 과정에서 지켜야 하는 가장 본원적인 덕목이자 실존적인 책무로 이해된다. 도덕성이 옴부즈만에 대한 구속성을 전제한다는 점에서 그의 최고성과 다투게 된다. 독립성 규범과 충돌하는 지점을 지녔다.

종국성 규범도 이 점에서 도덕성 규범과 충돌할 소지를 안고 있다. 종국성은 옴부즈만이 최고의 권위기관이라는 점을 전제한다. 그렇기 때문에 옴부즈만은 자기 문제에 대해서도 종국적인 의사 결정권자가 되어야 한다고 본다. 그러나 도덕성의 관점에서 보면 자기 문제를 자기가 결정하는 것은 결코 도덕적이지 않다. 불편부당한 일이라고 여겨지지 않기 때문이다. 공정성과도 충돌하는 셈이다.

종국성은 또 유연성 규범과도 갈등 관계를 구성한다. 옴부즈만은 그의 역할을 수행하는 과정에서 권고성과 종국성을 담보하기 위해 경성권력과 연성권력을 계량하면서 적절히 대응하는 유연성 내지는 지능권력을 발휘하도록 요구된다. 그러나 이 경우 역할 수행 현장에서는 민원 관련 조사 대상 기관과 긴장관계를 유지해야 보다 효율적으로 설득하거나 정보를 수집할 수 있다는 측면과 보다 더 친근성을 유지해야 호소나 권유가 먹혀들 것이라는 판단 사이에서 방황하게 된다. 이는 변증법적 진화 내지는 성찰을 요구하는 것에 다름 아니고 그렇기 때문에 옴부즈만에 의한 선택이나 결정이 아직 완료되지 않았음을 시사하는 것이기도 하다. 종국성과 충돌하는 셈이다.

공정성 규범은 민원인으로부터의 권위 승인을 위해 관련 행정관료와의 사이에서 균형자가 될 것을 요구한다. 그러나 이때의 균형은 정교하게 기계적으로 계량하기 어려운 일일뿐만 아니라 어느 기준에 따라 균형성을 유지해야 하느냐의 문제도 낳는다. 비례적 균형이냐 또는 절대적 균형이냐의 문제도 있다. 다른 것을 다르게 다루자는 것인지 같은 것을 같게 다루자는 것인지를 결정해야 한다. 그런 점에서 선입견 없는 공정성은 구현하기가 쉽지 않다. 선입견을 극복하지 못한 공정성은 공정하다고 말하기 어렵다.

공정성이 이렇듯 엄격한 기준이나 잣대에 의존하거나 일관성을 유지해야 하는 것이라는 점에서 보면 유연성 규범과도 충돌한다. 유연성은 상황조응적인 대처를 주문하는 것에 다름 아니고, 상황조응적이기 위해서는 일관된 기준이나 균형의 유지를 파기해야 하는 것이 보통이기 때문이다.

민원인과 이해충돌이 있는 경우 공정성 유지를 위해서는 제척해야 마땅한 일이지만 이를 위해서는 제척 관계를 공개해야 하고 이는 기밀성 유지의 규범과 충돌한다. 이로 인해 민원 처리가 지체되는 경우 신속성 규범과 충돌하며 그로 인해 민원 처리에 장애가 발생하는 것으로 여겨진다는 점에서는 접근성 규범과 충돌할 소지를 지녔다.

같은 이치로 접근성 유지나 기밀성 확보를 위해서는 민원인과의 관계에서 서면 제도를 채택하는 것은 적당치 않다는 평가를 받는다. 그러나 서면을 작성하고 서명하도록 하는 경우에는 민원인의 책임소재가 명백해지면서 민원인에 의한 행정관료의 음해나 인격침해, 비정상적인 과장 등을 미연에 방지할 수 있고 이로 인해 옴부즈만의 행정력을 낭비하는 일도 줄일 수 있게 된다. 옴부즈만의 독립성이나 신뢰성 유지에 기여한다는 뜻이다. 그러나 이는 당연히 민원인의 민원 제기에 대한 욕구를 낮추게 될 가능성을 동반한다. 접근성을 훼손하는 효과가 발생한다는 뜻이다.

유사한 현상은 기밀성과 신속성 내지는 신뢰성과의 사이에서도 발생한다. 민원 관련 정보의 수집 과정에서 기본적인 인권을 존중하기 위해서는 기밀성 유지가 관건이라는 데에 이의를 제기할 사람은 없다. 그러나 보다 신속하게 문제를 해결하기 위해서는 관련 정보를 공개해서 여론에 호소하거나 간접적인 영향력 행사에 나서야 하는 경우가 적지 않다. 권고적 양식을 통해 종국적인 문제 해결이 가능하게 하기 위해서는 이런 압력 동원이 관건이라고 보기 때문이다. 나아가 민원 처리 관련 정보가 광범위하게 공유될수록 옴부즈만의 역할에 대한 이해관계자들의 이해 정도가 높아지면서 옴부즈만에 대한 신뢰도를 높이게 될 것도 물론이다.

신뢰성을 담보하기 위해 흔히 옴부즈만 개인 차원에서 볼 때 법률, 행정, 정책 등에 대한 기본 지식 외에도 분야별 전문성을 지니고 있을 것을 주문하는 것이 보통이다. 그러나 이럴 경우 과학주의에 편향되면서 공정성의 전제조건이라고 할 수 있는 선입견으로부터 자유로운 상태를 유지하기 어렵게 된다.

신뢰성을 유지하기 위해서는 옴부즈만 활동의 상시성 보장도 중요한 요건으로 간주된다. 그러나 상시성 보장을 위해서는 부옴부즈만이나 조력자들의 확충이 필요하고 이들에게 권한을 위임하는 것과 같이 옴부즈만 업무의 제도화 내지는 조직화가 필요하게 된다. 이럴 경우 관료화가 진행되면서 옴부즈만과 민원인 사이에서 직접적인 접촉 가능성이 줄어들면서 신속성이나 접근성에 장애를 입게 된다.

이렇듯 역할 규범 내재적인 갈등이 발생하는 이유는 기본적으로 옴부즈만의 역할 수행 과정에서 요청되는 규범을 유지하는 일은 결과가 지향하는 규범을 확보하는 전제 조건이지만 결과적 소산이 지향하는 규범은 다시 역할 수행 과정상의 규범적 지표로 작용하면서 과정과 결과 사이에 때로는 상호 지지적 관계를 또 다른 때에는 상호 배척적 관계를 구축하게 되는 데에 따르는 모순과 갈등의 발현 때문인 것으로 여겨진다.

V. 옴부즈만 역할 규범의 외재적 갈등

옴부즈만의 역할은 이렇듯 다양한 유형의 규범에 따라 구속될 뿐만 아니라 역할 규범 자체의 내재적 충돌이나 갈등 속에서 빚어진다는 한계를 지닌다. 그러나 보다 더 중요한 것은 옴부즈만을 에워싸고 있는 환경 구성인자들이 옴부즈만에 미치는 태도나 반응에 따라서도 영향을 받는다는 점이다(Center for the Study of Democracy, 2002: 16). 옴부즈만이 환류 거버넌스의 중심축으로써 그의 역할 규범에 따라 스스로의 정체성을 유지해 나가기 위해서는 옴부즈만과 상호작용하는 외부 기관들이 스스로의 한계나 과오 내지는 옴부즈만과 불일치하는 것이 무엇인지를 파악하고 이를 극복하려는 자세를 갖출 것이 요구된다. 옴부즈만이 사회의 민주화나 법치주의의 구현을 통해 행정정의를 구현하고자 하는 기관이라는 확신과 믿음을 지녀야 할 것은 두말할 나위도 없다. 옴부즈만도 상대하는 기관의 활동을 방해하거나 지장을 주려는 것이 아니라 그들의 취약점을 포착하고 이를 치유하고 극복하는 데 필요한 정보를 생산하고 제공하며 협력하려고 한다는 자기 확신을 지니고 있어야 한다. 이런 경우에 한 해, 옴부즈만과 그를 에워싸고 있는 환류 거버넌스 환경의 구성인자들 사이에 상호 순응적 관계를 구축할 수 있게 된다. 바로 그런 역할 범위 내에서 옴부즈만의 활동이 전개될 때에나 행정정의 구현 수단으로써의 자기 역할을 발휘할 수 있을 것은 물론이다.

그런데 옴부즈만을 에워싸고 있는 주요 환경 구성인자들은 환류 거버넌스의 전개 과정에 따라 다르며, 이를 국정운영의 관점에서 보면 환류 거버넌스는 전 회차에서 투입, 전환, 산출이 이루어진 후 그 결과를 다음 회차에서 국정운영 과정에 반영하는 순환 고리를 통해 구성, 운영되는 것으로 이해된다. 그러므로 여기에서는 투입, 전환, 산출 단계를 중심으로 환류 거버넌스 중심축으로써의 옴부즈만이 수행하는 역할의 외부 환경을 검토해 보고자 한다. 투입 단계에서는 노동조합과 언론을, 전환 단계에서는 검찰과 행정관료를 그리고 산출 단계에서는 법원과의 관계를 대표 사례로 들어 살펴보고자 한다.

1. 투입 단계

옴부즈만은 환류 거버넌스의 투입 단계에서 그가 지향해야 하는 역할 규범을 견지하는 데 있어 곤란을 겪게 될 가능성이 적지 않다. 대표적으로는 노동조합이나 언론과의 가치 충돌이 우려된다. 비록 민원인이 단체교섭에 직접 간여하거나 민원의 내용이 그와 연관되어 있지 않더라도 민원인이 제기하는 과제가 노동법이나 고용법의 관할 범위 내에 있을 경우 관련 법에 의해 보호되는 당사자의 권익 보호에 영향을 미칠 가능성이 커지기 때문이다. 옴부즈만에 의한 갈등 조정 역할이 아무리 조심한다고 하더라도 어느 일방의 권리나 이해관계 침해 내지는 한쪽을 편드는 결과가 되기 쉽다. 이 경우 옴부즈만이 견지해야 마땅한 공정성이나 중립성 규범이 훼손되면서 사회적인 신뢰를 잃게 될 위험성이 커진다. 사회적인 신뢰를 잃을 경우 권위를 유지하기 어렵고 권위가 유지되지 않는 가운데 강제 조치가 아닌 권고를 통해 비공식적이고 간접적인 양식으로 노사 관계자 사이의 민원 조정에 나서기는 쉽지 않은 일이다. 일종의 존재 구속적인 자기모순에 빠지는 셈이다.

따라서 옴부즈만 제도를 도입하는 단계에서부터 노동법 등 관련 법규에 관해 종합적으로 검토한 후 옴부즈만으로 하여금 이런 과제에 간여하도록 할 것인지의 여부를 판단하고 그의 역할 범위를 정해야 한다. 노동조합과의 관계에서 볼 때 노동조합의 대표가 없거나 또는 고용주가 옴부즈만으로 하여금 그렇게 하도록 명시적으로 허용하는 경우를 제외하고는 단체 교섭 결과(collective bargaining agreement)나 중앙정부 내지는 지방정부가 노동법 및 고용법에 저촉되는 것으로 규정한 사안에 대해서는 이를 다루지 않도록 유의할 필요가 있다(ABA, 2004: 4). 관련 이해 당사자들도 옴부즈만으로 하여금 이런 과제에 대해서는 관할 범위에서 배제하도록 요구하거나 개입할 것을 기대하지 않는 것이 바람직하다. 비록 간여하도록 하는 경우에도 옴부즈만으로 하여금 그의 운영 과정에서 독립성, 공정성, 기밀성 등을 견지하도록 하는 일이 매우 중요한 과제라는 점을 상기시켜야 한다.

그렇다고 해서 옴부즈만이 이런 과제를 다루는 경우 부정적인 결과만을 낳는다고 말하려는 것은 아니다. 이미 현실 세계에서는 많은 옴부즈만이 이런 과제를 다루고 있고, 관련 당사자들이 옴부즈만으로 하여금 이런 과제를 다루도록 요청하고 있는 것도 사실이다. 특히 기관 내부형 옴부즈만의 경우에는 관리자나 피고용자 모두가 옴부즈만의 이런 역할 수행을 오히려 더 확장하라고 주문하는 추세에 있다. 다만 여기에서 옴부즈만으로 하여금 이런 분야에 대한 간여를 저어하도록 주문하는 이유는 관련자들의 이해관계가 첨예하게 대립하는 만큼 관련 이해당사자들로부터 옴부즈만이 간여한다는 사실에 대해 공식적으로 허락을 받고 개입함으로써 공정성 유지에 대한 의구심을 원초적으로 차단해야 한다고 보기 때문이다. 따라서 관련 규칙이나 정책을 미리 소상하게 규정해 두는 것은 성공적인 옴부즈만 역할 수행을 위해 일종의 당위에 속하는 과제이다(ABA, 2004: 16).

옴부즈만의 효율적인 운영을 위해서는 언론과의 관계를 설정하는 과제도 매우 중요한 일이다. 옴부즈만이 너무 자주 언론에 등장해도 문제이지만 또 언론으로부터 소외되어 있어도 문제가 된다는 사실은 주지하고 있는 바와 같다. 언론에 너무 자주 언급되거나 보도문을 내는 경우 민원의 증가를 가져오고 이는 옴부즈만으로 하여금 충분히 대응할 수 없도록 만드는 결과를 낳게 된다. 업무의 폭주에서 오는 민원인의 접근성 훼손이나 민원 처리의 신속성 저하를 불러온다. 언론에 대한 의존도가 심화되면서 독립성에 상처를 입을 수도 있다. 이 경우 옴부즈만에 대한 사회적인 신뢰가 훼손될 것은 물론이다. 반면에 너무 언론으로부터 소외되는 경우에는 옴부즈만에 대한 사회적인 관심을 떨어뜨리고 그 결과 옴부즈만의 권위가 훼손되면서 신뢰성 확보에 상처를 입기 쉽다. 나아가서는 기관 존재의 인지 부족에서 오는 접근성 결여로 인해 효율적인 운영이 곤란해질 수도 있다. 그러나 전체적으로 볼 때 비록 언론이 결코 불편부당하거나 전문성의 정도가 높지 않은 경우라고 하더라도 언론이 옴부즈만을 외면하는 경우보다는 관심을 가지고 지켜보는 경우가 보다 더 환류 거버넌스의 투입 단계 활성화에 기여하게 된다. 왜냐하면 언론이 관심을 가진다는 사실이 알려지면서 행정관료가 자신의 행동에 보다 더 유의하게 되고 나아가 옴부즈만과의 관계 개선에도 유의하게 되기 때문이다. 그렇기 때문에 보스니아·헤르체고비나 공화국과 코소보 같은 경우에는 옴부즈만이 언론 담당 부서를 별도로 두어 언론과의 관계 설정 문제를 기관 차원에서 대응하고자 한다. 전자의 경우에는 차석 옴부즈만(deputy ombudsman) 가운데 하나가 후자의 경우에는 옴부즈만의 대 의회 담당관이 언론홍보 관련 업무를 전담하고 있다(Center for the Study of Democracy, 2002: 19).

2. 전환 단계

옴부즈만은 검찰과의 관계에 있어 이중적인 지위를 갖는다. 예를 들어 스웨덴의 경우를 살펴보면 피의자를 기소하는 데 있어 검찰은 옴부즈만을 지원하도록 헌법에 명기되어 있다. 옴부즈만이 기소한 사건을 전담하는 검찰을 따로 두고 있을 정도이다. 그러나 다른 한편에서 보면, 옴부즈만은 검찰에 대해 일종의 감독권을 행사하도록 되어 있다. 그러나 이런 감독권 행사는 1년에 5-6회 정도 이루어질 뿐 거의 잘 활용되지 않는다(Center for the Study of Democracy,

2002: 16). 보다 정교하게 말하자면 옴부즈만의 검찰에 대한 감독 역할은 어떤 특정한 사례를 다루고 있는 검찰 개인을 상대로 행사되는 것이 아니며 검찰 업무의 실체에 간여하려는 것도 아니다.

그러나 옴부즈만이 간여했기 때문에 결과적으로 일시 중단되었던 기소권 행사를 검찰이 다시 행사하게 되는 사례는 적지 않다. 이 경우 옴부즈만으로써는 결과적으로 권고성 유지와 독립성 확보 사이에서 갈등하게 될 개연성이 크다. 민원 해결을 위해 권고의 형식을 취했지만 실제로는 검찰의 기소권 행사라는 강제력을 동원한 결과가 되기 때문이다. 이 경우 검찰권에 의존한 결과가 되면서 독립성 훼손의 문제도 야기된다. 또한 옴부즈만과 검찰과의 관계는 옴부즈만이 자신의 업무를 수행하는 과정에서 지득한 범죄 관련 정보를 검찰에 제공하는 양식으로 구체화하는 것이 보통이다. 이 경우 원칙적으로 범죄를 징벌해야 한다는 도덕성의 규범과 옴부즈만이 업무 수행 중에 지득한 정보에 대해서는 기밀성을 유지해야 한다는 규범 사이에서 갈등하게 된다.

어쨌든 옴부즈만이 환류 거버넌스의 중심축으로써 그의 역할을 수행하는 과정에서 검찰과 긴밀한 관계를 맺게 되는 것은 틀림없다. 상생의 관계를 구축해야 한다는 의미다. 그러나 이는 어디까지나 검찰권 행사를 침해하지 않는 범위 내의 것이어야 한다. 지나치게 간여하는 경우 검찰의 독립성과 전문성을 침해하는 결과가 될 수 있다. 그러나 검찰과의 협력을 외면하는 경우에는 민원 해결 과정의 신속성이나 유연성을 상실하게 될 위험성을 배재할 수 없는 일이기도 하다.

이는 행정관서와의 관계에서도 같다. 스웨덴의 옴부즈만은 불법성이 개제되거나 충분한 증거가 확보된 경우를 제외하고는 행정관료나 행정기관을 비방할 권한을 지니지 않는다(Center for the Study of Democracy, 2002: 14). 또한 부연해서 말하지만 옴부즈만은 기존의 행정과정에 내포되어 있는 역기능이나 무력성을 시정하자는 것이기는 하지만 그렇다고 해서 기존의 행정질서를 송두리째 바꾸자는 것은 아니다. 그렇기 때문에 그의 역할 수행 과정에는 일정한 한계가 설정되어 있다. 무엇보다도 관할 범위를 벗어나거나 허용된 권한과 일치하지 않는 양식으로 업무를 추진해서는 안 된다(ABA, 2004: 4). 어디까지나 보충성의 원리가 허용하는 범위 내에서만 역할 수행에 나서야 한다. 권고성의 규범이 유지되어야 한다는 뜻이다. 이런 역할 규범으로 인해 업무 수행상의 유연성이 훼손되거나 신속성을 담보하기 어렵게 될 것은 정한 이치나 같다.

또한 옴부즈만은 행정 조치나 사법 절차를 대신하는 성격의 조사를 실시해서도 안 된다(ABA, 2004: 4). 옴부즈만에 의한 조사는 어디까지나 단순히 실체적 진실이 무엇인지를 밝히려는 것이어야지 그 과정이나 결과로 인해 어떤 판단이나 조치를 새롭게 취하거나 부과하는 것이어서는 안 된다. 기존의 국정운영 체계를 훼손하는 것이어서는 곤란하다는 뜻이다. 옴부즈만에 의한 조사는 기본적으로 관련 정보의 취합 범위를 넓히거나 균형 있게 정보를 수집해서 이해의 편향화나 오해의 소지를 줄이자는 데에 일차적인 목적을 두는 일이다. 공정성의 유지가 관건이라는 뜻이다. 그렇기 때문에 행정적 조치나 사법적 재결을 담당하는 이들이 옴부즈만의 조사 결과로 인해 그의 업무 수행에 영향을 받거나 구속되어서는 안 되며 선입견 없이 마치 사안을 처음 접하는 것과 같은 자세(de novo)

로 민원을 다룰 수 있게 그의 업무환경을 마련해 주어야 한다(ABA, 2004: 16). 이는 3권 분립의 원칙을 지키기 위한 것이기도 하지만 옴부즈만의 독립성을 견지하기 위한 것이기도 하다. 옴부즈만의 역할이 행정부의 경계를 넘어 사법부에 미치는 경우, 이들에 대한 의존성이 생기면서 종국적으로 민원을 다루기가 어렵게 되기 때문이다. 이런 점에서 볼 때, 옴부즈만은 관련 이해당사자들 모두와 해당 기관의 수장이 명시적으로 동의하지 않는 한 현재 사법 기구나 준사법 기관에 계류 중인 사안에 대해서는 간여하지 말아야 한다(ABA, 2004: 4). 민원인도 이런 사안을 관련 당사자나 사법 당국의 동의 없이 옴부즈만에게 민원으로 접수해서는 안 된다. 물론 재판의 실체에 관련된 것이 아니라면 당연히 옴부즈만에게 민원 해결을 의뢰할 수 있다. 여하튼 옴부즈만을 행정적 구제 절차나 사법적 판단의 결과에 대한 불만을 해소하기 위한 일종의 항소기구(appellate forum)로 이해하고 접근해서는 안 된다는 뜻이다.

3. 산출 단계

대부분의 나라들은 사법권 독립의 원칙에 따라 옴부즈만의 관할권 범위로부터 법원을 제외하는 것이 보통이다. 옴부즈만이 법원의 판결이나 활동에 대해 그의 타당성 여부를 평가하도록 해서는 안 된다고 보기 때문이다. 환류 거버넌스의 대상 과제에서 배재하자는 뜻이다. 그러나 스웨덴의 경우는 예외이다. 이는 18세기로 거슬러 올라가는 스웨덴 역사의 유산으로 여겨진다. 그렇다고 하더라도 비록 공식적으로 규정되어 있는 것은 아니지만 일종의 비공식적인 규범은 있어서 아무리 옴부즈만이라고 하더라도 법원의 효율성 여부와 법원에 의한 판결의 정당성 여부에 대해서는 관여하지 않는 전통이 확립되어 있다.

그러나 죄형법정주의에 따라 법률이 정한 형량을 초과하여 판결하는 것과 같이 법률적용 과정에서 벌어지는 명백한 위법행위에 대해서는 옴부즈만이 법관에 대한 기소 절차를 개시할 수 있게 되어 있다. 다만 그럴 경우에도 기소 절차와 기소 시효를 지킴으로서 옴부즈만의 이 분야 권한에 대해 공식적이고 법률적인 제어장치가 부족하다는 사실을 비공식적인 합의를 통해 보완하고자 한다(Center for the Study of Democracy, 2002: 17). 3권 분립 주의가 옴부즈만의 유연성을 해치는 것이어서는 곤란하다는 뜻이다.

이렇듯 일반적으로 법원이 정의를 판단하는 과정에 대해서는 옴부즈만의 관할 영역에서 제외하는 것이 상례이지만 법원의 판단을 집행하는 사법행정 과정에 대해서는 이를 관할 대상으로 삼는 것이 보통이다. 법원의 판단을 집행하는 과정에서 발생하는 비정규성이 일반 시민의 기본권을 위협하는 사례가 적지 않다고 보기 때문이다. 예를 들자면 보스니아·헤르체고비나 공화국에서는 법원의 결정을 집행하도록 옴부즈만이 요구할 수 있고 일정한 기한을 정해서 그 기간 내에 집행하도록 요청할 수도 있다. 만일 법원이 이런 요구에 응하지 않을 때에는 그 사실을 연례 보고서에 포함시켜 공개하고 의회에 알리기도 한다. 사법적 평결의 집행은 단지 행정적 과제일 뿐이며 결코 정의의 집행을 의미하는 것은 아니라고 보기 때문이다. 이렇게 사법적 결정의 집행이 행정적 과제로 인식되는 경계 범위 내에서는 이를 옴부즈만의 관할권 아래 두는 것은 너무나도 당연한 일이다. 아무리 3권 분립의 원칙이 소중하다고 하더라도 옴부즈만의 독립성을 침해해서는 안 된다는 뜻이다.

그러나 그렇다고 해서 옴부즈만이 당해 사법기관을 교체하거나 대행할 수 있는 권한을 지니는 것은 아니다. 단지 그 사법적 조치가 시한을 지키도록 독려하거나 권유할 수 있을 뿐이다. 권고성에 의존해야 한다는 의미이다. 만일 행정기관이 법원의 결정을 외면하는 경우에는 옴부즈만이 그 해당 부서의 장을 접촉해서 법원의 결정을 따르도록 촉구하고 그래도 말을 듣지 않을 경우에는 이에 관련한 특별 보고서를 마련하여 의회에 보고하는 벨기에의 사례는 시사하는 바가 적지 않다. 특별히 중요하다고 판단하는 경우에는 언론에 공개하기도 한다(Center for the Study of Democracy, 2002: 18). 이 경우 기밀성 유지의 역할 규범과 상충되는 점을 고려하여 유연성이나 보충성의 관점에서 다루어야 할 것은 물론이다. 마케도니아 같은 곳에서는 법률이 정한 방법에 따라 당해 행정관료에게 압력을 행사하기도 한다. 그러나 실제로는 그런 압력이 행사되는 경우에도 거의 절반 정도만 옴부즈만의 권유를 따르는 것이 현실이다.

종합해 보면 옴부즈만이 환류 거버넌스의 중심축으로 보다 효율적으로 역할을 수행하기 위해 요청되는 규범들은 자신들 사이의 모순이나 충돌 외에도 대상 과제의 속성에서 비롯되는 한계 범위 내에서나 정당성을 갖는다. 따라서 이런 환경 조건에 대한 인식을 토대로 역할 수행에 나서야 할 것은 물론이다.

제7장

옴부즈만의 역할 수행

I. 역할 정립의 영향 요인

증가하는 업무량과 업무의 사회적인 비중이 커지는 것에 비해 옴부즈만의 역할을 지원하기 위한 가용자원의 증가 속도는 매우 더디다. 재정 자원에 대한 통제권을 지닌 정부 내의 기득권과 권력적 균형을 유지해야 하기 때문이다. 따라서 옴무즈만의 운영 효율성에 대한 관심이 높아질 것은 당연한 이치이다. 그런데 운영 효율성을 높이기 위해서는 가용자원을 늘리는 일도 중요하지만 같은 가용자원을 가지고도 옴부즈만이 효율적으로 역할을 수행함으로써 민원해결의 효과성을 담보하는 과제도 매우 중요하다. 옴부즈만이 자신의 업무를 어떻게 기획하고 집행하느냐에 주목해야 하는 이유다.

그런데 옴부즈만이 환류 거버넌스를 통해 민원을 해결하는 과정에 간여하는 영향 요인으로는 대개 고정 변수와 유동 변수를 들 수 있다. 민원의 구체성 정도나 관련 이해당사자들에게 미치는 심리적, 금전적 영향 등을 포함한 민원 자체의 성질, 옴부즈만의 조직구조나 가용자원 같은 기관의 특성, 관계 법령의 포괄 범위나 치밀성 정도, 경제 상황이나 정당, 여론, 언론의 지지 같은 사회공동체의 정치사회적 환경 등은 어떤 민원이 접수되는 경우 그 이후에도 크게 변하지 않는 성질을 지닌다. 이들은 그의 본질적 특성이나 그로 인해 옴부즈만의 성과에 미치는 영향을 단기적으로 조작하거나 통제하기가 쉽지 않은 과제다. 고정 변수로 간주하는 이유다. 그러나 민원인의 옴부즈만에 대한 기댓값, 옴부즈만의 민원 해결에 임하는 자세, 행정관료의 대응 태도 등은 상호 연계되어 있어 서로 영향을 주고받는 가운데 유동적으로 변화한다. 이를 유동 변수라고 보고, 여기에서는 이를 중심으로 민원인의 옴부즈만에 대한 기대 역할, 옴부즈만이 민원 해결을 위해 개입하는 과정에서 채택하는 대응 전략과 관련 업무의 집행, 행정관료 내지는 행정기관의 대응 양식을 중심으로 옴부즈만의 민원 해결 과정에서 수행하는 역할을 추적 조사해 보고자 한다. 민원의 해결이라는 공동의 과제를 보다 효율적으로 해결하기 위해서는 민원인, 옴부즈만, 행정관료 내지는 행정기관 같은 관련 이해당사자들이 민원 해결에 필요한 기댓값 내지는 규범적 질서를 얼마나 잘 공유하느냐가 관건이라고 보기 때문이다.[1]

1) 정책집행을 체계론적 관점에서 접근하는 Parsons(1968: 437)는 상호작용적인 관계에 있는 체제 간의 통합에 필요한 가장 중요하고도 유일한 조건은 규범적 질서에 대한 인식의 기초를 공유하는 것이라고 보았다.

부언하면 환류 거버너스의 중심축인 옴부즈만에 대해 민원인과 관련 행정관료가 어떤 기댓값을 지니고 대응하느냐는 민원 해결 과정의 성패를 좌우하는 관건이라는 뜻이다. 우선 민원인이 옴부즈만에 대해 어떤 역할을 기대하느냐는 옴부즈만으로 하여금 자신의 민원 해결 과정에 대한 개입 전략을 기획하고 결정하는 데에 영향을 미친다. 그런데 이를 옴부즈만의 운영 관리 차원에서 보면 그런 개입을 위해 어떤 업무를 예정해서 집행할 것인가의 문제와 연동된다. 이런 옴부즈만의 개입이 행정관료에 의해 어떻게 수용되느냐에 따라 민원의 해결 여부가 최종 결정될 것은 물론이다. 그런 점에서 민원인의 옴부즈만에 대한 기댓값은 옴부즈만의 역할 수행과 업무처리 절차를 규정하는 데 있어 매우 중요한 영향 요인으로 작용한다. 그러나 이런 민원인의 옴부즈만에 대한 기댓값은 평소 옴부즈만이 어떻게 활동해 왔느냐에 대한 민원인의 총체적 평가를 반영한다. 이렇듯 민원인, 옴부즈만, 행정관료 내지는 행정기관 사이에서 일어나는 상호의존성은 프레임의 정립과 전달 및 수용을 통해 일종의 환류체계를 형성하는 것과 같다. 이 점에서 볼 때 옴부즈만이 민원을 해결하는 일은 매우 모순적인 자기 성찰의 과정을 거쳐 이루어지는 셈이다. 역할기대, 대응전략, 기획 및 실천, 역할 수용 사이에 간주관주의적인 상호작용이 변증법적, 누진적 양식을 통해 축적되는 관계에 있기 때문이다.

II. 민원인의 기대 역할

민원인이 민원을 접수하면서 옴부즈만에 대해 갖는 기대 역할은 다원적이다. 이를 종합해 보면 자신이 당면한 민원 관련 사안에 대한 이해 부족을 보완 또는 시정해주는 해설자, 문제의 근본 원인이 무엇인지를 분석해주는 진단자, 과제 해결에 필요한 자원이나 정보를 제공하고 보완해주는 조력자, 문제 대처 능력을 학습시키고 개발시켜주는 조련사, 민원 과제 해결의 책무를 나누어지는 협력자, 민원의 해결을 통해 궁극적인 목적 가치 실현에 기여하고자 하는 관련 과제의 적극적 주창자로 대별해 볼 수 있다.

1. 해설자(interpreter)

민원인은 민원을 유발하는 행정관료나 행정기관과의 관계에서 의사소통상의 장애를 겪는 것이 보통이다. 민원 자체가 의사소통의 장애로 유발되는 사례가 적지 않고, 민원 해결을 위해 관련 행정관료나 행정기관에 접근하는 경우 우선적으로 당면하는 과제도 의사소통상의 장애이다. 이때 옴부즈만이 관련 이해당사자들 사이를 제3자의 입장에서 개입하여 당면 과제를 해석하거나 재규정하고 현상의 해석과 관련한 이해의 프레임을 개발해서 제공하는 경우 민원인은 현실 인식에 필요한 핵심 정보를 보다 광범위하고 체계적으로 정련된 양식에 따라 제공받게 된다. 이럴 때 민원인은 관련 행정관료나 행정기관의 본래 의도가 무엇인지를 보다 명료하게 파악할 수 있고, 또 관련 행정관료나 행정기관에 자신의 의사를 보다 더 명확하게 전달할 수도 있게 된다(Creutzfeldt, 2016: 8-11). 이렇듯 옴부즈만이 민원에 대한 인식상의 프레임을 제공해 줌으로써 민원인은 민원 관련 기초 정보나 의사소통상의 신호를 확장해서 수령할 수 있게 된다. 이 점에 착안하는 민원인은 옴부즈만이 이해력 증진과 의사소통 강화에 기여해 주기를 바란다. 이 경우 민원인으로 하여금 민원 해결에 보다 더 큰 자신감을 가지고 임할 수 있게 도와주는 결과가 될 것은 물론이다.

2. 진단자(scanner)

옴부즈만은 또 민원 관련 현상을 해석하고 관련 당사자들 사이의 고충과 갈등의 해소를 지원하는 과정에서 수집된 정보를 토대로 관련 행정관료나 행정기관을 비판적으로 검증하고 평가하게 된다. 나아가 민원인을 지원하는 과정에서 지속적으로 반복, 점증하는 과제가 무엇인지를 파악할 수 있게 되고, 그 결과 관련 행정기관이 당면한 문제의 본질이 무엇인지도 포착할 수 있게 된다. 이때 민원인은 옴부즈만이 관련 행정기관의 책임자와 직접 대면하고 가식 없이 관련 정보를 공유해서 문제의 근인을 해소할 수 있게 되기를 기대한다. 이 경우 개별 민원의 해결이 관련 행정기관의 개혁과 혁신을 촉발하는 계기로 작용하게 되기를 바라는 것은 물론이다(Barkat, 2002: 6). 옴부즈만을 민원의 본질 문제 해결을 위한 관련 행정기관의 당면 문제 진단자로 이해하는 이유다.

3. 조력자(instrument)

민원인에게 있어 관련 행정관료나 행정기관과의 관계는 "기울어진 운동장"이나 같다. 민원 관련 이의를 제기하는 과정에서 민원인은 전문지식의 부족, 문제 해결에 매달릴 수 있는 시간과 자원의 부족, 폐쇄적인 행정과정으로 인한 접근성 부족, 행정관료의 대응을 유도할만한 개입 권위의 부족에 시달리는 것이 보통이다. 민원인은 이견과 갈등을 조정하는 과정에서 옴부즈만이 바로 이런 불균형 관계를 시정하는 데 필요한 다양한 양식의 기초 자원을 제공해주기 바란다(Creutzfeldt, 2016: 8-11).

이는 관련 행정관료나 행정기관의 경우도 같다. 관련 기관 관리자에게 기관 운영에 필요한 정보를 제공하거나, 민원인의 불평이나 불만을 전달해 주고, 동원 가능한 자원을 적절히 분배해 주며, 갈등이나 대립을 조정 또는 중재하고, 민원 해결에 필요한 지혜를 제공하여, 갈등 관계 조율에 필요한 전략을 조언하고, 기관 차원의 개혁과제를 발굴할 경우 민원 해결이 용이해지는 만큼 이런 일을 통해 자기 기관 내부 문제 해결의 조력자로 활동하게 되기를 바란다(Barkat, 2002: 5). 부언하면 정보를 수집하고, 현안 과제가 무엇인지를 파악하며, 개별 민원을 처리함으로써 관련 행정기관 내부의 갈등 해소에 조력한다는 뜻이다.

4. 조련사(educator)

나아가 민원인은 옴부즈만이 단순히 조직 진단에 머무는 것이 아니라 그 결과를 토대로 행정기관의 책임자를 교육 훈련하고 자문하는 역할도 수행해주기를 기대한다. 그러니까 행정기관의 책임자가 행정기관을 보다 효율적으로 관리하기 위해 필요로 하는 정보나 기법 등을 제공하고 조언함으로써 그의 행정 운영 과정에서 요구되는 안목을 개선해 달라는 것이다. 그 결과 행정기관 구성원들이 일종의 사회화 과정을 거치면서 공동의 언어와 사고방식 또는 가치관을 공유하게 되는 경우, 행정기관 구성원 간이나 그의 고객에 해당하는 민원인과의 관계에서 갈등 유발 요인을 감축하게 된다고 보기 때문이다. 이는 옴부즈만이 교육훈련자 또는 조련사로 활동하기를 기대하는 것에 다름 아니다(Barkat, 2002: 6).

5. 협력자(ally)

민원의 해결을 위해 이견과 갈등을 조정하는 과정에서 기왕의 행정조치가 준법성, 경제성, 대표성, 형평성에 위배되거나 나아가 민주주의의 핵심 가치와 충돌하는 경우 옴부즈만이 관련 행정관료에 대한 설득에 나설 것은 당연한 일이다. 이때 행정관료나 행정기관이 동의하지 않거나 거부하는 경우, 조사 결과를 공개하거나 여론에 호소하여 보다 적극적으로 이견 조정에 나서게 된다. 그러나 확인 결과 기왕의 행정조치에 문제가 없는 것으로 밝혀지는 경우에는 민원인을 상대로 정보를 공유하고 설명하는 가운데 이해를 촉구하게 된다. 결국 옴부즈만은 전자의 경우 민원인의 동반자로써 후자의 경우는 행정관료의 동반자로 정보를 공유하거나 이해를 촉진하는 셈이다. 이 과정에서 옴부즈만은 민원인이 민원을 해결하는 과정에 동반하는 협력자로 활동하게 된다(Creutzfeldt, 2016: 11).

6. 주창자(advocate)

옴부즈만은 또 민원인과 관련 행정관료 사이의 갈등을 조정하기 위해 기왕의 행정조치를 번복하자는 것이 아니라 단순히 조사, 평가, 비판하는 데에 초점을 맞추어 활동하고자 한다. 그렇기 때문에 사법적 재결과 같은 전통적인 갈등관리 기구와 대체 관계가 아니라 보완 관계를 구성한다. 기존의 갈등관리 기구와는 달리 시간, 실패에 따른 책임 등의 부담이나 공식성에 의한 제약 없이 기왕의 행정조치를 보다 객관적인 관점에서 재평가해 보려는 것이다. 그런 점에서 볼 때 옴부즈만은 법률 집행자도 아니며 사회개혁가도 아니다. 다만 입법 의도와 행정조치 간의 상관성 정도를 평가하거나 행정정의에 반하는 것은 아닌지의 여부를 확인하고자 한다. 따라서 사회정의에 부합하는지 또는 국가로 인해 민원인의 궁극적인 행복이 침해되고 있는 것은 아닌지 등을 확인하고자 하는 데에 주안점을 두고 활동한다. 이 점에 착안한 민원인은 옴부즈만이 개인과 사회의 평등, 자유, 정의, 행복을 확장하고 나아가 민주주의의 핵심 가치를 지키는 일에 앞장서 주기를 기대하게 된다. 민주적 가치의 주창자로 여기는 것이다(Creutzfeldt, 2016: 10).

III. 옴부즈만의 대응 전략

이런 민원인의 기댓값에 부응하여 민원 처리 기관으로써의 옴부즈만은 제3의 조정자 입장에서 사실을 조사하고 갈등을 조정하기 위해 실로 다양한 역할을 수행한다. 이때 중요한 것은 어떤 전략으로 민원인의 기댓값에 부응할 것이냐의 문제이다. 이는 옴부즈만이 지능권력을 통해 권고적 양식으로 문제를 해결해야 한다는 점에서 특히 중요한 의미를 갖는다. 그러나 이런 접근 전략이 언제 어디서나 같은 정도로 유용성을 발휘하는 것은 아니다. 옴부즈만의 운영 실제는 문화 특수적이고 사례 특수적이기 때문이다. 나라마다 다르고 시대 상황에 따라서도 다르며 특히 민원의 성질에 따라서도 다를 수밖에 없다. 이런 점을 감안하여 여기에서는 일반적으로 옴부즈만이 동원 가능한 접근 전략에는 어떤 것들이 있는지를 살펴보고자 한다.[2] 이 가운데 상황 조건에 따라 지능권력을 동원하여 가장 유효적절하다고 판단되는 대응 전략을 취사선택하는 것은 오로지 옴부즈만의 몫이다. 그렇다고 하더라도 옴부즈만의 역할 규범에 합당한 것이 무엇인지를 염두에 두고 판단해야 할 것은 물론이다.

1. 정의적(emotive) 접근 전략

옴부즈만과의 관계에서 민원인이 취하는 최초의 행위는 자신이 당면하고 있는 민원 사안에 대해 진술하는 일이다. 옴부즈만은 이

2) 주로 Rowe & Gottehrer(1997: 7-13)를 참조하였다.

런 의견의 진술에 접해 이를 경청하는 일로 자신의 업무를 시작한다. 이때 보다 적극적이고 동조적인 자세로 경청해야 할 것은 물론이다. 그러나 옴부즈만이 민원인의 감정을 이해하고 동조할 수는 있지만 그렇다고 해서 결코 사실관계를 벗어나 중립성을 훼손하거나 적극적인 지지자가 되어 공정성을 잃어서는 안 된다. 이는 옴부즈만의 역할 범위 밖의 일이다. 그러나 민원인으로써는 옴부즈만이 진지하게 경청해 준다는 것만으로도 만족하는 경우가 적지 않다. 아니 바로 이렇게 민원인을 정서적으로 만족시키는 일이야말로 옴부즈만이 추구해야 할 핵심 과제 가운데 하나다. 심리치료사의 역할을 수행해야 한다는 뜻이다. 또한 옴부즈만으로서는 민원인의 진술을 경청하고 겸손하게 질문하는 과정에서 보다 용이하게 문제의 핵심을 파악하고 문제를 보는 관점이나 프레임을 정립할 수도 있게 된다.

이런 과정을 통해 민원인으로 하여금 자신의 분노나 불안 내지는 두려움에 대응할 수 있도록 여건을 조성하고 위로하는 일도 옴부즈만이 수행하는 주요 활동 가운데 하나다. 민원인의 스트레스 해소에 도움을 줌으로써 시간을 가지고 자신이 당면하고 있는 과제의 실체를 보다 정밀하게 객관적으로 파악할 수 있게 유도하는 것이다. 문제 해결의 조력자로 활동하는 셈이다. 그런데 민원인의 진술을 중립적으로 경청하기 위해서는 일상적인 의사소통 능력이나 대응 자세 이상의 것을 필요로 한다. 민원인이 자유롭게 자신의 의견을 피력할 수 있도록 민원인과의 사이에서 심리적인 거리감을 제거하고 매우 개방적이며 민주적인 대화 환경을 조성해야 하고 또 그렇게 할 수 있는 능력을 지녀야 한다. 따라서 민원인과의 관계에서 자유로운 대화 분위기를 조성하는 일은 옴부즈만의 역할 가운데 핵심적인 과제에 해당된다. 이에 필요한 기술을 연마하고 가치관을 정립하는 일이야말로 옴부즈만이 당면한 최우선적인 책무 가운데 하나이다.

예컨대 민원인은 일반적으로 자신에게 필요한 정보가 일대일의 맞춤형 형태로 제공되기를 원하는 것이 보통이다. 그러나 민원인은 어떤 정보나 기록물이 법적으로 자신에게 제공될 수 있는 것인지에 대해 잘 알지 못한다. 이럴 때 옴부즈만이 관련 정보의 사본을 제공하거나 그것이 시사하는 의미를 구체적으로 해석해 준다면 그렇지 않아도 스트레스 상태에 있는 민원인으로서는 관련 정보를 처음부터 읽고 이해해야 하는 수고를 덜 수 있게 된다. 이런 점을 고려하여 옴부즈만은 한두 번의 접촉 과정 속에서도 민원인에게 자신의 문제를 해결하는 데 필요한 정보를 제공하거나 제공받을 수 있게 주선해 주고자 한다. 옴부즈만은 민원인의 관련 정보 수집 과정에서 핵심적인 조력자 가운데 하나인 것이다. 자기가 처한 환경이 불안전하거나 부당하고 비윤리적이며 범죄적인 처우를 당했다고 생각하는 상태의 민원인으로써는 자신의 신분이 노출되지 않는 가운데 필요 정보를 제공받을 수 있다는 사실 자체가 위안이며 희망으로 여겨지게 된다. 이런 때 옴부즈만이 정보 제공의 핵심적인 소스로 작용한다는 것은 민원인에게 있어 매우 다행스러운 일이자 위안일 수밖에 없다. 그런 점에서 옴부즈만은 민원인이 민원 해결 과정에서 의존하는 대표적인 조력자이자 협력자인 것이다. 이렇듯 옴부즈만은 기본적으로 민원인을 접하는 데 있어 높은 감수성과 정의적, 정서적 공감의 울림을 통해 문제 해결에 나서야 한다.

2. 프레임 제공 전략

그뿐만이 아니다. 민원인에게 관련 정보를 제공해 주는 일은 일종의 교육 효과를 동반하는 일이다(Des Rosiers, 2003: 9). 민원 관련 정책을 설명하거나 문화적인 차이를 지적해주거나 서로 다름을 인정하고 존중해야 하는 이유를 제공하는 등 문제를 보는 인식의 틀을 공급하는 가운데 민원인 스스로 문제를 재인식하거나 새로운 깨달음에 이르도록 유도하고자 한다. 바로 이런 유형의 정보 제공 과정은 교육을 통한 일종의 사회화 과정으로 작용하면서 갈등과 이해충돌의 유발 요인 자체를 감소시킬 수 있게 된다. 프레임의 제공은 민원인과의 관계에서 옴부즈만이 가장 유의해야 할 학습 제공 또는 조련 기회 가운데 하나인 것이다.

이렇듯 옴부즈만은 일반적으로 민원인으로 하여금 그가 당면하고 있는 문제의 성질을 새로운 관점에서 이해하고 규정할 수 있게 현실을 재해석한 인식의 틀을 지원한다. 민원인이 옴부즈만을 찾을 때는 그가 당면하고 있는 문제를 풀기 위한 대안이 없다고 생각하거나 있다고 하더라도 차악의 것이 대부분이라고 생각하는 상태에 있는 것이 보통이다. 이런 때 옴부즈만은 문제를 재규정하거나 재해석함으로써 새로운 시각과 관점에서 문제를 조명할 수 있다는 사실을 확인시켜주고, 그로 인해 보다 책임 있고 효과적인 문제 해결 대안이 가능하다는 점을 일깨워주고자 한다. 옴부즈만의 이런 활동은 민원인으로 하여금 스스로 자신의 당면 과제를 해결하고자 하는 의지력과 문제 해결 능력을 제고하는 결과가 되며, 행정기관의 관리자에게는 그가 당면하고 있는 업무상의 어려움을 푸는 단초를 제공하는 결과가 되기도 한다. 옴부즈만은 결국 관련 행정관료로 하여금 문제를 재인식하고 재규정하도록 유도하고자 하는 셈이다(Jacoby, 1999: 36-37). 이런 경우 옴부즈만은 스스로를 해설자이자 조련사로 상정하고 활동하는 것이기도 하다.

3. 당사자 중심 접근 전략

옴부즈만의 가장 대표적인 개입 전략 가운데 하나는 민원인으로 하여금 스스로 자신이 당면하고 있는 문제의 원인을 인지하고 직접 대처할 수 있도록 지원하고자 한다는 데에 있다. 민원인으로 하여금 스스로 현안 과제에 대한 이해력과 자신감을 높여 직접 갈등 관계를 조정할 수 있도록 기술이나 능력을 개발하고 연마해 주고자 한다. 역량 강화에 주력한다는 뜻이다. 여러 가지 방법을 통해 민원인으로 하여금 민원의 유발자인 행정관료를 직접 대면하여 문제를 해결하도록 지원하는 일이 포함된다. 예를 들어 민원인으로 하여금 민원의 유발자에 대해 관찰한 것을 기술하도록 하거나, 또는 그런 사실에 대해 느낀 점 내지는 문제 해결 대안을 사적인 비망록이나 사신을 통해 민원 유발자에게 전달하도록 지도하기도 한다. 어떻게 자신의 고충을 편지로 정리하고 또 민원 유발자에게 전달하는지를 배울 수 있게 하는 것이다. 또는 민원인이 민원 유발자를 직접 대면해서 문제를 제기하고 해결책을 모색하도록 그 기술이나 방법을 지도하는 수도 있다. 이때 민원인은 민원 유발자를 혼자 만날 수도 있고 친구나 동료 또는 제3의 조력자인 옴부즈만을 동행할 수도 있다. 옴부즈만은 민원인이 어떤 전략을 선택했는지를 확인하고, 그 결과 관런 행정관료가 거절하지 않고 문제 해결 대안에 대한 논의에 응해서 문제가 해결되었는지를 확인하거나, 또는 그렇게 되도록 지원하는 일을 수행한다. 조력자 내지는 조련사로 활동하는 것이다. 이 점은 특히 조정과 중개 가운데 조정을 통해 민원 해결에 이르고자 하는 경우 두드러지게 나타나는 개입 전략 가운데 하나다.

4. 사신(personal letter) 쓰기 전략

옴부즈만은 민원인으로 하여금 스스로 민원 해결의 주동자가 되도록 권면하는 가운데 그 실천전략 가운데 하나로 사적인 편지를 쓰도록 조언하는 경우도 있다. 이는 특히 민원인이 화가 나 있거나 당황한 경우에 보다 더 효과적인 방법으로 평가된다. 옴부즈만의 조언에 따라 준비된 편지를 실제로 부칠 것이냐의 여부는 별개의 문제다. 일단 편지를 쓰게 되면 그 과정에서 당면한 상황을 정리하고 어떻게 대처할 것인지를 마음속으로 결정하는 데에 도움을 주게 된다. 만약 민원인이 편지 쓰는 일을 도와달라고 한다면, 편지의 내용과 관련하여 질문하거나, 수정안을 제시하여 의도한 메시지가 효과적으로 전달될 수 있도록 편지 내용의 강도를 조정하는 일 등을 통해 조력하고, 요점을 정리하는 일도 지원할 수 있다.

이는 민원으로 유발되는 갈등이나 분쟁의 본질을 이해하는 데 있어 갈등이나 이견의 물질적인 차원보다는 이를 어떤 내용으로 인식하고 또 어떻게 상대방에게 전달하느냐가 갈등을 유발하거나 또는 이견을 해소하는 데 있어 보다 더 본질적인 과제라고 보기 때문이다. 이런 관점의 연장선상에서는 민원의 당사자가 문제를 보는 시각을 보다 긍정적으로 또는 상호 협의 가능한 양식으로 정리하고 전달하는 일이 매우 중요한 과제로 인식된다.

물론 민원 유발자로써의 행정관료가 이렇게 해서 전달된 편지나 기록의 사본을 잘 보관하거나 중요하게 다룰 것이라는 보장은 없다. 그렇기 때문에 민원인으로 하여금 그런 문서나 증거를 보존하는 일이 매우 중요하다는 사실을 일깨워주고 일선 행정관료나 관리자에게 제출한 증거를 안전하게 보관하라고 충고하는 일도 옴부즈만의 몫이다. 이는 또한 이전의 편지를 통해 민원을 제기했지만 그에 대해 반응이 없다고 해서 다시 민원이 제기되지 않는 한 편지에 언급된 이를 상대로 옴부즈만이 추적 조사에 나서지 않는 것이 보통이기 때문이기도 하다.

이는 그런 문제를 추적 조사하는 데에 있어 가장 적합한 사람은 그 민원을 제기한 당사자라고 생각하기 때문이다. 어떤 민원이 해결되기를 가장 절실히 원하는 사람은 당연히 그 민원을 제기한 사람이고, 또 해결하고자 하는 문제의 본질을 가장 잘 파악하고 있는 것도 관련 민원인이라고 보는 것이다. 그렇기 때문에 옴부즈만은 민원인이 자신의 민원과 관련이 있고 그 민원을 해결하는 데 도움을 받을 것이 분명함에도 불구하고 민원인이 직접 편지 쓰는 능력이 부족하다고 판단될 때에 한해서만 민원인의 편지 쓰기를 도와주는 정도로 자신의 역할 범위를 설정하고자 한다. 때로는 공영어가 민원인의 모국어가 아닌 경우 자신의 요구를 서면으로 표현하는 데에 어려움을 겪을 수 있다. 바로 이런 때 자신의 의사를 표현할 수 있도록 도와주는 일로 자신의 활동 영역을 한정하고자 하는 것이다.

이렇듯 사신 쓰기를 권장하는 이유는 어떤 좋은 아이디어가 제시되었을 때 그것이 누구의 공헌이냐를 두고 갑론을박하는 경우처럼 어떤 사물에 대한 인식과 관련한 민원을 다루는 데 있어 무엇이 가장 효과적이냐에 대해서는 여러 의견이 있을 수 있지만, 서구 사회의 문화적 맥락에서 보면 사신을 띄우는 일이 매우 효과적인 접근 전략 가운데 하나라고 여겨지기 때문이다. 실제 서구 사회의 경우 사적인 의사소통은 종종 기대 이상의 효력을 발휘한다. 그런 사적인 편지가 의사소통상의 효력을 발휘하지 않을 경우에도 여전히 유용성이 있다는 점에도 유의해야 한다. 예를 들어, 괴롭힘에 대해 공식적인 민원을 제기하는 과정에서 민원 관련 편지는 실제로 그런 공격적인 행위가 있었다는 사실과 특히 성적 괴롭힘의 경우에는 그것을 조사하는 과정에서 핵심적 요소라고 할 수 있는 분명하고 명료한 거부의 의사표시가 있었음을 확인하는 중요 증거자료가 되기도 하는 것이다. 이렇듯 사신 쓰기를 권면하고 지원하는 경우 옴부즈만은 민원인의 조력사가 되고자 하는 셈이다.

5. 포괄적 접근 전략(generic approaches)

구체적이고 개별적인 사례에 초점을 맞추어 민원 해결 대안을 제시하거나 권고하는 것이 아니라 그것을 포괄하는 일반적인 정책이나 운영 양식의 개선을 통해 개별 민원의 해결에 이르고자 하는 경우에 흔히 포착되는 전략이다. 주로 민원인의 신분이 드러나서 불이익을 받거나 문제 해결이 곤란해지는 상황을 피하고 기밀성을 유지하기 위해 채택하는 것이 보통이다. 이와 가장 유사한 것으로는 민원인의 신원을 드러내지 않는 가운데 관련 민원을 조사하거나 조사의 타당성 여부를 검토하는 것이지만 이렇게 기밀성 유지에 유의하는 경우 그런 민원이 조사되어야 마땅한지의 여부를 판단하기가 어렵다는 문제를 낳는다. 이렇듯 포괄적인 대안 제시를 통해 개별 민원을 해결하고자 하는 접근 전략은 그의 타당성 여부를 검증하기가 쉽지 않다. 그러나 기밀성 유지의 중요성에 유의하려 한다는 점에서 보면 국민권익 구제라는 민주주의의 핵심 가치 구현에 강조점을 두려는 것으로 이해된다.

이렇듯 옴부즈만이 민원 유발자나 민원인의 신원을 구체적으로 밝히지 않고 민원에 내포되어 있는 부적절한 행위에 대해 경종을 울리거나 더 이상 그런 행위가 발생하지 않도록 하기 위해 관련 행정기관 내부의 업무 집행 과정을 바꾸는 것과 같은 제도 개선 차원의 포괄적인 접근 전략을 택하는 것은 기관 내부형 옴부즈만에서 보다 더 자주 발견된다.

이때 옴부즈만은 관련 인사의 이름을 거명하지 않는 가운데 행정기관의 장과 민원 관련 사안을 논의하고, 행정기관의 장은 그에 따라 유관 정책 내용을 관련 상급자들에게 일률적으로 배포하거나 토의하도록 하는 경우가 보통이다. 예를 들어 초과근무를 시키면서도 초과근무수당을 지급하지 않아 민원이 발생한 경우 그의 구체적인 사례를 적시하는 것이 아니라 관련 관리자 모두에게 이를 금지하고 있는 정책 내용을 숙지토록 환기시켜주는 것과 같다. 또는 행정관료에 의해 민원인을 상대로 하는 성적 괴롭힘이 있었을 경우 이를 제보 받은 기관장은 그런 행위를 근절하거나 예방하기 위해 성적 괴롭힘 방지 교육을 전 직원에게 실시하기도 한다. 이런 포괄적인 접근은 특정의 민원 유발자로 하여금 그런 행위를 더 이상 하지 않도록 유도하는데 효과적일 뿐만 아니라, 유사한 문제의 재발 방지에도 기여하게 된다. 이런 접근방법은 특히 조직 내 다른 사람의 권리나 사생활을 침해하지 않고자 한다는 데에 특징이 있다. 민원의 해결 과정에서 행정정의를 구현하고자 하는 데에 초점을 맞추고 그런 목적 가치를 위해 취하는 대응 조치 자체도 행정정의에 충실한 양식을 취하고자 하는 것이라는 점에서 옴부즈만에 대한 민원인의 기대 역할로써는 추진자 활동에 강조점을 두려는 경우라고 하겠다.

6. 체계론적 접근 전략

옴부즈만에 의한 체계적인 조사는 지속적으로 그의 중요성을 더하고 있다. 이는 체계적인 조사가 옴부즈만의 기능과 성과를 배가하기 때문이다. 만약 한 나라의 행정 시스템이 붕괴하게 되면, 많은 수의 민원인을 양산하게 된다. 각각의 민원인은 개별적으로 치유 가능한 것이기는 하지만, 고장 난 시스템이 고쳐지기 전까지는 많은 민원을 계속해서 유발하게 된다. 따라서 시스템의 수리를 위한 응급조치가 취해져야 할 것은 당연한 일이다. 그런데 체계적인 조사는 시스템을 하나의 큰 전체로 보고, 시스템이 붕괴되었는지의 여부를 진단할 수 있게 해주고, 만일 붕괴되었을 경우 무엇을 보수해야 하는지를 찾아낼 수 있게 도와준다. 화재예방 및 감시를 가능케 하는 것이다. 이런 접근 전략은 민원 유발 요인을 체계적으로 조사해서 총체적으로 파악하고자 한다는 점에서 옴부즈만을 문제의 진단자이자 문제 해결의 동반자 내지는 협력자로 인식하는 것에 다름 아니다.

이렇듯 체계적인 조사활동은 민원이 속한 조직의 문제점이 무엇인지를 인지하고 적시에 이를 부상시켜 새로운 과제의 등장을 경고하는 역할을 수행한다. 일정한 행동양식이나 유사한 사건이 빈발하는 현상을 감지하고, 이를 관련 행정기관에게 알려 새로운 정책, 절차, 구조를 구상해야 할 필요성이 있음을 깨닫게 하는 신호기와 같은 역할을 수행하는 것이다. 그렇기 때문에 옴부즈만은 의사결정권자에게 필요한 정보를 제공하기 위해 민원이 제기된 현안과제 유관 집단의 변화에 대한 주의를 게을리하지 않는다. 그에 따라 통계자료를 포함하는 연례 보고서를 작성하고, 빈발하는 문제의 핵심이나 요점을 정리해서 특별 보고서를 작성하기도 한다. 이는 당연히 옴부즈만의 역할 규범에 따라 기밀성을 유지하는 가운데 이루어질 것은 물론이다. 많은 옴부즈만이 빈발하는 문제의 재발을 막기 위해 훈련 프로그램을 구축하고 교육하며 조직의 윤리적인 운영과 관련한 원칙을 정립하고 훈육하는 일을 지원하기도 한다. 이 가운데 소수의 경우는 다양성 교육에 적극 나서기도 한다. 이 경우 옴부즈만은 조련사의 역할에 주력하는 셈이다.

7. 항상적 접근 전략

민원의 해결을 위해 옴부즈만은 종종 민원인이 요청한 대로 어떤 조치를 취하기도 하고, 또는 당사자 중심주의에 따라 민원인이 직접 그런 조치를 취하도록 권면하기도 한다. 그런 조치가 취해진 이후 옴부즈만은 실로 다양한 방법을 통해 자신이 취한 조치의 결과를 지속적으로 확인한다. 예를 들어, 옴부즈만은 민원인에게 모든 것이 잘 진행되고 있는지를 알려면 한 달 내에 연락을 달라고 말하는 것으로 민원을 종결지을 수도 있지만, 일 년이 지난 후 그 일이 잘 해결되었는지를 확인하기 위해 전화를 걸기도 하는 것이다. 옴부즈만은 어떤 행정행위가 효율적이었는지를 확인하기 위해 지속적으로 관리하고, 필요하다면 관련 행정기관의 관리자와 협의할 요량으로 해당 영역이나 유사 유형의 과제를 지속적으로 추적 조사하기도 한다. 이행 점검에 나서는 것이다.

그러나 매우 많은 민원이 접수되는 경우 이런 양식의 추적 조사에 나서기 어려울 것은 정한 이치나 같다. 아무리 개별 사례의 종국적인 해결에 나서고자 하더라도 그런 개별 사례의 근본 원인이 해결되지 않은 상태에 있거나 또는 행정기관이 계속해서 수용하기 어려운 양식으로 반응한 결과 유사 민원이 빈발하고 민원인이 다른 사례를 들어 문제를 제기하는 경우 옴부즈만은 이를 다시 다루지 않을 수 없다. 그러나 바로 이렇게 옴부즈만의 주의를 환기시키는 일이야말로 민원인이 스스로 자신을 위해 해야 하는 일이라는 사실을 알려주는 일까지가 옴부즈만이 실제 유의해야 할 역할 범위 내의 과제다. 이 경우 옴부즈만은 민원인에 대한 조력자이기는 하지만 이는 어디까지나 협력자의 활동 범위 내에서의 일이라는 의미로 읽힌다.

8. 상황 조응적 접근 전략

위에 제시한 여러 개입 전략 가운데 어떤 것도 민원인이 특별히 필요로 하거나 또는 요청하는 기댓값과 꼭 부합된다는 보장은 없다. 대부분의 경우 옴부즈만은 부여된 상황에 맞추어 장기간에 걸쳐 문제 해결에 나서거나 혹은 단기간에 해결하려는 욕구나 성향을 갖기도 한다. 그러나 만일 해당 과제의 심각성에도 불구하고 당장 생각해 볼 수 있는 문제 해결 대안들이 모두 부적절하다고 판단되는 경우에는 그 특정 상황에 맞는 접근 전략을 찾아 지속적으로 탐색하고 대안 개발에 나서고자 하는 것이 옴부즈만의 특성 가운데 하나다. 이렇듯 상황 조응적이고 유동적인 접근 전략을 통해 맞춤형 대안 개발에 유의하고자 하는 것은 옴부즈만이 지능권력을 행사해야 한다는 의미로 읽힌다. 이는 어떤 환경 조건이나 민원의 특성에 접하더라도 민원의 해결이 지향하는 궁극적인 목적 가치인 행정정의의 구현 문제를 결코 놓치지 않으려 한다는 점에서 볼 때 추진자 활동을 지속하려는 것으로 이해된다.

9. 비공식적 접근 전략

옴부즈만은 민원 해결 과정에서 되도록이면 공식적인 절차나 제도에 의존하지 않으려는 경향성을 지녔다. 민원과 관련하여 공개적으로 증언하지도 않고, 타인의 증언을 강요하려고 하지도 않으며, 공식적인 조사활동을 우선하려고 하지도 않고, 공식적인 기록을 보관하려고도 하지 않는다. 그러니까 매우 간접적이고 비공식적인 양식에 따라 민원 해결에 나서고자 하는 것이다. 이로 인해 종종 옴부즈만은 민원을 접수하기 전에 민원인으로 하여금 다른 공식적인 민원 해결 절차는 없는지를 알아보도록 권유하기도 한다. 이런 경우 옴부즈만을 공식적인 고충처리 기관의 하나라고 보기 어렵기 때문에 미국의 알래스카 주에서는 옴부즈만에게 민원 해결을 의뢰했다고 해서 그 기간만큼을 법원에 제소할 수 있는 기한에서 유예하지 않는다.

그렇다고 해서 옴부즈만이 모든 공식적인 과정이나 절차로부터 자유롭고자 한다는 뜻은 아니다. 옴부즈만은 반드시 공식적인 고충민원 처리 절차나 과정을 알고 있어야 한다. 징계처분이나 불공정한 행정처분을 시정하기 위해서는 공정한 조사 과정을 필요로 하기 마련인데, 이를 위해서는 민원 유발자에 대한 사전 고지와 민원인에게 소명할 수 있는 기회를 부여하는 법률에 구속되기도 한다. 그러나 이때 민원 유발자로부터 요청받는 경우, 옴부즈만은 어떻게 하면 보다 공정하게 조사하고 갈등 과제를 조정할 수 있는지를 개인적으로 조언해주거나 또는 어떻게 하면 제기된 민원을 보다 공정하고 효과적으로 처리할 수 있는지를 관련 행정기관의 상급 관리자에게 사적으로 알려주기도 한다. 옴부즈만이 민원 관련 행정기관 내부의 공식적인 고충처리 과정에 대해 세세한 부분까지 알고 있어야 할 필요는 없지만, 최소한 그런 과정의 장단점은 알고 있어서 갈등 관리 과정의 공정한 절차에 대해 개별적으로 조언할 수 있어야 한다는 뜻이다. 옴부즈만은 민원인의 비공식적인 조력사이자 협력자이기도 한 것이다.

이렇듯 비공식적인 접근 전략을 동원하는 이유 가운데 하나는 민원의 처리 과정에서 기계적이고 일률적인 접촉에서 벗어나 보다 감성적이며 사회적 약자에 대한 적극적인 배려가 가능한 공간을 열고자 하기 때문이다. 보다 신속하게 처리하거나 타협과 조정의 가능성을 높이려는 의도도 담겨 있다. 창의적인 대응이 가능케 하여 복잡한 과제를 단순화하거나 설득 가능한 공간을 확대하자는 것이기도 하다. 바로 이 점으로 인해 옴부즈만이 다른 갈등 조정 기구에 비해 유용성이 크다는 평가를 받는다. 그러나 비공식적인 접근이 구체적으로 무엇을 의미하느냐에 대해서는 이론의 여지가 있는 것도 사실이다. 예컨대 비공식적인 민원 해결 양식이 궁극적으로 달성하고자 하는 목표가 이해당사자들 간의 합의에 의한 문제 해결을 의미하는 것인지 아니면 심도 깊은 조사활동을 건너뛰어 합의에 이르는 것과 같이 간이 절차에 의한 문제 해결을 뜻하는 것인지가 분명하지 않다는 뜻이다. 이런 비공식적인 접근 전략은 문제 해결 과정의 투명성이나 가시성을 결여함으로써 문제 해결 과정으로 인한 학습 효과가 떨어지고 따라서 정서적 순화의 가능성도 줄어들게 된다는 지적도 있다. 이로 인해 문제 해결의 원칙이나 일관성, 공정성, 투명성, 응집성 등을 헤치게 될 위험성도 있다. 따라서 장기적인 안목에서 보면 옴부즈만에 대한 사회적인 신뢰를 잃게 하는 한 요인으로 작용할 수도 있다는 평가가 가능하다(Gill et al, 2013: 43).

그러나 기계적인 원리주의나 공식적 절차에 따르는 것보다 실용주의적인 유용성이 큰 것은 두말할 나위가 없다. 민원 해결의 시의적절성을 확보하거나, 긴축재정 시대에 문제 해결에 소요되는 단위 지출비용을 줄이는 것도 사실이다. 비공식적인 접근 전략의 이런 양면성을 감안해 보면 비공식적인 접근 전략을 동원할 때에는 그것이 궁극적으로 행정정의에 반하는 것인지의 여부를 늘 확인해야 한다는 점을 유의해야 한다.

IV. 옴부즈만의 업무 처리

옴부즈만은 민원 해결을 위한 대응 전략이 구상되는 경우, 이를 토대로 구체적으로 실천해야 할 업무 처리 절차를 설계하게 된다. 이 과정에서 옴부즈만은 자신에게 부여된 역할을 수행하기 위해 다양한 단계와 절차에 따라 업무를 처리하는 것이 보통이지만, 그런 업무 처리의 우선적인 목표가 민원인의 고충 처리나 갈등 해소에 있는 만큼 그런 목표의 달성이 가능하다고 판단하는 경우에는 때로 중간 단계나 절차를 생략하고 직접 목표 달성에 이르고자 하는 경우도 적지 않다. 이는 신속히 업무를 처리해야 하는 옴부즈만의 본질적 속성에 부합하는 것일 뿐만 아니라 업무 수행상의 경제성을 가져와 재정지출을 줄이는 데에도 기여하게 된다. 따라서 다음에 소개하는 민원의 처리 절차는 결코 모든 경우에 이런 단계와 절차를 거친다는 의미는 아니다. 오히려 있을 수 있는 모든 과정을 단계적으로 서술함으로써 옴부즈만이 자신의 업무를 어떻게 처리해 나가는지를 하나의 대표 활동 모형을 통해 살펴보고자 한 것이다.

1. 민원의 접수

옴부즈만이 고충민원을 접수할 때 가장 먼저 해야 하는 일은 접수 요건을 충족하는지의 여부를 확인하는 일이다. 우선 신청된 민원이 자신의 관할권 내의 것인지를 확인해야 한다. 관할권 밖의 것으로 판단되는 경우에는 민원을 각하하거나 관할권 있는 곳으로 이송하여야 하며, 관할권이 있어도 다른 행정기관에서 처리하는 것이 보다 타당하고 효율적이라고 판단할 때에는 다른 행정기관으로 이첩할 수도 있다. 대부분의 민원인은 또 여러 곳으로부터 도움을 받고자 하는 것이 보통이다. 한 사람보다는 여럿이 연대해서 이루는 네트워크가 보다 더 유용하다고 생각하는 탓이다. 시민사회 운동가나 변호사같이 보다 적극적으로 민원인의 동반자나 지지자 역할을 수행할 조력자를 추가로 원하기도 한다.

그러나 옴부즈만은 그의 본질적 특성상 그런 적극적 후원자나 편애성에 기초하는 지지자가 될 수 없다. 그렇다고 하더라도 옴부즈만이 바로 그런 이들 또는 그럴 수 있을 것으로 생각되는 사람을 알고 있다면 당연히 민원인에게 이를 소개하고 조력을 구할 수 있도록 알선하는 일에 나서야 한다. 정부 내에서 민원인에게 도움을 줄 수 있는 다른 부서나 담당자가 있을 경우에는 이를 소개해주는 일도 옴부즈만이 감당해야 하는 과제 가운데 하나다. 민원인에게 도움을 줄 수 있는 곳이 있는지를 알아보고 소개하는 일 자체가 민원 해소 과정의 일부라고 여겨지기 때문이다.

그렇다고 해서 옴부즈만의 관할 범위 내에 있고 그렇기 때문에 옴부즈만이 해야 하는 일을 다른 곳에 이첩하거나 이송하려고 해서는 안 된다. 옴부즈만은 모든 민원의 최종 종착지가 되어야 하기 때문이다. 다만 옴부즈만과는 다른 성격의 도움이 절실히 필요하다고 판단되는 경우에는 바로 그런 서비스를 제공해줄 수 있는 곳을 소개하는 일도 옴부즈만이 담당해야 하는 일 가운데 하나라는 말이다. 이는 옴부즈만이 민원인의 조력자 내지는 협력자에 다름 아니기 때문이다. 이런 동반자로써의 활동은 거의 모든 유형의 옴부즈만이 주목해야 하는 과제이기도 하다.

그러나 그렇다고 해서 민원 대상 기관 내부의 청문감사관이나 행정심판기구 등에의 이첩은 있을 수 없는 일이다. 예컨대 경찰 옴부즈만이 경찰 내부 조직인 청문감사관에게 이첩하거나 이송한다는 일은 생각할 수 없다. 그렇게 할 경우에는 기관 외부 통제장치로써의 옴부즈만 기능이 취약해질 뿐만 아니라, 옴부즈만의 본질 자체가 "민원의 마지막 무덤" 이 되고자 하는 것이기 때문이다. 옴부즈만은 민원을 해결하기 위한 단순 부가 장치가 아니라 종국적 처리를 위해 특별히 마련된 특단의 기관인 만큼 민원을 자체 해결하지 않고 다른 기관으로 이첩하는 것은 기관 본래 속성에 반한다. 따라서 만에 하나 이첩해야 할 필요성이 있는 경우에는 이송이나 이첩해서 해결하려 할 것이 아니라 옴부즈만의 감독 하에 일정 권한을 위임하는 방법도 구상해 볼 만한 일이다.

그런데 어떤 민원이 옴부즈만의 관할권 내부의 것인지의 여부를 판단하기 위해서는 크게 세 가지 차원에서의 과제를 검토해야 한다. 민원 신청인의 적정성, 민원 신청 대상의 타당성, 민원 신청 행위의 적절성이 그것이다. 먼저 민원 신청인의 경우 신청 민원에 의해 권리가 침해되거나 불이익을 당한 당사자여야 한다. 왜냐하면 민원의 성립 자체가 민원인이 느끼는 고충이나 부당성에서부터 비롯되는 것이기 때문이다. 그러나 나라에 따라서는 NGO, 민원인이 속한 노동조합이나 기업, 법적으로 민원신청 권한을 위임한 대리인 등에 대해서도 민원 신청권을 인정하는 사례가 있다. 비록 민원 당사자가 민원을 신청하는 경우라고 하더라도 그 민원의 신청으로 인해 다른 사람에게 영향이 미치거나 이해가 충돌하는 경우에는 바로 그런 이해관계인의 동의가 있는지의 여부를 확인해야 한다. 특히 익명으로 민원을 제출하고자 하거나 또는 옴부즈만 이외의 사람에 대해서는 자신의 신상 정보에 관해 기밀성이 유지되기를 원하는 경우에는 관련 법규에 의해 이런 조치가 가능한지의 여부를 확인해야 한다.

민원 신청 대상과 관련해서는 일반적으로 공적 영역의 옴부즈만인 경우 관할 대상 범위를 정부기관이나 거기에서 활동하는 공직자 전체로 광범위하게 규정하는 것이 보통이다. 그러나 그럴 경우 구체적으로 어디까지를 정부기관으로 보느냐에 대해서는 실로 다양한 사례가 있어 일반화하기가 쉽지 않다. 이는 공행정의 영역을 어디까지로 볼 것이냐의 문제와 직결되어 있다. 나이지리아 같은 곳에서는 사적 부문까지도 정부활동의 연장선상에 있는 것으로 간주하는 데 반해, 대부분의 나라에서는 민영화된 기관까지를 민원 신청 대상 기관으로 한정하는 것이 보통이다(National Democratic Institute, 2005: 12). 그러니까 현재 국가기관의 일부로 간주되지 않더라도 과거에 공적 자금이 투입되어 국고가 지출된 상태에 있거나 또는 앞으로 그럴 예정인 경우에는 이를 정부 활동의 한계 영역 내부의 일로 간주하고자 한다.

그러나 그렇다고 해서 정부활동 모두를 민원 신청 대상으로 삼지 않는 것은 물론이다. 그 가운데 오로지 옴부즈만이 판단할 때 적절치 못한 행정행위였다고 간주되는 것만을 민원 신청 대상으로 삼는다. 법률과 규칙에 위배되거나, 인식상의 오류나 상관관계가 없는 사실에 기초한 것이거나, 논리적 모순이나 오류에 의존한 것이거나, 비능률적인 양식에 의해 수행되거나, 비록 법률에 기초한 것이라고 하더라도 비이성적이고, 불공정하며, 불합리하거나, 기타 오류가 있는 경우 등이 그것이다(National Democratic Institute, 2005: 12). 그러니까 부당한 행정행위만이 옴부즈만의 관할 대상인 셈이다. 그러나 그 부당한 행정행위가 구체적으로 어떤 것을 의미하느냐에 대해서는 나라와 시대에 따라 조금씩 다르다.

예컨대 영국의 시민 옴부즈만은 관할 자치단체의 거의 모든 업무 영역과 관련된 민원을 접수받아 다루지만, 이는 단지 자치단체가 어떻게 운영되었는지와 관련된 것일 뿐 자치단체가 얼마나 유능하게 업무를 처리했는지를 따지려는 것은 아니다. 그러니까 결함이나 하자가 내포되어 있지 않은 행정 결정을 대상으로 하거나 어떤 정책의 적절성 내지는 실패 여부를 확증하고자 하는 민원은 신청대상에서 제외된다(Cabinet Office, 2005: 11). 그러니까 행정작용에 대한 성과평가나 정책적 우수성 정도를 따지자는 것은 옴부즈만의 관할 대상 영역 밖의 일이라고 보는 것이다.

그뿐만이 아니다. 옴부즈만 관련 법규에 의해 옴부즈만이 간여해서는 안 되는 것으로 규정되어 있는 과제에 대해서는 당연히 민원으로 접수할 수 없다. 예를 들어 영국의 국가 옴부즈만에 민원을 신청하고자 하는 경우에는 그 민원이 행정 실패로 인해 유발되었다는 사실을 증명할 수 있어야 한다. 이때의 옴부즈만은 행정민원만을 그의 관할로 삼는다는 의미이다. 또한 민원 신청의 시점을 기준으로 12개월 이전에 발생한 민원에 대해서는 이를 신청할 수 없도록 하고 있다. 민원의 실효성을 담보함으로써 옴부즈만 운영상의 효율성을 기하고자 하기 때문이다. 과거에 사법적인 심판을 받아본 일이 있는 사안에 대해서도 접수를 거부한다. 이는 당연한 일로써 재판 독립의 원칙과 3권 분립의 원칙을 존중하고자 하기 때문이다. 그렇지 않을 경우에는 사법체제 자체를 와해시키는 결과를 가져온다고 보는 것이다(Cabinet Office, 2005: 10).

나아가 영국의 보건 옴부즈만 경우에는 보건 옴부즈만에게 민원을 신청하기 이전에 중앙 보건 서비스 관련 민원 제기 기구(National Health Service Complaints Process)에 의뢰해 민원 해소를 시도했었는지의 여부를 확인하고, 그런 과정을 거쳤음에도 불구하고 해소되지 않은 사안만을 신청하도록 하고 있다(Cabinet Office, 2005: 10; Nilsson, 1983: 65). 영국의 시민 옴부즈만도 민원 접수 이전에 다른 행정민원 처리 과정을 거쳤음에도 민원인이 그 결과에 대해 만족하지 않는 사안인 경우에만 접수할 수 있도록 하고 있다. 이 경우 민원 신청은 민원 당사자가 아니더라도 민원 당사자를 대리하여 관련 민원 담당자가 서면으로 요청할 수도 있게 하고 있다. 옴부즈만이 행정민원의 종국적 해결자여야 한다는 점에 충실하고자 한 결과이다.

아일랜드에서는 개인 기업, 일반 시민, 의사의 진료, 정부가 민원으로 접수하지 말도록 요청한 사안, 법원이 접수 불가로 결정한 사안, 법률로 법원에 기소하도록 규정한 사안, 독립기관에 기소하도록 법률이 정한 경우, 인사 관련 사안, 이민과 귀화에 관한 문제, 수형 기간 단축에 관한 사안, 사면권 행사, 교도행정 등은 민원 접수가 불가능하다고 법률에 규정해 두고 있다. 공사 행정의 구분이나 3권 분립의 원칙을 침해하는 것은 아닌지에 유의해야 한다는 뜻이다(Carlens & Verbeek, 2010: 6-7).

접수된 개별 민원이 이런 규정이나 원칙에 저촉되는 것인지의 여부를 판단하는 권리는 전적으로 옴부즈만에게 주어져 있다. 이 점에서 옴부즈만은 비록 권고성에 의해 운영되어야 한다고 하지만 적어도 민원의 접수 여부에 대해서는 절대적, 자의적 의사결정권을 갖는 셈이다.

2. 조사 방식의 결정

일단 민원이 접수되면 이를 어떻게 조사할 것인가가 다음 단계의 과제다. 그런데 조사 방식에는 직접조사, 공동조사 또는 협의조사, 간접조사 등이 있다. 심한 보안상의 필요가 있거나 해당 행정기관의 독자적인 업무 수행을 유지해 주어야 할 필요가 있는 경우에는 간접조사의 방식을 채택하고, 청문감사관 같은 기관 내부의 민원 처리 기관과 역할을 분담할 필요가 있는 경우에는 공동조사 또는 협의조사 방식을 채택하기도 한다. 직접조사는 청문감사관 같은 기관 내부의 민원 처리 기관에 의한 관여를 배제해야 할 정도로 중요하거나 편견이나 부당한 영향력이 개입될 가능성이 있을 때 선택한다.

일반적으로 수사가 진행 중인 사안에 대해서는 신중하게 조사 방법을 선택할 필요가 있다. 물론 인권침해의 증거가 뚜렷한 경우에는 당연히 직접조사를 실시해야 하지만 그렇지 않을 경우에는 공동조사나 간접조사를 통해 관련 행정기관의 독자적인 행정행위를 존중해주려는 안목이 필요하다. 옴부즈만은 기본적으로 그의 활동으로 인해 기존의 행정행위가 지장을 받거나 영향을 받아서는 안 된다고 보기 때문이다.

특히 검찰 송치 후의 수사 과정에 대해서는 각별한 주의가 요청된다. 논리적으로 볼 때 옴부즈만에 의한 조사가 경찰의 수사를 대신하자는 것이 아니고 다만 수사와 관련한 경찰의 활동을 점검하자는 것이라는 점에서 볼 때, 검찰 송치 이후의 수사 활동이라고 해서 조사 대상에서 배제해야 할 이유는 없다. 다만 현실적으로 검찰의 자료 협조를 받아야 한다는 점을 고려하여 검찰의 입장을 최대한 존중하는 가운데 조사활동에 나서는 지혜가 필요하다(김유환, 2006). 이런 경우 간접조사나 협의조사 방법을 고려하게 된다.

3. 조사관의 선정

조사 방식이 결정되면 어떤 조사관에게 업무를 맡길 것인지에 대한 판단이 필요하다. 조사관의 선정에 있어서는 조사 방식이 무엇인가도 중요하지만 조사 결과의 처리가 어떤 방식으로 이루어질 것인가도 염두에 두어야 한다. 예컨대, 합의나 조정에 의해 문제가 해결될 가능성이 있는 경우 그에 적합한 조사관을 선정해야 한다.

그러나 보다 중요한 것은 조사관의 품성과 자질을 면밀히 검토해야 한다는 점이다. 조사관은 옴부즈만 자신만큼이나 그의 활동이 기관으로써의 옴부즈만이 누리는 평판에 직접적인 영향을 미치기 때문이다. 따라서 어느 한쪽으로도 치우치지 않는 균형감각을 지니고, 어떤 외부의 압력이나 유혹으로부터도 독립성을 견지하며, 부패하거나 도덕적으로 결함을 지니는 일이 없어야 한다.

특히 옴부즈만의 역할이 민원 신청인의 개별적 사례를 다루는 것인 만큼 조사관 개인의 특성에 따라 업무의 성과가 좌우될 가능성이 크다는 점에 유의해야 한다. 따라서 민원 신청인의 개인적인 자질이나 특성에 잘 조화를 이루는 인물을 골라 업무를 배정하도록 하는 세심한 주의가 요청된다. 매우 복잡하고 어려운 민원에 대해서는 복수의 조사관을 배정하여 개별 조사관의 취약점을 보완하도록 하는 보충 전략도 필요하다. 조사관들 사이에서 특정 조사관을 중심으로 업무편중 현상이 일어나지 않도록 일감을 균형 있게 배분하려는 감각과 의지도 있어야 한다(UNDP, 2006: 55).

조사관은 기본적으로 옴부즈만이 직접 조사하거나 활동해야 하지만 시간이나 능력 또는 전문성이 부족한 부분을 대체하거나 보완하자는 것임으로 옴부즈만에 의한 권한 위임을 전제로 활동하게 된다. 따라서 옴부즈만으로써는 조사관을 선정할 때 자신의 권한 가운데 어느 부분까지를 위임하거나 대행시키고자 하는지를 명백히 해야 하며, 거기에 맞추어 적합한 조사관을 선정하도록 해야 한다. 예를 들자면 옴부즈만에 따라서는 자신의 조사관이 증인을 소환하거나 증언의 진실성을 선서 받거나 하는 일에 대해서는 이를 위임하려 하지 않는 경우가 종종 있다. 이런 경우에는 그에 합당한 조사관을 찾도록 해야 한다.

민원 신청인과 민원 신청 대상 기관이나 행정관료와의 사이에서 중립성을 견지해야 하는 조사관은 "이해 충돌(conflicts of interests)"로부터 벗어나 있어야 하며 이해 충돌이 있을 것처럼 보이는 관계에 있어서도 안 된다. 그렇지 않을 경우에는 조사 결과의 타당성에 대한 신뢰를 확보하기가 어려울 것이기 때문이다. 따라서 이런 경우에는 관련 당사자들로 하여금 해당 조사관을 기피할 것인지의 여부를 물어 교체를 원할 때는 당연히 교체해주어야 하며, 조사관 스스로도 자신이 지니고 있는 해당 과제와의 이해관계를 천명하고 자진해서 제척하는 제도를 도입할 필요가 있다.

조사관이 민원 신청인과 사적인 관계에 있거나, 민원 신청 대상 행위에 간여한 일이 있거나, 증인이나 민원 신청 대상 기관과 관련이 있는 경우 그의 중립성을 의심받게 되는 데, 그렇다고 해서 이런 관계가 전혀 없는 조사관을 찾기가 쉽지 않은 경우도 있을 수 있다. 특히 매우 좁은 지역사회에서 민원 사안을 다루는 경우에는 이런 현상이 빈발하기 마련이다. 이런 때에는 관련 당사자들이 가장 덜 기피하는 인물을 골라 업무를 배정하는 등의 타협점을 찾아야 한다.

4. 조사 계획의 설계

일단 관련 당사자로부터 의견 제출을 받으면 옴부즈만 또는 그의 조력자인 조사관은 자신만의 독자적인 판단을 위해 증거 및 자료의 수집이나 분석 절차를 개시하게 된다. 이 조사 작업의 첫 단계가 조사 계획의 설계다. 누구를 면담하며, 어떤 문서나 자료를 어떤 순서로 수집할 것인가를 정하는 작업이다. 불필요한 정보를 수집하거나 필요한 정보의 누락 없이 조사가 진행되도록 조사의 총체적인 전략을 짜자는 것이다. 조사 자체가 효율적으로 진행되도록 조사 실시의 기법을 점검하고 채택하는 일과같이 조사 전략을 세우는 일도 포함된다. 무엇을 증명하고 또는 부정할 것인가를 구체적으로 기획하는 작업이기도 하다. 성공적인 조사가 성공적인 조사계획을 필요로 할 것은 물론이다. 조사계획이 잘 세워지면 옴부즈만의 가용자원을 효율적으로 사용하는 결과를 얻게 되며, 지원 인력의 낭비 없이 소기의 성과를 거둘 수도 있게 된다. 무엇보다도 조사 자체의 합리성, 전문성, 타당성 정도를 높이며, 조사 과정에서 있을지 모르는 증거의 인멸이나 유실을 방지하고, 신속 정확하게 조사

결과를 얻을 수 있다는 이점이 있다(UNDP, 2006: 61-62).

이런 조사의 설계는 사실상 민원인이 주장하는 고충민원의 내용 분석에서부터 출발한다. 민원의 내용을 면밀히 분석하면, 민원인이 주장하는 고충이나 권리 침해가 과연 있었는지의 유무와 그런 현상을 야기하게 된 구체적인 행정조치나 행정행위가 무엇이며, 그런 행위는 누구에 의해서 어떤 법적 근거로 누구의 허락 아래 이루어진 것인지를 알 수 있게 된다. 이를 근거로 조사관은 이런 사실들의 실체적 진실을 밝히기 위해 어떤 관료, 증인, 문서, 물리적 증거, 등을 조사해야 하는지를 검토하게 된다. 이때 민원인이 주장하는 조사대상을 포함해야 할 것은 물론이다. 이런 조사의 설계는 조사에 필요한 비용의 산출도 포함한다. 조사에 배정되어야 할 조사관의 시간 총량, 국내외 여행 계획, 필요하다고 판단되는 분야별 전문가의 조력과 지원 내역 등을 산출, 제시하게 된다.

민원 신청인이나 증인의 신분을 기밀에 부치는 일이 필요한 경우에는 이를 위한 계획도 수립해야 한다. 만일 신원의 노출이 불가피하다고 판단되는 경우에는 어떤 순서와 절차에 따라 조사를 진행함으로써 기밀성 유지의 훼손에 따른 문제를 최소화할 것인가에 대해서도 연구해야 한다. 이렇게 조사 계획은 기본적으로 진행 상황의 변화에 따라 유연하게 조정, 보완할 수 있어야 한다. 그리고 그렇기 때문에 누가 조사 계획 수정안을 승인할 것이며, 언제 수정안 승인을 요청해야 하는지가 명료하게 규정되어 있어야 한다.

조사의 기법을 정하는 일도 중요한 과제다. 시대와 장소에 따라 보다 효과적인 조사 기법이 다르며, 정부의 성격이나 문화적 배경에 따라서도 보다 효과적으로 작용하는 기법이 따로 있기 마련이다. 매우 공식적인 조사 기법으로는 선서 후 진행하는 증언의 청취나 진술문의 작성 또는 녹음의 채취 등을 생각해 볼 수 있다. 그러나 보다 비공식적인 것으로는 전화를 통한 질문이나 진술의 청취 등을 들 수 있다. 그러나 이런 전화를 통한 조사의 경우에는 얼굴의 표정이나 몸짓, 분위기 등 음성이 아닌 메시지 전달 요인들을 확인할 수 없다. 그렇지만 보다 경제적이고 편리한 조사 기법 가운데 하나임에는 틀림없다. 따라서 이런 요인들을 종합적으로 감안하여 다루는 민원의 성질과 수요에 가장 적합하다고 판단되는 조사 기법을 선정해야 할 것은 물론이다.

일단 조사 계획이 수립, 승인되고 나면 이를 관련 조사 대상자에게 통고하는 데에서부터 사실상의 조사활동은 개시된다. 비록 법률이나 규칙에 의해 조사의 의도를 통고하도록 규정되어 있는 경우가 아니라고 하더라도 필요하다고 판단될 때에는 관련 기관이나 인사에게 조사 계획을 통고하여 협조를 구하는 것이 좋다. 나라에 따라서는 민원 신청인에게 조사가 통고되고 있다는 사실을 통지해 주어야 한다고 법률로 규정해 두고 있는 경우도 있다. 그러나 조사가 예정되어 있다는 사실을 알리는 일이 조사에 지장을 줄 것으로 예상되는 경우에는 당연히 통지하지 말아야 한다. 이때 통지문에는 통상 요약된 민원의 내용, 조사의 절차와 과정, 조사에 대한 의견 제출의 대상 및 절차, 증언이나 정보 제공자의 신분을 보장하는 법규의 소개 등을 담는 것이 보통이다. 보다 더 친절을 베푸는 경우에는 민원 발생의 배경에 대한 설명과 함께 아직 해당 민원과 관련하여 아무것도 정해진 것이 없음을 밝혀 보다 적극적인 협조를 유도하도록 한다(UNDP, 2006: 62-67).

5. 의견 진술서의 접수

조사 계획에 대해 통고를 받은 조사 대상자나 그의 상급자 내지는 소속 기관의 장은 조사와 관련하여 자신의 의견을 진술할 기회를 가진다. 영국의 입법부형 옴부즈만이 대표적인 사례다. 한국의 국민권익위원회도 민원 해결을 위해 어떤 조치를 취하기 전에 관계 행정기관이나 민원인, 이해관계인들에게 의견 제출의 기회를 주고 있다. 특히 옴부즈만의 갈등 조정 기능을 감안해 보면 민원 처리 방향이 결정되기 전에 관련 당사자의 의향을 먼저 들어보는 것은 당연한 일로 여겨진다. 이런 의견 제출을 통해 옴부즈만이나 그의 조력자인 조사관은 화해나 조정의 성립 가능성을 미리 예견해 볼 수 있게 된다. 전통적인 옴부즈만 기능에 치중하는 업무관행에 있어서도 사실상 이런 방식이 주류를 이루고 있지만, ADR형 조정 기능을 강조하는 경우에는 사전 조서(pre-statement)를 보다 더 중시하기 때문에 이런 사전 의견진술 기회를 더욱 강조하게 된다.

대개의 경우 민원은 행정기관이나 부서를 상대로 제기되는 것이 보통이지만 행정관료 개인을 상대로 제기되는 경우도 적지 않다. 이런 경우 개인에 대한 조사는 그 개인이 자신의 입장을 개진할 수 있는 기회를 부여하는 것이 마땅하며 개인이 원할 때에는 그가 소속되어 있는 노조의 대표를 동반할 수 있게 허용할 필요도 있다. 이는 처음 민원이 제기되었다는 사실을 소속 기관장에게 통보하는 때나 그 이후 관련 조사가 실시될 것임을 통고하는 단계에서 유의해야 할 과제이다.

이때 조사는 매우 은밀하게 진행되어야 하며 해당 공직자의 신원은 불가피한 경우를 제외하고는 철저히 보호되어야 한다. 개인의 신원이 구체적으로 지목되거나 밝혀진 경우에는 민원의 내용을 그가 소속되어 있는 기관의 장과 본인에게 통보하여야 한다. 그리하여 관련 당사자가 적절한 시간 여유를 갖고 의견을 진술할 수 있어야 한다. 의견의 진술은 문서나 구두 어느 쪽으로 제출해도 문제될 것이 없다. 다만 문서로 제출되는 경우에는 옴부즈만이 이를 처리하기가 상대적으로 용이해진다. 그러나 민원 신청인으로써는 자신의 민원 관련 정보에 대한 기밀성 유지가 제대로 지켜질지를 보다 민감하게 주시하게 된다. 그 결과 의견서 제출을 주저하는 경향이 있는 것도 사실이다. 그러나 이런 경우 옴부즈만이나 조사관은 이 단계에서의 조사는 민원 사안을 계속 조사할 필요가 있는지의 여부를 확인하고자 하는 것이라는 점을 환기시켜주어야 하고 기밀성 유지를 위해 최선을 다할 것임을 확신시켜주어야 한다. 조사 대상 행정관료는 옴부즈만이나 조사관에게 직접 답변할 수도 있고 자신이 소속되어 있는 기관을 통해 의견을 전달할 수도 있다(Cabinet Office, 1995: 5).

6. 본 조사의 실시

이제 본격적으로 민원의 내용을 확인하거나 또는 배척하는 데 필요한 사실 자료의 수집 및 확인 단계에 이르게 된다. 이 단계에서는 다양한 사실 자료가 수집되겠지만 이는 대체로 직접증거자료와 간접증거자료 또는 정황증거자료로 구분된다. 직접증거자료는 어떤 사람이 직접 보거나 듣거나 느끼거나 냄새 맡거나 검사하는 등

몸소 체험해 보았기 때문에 사실 관계를 직접 증명해 줄 수 있는 정보이다. 이에 반해 정황증거자료는 이를 적용하는 가정적 전제의 정교성이나 치밀성 여하에 따라 사실 관계를 증명할 개연성이 있어 간접적으로만 증명력이 인정되는 정보 자원을 말한다(UNDP, 2006: 70). 어느 경우든 그 정보 자원이 민원인이 제기하는 고충이나 권리 침해를 밝히고 규정하는 데 쓰일 것은 물론이다.

그런 만큼 이런 정보 자원의 수집을 위해 옴부즈만이나 조사관은 원칙적으로 거의 모든 정보 원천 그러니까 사람, 문서, 물건, 사이트 등에 대한 무제한적인 접근권이 보장되어야 한다. 그러나 운영 실제에 있어서는 일정한 제한이 가해져 있는 경우가 적지 않다. 우선 거의 모든 민주정체 하에서는 증인에게 증언을 거부하거나 강제당하지 않을 권한이 부여되어 있다. 자기 죄를 자기 자신이 증명하거나 인정하지 않을 권한도 가진다. 변호사와 고객, 의사와 환자, 성직자와 신자, 남편과 아내 사이와 같이 특수 관계에 있는 경우에는 그들 사이의 대화와 의사소통에 대해 증언하지 않아도 된다. 물론 관련 법규에 의해 구체적으로 정보 접근이 금지되어 있는 사안에 대해서는 당연히 자료 수집이 불가능해진다.

그러나 옴부즈만에게는 이런 기본권의 보호로 인한 한계를 초월해서 증언을 강제하거나 심지어 자신의 죄를 스스로 증명하도록 강제할 권한까지도 관련 법규를 통해 부여하는 사례가 늘고 있다. 옴부즈만에게는 또 사법기관의 수사 활동과는 달리 매우 엄격한 증거중심주의를 주문하는 것도 아니다. 그보다는 오히려 권고를 통해 문제를 해결하려는 데에서 보는 것과 같이 조사활동이 공정하고 정당한 절차와 정의에 입각한 것이었는지의 여부를 보다 중시하려는 경향이 있다. 보다 중요한 것은 증거와 사실로 규정하고자 하는 것 사이에 과연 합리적인 연계관계가 있는가를 밝혀보고자 하는 데에 있다. 이런 "적실성 검증(test of relevance)"(UNDP, 2006: 71)이 지니는 증거력은 사법적 목적을 가진 수사에 있어서나 옴부즈만에 의한 조사 활동에 있어서나 같다.

그런데 이렇게 증언을 강제할 권한이 부여되어 있는 조사관의 경우에는 증인으로 하여금 자발적으로 증언하도록 할 것인지 아니면 강제로 증언하게 압박할 것인지를 놓고 숙고할 필요가 있다. 왜냐하면 자발적 증언과 강요된 증언은 각각의 효용성과 그를 필요로 하는 상황이 서로 다르기 때문이다. 우선 자발적 증언은 증인이 기본적으로 조사 활동에 협조적인 입장에 선다는 점을 전제하는 것이기 때문에 강제로 선서한 후 증언에 임하는 경우보다 훨씬 용이하게 증인의 적대적 감정 내지는 소극적 자세를 극복할 수 있고, 거의 모든 분야에서 필요 정보를 제공받을 수 있다. 그러나 증인이 증언 후에 말을 바꿀 위험성이 있거나, 기밀 보장이 필요한 문서나 정보를 인증하고자 하거나, 민원을 유발한 당사자를 지목하고자 하거나, 비협조적인 증인의 증언을 필요로 하거나, 중요한 증인이 관할 영역을 떠나 앞으로는 증인으로 세우기가 어렵다고 판단되거나, 증인이 자발적으로 협력한 것처럼 보일 경우에는 보복당할 위험성이 예견되는 경우 등에 있어서는 증언을 강제하는 전략을 채택할 필요가 있다.

이런 증언 강제권을 옴부즈만이나 조사관이 갖고 있지 않거나 자발적 증언의 청취가 보다 효과적이라고 판단되는 때에는 자발적 증언을 유도해야 한다. 이를 위해서는 증인에게 자발적 증언으로 인한 적극적 효용성과 소극적 효용성을 설명할 필요가 있다. 증인이 자발적으로 증언할 경우, 우선 증인 자신의 이해관계를 극대화할 수 있다는 이점이 있다. 증인 자신의 입장에서 현상을 규정하거나 설명하고 이를 통해 자신의 입장을 보다 적극적으로 설명하거나 설득할 수 있으며, 특히 자신에 대해 비판적인 입장에 있거나 적대적인 관계에 있는 이들을 상대로 이해를 호소하는 기회를 가질 수 있다. 또한 소극적으로만 평가하더라도 증인이 스스로 증언하지 않아도 옴부즈만이나 조사관은 결국 어떤 형태로든 보고서를 작성하여 현상을 규정할 것인 데 협조하지 않을 경우 이 과정에서 자신의 입장이나 관점을 반영하지 못하게 된다. 증언을 거부했다는 사실이 증인에게 불리한 평가나 선입견을 불러오게 될 위험성도 있다. 무언가 구린 데가 있기 때문에 증언을 거부하는 것이라고 평가하기 마련이라는 말이다(UNDP, 2006: 73).

이런 과정을 통해 증언 대상자를 확보하더라도 그 가운데 누구를 먼저 조사할 것인가를 정하는 문제는 여전히 남는다. 그런데 조사대상 가운데 누구를 먼저 조사대상으로 삼아 증언을 청취할 것인지에 대해서는 두 개의 관점이 다툼을 벌여왔다. 당사자 우선주의를 주장하는 이들은 민원 유발자로 지목된 당사자가 제기된 민원과 관련하여 가장 직접적이고 광범위한 정보를 가지고 있을 것임으로 당사자를 먼저 조사해서 증언을 청취해야 조사의 경제성이나 효율성이 담보된다는 것이다. 심지어는 조사가 필요 없게 될 수도 있다. 그러나 상급자 우선주의를 주장하는 이들에 의하면 민원 유발자로 지목되고 있는 이가 소속되어 있는 기관의 최고 책임자의 의견을 청취하는 일이 급선무라는 것이다. 소속 기관의 최고 책임자가 문제의 핵심이 무엇이며 어디에서부터 문제가 비롯된 것인지를 파악할 수 있다면 이는 벌써 민원의 거의 대부분이 해결되었음을 뜻한다고 본다. 왜냐하면 민원이 해결되기 위해서는 궁극적으로 최고 책임자에 의한 문제해결 대안의 제시가 관건이며 이는 최고 책임자에게 진정해 온 민원의 내용을 이해시키고 관련 과제에 대해 생각을 정리하도록 유도하는 데에서부터 비롯되기 때문이다.

그러나 조사 대상자가 자발적으로 증언하고자 하지 않는 경우에는 불가피하게 증언강제권을 발동할 수밖에 없다. 이 경우 조사관은 증언이나 자료의 제출을 거부한 사람의 명단을 옴부즈만에게 보고하고 필요 조치를 하달 받아야 한다. 이 과정은 개인의 사생활이나 조사상의 보안 유지를 위해 비공개로 진행하는 것이 보통이다. 민원인 관련 정보는 효율적인 상담을 위해 필요한 범위 내에서만 공개하며, 관련 정보에 대한 기밀성의 유지에 진력해야 한다. 관련 당사자들은 옴부즈만이 조사활동을 진행하는 동안 일상적인 업무 수행 양식을 지속해야 한다. 조사대상자는 일상적인 활동의 연장선상에서 자신이 필요하다고 생각하는 조치를 지속적으로 취해 나가야 한다. 특히 일의 진행이 지체된다는 민원이 제기되어 있는 상황에서는 일상적인 조치나 간여를 중단해서는 안 된다. 관련 기관이 민원인과 다루어야 하는 또 다른 과제가 있을 경우에는 계속해서 일상적인 양식에 따라 업무를 진행시켜야 마땅한 일이다. 조사활동이 진행되고 있다는 사실이 조사대상자의 일상적인 활동에 어떤 형태의 장애나 부정적인 영향도 미쳐서는 안 된다는 뜻이다(Cabinet Office, 1995: 4).

옴부즈만은 관련 기관이나 부서와 연락을 취하면서 관련 문서를 검증하거나 관계 기관의 직원과 협의를 진행한다. 이 과정에서 옴부즈만은 거의 모든 문서에 대한 접근권을 갖는다. 그러나 자신의 관련 문서파일에 대해서는 기밀성 유지의 권한을 인정받는다. 어떤 비공식적인 정보라도 일단 수집된 것은 증거로써 인용될 수 있다. 만일 오류가 발견될 때에는 즉각 이를 수정해야 한다. 조사 과정에서 어떤 이에게 대리인이나 자문관을 허용할 것인가의 문제는 전적으로 옴부즈만의 판단과 권한에 속한다. 관련 당사자로부터 비공식적인 진술을 받을 수도 있고 공식적인 심문을 실시할 수도 있다. 조사 대상자의 구두 진술에 의존해야 하는 경우에는 그로 하여금 노조 대표나 직장 동료를 동반하도록 하는 것이 보통이다. 공식적인 조사가 진행되거나 조사 결과 보고서가 특정인을 심각하게 비난하는 결과를 가져오게 될 가능성이 높은 경우에는 법률 대리인을 세우도록 하는 것도 생각해 볼 수 있다. 조사 대상자가 법률 대리인을 세우는 경우에는 민원인도 법률 대리인을 선임할 수 있다.

조사의 결과가 개인을 공개적으로 비난하거나 망신을 주게 될 가능성이 있는지의 여부를 판단해서 조사의 방식을 정하고, 자신을 변호할 기회를 부여하며, 법률 대리인을 세울 것인지의 여부를 정해야 한다. 이 경우 법률 대리인은 소속 기관의 법무담당자일 수도 있고 개인적으로 외부에서 고용한 사람일 수도 있다. 그러나 일반적으로 법률 대리인이 필요하다고 판단하는 경우는 매우 드물다 (Cabinet Office, 1995: 7).

6. 조사 보고서 초안의 작성

조사가 종결되면 옴부즈만은 거의 언제나 조사 보고서의 초안을 조사 대상 기관의 수장에게 보내 의견을 구하는 것이 상례이다. 특히 보고서 가운데 특정인을 지목해서 문제를 제기하는 내용이 있는 경우에는 관련 당사자에게 보내 의견 제출의 기회를 제공해야 한다. 조사 대상 기관의 수장이 불필요하다고 주장하지 않는 한 직접 민원이 제기되어 있는 대상자가 아니더라도 그런 평가로 인해 간접적으로 영향을 받는 사람에게까지도 의견 진술 기회를 보장하는 것이 보통이다. 정부투자기관 같은 경우에는 이를 관장하는 정부 부처의 수장에게 보내 의견을 구해야 한다.

보고서의 초안에는 통상 민원인이 실제로 행정 실패로 인해 고충을 당했는지의 여부, 그런 고충이나 부정의를 시정할 필요가 있는지의 여부, 금전적 보상, 행정절차의 개선, 행정지침의 수정, 정보의 공개와 같이 다양한 시정 조치 가운데 어떤 대안을 권고하는 것이 옳다고 보는지 등을 기재하는 것이 일반적이다. 만일 구체적인 액수가 정해지지 않은 채 금전적 보상을 권고하는 내용이 기재되어 있는 경우에는 관련 민원인에게 연락해서 어느 정도의 금액을 기대하는지를 확인하는 작업이 필요하다. 보고서 초안에 대한 의견 제시 기한이 구체적으로 설정되어 있는 것은 아니지만 대체로 3주 이내에 회신하는 것이 보통이다.

만일 조사 과정에서 정보의 수집이 부당하게 방해받았다고 판단하는 경우에는 그런 방해를 철회하고 정보를 공개하도록 요청하는 것이 보통이지만 때에 따라서는 그 사실을 보고서에 담아 공표하도록 하는 경우도 없지 않다(Cabinet Office, 1995: 7).

7. 조사 보고서 초안에 대한 의견진술 청취

보고서 초안을 전달받은 조사대상 기관의 수장은 조사 결과가 사실과 부합하는지의 여부, 조사 과정에 반영되지 않은 관련 자료나 정보는 없는지의 여부, 시정 권고안의 적절성 여부 등에 유의해서 검토하고 판단한 후 관련 의견을 제출해야 한다. 옴부즈만이 권고한 대안의 집행을 위해 어떤 계획을 구상하고 있는지를 밝혀야 하며, 필요하다면 그 과정에서 옴부즈만과 옴부즈만의 권고안에 대해 상담할 수도 있다. 관련 자료의 공개가 필요하다고 판단하는 경우에는 옴부즈만이 조사 보고서 작성을 종결하기 전에 이를 공개해야 한다. 이때 그렇게 해야 옴부즈만이 추가 조치를 취하거나 조사활동을 한 단계 더 강화하는 일을 미연에 방지할 수 있다는 점을 고려해야 한다(Cabinet Office, 1995: 8).

8. 합의 권고 및 조정 시도

조사 대상 기관으로부터 의견을 제출받아 증거 및 자료 수집이 일단 완료되었다고 판단되는 경우에는 이를 분석한 후 민원 처리의 방향을 설정하게 된다. 그리고 그런 방향에 대한 심증과 판단이 섰을 때 옴부즈만은 심의, 의결 절차에 들어가게 된다. 그런데 이 단계에 들어가기 전에 옴부즈만이 주력하고자 하는 것은 먼저 합의의 권고나 조정을 시도하는 일이다. 이를 위해 거의 모든 유형의 옴부즈만이 수행하는 활동 가운데 하나는 조정 및 중재이다. 옴부즈만(또는 훈련된 전문 조정인)은 전통적인 조정 또는 중재 양식을 통해 A와 B가 자신들의 해결책을 발견하도록 제3자의 입장에서 지원활동을 편다. 옴부즈만은 A와 B가 서로 만나도록 하거나, 혹은 그들 사이를 왕래하면서 간접적으로 협상을 유도하기도 한다. 전통적인 조정이나 중재는 A와 B 그리고 제3의 조정자 또는 중재자 모두에게 있어 순전히 자발적이라는 점을 전제한다. 따라서 이러한 문제 해결 방식은 옴부즈만(혹은 훈련된 조정인 내지는 중재인)의 동의하에 두 이해관계 당사자가 선택한 결과가 된다. 조정이나 중재의 결과는 이해당사자들의 선택에 따라 기록물로 남겨지기도 하고 비공식적인 양해에 도달한 상태로 종결되기도 한다. 공식적인 조정이나 중재를 상대적으로 덜 선호하는 경향이 있는 것은 사실이지만, 최근에 들어서면서 보다 더 보편화되는 경향도 있다. 조정이나 중재 활동을 훈련하기 위해 30~40시간짜리 프로그램이 마련되기도 하며 대개의 경우 수강생들에게는 수료증이 교부된다. 또 어떤 옴부즈만은 그룹 간(inter-group) 및 그룹 내부(intra-group)에서의 조정이나 중재에 관한 전문지식과 훈련 교육을 받기도 한다. 이들은 때때로 그룹과 함께 일하거나, 혹은 이견이나 논쟁을 관리하는 조정 기법에 흥미를 지니고 있는 관련 행정기관의 관리자에게 조언을 제공하기도 한다.

일반적으로 고전적인 옴부즈만은 전통적인 양식의 조정이나 중재 역할만을 고집하는 경향이 있다. 그러나 전면적인 조사 없이 단순히 이해당사자들 간의 조정이나 중재를 통해 민원 해결에 이르고자 하는 전략은 잘 활용되지 않는 것이 보통이다. 이런 조정 및 중재의 과정은 철저히 비밀이 유지되는 양식에 의해 진행된다. 그 이후 이루어지는 심의와 의결은 합의의 권고나 조정이 실패로 돌아간 이후에 개시되는 것이 보통이다. 물론 조정과 합의를 확인하는 것으로 심의 및 의결을 대체할 수도 있다.

이와 관련하여 영국에서는 옴부즈만이 일종의 상담업무를 수행하기 때문에 상담 윤리기준(Code of Pratice on Consultation)을 따라야 한다고 보기도 한다. 이때 상담의 준거(consultation criteria)로는 먼저 상담의 전 과정을 통해 광범위하게 의견을 구해야 한다는 점을 강조한다. 충분히 숙련된 정보를 수집해야 한다는 점에서는 최소한 한 번은 12주의 시간적인 여유를 두고 문서로 의견을 구해야 한다고 주문한다. 옴부즈만의 특성 가운데 하나인 권고를 할 때에도 권고의 내용이 무엇인지를 분명히 해야 하며, 그로 인해 누가 영향을 받고, 제기하는 문제가 무엇이며, 응답은 언제까지 해야 하는지 등을 구체적으로 밝혀야 한다. 민원인과의 상담이 명료하고 간결해야 하며 옴부즈만에 대한 접근이 광범위하게 가능해야 한다. 접근 과정에서의 장애가 보통성이나 일반성의 원리를 침해해서는 안 된다고 본 것이다. 접수된 민원에 대해서는 꼭 답신해야 하며, 그 결과가 어떻게 정책에 영향을 미치는지를 알려주어야 한다. 옴부즈만 자체의 상담능력 평가 시스템을 만들어 자신이 얼마나 효율적인지를 관측하고 평가하며 이를 위해 상담 조정자를 지명해서 활용해야 한다는 점을 강조하기도 한다. 필요하다면 규제 영향 평가 같은 장치를 활용해서 상담 결과가 최선의 것이 되도록 유념해야 한다(Cabinet Office, 2005: 34). 일정 기간 내에 민원이 처리되도록 처

리 기간을 명기해서 운영해야 한다는 점에도 유의해야 한다.[3]

9. 최종 보고서의 작성

조사 대상 기관의 수장으로부터 의견이 제출되면 이를 반영하여 최종 보고서를 작성한 후 이를 심의 의결하고 의회나 행정수반같이 옴부즈만을 임명한 기관에 그 보고서를 송부하게 된다. 당연히 관련 대상 기관이나 개인에게도 송부한다. 물론 최종 보고서에 담겨 있는 옴부즈만의 권고안이 강제적인 구속력을 갖는 것은 아니다. 그러나 관련 부서의 수장은 이를 수용하겠다고 밝히는 것이 보통이다.

또한 행정 실패로 인한 국민 고충의 시정이나 부정의의 개선이 쉽지 않다고 판단되는 경우에는 특별 보고서를 채택할 수도 있다. 이런 옴부즈만의 조사 보고는 종국적인 것이어서 더 이상 그 결과에 대해 이의를 신립하거나 문제를 제기할 수 없다. 다만 영국의 경우 민원인이 이런 옴부즈만의 결정에 대해 이의가 있을 경우 사법적인 심사를 요청할 수 있다(Cabinet Office, 1995: 8).

보고서는 통상 일 년에 한번 연례 보고서의 형태로 제출하는 것이 보통이지만 필요에 따라서는 언제든지 개별 민원에 대해 보고서를 작성 제출하기도 하고 특별 보고서를 발간하기도 한다. 보고서에는 필요하다고 판단할 경우 법률상의 미비점이나 문제점을 지

3) 한국의 경우도 「부패 방지 및 국민권익위원회의 설치 및 운영에 관한 법률 시행령」 제42조는 부득이한 사유가 있을 때에는 처리 기간을 연장할 수 있다는 전제하에 민원 처리 기간을 접수일로부터 60일 이내에 하도록 하고 있다.

적하고 그에 대한 대안으로 개정안을 제시하거나, 징계를 요청하는 경우에는 그 내용과 함께 조치 결과를 담기도 한다. 기타 옴부즈만에 의해 이루어진 중요 결정사항이나 기초 통계자료를 싣는 것이 보통이다. 일반정보로는 민원의 처리 건수, 국제교류 현황, 시사점이 크다고 생각되는 사례에 대한 소개 등의 내용이 대종을 이룬다.

10. 이행 조치

일단 조사 보고서의 제출이나 공표가 끝나면 이를 토대로 해당 기관에 대한 조치 촉구, 권고 등 이행실태의 확인 및 점검 활동에 들어간다. 이때 민원 발생 요인 제공 기관이 사과하거나 유감을 표명하고자 한다면 이는 관계 기관의 최고 책임자 명의로 이루어져야 하며, 최종 보고서가 제출된 이후에 취해져야 한다(Cabinet Office, 1995: 8).

일단 행정기관의 실수가 인정되는 경우에는 "남 탓하기 문화(blame culture)" 를 극복하는 일이 선결 과제다. 과오를 솔직히 시인하고 신속히 시정 조치를 위해 노력하며 재발방지 대책의 개발에 진력해야 한다. 과오나 그로 인한 직접적인 결과를 은폐하려는 시도는 모두 복무규율 위반으로 간주되어야 마땅한 일이다. 과오가 있었을 때에는 그로 인한 피해자를 전부 파악하여 피해에 상응하는 회복 조치를 취해야 한다. 경우에 따라서는 피해자를 전부 구제하는 일이 해당기관의 일상적인 업무 수행에 지장을 줄 만큼 행정적으로 부담스러운 일이거나 체계적인 과오를 시정하기에는 기관 능력이 부족하다고 판단될 수도 있다. 그런 때일수록 가용자원을 보다 효율적으로 사용하는 일에 유의해야 하며 다시는 과오가 재발하지 않도록 노력해야 한다(Cabinet Office, 1995: 9).

관련 행정기관에서는 여력이 허용하는 범위 내에서 민원 발생의 양식이나 경향을 추적 조사하고 재발방지를 위한 구체적인 목표를 설정하며 필요하다고 판단되는 경우 행정절차나 시스템을 개선하도록 해야 한다. 그리고 왜 자체 고충처리 기구가 이런 문제들을 사전에 소화하거나 보다 효과적으로 대처하지 못했는지를 규명해 보아야 한다. 옴부즈만이 취급한 사례들을 정리하여 행정 각 부처에 배포함으로서 이상적인 문제 해결 양식을 벤치마킹하거나 유사 사건이 재발하지 않도록 향도할 필요도 있다. 해당 기관으로써는 이런 옴부즈만의 활동으로 인해 행정절차를 변경하거나, 특정 개인의 사정에 중요한 변화가 발생하게 되었거나, 행정 정보의 공개에 괄목할 만한 변화가 생겼을 경우에는 이를 즉각 공유해야 한다(Cabinet Office, 1995: 10).

옴부즈만의 조사 결과 최종 보고서에 따라 관련 행정기관의 최고 책임자는 행정 실패를 초래한 공직자에게 징계조치를 취할 수 있다. 그러나 당연히 적극적 요구 사항은 아니다. 옴부즈만은 자신의 활동으로 인해 어떤 형태의 강제력이 발동되거나 기존의 행정체계에 변화를 주고자 하는 것이 아니기 때문이다. 의회도 이와 관련하여 확인 작업에 들어갈 수도 있기는 하다. 경제적 보상이 불가피하다고 판단되는 경우에는 그 보상액을 산출해야 하는데 이는 통상 행정 실패로 인한 민원이 발생하기 이전 상태로 회복하는 데 필요한 비용의 범위로 상정된다. 특히 지체의 경우에는 그 지체로 인해 발생된 금융비용의 손실을 해당 기간의 법정 이자로 계상하는 것이 보통이다. 여하튼 보상액이 추출되면 그 내역을 민원인에게 설명해야 한다. 옴부즈만에게 민원을 제기하는 과정에서 발생한 비용의 배상을 추가하기도 하지만 이는 매우 예외적인 경우다. 분노, 불편, 좌절, 걱정, 낙담 등으로 인해 발생한 정신적 고통에 대한 위로금은 일반적으로 인정하지 않는다(Cabinet Office, 1995: 11). 보상금 지급이 해당 기관의 관할권 밖에 있거나, 전례가 없이 새로운 것이거나, 다른 부처에 영향을 미치는 것일 때에는 재정담당 부서와 협의하도록 해야 한다.

V. 행정관료의 대응 양식

이렇게 민원의 해결을 위해 옴부즈만이 관련 업무의 집행에 나선다고 하더라도 그것이 최종적인 민원의 해결로 귀착되기 위해서는 관련 행정관료나 행정기관의 적극적, 긍정적 대응이 뒤따라 주어야 한다. 옴부즈만의 개입에 대한 관련 행정관료 내지는 행정기관의 대응이 순응적이어야 한다는 뜻이다. 그러나 관련 행정관료 및 행정기관이 어떤 반응을 보일 것인지에 대해서는 선험적으로 예측하거나 규정하기가 쉽지 않다. 옴부즈만은 법제적으로 관련 행정관료의 순응을 강제할 처벌권이나 불이익 처분권을 지니고 있지 않으며 그렇다고 해서 순응할 경우 반대급부로 보상할 수 있는 유인 요소를 지니고 있는 것도 아니다. 오로지 민원을 해결하기 위해 제시한 대안에 내포되어 있는 합리성 내지는 보편타당성 또는 사회적 통념이나 정당성에 의존할 수밖에 없다. 다만 관련 행정관료가 평소 지니고 있던 옴부즈만 개인의 도덕적 권위에 대한 순응성 정도가 긍정적 반응을 보일 것인지의 여부를 결정짓는 중요 요인 가운데 하나로 작용할 것은 당연한 이치이다. 그런데 옴부즈만과 관련 행정관료와의 상호작용은 개별 사례 특수적인 것이 보통이기 때문에 관련 행정관료에게 있어 옴부즈만 개인에 대한 인식이 미처 정립되기 이전 상태에 있거나 옴부즈만이라는 기구 자체가 아직 익숙하지 않아 옴부즈만에 대한 기대 역할이 형성되기 이전 단계에 있다면 그의 순응성을 담보하기가 쉽지 않을 것은 당연한 이치이다.

그런데 관련 행정관료의 옴부즈만의 개입에 대한 대응 양식은 그 대응의 방향을 기준으로 대개 순응과 불응으로 구분해 볼 수 있다. 옴부즈만에 의한 갈등조정 역할을 수용하거나 최종 대안을 받아들여 자신의 행태나 기존의 의사결정을 바꾸는 경우를 순응이라고 한다면 그렇지 않은 경우를 불응이라고 할 수 있다. 여기에 더해 그런 반응을 얼마만한 강도로 나타내느냐에 따라서는 적극적 행동과 소극적 행동으로 구분하는 것이 보통이다. 이런 기준을 토대로 할 경우 관련 행정관료의 옴부즈만의 개입에 대한 대응양식은 아래의 <표 8-1>과 같이 4개의 유형으로 구분해 볼 수 있다.

<표 8-1> 관련 행정관료의 대응 양식

방향 행동	순응(compliance)	불응(non-compliance)
적극적	I	II
소극적	III	IV

위의 <표8-1>에서 제 I 유형은 관련 행정관료가 옴부즈만의 제안을 받아들여 자신의 행태나 의사결정을 시정하는 조치를 취한

경우로써 민원이 해소되었음을 뜻한다. 제 II 유형의 경우는 옴부즈만의 제안에도 불구하고 이를 받아들이지 않고 시정 조치를 거부하는 경우다. 단순히 수용 거부 의사를 천명하는 데에서 더 나아가 그런 제안의 부당성을 강조하면서 앞으로도 유사 사례에 대해 시정할 의사가 없음을 밝히고 이를 위해 기관 내외를 대상으로 로비활동에 나서는 경우도 있을 수 있다. 옴부즈만과 행정관료 사이에서 충분한 의사소통이 이루어지지 않았거나 제시되는 프레임이나 대안에 대한 불만이 크거나 시정 조치를 취하기에는 소속 기관이나 관련 공직사회가 감당해야 할 재정적, 사회적 부담이 크다고 판단하거나 옴부즈만 자체에 대한 정통성의 승인 정도가 낮은 상태에 있을 경우 발생할 가능성이 높다. 제 III 유형은 마음속으로는 제안의 타당성에 대해 공감하여 수용하기로 결정했으면서도 그에 따르는 시정 조치를 취하는 일은 이를 주저하는 경우다. 대개 제안 내용의 타당성에 대해서는 수긍하면서도 절차적 정당성에 동의하지 못하는 경우가 여기에 해당된다. 예를 들어 옴부즈만이 너무 서두른 나머지 충분한 숙려 기간이 부족했거나 인간적인 접촉이 미진해서 서로 신뢰관계에 들어서지 못했다고 판단하는 경우이다. 옴부즈만의 존재 자체가 부담스러워 부정적 반응을 보이는 경우도 여기에 속한다. 이런 경우 옴부즈만 때문에 앞으로도 행정민원에 대응하는 시정 조치를 취해야 하게 될지도 모른다는 경계심을 앞세워 방어적 행정을 일삼거나 면피행정에 나서서 일종의 과관료제화를 촉진할 가능성이 커진다. 행정관료가 해당 민원에 대한 전문성이 부족하거나 판단력이 충분하지 못할 경우 적극적 판단을 유보하거나 불필요한 비용의 지출이 발생한다는 생각에 적극적 동조를 주저할 수도 있다. 해당 민원의 경우만 시정하는 것은 일반적, 보편적 행정의 일반 원칙에 비추어 예외 사례를 만드는 것이고 그런 점에서 다른 시민과의 관계에서 볼 때 불공평하거나 반공익적 또는 정의에 반하는 일이라고 생각한 결과일 수도 있다(HIll, 1976: 13). 제 IV 유형은 소극적 불응의 경우인데 기본적으로 민원의 시정 조치가 아무 의미가 없다고 판단하는 경우이다. 옴부즈만의 제안에 동의해 보았자 업무양만 늘어나는 결과가 된다거나 행정비용의 추가 지출이 발생하지만 실질적으로는 사회정의의 구현에 크게 기여하는 바가 없다고 보는 경우도 여기에 속한다. 옴부즈만에 의한 개별 민원의 해소 작업을 기득권을 지키기 위한 일종의 쇼윈도 내지는 보여주기 행정의 본보기라고 생각하는 경우가 여기에 해당된다. 민원의 해소에 긍정적으로 대응하는 것이 반개혁적이고 부도덕한 행위라고 판단하는 경우다.

따라서 관련 행정관료와의 관계에서 옴부즈만이 유념해야 할 전략적 과제는 제 III 유형과 제 IV 유형을 제 I 유형으로 유도하는 일이 되는 셈이다. 제 II 유형의 경우는 확고한 반대임으로 개선하기가 쉽지 않다. 이를 위해서는 보다 더 제안하는 민원 해결의 대안이 왜 사회정의에 합치되는 것인지를 강조해서 설명할 필요가 있고, 무엇보다도 절차적 정당성을 높인다는 차원에서 사회적인 담론의 확장을 통해 여론의 지지를 동원하고자 보다 더 적극적으로 노력할 필요가 있음을 시사한다.

제8장
옴부즈만의 역할 평가

I. 옴부즈만 역할 평가의 당위

옴부즈만에 대한 비판은 실로 다양하다. 예산을 낭비하는 하수도와 같다거나 문제점이 발견돼도 변화를 낳기에는 무력한 존재라는 인식도 흔하다. 옴부즈만 자체가 관료적 병리 현상에 빠졌다거나 가용 인원과 예산의 부족으로 인해 접수되는 민원을 제때 처리하지 못하고 그 결과 사회적인 불신과 불만만 키운다는 지적도 적지 않다(Saunders, 2014: 19). 더 나아가 주어진 자율적 재량권을 남용한 나머지 행정체계 내부에 혼란이나 갈등을 야기하고 민원 관련 과제를 오히려 악화시킬 가능성에 대한 우려도 제기된다(Ziegenfuss & O'Rouke, 2011: 154). 옴부즈만이라고 해서 민원의 해소나 관련 정보의 수집 과정에서 이해관계자들을 겁박하거나 불안감을 조성하는 등 강압적인 양식으로 문제 해결에 나서지 말라는 법도 없다. 민원의 처리 과정에서 관련 정보의 제공이 충분하지 않거나 답변이 불완전하고 방어적 태도로 임하며 효율성을 결여하는 등 역할 수행 양식이 민원인의 기댓값을 밑도는 일도 흔하다(Tyndall, 2015: 13). 이런 점을 감안해 보면 옴부즈만이 행정정의나 "좋은 행정"을 구현하기 위해 행정통제에 나서는 필수적인 장치라고는 하지만 자기 자신에 대한 엄격한 평가와 효율적인 통제가 이루어지지 않는다면 결코 그런 목적을 달성하기가 쉽지 않을 것은 자명한 이치이다. 특히 후기 근대에 들어서면서 행정국가의 실패가 불가피하고 불가역적이라고 한다면, 행정오류를 효율적으로 시정하는 일은 처음부터 오류 없이 행정을 집행하는 일만큼이나 중요한 과제이다. 이런 인식은 옴부즈만으로 하여금 자신의 역할 수행 실태를 비판적으로 검토할 것을 촉구하는 결정적 요인으로 작용한다(Gregory & Giddings, 2000: 12).

경제성 제일주의를 지향하는 기업의 기관 내부형 옴부즈만은 물론이고 공적 영역의 옴부즈만에 있어서도 국가의 재정이 투입되는 만큼 옴부즈만의 역할 수행이 효율적으로 이루어져야 할 것은 당연한 이치이다. 그런데 어느 기관이든 그 기관의 효율성을 따지기 위해서는 그의 역할이 얼마나 효율적으로 수행되는지를 평가하는 일이 선행되어야 한다. 그렇지만 옴부즈만의 역할 수행 양식을 체계적으로 평가하는 일은 매우 논쟁적인 과제다. 가장 근본적인 문제는 옴부즈만 역할의 종국성에 비추어 볼 때 이런 평가는 그의 정당성 확보가 쉽지 않다는 데에 있다. 평가는 그 결과에 따라 회고적 반성을 통해 미래를 기약하자는 것이지만 옴부즈만은 자기 역할 정향을 종국성에 두고 있어 옴부즈만이 자신이 다루는 과제의 미래를 조망하는 일 자체가 존재 구속적으로 모순적이기 때문이다. 그뿐만이 아니다. 사례 특수적인 운영전략에 기초해서 역할을 수행해야 하는 옴부즈만으로써는 그런 전략에 대해 자기 부정적인 프레임을 불러오는 일이기도 하다. 옴부즈만은 개별 민원 처리에 주력한다는 점에서 원래 각각의 사례가 지니는 특수성 내지는 다양성과 독자성에 유의해야 한다. 그럼에도 불구하고 이를 일반화해서 보편적, 종합적 평가에 나서고 그 결과 어떤 일관된 척도나 원칙을 개발하거나 적용하고자 한다면 이는 논리적으로 성립하기 어려울 뿐만 아니라 과연 실용적인 적실성이나 효용성이 있을 것이냐의 문제도 낳는다.

이런 목적론적인 차원의 한계 외에도 방법론적인 한계도 적지 않다. 옴부즈만은 원래 정부의 책임성 확보 실패나 행정관리 과정의 투명성 결여, 위법, 대 정부 불신 유발, 낭비, 권한의 남용이나 오용, 민주성 침해 등을 시정함으로써 대 국민과의 관계에서 준법성, 경제성, 대표성, 형평성 등을 제고하고 나아가 행정정의를 구현하며 국민의 행복을 증진하자는 데에 목적 가치를 둔다. "좋은 행정"을 통해 "건강한 민주주의"를 구현하자는 것인 데, 이는 모두 매우 추상적이고 구체성을 결여한다는 특성을 지녔다. 따라서 옴부즈만은 그의 존립 근거가 되는 기관 목표가 다원성과 복합성 그리고 그에 따른 추상성과 다양성을 특징으로 하는 만큼 이를 일반화하기가 쉽지 않고, 더 나아가 갈등의 조정 자체가 정치적 판단을 필요로 하기 때문에 주관적 선호가 개입하기 쉽다는 특성도 지녔다. 그렇기 때문에 객관화하기가 어렵다. 옴부즈만은 또 이윤을 내자는 기관이 아닌 만큼 비용효과분석을 통한 역할 평가는 그런 구상 자체가 부적절하다는 평가를 받는 것이 보통이다.

이런 이유들로 인해 옴부즈만의 역할 수행에 대한 성과평가 체계는 아직 개발 이전 단계에 있다고 해도 과언이 아니다. 이는 여타의 공적 영역에 대한 평가체계가 저발전 상태에 있고 간혹 그런 체계가 개발, 제시되더라도 그의 정당성에 대한 이론이 끊이지 않는 현실과 크게 다르지 않다. 그럼에도 불구하고 옴부즈만의 역할 수행 실체에 대한 이해의 정도를 높여야 한다는 관련 이해당사자들의 요구가 높고, 기관 운영의 경향성 분석과 운영 실제에 대한 감시 감독을 강화해야 한다는 주문이 끊이지를 않고 있어, 역할 평가에 주목하지 않을 수 없다. 정부의 책무성 정도를 높이려는 행정법 집행 기구들의 영향과 자질을 강화해야 한다는 주문이 지속되고 있다는 뜻이다. 옴부즈만의 역할 수행에 대한 영향 평가가 불가피한 이유다. 이제 본질 문제는 이런 역할 평가에 대한 사회적인 여망에 부응할 것인가의 여부가 아니라 어떻게 하면 이런 주문을 소화해서 효율적인 평가에 나설 수 있을 것인가에 보다 더 주목해야 한다는 점에 있다(Stuhmcke, 2012: 3-4).

II. 옴부즈만 역할 평가의 전략

옴부즈만의 역할을 평가하기 위해서는 먼저 어떤 평가 전략을 동원하는 것이 효과적이냐의 문제를 해결해야 한다. 그런데 평가는 일반적으로 누가, 무엇을, 어떤 방법으로 평가할 것인가의 과제로 구성된다. 따라서 평가의 주체가 어떤 프레임으로 평가에 접근할 것이냐의 관점에서는 객관적 평가와 주관적 평가를, 평가의 대상을 과정과 결과 가운데 어디에 초점을 맞출 것이냐의 차원에서는 과정평가와 성과평가를, 그리고 평가의 수단으로 수리적 방법을 택할 것이냐 아니면 질적인 방법을 택할 것이냐에 따라서는 정량평가와 정성평가로 구분해 볼 수 있다.

1. 객관적 평가와 주관적 평가

지금까지 이루어진 옴부즈만에 대한 역할 평가는 대개 옴부즈만 내부 종사자들에 의해 이루어진 것이 대종을 이룬다. 그만큼 기관 외부의 제3자가 옴부즈만의 역할을 체계적으로 평가하기에는 어려움이 작지 않고, 기관 내부 종사자들에 의해 이루어지는 내부 평가가 상대적으로 용이하다는 의미로 해석된다. 대체로 옴부즈만의 역할 정립에 있어 그 출발점이 되는 기관 목표를 설정하거나 해석하고 역할 준거를 만드는 일이 옴부즈만과 그를 지원하는 실무 종사자들에 의해 이루어진다는 점에서 보면, 외부인보다는 내부인이 훨씬 더 옴부즈만의 역할에 대한 접근성과 이해력의 정도가 높을 수밖에 없다. 따라서 역할 평가의 기준이나 전략을 개발하고 설정하는 데 있어 상대적으로 유리한 입장에 있는 것이 사실이다. 옴부즈만에 대한 내부 평가가 옴부즈만 역할 평가의 대부분이라는 사실은 결코 우연한 결과가 아닌 것이다.

그러나 이런 경우에는 평가 과정에서 기관 내부 종사자들에 의한 자의적인 판단과 임의로운 선택의 개입 여지가 커지게 된다. 우선 기관 내부 종사자들은 일반적으로 그가 속한 기관 문화에 매몰되는 경향이 크다. 그렇기 때문에 그 특정 기관의 관리 문화에 의해 구속되기 쉽다. 이 점은 옴부즈만의 경우도 같다. 옴부즈만은 자신의 자의적 판단에 따라 민원 해결에 유리하다고 생각되는 전략을 자유롭게 기획하고 채택하도록 되어 있다. 그런 만큼 그가 속한 기관의 관리 문화 외에는 옴부즈만을 구속할만한 객관적인 잣대나 지표를 사실상 찾기 어렵다. 이 점은 옴부즈만이 민원 관련 당사자 가운데 어느 누구를 편들거나 지원해서도 안 된다는 점에서도 명료하게 드러난다. 옴부즈만은 민원인, 행정관료, 일반 시민 가운데 어느 누구에게도 경도되어 민원을 다루어서는 안 된다는 요구에 직면해 있다. 그런 만큼 자신이 판단하는 자의적인 중립성 내지는 형평성에 의존하게 되고, 이는 결국 소속된 기관의 문화나 속성 외에는 옴부즈만을 구속할만한 직접적인 지표를 찾기 어렵게 되는 한 원인이 된다.

옴부즈만에 의한 역할의 수행이 합법성 여부를 따지는 사법적 절차처럼 객관적 판단의 지표에만 의존하는 것이 아니라 지능권력의 행사처럼 상황 조응적인 대응 양식을 요구한다는 점에서 볼 때도 객관적 지표의 설정은 처음부터 기대 가능한 과제가 아니다. 옴부즈만은 미리 정립되어 있는 어떤 문제 해결 대안을 강제하자는 것이 아니라 개별 사안이 처한 상황에 따라 상호작용하는 가운데 문제해결에 이르자는 것임으로 기본적으로 간주관주의적이고 그런 만큼 가변적이며, 형성적이다. 이런 경우 제3자의 관점에서 관찰해야 하는 객관적 평가의 지표를 찾기가 어려울 것은 당연한 이치이다. 옴부즈만에 대한 평가가 주관적 평가에 의존하는 경향이 커지는 이유다.

2. 과정평가와 성과평가

옴부즈만이 민원을 해결하기 위해서는 어떤 전략에 따라 문제에 접근할 것인지를 기획하고 그에 따라 구체적인 행동 노선을 취하며 그 결과 어떤 결과물을 낳게 된다. 이스톤 모형(Eastonian model)은 이를 투입, 전환, 산출로 나누어 다룬다. 그런데 투입과 전환은 산출 이전 단계라는 점에서 민원의 처리 과정으로 종합해 볼 수 있다. 옴부즈만의 역할에 대한 기존의 연구 사례들을 취합해 보면 어떤 역할이 수행되기 위한 옴부즈만의 내부 과정에 대한 평가와 그런 역할의 수행 결과가 구체적으로 어떤 성과를 낳았느냐에 주목하는 연구로 대별된다. 과정평가와 성과평가가 그것이다. 그러나 옴부즈만은 기본적으로 결과 지향적 이라는 특성을 지녔다. 옴부즈만에게는 그의 본질적 특성상 과정이야 어찌 되었던 민원의 해소라는 결과를 산출하는 데에 모든 역량을 투입할 것이 기대된다. 그것도 문제의 종국적 해결을 지향하는 양식이어야 한다. 이는 옴부즈만이 대항관료제를 지향하는 데에서 비롯되는 결과다. 결과 지향적이기 때문에 과정 통제에 대한 수요가 적고, 그렇기 때문에 과정 통제에 주목하는 관료제적인 관리 수요로부터 자유롭다. 결과 지향성은 탈관료제 내지는 관료제의 인간화(humanization)를 지향하는 옴부즈만의 기관 속성과도 연동되어 있다. 대부분의 다른 법정기구들과는 달리 옴부즈만이 문서중심주의나 법규중심주의로부터 자유롭고자 하는 이유이기도 하다. 그렇다고 해서 옴부즈만에 의한 역할 수행의 실제가 이 같은 관료제적인 수요로부터 완전히 자유롭다는 말은 결코 아니다. 과정 없이 결과를 약속하기 어려운 것도 물론이다. 다만 옴부즈만이 지향하는 기관 특성이 대항관료제적 이고 그렇기 때문에. 성과평가에 우선적으로 주목하려는 경향이 크다는 뜻이다.

3. 정량평가와 정성평가

지금까지 옴부즈만과 그의 실무 종사자들이 자체 평가 과정에서 채택했던 분석 기법을 종합해 보면 대체로 정량평가와 정성평가로 구분된다. 수리적 접근을 통한 정량평가로는 민원 조사 사례 수, 민원 관련 통계, 민원 접수 건수 대비 처리 건수, 처리 건수 대비 기각 건수(Asif, 2013), 능률성 및 비용 측정, 예산보고, 비용효과분석, 인력 대비 민원조사 사례 수, 고객만족도 조사, 민원 비교 분석 등을 통한 통계분석이 대종을 이룬다. 반면에 정성평가로는 사례 연구, 참여 및 관찰, 자연발생적인 환류, 인력 교체, 기관 업적에 대한 논평 따위를 기초로 하는 서술적 분석이 대부분이다(Hollister & Estes, 2012).

이를 분석 대상별로 정리해 보면 사회봉사, 연설, 훈련, 정책 개편, 언론 노출 등과 같이 옴부즈만의 일상적 역할에 대한 관찰을 통해 사회 일반에 대한 개입 정도를 측정하거나, 옴부즈만에 대해 제기되는 불만이나 옴부즈만 자체의 책임성 확보 정도 등에 대한 분석을 통해 사회적 신뢰성 정도를 측정하고자 하는 일로 구분해 볼 수 있다(Stuhmcke, 2012: 4-5). 지역적으로는 미국의 조지아 주, 캘리포니아 주, 뉴욕 주를 상대로 지역 장기 요양자 옴부즈만 사업을 비교 검토하는 것(Hollister & Estes, 2012)처럼 한 나라 내부를 기준으로 비교를 시도하거나 파키스탄, 인도, 영국, 미국의 민원 처리 효율성 측정같이(Asif, 2013) 국가 간의 비교를 통해 옴부즈만의 일반적, 보편적 특성을 파악해 보려는 것으로 구분해 볼 수 있다. 관찰의 초점을 옴부즈만의 행태나 법제적 장치에 두면서 질적인 분석을 시도하는 경우도 적지 않다.

그런데 옴부즈만은 어떤 경우에도 똑 같은 사례를 찾기가 쉽지 않다. 옴부즈만의 운영과 설치를 규정하는 법률적 토대나 장치가 서로 다르고, 옴부즈만에 대한 이해관계자들의 인식이 서로 다르며, 옴부즈만이 작동하는 사회의 환경적 조건이 상이하고, 무엇보다도 옴부즈만 개인의 품성이나 자질에 서로 차이가 나기 때문이다. 더욱이 옴부즈만은 독립성을 역할 규범으로 삼는 만큼 외부의 어떤 기관이나 권위로부터도 일괄적이고 보편적인 통제를 받지 않는다. 종국적 판단의 주체라는 점에서는 오히려 독자적, 자율적으로 활동할 것이 권면 된다. 다루는 민원의 성질도 사례마다 달라 사례 특수적일 뿐만 아니라 개별 사례의 특수성에 주목해서 문제 해결 전략을 모색해야 한다는 것은 옴부즈만의 존재 구속적 당위이기도 하다.

무엇보다도 중요한 것은 옴부즈만이 이렇듯 다양한 성질과 특성을 지니는 만큼 거기에서 산출되는 성과도 서로 다룰 수밖에 없다는 점이다. 특히 옴부즈만은 단순히 민원의 해결이라는 직접성과 외에도 다양한 유형의 간접성과를 낳는다. 관료제의 인간화에 기여한다든가 국가와 시민사회 또는 정부와 일반 시민 간의 간극을 줄이고, 행정권의 남용을 줄이며, 행정개혁을 주문하거나 주동한다(Hill, 1976). 보다 더 중요한 것은 바로 이런 간접성과가 보다 더 중요하다는 인식이 광범위하게 퍼져있다는 점이다(Ziegenfuss & O'Rouke, 2011: 156). 그런데 이런 간접성과는 매우 사례 특수적이어서 일반화하기가 쉽지 않다. 계량화가 쉽지 않고 그런 만큼 정량평가를 도입하기에는 스스로 한계가 적지 않다. 대부분의 옴부즈만 연구가 정성평가에 주목하는 이유다.

지금까지의 논의를 종합해 보면 옴부즈만은 그의 기관 특성으로 인해 정성평가, 성과평가, 주관적 평가를 선호하게 된다는 말에 다름 아니다. 그렇다고 해서 과정 없이 결과를 약속할 수는 없는 일인 만큼 여기에서는 주로 성과평가와 과정평가를 정성평가와 주관적 평가를 통해 다루어 보고 한다.

III. 옴부즈만 역할 평가의 준거

그런데 어떤 평가의 전략을 채택하든 평가가 이루어지기 위해서는 기본적으로 평가의 척도를 필요로 한다. 옴부즈만의 역할을 평가하기 위해서는 그의 좋음과 나쁨을 가리기 위한 판단의 기준이 필요하다는 뜻이다. 그런데 옴부즈만에 의한 민원 해결 과정을 옴부즈만에 의한 역할 수행의 관점에서 살펴보면 앞서 논의한 바와 같이 투입, 전환, 산출의 단계에 따라 기획, 집행, 산출의 양식을 취한다. 이를 민원인이나 관련 행정관료 및 행정기관과의 관계에서 보면 기대, 개입, 영향의 양식으로 구체화된다. 민원인이나 관련 행정관료 및 행정기관이 옴부즈만에 대해서 가지고 있는 역할 수요 내지는 기댓값 또는 욕구에 부응해서 옴부즈만의 개입이 일어나고 그 결과 민원인이나 관련 행정관료 및 행정기관에 대해 유무형의 영향을 미치게 된다는 뜻이다. 그러니까 기획과 집행은 역할 산출의 전제 조건쯤에 해당되는 셈이다. 옴부즈만의 역할 수행 과정에 대한 이런 인식의 틀을 토대로 옴부즈만과 민원인이나 관련 행정관료 및 행정기관 같은 민원 관계인의 관계 양식을 도식화하면 아래의 <표 8-1>과 같다.

<표 8-1> 옴부즈만과 민원 관계인 간의 관계 유형

옴부즈만 / 민원 관계인	기획	집행	산출
기대	I	III	V
영향	II	IV	VI

위의 <표 8-1>에서 제 I 유형은 민원 해결을 위해 옴부즈만이 활동 목표와 전략을 기획하고 설계하는 단계에서 민원인이나 관련 행정관료 및 행정기관이 지니고 있는 욕구, 문제의식, 문제 해결에 대한 수요 내지는 기댓값 등과의 관계에서 빚어지는 역할 관계를 말한다. 따라서 옴부즈만의 민원 해결을 위한 설계 전략이 민원인이나 관련 행정관료 및 행정기관의 기대와 합치하는지의 여부를 확인할 필요성이 제기된다. 평가 준거로 적절성을 제시하게 되는 이유다. 제 II 유형의 경우는 옴부즈만의 설계 전략이 옴부즈만의 개입을 통해 집행된 이후 그에 따른 영향이 민원인이나 관련 행정관료 및 행정기관에 미치는 역할 관계를 말한다. 따라서 옴부즈만의 의도가 민원인이나 관련 행정관료 및 행정기관의 변화를 낳는 데에 얼마나 영향을 미쳤는가를 묻는 유용성을 평가 준거로 삼게 된다. 제 III 유형은 문제 해결을 위한 옴부즈만의 개입이 민원인이나 관

련 행정관료 및 행정기관의 기댓값에 얼마나 효율적으로 부응하는가를 알아보고자 하는 것임으로 경제성을 평가 준거로 삼고자 한다. 제 IV 유형은 문제 해결을 위한 옴부즈만의 개입이 민원인이나 관련 행정관료 및 행정기관에게 미친 바 영향성의 정도를 포착하자는 것임으로 효과성을 평가 준거로 삼는다. 제 V 유형의 경우에 내포되어 있는 과제는 민원 해결을 위한 옴부즈만의 개입이 결과적으로 가져온 성과가 민원인이나 관련 행정관료 및 행정기관이 원래 지니고 있던 기댓값이나 수요에 얼마나 절절히 부합하는 것이냐의 문제를 다루자는 것이므로 시의적절성을 평가 준거로 삼고자 한다. 제 VI 유형의 경우는 민원 해결을 위한 옴부즈만의 개입이 결과적으로 가져온 성과가 민원인이나 관련 행정관료 및 행정기관의 일상성에 미친 영향의 강도를 살펴보자는 것임으로 여기에서는 지속가능성을 평가 준거로 삼고자 한다.

1. 적절성

옴부즈만이 민원을 해결하고자 하는 전략과 목표가 민원인의 요구나 우선순위와 얼마나 일치하는지를 밝혀보자는 것이다. 이는 옴부즈만에 의한 민원해결 전략의 설계가 민원현장의 수요와 상합하느냐 또는 어느 정도의 현실 정합성을 지니느냐를 가늠해 보자는 것이다. 일반적으로 민원의 현장은 가변적이고 지속적으로 유동하는 성질을 지녔음으로 거기에 걸맞는 대응 전략을 수립하는 일이 옴부즈만의 역할 수행에 있어 핵심적 과제 가운데 하나이다. 민원 해결 전략이 적절히 설계되었는지, 이를 집행하기 위한 추진체계는 타당한지, 관련 행정관료나 행정기관과의 관계는 합리적으로 설정되어 있는지 등을 밝혀보자는 것이다. 예를 들어 일정 기간 내에 얼마만한 빈도로 민원이 발생했느냐가 아니라 접수된 민원 가운데 옴부즈만이 해결한 민원으로써 가장 대표적인 사례는 무엇이며, 그것이 왜 옴부즈만의 활동에서 차지하는 비중이 큰 것인지를 밝히는 데에 초점을 맞추어 살펴보자는 것이다. 이는 옴부즈만의 역할에 대한 심도 깊은 검토와 이해가 전제되어 있지 않고서는 수행하기 어려운 과제다. 이를 위해서는 객관적 데이터보다는 주요 관계자 사이에서의 의견 교환과 자유토론 같은 정성적 검토를 필요로 하는 것이 보통이다.

2. 유용성

옴부즈만에 의한 역할 수행 전략의 설계가 민원인이나 관련 행정관료 및 행정기관에 최종적으로 미친바 영향이 어느 정도인지를 밝히자는 것이다. 여기에는 당연히 긍정적인 영향과 부정적인 영향이 있을 수 있으며 의도한 영향과 의도하지 않은 영향이 있을 수 있다. 이는 결국 민원의 해결 과정에서 옴부즈만의 개입이 있기 이전과 이후의 상황을 비교 검토하자는 것이기도 하다. 유용성 평가가 신뢰성을 확보하려면 이들 양자 간의 차이를 인과관계에 기초해서 체계적으로 설명할 수 있어야 한다. 그렇기 때문에 실제로는 신뢰할 수 있는 유용성 평가가 쉽지 않다는 문제를 낳는다. 이 점은 특히 민원 해결을 위한 대안의 기획 및 설정에 대해 전적으로 옴부즈만에게 자의적인 판단권을 부여하는 것이 다른 갈등 관리 기구와 옴부즈만이 다른 점이라는 사실에서 연유하는 것이기도 하다. 민원 해결을 위한 대응 전략의 수립이 어떤 객관적 지표나 준거율 내지는 기준에 따라 선험적으로 주어지는 것이 아니라 상황 조응적으로 형성해 나가야 하는 것으로 이해되기 때문이다.

3. 능률성

공적 영역의 옴부즈만은 민원을 처리하는 과정에서 민원의 내용, 규모, 특성, 결과 등을 비교적 자세하고 체계적이며 광범위하게 기록으로 남기는 일을 필요 불가결적인 과제처럼 생각하기 쉽다. 이는 민원 관련 이해당사자들에게 협조를 구하거나 설득하고 조정 또는 중재에 나서는 데 있어 정보의 공유가 가장 기본적이고 필수적인 과제로 여겨지기 때문이다. 옴부즈만의 권위나 역할에 대한 사회적인 지지와 신뢰를 확보하기 위해서도 기록과 그에 따르는 정보의 공유는 불가피한 일이다. 장래적인 수요에 대비해서 행정개혁을 주문하기 위해서도 옴부즈만이 역할을 수행하는 과정에서 서면주의를 외면하기는 쉽지 않다. 옴부즈만 자체에 대한 일반 시민의 참여나 감시활동을 위해서도 공식적인 문서에 기초해서 기관을 운영하는 것은 불가피한 일처럼 여겨진다.

그러나 이런 서면중심주의, 형식주의, 절차중심주의 등은 옴부즈만의 역할 수행 과정에서 기밀성 유지나 경제성 확보에 역진적 효과를 낳는다. 전화 한 통으로 해결할 수 있는 일을 문서나 공식적 절차를 통해 진행하는 경우 지체, 왜곡, 행정 자원의 과다 지출, 불필요한 인력의 소모 등 관료제의 병리 현상을 유발할 개연성이 높아지게 된다. 이는 대항관료제를 지향하는 옴부즈만 도입의 근본 취지와도 충돌하는 일이다. 옴부즈만의 역할 수행 과정에서 경제성을 견지해야 하는 일은 이처럼 양가적인 특성을 지녔다. 따라서 어느 수준에서 업무 처리 양식을 단순화 시켜 경제성 정도를 견지할 것인가의 문제는 선험적으로 규정될 성질의 것이 아니라 시간과 공간이 특정되는 조건 속에서 구체화되어야 할 과제다. 상황 조응적으로 경제성을 유지해야 한다는 말은 이를 과정론적인 차원에서 보면 민원대응 양식이 능률적으로 이루어져야 한다는 뜻에 다름 아니다. 따라서 옴부즈만에 의한 민원 해결 과정에 대한 개입은 민원인이나 관련 행정관료 및 행정기관과의 관계에서 볼 때 능률적으로 이루어져야 한다는 과제를 낳는다.

4. 효과성

민원의 해결을 위해 옴부즈만이 개입함으로써 얼마만한 가시적 변화를 가져왔느냐의 차원에서 역할 효율성을 따져보자는 것이다. 이는 옴부즈만의 역할이 지향하는 목표값을 역할 수행에 따른 가시적 성과와 비교함으로써 획득 가능해지는 지표이다. 이를 정량적으로 접근하는 경우에는 접수 민원 건수, 민원 해결이 완료된 건수, 연령, 성별, 인종, 직업, 같은 민원인의 인구사회학적 특성, 민원의 유형과 과제, 관련 행정기관의 대응 양식, 민원 유발의 빈도, 민원해결을 위해 투입된 시간, 등을 측정해 비교 평가하는 것이 보통이다. 이런 자료를 토대로 옴부즈만의 제안이 관련 행정기관에 의해 얼마나 효율적으로 수용되고 반영되었는지를 따져보자는 것이다.

5. 시의 적절성

옴부즈만의 개입에 따른 민원의 해결이 민원인이나 관련 행정관료 및 행정기관이 기대하는 시간 경계 범위 내에서 신속히 이루어지도록 의도하는 것인지의 여부를 확인해 보자는 것이다. "지체된 정의는 정의가 아니다"라는 법원이 말하는 것처럼 국민권익의 구제를 목표로 하는 옴부즈만의 민원 해결을 위한 노력은 보다 신속히 전개될수록 좋다. 민원인에게 있어 민원은 고충 유발 요인이라는 점에서도 민원의 접수와 해결 사이의 시간 공간은 최소화되어야 한다. 방치하는 경우 단순히 민원 당사자 개인이 겪는 고충이 지속된다는 문제로 끝나는 것이 아니라 민원 유발 요인이 행정체계 전반으로 확산되면서 걷잡을 수 없는 사회 문제로 비화할 수도 있기 때문이다. 민원은 단순히 민원을 제기한 당사자의 사익에 관한 문제로 끝나는 것이 아니라 그것이 곧 공익에 관한 문제이기도 하다는 뜻이다. 그런 만큼 민원 해결을 위해 신속히 대처해야 한다는 것은 옴부즈만이 준수해야 할 가장 핵심적인 역할 규범 가운데 하나다. 특히 오늘날과 같이 행정환경이 계속해서 변화하는 시대에는 지속적이고 즉각적인 대처가 민원 해결의 관건이기도 하다. 옴부즈만이 문제의 해결을 위해 권고성에 의존해야 한다는 점에서도 관련 정보를 유관 이해당사자들과 지속적으로 공유하는 일은 필수적인 과제에 속한다. 이런 지속적인 정보의 공유는 관련 이해당사자들의 신뢰를 획득하는 데에도 기여한다.

6. 지속 가능성

민원의 해결을 위한 옴부즈만의 개입이 완료된 이후 그 결과가 민원인이나 관련 행정관료 및 행정기관에 미친 바 영향력의 내용과 정도를 확인하는 가운데 그런 개입의 장래적인 타당성 정도를 확인해 보자는 것이다. 역할 수행에 따른 현재의 성과를 볼 때 옴부즈만의 지속적인 개입이 장래적인 편익을 보장하는가의 문제이다. 이는 결국 옴부즈만에 의한 민원 해결이 낳은 현재의 성과가 장래에도 유지될 것인가? 앞으로의 상황 변화에 얼마나 민감하게 대응할 수 있는가? 그럴 수 있는 역할 수행의 메커니즘을 갖추고 있는가? 민원인이나 관련 행정관료 및 행정기관과의 협력적 관계 유지 가능성은 얼마나 되는가? 옴부즈만에 대한 정치사회적인 지지 기반은 얼마나 탄탄한가? 자체 역할 관리 시스템의 점검과 개선을 위한 준비는 갖추고 있는가? 이런 질문에 답하기 위해서는 옴부즈만 운영 예산의 탄력성과 건전성, 옴부즈만 본인을 비롯한 조사관들의 소명의식 정도, 법제적 장치의 적합성 정도, 다른 관련 단체와의 네트워크 체제의 구축 정도, 변화하는 업무 환경에 대한 적응력 정도 등을 검토해 보게 된다. 이때 옴부즈만에 의한 민원의 해결은 옴부즈만의 기관 특성상 종국적인 것이야 하기 때문에 당해 민원을 다루는 데에 있어서의 지속 가능성을 말하는 것은 당연히 아니다. 오히려 다양한 민원의 개별적 특성에 따라 맞춤형 대응에 나설 수 있는 기관 능력의 보유 여부가 평가의 초점이 된다. 특히 민원 발생이 오늘날에 있어서는 항상적, 일반적, 보편적 현상으로 자리 잡게 되었다는 점에서 보면, 옴부즈만 역할의 지속가능성을 확인하는 일은 이제 필수불가결적인 과제가 되었다.

VI. 옴부즈만 역할의 과정 평가

옴부즈만이 아무리 자신을 에워싸고 있는 환경과의 관계에서 행정정의나 국민행복 같은 민주정체의 핵심가치 증진에 기여하고자 노력한다고 하더라도, 그런 역할을 기획하는 단계에서부터 적절성이나 유용성이 담보되지 않는다면 역할 수행 과정상의 경제성이나 효과성을 담보하기 어렵고, 그럴 경우 시의적절하고 지속가능한 역할 성과를 약속받기 쉽지 않다. 기관 내재적인 책무성을 확보해야 한다는 뜻이다. 그런데 옴부즈만이 민원을 해결하는 과정에는 민원인, 행정관료 및 행정기관, 옴부즈만이 핵심적 이해당사자로 간여하는 만큼 각각의 시각과 관점에서 내재적 책무성 성취를 위한 과제에는 어떤 것들이 있는지를 점검해 보는 일은 역할 성과를 담보하기 위한 과정에서 제기되는 우선적인 과제이다.

1. 민원인의 관점

옴부즈만이 보다 능률적으로 민원을 해소하고 그 결과 국민고충을 줄여 약속한 성과를 낳기 위해서는 우선 민원인의 옴부즈만에 대한 민원의 호소가 용이하게 이루어질 수 있어야 한다. 지리적, 기능적 접근성이 보장되어야 한다는 뜻이다. 직권조사의 경우가 있기는 하지만 기본적으로는 민원의 접수가 이루어져야 민원의 해결을 위한 옴부즈만의 역할이 비로소 시동이 걸리는 관계에 있기 때문이다. 무엇보다도 중요한 것은 옴부즈만이 지향하는 민원의 해결 양식은 정서적, 감정적 순화를 포함하는 것임으로 민원의 제기 단계에서부터 민원인 친화적인 배려를 실감할 수 있게 해준다는 것은 역할 성과의 제고에 있어 매우 중요한 과제 가운데 하나다.

그렇기 때문에 옴부즈만이 제공하는 서비스를 이유로 민원인에게 비용을 부담시키거나 수수료를 징수하는 경우에도 역할 성과 제고의 장애요인이 될 수 있다. 사회경제적인 이유로 비용 부담이 염려되는 계층이나 지역일수록 민원 발생의 개연성이 높고, 그런 만큼 옴부즈만 사무실에 대한 접근 수요가 크다는 점을 고려해야 한다. 이 점과 관련하여 대체적으로 사회우동세력이 민원을 제기하는 경우는 그리 많지 않다는 사실 조사의 결과는 시사하는 바가 적지 않다(Hill, 1983: 47).

행정과정에 대한 기본 지식의 부족도 기능적 접근 장애를 불러오는 여러 요인 가운데 하나다. 따라서 특정 옴부즈만의 관할 영역에 해당하지 않는 민원을 가져왔거나 보다 더 적실성이 높은 민원 처리 기관이 있을 때에는 지체 없이 적절한 기관을 찾아 안내해 주거나 해당 사안을 관련 기관으로 이첩 또는 이송하는 데에 필요한 조치를 취해 줄 수 있는 여건이 마련되어 있어야 한다. 이때 너무 급히 서두른 결과 당해 옴부즈만이 처리할 수 있는 민원임에도 불구하고 다른 기관이나 옴부즈만으로 이첩하는 일이 있어서는 안 된다. 이 점은 특히 옴부즈만이 민원 처리에 있어 종국적 해결 기관이어야 한다는 점에서 특별히 조심해야 할 과제다.

옴부즈만의 명칭을 고안하는 데 있어서도 일반 시민이 손쉽게 이해하고 오랫동안 기억할 수 있도록 개선할 필요가 있다. 일단 일반 시민이 옴부즈만의 존재와 그의 기능을 인식하고 있어야 옴부즈만에 대한 접근 수요와 민원 해소에 대한 욕구를 제고할 수 있게 될 것이기 때문이다. 이렇듯 옴부즈만에 대한 접근성 확보는 민원인의 가장 기본적인 요구이자 기댓값에 해당된다. 따라서 이를 얼마나 잘 감안하여 역할 수행 계획을 짜느냐에 따라 내부 역할 관리 과정의 적절성 내지는 유용성이 결정될 것은 물론이다.

2. 옴부즈만의 관점

접근성이 옴부즈만에 대한 민원인이나 일반 시민의 가촉성을 의미하는 것이라고 한다면 전달성은 옴부즈만의 사무실에서 생산된 정보를 민원인이나 일반 시민에게 배포, 공개하는 능력을 말한다. 옴부즈만은 공식적인 공권력을 행사하거나 행정적인 강제력을 동원하지 않는 대신 관련 정보의 공개나 전달을 통해 행정과정의 투명성을 확보하고, 나아가 권고의 수용에 필요한 프레임의 공유를 통해 비공식적인 영향력의 행사에 나서자는 것임으로 관련 정보의 전달 능력은 매우 중요한 역할 수행 자질 가운데 하나다. 이를 통해 대 국민과의 관계에서 가시성을 높이고[1] 그 결과 사회적 신뢰와 기댓값을 높이게 되기 때문이다.

대 국민과의 관계에서 옴부즈만이 효율적으로 전문성을 지니고 활동한다는 인식과 평가를 전달하는 일은 옴부즈만의 역할 관리에 있어 핵심적 과제 가운데 하나다. 그래야 옴부즈만의 권위를 인

1) 가시성 내지는 인지도가 옴부즈만의 효율적 운영 여부를 결정하는 주요 인자 가운데 하나라는 주장에 대해서는 Asif(2013: 724)를 참조하기 바란다.

정하고 수용할 것이며, 그 결과 권고적 양식에 따라 업무를 처리할 수 있게 될 것은 당연한 이치이다. 만일 일반 시민이 옴부즈만의 존재를 잘 알지 못한다거나 그의 역할과 능력에 대해 부정적인 인식을 가지고 있다면 옴부즈만이 활성화되기 어렵다. 이렇게 일반 시민이 옴부즈만에 대해 긍정적 정보를 전달받는 것이 필수 과제라고 한다면, 이를 위해 홍보 업무 전담 인력을 배치하여 이런 기관 수요에 보다 능동적으로 대처하는 방안을 검토해야 마땅한 일이다.

업무 관련 정보의 전달과 공유는 옴부즈만이 자기 책임을 다하는 과정에서 필요로 하는 핵심적 과제 가운데 하나다. 이로 인해 옴부즈만은 의회에 직접, 공개적으로 민원 관련 정보를 전달할 수 있는 권리를 지니는 것이 보통이다. 이를 잘 활용하여 자신의 활동을 널리 알리고 체계적인 문제가 있는 것으로 조사된 과제에 대해서는 이를 공개함으로써 사회적인 경각심을 일깨워 관련 과제를 해소하거나 보다 효율적으로 관리하기 위한 입법 동기를 유발할 수도 있다. 바로 이런 정보 공표권이 효과적으로 운영되지 않는다면 옴부즈만은 제 역할을 다하기 어렵다.

정보의 공표와 관련해 볼 때, 옴부즈만은 민원의 처리와 관련해서 작성된 보고서를 일반 시민이 손쉽게 받아볼 수 있도록 해야 한다. 언론보도문, 보고서 해설문, 공식문서 등 다양한 정보를 인터넷에 공지하고, 라디오 방송을 통해 알림으로써 문자해득력이 없는 문맹이라도 옴부즈만의 활동을 손쉽게 전달받을 수 있게 해야 한다. 다언어 사회에서는 지역에 따라 다양한 언어로 문서를 배포하거나 정보를 전달하는 장치를 마련할 필요도 있다.

이렇듯 옴부즈만은 자신의 역할, 기능, 관할 영역 등에 관한 정보를 관할 대상 집단이나 일반 시민에게 알리려는 노력을 보다 적극적으로 경주해야 하며, 이를 위해서는 언론을 활용하는 것도 효과적이다. 따라서 언론 친화적인 정보관리 전략을 구축하는 일이 중요하며, 역할 수행 과정을 투명하게 하여 언론이 관심을 가지고 손쉽게 지켜볼 수 있도록 해야 한다. 언론이 주목하는 과제가 무엇인가를 염두에 두고 배포 정보를 기획하거나 전달하는 전략도 검토해 볼만 한 일이다.

이를 위해서는 역할 수행 과정의 개방성, 투명성, 공개성을 유지, 확대하는 일에 유념해야 한다. 나아가 역할 수행상의 투명성뿐만 아니라 인사관리상의 투명성과 개방성을 유지하는 일도 필요한 과제다. 인사상의 폐쇄성이 업무 수행상의 전문성, 신속성, 적극성 확보에 역진적인 효과를 낳기 십상이라는 점은 상식에 속한다. 한국의 국가인권위원회는 자체 평가 조사를 통해 인사상의 투명성 부재가 민원에 대한 소극적 대응, 기관의 부정적 이미지 확산, 전문성 퇴보의 원인으로 작용했다고 보았다. 상사의 직원에 대한 인사상의 폐쇄적인 평가권 행사가 기관 문화의 관료화를 낳고 기관 문화의 관료화가 민원 처리의 형식화, 형해화를 불러왔다는 것이다(정희완, 2017.11.07.).

3. 행정관료(행정기관)의 관점

옴부즈만이 자신의 역할을 제대로 수행하려면 정부의 다양한 기관들과 원만한 업무 협조 체제를 구축해야 한다. 그런데 다양한 이해관계가 걸려있는 여러 국가기관들과 협력적, 긍정적 관계를 구축하려면 옴부즈만 자체가 중립적이라는 인식을 심어주는 일이 관건이다.

일반적으로 공무원은 옴부즈만의 역할에 대해 회의적인 것이 보통이다. 그들이 취한 조치의 시정을 겨냥해서 활동하기 때문이다. 따라서 공무원과의 관계에서 옴부즈만의 활동 양식이나 업무처리 절차 등을 보다 명료하고 구체적으로 소개하고 전달하는 등 보다 적극적인 노력을 경주해야 한다. 평소에 인간적인 교류를 통해 비공식적인 차원에서 유대 관계를 돈독히 해 두는 일이 중요해지는 이유다. 일단 행정관료가 옴부즈만 활동에 대해 불만을 갖거나 부정적인 인식을 갖게 된 연후에 그들과 접촉하고자 해서는 곤란하다. 행정관료가 먼저 옴부즈만이 무엇인지를 알아보고자 나서도록 방치해서는 곤란하다는 뜻이다.

이렇게 행정관료에게 옴부즈만을 알리는 과정에서 실로 중요한 과제 가운데 하나는 옴부즈만이 결코 일반 시민을 편애하는 존재가 아니며, 언제나 누구에게도 편향되지 않는 객관적이고도 중립적인 조사자이자 조정자이며 중재자라는 인식을 심어주어야 한다는 점이다.

옴부즈만은 일반 시민으로부터 존경받고 나아가 신뢰받아야 하는 존재이지만 다른 한편으로 보면 정부로부터도 그 권위와 진지성을 인정받아야 한다. 그렇지 않을 경우 외면되거나 웃음거리로 전락할 위험성마저 있다. 반면에 기관운영을 위해서는 국고로부터 재정자원을 지원받아야 하고 이를 위해서는 일반 시민의 지지와 격려가 선행되어야 한다. 정부를 무시하거나 경시하는 경우에는 재정 자원의 실질적인 집행권을 정부가 쥐고 있기 때문에 적지 않은 어려움에 직면하게 된다. 그런 점에서 일반 시민과 정부 사이에서 이견과 갈등을 조정해야 하는 옴부즈만은 일종의 딜레마에 빠진다고도 말할 수 있다.

그렇다고 해서 정부에 대한 순응성을 외면해야 한다는 의미는 아니다. 내용상 일견 독립성 유지 문제와 충돌하는 것이 사실이기는 하지만 옴부즈만은 그의 존재 이유 가운데 하나를 국민의 요구에 순응하거나 조응하려는 데에 둔다. 민주정체 하에서는 옴부즈만에게 재정 자원을 제공하거나 그의 역할 평가를 담당하는 주체로 의회만큼 중요하고 적실성 높은 기관도 따로 없다. 전통적인 옴부즈만이 의회에 소속되었던 이유도 옴부즈만을 의회의 행정부 감독 기능이나 민원 처리 기능과 연동되어 있는 것으로 이해했기 때문이다. 의회가 정부기관의 일부인 옴부즈만의 재정운영 실태나 역할 수행 실적 평가 업무를 담당하는 것은 따라서 매우 타당하고 또 당연한 일로 여겨진다. 적어도 이론상으로는 그렇다. 따라서 이에 순응해서 옴부즈만이 의회에 대해 책임지려는 자세를 갖추어야 할 것은 물론이다.

반대로 정부기관의 옴부즈만에 대한 순응성을 담보하는 일도 긴요하다. 행정관료나 행정기관의 순응성 내지는 적극적 협조는 민원해결의 신속성을 담보하는 핵심적 장치 가운데 하나다. 바로 이 점에서 순응성은 옴부즈만 역할의 시의적절성이나 지속가능성을 보장하는 중요 요인 가운데 하나다. 이와 관련하여 대개 민원의 대상, 민원의 주제, 행정기관의 공정성 정도, 옴부즈만의 제안에 대한 행정관료나 행정기관의 대응성 정도, 개혁목표의 구현 정도를 선제적으로 개선하는 일에 주목하는 것이 보통이다(Hill, 1976).

V. 옴부즈만 역할의 성과 평가

옴부즈만이 어떤 역할을 수행한 결과 발생하는 결과물을 본래 법률이 정한 목표의 달성이라는 관점에서 견주어 볼 때 포착되는 것을 직접 성과라고 한다면, 그의 외연에서 관찰되는 부수적 효과를 간접 성과라고 할 수 있다. 그런데 옴부즈만은 민원의 해소를 기관 목표로 삼기 때문에 직접 성과가 발현하려면 우선 민원 자체가 성립되어 있어야 한다. 그러나 간접 성과는 민원의 성립 여부와 관계없이 관찰 가능한 일이다. 민원의 성립 이전이라도 얼마든지 부수적 영향력이 발휘되는 일은 가능하기 때문이다. 그런데 직접 성과가 매우 구체적이고 직접적이며 즉응적이고 가시적이라고 한다면, 간접 성과는 회임기간이 길고 광범위한 영역에 걸쳐 발생한다는 점에서 대비된다. 이를 다시 옴부즈만이 지향하는 본래 목적에 기여하느냐 아니면 역진적 영향을 낳느냐에 따라서는 긍정적 성과와 부정적 성과로 나누어 볼 수도 있다.

1. 직접 성과

옴부즈만의 경우 직접 성과는 통상 행정오류의 시정을 통한 결함의 해소로 나타난다. 관련 행정관료나 행정기관으로써는 기존의 행정 결정을 수정하거나, 민원의 수용을 위해 보다 더 적극적으로 노력을 경주하는 형태로 구체화히는 것이 보통이다. 옴부즈민의 개입으로 인해 관련 행정관료나 행정기관이 자신의 의사결정이나 행태를 바꾸고, 그 결과 민원인이 당연히 누렸어야 했던 권리나 혜택을 누릴 수 있게 회복되는 상태를 낳게 되는 것이기도 하다. 그러나 보다 더 중요한 것은 이런 변화가 신속하게 이루어져 시의적절해야 하며, 그 변화가 지속가능해야 한다는 점이다.

그런데 옴부즈만에 의한 개입이 이런 직접 성과로 나타나고, 그 결과가 사회적인 반향을 일으켜 크게 각인되는 경우는 그리 많지 않다. 일반적으로 민원의 성립 여부를 판단하는 기준으로 제시되는 준법성의 침해 여부는 평가 기준의 최소한에 지나지 않는다. 그 이상의 것으로는 경제성이나 대표성 내지 형평성과 같이 좋은 정부가 갖추어야 할 요건의 충족 여부를 따져보게 되는 것이 보통이다. 준법성이 좋은 정부 구성의 필요조건이라면 경제성과 대표성 및 형평성은 일종의 충분조건에 해당한다. 따라서 민원이 법률 위반으로 인해 야기된 것이 아니라면 아주 심각한 국민권익의 침해로 간주되는 경우는 그리 많지 않다. 그런데 민원이 심각한 상태에 있는 것이 아니라면 그 상태의 회복에 따르는 충격이나 사회적인 반향도 그리 크지 않기 마련이다. 그렇기 때문에 통상 민원 해소에 따른 직접 성과도 상대적으로 작게 된다. 물론 사회적으로 비중 있는 과제가 아니라고 해서 민원 당사자 자신에게도 심각한 과제가 아니라는 의미는 결코 아니다. 다만 민원 당사자에게는 매우 중요하고 심각한 과제이지만 사회 전체적인 차원에서 보면 별거 아닌 일일 수도 있다는 의미이다. 그러나 옴부즈만의 기관 존립 이유 자체가 개인의 고충을 해결하고자 하는 데에 우선적인 목표를 두는 것인 만큼 얼마나 개인의 고충이 신속하게 회복되고 또 그 상태가 유지되느냐의 문제는 옴부즈만의 역할을 평가하는 데 있어 핵심적 준거임에 틀림없다.

2. 간접 성과

옴부즈만의 개입에도 불구하고 우선 민원 자체가 성립하지 않는 것으로 밝혀지는 경우에는 당연히 관련 문제를 해결할 수 없게 된다. 그러나 그 과정에서 옴부즈만이 경청하고, 철저히 조사하며, 중립적인 관점에서 제기된 사안을 평가하는 것만으로도 민원인에게는 심리적인 위안과 함께 국가에 대한 신뢰를 회복할 수 있는 전기가 마련된다. 나아가 민원으로 성립했지만 문제를 해결하기 위한 대안이 없어 문제 해결에 실패하는 경우에도 유사한 성과가 기대된다. 이런 경우 대개의 민원에 대한 옴부즈만의 개입은 사례 특수적이고 따라서 일회적이어서 민원 제기 당사자에게는 아무런 가시적인 혜택도 돌아가지 않게 되는 것이 보통이다. 직접 성과가 없다는 뜻이다. 그러나 이런 경우에라도 동종 사례에 대한 장래적인 민원 유발 요인을 제거하거나 문제의 심각성에 주의를 환기시키는 등 재발 방지의 효과를 낳을 수는 있게 된다. 간접 효과가 발생하는 것이다.

민원으로 성립하고 문제 해결 대안도 제시되었으나 관련 행정관료나 행정기관이 이에 순응하기를 거부함으로써 민원 제기 당사자의 고충이 해소되지 못하는 경우에는 민원인에게 있어 2차에 걸쳐 행정 권력에 의한 횡포가 발생하는 셈이 된다. 그러나 이는 대개 옴부즈만이 제시하는 대안에 순응하여 행정기관이 관련 조치를 취하더라도 민원 당사자에게는 실효적인 효익이 없는 데에도 불구하고 불필요한 행정 자원의 지출이나 인력의 낭비가 불가피하다고 판단되는 경우가 보통이다. 그렇다고 하더라도 옴부즈만으로써는 해당 행정기관에 자신의 제안을 강제할 권한이 없으며 또한 강제해서도 안 된다. 이는 옴부즈만의 기관 특성에서 비롯되는 일이다. 그럼에도 불구하고 행정기관으로써는 옴부즈만의 의견을 듣고 관련 사안을 검토하는 과정에서 자기 성찰의 계기가 마련되며 나아가서는 일종의 학습효과를 얻게 된다. 성공적으로 민원에 내포되어 있는 사안이 해결되어 직접 성과가 일어나는 경우에도 그 여파로 유사 사건이 재발하지 않도록 관련 법률을 개정하거나 제정하는 결과를 낳거나 행정개혁을 촉발할 수도 있는 법이다.

무엇보다 주목하게 되는 것은 옴부즈만의 존재 자체만으로도 간접적인 영향력을 발휘하게 된다는 점이다. 옴부즈만이 설치되어 있으면 이를 의식해서 행정기관이나 행정관료가 민원 발생 이전부터 대 국민과의 관계에서 스스로 국민의 권익을 침해하거나 권한을 남용하고 부패에 빠지는 등의 일탈 행위를 삼가고자 할 개연성이 커진다. 일종의 방어효과 또는 억지효과가 나타나는 것이다. 그러나 이런 효과가 과잉 상태에 이르는 경우에는 역기능을 낳는다. 지나치게 옴부즈만을 의식한 나머지 방어적으로 모든 행정행위를 기록으로 남긴다거나 재량적 판단의 여지가 있는 문제에 대해서도 오로지 법률의 기계적인 적용에만 의지하려고 하는 경우, 서면중심주의나 법규중심주의 같은 관료적 병리 현상을 재촉하게 된다. 과민반응 내지는 과잉대응에 빠지는 것이다. 이는 매우 모순적이고 역기능적인 간접 성과이다. 원래 옴부즈만은 바로 이런 관료적 병리 현상을 시정하고자 설치되었음에도 불구하고 오히려 관료적 병리 현상을 심화시키는 결과를 낳기 때문이다. 이럴 경우 옴부즈만의 역할 성과가 시급히 영향력을 발휘할수록 또 보다 더 지속가능할

수록 부정적 성과가 커진다는 모순도 발생한다.

그러나 이런 간접 성과를 긍정적 관점에서 보면 민원 관련 이해당사자들 사이의 견해 차이를 최소화하는 과정에서 일반 시민의 행정기관에 대한 비판이나 감시의 창구로 활용되거나 인권보호의 수단으로 이용되고 나아가서는 행정의 질적 수준을 개선하는 효과를 낳는다. 이 경우 옴부즈만은 치자의 부당한 처사에 대한 피치자의 대항수단이 되는 셈이다. 그러나 이를 부정적 관점에서 보면, 근본적인 변화 없이 현상 유지의 수단으로 활용되고 있음에 다름 아닌 일이기도 하다. 개별 사례에 대한 소극적인 대응을 통해 체제 전체의 기득권을 유지하자는 것으로 이해되기 때문이다. 인류 역사상 피치자가 치자의 권리를 약화시키거나 박탈하는 제도적 장치를 치자가 솔선해서 마련하는 일은 일찍이 없었다는 사실을 상기시켜 주는 대목이다.

OMBUDSMAN
THE FOURTH BRANCH

제3편

옴부즈만의 관리

제9장 옴부즈만의 행정 관리

제10장 옴부즈만의 갈등 관리

제11장 옴부즈만의 사례 분석

제12장 옴부즈만의 혁신 관리

제9장
옴부즈만의 행정 관리

I. 옴부즈만 행정 자원의 관리

옴부즈만에 대한 사회적인 신뢰를 지속적으로 확보하는 길 가운데 하나는 명백한 운영성과를 보여주는 데에 있다. 이를 미시적 차원에서 행정 행태에 주목해서 관찰해 보면 옴부즈만이 당면하는 최우선적인 과제는 여하히 갈등을 조정해서 민원을 효율적으로 해결할 것인가에 있다. 민원을 효율적으로 처리해야 국민의 고충이 보다 더 악화되기 전에 신속히 해결할 수 있고, 그래야 정부로써도 지체 없이 자체 결함이 무엇인지를 검토하게 되고 필요하다고 판단할 경우에는 제때에 시정 조치를 취할 수 있다. 옴부즈만으로써도 국민 고충의 치유가 지체되면 그것이 새로운 민원의 유발 요인으로 작용하고 그 결과 민원 총량이 늘어나는 일을 미연에 방지할 수 있게 된다. 신속히 민원 처리에 나서지 않는 경우, 민원의 증가로 인해 옴부즈만의 자체 인력 소모나 경비 지출의 추가 요인으로 작용하게 된다.

민원이 효율적으로 처리되어야 관련 행정기관으로서도 자신의 일과를 뒤돌아보고 행정운영상의 문제점이 보다 더 심각한 수준으로 악화되기 전 단계에서 이를 미리 파악하고 대처할 수 있을 것은 물론이다. 외부 충격에 의존해서나 문제가 해결될 수 있을 정도로 문제가 악화되기 이전에 일종의 경고등과 같은 역할을 수행함으로써 좋은 행정을 견지할 수 있게 향도하는 역할을 수행한다는 뜻이다. 이는 옴부즈만이 대 국민과의 관계에서 납세자에 대해 지니는 최소한의 책무일 뿐만 아니라 사회적인 신뢰를 확보하고 기관의 지속가능성을 담보하는 핵심적 요소 가운데 하나다.

이렇듯 민원을 효율적으로 해결할 때에나 사회공동체와의 관계에서도 옴부즈만이 행정 서비스 개선을 위해 진지하게 노력하고 국민고충의 해결을 위해 매진한다는 메시지를 보다 적극적으로 전달할 수 있게 된다. 그렇지 않을 경우 국민의 실망감이 배가하게 될 것은 물론이다. 정부의 행정조치에 대한 실망으로 민원을 제기했는데 그것의 처리마저 실망스러울 경우 불만이 비등하게 될 것은 당연한 이치이다. 그러나 반대로 민원이 신속하고 정확하게 해결된다는 사실을 경험하는 이들은 정부에 대한 신뢰를 회복하면서 보다 더 적극적으로 협력하거나 지지하게 되며 국정운영 과정에 대한 참여의 욕구를 제고하게 된다.

그런데 옴부즈만이 민원을 해결하는 과정에 영향을 미치는 요인은 실로 다양하다. 흔히 민원 자체의 특성, 관련 행정관료의 성향,

옴부즈만 자신이 동원 가능한 행정 자원, 민원 접수 당시의 정치·경제·사회적 환경 등이 주요 영향 요인으로 간주된다, 그런데 옴부즈만이 민원을 효율적으로 해결하기 위해서는 조정과 중재 같은 제3자 개입 전략을 통해 지능권력 행사에 나서야 한다. 옴부즈만에게는 민원 해결을 위한 대응 전략과 관련해서 절대 재량권이 부여되어 있으며 바로 이 점이 옴부즈만으로 하여금 다른 갈등 관리 제도와 차별성을 갖게 하는 핵심적 요소이다. 그러나 옴부즈만의 이런 재량권은 그의 운영 실제에 있어 옴부즈만이 동원할 수 있는 행정 자원에 따라 좌우된다. 재량권 행사를 구체화하는 과정에서 당면하는 민원 해결 현장의 장애요인 돌파 능력은 그가 동원할 수 있는 행정 자원에 따라 결정되기 때문이다. 따라서 여러 영향요인 가운데에서도 옴부즈만이 활용할 수 있는 행정 자원에 대한 의존도가 가장 높은 셈이다. 이때의 행정 자원은 옴부즈만 내부의 구조와 인원, 리더십, 업무처리 능력, 정보 자원, 법제적 권한, 예산, 시설같이 조직체로써의 옴부즈만을 구성하는 요소들을 총괄해서 말한다. 여기에서는 이들 행정 자원을 기관 운영의 핵심적인 구성요소라고 보고, 인적 자원, 조직 구조, 정보 자원, 재정 자원으로 나누어 살펴보고자 한다.

그런데 옴부즈만이 이런 행정 자원을 여하히 운영, 관리하느냐에 따라 그의 성과가 달라질 것은 자명한 이치이다. 따라서 옴부즈만의 체계적인 행정 관리가 민원 해결의 성패를 좌우하는 관건이 되는 셈인 데, 이를 위해서는 옴부즈만의 기관 목표에 잘 부합되는 조직 구조의 확보, 정부 내외의 관련 기관들 사이에서 신뢰와 권위를 유지하는 일, 운영 과정의 투명성이나 개방성, 공정성과 불편부당성, 기밀성을 담보하고, 지속적인 자기 평가 체제를 유지하는 일 등에 유의해야 한다. 부언하면 옴부즈만은 민원의 해결자이기 이전에 자체 행정의 유능한 관리자이기도 해야 하는 것이다. 아니 민원의 효율적인 해결이라는 기관 목표의 달성을 위해서는 행정관리자로서의 성공적인 역할 수행이 전제 조건에 해당된다.

이때 옴부즈만이 효율적으로 행정 관리에 나선다는 것은 단순히 기계적인 경제성이나 이성적인 합리성을 견지해야 한다는 것만을 뜻하지 않는다. 민원의 해결이 궁극적으로는 행정정의의 구현에 기여하는 것이어야 하고, 행정정의는 개인 차원의 준법성, 조직 차원의 경제성이나 제도 차원의 대표성을 넘어 사회공동체 차원의 형평성을 충족시켜줄 수 있어야 한다. 이들은 모두 그 사회공동체의 통념과 연동된다는 뜻에서 민주성의 원리를 지향하자는 것에 다름 아니다. 이 경우 가장 민주적인 것이 가장 효율적이라는 금언을 상기하게 되는 것은 당연한 일이다. 바로 이 점에서 보면 옴부즈만의 행정 관리는 이를 얼마나 민주성의 원리에 합당한 양식으로 운영하느냐에 따라 그의 성패가 좌우된다는 의미에 다름 아니다. 그런데 민주성은 매우 추상성이 높은 개념이므로 이를 해석하고 판단하는 이의 성찰력이나 세계관에 따라 그의 구체적인 내용이 결정된다는 특성을 지녔다. 따라서 행정 관리자로써의 옴부즈만이 어떤 사람에 의해 충원되느냐는 옴부즈만이 민원을 해결해 나가는데 있어 그의 성패를 좌우하는 최우선적이면서도 결정적인 요인 가운데 하나다.

II. 옴부즈만 인적 자원의 관리

옴부즈만처럼 그 운영의 성패가 그 직위를 점유하는 자연인의 자격과 인성에 따라 좌우되.는 경우도 그리 흔치 않다. 옴부즈만의 자격기준을 정하는 일은 옴부즈만 역할 수행의 성패를 좌우하는 핵심 과제 가운데 하나다. 이렇게 볼 때, 옴부즈만은 우선 그 사회에서 높은 수준의 권위를 인정받고 존경받는 사람이어야 한다. 따라서 정파적 파당성으로부터 자유로워야 하며, 다른 공직을 겸직하거나 부가적인 수입을 추구해서도 안 되고, 최소한 일정 정도의 연령에 이르러 사회통념상 어른으로 대접받을 수 있어야 한다. 사회적인 인지도가 높거나 대 언론 관계가 탁월하여 대 국민 소통 능력이 높을 경우 정치력 발휘의 공간을 넓히게 된다는 점도 고려해야 할 요소 가운데 하나다(Beckman & Uggla, 2016: 128). 그렇다고 해서 정치적 노선이 편향되어서는 곤란한 일이다. 그렇기 때문에 특히 의회가 선출하거나 선임에 동의하도록 되어 있는 경우에는 다수당의 추천에 의해 선임이 좌우되고 그 결과 다수당에 의해 일방적으로 선택되지 않도록 유도하는 제도적 장치를 갖추어야 한다(Center for the Study of Democracy, 2004: 2).

이는 옴부즈만이 정부의 결정을 번복할 권한이 부여되어 있지 않다거나, 헌법이 부여한 강제권을 갖고 있지 않다거나, 독립적으로 자체 예산을 책정할 권한을 지니지 않고 있기 때문에 사실상 자신의 의사를 관철할 수 있는 강성권력이 없다는 점을 감안해 보면 충분히 이해가 가는 일이다. 특히 많은 경우에서 보는 바와 같이 옴부즈만에 대한 예산 책정권을 지닌 행정기관을 감찰이나 조정의 대상으로 삼아야 한다고 한다면 옴부즈만이 높은 권위와 정치적 영향력을 지녀야 할 것은 자명한 이치이다(Saunders, 2014: 6). 그러나 그렇다고 해서 특정 정당이나 이념과 연계될 경우 정치적 편향성의 문제가 제기되면서 제 역할을 수행하기 어렵게 된다. 그럼에도 불구하고 옴부즈만이 활동하는 특정 사회 내부의 권력 관계나 정치 환경에 대한 이해력과 정치적 민감성을 지녀야 정치적 조정력과 균형성 유지를 통해 민원 해결에 보다 더 유리할 것은 물론이다.

따라서 의사소통 능력을 중시하게 되는 데 이로 인해 언론인 출신이나 시민사회운동가를 발탁하려는 경향이 있다는 사실은 유의해 볼 만한 일이다. 통상 옴부즈만이 준법성을 중시한다는 점에서 법률적 소양에 주목하려는 경향이 있으나 이보다도 더 중요하게 다루어져야 할 품성이 바로 의사소통 능력이다(Backman & Uggla, 2016: 128). 특히 옴부즈만이 민원인과 행정관료 및 행정기관과의 사이에서 조정과 중재를 통해 문제 해결에 나서야 한다는 점에서 보면 보다 더 주목하게 된다. 이를 위해서는 타인에 대한 감수성, 협력과 협동의 추진력, 자기주장을 관철하는 데 필요한 언어 구사능력이나 비판능력 등과 같은 대인관계 관리능력이 요청된다. 같은 이치로 명료하고 간결하게 자기 의사를 구두나 문서로 표현하는 능력도 필요하다(Ziegenfuss & O'Rouke, 2011: 183). 조정과 중재가 일종의 갈등 관리 업무라는 점에서 보면 인간관계에 대한 상담능력과 함께 최적 대안을 골라내는 의사결정력도 갖추어야 한다. 실로 다양한 관점과 이해관계를 지니고 있는 민원의 이해당사자들 사이에서 중립적 관점에 서서 최대 공통분모를 도출하기 위해서는 이런 자질이 불가피하게 요청된다. 바로 이렇게 절충점을 찾아야 한다는 점에서는 일상적인 관행이나 관습에 메이기보다는 창의적 대안을 모색하는 창조성과 혁신성을 갖출 것이 요구되기도 한다. 이를 위해서는 보다 체계적으로 현안과제의 본질을 분석하는 기량과 합리적 판단력 및 안목이 필요할 것도 물론이다(Ziegenfuss & O'Rouke, 2011: 185). 이 점은 특히 정보사회가 심화되면서 민원의 내용 자체가 고도 기술성이나 복잡성을 동반하는 사례가 순증하고, 문제 해결을 위해 빅 데이터 같은 정보 자원의 처리에 필요한 정보관리 기술의 도움을 받아야 할 필요성이 증대하는 데에서 보다 더 요구된다.

그렇다고 해서 법률적 소양을 경시하자는 것은 물론 아니다. 기본 소양면에서 꼭 변호사일 필요는 없지만 최소한 대학 수준의 학교 교육을 받고, 인권보호에 관한 지식을 지니고 있으며, 사회 통념상 널리 수용되고 있는 도덕적 준거를 존중할 수 있어야 할 것은 당연한 이치이다. 대학에서 법학을 전공하지 않았다고 하더라도 최소한의 법률적 식견과 지식을 지니고 있어야 한다는 뜻이다. 옴부즈만이 법률적 소양을 갖추지 못하고 있을 때에는 옴부즈만의 조력자 가운데 일부를 법률가로 채용하여 기능적으로 보완하는 방안을 고려해 볼 수도 있다(Center for the Study of Democracy, 2002: 14). 이는 옴부즈만이 민원 해결을 위해 조사권 행사에 의존하며, 조사권 행사를 위해서는 관련 법률을 숙지해야 한다는 점에서 자명해진다. 예컨대 미국의 경우 자료조사를 위해서는 정보공개법이나 공공정보청구권을 숙지하고 있어야 하지만 동시에 건강보험 이동성 및 책임법(HIPAA: Health Insurance Portability and Accountability Act)에서는 정보공개에 제한이 가해진다는 점도 알고 있어야 한다. ADR 관련 기법을 숙지하는 일도 중요하지만 동시에 조정이나 중재 관련 법령이 규정하고 있는 내용이 무엇인지도 알고 있어야 한다. 민원 처리와 관련하여 기밀성을 유지하는 일도 중요하지만 특정 개인이나 다중에게 긴박하고 직접적인 위험이 있을 때는 이를 지키지 않아도 된다는 점도 궁극적으로는 법률문제로 귀착된다(Saunders, 2014: 7).

그렇다고 해서 옴부즈만의 조력자로 꼭 변호사를 고용해야 한다는 뜻은 아니다. 옴부즈만에 대한 지원 인력의 질이 옴부즈만 역할 수행에 있어 결정적 관건으로 작용할 것은 췌언을 요하지 않는다. 옴부즈만의 업무가 합리적인 설득에 기초해야 하는 만큼 건전한 문제의식과 철저한 사례 조사, 뛰어난 법률 해석 및 사실과 법리에 대한 심도 깊은 평가 능력 등을 지녀야 할 것은 당연한 일이다. 그렇기 때문에 일견 법률적 소양을 지닌 변호사의 조력을 받는 것이 필수불가결적인 요소처럼 보인다. 그러나 대부분의 민원은 복잡한 법률문제를 내포하지 않는 것도 사실이다. 변호사를 고용하는 데에는 많은 비용이 들고 옴부즈만에 대한 기관 충성심도 높지 않아서 이직이 빈번하다는 점도 고려해야 할 과제다. 오히려 일반적인 사회과학적 조사 분석 능력을 갖추고 글쓰기 능력을 갖춘 사람이 현실적으로는 도움이 더 크다는 평가가 적지 않다. 따라서 다양한 사회과학적 배경을 지닌 조사관의 충원이 유용하다. 제4차 산업사회 도래 이후에는 빅 데이터 처리 능력이 사회문제 해결의 출발점이라는 점에서 보면 데이터 분석 능력도 중요한 자질 가운데 하나다.

특히 다양한 분야와 차원에서 행정부에 종사했던 경험을 지니고 있는 이들의 유용성이 매우 크다(Hill, 1999f: 2). 옴부즈만이 성공적으로 그의 역할을 수행하기 위해서는 행정부의 운영 양식과 절차에 정통할 필요가 있다. 이는 옴부즈만이 제안하는 문제 해결의 대안이나 혁신적인 조치들이 장기적으로는 시민과 행정관료 또는 행정기관 모두에게 유익하다는 확신을 관련 당사자들에게 심어줄 수 있어야 하는 데, 이를 위해서는 옴부즈만이 행정과정에 정통하다는 믿음이 전제되어 있어야 하기 때문이다(Center for the Study of Democracy, 2002: 14). 성공적으로 관련 정보를 수집하거나 사실조사를 실시하기 위해서도 행정부 내부를 잘 알고 있다는 것은 결정적인 요인으로 작용한다.

기본적인 자질이나 품성과 관련해서는 청렴성을 유지하고 기밀성이나 중립성 유지에 적합한 자질을 갖추고 있으며, 필요하다고 판단되는 경우 적극적으로 투쟁해서 자신의 관점이나 견해를 관철하려는 의지와 능력이 있고, 사회적인 약자나 갈등 당사자들에 대해 애정과 정성을 가지고 경청하려는 자세를 갖출 것이 요청되기도 한다(Meltzer, 1998: 601). 그런 점에서 시민사회운동가 출신을 선호하는 경향도 적지 않다(Beckman & Uggla, 2016: 128).

일단 옴부즈만으로 선임되는 경우에는 신분을 보장하여 기관의 독립성을 견지하는 일이 중요하게 된다. 따라서 임기제를 도입하고 임기 중에는 중대한 사유가 아니면 해임하지 않는 것이 보통이다. 대개의 경우 의회의 의결로만 해임할 수 있게 하고[1] 해임의 조건을 까다롭게 하여 본인이 원하거나, 건강상의 이유로 업무 수행 능력을 상실했거나, 파산하거나, 구금 이상의 형이 확정되는 등 구체적으로 해임 조건을 사전에 명기해 두는 것이 보통이다.

---

1) 프랑스의 경우에는 국무위원회 부위원장, 대법원 제1의장, 감사원 제1의장으로 구성되는 특별위원회가 만장일치로 결정하는 경우에 한 하여 임기 중 해임할 수 있다(Carlens & Verbeek, 2010: 16).

그러나 보다 중요한 것 가운데 하나는 옴부즈만의 옴부즈만 지원 인력에 대한 의존도가 높아지면서 지원 인력을 어떻게 구성할 것인가에 유의해야 한다는 점이다. 우선 다양성과 대표성을 고려해서 지원인력을 충원해야 한다는 점을 지적해 볼 수 있다. 옴부즈만이 지향해야 하는 접근성이나 중립성을 보장하기 위해서는 다양한 인구사회학적 배경을 지닌 사람들을 국민 구성 비율에 따라 균형 있게 충원함으로써 기관 운영상의 고객 중심주의 내지는 주권 재민의 원리가 보다 잘 작동할 수 있도록 해야 한다. 이는 인종이나 종교 또는 언어상의 편견으로 인한 불공정이나 불평등을 시정하거나 미연에 방지하자는 것이기도 하지만, 시민 각자의 관점과 시각에서 문제를 인식하고 접근하는 데 유리한 인력을 확보하자는 것이기도 하다(Barkat, 2002: 10). 사회공동체 차원의 형평성 내지는 민주성 확보에 유리한 인사관리 체제를 갖추자는 것에 다름 아니다.

또한 실로 다양한 분야의 민원을 다루어야 한다는 점에서는 보다 다양한 영역의 전문지식이나 분야별 경험을 지닌 전문가를 충원하는 일도 업무 수행상의 편향성이나 무력성을 극복하고 보다 양질의 서비스를 균형 있게 제공하는 데 있어 필수적인 과제다. 이런 지원인력 충원상의 비례배분의 원칙은 업무 총량의 균형 있는 배분을 위해서도 필요하다. 예컨대 지역이나 과제별 업무분장에 있어 업무량의 크기에 비례해서 지원인력을 배분하는 지혜가 필요하다. 그래야 지원인력을 효과적으로 규모 있게 활용하는 결과를 낳을 것이며 대민 서비스에 있어 질적 균형성을 유지할 수 있을 것이기 때문이다. 이 점은 특히 민원인의 옴부즈만에 대한 접근성을 균형 있게 보장해 준다는 점에서 유의해야 할 과제다.

옴부즈만 외부 기관과의 인적 교류를 통해 옴부즈만 지원 인력이 기관 내부 지향적이고 폐쇄적인 시각이나 정보 자원에만 의존하게 되는 한계를 노정하지 않도록 해야 한다. 기관 내부 인사들로만 지원 인력이 충원되거나 승진되는 경우 공식적인 업무처리에서는 별문제가 없을지 모르지만 비공식적인 민원 과제의 처리에 있어서는 자기 신념의 오류라는 한계에 빠질 가능성이 높아진다. 이럴 경우 옴부즈만의 업무처리 능력이 떨어지면서 옴부즈만에 대한 사회적인 신뢰가 추락하고 민원 신청 자체가 감소하게 될 위험성마저 있다(Barkat, 2002: 17).

옴부즈만을 지원하는 조사관이나 분석관의 임기를 길게 해서 신분을 보장해 주고 그 결과 기관 운영상의 안정성을 높이는 문제에도 유의할 필요가 있다. 그러나 보다 본질적인 과제는 옴부즈만에게 지원 인력 충원에 대한 전권을 부여해주는 일이다. 만일 그렇지 않을 경우에는 인력 충원권을 지닌 기관과의 이해충돌이 발생하면서 옴부즈만 기능 수행상의 장애요인으로 작용할 가능성이 있기 때문이다(Center for the Study of Democracy, 2002: 20).

어느 정도의 지원 인력이 적정 규모냐의 문제에 대해서는 표준적인 척도를 제시하기가 쉽지 않다. 적정 인력 규모는 논의하고자 하는 나라의 재정 자원 규모, 경제 성장 정도, 행정 관행이나 전통, 다른 기관과의 협조관계, 관리기술, 별도의 갈등 관리 체제 존재 유무 등 실로 다양한 요소들과 연동되어 있기 때문이다(National Democratic Institute, 2005: 18).

그러나 지원 인력의 규모가 되도록이면 최소한의 것이어야 한다는 데에는 일종의 합의가 구축되어 있다. 이는 옴부즈만이 거대한 관료조직이 유발하는 다양한 역기능을 시정하자는 것일 뿐만 아니라, 옴부즈만의 역할 자체가 일종의 노동집약적 과제여서 인력의 증가는 곧 바로 재정 지출의 증가로 이어지기 때문이다. 그러나 그렇다고 하더라도 국가행정작용이 저개발 상태에 있어 보다 빈번히 대대적인 조사활동을 펼쳐야 하는 경우라면 보다 많은 지원인력을 필요로 할 것은 당연한 노릇이다.

예컨대 국가행정작용이 잘 제도화되어 있다고 평가되는 스웨덴의 경우 모두 55명의 행정 지원 인력을 두고 있는 데 이 가운데 40명이 변호사 출신이다. 이들 변호사 출신의 거의 대부분은 사법부로부터 차출되고 있다. 사법부에서 판사로 일하다가 옴부즈만 사무실에 파견되어 4-5년 일한 후 다시 사법부로 돌아가 자신의 경력 경로를 밟게 된다. 반면에 아직 국가행정체제가 제도화를 모색하는 단계에 있는 슬로베니아에서는 3명의 차석 옴부즈만을 두고 있으며 11개 부서에 33명의 실무자를 두고 있다. 그러나 이는 이들이 소화해야 하는 민원 총량과 비교해 보면 턱없이 부족한 인력 규모로 평가된다.

그렇기 때문에 옴부즈만이 업무를 개시할 때에는 우선적으로 처리하고자 하는 민원 처리 분야가 어디까지인지를 미리 한정함으로써 업무총량을 추정해 보고 그에 따라 필요 인력의 규모를 상정함으로써 인력 관리상의 효율성을 구할 필요가 있다(Center for the Study of Democracy, 2002: 20). 특히 필요 인력에 대한 교육훈련과 관련한 재정 지출 규모를 줄이기 위해서는 국제간 협력을 통해 초기 지원 인력에 대한 교육훈련 수요를 충족해 나가는 방법도 고려해 볼 수 있다. 옴부즈만 선행 국가와의 기술협력을 통해 필요 인력의 교육훈련 수요를 해결하자는 것이다. 그런 점에서 유엔 국제개발계획(United Nations Development Programs), 캐나다 국제개발처(the Canadian International Development Program), 국제옴부즈만협회(IOI) 등은 매우 유용한 관련 기관으로 평가된다.

III. 옴부즈만 조직 구조의 관리

조직 구조적인 측면에서 볼 때, 옴부즈만의 구성 양식은 나라마다 다양하지만 일반적으로 작고 능률적인 기관을 지향하는 것이 보통이다. 대규모 관료조직은 다양한 유형의 관료적 병리 현상을 낳는 만큼 되도록이면 옴부즈만 사무실을 최소화하는 것이 대항관료제(counter-bureaucracy)로써의 기댓값에 부응하는 것이라고 보기 때문이다(Hill, 1999f: 3). 그렇기 때문에 대부분의 경우 옴부즈만은 일인기관(one person institution)을 지향하는 것이 보통이다(Center for the Study of Democracy, 2002: 20). 이런 형태는 벨리즈, 기아나, 남아프리카공화국, 영국의 의회 소속 행정 감찰관(Parliamentary Commissioner of Administration) 등에서 찾아볼 수 있다.

그러나 국가 차원의 옴부즈만인 경우에는 여러 명의 옴부즈만을 두는 경우도 적지 않다. 그 가운데에서도 공동 수장 제도(multiple headship) 하에서는 여러 명의 옴부즈만이 동등한 지위를 지니면서 다양한 영역을 분담하는 양식을 취한다. 따라서 분업에 따르는 관할 영역의 중복이나 책임 소재의 혼란 및 조정의 곤란성 등이 문제점으로 제기된다. 이를 극복하기 위해서는 영역별 관할 범위를 명백히 하고, 이를 구체적인 양식으로 법률에 규정해 두는 일이 필수적인 과제다. 예를 들어 스웨덴의 경우에는 4명의 국가 옴부즈만을 두고 있는 데 그 가운데 한 명이 대표 옴부즈만(chief ombudsman)이다. 그러나 이 옴부즈만 수장은 옴부즈만 전체의 행정사무를 총괄하기는 하지만 옴부즈만 개개인의 분야별 업무에 대해서는 간여할 수 없도록 되어 있다.

반면에 위원회 제도(commission-type)를 택하는 경우에는 동등한 자격을 지닌 여러 명의 옴부즈만이 하나 또는 여러 개의 구심점을 중심으로 활동하도록 되어 있다. 탄자니아, 파푸아 뉴기니아 등이 대표적인 사례다. 보스니아·헤르체고비나 공화국에서는 인종 공동체에 따라 3명씩의 옴부즈만을 연방의 구성요소인 보스니아 지역과 헤르체고비나 지역에 각각 별도로 두고 있다(Center for the Study of Democracy, 2002: 20). 대표관료제의 정신에 따라 인구사회학적 특성을 반영하는 역할 분담을 겨냥한 결과다. 이를 사회공동체 차원에서 보면 형평성을 담보하고자 하는 것이기도 하다. 이처럼 대체로 연방제 국가의 사회구조적 특성을 반영한 경우가 대부분이다.

그런데 이렇게 여러 명의 옴부즈만이 하나의 위원회를 형성하거나 협동해서 업무를 수행하는 경우에는 옴부즈만이 소수일 때보다 민원인의 옴부즈만에 대한 접근성을 높이고 그렇기 때문에 보다 사적인 분위기에서 민원을 청취하고 해결 대안을 모색해나갈 수 있다는 장점을 지닌다(Kostelka, 1998: 4). 단수의 옴부즈만을 두는 경우 직위로써의 옴부즈만과 그 자리의 점직자 개인으로써의 옴부즈만을 동일시함으로써 점직자 개인의 사회적인 인기가 떨어지거나 유고가 발생하는 경우 기관으로써의 옴부즈만도 위기에 빠지는 위험성을 안게 된다. 개인에 대한 의존성이 너무 커진다는 뜻이다

(Beckman & Uggla, 2016: 128). 그러나 그 규모가 작을수록 대항관료제로써 견지해야 하는 반관료제적인 성격을 유지할 수 있다는 점에 유의해야 한다. 독임제가 아니라 위원회 형식의 합의제를 채택하는 경우에는 무엇보다도 업무처리상의 지체와 합의 도출의 어려움으로 인해 중요 사안의 처리를 외면하는 경향이 생긴다는 점이 문제이다.

이는 모두 옴부즈만 내부의 의사결정구조를 분권화하거나 또는 집권화하는 데에 따르는 결과다. 그런 만큼 국가 옴부즈만의 지리적 배분과 관련해서도 집권주의와 분권주의가 대립할 것은 당연한 이치이다. 집권주의를 추종하는 이들은 옴부즈만이 원래 전통적으로 집권적 양식에 의해 구성되어 왔을 뿐만 아니라 분권화할 경우에는 같은 민원을 놓고 지역에 따라 상이한 결론이나 대안을 권고할 가능성이 있어 모순을 유발하기 쉽다는 것이다. 이런 상충적인 대응은 결과적으로 사회적인 형평성 유지에 실패하면서 옴부즈만에 대한 신뢰를 약화시키고 나아가 옴부즈만의 쇠락으로 이어질 가능성이 크다고 본다. 따라서 중앙정부의 수도에 집권화된 옴부즈만을 설치하고 지방에는 옴부즈만을 설치하지 않는 것이 보통이다. 크로아티아나 마케도니아 같은 경우가 여기에 해당된다. 그 대신 서면이나 전화로 지역주민과 끊임없이 의사소통하거나, 옴부즈만이 일 년 내내 지방을 여러 차례 순회하면서 지역 주민의 민원을 청취하고 지역 사정을 숙지하고자 노력한다.

이런 집권적인 양식의 옴부즈만인 경우에도 지역에 분권적인 옴부즈만 기구를 설치하지 않는 대신 중앙 옴부즈만의 지역 분소 내지는 사무소를 두어 지역 민원을 수집하는 사례도 있다. 일종의 절충주의적인 접근 전략을 채택하는 셈이다. 코소보가 대표적인 경우로서 4개의 지역 사무소를 운영하고 있으며 보스니아·헤르체고비나 공화국에서도 보스니아 지역에 11개소 그리고 헤르체고비나 지역에 4개의 분소를 두고 있어 일종의 절충주의적 접근의 산물이라고 할 수 있다. 이렇게 지역 사무소를 두는 경우에는 지역 민원에 보다 신속하게 조응할 수 있으며 그렇기 때문에 옴부즈만의 기관 권위를 신장하는 데에도 기여하게 된다(Center for the Study of Democracy, 2002: 21).

반면에 분권주의를 지향하는 사례로는 영국과 네덜란드를 들 수 있다. 이는 모든 지역 사회에 옴부즈만을 둠으로써 결과적으로 연방 내지는 지역 옴부즈만 사무실에 대한 일반 시민의 보편적이고 평등한 접근권을 보장하자는 것이기 때문에 보다 민주적인 요구를 수용한 결과라고 할 수 있다. 그런데 불가리아의 경우에는 중앙정부 수준에서는 옴부즈만이 개설되어 있지 않지만 지방정부 수준에는 설치되어 있다. 이는 지역의 NGO와 지방정부가 상호 협력하여 옴부즈만 제도를 도입한 결과다. 불가리아가 강력한 지방분권체제를 갖추고 있기 때문에 지방정부의 권한이 크고 그렇기 때문에 지역 수준에서의 민원 해결에 대한 수요가 보다 큰 데에서 빚어진 결과이기도 하다. 이런 지방 수준의 옴부즈만은 인권 보호나 인권 관련 정보의 교환 및 공유 등에 있어 일종의 부가적 내지는 가외적 장치를 두는 것과 같은 효과를 동반한다. 또한 지역 옴부즈만의 운영 결과가 중앙 수준의 옴부즈만 운영에 있어 일종의 선행지표 역할을 수행하면서 보다 질 좋은 거버넌스 체제를 개발하고 운영하는 데에도 기여하게 된다.

그러나 지역 옴부즈만의 운영이 전국적인 통일성과 종합성을 유지하기 위해서는 중앙정부 수준의 옴부즈만이 제시하는 지표나 기준을 감안해서 지역 옴부즈만을 선발하는 협력적 관계의 구축이 필요하다. 더 나아가 중앙정부의 옴부즈만이 지역 수준에서 제기되는 민원에 직접 간여할 수 있도록 길을 열어두어야 하며 지역 옴부즈만으로써도 연차 보고서 등을 지역 정부에만 제출하지 말고 중앙정부의 옴부즈만에게도 제출하여 국가 전체로써의 통일성과 균형성이 유지되도록 유의해야 한다(Center for the Study of Democracy, 2002: 22). 전국적인 통일성을 유지하는 일과 관련해서는 사무 처리의 절차나 양식을 표준화하는 것도 한 방법이다. 그러나 이를 위해서는 옴부즈만이 업무처리 과정에서 비공식성을 유지하기 어렵게 된다는 한계를 낳는다. 이럴 경우 법제적인 접근 전략에 의존하게 되고 그 결과 유연성이나 시의적절성을 잃게 될 위험성을 안는다. 옴부즈만이 가장 기피해 마지않는 관료화를 촉진하게 된다는 뜻이다.

그런데 오늘날에 있어서는 어느 나라든 옴부즈만 혼자 모든 사무를 소화할 수는 없는 노릇이기 때문에 옴부즈만에 대한 지원 행정기구를 두는 것이 보통이다. 그러나 그의 구조나 조직형태는 나라에 따라 다양한 양식을 보여준다. 이들 지원 기구의 업무분장에 있어서도 기능별 분업의 원리에 치중하는 경우에는 관료제의 일반적 속성인 전문성의 원리를 지향하는 결과가 되며, 그럴 경우에는 할거주의의 한계를 동반한다는 것이 이미 관료제의 비판론자들에 의해 밝혀진 바 있다. 따라서 기능별 분업보다는 인적 분업을 통해 할거주의의 한계에 빠지지 않으면서도 업무량의 소화를 위한 협업

체제를 구축하는 일이 필요하게 된다.

이런 관점에서 보면 사회복지, 구치소, 지방정부, 교통 문제 등과 같이 주제별로 관할 범위를 나누어 업무 분장을 하기 보다는 어느 옴부즈만이든 어떤 안건도 다룰 수 있게 교차 담임제(rotational system)를 도입함으로써 다양한 과제를 여러 담당자가 다룰 수 있도록 하되 하나의 안건 내지는 사례에 대해서는 이를 전담토록 하는 안건별 책임담당제가 설득력을 더하고 있다. 안건별 책임담당제는 한 담당자로 하여금 처음 민원이 제기되는 단계에서부터 그 민원이 최종적으로 처리 완료될 때까지 전담하도록 하자는 것이다. 그 결과 매우 충실하게 민원인의 호소를 경청하고 필요한 정보를 수집하며 적시에 관련 정보를 회신해주고 책임소재가 명백해져서 민원인에게 보다 친절하게 대응하는 효과를 얻게 된다. 이런 비전문화 전략은 조사관으로 하여금 광범위한 분야에 대한 기초 지식과 정부의 행정작용에 대한 종합적인 이해력을 개발할 수 있게 하는 장점도 지닌다. 그 결과 옴부즈만 지원 인력으로 하여금 여러 민원을 보다 종합적이고 총체적인 관점에서 이해하고 접근할 수 있는 능력을 기를 수도 있게 한다.

또한 기능적 분업에 따른 업무 수행상의 전문화는 업무처리 과정의 신속성 제고에 기여할지는 모르지만, 조사관들이 기피하는 분야에 대해서는 필요 인원을 충원하기가 곤란하고, 조사관 사이의 업무량 편중 현상을 교정하기가 쉽지 않으며, 전담자에게 수신된 업무를 배정하는 과정에서 업무의 지체나 혼란 내지는 갈등이 예견된다는 문제점도 있다(Hill, 1999f: 2). 그러나 이를 안건별 책임담당제로 대응하는 경우에는 대부분의 과제가 소화된다. 그렇다고 해서 전문성의 원리나 기능적 분업의 원리가 무조건 배척되어야 한다는 의미는 물론 아니다.

무엇보다도 최근의 추세에서 보는 바와 같이 옴부즈만이 "다기능 기관화(multi-functional institution)"하는 경우에는 그의 업무지원을 위해서는 기능적 분업화와 그에 따른 전문화가 필수적인 과제다. 예컨대 가나의 사례에서 보는 바와 같이 옴부즈만이 민원의 처리뿐만 아니라 반부패나 인권보호 문제까지를 담당해야 하는 경우에는 지원인력을 기능적 분업화의 원리에 따라 민원 처리, 반부패, 인권보호의 영역으로 나누어 배정하고 책임 지우는 일이 필요하게 된다. 전문화를 통해 업무처리상의 능률성과 책임성을 확보하자는 것이다. 이런 관점에서 전문 옴부즈만은 일반 옴부즈만에 비해 분야별 특성을 살리는 데 기여한다. 그러나 분업적 질서로 인해 관할 영역이 좁아지면서 보다 폭 넓게 권한을 행사하고 그 결과 강제권이 없는 옴부즈만으로써는 보다 다양한 정치력을 발휘할 수 있는 역할 공간을 상실하게 된다는 문제에 봉착한다(Beckman & Uggla, 2016: 128).

이런 분업적 구조의 구축 문제는 특히 기관 내부형 옴부즈만의 경우 크게 유의해 보아야 할 과제다. 갈등 관리 문제를 담당하는 다른 기구나 제도와 기능적 분업 관계를 구축하지 않을 경우에는 모든 민원이 옴부즈만에게로 집중하면서 과도한 업무로 인해 서비스의 질적 수준을 유지하기가 어려워질 가능성이 크기 때문이다. 그러나 그렇다고 해서 이들 기구와의 협력적 관계 구축에 소홀히 하는 경우에는 기관 내부 갈등 관리 기관으로써의 효율성을 높이기가 어렵게 된다. 따라서 이들 기관과의 비공식적인 협업 체제 내지는 의사소통 통로를 개척하여 일종의 시너지 효과를 겨냥하는 노력을 경주해야 한다.

이는 외부기관과의 관계에 있어서도 같다. 권고성에 의존해야 하는 옴부즈만은 외부 기관의 도움 없이 독자적으로 민원 해결에 성공하기가 쉽지 않다. 조사권의 행사가 행정관료의 적극적인 지원과 도움 없이 소기의 목적을 달성하기는 어려운 일이다. 재정 자원의 확보를 위해 이를 심의하거나 기획하는 입법부와 행정부의 이해와 지지가 선행되어야 하는 것은 물론이다. 따라서 관련 행정기관에 옴부즈만의 활동을 적극 지원하도록 하는 책임을 지워 이를 법제화할 필요가 있다. 그러나 기본적으로는 옴부즈만의 조사대상인 행정기관이 옴부즈만의 활동을 적극 지원해야 한다는 모순적 관계가 있어 이들의 협조를 장담하기가 쉽지 않다. 그런 만큼 바로 이런 외부기관과의 협조적 관계 정립을 위한 옴부즈만 자체의 보다 적극적이고 창의적인 노력이 있어야 한다.

이렇게 기관 내외의 구성요소들과 공식, 비공식적인 협력관계를 구축하는 일이 필요하다고 해서 옴부즈만을 계선의 일부로 편입함으로서 수직적 분업의 한 요소로 삼는 일은 삼가야 한다. 그럴 경우 옴부즈만은 다양한 계서를 통해 기관의 수장에게 보고하거나 상의해야 되고, 그 결과 옴부즈만의 독립성이 의심받게 될 것은 물론이고 민원에 대한 대응도 정교성과 신속성을 잃게 된다. 조직구조의 혁신이나 시대 환경의 변화에 보다 신속하게 조응해 나가기 위해서는 다른 유사 조직이나 기관의 혁신 조치에 대해 늘 유의하면서 필요할 경우 그런 조치들을 유연하게 수용하는 일도 필요한 법인 데 계선의 일부로 편입되는 경우에는 바로 이런 변화에 대한 유연한 대응이 손쉽지 않게 되기 때문이기도 하다.

IV. 옴부즈만 정보 자원의 관리

옴부즈만이 활동하는 데 필요한 정보 자원의 생산, 유통, 소비의 체계는 크게 대외적 정보 유통과 대내적 정보 유통의 차원으로 구분해 볼 수 있다. 그런데 대부분의 전통적인 옴부즈만은 그의 기능적 과제를 대 국민과의 관계에서 설정하는 만큼 대외적 정보 유통 구조에 유의하는 반면, 기관 내부형 옴부즈만의 경우는 주로 기관 구성원의 안위와 갈등 해소에 주목하는 만큼 대내적 정보 유통에 주력하는 경향이 있다.

먼저 대외적 정보 유통의 차원에서 제기되는 첫 번째 과제는 옴부즈만의 업무 수행에 필요한 기술과 정보를 획득하는 일이다. 이를 위해서는, 현장 경험, 학교 교육, 독서, 자성적 성찰, 워크숍, 전문 회합, 다른 옴부즈만과의 토론 등을 활용하는 것이 보통이지만 이것만으로는 옴부즈만으로 활동하는 데 필요한 기술 정보를 모두 수집하거나 축적할 수 없다. 따라서 보다 특별히 고안된 맞춤형 교육훈련 과정이 요청되는 데(Rowe & Gottehrer, 1997: 6), 아직 이를 위한 교육 프로그램은 크게 활성화되어 있지 않다. 그러므로 업무 현장을 통한 정보의 수집과 기술의 연마가 차지하는 비중이 클 수밖에 없다.

이런 점을 감안할 때 무엇보다도 중요한 것은 시민과의 대화와 접촉면을 넓히는 일이다. 이는 민주주의의 기본 원리가 모든 국민 대표기관에게 요청하는 바이기도 하다. 특히 옴부즈만이 기존의 고충 처리 기구와 다른 점은 민원인과 옴부즈만 사이의 의사소통을 보장하자는 데에 있다. 옴부즈만은 자신이 하는 일을 적극적으로 일반 시민에게 알리고 소개하며 그렇게 해서 옴부즈만 사무실로 일반 시민이 찾아오도록 적극 유도해야 한다(ABA, 2004: 17). 이렇듯 적극적으로 자신의 운영과 관련한 정보를 알리고 공유하는 일은 대 국민과의 관계에서 납세자에 대한 책무일 뿐만 아니라 여론을 조성하고 사회적 공감을 불러일으켜 민원을 해결하는 데 있어 효율적인 수단 가운데 하나로 작용한다. 특히 정보사회의 도래 이후에는 자기 주도형 미디어들이 확산되면서 적극적으로 정보를 공유하는 일이 차지하는 비중이 매우 커지게 되었다. 이런 자기주도형 참여자들에 대해 적극적으로 대응하는 체제를 갖추어야 한다.

사무실을 찾아오거나 접촉해 오는 민원인과 정보를 나누는 것과 같이 피동적으로 응대하는 것이 아니라 보다 적극적으로 시민사회에 침투해 들어가야 하고 이를 위해서는 흔히 연설, 라디오 출연, 텔레비전 프로그램 활용, 안내서 배포, 광고, 기자 회견, 지역 사무소의 운영, 모바일 웹을 통한 이동 사무소 설치 등을 통해 대국민 가시성을 높이는 일이 중요하다. 이와 관련하여 다민족 국가의 경우 다양한 사회계층에 대한 접근성을 담보하기 위해 안내문을 다양한 언어로 준비하는 일은 필수적인 과제다. 알바니아에서는 일반 시민을 상대로 그들의 인권침해를 보호하기 위해 어떤 제도적 장치가 마련되어 있는지를 소개하는 여러 소모임을 주선하기도 한다. 코소보에서는 옴부즈만의 역할을 알리기 위해 자치 도시별로 시민과 만남의 자리를 마련하기도 한다(Center for the Study of Democracy, 2002: 19).

따라서 대 국민 접촉면을 넓히기 위해 TV에 "시민을 향한 창(Window to the People)" 같은 프로그램을 개설하고 정기적으로 옴부즈만이 출연하여 현장에서 민원 처리를 하거나, 라디오를 통해 접근하고, 홈페이지나 전자우편을 통해 민원을 접수하고 처리하며 대화하는 등의 노력을 경주하고 있는 오스트리아 옴부즈만은 타산지석으로 삼을 만하다(Kostelka, 1998: 7). 이는 무엇보다도 쌍방향적인 의사소통을 가능하게 함으로써 참여와 대화를 촉진할 뿐만 아니라 그것 자체가 옴부즈만의 활동에 대한 일종의 재생산 기제로 작용하는 탓이다. 특히 무료 전화를 통한 민원인과의 대화는 지역적 한계나 편향을 극복해줄 뿐만 아니라 쉽고 빠르게 옴부즈만에게 접촉할 수 있는 통로를 제공해주기 때문에 경제적인 의사소통 장치로 평가된다. 당연히 사회경제적 차등에 관계없이 옴부즈만에 대한 가촉성을 형평성 있게 보장하자는 뜻이 담겨있음은 물론이다.

이런 대외적 정보 유통과 관련하여, 오늘날 정보통신 기술의 활용을 통한 전자정부(e-government)의 운영은 필수적 과제로 여겨진다. 그런데 전자정부는 공적 재화의 보다 효율적인 전달에 주력하는 신공공관리론의 관점과 시민의 보다 적극적인 참여와 협의를 가능케 하는 민주화 촉진 장치로써의 관점이 중첩되어 있다. 이 가운데 어느 쪽에 주안점을 두어 활용하느냐는 옴부즈만이 전자정부 체제를 갖추고 운영하는 데 있어 매우 중요한 과제다. 인터넷 같은 전자정보 장치를 활용하는 전자정부가 정보 소통의 신속성, 일관성, 쌍방향성, 정보 저장 용량의 폭발적 증대, 협송성(소통대상의 층화를 통한 전략적 접근), 분산성과 직접성(제3자 개입에 의한 정보의 왜곡가능성 배제) 등에 유리할 것은 두말할 필요가 없다. 그러나 민원인과 관련 행정관료와의 사이에서 불편부당성을 견지해야 하는 옴부즈만으로써는 정보관리의 주도권을 쥐고 있는 행정관료나 행정기관 친화적으로 전자정부가 운영되는 결과를 낳을 수도 있다는 점에 유의하지 않을 수 없다. 전자정부의 운영에 있어 시민주도성보다는 정부의 신공공관리론적 접근시각이 압도하는 경우 시민참여나 민원인과의 쌍방향적인 소통은 큰 성과를 낳기 어렵다. 그러나 온라인 민원신청 같은 제도가 민원인의 접근성이나 편리성을 높이면서 옴부즈만 운영상의 고객중심주의를 강화할 것은 틀림없는 일이다. 보다 광범위하게 옴부즈만 관련 정보의 배포가 가능해지면서 일반 시민에 대한 옴부즈만의 가시성을 높이게 될 것도 물론이다.

그러나 전자정부에 대한 의존성이 높아지면서 정보의 유동성과 확산성이 증대되고 그 결과 옴부즈만 운영의 핵심적 역할 규범 가운데 하나인 기밀성의 유지가 어렵게 될 가능성이 크다는 점은 문제다. 옴부즈만에 대한 가시성과 접근 편의성이 높아지면서 민원의 제기가 폭증하고, 그 결과 옴부즈만이 통상적으로 처리할 수 있는 업무 총량의 한계를 벗어나게 되는 점도 문제다. 이는 민원 접수 단계에서 선별적으로 접수함으로서 업무 총량을 조절해야 하는 과제를 낳는다. 아무리 정교하게 관리한다고 하더라도 옴부즈만의 본래 목적 가운데 하나인 접근 평등권이 무너지면서 옴부즈만에 의한 자의적 선별권의 편향성 문제를 불러올 수도 있다. 인종이나 연령, 지리적 위치, 소득 수준 등에 따른 "정보 불평등" 이 옴부즈만에 대한 접근성이나 활용성에 있어 사회적인 격차를 낳게 될 것이라는 점도 문제다. 정보사회의 실상은 이제 더 이상 접근성의 격차만이 문제가 아니다. 비록 동등 접근권이 보장되더라도 이를 이용하는 기술성의 정도에 따른 활용도에 있어 매우 심각한 격차가 발생한다는 점이 문제가 되고 있다. 사회공동체 차원의 형평성 유지에 역진적 효과를 낳게 될 위험성이 크다는 뜻이다. 이런 점을 감안하여 옴부즈만의 대외 정보소통을 완전히 전자정부 양식으로 전환하기에는 아직 이른 감이 적지 않다. 전통적인 정보소통 양식과 전자정부적인 양식을 병행하는 것이 당분간 불가피할 것으로 여겨지는 이유다(Hyson, 2010: 188-189).

한편, 대내적 정보 유통의 차원에서 보면 옴부즈만이 소속되어 있는 기관 내부의 다양한 대책반이나 관리자 회의를 통해 지속적으로 필요 정보를 수집하고 기관 운영에 대한 이해의 폭을 넓히는 일이 필요하다. 특히 민원 관련 행정관료나 행정기관의 관리자에게 필요한 정보를 제공하는 일도 결코 간과될 수 없는 과제다. 관련 행정기관의 최고 관리자와 직접 소통할 수 있는 통로를 확보하지 못할 때에는 옴부즈만의 기능적 효용성에 대한 기댓값을 담보하기 어려울 수도 있다는 인식이 필요하다. 그러나 그렇다고 해서 너무 관련 행정기관의 관리자와 직결되어 있다는 인식이 확산되는 경우에는 옴부즈만의 독립성과 중립성에 대한 의구심이 일면서 민원인의 접근을 위축시킬 위험성도 있다.

또한 옴부즈만에 대한 접근성과 가시성이 증대하는 경우 외부 정보 유입의 폭증 현상을 불러와 유입된 정보를 체계적으로 분류하거나 분석할 수 없도록 만드는 결과가 되고, 그렇기 때문에 정보의 부족이 아니라 정보의 홍수로 인한 유용 정보의 빈곤에 빠질 위험성도 있다. 따라서 옴부즈만의 정보 소화 능력과 유입 정보 증대 노력 사이에는 일종의 균형점이 유지되어야 한다는 사실에도 유의해야 한다. 그런 점에서 옴부즈만 기관 내부의 정보 소화 능력을 강화하고자 하는 노력이 지속적으로 경주되어야 한다.

이와 관련하여 필요한 전문지식이나 정보의 분석 및 운영 능력을 담보하기 위해서는 외부 전문가를 고용해서 기관 내부의 전문성 부족을 보완하거나 외부의 교육훈련 과정을 통해 내부 지원 인력의 전문성 정도를 높이는 방안도 구상해 볼 수 있다. 옴부즈만 지원 인력의 전문성 정도가 높지 않을 경우에는 관련 행정관료나 행정기관의 관리자가 유도하는 데로 정보를 해석하거나 수용하게 되고, 그 결과 옴부즈만 무용론을 확산시키게 될 위험성이 생겨날 수도 있다(Barkat, 2002: 16).

그러나 무엇보다도 중요한 과제는 불필요한 정보의 유통을 차단해야 한다는 점이다. 특히 민원인의 신원에 관한 정보는 그의 기밀성을 철저히 유지해야 하며 이런 기밀성 유지 정책이 옴부즈만 관련 법률에 의해 지원되고 있고 그런 정책이 공식적으로 확정되어 보호되고 있다는 사실 자체를 널리 홍보할 필요가 있다. 그렇지 않을 경우에는 옴부즈만의 활동에 대한 신뢰 자체를 확보하기가 쉽지 않고 단순한 국가 기구의 일부로 간주되면서 옴부즈만에 의해 수집되는 정보가 비공식적 통로를 통해 국정관리 책임자에게 모두 전달될 것이라는 의구심을 촉발하게 될 위험성도 있다.

V. 옴부즈만 재정 자원의 관리

대부분의 경우 옴부즈만의 운영자금은 국고에서 지출되며 의회가 일 년 단위로 심의하는 것이 보통이다. 그런데 대다수의 개발도상국 옴부즈만의 경우에는 그의 활동에 지장을 받을 만큼 운영자금의 부족에 시달린다. 이렇듯 재정 자원의 확보가 옴부즈만의 기관 독립성 확보에 있어 매우 중요한 요소로 작용한다는 사실은 이를 부인하기 어렵다. 그러므로 옴부즈만의 재정 자율권을 보장하는 일이 중요한 데 이를 위해서는 옴부즈만 외부의 국가기관 특히 행정부로부터의 간섭이나 제한을 받지 않도록 해야 하며, 이를 위해서는 자체 예산 편성권을 행사할 수 있어야 한다. 스웨덴, 마케도니아, 불가리아의 경우 이런 자체 예산편성권이 옴부즈만에게 부여되어 있다(Center for the Study of Democracy, 2002: 19-20).

옴부즈만을 독립 운영 기관으로 보고 그에 상응하는 재정적 독립성을 보장할 필요가 있기 때문이다. 그렇지 않을 경우 재정 자원의 통제를 통해 결과적으로 옴부즈만의 일거수일투족을 지시하거나 구속할 위험성이 적지 않다. 또는 그런 재정권의 행사가 예견되기 때문에 스스로 행동의 자율성을 제한하거나 저어하게 될 위험성도 있다. 아무리 잘 마련되어 있는 제도적 장치라고 하더라도 이를 운영하는 데 필요한 재정 자원이 확보되지 않는다면 그 기구는 아무런 기능도 발휘할 수 없게 된다. 재정권 독립이 옴부즈만 기능 수행에 있어 핵심적 과제 가운데 하나인 이유다. 옴부즈만에 배정되는 예산의 규모는 그 사회나 국가가 옴부즈만에 대해 가지고 있는 기댓값이나 비중이 얼마인지를 측정하는 지표라고까지 말할 수 있다.

따라서 옴부즈만에 대한 사회적인 수요가 증가하거나 감소하는 데에 따라 그에 합당한 재정 자원을 확보할 수 있도록 해야 하며, 그런 점에서는 추경예산 제도의 도입도 가능해야 한다(Barkat, 2002: 16). 예컨대 최근의 세계적인 추세 가운데 하나는 반부패나 인권보호의 과제를 기존의 민원 처리 업무에 추가하는 등 융복합화 하는 것인 데 이렇게 옴부즈만의 관할 범위나 기능이 확장하는 경우에는 당연히 거기에 따르는 재정 자원의 확대가 필수적인 과제로 제기된다.

특히 기관 능력의 개발이나 교육훈련 비용의 확보가 용이하지 않을 경우 그렇지 않아도 사회적 환경 변화에 민감하게 반응해야 하는 옴부즈만으로써는 적절히 조응해 나가기가 어렵게 된다. 그런 부적응의 결과는 옴부즈만에 대한 사회적인 평판을 악화시키며 그 결과는 다시 옴부즈만의 재정 자원 확대에 대한 사회적인 지지를 철회하게 하는 빌미가 된다. 따라서 옴부즈만으로써는 재정 자원에 대한 자율성 확보 못지않게 그렇게 해서 확보된 재정 자원의 운용에 대한 사회적 책임성을 보장하는 일이 긴요하게 된다. 이를 위해서는 재정 투명성을 위한 내부 감사 제도를 강화해야 한다(National Democratic Institute, 2005: 16).

"재정 자원이 정치적 의사 표현의 한 양식"이라는 서구 사회의 관점에서 보면 재정 자원을 국가에만 의존하지 않고 재정 자원 조달 창구를 다원화 한다는 의미에서 시장이나 시민사회로까지 개방하는 방안도 고려해 볼 만한 대안 가운데 하나다. 정부의 예산 배정 기관에 대한 의존성으로 인해 옴부즈만의 운영 독립성 확보가 어렵게 된다는 점에서 독립 예산제를 통해 재정 자원의 독립성을 확보해야 하지만, 그렇지 않을 경우라도 재정 자원의 조달 창구를 다각화 하자는 것이다. 이럴 경우 기업이나 NGO 및 일반 시민의 자발적인 헌금을 독려하는 방안도 생각해 볼만한 일이다. 이를 위해서는 당연히 옴부즈만에 대한 사회적인 신뢰가 선행적으로 축적되어 있어야 할 것은 두말할 필요도 없다.

요약하면 옴부즈만에 의한 자신의 행정관리와 성과관리는 상호 연동되어 있어 서로 독립변수이자 동시에 종속변수이기도 한 관계를 구축한다. 따라서 행정관리의 효율성을 담보하기 위해서는 단순히 조직이나 제도 차원에 함몰될 것이 아니라 사회공동체 전체와의 관계에 대한 체계적인 배려를 통해 관리 전략 수립에 나서야 한다. 그런데 그럴 수 있는 능력이 바로 행정관리 대상 과제에 대한 관리능력에 의해 좌우된다는 점에서 보면 양자 사이의 상호작용을 통해 지그제그적인 양식으로 발전해 나가야 한다는 것에 다름 아니다.

제10장
옴부즈만의 갈등 관리

I. 옴부즈만에 의한 갈등 조정

옴부즈만이 민원을 처리한다는 의미는 민원인과 관련 행정관료 내지는 행정기관 사이의 이견이나 분쟁 또는 갈등을 해결하고자 하는 것에 다름 아니다. 이를 위해 옴부즈만은 실로 다양한 역할을 수행한다. 민원을 유발한 당사자가 아니면서도 민원인이 필요로 하는 관련 정보를 수집하거나, 다양한 양식의 자문이나 서비스를 제공하고, 자신의 역량 밖에 있는 일이라고 판단되는 경우에는 보다 효과적으로 조언하거나 지원해 줄 수 있는 사람이나 기관을 찾아 민원인에게 연결시켜주기도 한다. 민원 관련 쟁점에 대해 설명하거나, 이해관계를 조정[1]하고, 관련 과제에 대한 사회적인 경각심을 제고하고자 노력하기도 한다(Anderson, 1997: 7). 이는 옴부즈만이 민원의 해결을 위해 제3자의 입장에서 이해관계 조정자의 역할을 수행한다는 것에 다름 아니다.

이때 옴부즈만이 조정해야 하는 민원은 이를 넓은 의미에서 볼 때 국민이 국가기관에 대해 어떤 조치 같은 행정행위를 요구하는 것에 다름 아니다. 이를 위해 대부분의 나라에서는 실로 다양한 양식의 민원 제출 창구가 마련되어 있다. 한국의 경우에는 그 내용과 제출 형식에 따라 민원, 청원, 국민제안 등이 법제화되어 있다. 이 가운데 민원은 다시 행정기관 등의 위법 부당하거나 소극적인 처분이나 불합리한 행정제도 등으로 인해 국민의 권리가 침해되거나 불편 또는 부담을 주는 사안에 대해 그의 시청 조치를 요구하는 경우에 해당되는 고충민원; 인·허가 신청과 등록·등재 신청 같은 것을 요구하는 법정민원; 법령·절차 등의 설명이나 해석을 요구하는 질의민원; 행정제도·운영개선 등을 요구하는 건의민원; 이 가운데 법정민원, 질의민원, 건의민원을 합쳐 일반민원으로 구분한다. 청원의 경우는 피해의 구제, 공무원의 위법·부당한 행위에 대해 시정을 요구하거나 징계를 요구하고 법률·명령·조례·규칙 등의 제정 또는 폐지, 공공의 제도 또는 시설의 운영, 그 밖의 국가 기관 등의 권한에 속하는 사항을 요구하는 창구에 해당된다. 국민제안은 정부의 시책이나 행정제도 또는 행정 운영의 개선을 목적으로 창의적인 의견이

1) 여기에서의 조정(調整)은 넓은 의미에서 ADR이 제3자 갈등관리 양식으로 흔히 지목하는 알선, 조정(調停), 중재 모두를 포괄하는 용어로 사용한다. 그러나 좁은 의미로는 조정(調停)만을 뜻하고자 한다.

나 고안을 제시하기 위한 통로에 해당된다(정재환, 2018: 2). 그런데 이들은 그 내용면에서 볼 때 서로 중첩되어 있어 다소 혼란스럽기까지 하다. 다만 이들을 그 요구를 통해 해결하고자 하는 과제가 개인에 초점을 맞춘 것이냐 또는 사회공동체 전체를 겨냥한 것이냐를 기준으로 가장 개인의 자유나 기본권 회복을 강조하고자 하는 것에서부터 사회공동체 전체의 유익이나 질서를 강조하려는 것을 향해 나열할 경우 대체로 고충민원, 청원, 일반민원(법정민원, 질의민원, 건의민원), 국민제안의 순으로 정렬해 볼 수 있다. 이는 민원을 인식하는 초점을 미시적 차원에서 시작하여 거시적 차원을 향해 정렬하는 경우에 해당된다. 옴부즈만은 이들 모두를 민원의 대상으로 삼는 것이 보통이기는 하지만 주로 개인의 고충민원 해결에 주력하고자 한다. 이는 옴부즈만이 오늘날에는 빈발민원 내지는 집단민원을 대상으로 민원 유발 요인을 선제적으로 대응하는 일에까지 업무 관할 영역을 넓히고 있지만 원래는 개별 민원 해결에 주력하고자 한 기관역사와 무관하지 않다.

그런데 이런 고충민원의 해결을 민원인과 관련 행정관료나 행정기관 사이의 이견이나 이해관계 충돌을 조정하는 과정이라는 관점에서 보면, 거기에는 대개 3가지 유형의 갈등 조정 양식이 내재되어 있음을 알 수 있다. 갈등 당사자 가운데 어느 한쪽이 일방적으로 직접 해결을 모색하거나, 당사자 간의 자체 협상과 화해를 통해 해결하고, 아니면 옴부즈만의 경우처럼 제3자 개입을 통해 조율하고 합의에 도달하는 경우이다. 이 가운데 제3자 개입에 의한 이해관계 조정은 그 조정의 도출 양식에 따라 독단적 결정(arbitrariness)과 합의에 의한 결정(consensus)으로 구분해 볼 수 있다. 다만 독단적 결정과 합의에 의한 결정은 내용상 서로 대체적 관계를 구성하는 것이 아니라 상대적 관계를 형성하는 만큼 운영 실제에서 당면하는 모든 제3자 개입에 의한 이해관계 조정은 전적으로 독단적인 결정(total arbitrariness)을 한 축으로 하고 전적으로 합의에 의한 결정(total consensus)을 다른 한 축으로 하는 연속선상에 정렬된다. 이 가운데 공적 영역에서 발견되는 제3자 개입에 의한 이해관계 조정을 가장 독단적 성질이 큰 것에서부터 합의의 성질이 큰 것을 향해 순서대로 늘어놓으면, 법관에 의한 판결(court decision), 심판(tribunal decision), 재정, 중재, 조정, 알선 또는 회유로 서열화해 볼 수 있다. 옴부즈만은 이 가운데 비사법적 방법을 채택하고자 하는 것이라는 점에서 볼 때 재정, 중재, 조정, 알선, 회유를 통해 민원 해결에 나설 수 있지만 주로 조정과 중재를 활용하는 것이 일반적이다. 옴부즈만은 조정과 중재의 중간지대에서 때로는 조정의 양식을 택하기도 하고 때로는 중재의 양식을 취하기도 하면서 결과적으로는 민원 관련 당사자 사이의 갈등과 대립을 해소하려는 것이다(Anderson, 1997: 4).

그런데 독단적 결정이 제3자에 의한 일방적이고 강제적인 의사결정을 시사하는 것이라고 한다면, 합의에 의한 결정은 전적으로 관련 이해당사자 간의 동의와 순응에 의존하는 갈등 조정 양식을 말한다. 이 가운데 중재는 강제적인 조정과 순응적인 조정 사이에서 이해 당사자들을 한 자리에 불러 모아 중재자가 고안한 대안이나 프레임을 제시하고 이를 수용하도록 촉구하고 설득하는 것인 데 반해, 조정은 이해 당사자들이 스스로 규정하고 개발하는 프레임을 통해 어떤 합의점에 도달할 수 있도록 간접 지원하고 촉구하는 일에 해당된다. 따라서 옴부즈만은 강제적인 중재와 순응적인 조정 사이에서 자신이 고안한 프레임을 수용하도록 촉구하거나 이해 당사자들이 합의에 이르도록 독려하는 가운데 갈등 해결에 이르고자 하는 셈이다.

이렇게 놓고 보면, 옴부즈만은 조정과 중재를 그때그때의 필요에 따라 적절히 구사하는 지능권력의 행사자에 다름 아니다. 따라서 조정과 중재를 비교 검토하는 일은 지능권력 행사의 선결 과제에 해당한다. 그런데 조정은 조정의 전 단계라고 할 수 있는 알선에 비해 보다 더 적극적으로 갈등 당사자들 사이에 개입하고자 하는 갈등관리 양식이지만 중재에 비해서는 개입의 적극성 정도가 낮은 경우에 해당된다. 알선은 갈등의 당사자들이 합의하거나 양해에 도달할 수 있도록 제3자의 입장에서 교섭, 촉진, 고무, 주선, 조회 등을 통해 지원하고자 하지만 매우 제한적인 개입을 전제로 활동하는 경우이다. 알선이 이렇듯 갈등 당사자들 사이의 의사소통 촉진자 정도의 수준에서 활동하는 것이라고 한다면, 조정은 보다 더 적극적으로 갈등 당사자가 합의에 이르도록 사실관계의 조사, 합의 가능한 프레임의 개발 및 제시, 관련 당사자 간의 회합 주선, 대화와 의사소통의 촉진 등을 통해 화해와 합의를 도출하고자 노력한다. 그런데 중재는 일반적으로 갈등 당사자의 자발적 동의에 따라 당사자들이 제시한 갈등관련 사실관계를 토대로 구속력 있는 해결방안을 제시함으로써 최종적인 판정을 내리고자 한다는 점에서 조정과 다르다.

II. 옴부즈만과 ADR형 조정 기법

옴부즈만은 일반적으로 민원을 해결하는 과정에서 어떤 정해진 절차나 법규에 의해 구속되는 것이 아니기 때문에 무슨 방법이든 옴부즈만이 적절하다고 판단되는 전략을 택해 갈등해결에 나설 수 있다. 그러나 운영 실제에서 보면 조정 기법을 가장 크게 활용한다는 점은 이미 밝혀 본 바와 같다. 이는 조정이 옴부즈만의 기관 특성에 가장 잘 부합한다고 보기 때문이다. 바로 이 점 때문에 옴부즈만은 흔히 혼합형 ADR 가운데 하나로 간주된다. ADR과 유사하게 조정과 중재를 지능권력에 따라 적의 조정해서 활용하기 때문이다. 그러나 옴부즈만이 일반적으로 채택해 온 조정의 양식과 ADR이 주로 채택하는 조정의 양식은 서로 같으면서도 다른 점을 지녔다. 당연히 필요하다고 판단할 경우에는 옴부즈만이 ADR에서 흔히 사용하는 조정의 절차나 기법을 채용해서 쓸 수 있다. 그런데 ADR 상의 조정은 전통적으로 옴부즈만이 활용해 오던 조정에 비해 상대적으로 보다 더 순응적인 합의의 도출을 지향하며 그렇기 때문에 최근에는 옴부즈만도 이를 더 선호하는 경향마저 나타나 있다.

양자를 비교해 보면, ADR 상의 조정이 갈등 당사자들의 자발적 동의에 따라 개시 가능하게 되는 데 반해, 옴부즈만의 경우는 관련 행정관료나 행정기관에 대해 민원이 접수될 경우 관련 행정관료나 행정기관은 의무적으로 이에 응해야 한다는 점에서 크게 다르다. 옴부즈만의 경우는 민원의 접수가 없어도 자체 판단에 따라 조사활동에 나설 수 있지만 ADR 상의 조정은 당사자들의 동의가 있어야만 조정이 개시된다는 점에서도 다르다. 그렇지만 관련 당사자들 사이의 합의에 따라 얼마든지 자유롭게 진행 절차나 규칙, 증거 요건 등을 조절할 수 있다는 점에서는 같다. 다만 관련 문서를 공개하기 위해서는 전통적인 옴부즈만의 조정 양식에서는 당사자의 동의가 필요한 데 반해, ADR 상의 조정에는 그런 제약이 없다. ADR 상의 조정에서는 어느 때든 갈등의 당사자들이 원하는 경우 절차를 중단하고 없었던 것으로 되돌릴 수 있지만, 옴부즈만의 경우는 관련 행정관료나 행정기관에 그럴 수 있는 권리가 허용되어 있지 않다. ADR 상의 조정자나 옴부즈만 모두 제3자로써 중립적 입장을 견지해야 하는 것에서는 같지만 옴부즈만의 경우 정의의 구현이나 공익의 실현, 정직성, 청렴성 같은 가치를 지향해야 한다는 판단으로부터도 자유로울 수 있다는 의미는 아니다(Wiegand, 1996: 138). ADR 상의 조정이 의사소통의 촉진이나 화해와 합의의 도출을 지원하고자 하는 것이라고 한다면 옴부즈만은 그것을 포괄해서 그 이상의 것 그러니까 행정의 감시견 역할이나 국정운영 전반에 대한 개혁 과제에도 유의하고자 한다. 최종적인 합의의 도출과 관련해서도 최종적인 합의의 확인권을 옴부즈만의 경우에는 옴부즈만이 갖고 있지만 ADR 상의 조정에서는 관련 갈등 당사자들이 갖는다는 점에서 서로 다르다.

종합해 보면 옴부즈만은 ADR 상의 조정을 내포적 구성요소로 포괄한다는 뜻이 된다. 따라서 옴부즈만이 필요하다고 판단할 경우 얼마든지 ADR 상의 조정을 갈등관리 기법으로 채택하거나 또는 그 기법의 일부를 차용해서 활용할 수도 있다. 옴부즈만이 ADR 상의 조정 절차나 양식을 채택해서 민원 해결에 나설 경우 보다 질서 정연하고 체계적인 양식에 따라 관련 갈등을 관리할 수 있다는 점과 그렇기 때문에 옴부즈만에 대한 사회적인 신뢰를 높일 수 있다는 장점을 지니는 것으로 평가된다(Kariv et al, 2011: 18).

문제는 무엇을 기준으로 수많은 민원 가운데 어떤 것을 ADR형 조정 기법의 채택 대상으로 분류, 선택하는 것이 유용할 것인가에 있다. 이와 관련해서는 우선 민원의 본질이 현재 진행형 과제인가가 우선적으로 고려해 보아야 할 요소 가운데 하나다. 갈등이 정서적, 감정적 요소에 의해 유발되는 정도가 상당히 높은가도 선택의 기준 가운데 하나가 된다. 갈등이 법률 외적 요인에 의해 촉발되고 있는 경우도 ADR 상의 조정을 채택해 볼만한 경우이다. 갈등에 내포되어 있는 복잡한 과제가 관련 당사자나 전문가의 전문지식이나 기술력의 지원을 받아야 해결 가능하다고 판단되는 경우, 갈등의 원인이 민원인과 관련 행정관료나 행정기관 간의 의사소통이 충분히 이루어지지 못한 데에서 연유하는 것으로 판단되는 경우, 또는 문화적, 사적 오해에서 비롯되는 경우 등에서도 ADR 상의 조정이 보다 더 효과적이다. 개인 차원의 문제라기보다는 다자 집단 간의 균열에서 비롯되는 것으로 판단되는 경우, 관련 당사자들이 합석하지 않는 경우 충분한 검증이 어려울 만큼 관련 당사자들 사이의 문제를 보는 시각상의 차이가 매우 큰 경우, 서면으로 서로의 의견을 교환하는 것만으로는 서로의 의중에 내포되어 있는 이해관계를 조정하거나 입장을 명료하게 규정하기가 어려울 만큼 민감한 과제가 내포되어 있는 경우, 민원인이 민원을 접수하는 동기가 서면에 나타나 있는 외면적인 내용과는 다른 것일 가능성이 높은 경우, 등에 있어서도 일반적으로 옴부즈만이 채택해온 조정 기법보다는 ADR형 조정 기법이 보다 더 유용한 것으로 평가된다(Kariv et al, 2011: 19).

물론 ADR형 조정 기법을 채택하기 위해서는 관련 행정관료나 행정기관이 ADR형 조정의 결과를 수용할 수 있는 법률적 자율권을 갖고 있는지가 당연히 확인해 보아야 할 선결과제다. 그러나 비록 관련 행정관료나 행정기관이 법적으로 그런 결과를 수용할 수 있는 자율권을 갖고 있지 못하더라도 ADR형 조정을 통해 갈등 조정에 나설 경우에는 그러기 전에는 미처 알지 못했던 문제의 본질, 관련 당사자들이 지니고 있는 이해관계 충돌의 실질적인 쟁점 등을 파악하는 데에 훨씬 더 유리하다. 바로 이 점도 감안해 보아야 할 과제 가운데 하나다.

여하튼 옴부즈만이 ADR형 조정 기법을 채택하고자 하는 경우에는 관련 당사자들에게 문서로 이를 통지하고 ADR형 조정의 내용과 절차를 숙지시켜야 할 것은 물론이다. 이때 조정을 담당하는 일은 행정형 조정의 경우같이 외부의 전문 조정인에게 의뢰할 수도 있고, 단지 ADR형 조정 기법만을 빌려 옴부즈만이 직접 조정에 나설 수도 있다. 조정의 절차는 실제 관련 당사자들을 불러 합동 회합을 갖는 데에서부터 시작한다. 관련 당사자들로 하여금 자신들의 입장을 발표하게 하고 이를 조정자가 보다 긍정적인 분위기를 유지하는 가운데 극단적인 요소를 순화해서 이야기 형식으로 정리하고, 이를 갈등 당사자들로부터 확인받는 과정을 밟아 진행하게 된다. 일종의 조정자 프레임을 전달하는 셈이다. 이후 필요하다고 판단되는 경우에는 당사자들을 개별적으로 만나 보다 자유롭고 솔직한 의견을 청취하기도 한다. 이 과정에서 관련 당사자들의 숨겨진 의도나 이해관계가 드러나는 것이 보통이다. 이를 밝혀야 문제의 본질을 파악하고 해결에 이르는 합의를 도출하는 데에 유리할 것은 물론이다.

그러나 옴부즈만이 일상적으로 채택하는 갈등 조정 기법은 이와 매우 대조적이다. 옴부즈만에 의한 표준적인 접근 전략은 갈등의 당사자들이 서로 자신의 정당성을 높이고 상대의 입장을 약화시키기 위해 제시하는 사실관계나 법률적 토대의 타당성 여부를 확인하는 일에 우선적인 초점을 맞추는 것이 보통이다. 이런 상황 속에서는 비록 동등한 자격으로 만난다고 하더라도 관련 행정관료나 행정기관이 민원인과의 관계에서 기존의 행정조치가 타당한 것이었다는 점을 관철시키기 위해 방어적, 공세적 입장을 취하게 된다. 그러나 ADR형 조정의 경우는 관련 당사자 간의 갈등을 조정하는 과정에서 드러나는 상대방의 이해관계를 서로 이해하고 보다 동등한 입장에서 문제 해결 방안을 모색하고자 노력하는 것이기 때문에 상대방의 대응 양식을 훨씬 더 순화할 수 있다는 장점이 있다.

따라서 ADR형 조정은 특히 사실관계에 대한 검증이 어렵고 관련 당사자들 사이에 이견이 대립하는 경우처럼 표준적이고 일상적인 검증 절차를 통해서는 어떤 결정적 결론을 이끌어 내기가 어려워 보이는 경우에 특히 효과적이다. 특정 분야에 대한 전문지식이 필요한 경우에도 표준적인 절차만으로 옴부즈만이 감당하기는 어려운 일이다. 이럴 때 ADR형 조정 전략은 필요한 전문가의 도움을 통해 전문지식을 제공받음으로서 관련 당사자들로 하여금 보다 용이하게 자신들의 이해관계를 충족시키면서도 정의에 합치되는 문제 해결 방안을 모색할 수 있게 된다. ADR형 조정 전략을 채택하게 되면 옴부즈만이 단순히 일상적 절차를 통해 어떤 결론을 제시해주는 것보다는 관련 당사자들이 훨씬 더 적극적으로 문제 해결에 나설 수 있는 공간을 만들어 주게 된다. 바로 이 점이 주요 장점 가운데 하나다. 그렇기 때문에 갈등 당사자들로 하여금 보다 다양한 이해관계를 감안해서 해결책을 모색할 수 있게 해주고 그 결과 보다 더 용이하게 해결점을 찾게 되는 이점이 있다.

III. ADR형 조정 기법의 유형

옴부즈만이 일단 ADR형 조정 전략을 채택하기로 하는 경우에도 각각의 사례별 특성에 따라 거기에 맞는 조정 기법을 적절히 선택해서 운영하는 일이 중요하다. 그런데 어떤 사회의 갈등을 조정하기 위한 접근 전략으로는 크게 보아 권리기반 접근 전략(rights-based approach)과 이익기반 접근 전략(interest-based approach)으로 구분해 볼 수 있다. 전자가 전통적인 사법적 재결처럼 관련 갈등 당사자들의 법적 권리 보호에 주목하면서 합법성 여부를 기준으로 갈등을 조율하려고 하는 것이라면, 후자는 갈등 당사자들의 주요 이해관계나 욕구 충족에 초점을 맞추어 보다 광범위한 대안과 해결책을 모색해 보려는 경우이다. 따라서 후자가 갈등 당사자들을 만족시키기에는 상대적으로 유리하지만 준법성의 테두리 내에서 이루어진다는 보장은 있을 수 없다. 이렇듯 후자는 주로 협상 이론에 기반을 두는 것으로써 갈등의 당사자가 어떤 입장을 취하는 것은 자신이 추구하는 욕구를 충족시키기 위한 것이며 바로 그 점이 문제의 본질을 형성하는 핵심 요인이라고 보고자 한다. 그렇기 때문에 갈등 당사자들이 추구하는 이해관계가 무엇인지를 파악하는 것은 갈등 해결에 있어 새로운 가능성의 문을 여는 것과 같은 일로 여긴다. 서로의 이해관계에 초점을 맞추게 되면 서로의 이익 공유가 가능한 영역이 어디인지를 알 수 있게 되고, 그 결과 갈등 해결을 위한 여러 방안을 모색할 수 있게 되기 때문이다. 이를 위해서는 당사자들 사이의 의사소통을 촉진하는 일이 관건이다(Brown, 2002: 1-2). 그런데 당사자들 사이의 의사소통을 촉진하기 위한 방법으로는 그 동안 적지 않은 기법이 제시되어 왔다.

1. 촉진형 조정(facilitative mediation)

조정자가 제3자의 입장에서 갈등 당사자들이 서로 이익이 되는 해결점에 이를 수 있는 환경을 조성하고자 노력하는 경우이다. 이 경우 조정자는 갈등 당사자들의 의견을 존중하고 그들 스스로가 갈등 해결이 가능한 방안을 찾도록 조언하며 조정자 스스로가 갈등의 쟁점을 규정하거나 합의안에 대해 어떤 의견을 제시하거나 하지는 않는다. 당사자 자결권의 원칙과 제3자 중립성의 원칙을 지키고자 하기 때문이다. 조정자는 단지 갈등 당사자들의 의사소통을 촉진하고, 관련된 쟁점의 이해를 제고하며, 갈등 당사자들이 자신들의 이익에 집중하고, 법적 당위적 프레임 밖에서 보다 창의적인 문제 해결 방안을 모색하여 자신들만의 합의점에 도달함수 있도록 지원하고자 한다. 그렇기 때문에 문제의 성질을 매우 포괄적으로 규정하려는 경향이 있다. 그래야 갈등 당사자들의 보다 다양한 이해관계를 반영할 수 있고, 그럴수록 문제 해결을 위한 변수의 포괄 범위가 넓어지고, 그렇기 때문에 보다 더 합의에 도달하기가 용이할 것이기 때문이다.

2. 평가형 조정(evaluative mediation)

조정자가 관련 당사자들이 제시하는 주장의 당부나 관련 사안에 내포되어 있는 쟁점에 대해 어떤 자신의 프레임을 통해 평가하고 자신의 의견과 조언을 제시하는 등 갈등 조정 과정에 보다 적극적으로 개입하고자 하는 경우이다. 제3자의 프레임을 통해 관련 당사자들이 그들 사이의 갈등 사안에 대해 의견의 일치에 이르도록 유도하고자 한다는 뜻이다(장미희, 2016: 76). 따라서 미리 정해진 준거를 통해 갈등 당사자들이 제시하는 논지나 증거를 평가하고 갈등의 결과가 어떨 것인지를 예측하는 등 조정자가 적극적으로 자신의 의견을 말하거나 결정을 내리고자 한다. 조정자가 관련 법률이나 규칙 나아가서는 사회적 통념이나 자신의 의견에 좇아 갈등 당사자들이 제시하는 증거나 자료의 신뢰성 정도나 사실 여부를 확인하고자 하는 것이다. 이럴 경우 갈등 당사자들의 눈에는 당연히 촉진자 역할의 범주를 벗어난 것으로 보일 뿐만 아니라 실제로도 중립적 입장을 견지하지 않는 것으로 여겨진다. 이렇듯 조정자가 어떤 입장을 취하는 것으로 판단될 경우 조정에 참여하는 갈등 당사자들이 조정 과정에서 서로 협력적인 관계를 모색하기보다는 대립적인 입장을 견지하고자 할 가능성이 커진다. 서로 자신들의 입장을 충분히 드러내려고 하지 않고 마치 사법적 쟁송에서 당사자가 수동적으로 간여하는 가운데 법관이 분쟁 관리과정을 좌우하는 것과 유사한 상황이 벌어지게 되는 것이다.

그렇기 때문에 이는 갈등의 당사자들이 스스로 평가하고 의사를 결정하도록 지원하는 데에 본령을 두고 있는 ADR의 범주를 벗어나는 것이며 결코 조정의 한 양식으로 간주할 수 없다는 평가를 받기도 한다(Love, 1997: 940). 예컨대 판사, 중재자, 중립적 전문가, 자문관 같은 이들이 행하는 역할이 바로 이런 유형의 평가 작업이라는 것이다. 이들의 역할은 자신들이 판단하고 결정한 의견을 상대에게 제시하는 데에 초점이 맞추어져 있다. 그러나 조정은 어디까지나 갈등의 당사자들로 하여금 그들 스스로가 자신들의 입장을 평가하고 결정을 내리도록 지원하는 데에 목표를 두는 갈등 관리 양식 가운데 하나이다. 같은 의견의 연장선상에서 스털버그(Stulberg, 1997: 1001)도 조정이 결코 제3자가 자신의 의견을 작성하는데 필요한 증거를 수집하거나 판사나 배심원 앞에서 하는 일의 예행연습처럼 되어서는 곤란하다는 의견을 제시한다. 조정은 단지 갈등의 당사자들이 스스로 자신들이 원하는 결과를 포착하고 만들어내는 과정에서 필요로 하는 아이디어나 상상력 또는 직관을 개발할 수 있도록 지원해주는 대화의 한 양식일 따름이라는 것이다. 그렇기 때문에 평가는 개념상으로나 운영 실제에 있어서나 조정이 지향하는 목표나 가치와 일치하지 않는다고 보는 것이다.

그렇지만 이런 한계와 문제 제기에도 불구하고 ADR의 운영 현장이나 옴부즈만의 운영 실제에 있어서는 이런 평가형 조정도 흔히 채택, 운영되고 있다. 이는 평가형 조정을 법적 규범이나 관련 법규의 프레임 아래에서 이해하는 데에 따른 결과다. 법적 규범이나 관련 법규에 따라 갈등 관리가 추진될 경우 보다 더 사회 정의나 형평성 유지에 유리할 것이라고 보기 때문에 발생하는 현상이다. 그러나 행정정의가 무엇인가를 구체적으로 논구하지는 않는다고 하더라도 단순히 법률을 준수하는 것이 과연 관련 당사들 모두에게 충분히 공정한 것인가의 문제가 제기될 것은 당연한 이치이다. 예컨대 민사소송을 통해 우리가 구현하고자 하는 것이 사회정의인 것은 맞지만 그렇다고 해서 그것이 법적 규범의 테두리 밖에서도 얼마든지 갈등 당사자들이 공정하다고 동의할 수 있는 갈등 조정 방법이 있다는 사실을 자동적으로 배척하거나 부정하는 것은 아니다. 준법성이 갈등 해결을 위한 대안 개발의 유일하거나 가장 호소력 있는 준거는 아니라는 뜻이다. 오히려 평가형 조정이 이루어질 것이라고 예견되는 경우 갈등의 당사자들이 조정자와의 관계에서 방어적 태도를 취하게 되고, 그렇기 때문에 자신이 취하고 있는 입장에 내포되어 있는 취약점이나 복잡한 이해관계를 드러내기보다는 가장 유리해 보이는 부분만 내보이려 하게 되고, 그 결과 갈등 당사자 간이나 갈등 당사자와 조정자 사이에서 격의 없는 의견의 교환을 저해하는 요인으로 작용하게 될 위험성이 적지 않다. 당연히 대화의 촉진에 지장을 초래하면서 갈등 해법의 개발에 부정적인 영향을 미치게 될 것은 물론이다.

3. 실용형 조정(pragmatic mediation)

앞의 촉진형 조정이나 평가형 조정은 모두 정도의 차이가 있기는 하지만 기본적으로 갈등 당사자들이 갈등 해결을 위해 상호 협의하는 과정에서 자신의 이익을 극대화하기 위해 서로의 이익을 배타적으로 추구하는 영합 게임이 아니라 서로에게 유익한 협력적, 결속적 타협(integrative bargaining)을 지향한다는 점에서 같다. 이는 갈등 당사자들이 자유주의의 철학적 원리에 따라 각기 자신의 이익을 추구하며 자유롭게 활동하지만 그 결과가 서로 협력하여 공동의 유익을 지향하는 데에 있다고 보고, 이를 서로에게 확인시켜 주고자 한다는 뜻이다. 따라서 이때의 조정은 서로의 이익을 극대화하기 위한 방안 가운데 하나로 여겨진다. 이를 실용적 조정이라고 부르는 이유다.

그러니까 여기에서의 갈등 당사자들은 갈등적, 배분적 프레임을 넘어서 공동의 파이를 키움으로써 각자의 이익을 극대화하고자 하는 매우 합리적이고 또 실용적인 존재로 인식된다. 각자의 입장을 견지할 때 생기는 좌절이나 결손의 본질을 직시할 때 비로소 각자의 입장 밑에 감추어진 실질적인 이해관계의 충돌에서 갈등이 비롯된다는 사실을 깨닫게 된다는 뜻이다. 이런 생각의 연장선상에서 보면 바로 이런 이해관계에 대한 욕구가 충족될 때 공존의 관계가 회복된다는 의미에 다름 아니다. 그러니까 조정자가 추구하고자 하는 문제의 해결 양식은 바로 이런 이해관계의 균형점을 찾고자 하는 데에 있다. 따라서 조정의 전개 과정은 갈등의 당사자들이 객관적 원칙과 탈사인적인 관점을 통해 협력적 문제 풀이에 나서도록 지원하고자 하는 데에 목표를 둔다. 이해관계나 개별적인 수요에 대한 배려를 통해 서로의 이익을 극대화하고자 하는 윈윈 게임(win-win game)을 지향하고자 하는 것이다. 이를 위해 서로 간에 충분한 정보를 공유하는 것은 물론이고 마치 사업하듯 문제를 다루고자 한다. 따라서 조정의 성패를 판단하는 기준이 능률성 같은 실용주의적인 가치에 놓아질 것은 물론이다. 사법적 재결이나 심판보다 ADR의 조정 전략을 채택하는 이유가 바로 이런 실용성의 추구에 있다. 그러니까 조정자의 역할은 갈등 당사자들이 지니고 있는 전략적 또는 인식론 상의 편견이나 선입견을 거두어내고 갈등에 대해 간주관주의적인 대응이 가능하도록 지원하고자 하는 데에 있다. 마치 영리하고 세련된 변호사가 객관적이고 전문적이며 제3자적인 입정에서 갈등 당사자들로 하여금 윈윈 게임(win-win game)을 통해 결속 지향적인 타협에 이르도록 유도하고자 하는 것과 유사하다.

그러니까 신속하게 실질적인 효과를 얻고자 하는 경우에 해당된다. 이 기법은 대부분의 갈등 당사자들이 쉽게 성공적인 합의를 도출해 내지 못하는 이유가 인식상의 충돌이나 의사소통상의 장애에 기인하는 바가 적지 않다고 생각하는 데에서 비롯된다. 그렇기 때문에 "이익기반 협상"이라는 구조화된 과정을 통해 갈등의 실질적이고 객관적인 본질 문제로부터 사적이고 자아중심적인 과제를 분리시켜 다루고자 한다. 문제의 실체를 보다 명료히 하고 갈등 당사자들 사이의 대화 가운데 보다 더 적극적으로 경청하고 의사소통할 것을 주문하는 가운데 조정자는 당사자들로 하여금 각자가 지금까지 견지해 온 입장보다는 자신의 실질 이익에 보다 더 집중할 것을 강력히 주문하고 그 결과 당사자들이 각자 자신들의 속내에 있는 진짜 욕구를 충족시키는 합의점을 찾아낼 수 있도록 지원하고자 한다.

4. 변환형 조정(transformative mediation)

이 조정 기법은 촉진형 조정을 좀 더 발전시켜 제3자 개입에 의한 갈등 조정을 통해 갈등을 일으킨 상황의 본질적 성격 자체를 바꾸고자 하는 것으로 이해된다. 그러니까 갈등 당사자들 사이의 상호

작용 양식이나 행정정의 구현 과제에 대한 갈등 당사자들의 인식의 틀 자체를 바꾸어 갈등 해결에 이르고자 하는 경우다. 이를 위해 조정자는 "역량 강화(empowerment)"와 "상호 인정(recognition)"에 강조점을 두어 접근하고자 한다. 그러니까 조정자는 제3의 간여자 입장에 서서 갈등 당사자들이 자신의 이해관계를 정확히 표현할 수 있는 능력과 상대방의 여망을 포착하고 이해할 수 있는 능력을 높이도록 해서 그들 사이의 대화가 보다 더 성숙한 양식으로 진행될 수 있게 제반 환경을 조성하고자 한다. 갈등 당사자 서로 간의 이해력 증대와 감정 순화를 통해 부정적 관계에서 긍정적 관계로 관계 양식을 변화시키는 것이 성공적으로 합의를 도출하는 데 있어 관건이라고 보고, 이를 위한 환경 조성에 나서고자 하는 것이다.

이를 위해 조정자는 새로운 프레임으로 갈등 현상을 규정하고 해석하고자 한다. 그런데 프레임을 새로 제시하기 위해서는 통상, 1) 갈등 당사자들이 동원해 온 적대적, 부정적 언어를 순화하고, 2) 갈등의 본질을 새로운 양식으로 규정하며, 3) 갈등이 어떻게 비추어지고 있는지를 효과적으로 보여주는 비유법을 동원하고, 4) 갈등의 패러다임 자체를 바꾸는 것이 보통이다(Foster, 2003: 6). 예를 들면 갈등 당사자들이 자신들의 관계를 서술하는 언어를 순화하여 보다 긍정적인 언어를 통해 설명하도록 유도한다. 그 결과 갈등 해결의 과정과 결과를 갈등 당사자들이 적극적으로 주도하고 제3의 조정자는 이를 수동적으로 따라가는 양식을 취하게 된다. 따라서 이런 양식을 통해 달성한 갈등의 해결은 그 효과가 오랫동안 지속된다는 특성을 지녔다(Foster, 2003: 6).

그러나 이런 접근 전략은 결과를 얻기까지의 시간이 너무 많이 걸리고 너무 자주 아무 소득 없이 무산되기 쉽다는 점에서 비판의 대상이 되기도 한다. 또한 갈등의 당사자들이 합의한 문제해결의 대안이 때로는 사회통념상 공정성에 위배되거나 조정자가 갈등 당사자 가운데 사회적인 약자를 적극적으로 보호하지 못하는 경우가 생긴다는 점이 취약점으로 지적되기도 한다. 조정의 진행과정에서 지나치게 관련 당사자들의 감정이나 정서적인 상태를 중시한다는 점도 문제점으로 지적된다.

5. 이야기형 조정(narrative mediation)

후기 근대형 갈등조정 기법이라고도 불린다. 이 경우는 갈등 당사자들이 전개하는 자기 얘기, 그러니까 갈등 당사자들 각자의 세계관이나 관점에서 문제의 본질을 어떻게 보고 있는지를 그들의 얘기를 통해 파악하고자 하는 데에 특징이 있다. 서로 대립적인 얘기를 토로하는 속에서도 상호 신뢰하고 협력하고자 하는 경우에는 새로운 얘기를 만들어낼 수 있다고 보고, 그 새로운 얘기를 통해 서로의 이견을 좁혀 나가고자 하는 것이다. 그러니까 스토리텔링(story telling)의 기법을 통해 사건의 내용을 갈등 해결에 도움이 되는 방향으로 재구성해서 전개함으로서 갈등 당사자들 서로가 서로의 동의를 구하기가 보다 더 용이하게 만들자는 것이다. 이런 얘기 전개의 초기 단계에서는 당사자들이 서로 비난하거나 흥분할 수도 있다. 그러나 그런 가운데에서도 조정자는 보다 덜 공격적인 관점에서 또는 문제의 본질을 타인의 시각에서 바라 볼 수는 없는 것인지를 생각해보라고 주문하게 된다. 이런 조정이 진행되면서 점차 갈등 당사자들이 문제를 보는 자신의 관점을 수정해 나가게 되고, 그 결과 자신의 얘기를 보다 더 긍정적인 방향으로 바꾸어나갈 수 있게 되며, 나아가서는 보다 더 협력적인 관계를 구축할 수 있게 된다. 그러니까 얘기의 초기 단계에서는 마치 민원인이 희생자 배역을 맡고 관련 행정관료나 행정기관은 희생자를 괴롭히는 상대역을 의제해서 얘기를 풀어나가는 것과 유사한 상황이 벌어지기 마련이다. 그러나 시간이 경과하면서 서로의 얘기를 통해 상대 역할의 진의를 파악하게 되고 그 결과가 갈등의 해소로 이어진다는 것이다. 따라서 이런 기법의 성패는 얼마나 얘기를 잘 재구성하느냐 또는 두 배역 간의 관계를 재설정할 수 있느냐에 달렸다(Kariv et al, 2011: 23-24).

이 기법은 갈등 조정을 문제 해결(problem-solving)의 관점에서 접근하는 것이 아니라 문제에 대한 이해의 부족을 채워나가는 과정으로 이해한다는 특성을 지녔다. 따라서 기본적으로는 반핵심주의(antiessentialism), 반사실주의(antirealism), 사고 전 단계로써의 언어, 사회운동 양식 가운데 하나로써의 언어 등에 기초해서 구성되는 것이라고 말할 수 있다. 그러니까 사회관계의 회복을 위해 해체주의의 관점에서 얘기를 구상하고 그것을 통해 사회구조를 재구성하고자 한다. 갈등의 당사자들을 내재적 동기나 물질적 필요에 따라 추동되고 움직이는 존재가 아니며 그렇다고 해서 이상 사회를 꿈꾸는 천사 같은 존재도 아니고 언어의 규칙이나 운영 양식에 따라 재구성되는 숙의의 피조물(creatures of discourse)로 이해하려는 것이다(Winslade & Monk, 2000: 52-53). 언어의 프레임이 바뀌면 갈등 관련 당사자들이 지니는 인식의 틀도 바뀌고 인식의 틀이 바뀌면 갈등

관계의 해소도 가능해진다는 입장이다. 그러니까 갈등 당사자들을 어떤 목적에 따라 끊임없이 유연하게 재구성할 수 있는 존재로 인식하는 셈이다. 같은 이치로 갈등도 갈등 당사자들 사이에서 벌어지는 얘기의 범주 내에서 생성되고 변화한다고 보고자 한다. 갈등 당사자들은 자신들이 소속되어 있는 사회의 구조물 가운데 하나이며 이들 사이의 갈등은 서로의 존재에 대한 사회적 인지의 충돌에서 비롯된다고 보는 것이다. 이런 인지 충돌은 서로 간의 의사전달이 충분히 이루어지지 않은 채 방치될 경우 점차 격화되는 성질을 지녔다고 본다. 따라서 서로 간의 얘기를 촉진하는 일이 갈등 조정의 핵심적 요소로 간주된다. 서로 대화하는 가운데 서로의 현상에 대한 인식의 틀을 바꾸게 되고, 그럴 때 갈등을 줄이게 된다고 보는 것이다. 그러니까 물질적인 조건이나 실질적인 동의의 유무가 관건이 아니라 이를 표현하는 언어의 충돌 또는 서사적 의미 전달상의 장애가 갈등의 본질이라고 보는 것이다. 따라서 갈등의 조정자는 갈등 당사자들로 하여금 각자 자신의 입장에 대한 성찰을 통해 혹시 사실과 달리 과장된 것은 없는지를 살펴보도록 조언하고 그를 통해 정서의 순화 내지는 감성의 치유에 주력하고자 한다. 이 경우 조정자는 끊임없이 조정자 자신이 어떤 선입견이나 천편일률적인 고정관념에 빠져 있는 것은 아닌지를 스스로 점검해야 하는 과제를 떠안게 된다. 또한 이렇듯 인식상의 갈등 해소에 주목하는 만큼 금전상의 갈등이나 물질적인 이해타산이 직결되어 있는 갈등 과제를 다루는 데에는 적절치 않다는 한계를 지니는 것 또한 사실이다.

IV. 옴부즈만의 갈등 조정 수단

옴부즈만이 보다 효과적으로 갈등을 해소하기 위해 ADR형 갈등조정 기법을 채택한다고 하더라도 그 가운데 어떤 기법을 차용할 것인지는 전적으로 옴부즈만의 지능권력 행사 양식에 달려 있다. 이런 지능권력 행사 양식을 결정하는 핵심적 요소 가운데 하나는 옴부즈만이 갈등 조정을 위해 구체적으로 어떤 영향력을 발휘할 수 있느냐에 있다. 그런데 옴부즈만의 영향력을 결정하는 변수로는 흔히 옴부즈만 개인의 자질과 품성, 옴부즈만 사무실 종사자의 질적 수준, 직위 자체의 도덕적 권위, 의회나 시민사회 등과의 연대 능력, 여론의 힘, 미디어의 영향력, 법적 제도적 권한 등을 드는 것이 보통이다(O'Reilly, 2015). 이 가운데에서도 법적, 제도적 권한이 영향력 결정의 핵심 변수일 것은 물론이다. 개인적, 비공식적 차원이 아니라 기관 차원의 공식적 영향력 결정 요인이기 때문이다. 그러나 옴부즈만에 의한 갈등의 해소는 기본적으로 사실 정보의 수집과 같은 비관료제적인 양식을 통해 조정에 나서자는 것이기 때문에 구체적이고 정교한 양식으로 그런 권한을 규정하기보다는 오히려 폭넓고 포괄적인 권한과 광범위한 관할 범위를 설정하여 보다 유연하게 대응할 수 있도록 활동 공간을 폭넓게 설정해주는 것이 유용하다. 이런 유연성이 강제권이나 징계권 부재 현상을 보완하는 데 있어 훨씬 더 효용성이 크다고 보기 때문이다(Pegram, 2008: 53). 이를 다른 측면에서 보면 비공식적 차원에서의 갈등 조정 공간을 마련해주어야 한다는 의미에 다름 아니다. 바로 이 점에서 보면 비공식적인 갈등조정 수단 또한 간과할 수 없는 요소다.

1. 공식적 조정 수단

민원의 처리 과정에서 갈등의 조정을 위해 옴부즈만이 동원할 수 있는 공식적 권한으로는 흔히 조사권, 시정조치권고권, 보상요청권, 공표권, 기밀유지권, 징벌권, 법률개정제안권 등이 지목된다.

1) 조사권

일반 시민 개개인의 입장에서 보면 행정 절차나 운영 양식상의 개선 문제는 부차적인 과제이고 자신이 당면한 고충이나 민원을 해결하는 일이 보다 더 시급하고 긴요한 과제일 것은 당연한 이치이다. 그런데 바로 이 민원 해결을 위한 갈등 조정 과정에서 옴부즈만의 조사권은 매우 중요한 요소로 작용한다. 우선 옴부즈만은 갈등 조정 과정에서 행정기관의 결정을 취소하거나 변경시킬 권한이 없으며 단지 적절한 조치를 행정기관에 권고할 권한만을 가지기 때문에 진실 규명이 모든 조정 작업에 있어 선결 과제에 해당된다. 무엇보다도 조정 작업이 원활하게 진행되는 데 필요한 갈등 당사자들 사이의 오해나 왜곡을 시정하는 데에 결정적 요인으로 작용하기 때문이다. 그런데 이런 진실을 규명하기 위해서는 관련 사안에 대한 조사가 가장 기초적이고 기본적인 과제다. 옴부즈만을 '민원조사관' 이라고 부르는 이유도 바로 여기에 있다(정순교, 2005: 14).

따라서 조사권은 옴부즈만의 모든 기능을 담보하는 가장 기본적인 권한 가운데 하나다(Center for the Study of Democracy, 2002: 10). 그렇기 때문에 거의 모든 옴부즈만에게 부여되어 있으며, 권리를 침해당한 민원인이 아무런 장애 없이 옴부즈만에게 접근할 수 있어야 한다는 주장도 바로 그 권리 침해의 실상과 실태를 조사하여 진상을 가릴 수 있는 권한이 옴부즈만에게 부여되어 있기 때문이다. 조사권은 옴부즈만의 갈등 조정 과정에서 가장 원초적인 출발점이 되는 것이다.

그런데 이 조사권은 운영 실제에 있어 정보접근권이 전제되지 않으면 구현되기 어렵다. 조사란 결국 정보를 수집하고 판단하자는 것이기 때문이다. 따라서 행정관료에 대한 출석요구권, 문서 또는 구두 형태의 정보제공요구권, 정부 산하기관이나 공법인, 공공단체 등에 대한 자료제출요구권, 제출된 자료에 대한 접근허용요구권, 법원, 공공기관 등에 대한 조력요구권, 설명요구권, 소환심문권, 관계 행정기관, 교도소, 정신병원 등과 같이 조사 사안과 관계있다고 인정되는 장소·시설 등에 대한 출입권, 방문권, 실지조사권 및 전문가에 대한 감정의뢰권, 관계 행정기관의 직원, 신청인, 이해관계인, 참고인 등에 대한 의견진술요구권, 증언강요권, 압수수색권, 등과 함께 행사되어야 보다 효율적으로 구현되는 성질을 지녔다.

그런데 이런 권한은 사실상 관련 행정관료 내지는 행정기관의 협조 없이는 효율적으로 행사되기 어렵다. 그렇기 때문에 스웨덴에서는 옴부즈만이 요구하는 모든 정보는 이를 지체 없이 제공하도록 법률로 규정해 놓고 있으며, 이를 위반하는 경우 위법 행위로 간주하고 그에 대해 옴부즈만이 과태료를 부과하고 징수할 수 있도록 했다.[2] 이는 옴부즈만에 의한 조사권 행사가 신속성을 생명으

2) 한국도 「부패방지 및 국민권익위원회의 설치와 운영에 관한 법률」제91조에서 동법 제42조의 조사권과 관련된 업무 수행을 방해·거부 또는 기피하거나 고의로 지연시킨 자에 대해서는 500만 원 이하의 과태료에 처할 수 있도록 규정하고 있다.

로 한다고 보기 때문이다. 사실 옴부즈만에 의한 조사가 사법적 절차에 의한 조사와 다른 점은 후자가 무엇이 정의인가를 밝히기 위해 모든 가능성을 소진하여 조사하자는 것인 데 반해, 전자는 민원 해결을 위한 조정 과정에서 필요로 하는 핵심적인 사실을 중심으로 조사하려 하는 데에 있다. 민원의 해결은 그의 본질적 특성상 신속히 결론을 내려야 하는 과제다. 만약, 그렇지 않다면 옴부즈만이 법원이나 행정심판소와 그의 본질적 속성에 있어 다를 것이 없으며, 결국 중복 기관에 지나지 않게 된다(Pearce, 1993: 11). 따라서, 옴부즈만은 문제의 핵심을 잘 정리하고 중요한 사실 관계를 확인하여 신속히 결론을 내릴 수 있는 자질과 경험을 지닌 조사관을 필요로 한다(정순교, 2005: 14). 옴부즈만은 민원 해결을 위한 갈등의 조정 과정에서 적극적 주도자 내지는 추진 동력의 제공자여야 하는 것이다.

그러나 언제나 신속한 조사만이 능사인 것은 아니다. 보스니아·헤르체고비나 공화국에서는 옴부즈만이 판단할 때 관련 조사가 완료되기 전이라도 어떤 행정권의 집행이 민원인에게 회복 불가능한 피해를 줄 것이라고 생각되는 경우에는 이의 집행을 최장 10일간 연기하도록 요구할 수 있게 하고 있다. 이는 옴부즈만이 그런 조치의 타당성 여부를 조사할 수 있는 시간 공간을 확보하기 위한 것으로서, 집행연기요구권이 또 다른 형태의 조사권 행사상의 효율성 담보 장치라는 점을 시사해 주는 것이다.

이렇듯 조사권이 옴부즈만의 갈등 조정 업무 수행에 있어 핵심적 요소에 해당하는 만큼 예외 목록을 제외하고는 옴부즈만에게 정부의 모든 기록물에 대한 접근권을 보장하는 것이 상례이다. 미국 알래스카 주의 경우 옴부즈만이 접근할 수 없는 주정부 기록물은 검찰 조사 결과물, 고객과 변호사 사이의 비밀 대화, 진행 중인 범죄수사 기록물, 경찰 제보자의 신원이 공개될 가능성이 있는 기록물, 그리고 석유와 가스에 대한 극비 자료 등으로 제한되어 있다. 옴부즈만을 지원하는 조사관에게는 그동안 통상 대외 기밀로 다루던 주 정부의 피고용인(state employees)에 대한 인사기록, 어린이에 대한 정부 지원 기록, 주 정부 보호기관에 수용되어 있는 어린이에 대한 보호조치 기록 및 보호기관에 수용되기까지의 경위에 대한 기록 등의 자료까지도 접근할 수 있는 권한을 부여하고 있다.

옴부즈만은 이렇듯 민원 관련 행정기관이 보유한 거의 모든 정보에 대한 접근권을 가지는 것이 보통이다. 국가 기밀에 대한 접근권도 인정한다(USOA, 2003: 10). 이런 경우 옴부즈만이 그 기밀의 유지에 대한 책임을 져야 할 것은 물론이다(Center for the Study of Democracy, 2002: 10). 그러나 신중론자들은(박재창 외, 2006: 61) 국가 기밀 사항이나 산업 기밀 등과 같은 경우에는 그에 관한 기밀 유출로 인해 야기되는 폐해가 너무 크기 때문에 옴부즈만에게 절대적 조사권을 인정하는 데에는 문제가 적지 않다고 본다. 그렇다고 해서 조사권을 부인하는 것도 문제이기 때문에, 영국의 경찰 옴부즈만에서 목격되는 바와 같이 감독조사(supervised investigation)나 관리조사(managed investigation)에 준하는 간접조사나 협의조사의 방법을 통해 조사하도록 유도하는 방안을 제안하기도 한다.[3] 즉, 옴

3) 「부패방지 및 국민권익위원회의 설치 및 운영에 관한 법률 시행령」은 실지조사권에 한하여 이와 같은 고려를 반영하였다. 제46조(소속 직원의 실지조사 등)에 따르면, ① 권익위원회는 법 제42조 제1항 제3호에 따라 권익위원회 소속 직원으로 하여금 실지조사를 하게 하거나 신청인 등의 진술을 듣게 하려는 경우에는 관계

부즈만이 기밀의 유지가 요구되는 정보의 수집에 직접 깊이 개입하지는 않도록 하지만, 민원 대상 기관으로 하여금 이를 조사하게 하고 그 과정을 감독만 하거나 또는 공동으로 조사하는 방안을 모색하는 것이다.

그러나 조사권의 적극성 정도를 결정하는 보다 근본적인 요인은 조사권 발동을 민원인의 민원 제기로 한정할 것이냐 아니면 옴부즈만이 필요하다고 판단하는 경우에는 민원인에 의한 민원 제기가 없어도 직접 조사할 수 있게 할 것이냐에 있다. 전자의 경우는 소극적 조사권이 후자의 경우에는 적극적 조사권이 부여되는 셈이다. 그런데 후자가 말하는 직권 조사권은 옴부즈만을 거시적 차원에서 국민권익 구제 활동에 한정해서 이해하는 경우 반드시 요청되는 것은 아니다. 하지만 옴부즈만을 미시적 내지는 중범위 차원에서 행정 서비스의 개선 또는 행정통제 및 감독 활동에 주목하는 경우에는 옴부즈만에게 직권 조사권을 부여하는 것이 당연한 귀결로 여겨진다. 미시적 차원에서 접근할수록 보다 구체적인 사실 정보를 필요로 하기 때문이다.

그런데 직권 조사권을 행사하는 경우에는 민원의 제기에 의한 조사의 경우와는 달리 민원인에 의한 기초 정보의 제공이 전제되지 않기 때문에 기본적인 관련 정보를 입수하기도 쉽지 않게 될 가능성이 적지 않다. 따라서 이런 경우에는 정보접근권을 강화할 것이 요청된다. 특히 경찰조직같이 계서적이고 일사불란한 지휘체계를

행정기관 또는 신청인 등에 대하여 조사 또는 방문의 취지·내용·일시·장소 등을 미리 통지하여야 한다. 다만, 국가 안전보장에 중대한 영향을 미치는 국가기밀사항이나 마약과 관련된 범죄 등 중대한 범죄의 수사와 관련된 경우에는 실지 조사의 일시 및 장소 등에 대하여 관계 행정기관 등과 미리 협의할 수 있다.

가지고 있는 권력기관을 상대로 직권 조사하는 경우에는 조사의 실효성을 확보하기가 쉽지 않을 것이기 때문이다.

그러니까 조사권의 실효성을 담보하기 위해서는 적극적이고 총체적인 조사가 가능하도록 다양한 장치나 제도를 마련하여 권한 행사를 지원하고 지지하는 일이 필수적 과제임을 알 수 있다. 고전적인 양식의 옴부즈만 가운데 하나인 미국의 알래스카 주 옴부즈만은 이익 배재나 보복 등의 피해를 입는 것을 조사하는 과정에서 그 사안에 관여된 사람들을 보호하기 위해 내부 고발자 보호법(Whistle Blower Statute)을 마련해 두고 있다. 옴부즈만의 조사활동을 방해하는 경우 1년 이내의 징역이나 1천 달러 상당의 벌금에 처할 수도 있게 했다. 옴부즈만을 민원인의 민원 해결 협력자 내지는 동반자로 이해하는 까닭이다.

그렇다고 해서 지나치게 관료적인 통제나 구속을 동반하는 절차나 권한을 허용하는 경우에는 옴부즈만이 새로운 양식의 권력기관화하면서 옴부즈만 도입의 본래 취지를 무색하게 할 위험성이 있다. 따라서 옴부즈만으로 하여금 그때그때의 상황에 따라 스스로 판단해서 유연하게 개별 사례의 특성에 맞도록 필요한 권한을 행사하거나 또는 제한할 수 있게 자율적 선택의 폭을 넓혀주는 일이 필요하게 된다(National Democratic Institute, 2005: 15). 상황 조응적으로 판단하고 전략적으로 접근하는 지능권력이 필요한 이유다.

그런데 옴부즈만의 이런 정보 수집 활동은 결코 징계를 목적으로 하는 것이 아니다. 예를 들어, 캐나다의 옴부즈만이 작성한 서면 보고서는 때때로 공식적인 청문회에 보고되기도 한다. 그러나 이런 경우 그 보고서에 자신의 성명이 기재되기를 허락하는 경우를 제외하고는 전적으로 그 정보원에 대한 신분을 비밀에 부치도록 되어 있다. 정보 수집 결과를 토대로 관련 인사에 대해 불이익을 줄 수 없도록 한 것이다. 조사 결과를 토대로 관련 보고서를 발간하는 경우에는 발간하기 전에 관련 행정관료나 소속 행정기관의 관리자에게 초안을 전달해서 문제 해결 대안을 찾거나 논의하고 필요하다고 판단되는 경우에는 초안을 수정하는 것이 보통이다. 물론 이런 과정 없이 곧장 보고서를 발간하는 경우도 아주 없는 것은 아니다. 옴부즈만의 조사 결과는 관련 행정관료나 행정기관에 의해 전부 또는 일부가 받아들여지기도 하고, 무시되거나 거부되기도 한다. 이런 조사 결과가 행정관료나 행정기관을 직접 구속하는 것은 아니다. 이렇듯 옴부즈만의 정보 수집 활동은 거의 대부분 입법부 감사관(legislative auditor)의 활동과 유사한 양식으로 진행된다. 그러나 감사관과 옴부즈만이 다른 점은 전자와는 달리 후자의 경우는 민원인에게 귀 기울여 경청하고자 한다는 점이다.

2) 시정조치권고권

민원 유발 대상자를 직접 구속하지 않으면서도 관련 민원의 해결에 나설 것을 권면하고 구체적으로 문제 해결 대안을 제시함으로서 갈등을 조정하는 것은 옴부즈만의 속성을 가장 극명하게 나타내는 특징일 뿐만 아니라 그런 옴부즈만의 활동을 담보하는 가장 핵심적인 요소 가운데 하나다. 이렇게 옴부즈만은 자신의 조사 결과 어떤 행정처분이 위법, 부당하다고 판단되는 경우 그 위법 부당한 행정처분을 직접 취소하거나 변경할 수는 없지만, 취소 또는 변경을 요청하거나 권고할 수 있는 권한을 지닌다. 따라서 이를 폭넓게 해석해 보면 행정관료나 행정기관에 민원과 관련하여 문제가 있다고 판단하는 경우에는 이를 비판하거나 책망할 권한이 있다는 의미로도 해석된다(von der Esch, 2011: 80). 이는 옴부즈만의 본질적 특성에 속한다(국민고충처리위원회, 2004:10). 그러나 강제 집행권을 배제하기 때문에 흔히 옴부즈만을 '이빨 빠진 호랑이(toothless tiger)' 또는 '종이 사자(paper lion)'로 비유하기도 한다.

그렇지만 시정조치권고권이 강제 집행권을 동반하지 않는다고 해서 관련 행정기관이 이를 그냥 무시해도 좋다는 것은 당연히 아니다. 통상적으로 옴부즈만에 의한 민원 관련 사안에 대한 시정권고는 관련 행정기관에게 관련 민원에 대한 보고서의 형태로 전달된다. 이때 보고서에는 민원관련 행정 오류를 시정하기 위한 대안이 무엇인지를 제시하는 것이 보통이다. 관련 행정기관이 보고서를 받아보고 권고안에 동의하지 않고 그렇기 때문에 집행할 의사가 없다고 해서 이를 단순히 무시할 수는 없다. 관련 행정기관은 시정권고안에 대해 동의하는지의 여부에 관계없이 일단 수령한 보고서에 대해서는 회신해야 하는 책임과 의무를 진다. 이를 법률로 강제하는 규정을 따로 두고 있는 나라도 있다.[4] 따라서 동의하지 않을 경우 회신을 통해 왜 동의하지 않는지를 충분하고도 합리적인 양식으로 설명해야 하며 관련 행정기관이 생각하는 대안은 무엇인지를 제시할 수 있어야 한다. 민원의 성질에 따라서는 시정권고안을 집행하

4) 한국의 국민권익위원회도 「부패방지 및 국민권익위원회의 설치 및 운영에 관한 법률」을 통해 국민권익위원회에 대해 그의 권고에 대한 이행실태를 점검할 권한(권고 등 이행실태확인"E점검권: 제52조)을 주고 있으며 나아가 행정기관의 처리결과 통보를 수령할 권한을 부여하고 있다. 또한 그 처리결과와 권고내용의 불이행 사유를 공표할 권한도 주어져 있다.

는 과정이 장기간 소요될 수도 있다. 이런 경우에는 중간 중간 진행 상황을 보고해야 한다. 이런 과정을 통해 합리적이고 설득력 있는 논리를 통해 시정권고안을 거부할 경우에만 그런 거부의 의사가 수용된다.

비록 거부의 의사가 수용되는 경우에도 그 과정을 연차 보고서를 통해 기록하고 공개하거나 특별보고서의 형태로 발간하기도 한다. 알바니아나 보스니아·헤르체고비나 공화국에서 보는 것처럼 관련 행정관료의 상급자나 상급기관에게 권고를 수용하지 않거나 거부한다는 사실을 통보할 수 있는 권한을 옴부즈만에게 부여하기도 한다(Center for the Study of Democracy, 2002: 10). 옴부즈만의 이러한 의견표명권이나 처리결과통보접수권은 해당기관으로 하여금 부담과 압박감을 가지게 하여 옴부즈만의 권고를 이행하도록 유도함으로써 권고의 실효성을 도모하고자 하는 것에 다름 아니다(국민고충처리위원회, 2004: 10). 시정권고가 직접적인 구속력을 동반하는 것은 아니지만 그렇다고 해서 우회적이고 간접적인 구속력까지 결여하는 것은 아니라는 뜻이다. 다만 기존의 행정결정을 직접적으로 훼손하지 않으면서도 민원이 제기하는 충돌적이고 갈등적인 요소를 해소하고자 하기 때문에 직접적인 강제 집행권을 배제하려는 것일 뿐이다.

옴부즈만은 또 이런 시정조치권고권의 연장선상에서 "일반 학습과제"를 연례 보고서의 형태로 전달하기도 한다. 이 경우는 특정의 구체적인 민원 사안과 관련한 대안을 제시하려는 것이 아니라 그런 민원 사례에 대한 조사를 통해 지득한 행정과정의 문제점을 개혁하기 위해 대안을 제시하려는 것이다. 따라서 특정 사례에 초점을 맞추는 것이 아니라 그런 민원이 발생하는 근인적인 요소에 초점을 맞추어 보편적이고 일반적인 대안을 제시하고자 한다. 관련 민원과 연계되거나 유사한 민원이 빈발하는 것을 미연에 방지하려는 취지의 결과다. 그러나 입법의 행태를 취하는 것은 아니기 때문에 당연히 직접적인 구속력을 갖지 않는다.

따라서 시정조치권고권의 행사 과정에서 궁극적으로 당해 행정기관이나 관련 당사자들이 옴부즈만의 권고를 받아들이지 않을 때 어떻게 할 것인가의 문제는 여전히 남아 있게 된다. 그러므로 권고안의 개발과 제시 단계에서부터 보다 유용하고 적실성 높은 정보나 대안을 제시하여 권고의 합리성, 명료성, 일관성 정도를 높이고 이를 기초로 설득과 수용의 폭을 넓히고자 노력해야 한다. 무엇보다도 중요한 것은 옴부즈만 스스로가 시정조치권고권 행사의 결과를 반추하는 자체 환류 체제를 구축하고 이를 통해 권고권 행사의 적실성 정도를 개선해 나가려는 적극적 자세를 갖추어야 한다.

3) 보상요청권

옴부즈만에 의한 갈등 조정을 보다 원활히 하기 위해서는 민원 유발 기관으로 하여금 해당 민원인에게 상응하는 보상을 하도록 요청할 권한이 옴부즈만에게 주어져야 한다. 권한 침해에 대해 배상하도록 요청하는 것은 물론이고 최소한 사과하도록 하자는 것이다. 그러나 이런 권한은 매우 제한적으로 발동되어야 하는 것으로 여겨진다. 이는 기본적으로 옴부즈만에게 사법적 징계와 유사한 권한이 부여되어서는 안 된다고 보기 때문이다(Center for the Study of Democracy, 2002: 13). 옴부즈만은 사법적 재결기구 가운데 하나가 아니며 3권 분립의 원칙을 침해해서도 곤란한 일이기 때문이다.

4) 공표권

옴부즈만은 민원 처리 상황에 대한 의회보고권 및 언론공표권을 갖는다. 이는 옴부즈만에 의한 조사 결과 밝혀진 내용, 그에 따라 해당 행정기관에 권고한 내용 그리고 그런 권고에 대해 관련 기관이 취한 조치나 의사결정에 관한 정보를 공개함으로서 옴부즈만에 의한 조정 활동을 지원하기 위한 것이다. 따라서 이를 잘만 활용한다면 옴부즈만의 강력한 갈등 조정 수단이 될 수 있다(USOA, 2003: 10). 이렇게 옴부즈만에게는 어떤 나라의 권력구조 그러니까 의원내각제냐 또는 대통령중심제냐에 관계없이 의회에 대해 그의 운영상황을 보고할 수 있는 권한을 부여하는 것이 보통이다. 이는 행정기관이 옴부즈만의 권고를 무시할 수 없도록 일종의 정치적 부담을 지워주자는 것이기는 하지만(국민고충처리위원회, 2004: 11), 다른 한편에서 보면 국민의 알 권리를 보다 적극적으로 충족시켜 행정 비밀주의를 타파하고 민주성의 원리를 구현하자는 것이기도 하다.

따라서 옴부즈만에 의한 보고서는 널리 공유되거나 공표될수록 그로 인한 기대효과가 커지는 관계에 있다. 그렇기 때문에 스웨덴은 옴부즈만에 의한 연차 보고서를 무상으로 모든 국가기관과 공공 도서관에 배포하고 있으며, 개별 민원 사안의 처리에 대해서도 필요하다고 판단할 경우 공표하도록 하고(von der Esch, 2011: 80), 최근에는 인터넷을 통해 접속 가능하도록 게시해 두고 있다. 벨기에의 경우에는 의회에 대한 연차 보고서와 함께 문제 개선을 위한 대안을 공표하고 있으며, 이렇게 해서 의회에 보내진 대안은 의회의 민원 및 청원처리 특별위원회(Special Committee on Complaints and Petitions)를 거쳐, 관련 상임위원회에 전달된다. 알바니아에서는 대통령과 수상은 물론이고 외교사절에게까지도 배포하며, 의회는 옴부즈만이 제시한 대안을 심의, 의결하여 공식 문서로 공표하기도 한다(Center for the Study of Democracy, 2002: 13).

그런데 이런 보고서의 형식에는 연례 보고서 외에도 개별 사례에 대한 특별 보고서가 있다. 그리고 이 개별 사례에 대한 특별 보고서는 지속적으로 증가하는 추세에 있다(Center for the Study of Democracy, 2002: 13). 이는 옴부즈만이 본래 어떤 사회 전반의 과제나 공동체 일반의 과제보다는 사회구성원 개개인의 권리구제나 민원해결에 주안점을 두고 출범했기 때문이다. 그러나 이런 옴부즈만의 정보공개권이나 대 의회보고권은 때에 따라 그 자체가 인권을 침해하거나 개인의 명예를 훼손할 수 있을 뿐만 아니라 행정기능을 저해할 수도 있는 일이기 때문에 신중하게 행사할 필요가 있다(Cabinet Office, 2005: 22).[5] 이럴 경우 기밀 유지를 위해 민원인이나 증인의 실명을 감추거나 변경할 수도 있다(USOA, 2003: 10). 그런 점에서 보면 옴부즈만의 언론공표권이나 의회보고권은 그의 또 다른 권한이자 역할 규범인 기밀성의 유지와 충돌하는 성질을 지녔다.

이런 공표권에는 일종의 내재적 모순도 개재되어 있다. 공표권 행사가 대 국민 설득력이나 정치적 현저성 제고 효과를 동반하기 위해서는 이미 옴부즈만에 대한 사회적인 신뢰나 긍정적인 평판이 조

5) 이러한 까닭에 한국의「부패방지 및 국민고충처리위원회의 설치 및 운영에 관한 법률」은 제53조 단서에서 "다른 법률의 규정에 따라 공표가 제한되거나 개인의 사생활의 비밀이 침해될 우려가 있는 경우에는" 공표할 수 없도록 하고 있다.

성되어 있어야 한다(National Democratic Institute, 2005: 15). 부언하면 공표권은 그것 자체로써 옴부즈만의 사회적인 신뢰나 권위를 높여 그의 관련 기관에 대한 권고 능력을 강화하자는 것이지만, 이를 위해서는 사회적인 신뢰나 긍정적인 평판이 전제되어 있어야 한다는 점에서 자기모순적인 한계를 내포한다.

5) 기밀유지권

옴부즈만이 그의 책무를 수행하는 과정에서 기밀유지권을 행사해야 한다는 점은 옴부즈만 고유의 특성이기도 하고, 또한 옴부즈만이 조정 활동을 펼치는 과정에서 요청되는 핵심적 역할 규범이기도 하다. 이로 인해 아일랜드 같은 곳에서는 개인의 기밀유지를 위해 옴부즈만이 특별한 권한을 행사하도록 하고 있으며, 헝가리에서는 개인 정보 보호 전담 옴부즈만을 별도로 두고 있다. 옴부즈만의 이런 권한은 법치주의가 정착되어 있고 상대적으로 민원수요가 적은 나라의 경우 그의 유용성이 크다. 그러나 그렇지 않을 경우에는 이로 인한 민원 유발 요인이 오히려 커지면서 옴부즈만 운영상의 생산성 저하 요인으로 작용하게 될 위험성도 적지 않다(Center for the Study of Democracy, 2002: 12).

6) 징벌권

옴부즈만에게 시정조치권고권이 부여되어 있다는 것은 옴부즈만의 이견을 관련 갈등의 당사자들이 수용하지 않을 경우에는 옴부즈만이 그에 대해 어떤 형태의 징벌도 행사할 수 없다는 의미로 이해되는 것이 보통이다(Center for the Study of Dmocracy, 2002: 11). 그러나 우간다나 스리랑카 같은 곳에서는 옴부즈만에게 징벌권을 부여하고 있다. 가나에서는 옴부즈만이 자신의 권고안에 대한 강제집행을 치안판사에게 요청할 수 있다. 파푸아 뉴기니에서는 권고안을 무시하는 경우 재판에 회부할 수도 있다. 이렇듯 옴부즈만이 자신의 의사결정 결과에 불응하는 이를 징계하거나 순응하도록 강제하는 권한을 지니는 경우는 대부분 민주화가 진행과정에 있는 나라들이다. 그러나 그렇다고 해서 민주주의의 성숙 정도가 높다고 평가되는 나라에서는 옴부즈만의 징계권이 철저히 부정되고 있냐면 그런 것도 아니다.

원래 민원을 유발하는 원인이 행정관료의 위법 부당한 의사결정에서 비롯되었다고 판단되는 경우에 옴부즈만은 일종의 징벌권을 행사한다. 스웨덴에서는 민원의 조사 결과 관련 행정관료의 행정행위가 위법 부당해서 형사법상의 소추 절차를 밟을 정도는 아니지만 징계대상 범주에 속한다고 판단되는 경우에는 해당 관료의 상급자에게 징계하는 것이 타당하다는 보고서를 제출할 수 있도록 되어 있다(von der Esch, 2011: 80). 일종의 징계절차개시권을 부여하는 셈이다. 그럼에도 불구하고 관련 상급자가 타당한 징계조치를 취하지 않는다고 판단할 경우에는 그런 조치 자체를 법원에 기소할 권리도 부여되어 있다. 경찰 옴부즈만을 운영하고 있는 영국, 북아일랜드, 미국 뉴욕시의 경우에도 옴부즈만에게 징계요구권 및 기소요구권을 부여한다. 경찰 옴부즈만은 특히 인권보호를 그의 주요 기능 가운데 하나로 삼기 때문에 일반 옴부즈만이 가지는 권한보다는 더 큰 권한을 갖도록 할 필요가 있다고 본 결과다. 즉, 인권을 침해한 경찰관에 대해 강력한 조치를 취할 수 없게 된다면 경찰 옴부즈만의 고유 기능 수행 자체가 어렵다고 본 것이다.

이와 유사하게 한국의 국민권익위원회도 고충민원의 조사·처리 과정에서 관계 행정기관 등의 직원이 고의 또는 중대한 과실로 위법·부당하게 업무를 처리한 사실을 발견한 경우에는 감사원에 감사를 의뢰할 수 있도록 하고 있다. 옴부즈만에게 있어 감사원에 대한 감사의뢰권은 매우 강력한 조정 업무추진 수단이 될 수 있다. 경찰이 권력기관이기는 하지만 감사원은 대표적인 사정기관이기 때문에 경찰의 직무활동에 대해서도 이를 감사할 수 있는 권한을 지니는 까닭이다.

더 나아가 대부분의 라틴아메리카와 동유럽의 옴부즈만은 민원의 유발 과정에서 인권유린이 있었을 경우 그에 대한 기소권을 갖는 것이 보통이다. 매우 예외적인 경우이기는 하지만 스웨덴 옴부즈만의 경우도 부당한 행정조치가 실정법을 위반했다고 판단될 때에는 법원에 기소할 수 있는 권한을 갖고 있다. 이는 옴부즈만에 의한 행정통제에 있어 매우 강력한 권한으로 여겨진다. 과거 국왕의 최고 대리인으로 옴부즈만이 활동하던 시대의 유산이다. 그러나 오늘날에는 흔히 사용되는 것은 아니다. 3권 분립의 원칙에 어긋나는 것으로 평가될 수 있다고 보기 때문이다. 그러나 실제로 기소권을 행사하지 않더라도 기소권이 있다는 사실만으로도 옴부즈만의 권위를 신장하는 데에 매우 강력한 수단으로 작용하고 그 결과 관련 행정관료나 행정기관으로 하여금 옴부즈만의 조정을 받아드리도록 압박하는 데에 유효한 장치로 작용한다(von der Esch, 2011: 80)

그러나 운영 실제에 있어서는 옴부즈만의 이런 권한이 매우 제한적으로 행사된다. 이렇게 옴부즈만의 징계권이 매우 소극적으로 행사되는 이유는 옴부즈만의 설치 동기 자체가 징벌의 부가나 강제권 행사에 있는 것이 아니라 국가에 의한 조치가 합법성을 유지하도록 설득하고 조정, 보완해 나가자는 데 있기 때문이다. 옴부즈만에 의한 조정은 억압적 역할(repressive role)보다는 변증법적 역할(diadactic role)의 수행, 즉 관련 당사자들 사이의 상호작용에 의한 합의의 도출에 보다 더 큰 비중을 두고자 한다. 이는 또한 징계권의 행사가 필시 민원 유발자로 지목되는 행정관료나 행정기관에 대한 편견이나 불공정한 처우의 결과라고 평가되기 쉽다는 점을 감안한 결과이기도 하다(National Democratic Institute, 2005: 16).

7) 법률개정제안권

옴부즈만은 그의 본질적 특성상 입법기관이 아니기 때문에 옴부즈만에게는 직접적인 법률제안권이나 수정권이 부여되어 있지 않다. 그러나 알바니아나 스웨덴에서 보는 바와 같이 민원의 유발 원인이 법규의 집행 과정에서 비롯된다기보다는 관련 법규의 내용상에 하자가 있기 때문이라고 판단하는 경우, 법률 개정을 권고하거나 개정안을 제안할 수 있다. 심지어 보스니아·헤르체고비나 공화국에서는 헌법재판소에 관련 법률의 부당성을 제소할 수 있는 권한을 옴부즈만에게 부여하기도 한다. 크로아티아에서는 인권 관련 법안이 의회의 관련 상임위원회에서 심의되는 경우 해당 위원회에 의견을 제출할 수 있는 권한이 부여되어 있다. 마케도니아의 옴부즈만은 법률 초안을 검토하고 수정 대안을 제시할 수도 있다. 이렇게 법률의 질적 타당성 정도를 검토하고 수정 대안을 제시할 수 있는 권한은 대개 선진국에서보다는 개발도상국에서 흔히 목격된다

(Center for the Study of Democracy, 2002: 13). 다만 스웨덴의 경우는 의회 소속 옴부즈만이 지닌 오랜 역사적 유산으로 여겨진다. 여하튼 이렇게 법률개정제안권을 옴부즈만에게 부여하는 이유는 옴부즈만을 단순히 행정과정에서 유발된 국민고충이나 갈등의 조정자로 보는 것이 아니라 그 이상의 것 그러니까 민주화의 촉진 수단이나 법치주의의 수호자 등으로 인식하는 데에서 비롯되는 경향이 적지 않다.

2. 비공식적 조정수단

옴부즈만에게 부여되어 있는 법적, 제도적 권한이 효율적으로 운영되기 위해서는 이런 도구를 행사하는 과정의 환경적 조건이 얼마나 옴부즈만의 활동에 친화적이냐에 따라 크게 영향을 받는다. 따라서 그런 환경을 창출하려는 운영전략이 필요하기 마련이다. 보다 구체적으로는 정치적 지지기반의 확장과 정통성 신장에 유의해야 한다는 뜻이다

1) 대외 관계

옴부즈만에 대한 사회적인 신뢰나 정치적 지지의 기반이 공고할 경우 권위의 토대가 강화되고 그에 따라 옴부즈만에 의한 조정의 역할이 보다 용이하게 수행될 것은 당연한 이치이다. 이를 위해서는 먼저 언론과의 네트워크를 구축해서 여론의 지지를 확보하도록 노력하는 일이 선결과제 가운데 하나다(Finkel, 2012). 민원에 내포되어 있는 갈등 조정을 위해 옴부즈만이 나서는 경우 옴부즈만의 입

장이나 프레임이 정해지면 사실상 이를 노출하지 않을 수 없다. 그러나 이를 두고 특정 이익 집단의 이익을 대변하려는 것이라고 매도되는 경우 원활한 갈등 조정이 쉽지 않게 될 것도 물론이다. 특정 사례가 언론에 부각되는 경우 오히려 이해당사자들로 하여금 합의에 이르기 어렵게 만들 위험성도 있다(Uggla, 2012). 성공적으로 갈등 조정 역할을 수행하기 위해서는 언론과의 우호적인 관계, 특히 적극적 후원 관계 구축이 관건이라는 뜻이다(Finkel, 2006: 11).

언론뿐만이 아니다. NGO, 기업, 종교단체, 정당 같은 국가 외부의 여론 선도 기관과 협력적 공조 체제를 구축하는 일도 매우 중요한 과제다. 이를 위해 정치적으로 판단하고 활동할 수 있는 능력을 개발하는 일에 주력해야 한다(Beckman & Uggla, 2016: 127). 무엇보다도 정치 자본(political capital)의 축적이 필요하다는 뜻이다(Beackman & Uggla, 2016: 129). 정치사회적인 지지를 동원하고 정당성 기반을 구축하는 일 없이 옴부즈만이 사회적인 신뢰를 축적하고 그 결과 갈등 조정에 필요한 권위를 확보하기는 쉽지 않다. 따라서 각종 옴부즈만 활동 관련 보고서나 자료집을 언론은 물론이고 행정부, 대학, 사설 연구소, NGO 단체 등에 적극적으로 배포하고 공유할 필요가 있다. 옴부즈만 스스로가 각종 사회단체 모임이나 세미나, 워크숍 등에 적극적으로 참여하고 홍보 전담 부서를 통해 대외 홍보활동을 능동적으로 펼쳐야 한다.

행정관리 차원에서는 독립적인 재정 자원과 인적 자원을 확보하는 일이 긴요하다. 그렇지 않을 경우 정부와 이해가 충돌되는 과제를 다루거나 옴부즈만의 사회적인 영향력이 지나치게 커지는 경우 다양한 형태의 제약이 가해지게 된다. 이 점은 이미 앞 장(章)에서도 논의된 바 있다. 소련 최초의 옴부즈만이 체르노빌 사태와 관련한 입장 때문에 정부로부터 정치적 보복을 당해 폐쇄되었음은 잘 알려져 있는 바와 같다. 정치적 보복의 흔한 방법으로는 예산 삭감, 기관 폐쇄, 명목상의 수장이나 허수아비 관료를 임명해서 무력화 시키는 것 등이 흔히 동원된다. 이럴 경우 의회로부터의 지지가 높으면 일종의 정치적 보호막으로 작용하게 된다. 독립 예산 제도를 도입하거나 옴부즈만에 대한 인사권 행사 시 의회 동의 절차를 필수적 과제로 하는 등 보다 정교하고 강력한 법률을 통해 기관 독립성을 보장할 필요가 있다. 그러나 이런 경우 옴부즈만의 설치 자체가 어려워진다는 문제가 있다. 다양한 방식으로 이에 대응할 수 있는 전략을 개발하는 일이 중요한 과제로 제기된다(Ward, 2009).

정부 내부적으로는 의회를 적극 활용하는 전략적 프레임이 개발되어 있어야 한다. 보고서의 제출이나 관련 법률의 개정안을 제시함으로써 국회의원의 관심과 이해를 높이는 것은 물론이고 그 과정을 통해 사회적 쟁점을 부각시켜 정치권으로 하여금 정치적 현저성이 매우 높은 과제로 인식할 수 있도록 유도하는 전략적 판단과 노력이 요구된다.

2) 대내 관계

정부 내부적으로는 옴부즈만이 지키고자 하는 가치의 중요성을 인식, 공유토록 하는 일이 핵심적 과제이다. 이 경우 기관 차원에서 상대하는 일도 중요하지만 그 기관을 구성하고 있는 관료 개개인을 상대로 이해를 구하고 가치를 공유하도록 노력하는 전략이 보다 더 효율적이다. 정부 내부의 여러 기관에 대해 자문관이나 보좌관의 자세로 접근할 필요가 있음을 뜻한다. 특히 민원 관련 행정관료로 하여금 좋은 행정을 구현하기 위해 어떤 가치 준거와 행동 양식이 필요한 것인지를 보다 구체적으로 개발해서 제시해줄 필요가 있다. 예컨대 행정과정의 경제성이나 대표성 내지는 형평성을 담보하기 위해서는 어떤 표준적 질서가 필요한지를 알려주어야 한다. 특히 필요로 하는 행위 교범이나 좋은 행정에 대한 실천적 전략을 관련 행정관료나 행정기관이 손쉽게 채득하고 접근할 수 있도록 지원해 주어야 한다.

보다 광범위하고 포괄적인 권한이 주어지는 것도 중요하지만 단순히 제도적으로 그런 권한이 주어지는 것만으로는 부족하다. 옴부즈만에게는 자신에게 주어진 권한을 행사하는 과정에서 상대방을 설득하고 호소하는 데 필요한 전략적 접근 시각과 의사소통 능력이 개발되어 있어야 한다. 그런 의미에서 옴부즈만이나 그의 조력자를 상대로 상담능력 강화를 위한 교육훈련 과정을 개발하는 일은 필수 과제 가운데 하나다.

무엇보다 중요한 것은 옴부즈만 스스로가 자신의 일거수일투족을 대외홍보와 연계시켜 펼치고자 하는 전략적 마인드를 갖추고 있어야 한다. 홍보 전담 기구를 설치하고 홍보는 옴부즈만의 기관 속성 가운데 하나라는 인식으로 임해야 한다. 이를 위해서는 옴부즈만 자체의 운영 양식이 개방성, 투명성, 참여성에 기초해야 할 것은 물론이다. 프라이버시 등을 이유로 기밀성을 필요로 하는 부분을 제외하고는 옴부즈만과 관련 행정관료나 행정기관과의 교신 전체를 실시간 공개하는 방안도 고려해 볼 만한 일이다.

V. 옴부즈만 갈등 조정의 한계

옴부즈만 자체가 자기 제어력에 의존하는 존재라는 점을 유의해야 한다. 옴부즈만에게는 옴부즈만이 수행해야 하는 기관 목표가 구체적으로 규정되어 있지 않는 것이 보통이다. 이는 옴부즈만의 기관 특성에 해당되는 일이다. 따라서 옴부즈만은 지능권력을 동원하여 스스로 자신의 역할 정향을 정해 나가야 한다. 민원의 해소, 개인 고충의 해결, 행정개혁 및 대안의 개발, 국민권익의 보호 중에서 어느 곳에 강조점을 둘 것인가는 전적으로 옴부즈만 개개인이 자신의 상황 조응적 판단에 따라 결정해야 할 과제다. 그런데 갈등 조정의 과제는 이 가운데 우선 고충민원의 해결에 초점을 맞추자는 것에 다름 아니다. 그 결과 옴부즈만이 개인의 고충 해결 문제에 몰입하는 경우에는 보다 더 본질적이고 구조적인 과제의 해결에 대해서는 상대적으로 비중 있게 다루지 못한다는 문제를 낳는다.

민원의 해결 과정에서 이익충돌을 화해시키고 갈등을 조정하는 일 자체에도 자기모순적인 요소가 내포되어 있다. 민원인과 관련 행정관료나 행정기관 간의 갈등을 개인 차원의 이익과 공공 차원의 이익이 갈등적, 대립적 관계를 구축하는 것으로 단순화시켜 볼 수는 없다는 데에 문제의 핵심이 놓여 있다. 사익과 공익이 때로는 갈등적, 대립적 관계를 구성하지만 때로는 상호 지지적, 보충적 관계를 구성하기도 하기 때문이다. 정부는 때에 따라 자신의 이익을 우선적으로 추구하지만 때로는 시민의 이익 보호를 우선하기도 한다. 시민 개개인의 이익도 때로는 사적인 것이지만 때로는 집합적이고, 나아가 집단이나 사회 전체를 위한 것이기도 한 이중성을 지녔다. 또한 행정에 따른 이익이 시민 개개인의 이익을 증대하기도 하고 개인의 이익이 행정의 이익을 증대시키기도 하는 관계에 있다. 서로 변증법적 상호작용의 관계를 구성한다는 뜻이다. 따라서 민원인과 관련 행정관료나 행정기관과의 관계를 어떤 단선적 또는 일원적 관계로 이해하고 이분법적으로 구분해서 조정하는 것은 스스로 한계를 내포하지 않을 수 없다.

특히 옴부즈만에 의한 갈등의 조정은 갈등 관련 당사자들 간의 균형점을 찾는 일일뿐이지 결코 옳고 그름을 따지는 영합 게임에 나서자는 것이 아니라는 점에 유의할 필요가 있다. 민원의 성립 여부를 판정하는 단계에서는 준법성의 여부나 행정정의를 구현하는 문제와 연동하여 다루지만 문제를 해결하는 단계에서는 객관적인 준법성이나 행정정의의 잣대로만 문제 해결에 나서고자 하는 것은 아니라는 뜻이다. 갈등의 당사자들이 동의하고 순응하는 것이야말로 관련 당사자들로써는 행정정의가 지향하는 궁극적인 행복에 다름 아니다. 그렇기 때문에 비록 조정이 성취되었다고 하더라도 그 결과가 객관적인 눈이나 사회통념상 정의롭지 않을 가능성은 얼마든지 열려 있다. 이는 결코 바람직한 귀결은 아니지만 옴부즈만 운영의 현장에서는 이런 결과를 낳는 것이 보통이다. 그렇기 때문에 단순히 정부에 대한 시민사회의 비판과 공격의 예봉을 둔화시키려는 장치 이상도 이하도 아니라는 비난이 제기되는 것도 사실이다 (Wiegand. 1996: 120). 정부에 내재되어 있는 구조적인 한계나 모순을 혁신하는 대신 최소한의 비용 지출을 통해 현상을 유지하는 데에 부역하는 결과가 된다는 비판에 다름 아니다. 기득권의 유지를 위한 반혁명적 역군 내지는 보수주의의 파수꾼과 유사하다고 평가하는 이유다. 시민으로 하여금 대안 현실의 탐색에 대한 책무를 잊은 채 현상 유지의 안락함 내지는 잠정적 평화에 탐닉하도록 유인하는 요소를 지녔다는 것이다(Miewald, 1983: 80).

또한 갈등의 조정 과정에서 옴부즈만이 갈등 관련 당사자들 사이에서 중립적 균형점을 찾고자 하고 어느 한쪽을 편들지 않는다고 하지만 이는 대표적인 인식 오류이며, 운영 실제에 있어 중립을 지키기는 어려운 일이다. 옴부즈만이 스스로 균형점을 찾고자 노력하는 일을 방기한다는 뜻이 아니라 의도하지 않게 최소한의 균형점을 찾기조차 어렵게 되는 것이 조정 현장의 실제라는 뜻이다. 아무리 조정에 들어가기 전에 갈등 관련 당사자들로부터 자유로운 환경 속에서 조정에 대한 동의를 구한다고 하더라도 그 동의의 권유 과정 자체가 기존의 사회적, 문화적, 정치적, 경제적 기득권이나 우월적 지위로부터 자유로운 가운데 진행되기가 쉽지 않기 때문이다. 인종차별이나 종교적 편견으로 인해 또는 경제적 취약계층이나 사회적 소수집단이 사회경제적으로 우월한 지위에 있는 갈등의 대상자와 동등한 입장을 견지하기가 현실 세계에서는 결코 쉽지 않다.

이는 조정의 결과 갈등의 당사자들 사이에서 합의가 이루어지는 과정에서도 같다. 아무리 자발적 동의에 따라 합의점을 찾는다고 하더라도 사회경제적 기득권자의 우월적 지위에 따른 불공정 합의를 벗어나기가 쉽지 않다. 이런 경우 옴부즈만은 그런 불공정하거나 내용상 저급한 성질의 합의를 단지 명목상 당사자 간에 이루어진 합의의 결과라는 이유만으로 용인하고 모른 척 불개입의 원칙을 견지하는 것이 과연 온당한 일이냐의 문제가 제기된다. 이는 옴부즈만이 제3의 중립적 조정자로써 견지해야 하는 역할 규범을 무시하고 자신의 의견이나 판단을 적극적으로 개진해서 그런 불균형을 바로잡아야 하느냐의 문제와 직결되는 과제다. 조정자로써의 역할이 단순히 갈등이 종결되는 데에 모아져 있는 것이라고 한다면 갈등의 조정 과정에서 야기되는 공정성이나 행정정의의 구현 문제는 이를 무시하거나 외면해도 좋으냐는 과제가 제기되는 것이다.

앞에서 살펴 본 바와 같이 자유로운 상태에서 자발적으로 동의하고 합의에 이르렀다는 사실 자체가 정의로운 것 아니냐는 주장이 제기될 수도 있는 일이기는 하지만, 이는 합의에 이르는 당사자들이 권력적으로 불평등하지 않은 상태에 있을 때에나 타당한 일이다. 문제는 이런 불평등 관계로부터 자유로운 환경은 이상 사회에서나 가능하다는 데에 있다. 일상의 현실 세계에서는 공정하고 평등한 환경 속에서 갈등의 당사자들이 합의에 이르는 일이란 사실상 불가능하다는 점이 문제다. 무엇보다도 그런 합의가 정의로우려면 과정의 공정성뿐만 아니라 합의의 결과물이 당사자들뿐만 아니라 그들이 사는 사회공동체 전체에게도 정의로운 것이어야 한다. 갈등 당사자들에게만 이로운 일이 사회 전체에게는 해로울 수도 있는 일이기 때문이다.

이렇듯 조정에 의한 갈등의 해소는 그 갈등의 본질에 해당되는 사회구조적인 문제의 개혁이나 시정 없이 임시방편으로 일회적인 갈등의 봉합에 지나지 않을 가능성이 매우 높다는 점도 문제다. 이럴 경우 그런 사회구조적인 문제가 계속해서 다른 사람들에게도 상처를 입히거나 손해를 끼치는 일이 지속되는 결과를 낳는다. 그런 점에서 조정에 의한 갈등 해소는 단지 갈등 당사자들의 불만을 잠재우기 위한 임시방편 내지는 미봉책에 지나지 않는다는 비판에 직면한다.

조정을 통한 갈등의 해결은 또한 국가의 대 사회관계에 대한 지배력 내지는 장악력에 대한 심각한 도전을 제도화하는 성질을 지녔다. 국가의 의사를 대변하는 법적 절차나 규범과 관계없이 갈등 당사자 간의 합의만으로 분쟁을 조정함으로써 사적 이익의 확보 차원에서 문제 해결에 이르고자 하기 때문이다. 그런데 국가는 그의 존립 이유를 소수자 보호 내지는 개인의 기본권 보장에 두는 만큼 이런 국가권력에 대한 중립화 시도 내지는 권위의 훼손은 결과적으로 개인의 권익이나 소수자의 인권 보호를 취약하게 만드는 결과가 된다(Wiegand, 1996: 125).

바로 이런 문제에 대한 대안 가운데 하나가 옴부즈만으로 하여금 보다 공정한 행정, 국민권익의 보호, 정의로운 사회의 구현을 위해 행정과정에 대한 민주적 통제에 나서도록 하는 것이다. 그러나 그런 행정통제의 준거율을 어디에 두느냐에 따라 옴부즈만에 의한 개입과 조정의 성질은 달라진다. 법적 기준, 좋은 행정의 표준으로 용인된 기준, 옴부즘만이 머릿속에 그리는 상상 속의 표준, 집단의 집합적 의사결정에 의한 결과물, 집단 구성원의 법률 준수 과정에서 얻은 경험과 그에 기초한 추상적 기준 등 실로 다양한 통제기준의 설정이 가능하다. 부언하면 옴부즈만이 조정을 통해서 얻게 되는 합의의 결과물 내지는 행정통제의 준거율이 기존의 법률적 준거율과 합치한다는 보장은 없다. 합법적이지 않은 조정의 결과가 얼마든지 가능하다. 아니 합법적이지 않더라도 관련 당사자들이 합의에만 이를 수 있다면 이를 적극 권장하는 것이 바로 옴부즈만의 기능적 특성 가운데 하나다. 따라서 옴부즈만은, 준법성, 일반 법칙, 비명문 법칙, 비공식 기준, 추상적 표준 가운데 어느 것이 자신의 정체성 유지에 합당한 것인지를 그때그때 스스로 결정해야 하는 과제를 부담으로 안는다.

따라서 이때 옴부즈만이 선택하는 행정통제의 준거율은 그때그때의 사회적 통념에 부합하는 것을 선택한 결과물이 될 가능성이 크며, 그렇기 때문에 옴부즈만에 의한 행정통제는 사회적 통제(social control)의 한 양식에 다름 아니라고 말할 수 있게 된다. 그러나 갈등을 조정하는 과정에서 옴부즈만이 탈정치적 입장을 견지해야 한다는 점은 옴부즈만이 견지해야 하는 최우선적인 역할 규범 가운데 하나다. 부언하면 옴부즈만이 갈등의 조정 과정에서 중립적이어야 한다는 말은 정치적 배려를 배제해야 한다는 뜻이고, 이는 결과적으로 옴부즈만에 의한 행정 통제가 사회적 통제이면서 동시에 비정치적이어야 한다는 모순적 주장에 다름 아니다. 여기에 더해 행정 통제라는 말에는 탈정치적 통제라는 점에서의 행정 통제라는 의미와 행정부를 통제 대상으로 삼는다는 점에서 행정 통제라고 하는 의미의 두 가지 뜻이 함축되어 있어 혼란을 가중시키는 측면도 있다.

또한 빈발민원의 해소를 위해 옴부즈만이 관련 법률의 타당성을 검토하거나 새로운 법률안을 제시하고 나아가 헌법재판소에 기존 법률의 합헌성 여부를 문의하는 등 민원 관련 갈등 조정을 위해 일반적인 원칙이나 기준을 모색하고자 하는 경우, 이는 특정 민원의 개별 사례에 전념하려는 미시적 접근 시각과 갈등적 관계를 구성한다. 이런 충돌을 순화하기 위해 사익과 공익이 변증법적 변용을 거듭한다는 설명으로 정당성을 확보하려고 하지만 갈등 조정 활동의 현장에 당면해서 보면 실제 어느 곳에 초점을 맞추어야 하는 것인지가 분명치 않다. 갈등 조정을 위한 보조 장치로서 조사권을 행사할 수 있지만 어디를 어느 방법으로 조사할 것인지를 정하는 것도 오로지 옴부즈만의 자의적 판단에 달려 있다. 이런 조사 방법이나 대상 선택의 자유는 행정 통제의 준거율을 정하는 데에서도 같다. 어느 행정문서에도 접근 가능하고, 무제한적인 접근권이 보장된다. 옴부즈만이 행정부에 속하지 않는 경우에도 행정부의 문서나 정보에 무제한적으로 접근할 수 있는 권한을 부여한다. 이는 옴부즈만이 행정부로부터 독립적이라는 데에서 비롯되는 결과다. 그러나 시정조치권고권을 상기해 보면 옴부즈만은 권고를 위한 자의적 의사결정권과 행정부에 대한 자의적인 간여 내지는 제안권 행사가 가능하게 되어 있음을 뜻한다. 이 점에서 보면 옴부즈만은 간여와 독립 사이에서 모순적 관계에 놓여 있는 셈이다. 갈등의 조정을 위해서는 행정의 기존 질서를 흔들어 놓는 일이 옴부즈만의 역할 같아 보이지만 다른 한편으로는 어느 정도 흔들 경우 더 이상 흔들어서는 안 된다는 판단을 요구하는 모순적 관계도 설정되어 있다. 이런 모순적 관계 속에서 조정 활동을 전개해야 하는 것이 갈등 조정 기구로써의 옴부즈만이 짊어지고 있는 숙명적 과제이자 한계이기도 한 것이다.

제11장

옴부즈만의 사례 분석

I. 한국 옴부즈만의 발흥 배경

한국 사회는 전통사회로부터 산업사회로 전환하는 과정이 완결되기도 전에 정보사회로 진입하면서 중층적 복합 구조를 이루게 되었다. 그 결과 어떤 일원적인 원리나 가치관 내지는 이해관계가 사회구성원 전부를 관통하거나 연결하기가 어렵게 되었다. 이익의 공유나 상징적 통일의 성취가 지난하게 된 것이다. 여기에 더해 정보사회의 도래는 그 자체만으로도 파편적 사회관계를 심화시키는 성격을 지녔다. 사이버 공간은 대화를 촉진하는 것이 아니라 일방적 의사소통의 중층화를 낳을 뿐이며, 인격적 만남이 아니라 기능적 대면이나 교차를 가져올 뿐이라는 주장이 세를 더하고 있다. 이렇듯 정보사회는 그의 초기 기댓값과는 달리 대화와 조정의 기회가 원초적으로 차단되는 성격도 동반한다.

이런 가운데 권위주의 시대로부터 절차적 민주주의 시대로 이행하게 되자 잠재적 갈등이 활성적 양식으로 표출하게 되었다. 여기에 더해 단순히 절차적 민주화에 안주하지 않고 실체적 민주화를 압축적으로 성취하려는 의지가 더해지면서 구체제의 청산과 새로운 권력관계의 창설이라는 권력 투쟁적인 요소가 가미되었다. 이는 그렇지 않아도 분출할 기회를 노리고 있던 사회적 갈등관계에 휘발성을 더하는 셈이 되었으며 기존의 갈등관계 외에 새로운 갈등을 추가하는 꼴이 되었다. 그만큼 사회관계의 불안정 요소가 커진 셈이다. 이는 "촛불 민주주의" 시대의 도래 이후 보다 더 심화되는 경향마저 있다.

형편이 이럼에도 불구하고 갈등 조정자로서의 국가 권력은 오히려 왜소화의 길을 걷고 있다. 원래 한국 사회에서는 건국과 한국전쟁의 진행과정을 통해 외삽적 반공 이데올로기가 강력한 국가중심주의를 정당화하는 이념적 기반으로 작용했다. 이는 다시 발전주의에 매료된 군부 권위주의 체제의 등장을 통해 강화되는 바 있었다. 그러나 이를 통해 이루어진 압축적 경제성장의 과실은 역설적으로 국가와의 관계에서 시장의 비중을 높이는 결과를 낳았다. 때 마침 불어닥친 지구화와 자본의 무국경화 현상은 시장의 자율성 정도를 보다 더 확대, 강화시켜주었다. 국가 권력의 시장에 대한 침투력 저하를 불러 온 것이다.

이런 수평적 관계에서의 국가 권력 축소 현상 외에도, 수직적 관계에서의 국가 권력 감소 현상도 진행과정에 있다. 지구화가 진전되면서 지구 국가 현상이 심화되고 지방분권에 대한 수요가 증대하면서 전통적인 의미의 중앙정부 기능을 부분적으로 상향 또는 하향 이양하도록 강요받게 된 것이다. 작은 정부로의 변화는 국가 외부와의 관계에서뿐만 아니라 국가 내부에서도 진행되고 있다. (중앙) "정부는 이제 큰 갈등을 조정하기에는 너무 작고, 작은 갈등을 관리하기에는 너무 커" 비효율적인 갈등관리 기구가 되어 버렸다.

특히 정보사회의 급진적인 전개는 국정운영의 양대 축이라고 할 수 있는 행정적 대리인과 정치적 대리인의 갈등조정 기능을 급속히 무력화하는 결과를 낳았다. 정치적 대리인은 대의제의 원리에 따라 활동할 것이 기대되는 존재다. 그러나 기존의 대의체제는 갈등관리의 수요에 적합한 제도적 장치의 개발에 유의하지 않았다. 과거 권위주의 시대에는 물리적 강제력이나 폭압적 통제를 통해 갈등의 표출 자체를 억제하거나 외면함으로써 표피적으로나마 갈등을 잠재우는 일이 가능했다. 그렇기 때문에 갈등관리에 필요한 제도적 장치의 개발에 유의해야 할 필요가 없었다. 그러나 87년 체제 이후 민주주의로의 이행이 시작되면서 잠재적 갈등은 현재화하게 되었으며 정책과정의 민주성에 대한 사회적인 수요는 폭증하게 되었다. 이는 촛불 민주주의 시대의 도래를 통해 급진 민주주의에 대한 수요로 활성화되었다. 그러나 이를 조정 관리할 제도적 장치의 정교화 작업은 지체를 거듭하고 있다.

이렇게 한국 사회는 지금 사회구조의 복잡화, 국가 권력 비중의 축소, 대리인 체제의 무력화, 갈등 관리를 위한 관행적 장치의 미비 등 국정운영 전반에 걸쳐 갈등 관리 체제의 무력화가 복합 구조를 이루는 한 가운데에 놓여 있다. 그런 만큼 이런 국가가 마련하는 사회문제 해결 양식이나 대안이 적실성, 적시성, 효율성, 합목적성 등을 담보하기 어려울 것은 정한 이치와 같다. 그렇기 때문에 국가가 사회문제 해결을 위해 권력을 행사할 경우 행정권의 부적절한 운영으로 이어지면서 국민 고충 유발이 일상화할 것은 너무나도 당연한 일이다. 이런 문제의식은 권위주의 정부가 물러가고 문민정부가 들어서자 다양한 양식의 행정개혁 시도로 구체화되어 나타났다.

그러나 대부분의 시도가 선진국의 개혁 전략을 모방하는 한계에서 벗어나지 못했다. 한국 사회가 당면한 최대 현안 과제라고 할 수 있는 국민 고충 해소에 주력하고자 하는 개혁 전략의 개발은 이를 찾아보기 어려웠다. 국가와의 관계에서 발생하는 대부분의 국민 고충이 행정권의 오남용에서 비롯되는 것이지만 행정개혁을 위한 행정권 행사 과정 자체가 중앙집권적이거나 독선적이고 권위주의적이라는 비판을 넘지 못했다. 문민정부가 신한국 창조를 외치며 신자유주의에 기초한 신공공관리론 차원의 국정개혁을 도모한 이래 김대중 정부에서도 외환위기의 뒤처리로 인해 신자유주의에 매몰되고 말았다. 이는 일견 자연스러운 귀결처럼도 여겨진다. 그러나 개혁 과정 자체가 관 주도형, 집권형, 경영형 전략의 한계를 벗어나지 못했다. 참여정부는 행정문화의 개혁에 주력하면서 성과관리 개념의 확산과 함께 거버넌스 도입을 위해 노력했다. 그러나 개혁의 초점이 분산되면서 집중과 선택에 따른 효율성을 외면하는 결과가 되었다. 오히려 지향하는 개혁 가치 간의 충돌도 적지 않았다. 이명박 정부는 실용주의를 표방한 탓에 국정개혁을 주도하기에는 시장자본주의와 신자유주의에로의 편향이 너무나 컸다. 박근혜 정부도 신공공관리론의 연장선상에서 성과평가와 산출 지향형 정부 운영에 주력한 결과 사회 갈등 관리는 오히려 이를 외면하는 결과를 낳았다.

역대 정부가 한국 사회의 문제를 한국 사회 자체의 수요와 관점에서 판단하고 처방전을 모색하기보다는 그 시기 지구촌에 유행하는 개혁전략을 모방, 도입하는 과정에서 오히려 당면 과제를 악화시키는 오류와 모순을 낳았다. 신자유주의가 지향하는 경제성 제일주의와 획일적인 사회문제 해결 전략이 오히려 국민 고충 유발 요인을 확장하는 결과가 되었음은 이를 부정하기 어렵다. 그렇다고 해서 점증하는 국민 고충에 조응하려는 정부의 노력이 철저히 외면되었던 것은 아니다. 결코 효율적이라고 할 수는 없지만 점증하는 행정민원을 관리하려는 정부 중심의 노력이 지속적으로 전개 되었다. 그 결과 오늘날 국민 고충의 해결 업무를 담당하는 국민권익위원회를 국가 옴부즈만으로 지목하게까지 되었다. 그러나 국민권익위원회가 한국 사회의 폭증하는 국민 고충 해소에 적절히 대응하고 있느냐에 대해서는 결코 적지 않은 비판이 제기되고 있다. 여기에서는 국민권익위원회를 중심으로 한국 사회 옴부즈만의 운영 실제를 점검해 보고 그에 대한 대안을 모색하고자 한다. 이를 위해 국민권익위원회의 여러 역할 가운데에서도 과거 국민고충처리위원회가 담당했던 고충처리국의 활동을 중심으로 논의를 전개하고자 한다. 과거 국민고충처리위원회가 다루었던 역할이 전통적인 의미의 옴부즈만 역할에 가장 근접하는 것으로 여겨지기 때문이다.

II. 한국 옴부즈만의 운영 현황

1. 한국 옴부즈만의 전개 과정

옴부즈만은 국가의 행정작용으로 인해 발생한 국민 고충이나 민원을 권고적 조정을 통해 해결하고자 한다. 이를 국가 기구의 관점에서 보면 제3자의 입장에서 행정기관과 민원인 사이를 조정, 중재하자는 것이지만, 민원인의 입장에서 보면 정부와의 관계에서 발생하는 자신의 고충과 민원을 정부를 상대로 털어놓을 수 있는 의사소통의 통로이자 국민 참여의 한 양식에 해당된다. 그런 점에서 옴부즈만은 국민주권의 행사라는 민주주의의 철학적 가치를 구현하는 도구 가운데 하나로 간주된다. 민주정체 아래에서나 가능한 제도적 장치라는 뜻이다. 그러나 한국 사회의 경우 근대 입헌 민주주의 체제가 들어서기 이전에도 국민 고충을 청취하고 민원을 해소하고자 마련된 제도적 장치가 없지 않았다. 오늘날의 관점에서 보면 국민의 존엄성을 반영하려는 것이라기보다는 왕권의 은사적 조치이거나 기득권을 지키려는 권력 관리 차원의 장치이기는 했지만 국민의 고충을 경청하려 했다는 점에서 오늘날의 옴부즈만과 유사한 성질을 지녔다.

우선 근대 정부와 가장 가까운 시기에 활동했던 것으로는 조선시대 국민의 권익을 보호하고 구제하기 위한 기관으로 사헌부(司憲府), 의금부(義禁府), 및 암행어사 제도가 있었다.[1] 사헌부는 중앙과

1) 문용린(2009: 15-17)을 주로 참조했다.

지방의 행정을 감찰하고, 관리를 규찰하며 풍속을 바로잡고, 사건을 심리하여 탄핵을 주관하고 종친(宗親)과 문무백관을 규탄함은 물론이고 국왕에 대해서도 극간(極諫)하는 일을 본령(本領)으로 삼았다. 시정(時政)의 옳고 그름을 분별하여 밝히고, 관리들의 비행과 불법행위를 따져 살피는 동시에 백성들이 원통하거나 억울한 일을 당했을 때 이를 풀어 주며, 지위를 남용하거나 오용하는 것을 막는 등 국정 전반에 걸쳐 힘이 미치지 않는 분야가 없었다. 관리의 비행에 대한 탄핵 감찰권과 일반 범죄에 대한 감찰권, 인사와 법률 개편에 대한 동의권과 거부권을 행사하는 서경권(署經權)까지도 지니고 있어 오늘날의 감사원과 유사한 기능을 수행한 것으로 평가된다(위키백과, 2018). 그러나 이를 민원해소와 관리의 부패방지라는 차원에서 보면 오늘날의 옴부즈만과 유사한 기능을 수행했던 셈이다.

의금부는 전반적으로 양반 관료 또는 외국인의 범죄, 역모죄, 유교사상에 어긋나는 일 등 중대한 범죄에 대한 재판권을 행사했다. 그런 점에서 오늘날의 경찰이나 국가정보원같이 국가 안보와 관련된 정보를 수집하거나 사법부같이 분쟁을 재결하는 업무를 수행했다는 뜻이 된다. 그러나 의금부 소속 관청인 당직청에 신문고를 두고 교대로 번(番)을 서면서 사서(士庶)의 고첩(告牒)과 원억(冤抑)의 신소(申訴)를 받았다는 점에서 보면 오늘날의 종합민원 행정처리 기구와 유사한 역할을 수행했던 셈이다(위키백과, 2018a).

암행어사는 중종 4년(1509)에 처음 암행어사라는 용어가 등장한 이래 약 400년 동안 지속하면서 지방 수령, 방백들의 부정행위를 규찰하거나 방지하는 일을 담당했다. 고종 29년(1892)에 마지막으로 암행어사를 임명한 후 폐지되지만 주로 지방 수령이 그의 임무인 7사

(농사와 양잠을 성하게 하고, 호구를 늘리며, 학교를 일으키고, 군정을 닦고, 부역을 고르게 하고, 소송을 간명하게 하며, 간활을 그치게 할 것)를 제대로 거행하고 있는지의 여부와 행정실적의 허위보고 유무 등을 조사하는 일을 맡았다. 조사 결과 부정부패 등의 증거가 명백한 경우 옥에 가두고, 국문하거나 또는 신문할 수 있도록 강력한 징계권을 부여했다(시사상식사전, 2018). 이렇듯 국가가 국민 고충을 해결하거나 부패를 척결하고자 하는 제도적인 장치 외에 국민이 자신의 고충을 국가에 전달하기 위한 수단으로는 신문고가 운영되었다. 신문고는 태종 2년(1402년)에 도입되어 억울한 사정이 있는 국민이 대궐 밖 문루에 있는 북을 두드리고 고충을 하소연하면 왕이 이를 직접 듣고 처리해주는 제도였다. 그러나 사소한 일까지 신고하거나 문고를 두드리는 등 부작용과 무질서가 초래되자 그 사용이 엄격히 제한되었다. 연산군 때 폐지되었다가 영조 47년(1771년)에 다시 부활되어 병조(兵曹)에서 관리했다(위키백과, 2018b). 이와 유사한 기구로는 고려 시대의 어사대(御史臺)를 들 수도 있다. 어사대는 "풍속을 바로잡고 관리들의 부정과 비위를 규찰하고, 탄핵하는 일"을 맡았다. 그러나 실제로는 어사대가 독자적인 활동을 펴기보다는 중서문하성의 간관(諫官)인 낭사(郎舍)와 상호불가분한 관계에서 직무를 수행했다. 이 경우 언관(言官)으로써 왕을 보필하는 역할에 머물렀기 때문에 국민 권익구제 역할을 수행하는 온전한 기구로 보기는 어렵다는 평가도 있다(한국민족문화대백과, 2018). 여하튼 비록 오늘날의 옴부즈만처럼 국가권력에 의해 촉발된 민원만을 다루는 것이 아니라 사인 간의 갈등 문제도 다루는 것이기는 했지만 기본적으로 백성 친화적인 권력운용에 나서고자 하는 배려가 있었음에는 틀림없다.

이런 국정 운영 양식은 대한민국 정부수립과 함께 근대 정부가 들어서면서는 국민의 민원을 공정하고 신속·정확하게 처리하려는 노력으로 구체화되어 나타났다. 이는 우선 1949년 10월 8일 「행정사무처리 간행령」(대통령령 제197호)을 제정·공포하는 데에서 비롯된다. 그러나 건국 초기의 무질서와 한국 전쟁, 4.19 혁명 같은 사회 혼란이 이어지면서 민원행정에 관심을 기울일 여유가 없었다. 이후 제3공화국이 들어서면서 1963년 11월 11일에는 「민원서류처리규정」(각령 제1630호)이 제정, 공포되었고, 1964년에는 행정개혁조사위원회가 설치되어 인·허가 업무 등 일부 민원업무를 개선하는 작업을 추진했다(문용린, 2009: 16).

이후 1970년 12월 9일 「민원사무처리규정」(대통령령 제5398호)이 제정·공포되면서부터는 민원 행정제도가 본격적인 체제를 갖추게 되었다. 이로 인해 민원 처리 기간과 구비서류의 법제화, 민원서식 정비 등 민원 행정제도가 개선되었다. 1971년 12월 8일에는 총무처에 정부 민원 상담실을 설치·운영하다가(대통령 훈령 제33호), 1972년 6월 9일 법정 기구화 했다(대통령령 제6236호). 출범 당시에는 감사원·내무부·총무처 등에서 파견된 인원을 중심으로 민원 안내, 민원 사항의 청취·상담, 민원 사안의 조사·확인, 알선안의 작성·시행 등의 기능을 주로 수행했다. 이후 1980년 11월 14일에는 「정부 합동 민원실 설치령」(대통령령 제10067호)을 제정하여 기존의 정부민원 상담실을 정부합동민원실로 확대 개편했다. 이 정부합동민원실은 1996년 12월 31일 국민고충처리위원회 사무처를 설치하면서 폐지되었다(문용린, 2009: 16).

이런 행정민원 처리 능력 확대 수준의 정부개혁 전략이 현대적인 의미의 옴부즈만에 눈 뜨기 시작한 것은 1993년 문민정부가 출범하면서 대통령 자문 기구인 행정쇄신위원회가 옴부즈만 제도 도입을 기획 과제로 선정하고, 정부입법을 통해 관련 법률안을 마련하면서부터였다. 이에 따라 1994년 4월 8일 국민고충처리위원회가 발족하고, 1994년 4월 7일 「행정규제 및 민원사무기본법 시행령」과 「행정규제 및 민원사무기본법 시행규칙」이 제정·공포되었으며, 1996년 12월 31일 제정된 「국민고충처리위원회사무처 설치령」에 따라 2국 1심의관 10개과의 사무처가 설치되었다. 1997년 8월 22일에는 「행정규제 및 민원사무 기본법」이 폐지되고 새로 제정된 민원사무 처리에 관한 법률에 따라 전문분야별 소위원회 제도를 도입하기 위해 위원회 위원 수를 5인에서 10인으로 보강했다. 이로써 사무처 설치 근거를 법률로 명시하고 사무처장은 상임위원 중 1인이 겸직하도록 했다. 이런 민원사무 처리 기관의 확대 노력 가운데 하나로 1999년 5월 24일에는 종합민원 상담 센터가 설치되었다. 상담과 안내 기능을 대폭 강화한 것이다. 1997년 8월 22일 제정된 민원 사무 처리에 관한 법률의 한 개 장에 근거를 두고 있던 국민고충처리위원회는 2005년 7월 29일 제정되고 2005년 10월 30일 시행된 「국민고충처리위원회의 설치 및 운영에 관한 법률」에 의해 보다 확고하고 강력한 법적 지위와 기능을 확보하게 되었다. 독립 법률에 설치 근거를 마련한 것이다. 2006년 12월 21일 군사·경찰 옴부즈만 제도를 도입하여 국민고충처리위원회 내부에 전문 옴부즈만 시대를 열었다. 군사·경찰 옴부즈만 도입은 중립적 입장에서 군사·경찰 관련 민원을 보다 원만하게 처리할 수 있게 되었다는 점 외에도 행정기관과 국민 간의 불신을 해소하는 데 기여한 것으로 평가된다. 국민고충처리위원회는 2008년 2월 29일 「부패방지 및 국민권익위원회의 설치와 운영에 관한 법률」이 제정되어 새롭게 국민권익위원회가 출범할 때까지 존속했다(문용린, 2009: 17).

2008년 1월 16일 이명박 정부의 대통령직 인수위원회는 국민의 권리 구제를 효율화한다는 뜻에서 고충민원 처리, 부패방지 및 행정심판 기능을 통합하여 국민권익위원회를 설치하고 위원회의 구성 및 운영 등에 관한 사항을 규정하기 위해 「부패방지 및 국민권익위원회의 설치와 운영에 관한 법률」을 제정했다. 그때까지 운영되던 「국민고충처리위원회의 설치 및 운영에 관한 법률」에 의한 국민고충처리위원회, 부패 방지법에 의한 국가청렴위원회, 행정심판법에 의한 국무총리 행정심판위원회를 하나로 묶어 국민권익 구제 창구를 일원화한 것이다. 다만 행정심판은 「헌법」 제107조 제3항에 따라 설치된 정부 기능임을 감안하여 국무총리 행정심판위원회가 국민권익위원회 내부에서도 독립성을 갖고 운영되도록 했다(문용린, 2009: 18).

2. 한국 옴부즈만의 운영 실태

이렇듯 국민 고충 및 민원 처리 기구가 정비되는 과정에서 관련 기관들의 전 정부적인 확산이 이루어졌다. 오늘날 광의의 옴부즈만으로 간주되는 한국의 국가기구는 실로 다양하고 또 다원적이다. 공적 영역의 중앙정부는 물론이고 지방정부 나아가 공사 영역의 중간 지대라고 할 수 있는 공기업으로까지 확대되고 있다. 기능면에서도 국가 옴부즈만으로 간주되는 것에서부터 반부패 활동에 주력하는 청렴옴부즈만 나아가 유사 옴부즈만이라고 해야 할 갈등

관리 기관에 이르기까지 실로 다양하다.

옴부즈만이 국민의 고충처리, 행정통제 및 개혁 대안 모색, 국민 권익 구제 등을 수행하는 국가기구라고 한다면 공적 영역에서 활동하는 기존의 권익구제, 행정통제, 행정형 ADR과 기능적으로 중첩하거나 관할 영역이 겹치는 경우도 적지 않다. 광의로 해석한다면 이들도 모두 옴부즈만에 해당된다.

1) 중앙정부 옴부즈만

고충민원 해결과 국민권익 구제를 목적으로 하는 중앙정부 옴부즈만으로는 기관 자체가 옴부즈만에 해당하는 국민권익위원회, 국가인권위원회, 한국소비자원, 등이 있다. 개별 중앙행정부처에 소속되어 있는 것으로는 기획재정부의 혁신성장 옴부즈만, 농림수산식품부의 수산자원보호 옴부즈만, 산업통상자원부의 산업융합촉진 국가 옴부즈만, 국토해양부의 건설현장 옴부즈만, 환경부의 시민환경감사관, 고용노동부의 고용노동행정 옴부즈만, 법제처의 국민법제관, 경찰청의 경찰위원회, 국세청의 납세자보호위원회, 관세청 옴부즈만, 병무청 병역판정옴부즈만, 산림청 민원보호담당관, 식품의약품안전청 옴부즈만, 해양경찰청 명예감찰관, 중소기업청 중소기업 옴부즈만, 경제자유구역청 옴부즈만, 방위사업청 옴부즈만, 대검찰청 검찰시민위원회 등을 들 수 있다(최유진 외, 2013: 101).

반부패 문제에 집중하는 청렴 옴부즈만은 방송통신위원회, 공정거래위원회, 교육과학기술부, 통일부, 법무부(교정청렴 옴부즈만), 행정안전부, 지식경제부(KOLAS 청렴 옴부즈만), 보건복지부, 문화체육관광부, 여성가족부, 통계청, 기상청, 소방방재청, 특허청, 행정중심복합도시건설청 등이 설치, 운영한다.

유사 기능을 수행하거나 관할 영역이 중복되어 옴부즈만에 준하는 기관으로 평가되는 곳도 적지 않다(김유환, 2005: 15-18). 행정상의 권익구제 제도로 활동하지만 옴부즈만처럼 화해와 조정의 방법을 취하는 것이 아니라 준사법적 재결의 양식을 통해 행정심판에 나서는 것으로는 지방토지수용위원회가 있고, 감사원은 국민의 권익 보호보다는 행정통제에 주력하는 기관이기는 하지만 국민감사청구제도가 국민 권익 보호의 역할을 수행한다는 사실을 부인하기 어렵다. 사학분쟁조정위원회는 행정처분을 통한 분쟁 조정이나 해결에 나선다는 점에서 옴부즈만과 유사하나 옴부즈만이 분쟁 해결 자체에 일차적 목표를 두는 것이기는 하지만 나아가 그것을 통해 궁극적으로는 국민의 권익 보호나 행정쇄신에 이르고자 한다는 점에서 볼 때는 다르다. 그러나 기본적으로는 행정과정에서 발생하는 민원을 소화하려 한다는 점에서는 다를 것이 없다.

2) 지방정부 옴부즈만

「부패방지 및 국민권익위원회 설치 및 운영에 관한 법률」은 지방자치단체 및 그 소속 기관에 관한 고충민원의 처리와 행정제도의 개선 등을 위해 시민고충처리위원회를 둘 수 있도록 했다. 이에 따라 경기도 시민고충처리위원회, 강원도 시민고충처리위원회, 서울시 서대문구 시민고충처리위원회, 서울시 구로구 시민고충처리위원회, 화성시 시민고충처리위원회, 원주시 시민고충처리위원회, 익산시 시민고충처리위원회, 제천시 시민고충처리위원회, 목포시 시민고충처리위원회, 정읍시 시민고충처리위원회, 영동군 시민고충처리위원회, 등이 설치, 운영되고 있다. 이와 유사한 것으로는 부천시 시민옴부즈만, 안양시 민원옴부즈만, 서울시 시민감사옴부즈만, 서울시 강동구 구민옴부즈만, 서울시 구로구 구민감사옴부즈맨, 서울시 서대문구 시민감사옴부즈만, 경기도교육청 민원옴부즈만, 부산시교육청 고충민원옴부즈만, 등이 있다. 전문 옴부즈만으로는 대구시 복지옴부즈만과 평택시 기업애로해소옴부즈만 등을 들 수 있다. 이들 지방자치단체의 옴부즈만은 대부분의 경우 옴부즈만을 비상임으로 구성하여 운영한다는 데에 특징이 있다(최유진 외, 2013: 102).

그러나 이들 지방자치단체의 시민고충처리위원회는 임의적 설치기관이어서 2018년 9월 현재 지방 옴부즈만을 설치·운영하고 있는 지방자치단체가 모두 34곳으로 약 14%에 지나지 않는다(김현정, 2018: 27).

3) 공기업 옴부즈만

공기업은 공법에 기초하고 국가 재정이 투입된다는 점에서 공적 영역에 속하는 것으로 간주되지만 운영원리는 사기업의 경영과 다를 바가 없다는 점에서 공사 영역의 중간지대에 속한다고 할 수 있다. 이런 기관 특성으로 인해 투입된 국가 재정이 효율적으로 운영되는지에 대한 사회적인 관심이 높다. 그 결과 대부분의 경우 반부패 문제를 다루는 청렴 옴부즈만에 주목하는 경향이 있다. 도로공사 청렴옴부즈만, 한국전력공사 KEPCO 옴부즈만, 한국철도시설공단 청렴계약옴부즈만, 대한무역투자진흥공사 청렴옴부즈만, 한국철도공사 코레일옴부즈만, 경기도시공사 클린옴부즈만, 한국광물자원공사 청렴옴부즈만, 한국조폐공사 청렴옴부즈만, 등이 대표적인 사례다(최유진 외, 2013: 103). 기능이 특화되어 있는 전문 옴부즈만으로는 한국산업단지공단의 공장 설립옴부즈만을 들 수 있다.

실로 다양하고 다차원에 걸쳐 공적 영역의 옴부즈만이 확산되고 있지만 아직 이들의 운영 실제에 대한 기초정보가 체계적으로 정리되어 있다고는 말하기 어렵다. 심지어는 국가 옴부즈만을 자임하는 국민권익위원회의 경우도 아직은 자기 진화형 변용을 거듭하는 과정에 있다.

III. 국민권익위원회의 운영 관리[2)]

1. 국민권익위원회의 업무

국민권익위원회는 국가의 행정오류로 인해 발생하는 국민의 권리나 이익의 침해를 구제함으로써 국민 개개인의 고충을 해결하는 것은 물론이고 행정작용의 적정성 유지에 기여하고자 한다. 이를 위해 기관 구성의 역사적 배경에 따라 고충민원의 처리, 부패 방지 활동, 행정심판의 업무를 나누어 다룬다. 고충민원의 처리 과정에서는 해당 민원과 관련된 행정기관의 행위에 대해 시정 조치나 제도 개선을 제안하거나, 의견 표명하고, 조사 결과를 공표하는 등 간접적이고 권고적인 양식을 통해 문제 해결에 나선다. 부패 방지 활동은 주로 홍보, 교육, 고발 등의 행정조치를 통해 이루어진다. 행정심판은 의사결정의 구속력이 인정되는 준사법적 조치이자 행정기관

2) 국민권익위원회(2015: 13-19)을 참조했다.

내부 통제의 양식을 취한다.

이를 실현하기 위해, 1) 고충민원 처리의 경우에는 고충민원의 조사·처리, 민원사항에 관한 안내·상담 및 민원 사항 처리 실태 확인·지도, 시민고충처리위원회의 활동 지원 및 협력, 고충민원을 유발하는 관련 행정제도 및 그 제도의 운영 등에 개선이 필요하다고 판단되는 경우의 의견 표명, 대통령이나 국회에 제도 개선 의견 제출, 법률 또는 조례의 개정·폐지 의견을 국회 또는 지방의회에 제출, 국민참여 포털(국민신문고)의 통합 운영, 110 정부민원안내 콜센터의 설치·운영 등을 주요 과제로 삼는다. 2) 부패 방지를 위해서는 국가청렴정책 수립·조정 및 평가, 법·제도상의 부패유발 요인 검토 및 개선, 반부패 협력 및 교육·홍보, 공직자 행동 강령 운영 등 공직윤리 확립, 부패행위 신고 접수·처리, 부패신고자 보호·보상을 통한 부패신고 활성화 등을 담당한다. 3) 행정심판과 관련해서는 행정심판제도에 관한 연구 및 총괄 조정, 국무총리 행정심판위원회가 재결하는 행정심판의 수행, 재결 사례의 전산화 등 온라인 행정심판 시스템의 구축 및 운영, 행정심판에 관한 문서의 관리, 행정심판 상담실 운영 등의 과제를 수행한다.

2. 국민권익위원회의 구성

위의 업무를 소화하기 위해 국민권익위원회에는 위원장 1인을 포함한 15인의 위원을 두고 있다. 이 가운데 위원장 1인, 부위원장 3인, 상임위원 3인을 제외한 나머지는 비상임으로 임용한다. 위원장과 부위원장 3인은 정무직(장관급 1, 차관급 3) 공무원으로 보하고, 상임위원 3인은 고위공무원단에 속하는 임기제 공무원(직무등급은 가급)으로 보한다.

행정심판 기능은 준사법 작용이므로 국민권익위원회에 전담위원회를 별도로 설치하여 운영한다. 이때 중앙행정심판위원회의 위원장은 국민권익위원회의 부위원장 가운데 1인이 겸직하도록 하고 있다. 심판위원으로는 위원장을 포함한 70인 이내의 위원을 두되, 위원 중 상임위원 3인은 고위공무원단에 속하는 임기제 공무원(직무등급은 가급)으로 보한다.

국민권익위원회의 사무를 처리하기 위하여 사무처를 두고. 사무처에 사무처장 1인을 두되, 사무처장은 위원장이 지명한 부위원장이 겸직하고, 위원장의 명을 받아 위원회의 소관 사무를 관장하며 소속 직원을 지휘·감독한다. 사무처에는 보조기관으로 기획조정실·부패방지국·심사보호국·고충처리국·행정심판국·권익개선정책국·운영지원과를 둔다. 보좌기관으로는 위원장 밑에 대변인과 법무보좌관을 두고, 사무처장 밑에 감사담당관을 둔다. 2019년 현재 위원회의 본부 기구는 1실 5국 2관 1대변인 40과이며, 정원은 468명이다. 소속기관으로는 서울종합민원사무소와 청렴연수원을 두고 있다. 서울종합민원사무소는 상담안내과, 민원신고심사과, 특별민원심사과로 구성되며 정원은 32명이고, 청렴연수원은 교육기획과 ·교육운영과 ·교육지원과로 구성되며 정원은 24명이다. 이를 그림으로 표시하면 아래의 <도 11-1>과 같다.[3]

3) 국민권익위원회(2019)를 참조했다.

<도 11-1> 국민권익위원회의 조직 도표

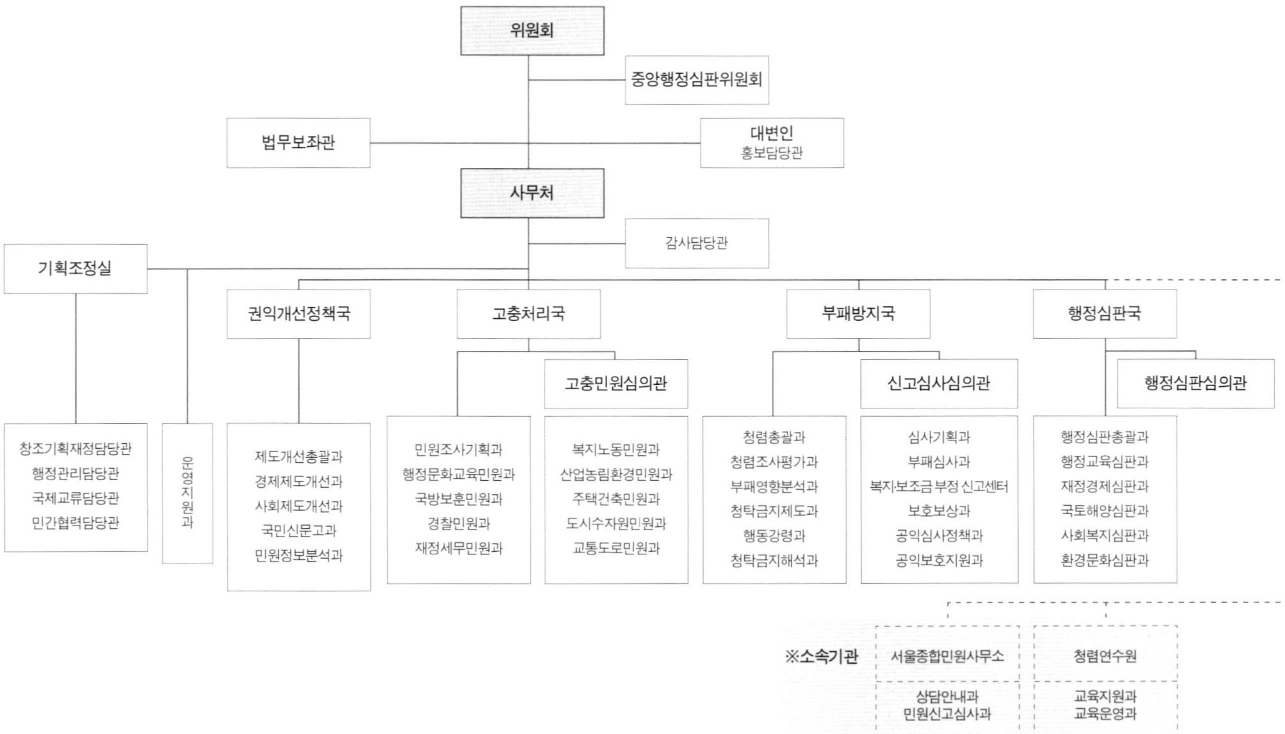

3. 국민권익위원회의 운영

국민권익위원회를 구성하는 위원장, 부위원장, 위원은 고충 민원과 부패 방지에 관한 업무를 공정하고 독립적으로 수행할 수 있다고 인정되는 자로서 법률이 정하는 자격기준에 의하여 임명 또는 위촉된다. 이때 부위원장 3인은 각각 고충민원, 부패 방지 업무 및 중앙행정심판위원회의 운영 업무를 분장하여 다루며 위원장을 보좌한다. 15인의 위원 가운데 정무직인 위원장과 부위원장은 국무총리의 제청으로 대통령이 임명하고, 상임위원은 위원장의 제청으로 대통령이 임명하며, 상임이 아닌 위원은 대통령이 위촉하고, 상임이 아닌 위원 중 3인은 국회가, 3인은 대법원장이 각각 추천한 자를 대통령이 위촉한다. 위원장은 위원회를 대표하며, 위원장이 부득이한 사유로 직무를 수행할 수 없는 때에는 위원장이 지명한 부위원장, 사무처장인 부위원장, 위원회 직제 순서에 따른 부위원장, 먼저 임명받은 상임위원 순으로 그 직무를 대행하게 된다. 위원회의 직무상 독립을 보장하기 위하여 위원장과 위원의 임기는 각각 3년으로 하되 1차에 한하여 연임할 수 있다. 위원이 궐위된 때에는 지체 없이 새로운 위원을 임명 또는 위촉해야 한다. 이 경우 후임으로 임명 또는 위촉된 위원의 임기는 새로이 개시된다. 위원은 법률에서 정한 결격사유에 해당하는 경우를 제외하고는 그 의사에 반하여 면직 또는 해촉되지 않는다.

1) 전원위원회

국민권익위원회의 위원 전원으로 구성되는 전원 위원회는 정기회의 및 수시회의로 구분하여 개최하며, 정기 회의는 월 2회 정례적으로 개최하고, 수시회의는 위원장이 필요하다고 인정하는 때 또는 위원 5인 이상의 요구가 있을 때 위원장이 소집한다. 전원 위원회는 재적위원 과반수의 출석으로 개의하고 출석위원 과반수의 찬성으로 의결한다. 다만, 위원회의 종전 의결례를 변경할 경우에는 재적위원 과반수의 찬성으로 의결한다. 국민권익위원회의 출범 이후 전원 위원회의 심의·의결사항을 보면 1) 위원회의 주요 정책 결정 및 운영에 관한 사항, 2) 다수인 관련 고충 민원에 대한 시정 권고에 관한 사항, 3) 고충 민원을 조사·처리하는 과정에서 개선이 필요하다고 인정되는 법령이나 제도, 정책 등의 개선을 권고하는 사항, 4) 고충 민원의 조사·처리 과정에서 발견한 고의·위법·부당한 업무처리에 대한 감사 의뢰에 관한 사항, 5) 위원회의 종전 의결례를 변경할 필요가 있는 사항, 6) 소위원회가 전원 위원회에서 직접 처리하도록 의결한 사항, 7) 부패방지 또는 부패행위 신고 사항 등과 관련하여 위원장이 정하는 사항, 8) 위원회에서 처리하는 것이 필요하다고 위원장이 인정하는 사항 등이 있다.

2) 소위원회

국민권익위원회는 고충 민원 처리에 관한 의안을 심의·의결하기 위하여 소위원회 위원장을 포함한 3인의 위원으로 구성되는 5개 소위원회를 운영한다. 소위원회 회의는 위원 전원 출석으로 개의하고 전원 찬성으로 의결한다. 각 소위원회별 업무분장은 제1소위원회는 행정·교육·문화·복지·노동·교통·도로 등 일반 행정 및 사회 관련 분야의 고충 민원을, 제2소위원회는 세무·농림·수산·환경 및 재정 등 경제 관련 분야의 고충 민원을, 제3소위원회는 주택·건축 및 도시계획 등 건설 관련 분야의 고충 민원을, 제4소위원회는 국방·병무·보훈 관련 분야의 고충 민원(현역 장병 및 군 관련 의무복무자 등이 제기하는 고충 민원을 포함한다)을, 제5소위원회는 경찰기관(해양경찰기관을 포함한다)의 처분·수사 등 경찰 관련 분야의 고충민원을 맡아 처리한다.

3) 분과위원회

국민권익위원회는 전원 위원회에 상정할 부패 방지 분야 의안의 사전 검토·조정, 조사·연구, 기타 전원 위원회가 위임한 사항을 심의·의결하기 위하여 분과위원회 위원장을 포함한 3인의 위원으로 구성되는 2개의 분과위원회를 운영한다. 분과위원회 회의는 위원 전원 출석으로 개의하고 전원 찬성으로 의결한다. 다만, 구성위원 궐위 등 불가피한 사정이 있는 경우에는 구성위원 과반수의 출석과 출석위원 전원의 찬성으로 의결할 수 있고, 분과위원회를 개최할 시간적 여유가 없는 긴급한 사정이 있는 경우에는 서면으로 의결할 수 있다. 각 분과위원회별 업무분장 사항으로 제1분과 위원회는 위원회 부패 방지 업무 중 헌법기관과 정치·일반 행정 분야, 문화 분야, 지방자치단체 및 지방의회, 교육청 및 교육위원회 공공기관 관련 업무를, 제2분과 위원회는 사회·경제 분야 공공기관과 관련된 업무를 맡아 처리한다.

IV. 국민권익위원회의 민원 처리

1. 민원의 처리 과정

이 가운데 전통적인 옴부즈만과 가장 인접해 있다고 할 수 있는 고충민원의 처리 과정은 민원 신청, 민원 조사, 심의 의결, 처리 결과의 통보 순서로 이루어진다. 민원은 본인 또는 대리인을 통해 서면으로 접수하거나 우편, 인터넷, FAX 등을 통해 신청할 수도 있다. 접수된 고충민원은 60일 이내에 처리 완료하는 것을 원칙으로 한다. 이를 위해 관계 행정기관에게 설명을 요구하거나 관계 자료나 서류 등의 제출, 관계 직원의 출석 및 의견 진술 등을 통해 사실조사를 실시하게 된다. 조사 결과를 토대로 신청 민원을 심의하여 시정 권고나 의견 표명 또는 법령이나 제도 또는 정책 등의 개선을 권고한다. 처리 결과의 통보 과정에서는 의결 사항을 통지서로 작성하여 당사자에게 전달하고, 위원회의 권고 또는 의견을 받은 관계 행정기관은 이를 존중하여야 한다.

이런 업무를 성공적, 안정적으로 수행하기 위해서는 기관이 운용할 수 있는 법적, 제도적 권한이 부여되어 있어야 한다. 이 점은 특히 권고적 양식을 통해 소기의 목적을 달성하고자 한다는 점에서 주목된다. 이와 관련하여 국민권익위원회에게는 자료제출요구권, 다수인민원 조정권, 감사의뢰권, 공표권, 대통령 및·국회에 대한 특별보고권, 제도개선 권고 및 의견표명권, 과태료부과권, 시정권고 및 의견표명권, 등이 부여되어 있다.

일단 민원에 대한 심의가 끝난 후 관련 행정기관의 처분 등이 위법하거나 부당하다고 할 만한 이유가 있을 경우에는 그의 시정을 요구하고, 법령이나 그 밖의 제도, 정책 등의 개선이 필요하다고 인정되는 경우에는 제도 개선을 권고하거나 그런 의견을 표명한다. 고충민원 신청인의 주장이 상당한 이유가 있다고 인정되는 경우 관련 당사자 간의 합의를 권고하고, 당사자 간의 자발적인 합의가 이루어지는 때에는 관련 당사자가 합의서에 서명 또는 기명날인하게 하고 국민권익위원회가 이를 확인한다. 당사자의 신청 또는 국민권익위원회의 직권으로 당사자가 조정서에 기명날인한 후 국민권익위원회가 확인하는 경우, 민법상의 화해와 같은 효력을 가져 조정이 이루어졌음을 뜻한다. 민원이 성립되지 않는다고 판단하는 경우에는 각하하고, 보다 타당성이 높은 관할 기관이 따로 있다고 판단되는 경우에는 이를 이송 또는 이첩한다.

2. 민원 처리의 지원[4)]

1) 국민신문고 운영

국민권익위원회는 고충민원의 신청을 원활하게 하고 나아가 정부와 국민 간의 소통창구를 일원화, 온라인화하여 원스톱 서비스를 제공한다는 취지에서 모든 행정기관의 민원 제기, 국민 제안, 정책 토론 창구를 국민신문고의 이름으로 통합, 운영하고 있다. 그 결과 중앙행정기관은 물론이고 지방자치단체, 국민건강보험공단, 금융감독원, 한국소비자원, 도로교통공단, 국립중앙의료원, 농협중앙

4) 국민권익위원회(2015: 59-98)을 참조했다.

회, 한국지역난방공사 등 주요 공공기관, 사법부까지를 연계, 포괄하는 소통 환경이 구축되어 있다. 이는 국민의 실생활과 밀접한 관련이 있는 공공기관이나 공공정책의 일선집행기관과 국민이 직접 접촉하여 보다 손쉽게 민원을 제출하고 처리 결과를 받아볼 수 있게 하자는 것이지만 관련 기관 간의 민원 이송을 신속화하여 민원 행정서비스의 총체적 수준을 높이자는 것이기도 하다. 여기에 더해 제공하는 서비스의 내용을 지속적으로 확대하는 과정에 있다. 처음에 제공하던 민원 제기나 국민 제안 그리고 정책 참여 외에도 예산낭비신고와 국민의 건강이나 안전, 환경, 소비자 이익, 공정한 경쟁 등 공익을 침해하는 행위를 소관 감독기관에 제보하는 공익신고 기능도 추가했다. 더 나아가 규제 개혁이나 안전 문제 또는 복지 수요가 있다고 생각되는 과제를 개발하고 제안하기 위해 마련된 범정부 포털사이트인 "규제개혁신문고", "안전신문고", "복지로"를 통합, 연계하여 운영하고 있다. 그 결과 2016년 현재 43개의 중앙행정기관, 172개의 재외공관, 193개의 교육청, 245개의 지방자치단체, 255개의 공공기관 등 모두 910개의 정부기관이 통합, 연계되어 있다(국민권익위원회, 2017: 68).

국민신문고를 보다 효율적으로 운영하기 위한 전략으로는 기관 간 민원 떠넘기기를 방지하기 위해 "핑퐁민원조정제도"를 도입, 활용하고 있으며, 한글을 모르는 재외 동포 및 국내 거주 외국인의 편의를 위해서는 영어, 중국어, 일본어를 시작으로 모두 14개 외국어로 구성되어 있는 "외국어 민원창구"를 운영한다. "민원. 정책 Q&A"를 설치하여 유사 민원이나 질의성 민원과 관련한 주요 처리 사례 그리고 정책과 관련한 반복 질의에 대한 답변을 사전에 관련 부처와의 조정을 통해 정리한 후 모범 답안 형식으로 게시, 제공하기도 한다.

"국민신문고 국민제안"은 국민이 생활 속에서 착안한 행정 개선 아이디어를 정부 업무에 반영하여 행정서비스의 질적 수준을 향상하고 국민이 중심이 되는 수요자 중심 행정을 선제적으로 펼치자는 취지에서 마련된 범정부 온라인 제안 창구이다. 각종 법률이나 제도 및 사업을 추진하는 과정에서 정부가 미처 예측하지 못했거나 정교하게 설계하지 못한 탓에 발생하는 문제점을 청취하고 해결 방안을 모색해 나가자는 취지에서 마련되었다. 민관협력을 통해 문제 해결에 이르고자 한다는 점에서 거버넌스의 한 양식이라고도 말할 수 있다. 단순히 창구를 열어 참여 공간을 제공하는 데 끝나는 것이 아니라 이를 얼마나 효율적으로 운영하는지를 정기적으로 평가하여 미진한 부분에 대해서는 컨설팅을 통해 개선해 나가고 있다. 최근에는 "아이디어 플랫폼"을 구축하여 참여의 편의성을 개선했다.

"국민신문고 정책참여"는 법률의 개정이나 제정 사항, 국정과제 및 정책에 대해 국민과 정부가 자유롭게 의견을 나눌 수 있도록 한 온라인 소통 창구이다. 이를 위해 여러 기관의 정책 참여 창구를 통합 연계시켜 놓았다. 그 결과 단일 창구를 통해 국민 의견을 수렴할 수 있게 되었다. 국민 참여 공간을 제공하기 위해 전자공청회, 정책토론, 설문조사 등의 방법이 동원되고 있으며, 각종 SNS를 통해 개인이나 민간 포털이 참여하는 "국민신문고 이슈토론" 방을 설치 운영한다. 예를 들면 '차명계좌를 이용한 탈세행위 근절방안', '청탁금지법의 합리적 시행방안' 등을 공개 토론한 후 논의의 결과물을 관련 기관인 국세청, 국민대통합위원회 등에 제공한 바 있다.

"국민신문고 소극행정신고센터"는 적극행정을 조장, 지원한다는 뜻에서 민원인이 공직자의 소극행정에 대해 손쉽게 신고할 수 있게 했다. 민원인이 공직자의 소극행정 행태를 신고하더라도 해당 기관의 업무 담당 부서가 처리하기 때문에 실효를 거두기가 쉽지 않았다. 이 점을 감안하여 소극행정신고센터에 신고하도록 하고 신고가 접수되는 경우 해당 감사 부서가 즉시 조사해서 처리하고 그 결과를 민원인에게 통보하도록 하고 있다(국민권익위원회, 2019).

2) 110 정부민원안내 콜센터 운영

국민이 정부의 업무 수행과 관련하여 문의하거나 신고하고 건의하고자 할 때, 단일 전화번호인 110을 통해 안내를 받도록 한다. 고충민원인으로서는 우선 110 전화로 접속하면 가장 관련성이 높은 민원창구를 안내받도록 되어 있다. 콜센터에서는 전화 걸어온 민원인을 상담하거나 안내하고 관계 소관 기관에 중계하는 서비스를 제공하기 때문이다. One Call, One Service 체제를 갖추어 국민의 정부에 대한 접근성을 보장하고 기존에 있던 각 부처의 상담 콜센터를 통합 운영함으로써 예산 및 인력을 보다 효율적으로 관리하자는 것이다.

안내 상담은 단순문의, 정형상담, 기관문의 등으로 구분하여 콜센터에서 자체 처리하거나, 보다 전문적인 대응이 필요한 경우에는 해당기관에 중계하여 처리하도록 한다. 민원 처리의 접근성을 제고한다는 차원에서 부패, 공익신고 상담 전화의 경우도 110 번호로 상담할 수 있게 통합해서 운영하고 있다. 대 국민 접근성 제고를 위해 모바일 웹, 예약 상담, 온라인 상담, 청각 언어 장애인을 위한 인터넷 화상 수화 통역 서비스 등도 제공한다.

단순히 상담이나 안내 서비스만을 제공하는 것이 아니라 상담 결과를 분석하여 민원 발생 원인을 찾아내고 이를 토대로 제도 개선을 제안하는 등 근원적인 문제 해결에 나서기도 하며, 빈발 민원을 중심으로 제도 개선 자료를 모아 관련 기관에 제공하기도 한다.

상담센터 운영의 효율성 제고를 위해 민간회사에 위탁 운영하고 있으며 서비스의 품질관리를 위해 정기적으로 상담원 교육을 실시하는 것은 물론이고 분기별로 이용자 만족도 조사를 실시하는 것과 함께 해피콜(Happy Call)제도를 두어 이용자의 민원 처리 결과나 전화 안내 자체에 대한 이용자 만족도를 측정하는 등 상담 서비스의 품질을 높이기 위해 노력하고 있다.

3) 대상집단별 상담제도 운영

국민권익위원회는 또 특화된 대상 집단별 서비스 체제를 갖추어 운영하고 있다. 우선 고충이나 민원이 있어도 국민권익위원회를 직접 방문하거나 인터넷이나 전화로 접촉하기도 용이치 않은 사회적 취약계층이나 지리적 이격지 거주민을 위해 "찾아가는 민원상담"을 편다. 이를 위해 "이동신문고"를 창안, 운영하고 있다. 산간벽지, 도서지역, 농어촌처럼 사회적, 기술적 이유로 인해 정부와의 접근성이 취약하거나 도시지역이라고 하더라도 민원이 빈발하는 지역의 경우에는 이를 대상으로 전문상담사가 직접 찾아가 지역주민의 고충을 청취하거나 국정운영에 대한 일반 의견이나 정책 제안을 수렴하여 국민과 정부 간의 소통을 강화한다. 이 경우 일반 민원의 경우에는 전문상담사와 관계 기관이 “정부합동형 민원 처리반”을 구성해서 운영하기 때문에 합의 가능한 사안은 현장에서 바로 해결하고 조사가 더 필요하다고 판단되는 경우에는 고충민원으로 접수하여 공식적인 조사, 심의를 거쳐 처리한다. 정책 건의나 제도 개선 등에 대한 요구는 관계 부처와의 협의를 거쳐 해결 방안을 모색하고 처리 결과를 의견 건의자나 관련 정부기관에 수시로 통보한다.

사회적 취약계층의 서민생활 고충 해소를 위해서는 사회복지 사각지대의 비수급 빈곤계층을 적극적으로 발굴하여 지원하고 생활대책을 마련하기 위해 사회복지협의회 시도지부나 사회복지공동모금회 등과 연계하여 문제 해결에 나서고 있다. 2011년부터는 소상공인, 외국인 노동자, 다문화 가정, 북한 이탈주민 등 사회적 관심을 필요로 하는 권익보호 취약 계층을 상대로 맞춤형 이동식 상담을 진행하고 있다.

빈발민원 가운데에는 반복민원이 있어 이미 민원의 심의가 완료된 바 있음에도 불구하고 민원인이 그 결과를 수용하지 않고 계속해서 문제를 제기하는 특이민원이 대종을 이룬다. 이 경우 민원 업무 종사자의 사기를 떨어뜨릴 뿐만 아니라 관련 기관의 인력이나 재정 자원을 낭비하고 그로 인해 다른 민원 서비스의 질을 떨어뜨리게 되는 등 문제가 적지 않다. 이런 점을 감안하여 특이. 반복민원의 경우에는 이를 다루는 전담 창구를 따로 두어 운영하고 있다.

다수인의 이해와 관련되거나 사회적 파급효과가 큰 집단민원의 경우에는 대형 공공갈등으로 비화하거나 그에 따른 사회적 비용의 지출이 큰 만큼 중점 관리하고 특히 갈등 관리 주무부처라고 할 수 있는 국무조정실과의 협력을 통해 적극적으로 문제 해결에 나서고자 한다. 그러나 단순 조정만으로 문제 해결이 쉽지 않은 만큼 집단 민원 조정법의 제정을 통해 민관 간의 분쟁 조정력을 확대하려는 계획을 갖고 있다.

기업 활동을 적극적으로 지원한다는 차원에서 종합민원 상담 센터에 영세 상공인, 중소기업 전문 상담 창구를 마련하고 국민신문고에는 기업 민원 인터넷 접수창구를 별도로 개설하여 기업의 고충과 애로 사항을 중점 관리한다.

4) 민원분석을 통한 정책 개선

국민신문고와 110 정부민원안내 콜센터 등을 통해 수집된 국민의 소리를 관련 정부 기관에 전달하기 위해 매일 1만 1천 건의 민원과 제안을 분석하여 주간, 월간 동향 보고서의 형태로 만들어 이를 모든 행정기관에 제공한다. 빈발민원에 따른 국민의 고충을 최소화하기 위해 민원 예측제도를 운영하고 있으며, 국민의 관심이 많은 과제를 중심으로 이슈 민원 분석을, 그리고 정부 각 부처가 요청하는 사항에 대해서는 기관 맞춤형 민원분석 등을 제공한다. 빅데이터를 활용해서 피해, 갈등, 불편 등을 예방 또는 최소화하기 위해 민원 예보제를 운영하기도 한다. 이런 자료를 정리하여 분기별로 사회관계 장관회의에 보고함으로써 정부의 사회적 쟁점과제에 대한 대응력 제고에 기여하고자 한다.

이는 고충민원을 선제적으로 대응하는 것이 사후 구제보다 효율적이며 보다 더 국민중심적인 접근 전략이라는 판단에 따른 결과다. 이를 위해 각 일선 행정기관의 민원 처리 결과에 대한 확인조사 지표 개발, 민원 예방 및 해소 역량 강화를 위한 컨설팅 사업 전개,

지방 옴부즈만 역량 지원, 외국 옴부즈만과의 교류를 통한 정보 수집 활동 등을 편다.

V. 국민권익위원회의 활동 평가

이렇듯 다양한 양식의 업무를 수행하는 국민권익위원회는 개별 고충민원을 해결하는 일에서부터 시작하여 오늘날에는 보다 능동적, 선제적 대응에 비중을 두어 행정개혁이나 정책개발에 훨씬 더 주목하는 경향을 보여주고 있다. 이런 역할 수행 과정을 프레밍 이론의 관점에서 살펴 보면, 국민권인위원회가 자신을 에워싸고 있는 환경으로부터 영향을 받아 자신의 기능적 실체를 정립해 나가지만, 이를 다른 측면에서 보면 국민권익위원회라는 기관의 특성이 그를 에워싸고 있는 사회 환경에 영향을 미치면서 역할의 실체가 구체화되는 관계에 있다고 하겠다. 전자의 경우 국민권익위원회가 종속변수라면 후자의 경우는 독립변수가 되는 셈이다. 그런데 국민권익위원회가 옴부즈만으로 활동한다는 것은 행정관료와 민원인 사이에서 조정과 중재를 통해 민원 해소에 이르자는 것임으로 국민권익위원회의 기능적 실체를 형성하는 과정에는 국민권익위원회 자신과 함께 행정관료 내지는 행정기관과 민원인이 각각 서로 영향을 주고받는 관계에 있다. 행정관료 내지는 행정기관과 민원인도 각각 종속변수와 독립변수의 성질을 갖는다는 의미다. 이런 분석의 틀을 토대로 국민권익위원회의 기능적 실체를 살펴보면 아래와 같다.

1. 국민권익위원회의 당면 과제

1) 종속변수로써의 국민권익위원회

먼저 사회문화적인 차원에서 볼 때, 옴부즈만으로써의 국민권익위원회는 기본적으로 고충과 민원의 처리를 위해 행정오류를 공개하고 이를 통해 공분을 일으킴으로서 행정오류의 시정에 이르고자 한다. 따라서 공개된 행정오류에 대한 시민사회의 반응과 그에 따른 압력이 충분하지 않을 경우 기관 효율성을 담보하기가 쉽지 않다. 그런데 한국 사회는 오랜 국가중심주의로 인해 개인의 권리 보장이나 권리 침해 회복에 대한 사회적인 경각심이 그리 크지 않고 특히 공식성과 비공식성 또는 공적 영역과 사적 영역 간의 구분이 명확하지 않다는 특성을 지녔다. 이런 사회문화적 특성은 국민권익위원회의 적극적인 기능 수행에 본질적인 한계 요인 가운데 하나로 작용한다.

또한 행정오류에 대한 시민사회의 반발이나 공분이 확산되기 위해서는 언론의 지원이 필수적으로 요청되지만 아직 한국의 언론이 행정오류에 따른 국민 고충 해소 문제에 진지하고 적극적으로 접근한다고 보기는 어렵다. 특히 2016년과 2017년에 걸쳐 분출한 "촛불 민주주의"의 전개 과정에서 드러난 바와 같이 한국 사회는 국가와 자본 그리고 언론이 배타적 권력 카르텔을 형성하고 있어 아무리 국민권익위원회가 행정오류를 지적하고 공개한다고 하더라도 이를 받아 언론이 공개하고 여론화하기는 쉽지 않은 권력구조를 형성하고 있다.[5] 이는 옴부즈만의 활동에 대한 언론의 지원이 활발하

5) 옴부즈만의 효율적인 역할 수행을 위해서는 언론의 협조가 필수적이라는 주장에 대해서는 Caiden(1967: 111-112)을 참조하기 바란다.

서유럽 사회와 크게 다른 점이다. "유럽에서 잘 자라는 사과나무를 트리니다드 토바고에 이식하면 제대로 살아나지 않는 것과 같이 사회문화적 환경이 다른 곳에 옴부즈만을 이식할 경우 제대로 작동하지 않는 법이다"(Sudama, 1983).

또한 국민권익위원회를 구조적인 차원에서 볼 때 국민권익위원회가 국무총리 소속 기관이라는 점에 주목할 필요가 있다. 이는 행정부 소속이라는 점에서 입법부에 소속되는 고전적인 형태의 옴부즈만에 비해 정치권의 부당한 압력이나 정파 간 대립으로부터 벗어나 상대적으로 독립성을 유지하기가 유리하다는 점을 시사한다. 특히 한국의 정치과정이 국민의 이해관계를 대변하거나 조정하는 데 있어 무기력하거나 오히려 역진적이라는 저간의 평가를 감안해 보면 이런 관측의 타당성 정도가 적지 않다.[6] 이론적으로만 보면 국회에 소속되는 것이 그의 운영과정에서 독립성을 유지하기에 보다 더 유리할 것처럼 보이지만 현실적으로는 그럴 경우 정당을 매개로 하는 정치적 압력으로부터 벗어나기가 쉽지 않다. 국회가 국민권익위원회에 대한 최종 예산 배정권을 쥔다는 점에서 볼 때도 국회로부터의 압력이나 국회를 구성하는 정파 간의 이해관계로부터 독립하여 균형성을 유지하기가 쉽지 않다(Anderson, 1974: 4).

국민권익위원회를 국회 소속 기관으로 했을 경우 그의 원활하고 신속한 활동을 보장하기도 쉽지 않다.[7] 정쟁으로 인해 국민권익위

6) 정치가 국민의 걱정을 해소하는 것이 아니라 국민이 정치를 걱정하는 사회라는 평가는 일반적이다.

7) 옴부즈만의 소속기관을 의회로 하느냐 아니면 행정부로 하느냐에 대해서는 서로 장단점이 있어 양면성을 지닌다. 다만 현재의 한국 정치 현실에 비추어 국회 소속일 경우 유발되는 문제가 적지 않을 것이라는 뜻이다. 그렇다고 해서 국회 소속의 정당성 자체를 부정하려는 것은 결코 아니다. 당연히 국회 소속일 경우에도 옴부

원회의 운영이 지체될 가능성이 적지 않기 때문이다. 국회가 교착 상태에 빠지거나 정파 간 대립이 격화되는 경우 국회가 제 기능을 수행하기 어렵고 그 결과 국민권익위원회의 업무 수행도 천연될 것이기 때문이다. 국회의 국정조사권이나 국정감사권 행사 과정에서 드러나 있는 바와 같이 기관 운영이 정략적 투쟁의 대행 수단으로 전락하면서 업무 수행상의 공정성 유지가 어려울 가능성도 적지 않다. 민원 처리 과정에서의 공정성 유지에 있어 그 기초가 되는 청렴성 유지도 정치부패가 만연되어 있다는 국회보다는 상대적으로 권력형 부패의 정도가 낮은 것으로 평가되는 행정부 소속일 때가 오히려 더 유리하다.[8)]

국민권익위원회가 지금처럼 행정부에 소속되면서 행정부 내부 통제장치의 하나로 작동하는 경우 기밀성 유지에 상대적으로 유리하다는 점도 감안해야 할 부분이다. 이 점은 특히 국회에 소속되는 경우 국회의 기관 속성상 대화와 토론을 강조하게 되고 공개적인 회의절차를 중시하면서 민원 관련 정보의 대외 유출 가능성이 상대적으로 높다는 점과 대비된다. 또한 행정부 소속일 경우 국회에 소속되는 경우보다 행정업무의 문제점을 조사하고 시정을 요구하는 데 있어 독립성을 견지하기가 어렵다는 지적이 있지만, 국민

즈만이 국민권익 증진에 기여할 것은 물론이다. 다만 현시점에서의 상대 평가를 말하고자 했을 뿐이다.

8) 국제 반부패 NGO인 국제투명성기구가 발표한 "2006년도 세계 부패 바로미터"에 따르면 한국의 응답자 10명 가운데 7명이 "부패가 정치에 영향을 미친다"고 했으며, 분야별 청렴도(1점은 가장 청렴, 5점은 가장 부패)에서는 정당 4.3점(세계평균 4점), 의회 4.2점(3.7점), 언론 3.5점(3.3점), 교육 3.3점(3점), 국방 3.2점(3점), 종교단체 3.1점(2.8점)을 주어 정치권 부패가 가장 심하다고 보았다. 반면에 정부 관료에게 뇌물을 준 경험은 2% 미만으로 나타나 세계 수준의 청렴도를 보였다(한국일보, 2006.12.07.).

권익위원회가 옴부즈만 기능을 수행하는 과정에서 필요로 하는 독립성은 보고 대상으로부터의 독립성보다는 조사대상으로부터의 독립성에 주목하자는 것으로 이해된다. 그렇기 때문에 궁극적으로 행정부에 귀속된다고 해서 그것이 업무 수행상의 독립성 유지를 직접적으로 침해하게 되는 것은 아니다. 특히 행정수반은 어느 나라에서건 옴부즈만의 조사대상에서 배제되는 것이 보통이다. 이는 행정수반이 모든 행정행위의 최종 보고대상자여서 그에 대해 책임을 지도록 되어 있기는 하지만 그 스스로가 어떤 행정행위의 구체적인 행위자여서 그를 조사의 대상으로 삼아야 할 이유는 없다고 보기 때문이다.

또한 국민권익위원회의 설치 동기가 민원이 제기된 과제의 사실조사나 실태 파악 자체보다는 민원으로 인한 갈등이나 고충 해소에 보다 더 강조점을 두는 것이라는 점에서 볼 때도 국회보다는 행정부에 소속되는 것이 보다 더 유리하다고 말할 수 있다. 일반 시민에게 있어 최대의 관심사는 어떤 방법으로든 당면하고 있는 민원을 해소하는 데에 있으며, 이는 행정부 외부로부터의 협조 요청이나 개입보다는 행정부 내부로부터의 협조나 협의를 통해 접근할 때보다 더 용이하게 달성할 수 있기 때문이다. 권고적 해결이나 간이구제 등의 문제 해결 양식을 지향하는 경우에는 외부통제보다는 내부통제가 보다 더 유용하다는 뜻이다. 무엇보다도 행정의 계속성 유지에 지장을 주지 않으면서도 제기되는 민원 해결에 나서도록 유도하기 위해서는 우회적이고, 비공식적인 접근 전략을 채택해야 하는 데, 이는 상대적으로 내부통제의 경우에 보다 더 성공 가능성이 높다. 민원 처리 과정에서 필요한 정보를 찾는 데에 있어서도 같은 행정부 소속 기관이 나설 때 보다 더 효율적일 것은 물론이다. 맞춤형 접근전략을 개발하는 데에 있어서도 내부기관에 의한 경우가 보다 더 유리하다.

다른 한편 국회 소속 옴부즈만에 의한 민원 처리는 행정적 대리인의 과오를 정치적 대리인을 통해 해소하자는 것이 되기 때문에 대리인을 통해 대리인의 문제를 해결하자는 것이 된다. 이는 직접민주주의에 대한 수요가 증대하고 있는 작금의 시대적인 요구에 부합하지 않는다. 반면에 지금처럼 국민권익위원회가 행정부 소속일 때는 행정부 소속기관이 행정부를 상대로 민원을 제기하자는 것임으로 대리인으로 인해 발생하는 문제를 해당 대리인에게 직접 제기해서 해결하려는 것이 된다. 이는 결국 대리인과 일반 시민 간의 관계에서 문제를 해결해 보자는 것이고 그렇기 때문에 직접성의 정도가 상대적으로 높다. 국회 소속의 경우보다는 민원현장에 보다 더 가까이 있기 때문에 적극적으로 분쟁 대상자나 고충민원인을 찾아 나서려는 의지가 강하게 되고, 그렇기 때문에 민원인의 적극적인 접근성이 상대적으로 높아지게 된다는 장점도 있다. 행정부에 소속되어 있기 때문에 정부의 행정 서비스와 관련하여 무엇이든지 불만족스러운 것이 있으면 거의 모든 분야에서 문제를 제기할 수 있고, 보다 많은 인력과 예산을 투입하고 보다 범정부적인 관점에서 민원 해결에 나설 수 있다는 점도 장처이다. 일종의 통합민원 처리기구(one stop service)에 해당되기 때문에 복합민원인의 경우에는 옴부즈만에 대한 접근성이 보다 더 용이하고 또 경제적이다.

그러나 대통령이 아니라 국무총리실 소속이라는 점에서 보면 행정 수반으로써의 대통령이 지니는 권위를 이용하여 문제 해결에 나설 수 없다는 데에서 오는 한계가 적지 않다. 고충민원에 대한 권고적 문제 해결을 위해서는 옴부즈만 업무 수행기관의 권위가 높을수록 유리하고, 그럴 때 보다 신속하고 효과적으로 민원을 해소할 수 있다(Anderson, 1974: 4). 이 점에서 보면 당연히 행정부 2인자인 국무총리보다는 행정부 수장인 대통령의 권위를 이용하는 것이 보다 더 유리할 것은 두말할 필요가 없다. 만일 민원이 잘 풀리지 않을 경우 대통령은 최종적으로 행정명령의 발동 가능성을 시사할 수도 있고, 보다 직접적이고 명료한 조치로서 벌칙 부가의 의지를 가시화할 수도 있다(Anderson, 1974: 5). 그러나 국무총리의 경우에는 직접 그런 조치를 시사하기가 쉽지 않다. 무엇보다도 국무총리는 대통령의 명을 받아 행정을 통괄함으로서 그 자체가 중앙행정기관의 하나이기 때문에 당연히 고충민원 처리의 대상이 되어야 하지만 이를 다루는 기관인 국민권익위원회가 국무총리실의 직접적인 통괄을 받게 된다는 점에서 사실상 통제 대상에서 제외되는 결과를 낳는다. 국민권익위원회는 또 국무총리실 소속이기 때문에 업무의 성질상 행정부를 제외한 국회, 법원, 헌법재판소, 감사원, 선거관리위원회 같은 헌법기관과 공공단체 모두를 고충민원 처리업무의 대상에서 제외하는 결과를 낳고 있다.[9] 특히 대통령 소속 기관 업무이던 것을 국무총리실로 통합, 일원화 한 이유가 업무처리 과정상의 효율성을 높이기 위한 것이라고 하지만 실제에 있어서는 대통

9) 다만 부패방지 업무에 대해서는 행정부 외에도 국회, 법원, 헌법재판소, 감사원, 선거관리위원회 같은 헌법기관과 공공단체 모두를 국민권익위원회의 관할 대상으로 삼는다. 그러나 이 경우에는 국무총리실 소속이기 때문에 업무처리대상 기관과의 위상 불일치에서 오는 업무처리 과정상의 장애요인이 적지 않게 된다(한국공법학회, 2009: 51).

령실로 제기되는 다양한 양식의 민원을 국민권익위원회로 이관해서 처리하고 있기 때문에 오히려 업무의 중복과 지체, 왜곡 등이 커지는 결과를 낳는다. 이 점은 특히 문재인 정부가 들어서면서 청와대가 다양한 양식의 국민 청원 접수 창구를 자임하고 나서면서 보다 더 심화되는 경향이 있다. 또한 대통령제 정부 아래에서는 대통령의 주요 관심사는 당연히 대통령 소속기관화 한다는 사회적 통념이 작동하고 있어서 과거 대통령 소속 기관인 국민고충처리위원회에서 다루어지던 과제가 그의 하급기관인 국무총리 소속 기관에 의해 다루어진다는 점이 자칫 고충민원 처리 문제가 국정 우선순위에서 밀려나 있다는 메시지를 줄 수도 있다.

그러나 무엇보다도 중요한 과제는 국민권익위원회의 경우 과연 기관운영상의 독립성이 확보되어 있느냐의 문제다. 아무리 정부의 일원적인 계서로부터 독립하여 운영하려고 노력한다고 하더라도 대통령이나 국무총리를 매개로 하는 행정부의 우회적인 압력으로부터 자유로울 수 없다. 특히 국무총리의 권위는 기본적으로 대통령 의존적이기 때문에 대통령 교체기나 대통령이 행정 수반으로써의 권위를 상실한 상태에서는 국민권익위원회의 기관 권위 유지나 존립 자체가 위협받을 수도 있다(Anderson, 1974: 5). 이는 행정부로부터 독립되지 않는 옴부즈만이 과연 옴부즈만으로서의 역할을 제대로 수행할 수 있느냐고 하는 보다 본질적인 의문이 제기될 수 있다는 의미이며, 행정부 소속으로 인해 진정한 의미의 옴부즈만 가치가 훼손될 수도 있다는 지적이기도 하다(정순교, 2005: 13). 독립성 보완에 대한 수요가 상존해 있는 셈이다. 또한 국민권익위원회가 기본적으로 의존해야 할 것으로 생각되는 권고적인 문제해결 방안은 그의 본래적인 속성상 자신이 소속되어 있지 않은 기관에 대한 권유를 전제로 한다. 그렇기 때문에 행정부 소속 기관이 행정부를 상대로 "권유한다"는 것은 논리적으로 타당하지 않고, 따라서 권고적인 문제해결 방식에 충실하려면 행정부 외부 기관에 독립적으로 설치되어야 마땅한 일이다. 국회와 행정부 모두로부터 벗어나 제3의 독립지대에 설치하는 문제를 심각하게 검토해 보아야 하는 이유이다.

2) 독립변수로써의 국민권익위원회

국민권익위원회는 이를 자체의 구조적 특성에 초점을 맞추어 관찰해 보면 자기 정체성의 혼란, 관료제적인 요소 극복의 결여, 종합민원 처리 기관과의 차별성 확보 실패 등으로 인해 옴부즈만으로써의 역할 수행이 효율적이라고 하기 어렵다. 먼저 국민권익위원회가 고충민원 해결에 효율적으로 작동하기 위해서는 그를 에워싸고 있는 환경으로부터 긍정적, 적극적으로 수용되어야 한다. 이를 위해서는 기관 정체성이 명료할수록 보다 더 유리할 것은 당연한 이치이다. 그러나 국민권익위원회는 국민고충처리 기능, 반부패총괄 기능, 행정심판 기능을 함께 다루고 있어 기관 정체성 확립에 일대 혼란을 겪고 있다. 옴부즈만으로써 수행하는 국민의 고충이나 민원의 처리는 권고적 양식을 통해 의견을 표명하거나 관련 정보의 공개를 통해 영향력을 미치자는 것이다. 따라서 법적 강제력이나 새로운 정책결정을 전제하지 않는다. 그러나 행정심판은 법적 강제력이나 구속력이 인정되는 준사법적 성질의 행정 내부 통제장치 가운데 하나다. 행정심판이나 고충민원의 처리가 행정기관만을 대상으로 삼는 데 반해, 반부패정책 총괄 작업은 행정기관을 넘어 입법부,

사법부, 헌법기관, 공공기관 등 전체 국가권력을 대상으로 삼는다(한국공법학회, 2009: 55). 이렇듯 서로 다른 성질의 과제를 한 기관이 다루면서 기관 정체성에 혼란이 야기될 것은 자명한 이치이다. 그런 만큼 옴부즈만으로써의 국민권익위원회가 발현하는 사회적인 호소력이나 인지도가 상대적으로 취약할 것도 물론이다.

또한 국민권익위원회는 대항관료제로써의 기관 성격을 유지하는 데에도 한계를 보인다. 옴부즈만은 그의 기관 특성상 관료제적인 요소를 극복하자는 데에 일차적인 목표를 두어야 마땅한 일이다. 그러나 단순한 고충 및 민원 처리 기관이 아니라 종합민원행정기관으로 조직, 운영되고 있으며, 여기에 더해 반부패 및 행정심판 문제를 하나의 조직구조 하에 통합 관리하고 전 정부적인 민원관리 창구를 통괄 운영하고 있다. 나아가 이를 계서제를 통해 연결함으로서 상대적으로 규모가 큰 조직의 틀을 갖추지 않을 수 없게 되어 있다. 그 결과 관료적 질서를 심화시키는 결과를 낳았다. 이로 인해 민원인의 기관 접근성이 약화될 것은 물론이다. 규모가 큰 조직을 기반으로 운영하는 만큼 민원의 신청 및 접수, 대리인의 선정, 권고 및 조정, 처리결과의 통보, 등 민원 처리의 전 과정을 문서로 진행할 수밖에 없고, 그 결과 기록성의 유지나 책임소재의 명확화 등에는 유리할지 모르지만 번문욕례나 서면주의에 따르는 형식주의, 기밀성 유지의 곤란성 등은 피하기 어렵게 되어 있다. 민원 해소과정의 최우선적인 기준율 가운데 하나인 신속성 확보가 어려울 것도 물론이다. 민원 처리 과정에 변호사나 노조 같은 대리인에 의한 신청 제도를 두고 있어서 민원 당사자 간의 직접적인 접촉과 신속하고 정교한 의사소통을 유지하기가 어려운 경우가 있을 수도 있다.

이럴 경우 관료라는 행정적 대리인을 통해 공공문제를 다루는 과정에서 생겨나는 문제를 다시 대리인을 통해 해결하려고 한다는 점에서 스스로 자기모순에 빠지는 일이기도 하다. 종합민원 처리 기관으로써의 역할을 강조하는 가운데 국민신문고나 110 정부민원안내 콜센터같이 전 정부적인 네트워크 체제를 갖추면서부터는 민원의 해소 문제가 전 정부적인 네트워크 체제 내부 문제로 치환되면서 민원 대상 기관이나 민원 유발 관료와 결탁하거나 동류집단 의식을 배태하게 될 가능성이 커지게 되었다. 이로 인해 옴부즈만 역할 수행의 핵심과제 가운데 하나인 중립적인 조정이 사실상 비중있게 다루어지지 못하는 결과를 낳고 있다. 민원인과 관련 행정관료 등 당사자들이 직접 대면해서 대화와 소통을 통해 이견을 조정하는 기회를 주선하는 일이 옴부즈만의 핵심적 역할 가운데 하나여야 하지만 국민권익위원회는 이 점에 강조점을 두어 운영된다고 보기 어려운 이유이다. 민원인과 관련 행정관료나 행정기관 사이에서 직접적인 대화나 의사소통을 통해 프레임의 공유가 일어나고 이를 통해 일종의 타협과 화해의 수용이 일어나도록 조정하는 역할 개입 공간이 협소하다는 뜻이다. 이 점이 옴부즈만으로 하여금 다른 행정민원 처리 기관과 차별성을 낳게 하는 옴부즈만의 핵심적 기관 특성이지만 국민권익위원회의 민원 처리 양식은 이 부분에 대한 배려나 운영비중이 상대적으로 취약하다. 옴부즈만에 대한 기본 개념의 정립이 보다 더 강화되어야 하는 이유다.

운영 전략 면에서도 합의제형 의사결정 양식을 택하고 있어서 민원 처리 과정에서의 지체와 불필요한 관료적 절차를 추가하는 결과가 되고 있다. 이런 현상은 옴부즈만이 그의 본래적인 속성 가운데 하나를 신속한 민원 처리와 권리 회복에 두고 있다는 사실에 비추어 볼 때 옴부즈만으로써의 국민권익위원회가 지향해야 하는 본질적 특성에 역행한다고까지 말할 수 있다. 더욱이 대부분의 위원이 비상근이어서 지체 없이 회의를 개최하기가 어렵고 그렇기 때문에 안건 처리의 지연이 불가피한 실정이다. 합의제형 업무처리 구조를 통해 안건 처리상의 신중성과 다양한 시각과 지적 능력의 투입을 가능케 한다고 하지만 국민권익위원회가 국가 옴부즈만의 기능을 수행하는 과정에서 우선적으로 필요로 하는 것은 이런 신중성이나 전문성 내지는 민주성이 아니라 신속성과 과단성에 있다는 사실을 유념할 필요가 있다. 옴부즈만은 그것 자체가 새로운 행정조치를 취하자는 것이 아니라 이미 그런 신중성과 다양성에 대한 고려를 통해 이루어진 관료적 의사결정의 한계를 보충함으로서 이를 돌파하자는 것에 주안점을 두어야 한다.

무엇보다도 옴부즈만과 일반행정 종합민원 처리기관을 준별하는 인식의 틀이 미처 정립되기도 전에 국민권익위원회를 운영하게 된 데에서 오는 문제가 적지 않다. 옴부즈만이 무엇인가에 대한 체계적인 논의가 선행하기도 전에 민원 처리 전담기구로 국민권익위원회의 전신인 국민고충처리위원회를 구성하고 막연히 이를 국가 옴부즈만으로 동일시한 데에서 오는 결과다. 국민고충처리위원회를 구성하기 이전부터 종합민원행정을 다루던 관행과 질서가 큰 저항이나 문제의식 없이 그대로 국민고충처리위원회의 운영 양식과 구성 원리로 수용, 전이되었고, 그것이 다시 국민권익위원회로 승계되면서 생기는 문제다. 이로 인해 국민권익위원회에는 옴부즈만의 철학적 가치나 운영원리와 배치되는 요소들이 적지 않게 자리 잡았다.

이는 처음 인적 자원을 충원하는 단계에서부터 옴부즈만 업무에 대한 투철한 의지나 전문성을 갖춘 이들을 기존의 행정부 외부로부터 충원하거나 재훈련하기보다는 행정부 내부의 다른 부서로부터 차출해서 임용한 데에서 비롯되는 문제다. 그로 인해 옴부즈만에 대해 기본 인식이 정립되어 있지 않은 이들을 옴부즈만 업무 지원 인력으로 투입하는 결과가 되었다. 결과적으로 옴부즈만식 민원해결과 일반행정의 종합민원 처리 문제를 엄격히 구분해서 다루는 데 실패하면서 오히려 국가와 시민사회의 상호작용 내지는 접촉면의 확대 쪽에 국민권익위원회의 기능적인 비중을 이동, 강화하는 변화를 낳았다. 이로 인해 오늘날 국민권익위원회의 민원 처리는 개별 민원 해소보다는 국민제안, 국민토론, 예산낭비 신고, 공익신고, 규제개혁 신청. 사회안전 주문, 복지지원 요청 같이 일반 국민의 대 정부 접촉 창구 내지는 의사소통 기회의 확장 쪽에 보다 더 비중을 두어 운영하게 되었다. 민원 상담의 결과 분석을 통해 정책건의, 제도개선, 민원예측, 민원예보 등에 나서는 것도 옴부즈만의 본래 기능인 개별 민원의 해소를 통한 개인의 권익보호나 고충회복 문제와는 결을 달리하는 일이다. 기본적으로 민원 현장의 확인을 통해 정책 정합성의 제고에 비중을 두고자 하기 때문이다. 이렇듯 일반민원의 해소를 위해 보편적인 적용력을 지니는 제도나 운용전략을 동원하는 접근 전략은 비록 그것이 행정의 모순이나 불합리성을 제거하고 좋은 행정을 낳는 데에 기여하는 것이라고 하더라도 궁극적으로는 국가 행정작용을 통해 발생하는 문제를 다시 국가 행정작용을 통해 해결하려고 한다는 점에서 자기모순적이고 옴부즈만과는 기본적인 성질을 달리하는 일이다. 같은 이치로 국민권익위원회에게 감사의뢰권이나 과태료부과권을 부여하는 것도 문제로 지적될 수 있다. 비록 오늘날 옴부즈만 기능의 실질적인 효과성의 확보를 위해 이런 강제권의 부여가 불가피하다는 주장이 세를 더하고 있는 것이 사실이기는 하지만 적어도 이론적으로는 권고를 통해 조정이나 중재에 나섬으로서 문제해결에 이르고자 하는 옴부즈만 고유 기능의 관점에서 볼 때는 관료제로 인해 생겨난 문제를 다시 관료제적인 전략을 통해 해결하자는 것에 다름 아닌 일로 평가될 수 있다. 다만 실용주의의 관점에서 접근하는 경우 행정기관에 의한 자발적인 협조 정도가 저급한 한국 정부의 현실을 감안하면 정보수집과정에서의 강제권을 확장하는 일은 불가피하고 오히려 더 확장해야 한다는 주장이 설득력을 더 하고 있다. 그런 경우라도 이런 강제권의 부여가 이론상으로는 자기모순적인 요소를 지녔다는 문제의식은 이를 지니고 있어야 한다.

무엇보다도 국민권익위원회에는 전문 옴부즈만으로 경찰 및 군사 옴부즈만이 설치되어 있지만 이를 기본적으로는 일반 옴부즈만의 형태로 운영하고 있어 문제다. 군사 옴부즈만의 역할은 소위원회와 고충처리국 국방보훈민원과에서 담당하고, 경찰 옴부즈만은 소위원회와 고충처리국 경찰민원과에서 다루도록 편제되어 있다(김대건, 2018: 142-143). 당연히 관료적 일원주의에 따라 관리되는 조직편제가 문제일 뿐만 아니라 독립적인 운영이 차단되면서 전문성의 유지나 개발이 상대적으로 취약하게 되고, 그 결과 오히려 관련 행정기관의 전문성이나 관할권을 존중하는 나머지 많은 민원을 자체 해결하지 않고 외부 행정기관에 이첩하거나 이송하는 관행이 자리잡게 되었다(지영림, 2006: 86). 본래 옴부즈만은 권고를 통해 문제의 종국적인 해결을 지향하는 갈등조정 기구이다. 그렇기 때문에 국민권익위원회에 일단 민원이 접수되면 자신이 해당 민원 처리에 있어 종국적인 해결기관이라는 인식으로 임해야 마땅한 일이다. 그럼에도 불구하고 접수된 민원을 다른 기관으로 이첩한다는 것은 옴부즈만에 대한 이해가 부족한 탓이거나 관료적인 문제해결의 관성에서 벗어나지 못한 때문으로 여겨질 수 있다. 동원 가능한 인력에 비해 민원 총량이 지나치게 많아 생기는 일이라면 민원 접수단계에서 사안의 경중이나 시급성 정도를 따져 접수 여부를 선별하도록 해야 한다. 이행결과 점검을 주요 역할 가운데 하나로 다루는 것도 같다. 옴부즈만은 민원 해결 당사자들의 문제 해결 대안 내지는 조정안에 대한 권고와 그런 권고에 대한 자발적인 수용 및 순응을 전제로 활동하는 기관이다. 그렇기 때문에 적어도 논리적으로는 일단 조정이 성사되는 경우에는 옴부즈만이 자신의 조정 결과에 대한 이행 여부를 점검해야 할 이유가 없다. 권고를 통한 조정은 당연히 조정 결과의 승복을 통해 종결되거나 아니면 조정 결렬로 귀착되어야 마땅한 일이기 때문이다. 이행 여부 점검은 권고를 통한 조정이 당사자의 전인적이고 총체적인 수용이나 동의가 없이도 성립 가능하다는 점을 시사하지만 이는 옴부즈만이 지향하는 문제 해결 방식이 아니라는 뜻이다. 조정안에 동의하고 이를 이행할 의지가 있음에도 불구하고 정부 내외의 다른 기관이 적극적으로 협조하지 않는 등 외부 요인에 의해 이행이 지체되는 경우라면 옴부즈만에게 이런 외부 요인을 해결하는 데 필요한 능력이나 권한은 부여되어 있지 않다. 따라서 조정 단계에서 그의 실현 가능성 여부를 보다 치밀하게 검토했어야 한다는 뜻이다.

2. 행정관료의 당면 과제

1) 종속변수로써의 행정관료

한국 사회는 일반적으로 이익집단이 잘 발달되어 있지 않고, 행정의 비효율이나 과행정에 대한 사회적인 저항이 적으며, 행정오류에 대한 국회의 관심도 그리 크지 않아서 행정오류에 대응하려는 사회적인 의욕과 능력이 일반적으로 취약한 형편이다. 여기에 더해 "제왕적 대통령제"가 오랫동안 운영되면서 그런 대통령제의 핵심적 기반이라고 할 수 있는 행정부가 국가기구 가운데 우월적 지위를 누려왔다. 이로 인해 가부장적 질서에 의존하는 관료제나 행정과정의 비밀주의가 광범위하게 수용되어 왔다. 여기에는 대 행정부 통제 장치인 국회나 사법부가 제 역할을 다하지 못한다는 점도 작용했다. 이렇듯 국가와 시민사회 사이에서 실질 권력관계가 국가 그 가운데에서도 행정부 친화적으로 불평등하게 형성되면서 행정관료의 우월적 지위, 권위, 권력, 권한, 영향력, 자의적 의사결정의 범위 등에 대한 사회적인 용인성 정도도 함께 커져 있다.

이렇듯 행정관료에 대한 외재적 통제가 취약한 탓에 행정오류나 그로 인한 민원의 발생 가능성이 크고, 그런 만큼 국민권익위원회가 감당해야 할 민원의 절대 규모도 커질 수밖에 없는 사회 환경이 조성되어 있다. 여기에 더해 지구촌 전역에 비추어 가장 급진적으로 이루어지는 정보사회 선도국가 가운데 하나라는 사실은 사회관계의 급진적인 변화를 초래하면서 이에 조응해야 하는 행정관료의 의식세계도 급진적으로 변할 것을 요구한다. 그러나 그에 조응하는 법제적인 장치의 개선이나 행정관료의 의식세계 변화는 상대적으로 더디기만 하다.

무엇보다 중요한 것은 기계론적 세계관에 기초한 근대 행정국가의 국정 운영 메커니즘이 정보사회의 사회 관계를 다루는 데에는 적절치 못하다는 사실을 상기해 보면 바로 그런 문제의 발생 가능성이 가장 높은 사회 가운데 하나가 바로 한국 사회라는 점이다. 이로 인해 민원 유발 요인이 산재하면서 옴부즈만의 역할에 대한 사회적인 수요는 확대일로에 있다.

이를 다른 한편에서 보면 옴부즈만에 의한 국민고충의 해소는 행정관료와의 조정과 중재를 통해 이루어져야 하는 데 바로 이런 행정관료의 사회문화적 전통과 관행적인 행정 운영 양식에 대한 무비판적인 답습이 국가중심주의 내지는 행정관료 중시 사고 또는 그들의 선민의식을 키우고 있으며 그로 인해 국민권익위원회가 제시하는 조정이나 권고에 대해 긍정적으로 순응하거나 반응하고자 하는 준비 태세가 잘 갖추어져 있다고 보기 어렵다. 한국 사회의 행정관료는 국민고충의 해소 문제와 관련하여 고충 유발의 핵심 요인 가운데 하나를 제공하는 장본인이면서도 동시에 문제 해결의 주요 장애 요인이기도 한 이중적 성격을 지녔다.

2) 독립변수로써의 행정관료

옴부즈만은 행정관료와 민원인 사이를 오가며 설득과 권유를 통해 국민의 고충을 해소하기 위해 조정하거나 중재하고자 한다. 따라서 옴부즈만으로써의 국민권익위원회가 성공적으로 제 역할을 수행하려면 행정관료가 국민권익위원회가 제안하는 조정안이나 민원 현안을 국민권익위원회의 관점에서 새롭게 규정한 내용을 적극적으로 수용하고 유연하게 대응하려는 자세가 전제되어 있어야 한다. 이를 위해서는 행정관료 개개인의 독자성이나 자율성의 범위가 크고 또 국민을 위하려는 위민 의식이나 민주성의 정도가 높을 것이 요구된다.

그러나 한국의 경우는 관료조직 내부의 상호 관계에 대한 계층의식이 과도하게 높고(안병만, 김인철, 1991), 이로 인해 실질적인 의사결정권이 소수의 상급자에게 집중되면서 이를 확대 재생산하는 권위주의 조직문화, 즉 업무 외적으로 권위를 이용하여 부당하게 지시하거나 간섭하는 일이 일상화해도 이를 거부하거나 저항하는 데 필요한 업무환경이 마련되어 있지 않다. 어떤 문제가 있어도 적극적으로 일탈하여 저항하지 않고 항의의 목소리를 내지 않으면서 그저 묵묵히 자기 일만 하는 장인형 공무원(강명구, 2017: 7) 내지는 소극적 현실 안주자가 적지 않다는 뜻이다. 이런 수동적인 관료문화는 또 관료제 일반의 오랜 병폐인 현상유지주의 내지는 법규만능주의로 인해 강화되고 있다. 이런 경우 적극적인 상황 변화를 위해 자기 결단에 나서야 하는 행정오류 시정 작업에 소극적으로 대응할 것이라는 점은 손쉽게 예견 가능한 일이다.

특히 유교문화의 유산 가운데 하나인 선민의식과 함께 국가중심주의 사고가 팽대하면서 공직 사유관이 확산되고, 그 결과 공익 제고나 시민권 보호를 가볍게 다루는 경향이 적지 않다. 이로 인해 한국의 공직사회에서는 일반 시민이 높은 수준의 행정 서비스를 누릴 권한이 있다거나 그렇지 않을 경우 이를 즉시 시정해야 한다는 위기의식이 높지 않다. 이런 현상은 특히 경제발전 추진 과정에서 신속하고, 효율적이며, 공동체 유익 중심적인 발전전략에 매료되면서 개인의 권리를 외면하거나 경시하는 일을 당연시하게 된 데에서 영향을 받은 바가 적지 않다. 이런 비민주적인 행정문화는 과거 식민 시대의 정치문화적 유제이기도 하다.

이런 국가중심주의적인 사고는 또 사회관계에 대한 국가 개입을 당연시하는 경향성을 낳았다. 이로 인해 행정관료 체계가 비대화되어 있을 뿐만 아니라 민간부분에 대한 권위적인 개입이 일상화하고, 그 결과 행정운영의 비효율이 만연해 있다. 행정오류의 유발 가능성이 커져 있다는 뜻이다. 그만큼 국민고충의 발현 가능성이 크고 그로 인해 국민권익위원회가 다루어야 할 과제가 도처에 편재해 있다는 뜻이기도 하다.

여기에 더해 한국의 관료체제에 팽대해 있는 비난회피동기(blame-avoinding motivation)가 작동하면서 호평추구동기(credit-claiming motivation)(Coombs, 1980)가 억제되는 결과를 낳고 있다. 이로 인해 국민권익위원회가 행정오류 시정을 위해 어떤 권고안을 제안하더라도 그에 적극적으로 반응하지 않을 가능성이 커져 있다. 옴부즈만이 잘 작동하려면 행정관료가 자신의 업무 수행에 대한 비판에 민감하게 반응하고자 하는 적극성을 갖추고 있어야 하지만(Caiden, 1984: 222) 한국의 경우는 그렇지가 못하다는 뜻이다.

특히 자기 조직 중심의 편애나 충성심을 요구하는 관료 규범인 부처 이기주의가 만연하면서 부처 간의 관계가 상호 존중이나 협력의 관점이 아니라 시혜, 혼란, 비협조, 불신, 방관, 비난 등으로 얼룩지는 경향이 적지 않다. 이런 가운데 국민권익위원회의 행정오류 시정 요구가 제기될 경우 이를 자기 조직 외부 기관의 기관 내부 문제에 대한 간섭 내지는 우월적 간여로 인식하려 할 가능성이 크다. 이런 경우 긍정적 대응에 나설 것이라고는 기대하기 어렵다. 특히 고위직 공무원의 경우에는 부패 문제와 연계되는 경우 자신의 지위 보전에 치명적이라는 생각 때문에 늘 외재적 통제기관 가운데 하나인 국민권익위원회와 긴장 관계를 유지하려 할 가능성이 크다. 그렇기 때문에 고위 관료일수록 옴부즈만의 역할을 축소하거나 유명무실화하려는 숨은 동기를 가지고 있을 개연성이 작지 않다.

한국의 공직사회에는 행정 운영상의 오랜 관행으로 불필요한 예산의 지출이나 기관 부채의 증가, 부적절한 인사권의 남용, 불충분하고 비신뢰적인 정보의 공유, 법규와의 불일치, 정책 목표와 수단의 임의 변경, 집행 불응(오성덕 외, 2015: 127) 같은 "비정상의 일상화"가 체화되면서 행정오류에 대한 내성이 크고 그로 인해 행정 부정의에 대한 관행적인 관용의 폭도 크다. 이로 인해 행정정의에 대한 순응 욕구가 크지 않은 만큼 행정오류 시정 노력에 동조하려는 동기 유발 가능성도 높지 않다.

이렇듯 국민권익위원회의 옴부즈만 역할에 대한 공직사회의 존경과 신뢰 및 적극적 수요가 크지 않을 경우 국민권익위원회가 요청하는 권고나 협조에 대한 관료집단의 대응이 취약하게 되고, 그 결과 요청하는 정보나 문서를 제공하는 등의 협조가 부진하거나 지체되는 일로 이어지게 된다. 자발적인 협력의 부족으로 제안하는 조치에 대한 수용과 집행이 지체되거나 결여되며 행정부가 이럴 경우 국회도 국민권익위원회가 보내는 연례 보고서에 대해 크게 비중을 두어 유의하지 않게 될 가능성이 커지게 된다.

공직사회가 잘 운영되고 그 결과 행정조치로 인한 고충이나 민원의 발생 빈도나 강도가 작은 나라일수록 옴부즈만이 효율적으로 운영되는 반면, 그 반대의 경우 옴부즈만도 효율적으로 운영되기 어렵다는 자기 모순의 전형적인 사례인 셈이다.

3. 민원인의 당면 과제

1) 종속변수로써의 민원인

정부수립 이후 국가가 중심이 되어 근대화 과정을 밟으면서 한국전쟁의 참화를 겪고 경제발전을 추진하게 되자 사회적 규범으로서의 국가중심주의가 사회 전 영역에 걸쳐 확산되었음은 주지하는 바와 같다. 이로 인해 일반 시민이 국가의 권력적 지위에 대해 두려움을 갖는다거나 수동적으로 반응하는 일이 일반화되었다. 특히 군부 권위주의 시대의 경험은 이런 경향성을 가중시켰다. 여기에 더해 전통사회로부터 물려받은 관존민비의 오랜 관행도 이를 부추기는 사회문화적 토대가 되었다. 그러나 문민정부가 들어서고 경제발전이 이루어지면서 더 많은 자유에 대한 요구와 함께 시민중심적인 사고가 싹트기 시작했고, 여기에 더해 정보사회가 도래하면서 자기중심주의적인 가치관이 급속히 확산되는 변화를 겪게 되었다. 국가에 의한 정보 자원의 일방적인 독점이 무너지고 행정관료의 배타적 전문성이 와해되면서 일반 시민의 자존감이나 정치적 효능감이 급속히 신장하고 있다. 이제 한국의 보통 사람들은 더 이상 국가권력과의 관계에서 수동적, 소극적 존재가 아니라 과거와는 달리 보다 적극적, 능동적 존재로 변모해 나가고 있다.

이런 현상은 이미 미선이 효순이 사망사건, 월드컵의 붉은 악마

응원단, 노무현 대통령 탄핵 반대 촛불시위, 미국산 소고기 수입 반대 촛불시위, 박근혜 정부의 퇴진을 불러온 2016년과 2017년의 촛불시위를 거치면서 보다 더 확장되고 또 적극적으로 확인되었다. 이는 기본적으로 정부에 대한 불신을 능동적으로 표출하기 시작했다는 점과 함께 국가 권력에 대한 맹목적 순응이 아니라 자신의 관점과 판단을 중시하는 변화가 일어나고 있음을 뜻한다. 이로 인해 과거라면 그냥 용인하고 묻어두었을지도 모르는 민원을 보다 적극적으로 제기하고 국가 권력과 다툼을 벌이는 일이 보다 더 빈발하게 되었다. 다양한 양식의 정보통신기기들로 인해 민원 제기 과정에서 필요한 정보의 수집이나 행정조치에 대한 평가능력이 신장되었을 뿐만 아니라 정부와의 접촉 과정이 상대적으로 편리해졌다는 점도 이런 경향을 강화하는 또 다른 이유가 되었다. 이런 변화는 단순히 민원제기의 빈도를 높이는 데 끝나는 것이 아니라 국민권익위원회가 옴부즈만으로써 행정관료와의 사이에서 조정과 중재에 나서는 경우에도 이에 소극적으로 순응하는 것이 아니라 보다 적극적으로 대응하여 자기주장을 펴는 일이 강화되는 변화로 나타나고 있다. 행정조치에 대한 이해당사자 간의 이견 조정이 쉽지 않을 것이라는 의미이다. 정치과정에서는 정당정치가 붕당정치로 추락하면서 대립과 갈등이 심화되고 정실주의와 부패가 만연하면서 자연히 정치권에 대한 불신이 커져 있다. 이로 인해 국가도 초이성적 판단의 주체이거나 선의의 국민권익 보호자 또는 대행자이기만 한 것은 아니라는 생각이 확산되어 있다. 이런 경우 국가의 행정작용에 대해 그의 정당성 여부를 의심해보고 또 확인해보려는 경향이 커지게 될 것은 정한 이치나 같다. 오늘날의 한국 사회에는 민원 제기의 추동 요인이 널리 퍼져 있다는 뜻이다.

2) 독립변수로써의 민원인

한국 사회에 만연한 가족 중심적인 사고는 조직이나 기관의 공식적 차원과 비공식적 차원의 경계가 모호해지는 결과를 낳았다. 개인의 내밀성 영역이 가족이라는 중간지대를 통해 공적 관계로 확장되면서 공사 구분의 불명성이 일상화하게 된 것이다. 이로 인해 사적 관계가 공적 관계로 전환되는 과정을 전제 조건으로 하는 시민사회의 형성이 저급한 수준에 머물게 될 것은 정한 이치와 같다. 그러나 다른 한편에서 보면, 이런 모호한 경계구분을 기화로 공적 권위의 실체인 국가의 간여가 사회 전 영역으로 확산되는 결과를 낳았다. 바로 이런 공사 구분의 불명확성 때문에 국가권력의 공적 권위에 대한 수용성 정도가 떨어지면서 정부 정책과정의 완결성 내지는 돌파력 또는 집중도가 취약해지는 결과를 가져왔다. 국가 권력이 사회의 어느 곳에서나 목격되면서도 그의 문제해결 능력은 상대적으로 취약한 "면적 존재(面的 存在)로서의 국가(강명구, 2007)"를 낳은 것이다.[10]

이런 면적 국가 현상은 국가 권력이 공사 구분의 경계를 넘나들면서 가족주의적 최혜 및 최빈 대우를 일삼도록 하면서 사회 일반에게 권력이 있으면 해결되지 않는 것이 없다는 식의 권력지상주의

10) 강명구의 "면적 존재로서의 국가"는 Fukuyama(2004: 13)가 말하는 "4사분면형" 국가에 유사하다. Fukuyama는 국가가 담당하는 다양한 기능과 과제를 국가의 활동 범위라고 보고 이를 X축으로 하는 한편, 국가의 정책집행능력을 국가 권력의 힘이라고 보고 이를 Y 축으로 삼아 4개의 유형을 구분한 후, 브라질, 터키 등은 국가의 활동범위는 넓으면서 집행력은 취약한 사례라고 보고 이들을 4사분면에 분류했다.

사고가 자리 잡게 했다. 그 결과 정치권력이 사회의 모든 것을 흡입하는 "소용돌이의 정치(Handerson, 1968)"를 낳았다. 이로 인해 한국 사회에서는 어떤 문제에 봉착할 경우 공식적 차원이나 절차를 통해 문제를 해결하려 하는 것이 아니라 비공식적인 차원의 영향력 행사를 통해 문제 해결에 나서고자 하는 경향이 농후하게 되었다. 따라서 정부를 상대로 하는 민원이나 고충이 있을 경우 이를 국민권익위원회 같은 공식 기구에 의존해서 해결하려는 것이 아니라 우선 비공식적인 통로를 통해 정치적 압력을 행사하거나 지연, 학연, 혈연 같은 가족주의적인 일차집단을 통해 호소하고 아니면 부패를 통해 당사자를 포획하고자 할 가능성이 커져 있다. 따라서 민원인이 공식기구인 국민권익위원회에 대해 갖고 있는 기댓값이 처음부터 그리 크지 않고 그의 활동에 대해 상대적으로 무관심하거나 반응성의 정도가 낮을 수밖에 없는 실정이다.

국민권익위원회가 옴부즈만의 문제 해결 양식을 통해 민원과 그에 따른 고충을 해소하기 위해서는 민원인 스스로가 행정관료에 대항하거나 질책하려는 것이 아니라 상호 협력하려는 것이라는 자세를 갖추어야 한다. 이 점은 특히 행정관료가 일반적으로 자신의 오류를 시인하려 하지 않는 경향이 있어 옴부즈만과 행정관료 사이에는 일상적으로 적대감이나 긴장관계가 형성될 가능성이 상존한다는 점에서 보다 더 요구된다. 그러나 오랜 세월 동안 국가와 시민사회 사이에서 긴장관계를 경험해 온 한국 사회에서는 정부를 어떤 사회문제 해결의 동반자로 인식하기보다는 저항이나 비판의 대상으로 다루려는 경향이 자리 잡아 왔다. 자연히 민원인의 국민권익위원회의 조정이나 권고에 대해 협력적 관점보다는 저항과 반발의 관점에서 대응할 가능성이 커져 있다.

무엇보다도 옴부즈만 개념 자체에 대한 정보가 사회적으로 충분히 공유되어 있지 않기 때문에 국민권익위원회의 작동원리에 대한 지식이나 이해의 정도가 낮고, 그렇기 때문에 무관심하거나 기댓값의 정도가 낮다는 점도 문제다.

결국 국민권익위원회는 민원 유발 요인이 산재해 있는 행정 환경과 이를 적극적으로 문제 제기하려는 사회 환경 속에 놓여 있는 셈이다. 그러나 이에 대응하기 위한 기관능력은 매우 취약한 상태에 있다. 특히 관련 행정관료나 민원인이 갈등 조정과정에 긍정적, 적극적으로 협조할 것이라고는 기대하기 어렵다. 갈등 조정 수요는 높지만 그에 조응하여 문제 해결에 나서기는 어렵다는 점에서 기능적 딜레마 속에 놓여 있음을 뜻한다.

제12장
옴부즈만의 혁신 관리

I. 옴부즈만 관리 환경의 변화

인터넷 보급과 스마트폰의 확산이 불러온 네트워크 사회와 모바일 혁명이 자기주도형 의사소통 채널을 확장하면서 행정과정에 대한 시민 참여의 정치사회적 공간이 급진적으로 확대되고 있다. 이에 따라 국가는 개방형 3.0 정부의 구현, 서비스 전달 체계의 지역 분산, 다양한 정부기관의 연계체계 개발, 분권화와 특화 등을 통해 이런 변화에 대응하고자 노력해 왔다. 가장 대표적인 것으로는 거버넌스 체제로의 전환이 시급하다는 인식을 폭넓게 공유하고 확산시켰다는 점일 것이다. 그러나 이런 거버넌스에 대한 수요와 인식이 곧바로 고식적인 행정운영 체제를 일거에 시민 참여형으로 대체하게 되는 것은 아니어서 기존의 관성에 따라 운영되는 국정관리 체제에 대한 반발과 함께 민원 유발 요인이 지속적으로 확장되는 또 다른 원인으로 작용하고 있다. 상황이 이런 만큼 옴부즈만에 대한 사회공동체의 요구가 폭증할 것은 당연한 이치이다.

이런 변화의 연장선상에서 정보사회의 심화에 따른 제4차 산업사회로의 진입은 한층 더 사회관계에서의 기술 중심주의를 강화하고 있다. 그러나 이는 사회의 감성적, 본능적 차원에 대한 국가의 대응 수요를 한층 더 확장하는 역설을 낳고 있다. 사회 시스템의 지능화로 인해 인간의 소외가 심화되는 데에서 오는 결과이다. 이런 변화는 국가와 시민사회와의 관계에서도 합리적이고 이성적인 논리나 판단이 아니라 정서적 감동이나 인간적 배려를 보다 더 중시해야 한다는 과제를 낳게 되었다. 이로 인해 국가의 초이성적 판단을 전제할 때에나 성립 가능한 현대 정부의 운영체계가 근본부터 모순에 빠지면서 개별 민원을 양산하게 될 것은 손쉽게 예견되는 일이다. 이제 국가는 바로 이런 보통사람들의 정서적, 본능적 수요에 대해서까지도 공공재 생산을 통해 대응해야 하는 과제를 떠안게 되었다. 이로 인해 기존의 국가 운영 양식에 대한 본질적인 의문이 제기되면서 옴부즈만에 대한 사회적인 수요가 급증하고 있다. 옴부즈만은 거의 유일하게 감성적, 정서적 차원의 심리 치료까지를 배려하는 정부 기관의 하나이기 때문이다.

제4차 산업사회는 또 사물 인터넷과 인공지능을 통해 사람과 사람 사이의 연결을 극도로 고도화 하는 초연결 사회를 낳는다. 이로 인해 국가와 국가 간의 경계가 무너지고 국가와 시민사회의 구분이 어렵게 되는 것은 물론이며 정부 내의 부처나 기관 간의 구획도 무력화 하는 변화를 낳고 있다. 이미 국가 간의 경계가 무너지는 현상은 우리의 일상에 가까이 다가와 있다. 인터넷을 통해 해외 물품이나 서비스를 직접 구매하는 일이 빈발하면서 국경을 넘어 이루어지는 상거래상의 분쟁이나 소비자 권익의 침해가 빈발하고 있지만 이로부터 자국민을 보호하기 위한 개별 국가의 대응 능력은 처음부터 왜소할 수밖에 없다. 개별 국가의 최고고권은 국경을 넘는 순간 무력화하기 때문이다.

이렇듯 국가와 국가 또는 시민사회 내지는 시장과의 경계가 무너지면서 국가에 책임을 묻기가 모호해지는 현상은 오히려 역설적으로 국가의 간여 영역을 확장하면서 옴부즈만이 개입해야 하는 민원 대상 영역과 과제를 확대하고 있다. 이로 인해 업무 영역 확장으로 인한 옴부즈만 운영 자원의 효율적인 관리나 총 자원 규모의 증대에 대한 요구가 커질 것은 당연한 이치이다. 국가 내부 기관 간의 경계 증발은 또 분업의 원리를 통해 관리되던 고전적인 행정관리체계로는 더 이상 정부를 효율적으로 다룰 수 없게 되었음을 뜻한다. 이럴 경우 관료적 병리현상이 심화되면서 민원 유발 개연성이 커지게 될 것도 물론이다. 대항관료제로써의 옴부즈만에 대한 수요가 커진다는 뜻이다. 옴부즈만의 기능을 확대하고 규모를 확장하는 일이 시급해지는 이유이다.

제4차 산업사회의 또 다른 특징이라고 할 수 있는 현실 사회와 가상 공간사이의 융복합화 현상은 새로운 사회 공간을 창출하면서 현대 행정이 감당해야 하는 영역과 과제를 급진적으로 확장하는 변화를 낳고 있다. 이런 증강현실의 확장에 대해 당연히 기존의 법률이나 사회정책만으로는 적절히 대응할 수 없고, 그런 만큼 행정 운영 체계의 급속한 변화와 혁신이 요구되지만 행정 현장의 현실은 사회의 이런 변화에 시의 적절하게 조응해 나가기가 쉽지 않다. 당연히 민원의 급진적인 증가를 불러오게 될 것은 손쉽게 예측 가능한 일이다.

이런 고도기술사회의 등장은 또 사회의 양극화를 낳는다. 사회 우등세력과 열등세력 간의 간극을 확대하면서 사회적인 불만을 심화시키기 마련이다. 행정운영 과정에서도 정보화가 진행되면서 일반 국민 사이에서 벌어지는 정보 해독 능력의 격차가 행정 서비스에 대한 가촉성의 격차로 치환되는 변화를 낳고 있다. 사회 열등세력의 정부 행정행위에 대한 오해나 불만의 소지가 커진다는 뜻이다. 사회 열등세력에 대한 민원의 유발 요인이 커지는 것이다. 그러나 옴부즈만에 대한 접근 가능성은 오히려 사회경제적 우등세력에게서 커진다. 정보 자원에 대한 가촉성이나 활용 능력이 앞서기 때문이다. 보다 더 심각한 과제는 이런 사회경제적 우등세력에게는 옴부즈만 이용에 대한 실질 수요가 상대적으로 작다는 점이다. 이미 권력적으로 우월적 지위에 있어 행정오류의 발생 소지가 작을 뿐만 아니라 비록 행정오류가 발생하는 경우에도 비공식적인 통로를 통한 영향력의 행사와 문제 해결의 가능성이 상대적으로 높기 때문이다.

무엇보다도 보다 더 본질적인 문제는 관행적인 대응을 통해 공적 과제를 다루기가 어려워지면서 정부로 하여금 선제적, 예견적 대응에 나서야 한다는 사회적인 요구가 급증하고 있다는 데에 있다. 복잡하게 얽혀 있는 문제를 사후에 해결하려 하기 보다는 학습형 인공지능을 통해 미리부터 창의적 대응에 나서는 것이 훨씬 더 유용하다는 주문이다. 이런 지능형 정부의 등장에 대한 주문은 그러나 미래사회의 역동성에 비추어 실패에 따른 책임의 비중이 기하급수적으로 커진다는 위험성을 동반 한다. 그런만큼 끊임없는 자기 조정에 나서야 하고 그렇기 때문에 개별 사례에 대한 치차조절에 주목하는 옴부즈만에 대한 수요가 커질 수밖에 없다.

이런 사회구조와 행정환경의 급진적인 변화 추세에 맞추어 옴부즈만도 그에 걸맞게 대대적인 변화와 적극적인 혁신을 거듭해야 하지만, 기존의 옴부즈만이 민원을 처리하는 양식은 그동안 점진주의적인 변화를 취해 왔을 뿐이다. 그런 탓에 오늘날의 옴부즈만 운영 양식은 일반적으로 미로와 같이 얽혀 있거나 복잡하고 또 효율적이지 못하다는 평가를 받는다. 특히 기능적인 융복합화가 촉진되면서 옴부즈만에 대한 이런 평가는 보다 더 심화되는 추세에 있다. 급증하는 개혁 수요에 대응하는 옴부즈만의 준비 태세가 미진하다는 비판이 비등하는 이유이다.

II. 옴부즈만 개혁의 기획 전략

이런 행정환경의 급진적인 변화에 조응해서 옴부즈만을 개혁하기 위해서는 먼저 개혁 대안이 마련되고, 개혁 대안이 마련되는 경우에는 이를 구현하기 위한 실천 전략을 준비해야 한다. 그런데 개혁 대안을 마련하기 위해서는 어떤 전략적 의도를 가지고 개혁 대안을 모색할 것인가를 먼저 정해야 한다. 그래야 어떤 차원에서 어떤 개혁의 범위나 강도를 가지고 개혁 대안을 개발할 것인가를 가늠할 수 있을 것이기 때문이다. 이와 관련해서는 그 동안 대체로 3 가지의 접근 전략이 다툼을 벌여왔다. 실용주의적 접근 전략, 급진주의적 접근 전략, 입헌주의적 접근 전략이 그것이다(Kirkham & Martin, 2014: 337-339).

1. 실용주의적 접근 전략

이 경우는 옴부즈만을 개혁하고자 하는 이유가 궁극적으로 옴부즈만이 지향하는 목적 가치를 보다 효율적으로 달성할 수 있는 방안이 무엇인지를 찾아보고자 하는 데에 있다. 달성하고자 하는 목적 가치가 이미 주어져 있다고 보고 그것을 구현하는 과정의 합리성이나 정합성 정도를 높이자는 것이다. 그렇기 때문에 일종의 관리론적 시각에 기초하는 것이라고도 말할 수 있다.

이런 전략을 취하는 현실적인 이유는 우선 목적 가치의 일반화가 쉽지 않다고 보기 때문이다. 민주정체가 지향하는 목적 가치가 행정정의의 구현에 있을 것은 당연한 이치이다. 문제는 그러나 옴부즈만의 운영 단계마다 행정정의가 구현되고 있는지를 확인하는 일이 실제로는 간단치가 않다. 특히 문제의 핵심적인 과제는 행정정의의 실천적인 의미가 매우 갈등적이고 모호하다는 데에 있다. 행정정의는 흔히 민주정체가 지향하는 핵심가치인 평등과 자유를 포괄하는 공동선에 다름 아닌 것으로 이해된다. 더 나아가서는 국민의 행복을 지향하는 국정운영의 원리라고도 말할 수 있다. 문제는 바로 이런 이유로 인해 행정정의가 지향하는 목적 가치가 실로 다양한 의미를 함축하고 상호충돌적이며 모호하다는 데에 있다. 그런 점에서 행정정의라는 말이 실제로는 매우 공허한 목적 가치를 지시하는 것에 다름 아닌 일이 된다. 이로 인해 일반 시민은 옴부즈만에 대해 각자 자신이 행정정의라고 생각하는 것의 구현을 주문하기 마련이다(Mullen, 2009: 2). 이런 행정정의에 대한 주관주의적인 접근은 행정정의를 가치 상대주의의 관점에서 접근할 수밖에 없게 만들고, 이럴 경우 이를 어떻게 옴부즈만의 운영 과정에 반영할 것인가의 문제를 낳는다.

이로 인해 여러 의견 간의 타협을 통해 행정관료가 추구해야 하는 목적 가치를 준거율로 삼게 될 가능성이 높아지고 그 결과 본래 의도했던 목적 가치를 수정, 왜곡하게 될 위험성이 적지 않다. 행정정의는 이를 구현하기 위한 절차의 정당성을 도출해내기가 쉽지 않다는 뜻이다. 따라서 마치 목적 가치에 대한 사회적인 합의가 이루어져 있는 것과 같은 상황을 의제하면서 그 이후의 옴부즈만 운영 과정의 일관성이나 경제성, 대표성 따위에 주목하자는 것이 된다. 그렇기 때문에 이를 구현하기 위해 필요로 하는 동원 자원에도 한계가 있을 수밖에 없다. 이럴 경우 한정된 예산과 행정 서비스가 전달되는 행정 현장의 상황과 조건에 따라 옴부즈만의 개혁 전략이 유동하거나 반응하지 않을 수 없다. 행정관료에게 폭넓은 재량권을 허용하는 결과가 되는 셈이 다(Adler, 2003). 이로 인해 기본적으로 현상 유지적인 성향을 띄게 되고 그렇기 때문에 상황 변동에 대한 문제의식이 크지 않으며, 행정과정에 대한 개혁 수요의 진단에서도 큰 변화를 요구하지 않게 된다. 일종의 최소주의적 접근 전략(minimalist approach)인 셈이다.

2. 급진주의적 접근 전략

이 경우는 실용주의적 접근이 기본적으로 현상유지적인 결과를 낳기 마련이라는 점에 유의하여 보다 근본적이고 전반적인 개혁 전략을 도모하고자 한다. 따라서 옴부즈만의 개혁이 지향하는 목적가치의 시대적 정합성 자체를 묻는 데에서부터 개혁 수요를 진단하고자 한다. 그런 점에서 가치 지향적이고 일종의 철학적 접근을 시도하는 셈이기도 하다. 국정운영과정이 지향하는 행정정의가 시대성격의 변화를 반영하는 것인지의 여부를 진단하고자 하며, 그렇기 때문에 옴부즈만이 구현하고자 하는 목적 가치도 시대적 요구를 반영하는 것인지를 확인하고 필요하다고 판단되는 때에는 행정정의 자체를 재규정하고자 한다. 그렇기 때문에 기본적으로 현상타파적이며 전반적인 변화를 추구한다.

그러나 문제는 그런 변화가 누구를 위한 것이며 그것을 이루기 위한 방법에는 어떤 것들이 있는지를 고안해내기가 간단치 않다는 데에 있다. 옴부즈만의 개혁 대안을 고안하기 위해서는 현재의 옴부즈만 운영 양식이 의존하는 행정정의와 관련하여 그것이 적절한 것인지의 여부와 그것이 미치는 영향을 평가할 수 있어야 한다. 이를 위해서는 당연히 보다 더 확정적인 개념의 행정정의를 필요로 한다. 그러나 급진적인 변화를 추구하는 경우에는 이런 확정적 개념을 정립하기가 쉽지 않다. 불확실성을 동반하는 전략적 대응의 한 양식이라는 뜻이다. 그럼에도 불구하고 중장기적인 차원에서 볼 때는 다양한 개념의 선택지를 모색할 수 있고 그에 필요한 전략 대안을 고안할 수 있다는 점에서 유용성이 적지 않다.

이는 행정정의의 구현을 위한 수단 가치와 관련하여 초기에는 준법성에서 시작하여 점진적으로 경제성, 대표성을 지나 오늘날에는 형평성에 비중을 두는 쪽으로 변화를 거듭해 왔다는 저간의 사정에서 확인해 볼 수 있다. 오늘날 형평성을 강조하는 이유는 목적 가치의 포괄 범위가 넓어지고 그런 만큼 옴부즈만의 자의적 판단 영역이 커지기 때문이다. 이 경우 옴부즈만 개인에 대한 의존도가 높아진다는 의미도 된다. 문제는 이런 급진적인 접근 전략을 허용하는 정치 환경을 만나기가 현실적으로는 쉽지 않다는 데에 있다. 정치권은 일반적으로 기존의 권력관계에 변화가 일어나는 일을 원치 않는다. 그렇기 때문에 보다 적극적으로 현상 타파적인 유인 요소를 지니는 접근 전략에 대해서는 이를 기피하려는 경향이 있다. 이를 극복하는 일이 실천적인 차원의 과제로 제기된다.

3. 입헌주의적 접근 전략

상황 조응적인 점진주의나 현상 파타적인 급진주의 모두 객관적 기준이나 기존의 질서를 극복하려는 요소를 지녔다는 점에서 볼 때 헌법의 기본질서를 넘어설 개연성을 내포한다. 다만 전자가 소극적이라면 후자가 보다 적극적, 전반적이라는 차이가 있을 뿐이다. 따라서 이런 유동성 내지는 확장성을 극복할 수 있는 최소한의 장치를 필요로 하기 마련이다. 이런 점에서 입헌주의를 개혁 대안 모색의 준거율로 삼는 것도 현실적인 대안 가운데 하나이다. 헌법과의 합치성 여부를 기준으로 개혁 대안을 모색해 보자는 것이다.

이럴 경우 행정정의의 개념에 내포되어 있는 피상성이나 단기적

시관에 따른 한계를 걷어내면서도 일정한 정도의 안정감을 확보할 수 있게 된다. 개혁 대안을 구상하는 과정에서 정부와 일반 시민 사이에서 보다 공정하고 중립적인 입장을 취하게 될 가능성도 커진다. 기존의 헌법에 내포되어 있는 행정정의의 개념에 얼마나 가까이 접근할 수 있느냐에 옴부즈만 개혁의 성패가 달렸다고 보고 이를 구현하고자 하기 때문이다. 이 경우 헌법은 옴부즈만에 대한 개혁 대안을 개발 하는 데 있어 그의 실질적인 기준이 되는 셈이 된다(Le Sueur, 2012: 17).

그러나 헌법이 지향하는 행정정의나 그에 따른 수단 가치를 무엇이라고 보아야 하는가의 문제는 여전히 남는다. 헌법의 해석을 위한 가치 판단의 준거가 필요하기 때문이다. 그런 의미에서 입헌주의적 접근 전략은 실용주의적 접근 전략이나 급진주의적 접근 전략을 현실에 적용하는 과정에서 요구되는 일종의 실천 전략 가운데 하나라고도 말할 수 있다. 그런 의미에서는 절충주의적 접근의 한 양식이기도 한 것이다.

여기에서는 급진적인 사회 환경의 변화와 더불어 옴부즈만 일반의 개혁 대안을 모색해 보자는 것임으로 급진주의적 접근 전략을 채택하고자 한다. 그러나 시대 환경의 변화에 맞게 행정정의의 개념을 재구성한다고 하더라도 그런 목적 가치를 구현하는 과정에서 요구되는 개혁 대안을 구상하는 데에는 관리론적 시각 내지는 과정론적 구상이 불가피한 일이다. 그런 점에서 실용주의적 접근 전략과 급진주의적 접근 전략은 대체적, 갈등적 관계에 있는 것이 아니라 상호 보완적, 지지적 관계를 구성하는 셈이다. 따라서 여기에서는 결과적으로 양자를 모두 포괄하는 접근 전략을 채택하고자 한다.

그러나 이런 일반론적인 접근 전략의 결과물 가운데 어떤 것을 한국 사회가 도입할 것인가의 문제를 논의할 때에는 당연히 입헌주의적 접근 전략을 토대로 검토하지 않을 수 없다. 한국의 헌법적 테두리 내에서 수용 가능한 대안을 모색해 보아야 할 것이기 때문이다. 그러나 여기에서는 급진적 변화의 시대가 요구하는 개혁 과제가 무엇인가를 밝히는 데에 우선적인 목표를 두고자 하는 만큼 오히려 급진주의적 접근 전략을 채택하는 경우 현행 헌법 가운데 개헌해야 할 과제가 무엇인지를 밝히는 데에 주목하고자 한다. 이 경우 입헌주의는 개혁 작업에 대한 내포적 구속 수단이 아니라 외연의 확장을 위한 지원 장치로 작용하게 된다.

III. 옴부즈만 개혁의 실행 전략

옴부즈만의 개혁 과정이 지향해야 할 대안을 모색하는 데 필요한 접근 전략이 마련된다고 하더라도 다음 단계에서는 그런 가치를 유지하거나 확장하기 위한 개혁의 기획안을 어떻게 집행할 것인가의 문제에 봉착한다. 예컨대 급진적인 행정 환경의 변화에 조응해서 행정 운영 과정의 형평성을 제고하기 위해 옴부즈만을 시민참여형 운영 체계나 자체 환류체계를 갖춘 기관으로 재편하는 등 획기적인 변화를 추진하는 일이 불가피하다고 판단하더라도, 이를 성공적으로 구현하기 위해서는 보다 세심하고 지혜로운 실현 계획안을 필요로 한다. 옴부즈만의 개혁은 진공상태가 아니라 기존의 권력질서 아래에서 기득권을 교체하거나 아니면 적어도 권력관계에 영향을 미칠 개연성을 동반하는 가운데 이루어지는 일이기 때문이다. 옴부즈만을 개혁하는 일은 결과적으로 관련 법률의 개폐를 통해 구체화될 수밖에 없는데, 이는 법률제정권자 나아가서는 관련 정책을 주도하는 이들이 용인하는 범위 내에서나 추진 가능하다는 뜻이다. 따라서 매우 치밀한 혁신 전략을 필요로 하기 마련이다. 이와 관련해서는 대체로 협력적 접근 전략, 점진적 접근 전략, 전면적 접근 전략이 제시되어 왔다(Kirkham & Martin, 2014: 333-335).

1. 협력적 접근 전략

대부분의 나라에서 오늘날 옴부즈만은 다양한 기관으로 기능 분화를 이루거나 융복합화하고 있어 관련 유사 기관들이 다수 병립되어 있다. 따라서 개혁 수요에 대한 인식을 사회적으로 촉발하거나 확산하고, 개혁의 속도와 방향을 적절히 조절하는 데 있어 이들 유관 기관들이 상호 협력하여 공조체제를 구축하는 일은 매우 당연하고도 또 긴요한 과제이다. 옴부즈만을 개혁하기 위해 중앙정부 주도로 단일 법률체계를 개편하거나 입법화하는 일은 권력 레짐의 동의를 구해야 하는 만큼 결코 쉽지 않다. 그렇지만, 이렇듯 관련 옴부즈만 기구들 사이의 협력을 통해 개혁을 주도해 나가는 경우 중앙정부나 정치권의 저항을 우회하거나 적어도 최소화할 수 있게 된다. 옴부즈만 기구들이 분산해서 각자 개혁 대안을 모색하는 경우에는 그때마다 중앙정부 관련 부처들의 협력과 지원을 요청하게 되고 그 결과 중앙정부의 개입 수요를 확장하는 셈이 된다. 이런 점을 우려하여 여러 옴부즈만들이 협력적 공조체제를 갖추도록 하여 관련 법 개정을 추진하자는 것이다. 이는 그동안 성장한 민원처리 기구들 사이의 연대를 통해 자기 진화형 개혁을 추진하자는 것이기도 하다. 그만큼 옴부즈만 기구들 자신에 대한 사회적인 신뢰나 지지가 확립되어 있고 그런 만큼 옴부즈만 기구 간의 협력과 공조만 확보된다면 중앙정부나 정치권에 대한 설득은 훨씬 더 용이하게 이루어질 것이라는 자신감을 보여주는 접근 전략이기도 하다.

2. 점진적 접근 전략

옴부즈만 개혁은 결과적으로 관련 법률을 개정하는 일로 귀착된다. 그런데 관련 법률을 개정하는 일은 현실적으로 그리 간단한 작업이 아니다. 개정 법률안을 누가 주도할 것인가에서부터 다른 입법과제와의 경쟁을 통해 입법 우선순위를 선점해야 하는 과제도 있다. 이런 입법과정에서 야기되는 조정 대상 과제에 대해 주도권을 쥐고 있는 정부 내의 기득권자들이 옴부즈만에 대한 혁신 기획안이 자신들에 대한 통제권 강화로 구체화될 가능성이 높다고 판단할 경우에는 순순히 협력할 것이라고 기대하기 어렵다. 이런 입법과정의 장애를 우회하기 위해서는 관련된 법률의 개정을 추진하기보다는 행정명령의 개정을 통해 점진주의적으로 개혁에 나서는 것도 현실적으로 유용한 대응 방안 가운데 하나이다. 행정명령은 옴부즈만의 역할을 강화하는 혁신 대안을 권력적 도전으로 여길 가능성이 높은 정치권의 개입을 우회할 수 있을 뿐만 아니라 부분적이고 단계적인 변화를 추구하는 만큼 개혁과 변화에 대한 저항을 순화시킬 수 있다는 이점을 지닌다.

3. 전면적 접근 전략

관할 영역이 겹치는 옴부즈만 간의 협력과 공조가 개혁 대안 모색에 있어 핵심 과제이기는 하지만 이들 간의 통합적 협력 관계를 구축하는 일은 현실적으로 점진적인 접근을 통해 성취하기가 결코 쉽지 않다. 관련 기관 간의 이견을 조정하고 이해관계를 조율해야 하는 데 이를 엮어내는 일은 이미 활동하고 있는 독립 운영 기관으로써의 옴부즈만 기구 사이에서 발생하는 이해관계 충돌로 인해 실로 간단치 않기 때문이다. 이런 이해충돌을 극복하려면 대대적이며, 총체적이고, 적극적인 개혁 추진 전략을 필요로 한다. 관련 과제 전체를 묶어 전면적인 입법 투쟁에 나서자는 것이다. 그러나 이럴 경우에는 헌법과의 합치성 문제나 헌정 차원의 쟁점을 극복해야 하는 과제 등이 제기될 위험성이 적지 않다. 이런 전면적인 개혁 전략을 채택하는 경우에는 옴부즈만 관련 기관들 사이의 통합을 위한 개혁 물고를 여는 결과가 되면서 민원 처리 과정과 연계된 개혁 수요가 지속적, 연쇄적으로 촉발될 가능성도 적지 않다. 개혁 총량이 많아진다는 뜻이다. 무엇보다도 정치권의 적극적인 협조가 전제되어야 하지만 옴부즈만이 추구하고자 하는 행정정의의 구현 문제는 일반적으로 정치권이 우선적으로 관심을 두는 과제가 아니기 때문에 정치권을 설득하기가 쉽지 않다는 문제에 봉착한다.

이를 종합해 보면 협력적 접근의 경우는 옴부즈만 영역 전체의 내재적 접근이기 때문에 개혁의 시동이 용이하기는 하지만 개혁성과가 큰 주요 과제는 이를 다루지도 못하게 될 가능성이 적지 않다. 점진적 접근은 기본적으로 현상 유지적인 성격을 동반하는 만큼 혁신을 통해 크게 기대할 것이 많지 않고, 전면적 접근은 성과는 크지만 그것을 이루어내기가 현실적으로 쉽지 않다는 한계를 지녔다. 따라서 그때그때의 상황조건에 따라 이들 가운데 가장 가성비가 높은 방법을 전략적으로 선택하는 지능권력의 행사가 필수적인 과제로 제기된다. 이를 위해서는 상황 조응적, 임기응변적 또는 개별 환경 밀착형 대응 전략이 요청된다. 전략적 대응이 필요하다는 뜻이다. 어느 경우든 국민의 지지와 협력을 동원하는 일이 긴요한 과제임으로 옴부즈만 개혁을 시민운동의 핵심 과제로 다루려는 전략적 기획의 중요성에 착안할 필요가 있다.

IV. 옴부즈만 일반의 개혁 추진 과제

옴부즈만 개혁의 본질 문제라고 할 수 있는 개혁 대안 모색의 전략적 프레임이 설정되고 또 이를 구현하는 데 필요한 집행 전략이 기획된다고 하더라도 실제 옴부즈만을 혁신하는 과정에서 당면하게 되는 현실적이고도 핵심적인 과제는 시대 환경의 변화에 따라 제기되고 있는 혁신과제에는 어떤 것들이 있으며 그런 과제들을 구현하기 위한 실천 과제에는 어떤 것들이 있는지를 종합적으로 검토해 보는 일이다. 그래야 그 가운데 어떤 것들을 개별 국가가 처한 환경적 특성에 따라 적의 취사선택하여 개혁을 도모할 수 있을 것인지를 가늠할 수 있기 때문이다. 이런 점을 감안하여 여기에서는 옴부즈만이 지향해야 할 개혁 대안에는 어떤 것들이 있는지를 일반론의 차원에서 조명해 보고자 한다. 이 가운데 어떤 것을 어떤 관점에서 채택할 것이냐의 문제는 당연히 개별 국가의 사정과 수요에 따라 상황 조응적으로 정해나갈 일이다. 그러나 어느 경우에라도 옴부즈만이 모든 공적 책무성 확보의 최후 보루를 지향한다는 점에는 차이가 있을 수 없다. 이 점에 유의하면서 어떻게 하면 옴부즈만이 이런 정체성을 유지, 발양할 수 있을 것인가가 개혁 대안을 모색하는 과정에서 유념해야 할 최우선적인 과제일 것은 물론이다. 옴부즈만의 운영 양식이 옴부즈만이 아닌 여타의 민원 처리 기구 운영에 있어서도 그 기준을 제시하는 결과가 되며, 그렇기 때문에 민원 처리 서비스의 표준을 정하는 작업이 된다는 생각으로 임해야 할 것도 물론이다.

1. 관할 대상 영역의 확장

격변하는 시대에는 행정조치의 경직성이 불러오는 행정정의의 왜곡도 문제지만 이를 시정하고자 하는 옴부즈만의 대응 양식이 현상 유지적이거나 타성에 젖어 경직성을 벗어나지 못한 체 구태의연하게 되는 점도 문제다. 아니 옴부즈만이 행정정의 구현의 종국적 장치라는 점에서 보면 후자가 보다 더 큰 문제라고 할 수 있다. 따라서 격변기 사회의 옴부즈만에게는 자신에게 본래 지워진 기관 책무를 다하는 일도 중요하지만 자신의 지속적인 성장과 변화를 위해 자기 혁신과제를 계속적으로 점검하는 일이 보다 더 중요하게 된다.

이런 차원에서 볼 때, 옴부즈만 기능의 질적, 양적 확장은 이 시대 옴부즈만이 감당해야 할 핵심과제 가운데 하나이다. 먼저 양적인 측면에서는 공적 서비스의 공급자가 사적 영역으로까지 확장되고 있는 추세를 반영하여 공적 서비스를 제공하는 민간 부문의 행정정의 구현 문제도 필요할 경우 이를 관할 대상 영역으로 삼고자 해야 한다. 질적인 측면에서는 행정정의의 개념을 보다 명확히 규정하는 일에 나설 필요가 있다. 옴부즈만이 지향해야 하는 목적 가치인 행정정의의 개념이 다의적이고 또 불명확하다는 사실은 이미 잘 알려져 있는 바와 같다. 이는 실로 오랫동안 방치되어 왔다고 하여도 과언이 아니다. 이런 모호성이 국가의 사회관계에 대한 일방적인 개입을 정당화하거나 심지어는 옴부즈만의 기능적 확장에 기여해 온 것도 사실이기는 하다. 그러나 이제 후기 근대의 도래는 새로운 프레임에 맞추어 행정정의의 개념을 재설정해야 하는 과제를 제기하고 있다. 그런 의미에서 사회구조의 급진적인 변화에 맞추어 행정정의의 수단 가치를 준법성보다는 경제성, 경제성보다는 대표성, 대표성보다는 형평성 쪽으로 가치 비중을 확대 이동해 왔다는 사실에 유의할 필요가 있다. 이는 후자가 전자를 포괄적으로 수렴하는 관계에 있다는 점에서 가치 준거의 포괄 범위를 지속적으로 확장해 왔다는 것에 다름 아니다. 무엇보다도 선제적 대응의 영역을 확충하여 옴부즈만의 역할 비중을 강화해 왔다는 점에 주목할 필요가 있다.

이렇듯 행정정의를 새 시대의 요구에 맞게 재주명하는 일과 연동되어 있기는 하지만 옴부즈만이 사법적 강제권을 확보하는 문제도 앞으로 심각하게 검토해야 할 과제 가운데 하나다. 민원의 해결 자체를 사법적 강제력에 의존함으로서 옴부즈만의 핵심적 구성 요소인 권고성을 외면하고 사법적 재결과의 차별성을 허물자는 것이 아니다. 다만 민원 해결 과정에서 요청되는 사실조사와 정보수집 과정에서 관련 기관의 협조를 보다 더 적극적으로 담보하기 위한 보완 장치가 필요하다는 뜻이다. 이런 생각의 연장선상에서는 감찰기구 같은 행정규제 업무 담당 기관과의 지속적인 의사소통을 제도화하는 일도 전향적으로 검토해 보아야 할 과제 가운데 하나다. 다만 이런 강제력의 제도화 문제는 매우 논쟁적인 요소를 동반하는 만큼 옴부즈만이 활동하는 나라의 정치사회적 환경에 따라 상황 조응적으로 운용할 필요가 있다. 사실조사와 정보수집에 대한 관련 행정기관의 협조가 비교적 잘 이루어지는 곳에서는 이런 장치를 도입해야 할 이유가 없다. 그러나 그렇지 않은 곳에서는 단순히 관련 행정기관의 선의에 기대고 있을 수만은 없는 노릇이다. 그런 점에서 맥락적 접근을 필요로 한다. 그러나 기본적으로 권고를 통한 조정이 활성화되기 위해서는 이를 지원할 정보 자원의 수집이 필수적 과제인 만큼 이를 위해 보다 적극적으로 반응하도록 유도할 수 있는 장치가 필요할 것은 당연한 이치이다. 이는 특히 옴부즈만의 선제적 대응력을 강화하고자 하는 경우 보다 더 요구되는 과제이다.

행정개혁과 관련하여 옴부즈만은 그동안 사후적 접근을 당연시해 왔다. 그러나 이제 규제 업무 담당기관과의 사전 조율을 통해 선제적 대응에 나서는 일은 불가피한 과제가 되었다. 행정조치에 따른 민원의 발생이 더 이상 예외적, 병리적 현상이 아니며 일상적, 보편적 과제로 제기된다면 이를 보다 효과적으로 대응하는 길은 선제적 접근에 있을 것이기 때문이다. 제4차 산업사회의 도래로 인한 사물인터넷이나 인공지능의 등장이 행정환경의 성질을 근본부터 바꾸면서 행정오류에 따른 파급효과의 속도와 범위가 고식적으로 관리 가능한 경계 범위를 벗어나게 되었다. 이런 인식의 연장선상에서 보면, 민원인이 민원 해결을 요구하기 이전이라도 옴부즈만이 자체 판단에 따라 인지하는 국민고충을 발굴하여 선제적으로 대응하거나, 개별 민원이 종결된 후 장기간이 지났더라도 필요하다고 판단하는 때에는 언제라도 이를 다시 꺼내 추적, 조사하는 문제도 전향적인 검토를 필요로 한다. 제기된 민원과 관련한 기획조사 부문을 강화하자는 뜻이다.

이런 과제들의 개선은 당연히 옴부즈만 역할의 질적 수준을 개선하는 데에 기여하게 된다. 물론 이 경우 아무리 선제적 대응에 나선다고 하더라도 급변하는 사회 환경을 감안해 보면 그의 실효성이 의심스럽다거나 옴부즈만의 본래 목적은 행정개혁이 아니라 개인 민원과 고충의 해결에 있다는 점을 잊어서는 안 된다. 다만 선제적 대응의 수요가 커지고 있는 만큼 개별 민원에 대한 대응 태세를 늦추지 않으면서도 거기에 추가하여 선제적 대응을 접목, 확장하자는 것이다. 이는 선제적, 집합적 대응과 사후적, 개별적 대응이 서로 연동되어 있어 상호 영향을 주고받는 관계에 있다는 뜻에 다름 아니다. 이 점에서 보면 수단 가치로써의 형평성 제고에 유념하면서 옴부즈만의 회복 역할을 강화하는 노력에 비중을 더하자는 주문이기도 하다.

2. 통합 연계 체제의 개발

오늘날의 옴부즈만은 기존의 옴부즈만에 새로운 기능을 추가하거나 새로운 역할을 담당하는 옴부즈만이 추가로 생겨나면서 기관 내부적으로는 기능적인 융복합화를 그리고 기관 외부적으로는 여러 옴부즈만 관련 기관의 난립을 거듭하게 되었다. 옴부즈만끼리의 관할 영역 중복으로 인해 갈등과 비효율이 발생하고 있는 것도 사실이다. 이는 후기 근대의 행정운영 양식이 다양화, 다원화, 분절화하는 데에서 비롯된 결과이기는 하지만. 그렇다고 해서 이런 다지 분극화하는 옴부즈만들이 상호 유기적으로 협력하고 공조하지 않는다면 대내적으로는 업무 수행상의 합리성을 잃고 대외적으로는 보다 효율적인 영향력 행사를 약속할 수 없게 된다.

우선 이런 여러 옴부즈만들을 묶어 옴부즈만 영역이라고 한다면 옴부즈만 영역의 내부에 주목해 볼 때, 업무의 중복으로 인한 재정 자원의 낭비, 관할 영역의 중복으로 인한 비효율, 최적 기관이라는 확신의 결여에서 오는 자신감 부족 및 불안감 증대, 다양한 수준의 서비스 격차에서 오는 불만 등으로 인해 옴부즈만에 대한 사회적인 불신을 확대 재생산하게 된다. 이 가운데에서도 특히 업무의 중복이나 파편적 서비스에서 오는 비효율의 문제는 재정 효율성에 주목하려는 신자유주의 시대의 도래 이후 매우 중요한 과제 가운데 하나로 간주된다. 자원의 공유를 통한 규모의 경계를 잃게 되기 때문이다. 그러나 그렇다고 해서 이들을 수직적으로 집적함으로서 과관료제화 하자는 것은 물론 아니다.

또한 대외적 관계에서 볼 때에는 옴부즈만이 파편적으로 분산되어 활동하기 때문에 보다 효율적으로 정책형성 과정에 대한 영향력을 행사할 수 없게 된다. 이로 인해 행정개혁 견인 장치로써의 역할을 효과적으로 발휘할 수 없을 것도 물론이다. 입법 과정에 대한 옴부즈만 영역 전체의 이해관계를 반영하는 투입 능력이 약화되는 것이다. 옴부즈만 기관들 전체의 통일적 견해를 발굴하고 전달하기가 어려워지는 데에서 오는 결과이다. 더 나아가 이렇듯 파편화된 양식으로 운영되면서 옴부즈만 종사자들을 모두 묶어 하나의 전문 직역으로 인식하기가 어렵게 될 것도 물론이다. 그 결과 옴부즈만 종사들의 경력관리 경로를 개발하고 관리하기도 어려워진다. 표준 업무처리 양식을 개발하기 어려워지면서 민원인의 접근 편의성이 상대적으로 낮아지는 문제도 생긴다.

그러나 그렇다고 해서 다양한 통로를 통한 행정 서비스 전달이 당연시되는 시대에 다지분극화하는 옴부즈만 기관들을 일사불란한 일원적 체제로 통합한다는 것은 정합성을 약속받기 어렵다. 이는 새로운 양식의 관료화를 재촉하는 결과가 될 위험성을 낳기 때문이다. 여러 옴부즈만 기관들을 단순 통합하는 경우에는 대규모 조직으로 전환하면서 일원주의적인 운영을 통해 개별적인 요구에 대한 대응력 상실, 기관 이익 우선주의에 의한 관료적 편익 증대로 이어질 가능성이 높다. 따라서 이들을 연계하여 네트워크 체제로 개편하고 조화로운 협력 체제의 구축을 통해 비효율을 극복해야 한다는 주문이 제기된다(Kirkham & Martin, 2014).

옴부즈만 기구들을 네트워크 체제로 연계하는 경우, 옴부즈만 업무가 기능적으로 융합하면서 옴부즈만의 사회적인 가시성을 높이고, 중복을 최소화하는 데에서 오는 기관 운영상의 효율성과 경제성을 개선하며, 기왕의 분권화에 따른 지역 친화적인 운영 체계는 계속해서 유지할 수 있게 된다. 그런데 옴부즈만의 지역사회 친화적인 운영 양식은 현장 지근거리에서 서비스를 전달하게 된다는 점에서 민원 관련 현장 정보의 취합에 용이하고, 민원인의 접근성을 강화하며, 지역 생활공동체에 대한 옴부즈만의 사회적인 가시성을 제고하는 효과를 낳는다. 옴부즈만 기능의 정합성이 높아지는 경우 국가 행정작용 전 영역에 걸쳐 옴부즈만 기구를 확대하자는 사회적인 여론을 확산하게 될 가능성도 있다. 무엇보다도 중요한 것은 제4차 산업사회의 초연결 현상이나 증강현실에 조응하기 위해서도 일원적 질서가 아니라 수평적 네트워크에 의한 자율적 연계체제의 개발이 훨씬 더 유용하다는 점이다.

국가 옴부즈만, 시민 옴부즈만, 전문 옴부즈만 같은 여러 유형의 옴부즈만이 서로 간의 고유 관할 업무영역을 유지하면서도 이를 초월해서 상호 협의하고 정보를 공유하며 공동 조사하거나 함께 단일 보고서를 작성하는 것과 같이 종합적이고 협동적인 노력을 경주할 수 있게 되는 것은 매우 바람직한 변화다. 그럴 경우 민원 해결을 위한 대안 개발이나 조언 과정에서 분업의 원리로 인해 발생하는 갈등조정 역할상의 여러 한계를 극복하고 보다 효과적이고 체계적인 대민 서비스가 가능하게 될 것도 물론이다(Cabinet Office, 2005: 1-3). 이런 네트워크 체제의 구축은 민원이 그의 성질상 옴부즈만 개개인이 담당하는 관할 범위를 넘어서는 복합민원일 경우 특히 더 유용하게 된다. 이런 민원을 옴부즈만 각자가 별도로 다루면서 상이한 조언을 하거나 중복적으로 조치하는 경우에는 할거주의의 병폐(관료적인 접근)로 인해 공공재를 비효율적으로 사용하는 결과를 낳게 된다. 민원인 입장에서 보면 문제 해결의 지체를 가져오는 원인이 되며 민원인으로 하여금 정당한 문제 제기를 저어하게 하는 한 요인이 되기도 한다(Cabinet Office, 2005: 3). 결국 옴부즈만의 효율적인 운영과 민원인에 대한 서비스 전달의 경제성 제고를 위해서는 옴부즈만 간의 협동적 노력이 필수적인 과제이다. 이를 위해 옴부즈만 기구들 사이에서 유연하고 조화로운 연계체제를 구축하는 일은 불가피한 과제다.

그러나 현재는 옴부즈만 관련 정책을 수립하거나 입법 활동을 주도하는 국회의원이나 정부의 고위 행정관료들 사이에서 다지분극화하는 여러 옴부즈만 기관들을 묶어 이를 하나의 독립된 영역으로 이해하려는 인식의 틀 자체가 개발되어 있지 않다. 이로 인해 옴부즈만 관련 영역에 대한 관리 정책이나 정부 수준의 통합적 조정 활동을 찾아보기 어려운 것은 물론이다. 따라서 정부의 이런 이해력 교정을 통해 옴부즈만 기관들을 연계하는 네트워크 거버넌스를 구축하는 문제는 오늘날 민원 유발 요인이 누적되고 있는 저간의 사정을 감안해 볼 때 매우 시급한 과제가 아닐 수 없다.

보다 중요한 것은 이렇게 네트워크 체제로 연계된 옴부즈만 영역을 국가 구성의 독립적 요소로 보고 이를 권력분립의 한 구성인자로 다루어 제4부로 접근하는 인식상의 전환이 요청된다는 점이다. 국정운영 과정의 투입, 전환, 산출 단계를 토대로 구성된 3권, 즉 입법부, 행정부, 사법부에 추가하여 독립된 권력의 중심축 가운데 하나로 환류 거버넌스 체제를 구축하도록 하자는 것이다. 따라서 소속 기관이 입법부냐 또는 행정부냐에 따라서 입법부 옴부즈만이나 또는 행정부 옴부즈만으로 다루는 인식상의 틀을 벗어나 옴부즈만 영역 자체를 기존의 3권 분립 체제로부터 독립해서 구성하고 운영하는 제도상의 혁신을 추진하는 일이 필요하게 된다. 이는 입법부 옴부즈만이나 행정부 옴부즈만 모두 옴부즈만의 기관 독립성과 관련하여 장단점을 지닌다는 사실을 상기해 볼 때, 그런 한계를 근본부터 극복해 보자는 것이기도 하다. 3부 모두로부터 독립된 기관 정체성을 보장하기 위해서는 옴부즈만의 선임 방법상의 중립성을 확보하는 일이 중요한 과제로 제기된다.

3. 업무 수행능력의 제고

옴부즈만의 역할에 대한 사회적인 수요가 증대하는 시대 상황에 비추어 옴부즈만의 기능 강화에 필요한 주변 장치를 개발하거나 확대해야 한다는 것은 불가역적인 당위에 속한다. 옴부즈만의 업무 수행에 필요한 정보 자원의 확대를 위해 중앙집권화된 종합 정보 서비스 제공 기관의 설치를 법제화한다거나, 모든 공적 서비스 공급기관으로 하여금 민원처리 과정에 보다 적극적으로 대응하고 필요한 정보를 적시에 공급하도록 의무화하는 일 등이 필요한 과제 가운데 하나다. 요청하는 정보에 대한 회신을 일정 시점까지 완료하도록 법률로 정하는 문제도 검토해 볼 만한 일이다. 종합 포털 사이트의 개설을 통해 집합지성의 활용을 모색해 보는 것도 유용한 대안 가운데 하나다. 제4부의 모색에서 보는 바와 같이 표준화 정책의 도입을 통해 모든 옴부즈만들이 공통의 민원처리 법정기한, 회신의 표준양식, 문제 해결 절차, 등을 채택하도록 하는 경우에는 행정관료들에게 표준화된 교육훈련을 제공할 수 있게 되고, 민원인에게는 옴부즈만 활동에 대한 기댓값을 명료하게 할 수 있는 기준율을 제공하는 결과가 되며, 업무 수행상의 일관성이나 중복 배제를 통해 처리 지연을 방지하고 효율성을 높이게 된다(Tyndall, 2015: 13).

업무 수행능력의 제고를 위한 인적 자원 관리 차원에서는 운영 독립성의 확보를 위해 기관 수장에 대한 독자적인 임명 절차를 확보하는 일도 필수적인 과제로 제기된다. 가장 효율적인 방법은 제4부의 구축을 통해 기관 독립성을 확보하는 것이지만 그렇지 않더라도 소속 기관이 의회냐 또는 행정부냐에 관계없이 국가 권력에 의해 일방적으로 선임되는 한 옴부즈만이 국가 운영 기구로부터 완전히 벗어나 공정성을 유지하고 철저히 독립적으로 행정정의를 지향하기는 어렵다. 이런 점을 감안하여 옴부즈만의 선임 초기 단계에서부터 옴부즈만 선임 위원회를 구성하여 기존의 국가기구로부터 벗어나 있는 시민사회가 참여할 수 있는 공간을 마련하는 방안도 고려해 볼 만한 일이다. 무엇보다도 중요한 것은 옴부즈만을 전문 직역으로 다루는 인식상의 전환이 필요하다. 더 이상 일반행정가가 아니라 갈등관리, 협상, 중재, 상담, 조직진단 등을 전문적으로 다루는 전문가일 때 문제해결 능력이 확보된다는 인식상의 교정이 필요하다. 옴부즈만 발전의 초기 단계에서는 일반행정가를 충원하는 일이 불가피했으나 이후 옴부즈만 역할에 대한 인식이 확산되고 경험이 축적되면서 국제옴부즈만협회는 전문자격증 제도를 도입하기까지 했다. 이를 위해서는 현직 옴부즈만이나 지원 인력으로써의 조사관 등을 재훈련하는 노력과 함께 정규 교육과정의 개발에도 주력해야 한다. 협상학, 상담학, 갈등관리, 조직진단, 등 관련 분야와 연계된 정규 교육과정 개발을 지원해야 한다는 뜻이다.

민원의 해결을 위해서는 관련 행정관료의 협력이 필수적 과제라는 점을 감안해 보면 행정관료에 대해 옴부즈만에 대한 이해력과 협력의 중요성에 대한 인식의 정도를 높여야 할 필요성도 제기된다. 이런 점을 감안하여 남아프리카와 이란 같은 데에서는 옴부즈만 연구소를 설치하고 이를 통해 행정관료에 대한 옴부즈만 관련 교육을 실시하고 있다(Wakem, 2015: 16). 타산지석으로 삼을만한 일이다.

재정 자원의 차원에서는 비록 민원을 무상으로 처리하여 민원인의 접근성을 보장한다고 하더라도 운영 재정의 공급원을 다원화할 필요가 있다. 중앙정부, 지방정부, 공익단체, 기부금 등 여러 통로를 통해 제공될 수 있게 함으로서 기관 독립성 확보를 강화하자는 것이다. 그렇지 않을 경우 충분한 재정 자원을 확보하기 어렵게 되면서 옴부즈만을 "보여주기 행정" 의 하나로 다루게 될 위험성이 상존한다. 특히 전문성 제고를 위해 외부 기관과의 협업체제를 구축하고자 하는 경우에는 외주에 필요한 예산의 확보가 관건이다. 이를 위해 필요하다면 옴부즈만의 기관 정체성을 재검토해 보는 일도 필요하다. 옴부즈만을 단순히 국가 기구의 하나로 한정해야 할 이유가 없다는 뜻이다. 이 경우 시장의 영역에서 활동하는 조정 업무 대행기관과의 협업도 확대해 나가야 할 과제 가운데 하나가 된다.

정보 자원의 관리 차원에서는 제4차 산업사회의 사물 인터넷이나 인공지능에 조응하여 정보통신기술의 도입과 활용 체제의 개발을 강화해야 한다. 이는 초연결 사회, 증강현실, 파편적 사회구조, 개인화 등에 대응하기 위한 운영 체계 혁신의 차원에서도 불가피하게 요청된다. 이런 정보관리기술에 대한 의존성의 심화가 자칫 기밀성의 유지를 위태롭게 할 개연성도 있으나 전문성을 필요로 하는 기술 문제 해결 능력을 높이는 것은 물론이고 인력 부족에 허덕이는 현실 문제를 해결하는 실용적 대안이 되기도 할 것이다.

4. 시민주도 체제로의 전환

모바일 혁명과 네트워크에 기반하는 자기주도형 의사소통이 일상화하고 그에 따라 보통 사람의 국정 참여에 대한 욕구와 기술적인 실현 가능성이 확대되면서 참여민주주의에 대한 요구가 급증하고 있다. 옴부즈만의 운영 과정에서도 시민 참여에 대한 요구가 비등할 것은 자명한 이치이다. 이에 따라 옴부즈만 자체의 운영 과정에 대한 시민 참여 공간의 확대, 즉 옴부즈만 운영의 거버넌스 체제화에 대한 요구가 높아지고 있다. 국가의 권력적 중립성에 대한 신뢰가 무너지고 국가의 민주적 책무성을 강화해야 한다는 요구가 비등하면서 등장한 것 가운데 하나가 옴부즈만이지만 바로 그 국가에 대한 불신은 국가 기구의 일부인 옴부즈만 자체에 대해서도 영향을 미치는 셈이다. 옴부즈만을 보다 더 시민 조응적인 양식으로 운영하자는 주문이다.

옴부즈만 운영 과정의 투명성, 개방성, 적시성, 대표성, 등의 제고를 통해 옴부즈만 운영 체제의 효과성과 적실성을 높이려면 시민과 함께 하는 협력적 파트너십 구축이 대안 가운데 하나다. 비록 집권세력이 보수적이거나 심지어 권위주의적이라고 하더라도 그런 체제하의 일반 시민도 정부에 의한 서비스가 적절한 양식에 의해 전달되고 일선 행정기관이 공정하게 운영되기를 기대한다(Wakem, 2015: 16-17). 이런 관점의 연장선상에서 옴부즈만의 역할 수행과 관련하여 타운홀 미팅(town hall meeting)[1]을 개최하는 것도 검토해 볼 만한 대안 가운데 하나다(Barkat, 2015: 54). 같은 이치로 옴부즈만 및 지원 인력의 충원과정에서 대표관료제를 도입하는 문제도 고려해 볼 만한 일이다. 옴부즈만 종사자들을 충원하는 과정에서 인구사회학적 특성을 순비례적으로 반영하여 민원의 접수, 처리, 사실조사의 전 과정에서 시민 참여 공간의 불균형 배분 가능성을 처음부터 차단해 보자는 것이다.

이런 시민 참여형 운영체제의 개발은 민원이 정부의 행정조치에 대한 시민의 환류형 평가에서부터 비롯되는 것이라는 점에서 볼 때 선제적 대응의 문을 여는 것이기도 하다. 더 나아가 이는 옴부즈만이 기본적으로 옴부즈만에 대한 무한 신뢰를 토대로 구축된 것이라는 점을 감안해 볼 때 옴부즈만에 의한 의사결정 자체를 의심하거나 불신하는 데에서 비롯되는 것이라기보다는 옴부즈만의 활동을 지원 강화해주기 위한 장치로 이해되어야 마땅할 것이다. 같은 이치로 시민참여 자체가 대 행정관료와의 관계에서 민원인을 편애하고자 하는 것이 아니라는 사실도 자명한 일이다.

5. 옴부즈만 환류 체제의 구축

옴부즈만 자체에 대한 환류 체제 구축을 통해 옴부즈만의 활동과정에서 유발되는 오류, 지체, 권한의 과다 행사 등을 시정함으로서 운영의 질적 수준을 높여 옴부즈만의 사회적 책무성을 확보하

1) 타운홀 미팅(town hall meeting)에 대해서는 박재창(2018: 171-219)를 참조하기 바란다.

고자 노력해야 한다. 이는 옴부즈만에 대한 "건강 검진" 을 통해 그의 운영 과정에서도 행정정의를 구현하자는 것에 다름 아니다. 옴부즈만 자체의 민원유발 가능성에 대해 선제적 대응에 나서자는 것이다. 이렇듯 옴부즈만의 운영 효율성을 담보하려는 노력은 국민의 세금으로 운영되는 기관이 유념해야 할 최소한의 책무이기도 하다. 이를 위해서는 옴부즈만 기관 내부 전략과 기관 외부 전략을 모색해 볼 수 있다. 내부 전략으로는 자체 감사와 재심제도를 들 수 있고, 외부 전략으로는 옴부즈만 외부에 설치되는 "옴부즈만의 옴부즈만" 같은 기구를 통해 정기적으로 서류 감사하게 하거나 이의를 신청할 수 있게 하고 나아가서는 옴부즈만을 상대로 활동하는 시민 옴부즈만의 구성을 독려하고 지원하는 방안이 모색될 수 있다. 이는 모두 옴부즈만의 기능적 좌표가 정부나 의회의 외부에 설정되어 있고 그의 독립성이 보장되어야 하는 만큼 옴부즈만이 비록 업무 수행 과정에서 어떤 오류를 범하더라도 이를 행정부의 명령이나 의회의 입법 활동을 통해 직접 통제할 수 없다는 인식에서 비롯되는 일이다. 사법부의 재결을 받아볼 수는 있지만 옴부즈만 의사결정의 종국성에 비추어 결정 자체를 심사의 대상으로 삼을 수 없도록 하는 것이 보통이고 절차상의 오류를 대상으로 기소한다고 하더라도 비용이 많이 들고 시간이 오래 걸릴 뿐만 아니라 매우 절차가 복잡해서 실효성이 없고 그렇기 때문에 이용자가 매우 드문 것이 보통이다(Carlens & Verbeek, 2010: 9). 이 점은 이미 우리 모두가 잘 알고 있는 바와 같다.

따라서 옴부즈만 자체의 환류 작용에 주목하게 된다. 이 가운데에서도 옴부즈만 내부의 재심제도는 기본적으로 옴부즈만의 이용자라고 할 수 있는 민원인의 적극적인 평가와 제안에 귀 기울이고자 하는 데에서 고안되는 제도다. 보다 더 개별화된 행정정의의 구현, 보다 더 강화된 행정정의에의 접근권 보장, 보다 더 확대된 행정 서비스 제공자의 책무성 확보 등을 위해서는 옴부즈만 자체의 운영 평가와 환류 작업이 불가피하다고 본 것이다. 옴부즈만의 운영 과정에서 발생하는 민원을 다루기 위해 옴부즈만 내부에 이의신청 창구를 개설해서 운영하자는 것이다. 이로 인해 옴부즈만이 민원을 처리하는 과정에서 추가적인 비용이 지출되거나 민원 종결까지의 시간이 지체되는 등의 문제가 생길 수는 있지만, 기본적으로 옴부즈만의 활동에 불복하는 민원인이 민원을 사법적 재결을 받아보기 위해 법원으로 가져가는 일을 미연에 방지하는 대안으로써의 의의는 적지 않다. 그러나 이런 내부 재심제도가 옴부즈만 외부에서 운영되는 옴부즈만의 옴부즈만 즉 특별 옴부즈만(super ombudsman)이나, 시민사회가 자발적으로 옴부즈만 감시를 목적으로 운영하는 시민 옴부즈만에 비해 공정성이나 중립성을 견지하기 어려울 것은 당연한 이치이다.

내부 재심제도는 기관내부 환류 전략인 만큼 민원의 담당자, 담당자의 상급자, 부옴부즈만(deputy ombudsman)를 상대로 이의를 제기하거나 이의 신청을 위해 마련해 둔 전화나 온라인을 통해 이의를 접수하는 것이 보통이다(Carlens & Verbeek, 2010: 9). 이는 원래 민원을 다루었던 사람들이 그 민원을 다시 검토하자는 것에 다름 아닌 일이기 때문에 원래의 시각과 관점에서 다루지 않을 수 없고, 그 결과 기본적으로 원안 친화적인 편향성을 피할 수 없다. 이런 점을 감안하여 내부 재심제도라고 하더라도 외부 평가자를 임시 고용하거나 재평가 작업을 외부 전문기관에 외주를 줄 경우, 옴부즈만 외부에 별도의 옴부즈만을 두어 운영하는 것과 유사한 효과를 기대해 볼 수 있다. 이런 경우 옴보즈만 운영의 내부 정보를 외부로 유출하지 않으면서도 평가 결과를 옴부즈만 자체 개혁을 위한 기초자료로 활용하기가 상대적으로 용이하다는 장점이 있다

이런 옴부즈만 환류 체제의 구축은 옴부즈만이 종국성을 역할 규범 가운데 하나로 삼는 정부기관의 하나라는 점에서 볼 때 일견 자기모순적이라고 여겨질 수 있다. 옴부즈만이 제3자의 개입 가능성을 염두에 두고 민원처리에 나서야 한다는 점에서 운영의 독립성이 훼손될 수 있기 때문이다. 옴부즈만에 의한 어떤 의사결정이 최종적인 것이 아니라면 옴부즈만에 대한 사회적인 신뢰가 약화될 수도 있다. 무엇보다 우려되는 것은 옴부즈만을 단지 사법적 재결로 연계해 나가기 위한 전 단계의 하나쯤으로 간주하게 될 위험성이 있다는 점이다. 옴부즈만에 대한 사법적 간여의 길을 여는 단초가 될 수 있다는 우려이다. 옴부즈만의 결정을 수용한 민원인과의 관계에서 볼 때 옴부즈만의 결정에 불복하고 이의를 신청하거나 옴부즈만에 대한 옴부즈만을 찾아 문제를 제기하는 이들에게 불공정하게 일종의 최혜 대우를 제공한 셈이 된다는 점도 문제점으로 지적된다.

그러나 옴부즈만 기관 속성으로써의 종국성은 동일 민원이 반복해서 야기되고 그 결과 지속적으로 동일 민원에 대응해야 하는 수요를 원천적으로 차단해야 한다는 뜻이지 기관으로써의 옴부즈만 자체에 대한 민원 처리 내지는 환류 체제 구축을 부정하자는 것은 아니다. 예컨대 옴부즈만이나 조사관이 업무를 수행하는 가운데

불친절하거나 조사활동이 지연되거나 민원접수가 원활하게 이루어지지 않거나 위법 부당한 일이 발생하는 경우, 이에 대한 민원을 처리하는 기관이 필요해진다는 뜻이다. 옴부즈만의 활동을 통해 그 사회의 민원 유발 요인이 얼마나 해소되었는지를 확인하거나 옴부즈만 조력자의 활동을 평가하거나 옴부즈만의 대안 제시가 관련 행정관료나 행정기관에 의해 얼마나 수용되는지 또는 옴부즈만이 정부 내에서 차지하는 정당성 기반이나 위상이 상승하고 있는지의 여부 등을 확인해 보려는 것이다(Kirkham, 2012).

그러나 비록 옴부즈만의 의사결정에 대한 이의가 받아들여지고 특별 옴부즈만에 의한 조사가 진행된다고 하더라도 기존의 결정을 유지할 것인지의 여부를 결정하는 최종 권한은 여전히 옴부즈만에게 부여된다. 바로 이 점에서 옴부즈만에 대한 환류 작업을 통해 옴부즈만의 독립성이나 최종 의사결정권이 훼손되는 것은 아니다. 다만 조사 과정상의 결함이 있었는지를 재확인하거나 관련 자료가 추가로 발견되는 경우 이를 반영해서 다시 숙고할 수 있는 기회를 갖자는 것이고 운영 효율성을 높여 옴부즈만에 대한 국고지원의 정당성 근거를 지속적으로 확장해 나가자는 것이다. 그러니까 옴부즈만의 활동 결과에 대한 평가와 환류 작업은 과정의 타당성 여부를 확인하자는 것이지 결과의 수정에 주안점을 두려는 것은 아니다. 또한 지체된 정의는 정의가 아니라고 하는 말처럼 진정한 정의가 무엇인지를 확인하는 것이야말로 정의의 본질이라는 점에도 유의할 필요가 있다.

이런 이유들로 인해 이미 여러 곳에서는 옴부즈만 자신으로부터 독립해서 운영되는 옴부즈만 관련 민원처리 기관이 운영되고 있다.

그러나 그렇다고 해서 옴부즈만 개인을 환류 평가의 대상으로 삼는 경우는 거의 없다(Carlens & Verbeek, 2010: 14). 기관의 독립성과 안정성의 유지가 기관운영 성패의 관건이라고 보기 때문이다.

6. 외주 체제의 개발

옴부즈만이 행정과정의 과관료화 문제를 해결하기 위해 대항관료제의 한 양식으로 고안되었음은 주지하는 바와 같다. 이런 인식의 연장선상에서 시민 참여에 대한 요구가 점증하고 있다. 이런 점을 감안하여 옴부즈만 업무의 외주화를 추진하고 외주 단체들을 옴부즈만 네트워크 체제로 편입하는 문제도 검토해 볼 만한 과제다(Barkat, 2015: 52). 특히 전문성이나 중립성에 대한 요구가 높은 분야를 중심으로 외주 체제를 개발하는 경우 옴부즈만 운영이 과관료제화 하는 것을 막는 것은 물론 비용절감 효과도 기대해 볼 수 있다. 옴부즈만 지원 인력을 필요에 따라 탄력적으로 운영할 수 있을 뿐만 아니라 관련 분야 전문성의 내용이 매우 빠르게 변화한다는 점을 감안해 볼 때 시대의 흐름에 맞지 않거나 그 결과 기능면에서 무능해지는 경우 지원 인력을 유연하게 관리할 수 있기 때문이다. 당연히 재정지출의 효율적 운영을 결과하게 될 것도 물론이다. 이렇듯 기관 운영을 진지하게 접근하는 경우 일반 시민에게는 보다 진실성 있게 운영하려고 한다는 메시지를 전달할 수도 있게 된다. 그 결과 옴부즈만의 기능적 한계가 기득권을 유지하기 위한 것이라는 인식이나 단지 보여주기 위해 운영된다는 것 같은 의구심을 지우고 옴부즈만 자체에 대한 신뢰성을 높이는 데에도 기여하게 된다. 또한 업무수행 과정에서 중립성을 유지해야 하는 옴부즈만의 역할 규범을 상기해 보면 업무 처리의 내부화가 진행될수록 옴부즈만 자체의 기관문화나 소속 기관의 목적 가치에 충실하고자 하게 되고, 그 결과 의도하지 않게 가치 편향성에 빠지게 될 위험성을 낳게 된다. 외주화는 바로 이런 문제를 극복할 수 있는 방안 가운데 하나이기도 하다.

다만 외주 기관이 민원 관련 행정기관의 의사 결정 체제나 운영 양식을 숙지하도록 배려해야 한다는 점은 당연한 과제이다. 이때 외주 기관으로 하여금 계약 파기 위협으로부터 벗어나 오로지 전문성에 입각해서 조언할 수 있도록 기관 독립성을 보장하는 문제에도 유의해야 한다.

7. 독립 직역의 개척

지속적으로 옴부즈만이 필요로 하는 전문 인력을 보다 용이하게 확보하기 위해서는 옴부즈만을 새로운 직역으로 간주하고 이를 위한 인력 공급을 위해 갈등조정, 사실조사, 행정통제 및 상담업무 같은 일을 다루는 전문 인력 양성용 교육훈련 과정을 개발해야 한다는 점은 앞에서 지적한 바와 같다. 이는 특히 행정 실패가 일상화하면서 민원 해결에 대한 사회적인 수요가 커지고 그 결과 옴부즈만이나 유사 옴부즈만의 역할 비중이 확장 일로에 있다는 사실을 상기해 볼 때 당연한 수순으로 여겨진다. 갈등 조정이나 중재 또는 상담업무를 전문 직역으로 개발하는 경우에는 전문적으로 훈련받은 인력의 지속적인 공급이 가능해지고, 그에 따라 옴부즈만 또는 그의 조력자 역할의 전문성을 높이게 되며, 그로 인해 기관 전문성 확보와 함께 운영 경쟁력을 높이게 된다. 이 경우 교육 훈련의 적정 기재가 무엇인지, 충원 자격은 무엇으로 할지, 윤리적 기준과 경쟁력 평가의 준거는 무엇인지 등 규정해야 할 과제가 적지 않다. 전문 직역의 교육을 통해 분쟁이나 갈등 조정 전문가를 길러내려면 그에 대한 형식, 목표, 기능 등에 대한 사회적인 합의가 선행되어야 한다. 설혹 이런 점에 대한 사회적인 합의가 이루어진다고 하더라도 사회 환경의 변화에 따라 지속적인 수정이 뒤따라야 할 것은 두말할 나위가 없다. 옴부즈만은 단순히 법률해석이나 행정관리 지식 이상의 능력을 보유해야 한다. 특히 심리치료사로써의 역할 수행 능력 보유는 매우 비중 있게 다루어져야 할 과제이다. 시대 상황의 변화에 따라 자신을 뒤돌아볼 수 있는 자기비판 내지는 성찰력을 필요로 하는 것이기도 하다. 이런 점을 감안하여 옴부즈만을 하나의 독립 직역으로 개발하기 위해서는 관련 학계와 실무자 사이에서 지속적인 협의와 조정을 필요로 한다.

8. 국제협력 체제의 개발

옴부즈만은 그동안 각국의 정치, 경제, 사회적 요구에 부응하면서 각자 자기 나라의 개별 수요에 맞추어 설치되고 발전해 왔다. 그 결과 매우 다양한 양식과 절차에 따라 운영되고 있을 뿐만 아니라 기관운영 능력에서도 격차가 적지 않다. 그러나 거의 모든 나라의 옴부즈만이 공통적으로 당면하고 있는 과제들도 적지 않다. 유사 행정심판이나 사법적 재결과 같은 행정정의 보호 기관이나 부패 방지나 행정 감시 기관들과의 관할 영역 중첩이나 기능 중복에서 오는 갈등이 적지 않고, 무엇보다도 인사권자나 재정 자원의 제공 기관으로부터 완전한 독립을 확보하기 어려운 것도 부정하기 어렵다. 이런 점들은 개별 국가의 옴부즈만들이 독자적으로 자신들의 기관운영 능력을 제고해 나가기가 어렵다는 사실을 시사한다. 시대 환경의 변화에 따라 새로운 기법이나 기술이 개발되는 경우 이를 공유해야 할 필요도 있다. 이런 점들을 감안하여 국가 간의 경계를 벗어나 옴부즈만 기구들 간의 국제적 협력이나 연대력을 강화하는 문제는 매우 절실한 과제로 인식된다.

이를 위해서는 이미 국제옴부즈만협회(IOI)가 공유 가능한 옴부즈만 개념의 개발을 위해 노력한다거나, 기관 운영 능력이나 지위의 확장을 위해 공동 노력을 모색하고 있다는 사실은 매우 고무적이다. 태평양옴부즈만연맹(Pacific Ombudsman Alliance)도 회원국 옴부즈만의 운영 능력 제고는 물론 아직 옴부즈만을 설치하지 않은 나라들을 상대로 옴부즈만 설치를 권면하고 있다. IOI가 새로운 옴부즈만의 설치에 필요한 재정 자원을 지원하거나 직원의 교육훈련 사업을 진행하고, 아시아 아프카 지역의 옴부즈만들이 기능별 협력을 모색하거나 공동의 노력을 경주하는 것 등은 옴부즈만의 발전 방향과 관련하여 시사하는 바가 적지 않다. 특히 반부패같이 행정정의 유관 기관들을 모두 묶어 범지구적인 연대 활동을 강화하고자 하는 현상은 앞으로 옴부즈만이 어디를 겨냥해서 진화해 나가야 하는지를 잘 보여주는 사례로 여겨진다. 특히 세계은행 같은 국제협력 기구들과의 협력관계를 개척하는 일은 매우 시사하는 바가 적지 않다(Wakem, 2015: 18-21).

옴부즈만의 범지구적인 확산은 지구화 시대가 불러오는 일국 중심의 행정관리 체제가 당면하는 모순과 한계를 극복하고자 하는 데에서 비롯되는 바가 적지 않지만, 그것 자체가 지구화 현상의 하나라는 인식의 개발이 시급한 과제로 제기된다. 개별 국가의 권력 레짐에 대한 견제를 통해 시민 개개인의 권익을 지켜나가자는 것임으로 이를 국제적 연대를 통해 그 과정에서 야기되는 취약점을 보완해 나가는 일은 그것 자체가 지구화 현상의 일부로 평가되어 마땅한 일이다. 개별 국가의 경계를 벗어나지 않는 한 현존하는 권력의 정치적 편향성으로부터 벗어나기는 어려운 일이다. 이런 점에서 볼 때 옴부즈만이 국제적 연대를 강화함으로써 개별 국가의 구속으로부터 벗어나 독립성을 확보한다는 일은 단순히 옴부즈만의 기관 능력 확장뿐만 아니라 나아가서는 지구 정부 형성을 향한 초기적인 노력의 하나로도 이해해 볼 수 있다. 이는 결과적으로 미래지향적이라는 점에서 미래세대를 위한 조치로도 평가된다. 세대 간 공정성에 유의함으로서 행정정의의 공간을 시간 공간의 영역으로까지 확장하려는 것으로 평가된다.

V. 한국 옴부즈만의 개혁 추진 과제

오늘날 옴부즈만이 당면한 개혁 과제는 후기 정보사회의 수요에 맞추어 다지분극화 하는 민원 대응 기구 간의 협력성 증대, 수평적 네트워크의 확장, 전문기술성의 제고, 자기 통제장치의 확대, 시민참여의 증대 등으로 요약해 볼 수 있다. 이 가운데 오늘날의 한국 사회가 필요로 하는 보다 시급한 혁신 대안에는 어떤 것들이 있는

지를 알아보는 일은 단순히 옴부즈만의 개혁 대안을 모색해 보는 것 이상의 의미를 갖는다. 대안 정부의 길을 모색해 보는 출발점이 될 수도 있는 일이기 때문이다.

오늘날 한국 사회는 다양한 이유로 인해 행정오류에 따른 민원 유발 가능성이 높아져 있다. 그러나 이를 해소하기 위한 사회 환경, 제도, 관련 당사자의 준비 태세 등은 턱없이 부족하거나 오히려 역진적인 변화를 거듭하고 있다. 그럼에도 불구하고 다양한 양식을 통해 민원처리 제도가 마련되어 있는 것 또한 부인하기 어렵다. 이런 상황을 감안하여 한국의 옴부즈만이 지향해 나가야 할 개혁과제를 검토하기 위해서는 우선 옴부즈만 영역 전체의 차원과 한국의 대표 국가 옴부즈만이라고 할 수 있는 국민권익위원회의 차원으로 나누어 검토하는 것이 보다 효율적이다.

1. 국민권익위원회의 개혁 과제

먼저 개별 옴부즈만으로써의 국민권익위원회는 "사자를 잡기에는 불충분한 것이 틀림없지만 적어도 파리를 날려 보내는 데에는 효과가 있는 것"(Rowat, 1984: 211)으로 평가할 만하다. 그동안 국민권익위원회는 민원의 해결과 관련하여 국민 참여 공간을 크게 확대해 왔다. 그러나 이는 단지 종합민원행정처리 기관으로써의 역할 강화로 나타나고 있어 오히려 옴부즈만 역할 수행에는 상대적으로 역진적인 효과를 불러오고 있다는 평가가 가능하다. 이는 민원의 처리를 주로 준법성 여부를 기준으로 접근할 뿐만 아니라 민원인과 관련 행정관료 내지는 행정기관과의 대화를 통한 참여와 학습 그리고 이를 통한 조정과 합의의 도출에 주목하기보다는 민원담당자에 의한 일방적인 관리를 중시하는 일종의 관료적 접근에 오히려 더 비중을 두고 있다는 데에서 나타난다. 다양한 민원창구가 개설되어 있지만 민원 담당 행정관료의 주도하에서만 의사소통이 가능할 뿐만 아니라 민원인으로써는 자유로운 의견 교환과 상담의 기회가 제한적이어서 대표적인 관료 중심주의가 민원처리 과정에 그대로 투사되어 나타나고 있다.

이를 타파하고 국민권익위원회가 국가 옴부즈만으로써의 역할을 제대로 수행해 나가기 위해서는 먼저 옴부즈만의 개념 자체에 대한 인식의 정교화 작업과 그 결과를 폭넓게 공유하려는 보다 적극적인 노력이 선행되어야 한다. 정부의 관행적인 종합민원 행정 처리와 무엇이 왜 어떻게 다른 것인지에 대한 이해를 보다 더 명료하게 하고, 이를 범사회적으로 확산시켜 나가야 한다. 이를 위해서는 우선 옴부즈만이 일반행정가와 달리 일종의 전문 직역에 해당한다는 인식의 전환이 이루어져야 한다. 나아가서는 현재 국민권익위원회에 종사하는 이들에 대한 대대적인 재교육과 함께 인력 충원과 근무 성적 평가 과정에서의 평가 기준을 크게 수정할 필요가 있다. 일반 시민 특히 언론을 상대로 옴부즈만의 개념과 역할에 대해 대대적인 홍보활동을 전개할 필요도 있다. 언론과의 협력적 공조체제 구축은 국가 옴부즈만으로써의 국민권익위원회가 성공적으로 자기 업무를 수행하는 데 있어 그 성패를 좌우할 만큼 중요한 과제이다. 무엇보다도 국민권익위원회의 민원처리 기능에 대한 사회적인 인지도가 낮고 그동안의 활동성과에 대한 신뢰도도 높지 않다는 점을 감안해 볼 때 적극적인 언론홍보는 필수적인 과제이다. 이를 위해서는 행정정의의 구현과 옴부즈만의 정체성 확립 간에 어떤 상관관계가 구축되어 있는지에 대한 보다 더 분석적인 설명과 논리적인 소개가 이루어져야 한다.

조직 관리 차원에서는 현재 국무총리 소속의 독립행정기관으로 되어 있으나 이를 정부의 어느 기관에도 속하지 않는 완전 독립부서로 설치 운영할 필요가 있다. 이는 마치 미국의 일반회계처(GAO: General Accounting Office)에서 보는 바와 같이 입법부, 행정부, 사법부 가운데 어느 부서에도 속하지 않는 국가기관으로 설치 운영하자는 것이다. 업무 수행상의 독자성을 원초적으로 보장하고자 하는 것이다. 이를 위해서는 기관 설립의 근거를 현재와 같이 법률에 규정하는 것이 아니라 헌법에 명기할 것이 요청된다. 바로 이 점에서 현재 진행되고 있는 제10차 개헌 논의 과정에서는 핵심 개헌 과제 가운데 하나로 국가 옴부즈만의 설치 문제를 다루어야 한다. 이렇듯 국민권익위원회의 권위와 기능을 강화해야 한다고 보는 이유는 오늘날 인류 문명사적인 전환기의 특성으로 인해 국가의 행정작용이 오류를 유발하는 일은 이제 불가피한 과제가 되었고, 실제로 한국 사회에서는 행정오류로 인한 민원의 발생 소지가 매우 커져 있기 때문이다. 이는 특히 "촛불 혁명" 이후 국가권력과 시민사회의 기댓값 사이에서 채워지지 않는 간극이 지속적으로 확대되고 있다는 사실을 감안한 주문이기도 하다. 비일상적으로 분출하는 국민의 요구를 체계적으로 수렴할 수 있는 공식적이고 제도적인 장치에 대한 사회적인 수요가 매우 커져 있다는 뜻이다.

또한 현재는 위원회 양식의 합의제를 통해 민원을 처리하고 있으나 이는 옴부즈만의 본래 기능과 취지를 살리기가 쉽지 않은 업무처리 양식이다. 옴부즈만이 지향하는 업무 처리상의 독자성과 신속성을 살리려면 독임제로 개편하되 전문성을 제고한다는 차원에서 복수 옴부즈만을 두고 분야별 전담 옴부즈만으로 하여금 분업체제를 갖추도록 할 것이 요청된다. 같은 이치로 경찰 옴부즈만과 군사 옴부즈만을 계서구조로부터 독립시켜 독립 옴부즈만의 관리하에 운영되도록 개편할 필요가 있다. 현재는 위원회의 위원 가운데 대부분을 비상임으로 보임하면서 사실상 겸직을 허용하고 있으나 업무 수행상의 계속성 유지, 책임소재의 명확화, 전문성의 제고, 이해충돌의 회피 등을 감안하여 상임위원으로 임용할 것을 제안한다.

조사관의 경우도 현재는 민원의 성질에 따라 분야별 분업체제를 갖추고 있으나 이로 인한 관료적 질서의 등장을 배제하고 업무의 수행을 통해 행정과정에 대한 폭넓은 접촉과 이해력의 증진을 도모한다는 뜻에서 교차 담임제를 도입할 필요가 있다. 분야별 분업질서에 따라 민원을 배정하지 말고 무작위, 순차적으로 배정해서 누구나 아무 민원이나 다루게 하자는 것이다. 현재는 예를 들자면 교통도로 관련 민원은 교통도로민원과 소속 조사관, 주택건축 관련 민원은 주택건축민원과 소속 조사관에게 배정하도록 되어 있다. 이런 배정 방식은 조사관 개인이 감당해야 하는 업무 총량상의 불균형을 시정할 수 없으며 그 결과 가용 인원을 극대화해서 활용할 수도 없게 된다. 다만 교차 담임제를 실시하는 경우에도 안건별 책임담당제를 통해 민원 해결의 완결성이나 종합 능력을 제고할 필요가 있다. 하나의 민원이 배정되면 이를 처음 접수한 조사관이 민원이 종결될 때까지 전담하도록 하여 단계별, 계서별 분업에서 오는 과관료제화를 막고 보다 신속, 정확하게 민원을 처리할 수 있게 하자는 뜻이다. 특히 옴부즈만이 민원의 처리 과정에서 지능권력을 통해 접근해야 할 과제가 많다는 점을 상기해 보면 갈등조정의 효율성과 책임성을 확보하기 위해서는 하나의 민원을 전담함으로서 이를 종합적으로 파악하고 총체적으로 다룰 수 있어야 하기 때문이다.

운영 관리 차원에서는 옴부즈만의 업무 수행 능력을 강화하기 위해 업무 수행 과정에서 발생할지도 모르는 명예훼손 등으로 기소되는 일이 없도록 면책특권을 부여하는 문제도 심각하게 고려해 보아야 할 과제다(박성권, 2005: 22). 특히 옴부즈만 업무를 누구나 할 수 있는 일반 행정 가운데 하나라는 식의 인식은 이제 이를 적극적으로 개선해야 한다. 옴부즈만 업무의 수행과정에서 요구되는 조정과 중재, 갈등관리, 조직진단, 협상, 상담 등의 역할은 별도의 훈련된 설득과 합의의 도출 능력을 필요로 하는 만큼 옴부즈만이 고도의 전문지식과 훈련을 필요로 하는 전문적이고 독립적인 직역이라는 인식을 정립해 나가야 한다. 특히 옴부즈만의 조정 능력 강화를 위해 ADR 상의 조정인 제도를 도입하는 경우 전문 조정인을 독립 직역으로 개발하고 훈련하는 일은 필수적인 과제다. 따라서 옴부즈만 업무를 수행하거나 지원하는 과정에서 필요로 하는 기술과 능력을 훈련하고 교육하는 교과 과정과 훈련 기관을 개발할 것이 절실히 요청된다. 이런 활동을 보다 근원적으로 지원하기 위해 관련 연구소를 설립해 운영하는 문제도 고려해 보아야 할 과제다. 전문 조정인 제도를 도입하여 일정 자격을 갖춘 이에게 조정인 자격을 부여하는 문제도 검토해 보아야 한다.

나아가 옴부즈만 업무의 종국성이라는 존재 구속적 특성을 감안해 보면 접수된 민원을 다른 기관에 이첩하거나 이행 업무를 점검하는 일은 자기모순적 과제라는 사실을 보다 더 적극적으로 환기시킬 필요가 있다. 옴부즈만이 국정운영의 환류 과정에서 활동하는 거버넌스의 일종이라는 점에서 볼 때, 국민권익위원회 자체의 운영 과정에서도 환류 거버넌스 체제를 갖출 필요가 있다. 국민권익위원회의 업무 수행 과정에 다양한 양식의 국민 참여 공간을 확대 공급하자는 것이다. 국민권익위원회가 수행하는 옴부즈만으로써의 업무 처리를 평가, 환류한다는 점에서는 자체 평가 제도 도입이 시급한 과제 가운데 하나다. 옴부즈만의 역할 수행 결과를 사후 평가하고 개선하는 자기 개발 체제를 갖추자는 것이다.

이렇듯 옴부즈만 고유 기능 강화에 보다 더 집중하고 진력해야 한다고 해서 현재 국민권익위원회가 주목하고 강조하는 국민신문고나 110 정부민원안내 콜센터 같이 행정과정에 대한 국민친화적인 참여 공간 확장 사업이 무의미하다는 뜻은 결코 아니다. 오히려 적극 권장하고 지원해야 마땅한 일에 틀림없다. 다만 이런 국민 참여 공간의 확장과 옴부즈만 업무의 확대 또는 정상화 작업은 서로 본질적인 성격을 달리하는 과제임을 재인식하자는 것이다. 단순 민원의 처리와 옴부즈만은 그의 근본적인 목적 가치 자체가 서로 다르다. 전자가 관료제의 정상화나 고도화를 위한 것이라고 한다면 후자는 탈관료제 내지는 대항관료제를 지향한다. 따라서 민원을 다루는 과정에서 나타나는 관료제 중심주의적인 요소를 과감히 제거하는 노력도 요청된다. 예컨대 민원을 접수한 후 민원인은 담당 조사관이 접근하지 않는 이상 민원인이 접촉해서 언제든 자유롭게 의사소통하기는 어려운 환경이 조성되어 있다. 이를 개선하여 민원인이 원할 때는 언제나 담당 조사관과 자유롭게 접촉할 수 있도록 하여 의사소통상의 일방주의를 시정하지 않고서는 결코 민원인의 요구를 민원처리 과정에 적극적으로 반영하기는 쉽지 않은 일이다.

재정 자원의 관리 차원에서는 재정의 독립성 확보를 위해 재정 자원의 공급구조를 다원화할 필요가 있다. 중앙정부의 국가 재정에만 의존하는 경우에는 기관운영의 독립성 유지에 근본적인 한계가 있을 수밖에 없다. 예컨대 시민의 후원금이나 성금을 받아들여 시민사회의 참여공간을 여는 일은 많은 효과를 동반할 수 있을 것으로 기대된다. 같은 이치로 독립 예산제를 도입하는 문제도 심각히 검토되어야 마땅한 과제다. 옴부즈만의 선임 과정에 시민참여의 공간을 마련하는 일도 적극 반영해야 할 과제 가운데 하나다.

2. 옴부즈만 영역 전체의 개혁 과제

한편, 옴부즈만 영역 전체의 차원에서 보면 우선 국민권익위원회의 기관 정체성을 명료화하는 문제가 제기된다. 지금은 국민고충처리, 반부패 정책 총괄, 행정심판 업무 모두를 국민권익위원회라는 하나의 행정기관이 통합해서 운영하고 있다. 그러나 이를 과거와 같이 각각 별도의 국민권익 구제 기관으로 분립해서 운영할 것이 요청된다(이종수, 2012: 12). 이 점은 점증하는 반부패 정책의 강화를 실질화하기 위해서도 필요한 일이다. 그렇다고 해서 이들 사이의 협력적 공조가 필요 없다는 뜻은 결코 아니다. 오히려 다양한 양식으로 분화되고 있는 국민권익 구제 관련 기관들을 네트워크로 연계하고 이들 사이의 표준적인 업무처리 기준이나 운영양식을 개발하는 것과 같이 총괄 조정하는 일이 시급한 과제로 제기된다. 국가인권위원회, 한국소비자원, 공정거래위원회, 사학분쟁조정위원회, 다양한 양식의 행정형 대체적 분쟁조정제도(ADR), 시민 옴부즈만 같이 옴부즈만 기능을 일부라도 수행하고 있거나 또는 수행해야 하는 국민권익 보호 관련 기관들과의 협력적 연대체제 구축에 나서자는 뜻이다.

이를 위해서는 네트워크 체제의 조정자 역할을 감당하는 일종의 넛지(nudge) 기관을 필요로 한다. 그러므로 국민권익위원회를 분할하여 과거 국민고충처리위원회를 부활시킨 후 이런 업무를 담당하게 할 필요가 있다. 중앙정부 수준에서 가장 전통적인 의미의 옴부즈만 역할을 수행할 것으로 기대되는 기관인 까닭이다. 이렇게 옴부즈만 관련 기관들을 환류형 거버넌스 네트워크 체제로 연결한 후에는 이를 중앙정부의 제4부에 해당하는 기구로 인식하고 운영하는 국정운영전략상의 전환도 필요한 일이다. 국정운영상의 상대적 비중을 투입, 전환, 산출 가운데 현재는 전환과정에 두고 있지만 이를 개선하여 환류 거버넌스 체제로 이동함으로써 4개 부서의 비중이 서로 균형을 이루도록 하자는 뜻이다. 이럴 경우 행정의 책임성과 효율성을 높이게 되고, 민원인의 편의성 증진에도 기여하게 된다.

이를 위해서는 그런 옴부즈만 영역을 대표하는 수장을 어떻게 선출하느냐가 기관 독립성 확보와 제4부로써의 기관 정체성 확립에 핵심적인 요인으로 작용하게 된다. 이때 독임제를 채택하는 경우에는 국회가 5배수를 추천하고 대통령이 그 가운데 한 사람을 국가 옴부즈만으로 지명하도록 하여 그가 옴부즈만 영역을 통괄하게 하거나, 합의제 모형을 모색하는 경우라면 국회, 대통령, 대법원장, 시민사회 대표가 각각 동수의 옴부즈만을 추천하도록 하여 구성하고 그들 사이에서 국가 대표 옴부즈만을 호선하도록 하는 것도 대안 가운데 하나다.

그러나 현재는 옴부즈만 영역이라는 개념 자체가 정립되어 있지 않고 그런 개념의 출발점이라고 할 수 있는 고충민원과 일반민원, 청원, 국민제안, 청와대 국민청원 등의 대상 과제에 대한 구별이 명확하지 않아 일반 국민은 물론이고 담당 공무원조차 혼란을 겪고 있다(정재환, 2018: 13). 이런 혼란으로 인해 옴부즈만의 사회적 수요와 중요성에 대한 인식도 취약한 상태에 있다. 청와대의 디지털소통센터가 국민청원을 관리하고 있으나 이는 일종의 여론조사기관이나 은사적 소통 또는 권익 구제의 성격을 함축하고 있어 국민 개개인의 권익을 국가와의 관계에서 제도적으로 보호하거나 회복한다는 인식은 크지 않다. 오히려 옴부즈만에 대한 사회적인 인식이나 정부 고위 지도자들의 이해가 매우 취약한 상태에 있다는 사실을 반증하는 것에 다름 아니다. 청와대의 국민청원은 청원의 내용을 제3자에게 공개한다거나 20만 명 이상의 지지가 필요하다는 점에서 소수자 특히 개인의 개별적 고충 해결에 우선적인 초점이 맞추어져 있지 않다. 관할 영역에 대한 제한이 없어 사실상 청원이 성립해도 이를 처리할 수 없는 경우가 적지 않다. 무엇보다도 중요한 것은 청원의 결과를 행정개혁이나 법률 개정 및 제정으로 연계하는 과정이 제도화되어 있지 않다는 점이다.

그럼에도 불구하고 국민청원이 폭주하는 이유는 한국 사회에 민원의 유발 요인이 그만큼 폭넓게 산재해 있다는 뜻으로 읽힌다. 따라서 이를 제도적으로 수렴하고 대응하는 보다 혁신적인 장치의 마련이 시급한 실정이다. 이런 인식의 연장선상에서 제기되는 과제 가운데 하나는 사적 영역의 옴부즈만들과도 연계하여 공사 영역을 관통하는 옴부즈만 협회 같은 기구를 출범시키는 문제이다. 이는 공사 영역의 경계가 무너지고 있을 뿐만 아니라 공사 복합형 민원이 점증하고 있고 무엇보다도 공적 영역과 사적 영역 간의 교차 영향력 행사와 상호작용이 확대되고 있는 데에 따른 대응 수요가 커지고 있기 때문이다. 전문 직역의 개발을 위해 교육훈련 프로그램을 개발한다거나 관련 기술정보를 공유하기 위해서도 공사 영역의 옴부즈만을 연계시켜 협력적 공조체제를 갖추도록 하는 일은 불가피한 과제로 제기된다.

OMBUDSMAN
THE FOURTH BRANCH

부록

참고문헌
일러두기
저자 소개

참고문헌

강명구. (2017). 관료제의 장인정신: 영혼 없는 공무원을 위한 변론. 「한국행정학보」, 51(4): 3-18.

______. (2007). 진보논쟁은 무엇을 놓치고 있는가? 「인물과 사상」, 4월호.

경찰옴부즈만연구팀. (2006). 외국 경찰 옴부즈만 운영현황. 국민고충처리위원회.

국민고충처리위원회. (2004). 옴부즈만제도 연구자료집--외국 전문옴부즈만 운영사례연구. 서울: 중앙인쇄사.

______. (2003). 선진옴부즈만제도 연구자료집—옴부즈만 제도의 세계적 동향. 서울: 중앙인쇄사.

______. 옴부즈만포럼. (2006). 옴부즈만 문화 확산을 위한 혁신 워크샵 발표논문집. 천안국립청소년수련원. 2006.04.13-14.

국민권익위원회. (2019). 위원회 소개. <http://www.acrc.go.kr/acrc/introorgan/H_OrgGuide.do?command=move&menuId=050605>. 2019.04.15. 접속검색.

______. (2017). 「2016년 국민권익백서」. 세종: 국민권익위원회.

______. (2015). 「2014년 국민권익백서」. 세종: 국민권익위원회.

권세기. (1999). 독일 연반의회 국방옴부즈만. 「현안요약」.182. 국회도서관 입법조사분석실.

김대건. (2018). 옴부즈만의 필요성과 새로운 역할 강화 방안. 「한국조직학회보」. 14(4): 127-151.

김상묵, 이창원, 한승환. (2004). 중앙정부 정책과정과 시민참여. 「한국행정논집」, 16: 861-885.

김성근, 은재호, 허준영, 윤종설. (2016). 「정부 갈등관리 업무프로세스 재설계 방안 연구」. 한국행정연구원 수시과제 2016-07.

김유환. (2005). 시민고충처리위원회 설치의의와 발전방향. 국민고충처리위원회 주최 시민옴부즈만(고충위) 공동워크숍 발제문. 대전유성 스파피아 호텔. 2005.12.26.

김지환. (2018.11.03.). 국민청원시대: 억울하면 쓴다. 국민청원시대---민심 흐름, 정책 신속 반영, 국회 기능 위축 가능성. 「경향신문」.

김태환. (2016). 한국의 분쟁조정제도의 유형. 한국의 분쟁조정제도 소개: 「제1차 워크숍 자료집」. 한국법제연구원. 법제교류 자료 16-18-3. 서울역. 2016.07.07. 29-64.

김현정. (2018). 지방 옴부즈만 제도의 운영현황 및 개선과제. 「입법정책보고서」 17. 국회입법조사처.

몽테스키외(Montesquieu) 지음, 고병만 역. (2006). 「법의 정신」. 서울: 책세상.

문용린, (2009). 권익구제 교재개발 연구용역 보고서—평생교육기관용 교재 및 지도서. 국민권익위원회.

민원 처리제도연구 실무연수단. (2001). 스웨덴. 영국의 민원 처리제도에 관한 연구. 서울: 국민고충처리위원회

민원행정제도의개선 실무연수단, (2000). 캐나다·미국의 국민권리 구제제도에 관한 연구. 국민고충처리위원회.

밀, 존 스투어트(2007). 「공리주의」. 서울: 책세상.

박성권. (2005). 세계화 시대에 부응하는 한국 옴부즈만제도의 발전방향 연구. 행정자치부 민원 처리제도 실무연수단 보고서. 행정자치부

박재창 편. (2018a). 「한국의 헌법개정」. 서울: 도서출판 휴인.

______. (2018). 「한국의 거버넌스」. 서울: 도서출판 휴인

______. (2010). 거버넌스의 관점에서 본 옴부즈만: 과제와 한계. 「국가정책연구」. 24(3): 5-38.

______ 편. (2009). 「위기의 한국 시민사회」. 서울: 도서출판 아르케.

______, 김유환. 윤태범. (2006). 경찰옴부즈만의 바람직한 제도화 방안. 군사, 경찰 옴부즈만의 제도화 방향 세미나 발제 논문. 국민고충처리위원회. 옴부즈만 포럼 공동 세미나. 대한상공회의소. 서울. 2006.11.14.

______. (2003). 「한국의회정치론」. 서울: 도서출판 오름.

박정희. (1967). 1967년 연두보고서. 「국회보.」, 71: 27.

벌린, 이사야. (2006). 박동천 옮김. 「이사야 벌린의 자유론」. 서울: 아카넷.

시사상식사전. (2018). 암행어사. <http://terms.naver.com/entry.nhn?docId=70119&cid=43667&categoryId=43667>, 2018.02.10. 접속검색.

손제민. (2018.11.03). 국민청원시대: 약자들 목소리 분출 통로이자 사회 이슈 진도 빼주는 공론의 장. 「경향신문」.

아리스토텔레스 저, 천병희 역. (2009). 「정치학」. 서울: 도서출판 숲.

안병만. (2007). 한국행정의 발전과정과 미래의 방향 - 관료제 연구의 통합적 시각의 필요성. 한국지방재정학회 서울행정학회 학술대회 발표논문집, 446-460.

______, 김인철. (1991). 한국정치행정문화의 구조분석: 계층관계의 인맥관세를 중심으로. 「한국행정학보」. 25(3).

양태건. (2015). 「지방옴부즈만 활성화를 위한 법제개선 방안」. 한국법제연구원.

오성덕, 조현구, 이철주, 심광호. (2015). 정책집행 오류의 유형에 관한 연구 - 감사원 감사 결과보고서의 내용분석을 중심으로. 「정치정보연구」, 18(1): 127-163.

옴부즈만 정책연수단, (2000). 옴부즈만 제도의 정착발전을 위한 정책연수, 귀

국보고서. 국민고충처리위원회.

왈저, 마이클 저. 최홍주 역. (2009). 「정치철학 에세이」. 서울: 모티브북.

위키백과. (2018b). 신문고. <https://ko.wikipedia.org/wiki/%EC%8B%A0%EB%AC%B8%EA%B3%A0>, 2018.02.10. 접속검색.

______. (2018a). 의금부. <https://ko.wikipedia.org/wiki/%EC%9D%98%EA%B8%88%EB%B6%80>, 2018.02.10. 접속검색.

______. (2018). 사헌부. <https://ko.wikipedia.org/wiki/%EC%82%AC%ED%97%8C%EB%B6%80>, 2018.02.10. 접속검색.

이건묵. (2012). 대체적 분쟁해결제도(ADR) 법제의 주요 쟁점과 입법과제: 조정을 중심으로. 「현안보고서」 164. 국회입법조사처.

이종수. (2012) 한국의 국민권익 행정체계 발전방향: 고충민원 처리와 민원정보분석 기능을중심으로. 2012년 한국행정학회 하계학술대회 발표문.

이하경. (2018.12.03.). 권력의 오만. 「중앙일보」.

임동진. (2013). ADR(대안적 갈등해결방식). 한국행정학회. 온라인행정학전자사전. <http://www.kapa21.or.kr/epadic/epadic_view.php?num=834>. 2018.11.30. 접속검색.

장미희. (2011). 한국의 분쟁조정제도의 변천사 및 분쟁법 개관. 「제1차 워크숍 자료집」. 한국법제연구원. 법제교류 자료 16-18-3. 서울역. 2016.07.07. 65-89.

장원석. (1994). 옴부즈맨제도의 이론과 실제. 「제주논문집(인문, 사회)」, 39: 551-570.

정순교. (2005). 우리나라 옴부즈만제도 개선방안. 국민고충처리위원회.

정윤석. (2003). 「로크, 통치론」. 서울대학교 철학사상연구소.

정재환. (2018). 유럽의 e-청원제도와 시사점. 「NARS 현안분석」, 32. 국회입법조사처, 1-15.

정재황. (2009). 국민권익위원회 역할 정립을 위한 법적 연구. 한국공법학회.

정희완. (2017.11.07.). 인권위 내부 혁신TF 보고서 입수 "인권위원장 등 간부들 의도적 방기로 제 역할 못해. 「경향신문」.

조창현. (2004). 대체적 분쟁해결제도의 현황 및 제고방안. 「KIET 산업경제」,

72: 66-76.

지영림. (2006). 국민고충처리위원회 현황과 민원 처리 사례. 「시민고충처리위원회 담당자 교육 및 워크숍 자료집」. 서울: 국민고충처리위원회.

최유진, 최순영, 홍재환. (2013). 옴부즈만 제도 활성화 방안 연구: AHP 분석방법을 활용한 정책대안 우선순위의 도출. 「행정논총」, 51(2): 95-119.

플라톤 저, 천병희 역. (2013). 「국가」. 서울: 도서출판 숲.

한국공법학회. (2009). 국민권익위원회의 역할 정립을 위한 법적 연구.

한국민족문화대백과. (2018). 어사대. <http://terms.naver.com/entry.nhn?docId=580829&cid=46621&categoryId=46621>. 2010.02.10. 접속검색.

한국일보. (2006.12.07.). 한국 정부 기업 아프간보다 청렴도 뒤진다. 101개국 중 42위.

히스토리아. (2017.01.20.) 중국사 이야기 37 - 한나라 시대의 제도사. <http://historia.tistory.com/1248>. 2017.01.20. 접속검색.

ABA(American Bar Association). (2004). Standards for the Establishment and Operation of Ombuds Offices. <http://www.abanet.org/adminlaw/approvedstandards.doc> 2014.12.23. 접속검색.

Abedin, Najmul. (2011). Conceptual and Functional Diversity of the Ombudsman Institution: A Classification. *Administration and Society*, 20(10): 1-34.

Alberstein, Michal. (2007). Forms of Mediation and Law: Cultures of Dispute Resolution. *Ohio State Journal on Dispute Resolution*, 22(2): 321-376.

Abraham, A. (2008). The Future in International Perspective: The Ombudsman as Agent of Rights, Justice and Democracy. *Parliamentary Affairs*, 61(4): 681, 693.

Adler, M. (2003). A Socio-legal Approach to Administrative Justice. *Law and Policy*, 25: 323-352.

Anderson, Stanley V. (1997). Disaggregating the Ombudsman: Towards a Pure Theory of Conflict Resolution. <http://www.ombuds.uci.edu / JOURNALS/1993/disaggregating.html>. 2017.02.23. 접속검색.

______. (1982). Ombud Research: a Bibliographical Essay. *The Ombudsman Journal,* 32-84.

______. (1974). Comparing Classical and Executive Ombudsmen. In Wyner, Alan J. (ed.), *Executive Ombudsmen in the United States.* Institute of Governmental Studies. SF: UC Berkeley.

______. (1969). *Ombudsman Papers: an American Experience and Proposals.* Institute of Governmental Studies. SF: UC Berkeley.

Asif, Muhammad. (2013). Institutional Analysis of Ombudsman: A Comparative Study of Pakistan, India, UK and USA. *Interdisciplinary Journal of Contemporary Research in Business,* 5(2): 709-726.

Ayeni, Victor O. (2000). The Changing Nature and Contemporary Role of National Ombudsman Institutions in the Commonwealth and Elsewhere: Lessons of Experiences. In The International Ombudsman Institute and Reif, Linda C. (eds.), *The International Ombudsman Yearbook* 4.

Bachrach, Peter and Baratz, Morton S. (1962). Two Faces of Power. *American Political Science Review,* 56(December): 947–952.

Bader, H and Brompton, H. (1968). Remedies against Administrative Abuse in Central Europe, the Soviet Union, and Communist East Europe. *Annals of the American Academy of Political and Social Science,* 377: 73-86.

Barkat, J. John S. (2015). Blueprint for Success: Designing a Proactive Organizational Ombudsman Program. *Journal of the International Ombudsman Association,* 36-60.

______. (2002). Blueprint for Success: How to Effectively Design and

Organizational Ombuds Department. <http://www.abanet.org/adminlaw/ombuds/blue-3-26-pm2.pdf>. 2010.02.23. 접속검색.

Batali, Mirlinda. (2015). Role of Ombudsman Institution over the Administration. *Academic Journal of Business, Administration, Law and Social Sciences,* 1(3): 232-240.

Beckman, Ludvig and Uggla, Frederick. (2016). An Ombudsman for Future Generations. In González-Ricoy, Iñigo and Gosseries, Axel. (eds.), *Institutions for Future Generations.* UK: Oxford University Press. 117-134.

______. (2009). The Frontiers of Democracy: the Right to Vote and its Limits. London/New York: Palgrave/Macmillan.

Belson, Suzanne. (1997). Where Is Darwin Now We Need Him? The Ombudsman in Evolution. A Paper Delivered at the Ombudsman Association Conference. Montreal. Canada. May 14.

Bentham, Jeremy. (1996). *An Introduction to the Principles of Morals and Legislation: The Collected Works of Jeremy Bentham.* UK: Oxford University Press.

Bondy, Verba. and Le' Seuer, Andrew. (2012). Designing Redress: a Study about Grievances against Public Bodies. The Public Law Project, London: Queen Mary School of Law Legal Studies Paper No. 2012.12.

Bousta, Rhita. (2005). The Ombudsman: Proposal for a Definition. In International Ombudsman Institute and Rief, Linda C. (eds.), *The International Ombudsman Yearbook,* Leiden, Netherland: Brill. 9: 36-62.

Brothers, Linda M. (2014). Identity and Culture in Ombudsman Practice. *Conflict Resolution Quarterly,* 31(4): 421-435

Brown, Carole J. (2002). Facilitative Mediation: The Classic Approach Retains its Appeal. <www.medaite.com/articles/brownC.cfm.>.

2018.12.06. 접속검색.

Brown, H and Marriot, M. (1999). *ADR Principles and Practice.* UK: Sweet and Maxwell.

Buck, T., Kirkham, R. and Thompson, B. (2011). *The Ombudsman Enterprise and Administrative Justice.* NY: Routledge.

Bukhari, Syed Mussawar. and Asif, Muhammd. (2013). Institutional Analysis of Ombudsman: A Comparative Study of Pakistan, India, UK and USA. *Interdisciplinary Journal of Contemporary Research Business*, 5(2): 709-726.

Bush, Robert A. Baruch. and Folger, Joseph P. (2004). *The Promise of Mediation: Responding to Conflict Through Empowerment and Recognition.* NY: John Wiley & Sons.

Cabinet Office. (2005). Reform of Public Sector Ombudsmen Services in England. <http://www.cabinetoffice.gov.uk/propriety_and_ethics/documents/ombudsmen_reform. pdf>. 2010.12.03. 접속검색.

______. (1995). Handling of Parliamentary Ombudsman Cases. <http://www.cabinetoffice.gov.uk/propriety_and_ethics/publications/pdf/ombudsmanguidance. pdf>. 2012.03.30. 접속검색.

Caiden, G. E. (1984). Ombudsman in Developing Democracies: Comment. *International Review of Administrative Science.* 50: 221-226.

______. (1983). The Institutiion of Ombudsman. In Caiden, Gerald E. (ed.), *International Handbook of the Ombudaman: Evolution and Present Function.* CT: Greenwood Press. 3-22.

______, MacDermott, N. and Sadler, A. (1993). *The Institution of the Ombudsman: International Handbook of the Ombudsman.* London: Greenwood. 8-9.

Caiden, N. (1967). Ombudsmen for Underdeveloped Countries. *Public Administration in Israel and Abroad*, 8: 107-121.

Carlens, Ivo. and Verbeek, Bengt. (2010). The Ombudsman: Mastr Brdige

Builder or Quixotic Defender of Human Rights? a Paper Presented at EGPA Conference 2010: Looking Back, Taking Stock and Thinking About the Future of Agencification Processes. Toulouse, France. 2010.09.08.-10.

Center for the Study of Democracy. (2004). Law on the Ombudsman Comments by the Task Force. Bulgaria. < http://www.anticorruption.bg/ombudsman/eng/legframe_work.htm>. 2013.08.10. 접속검색.

______. (2002). European Standards and Ombudsman Institutions in Southeast Europe. Summary of Discussions at the International Conference. Held on June 6-8 in Sofia, Bulgaria.

Chambers, Gretta. (2001). The Transition of Government and Its Consequences on Citizens. <http://www.ombudsmanforum.ca/documents/speeches/chambers_gretta_e.asp>. 2017.02.23. 접속검색.

Cheng, Hing Yong. (1968). The Emergence and Spread of the Ombudsman Institution. *The Annals of the American Academy of Political and Social Science*, 377(1): 20-30.

Coombs, F. D. (1980). The Bases of Noncompliance with a Policy. *Poicy Studies Journal,* 8(6): 885-892.

Costa, Jose' de Faria. (2014). The Ombudsman and Civil Society: the Ombudsman Defending the Citizen. a Paper Presented at the 8th Meeting of the Association of Mediterranean Ombudsmen on "Strengthening of Democracy: Which Partners for the Ombudsmen?". Tirana, Alabnia. 2014.06.26.

Creutzfeldt, Naomi. (2016). What Do We Expect from an Ombudsman? Narratives of Everyday Engagement with the Informal Justice System in Germany and the United Kingdom. *International Journal of Law in Context,* 12(04).

______. and Gill, Chris. (2015). Critics of the Ombudsman System :

Understanding and Engaging Online Citizen Activists. Policy Brief. Centre for Socio-Legal Studies, University of Oxford and Consumer Insight Centre, Queen Margaret University.

de Castro, R. Adolfo. (1997a). Introduction: an Ombudsman for America. <http://www. ombuds.uci.edu/JOURNALS/1993/america. html>. 2015.10.20. 접속검색.

______. (1997). Bureaucracy, Representative Government and the Ombudsman.<http://www.ombuds.uci.edu/JOURNALS/1992/bureaucracy. html>. 2014.10.12. 접속검색.

Delevoye, Jean-Paul. (2009). Mediation as a New Ombudsman Tool. a Paper Delivered at the 9th International Ombudsman Institute Conference. Stockholm, Sweden. 2009.06.12.

Des Rosiers, Nathalie. (2003). The Functions of an Ombudsman: Annotated Bibliography. A Note Presented at the Forum of Canadian Ombudsman Conference. Ottawa, Ontario. April. 1

Diamandouros, N. (ed.), (2005). *The European Ombudsman Origins, Establishment, Evolution*. Luxembourg: Office for Official Publications of the European Communities.

Easton, David. (1965). *A Systems Analysis of Political Life*, NY: Wiley.

Elliot, M. (2012). Ombudsman Tribunals: Refashioning Accountability Beyond the Courts. 21 University of Cambridge Legal Studies Research Paper Series.

Elwood, Brian, (1999). How to Harmonize General Ombudsman Activities With Those Related to Specialized Ombudsmen. In International Ombudsman Institute and Linda C. Rief. (eds.), *The International Ombudsman Yearbook Volume 2, 1998*. Hague, Netherlands: Kluwer Law International.

Fakih, Khodr. (2014). The Ombudsman: Different Terminologies Same Missions. *International Journal of Social, Behavioral, Educational,*

Economic, Business and Industrial Engineering, 8(8): 2756-2759.

Field, Chris. (2018). The Ombudsman in the 21st Century. *University of Western Australia Law Review,* 43(1): 118-123.

Fiflet, Arne. (1994). Historical Development and Essential Features of the Ombudsman Worldwide. *The Ombudsman Journal,* 12: 125.

Finkel, Evgeny. (2012). The Authoritarian Advantage of Horizontal Accountability: Ombudsmen in Poland and Russia. *Comparative Politics,* 44(3), 291-310.

______. (2006). Defending Rights, Promoting Democracy: the Institution of Ombudsman in Poland, Russia and Bulgaria. European Forum at the Hebrew University, Helmut Kohl Institute for European Studies. <http://www.ef.huji.ac.il/publications/finkel.pdf>. 2017.01.29. 접속검색.

Fisher, Roger. Ury, William. and Patton, Bruce. (1991). (2nd Ed.). *Getting to Yes: Negotiating an Agreement Without Giving In.* NY: Random House Business Books.

Foster, Katina. (2003). A Study in Mediation Styles: A Comparative Analysis of Evaluative and Transformative Styles. <https://www.mediate.com/articles/fosterK1.cfm>. 2018.12.07. 접속검색.

Fowlie, Frank. (2008). A Blueprint for the Evaluation of an Ombudsman's Office: a Case Study of the ICANN Office of the Ombudsman. a Doctoral Dissertation of La Trobe University, Victoria, Australia.

Fraser, Bruce. (2007). Pragmatic Tactics in Mediation. *Lodz Papers in Pragmatics,* 3: 61-78.

Fukuyama, Francis. (2004). *State-Building: Governance and World Order in the 21st Century.* NY: Cornell University Press.

Gellhorn, Walter. (1967). *Ombudsman and Others: Citizen's Protectors in Nine Countries.* Cambridge: Harvard University Press.

________________. (1966). *When Americans Complain: Governmental*

Grievance Procedures. MA: Harvard University Press.

Gill, Chris Williams. (2014). The Evolving Role of the Ombudsman: a Conceptual and Constitutional Analysis of the "Scottish Solution to Administrative Justice. *Public Law*, 662-681.

______, Jane, Brennan, Carol and O'Brien, Nick. (2013). The Future of Ombudsman Schemes: Drivers for Change and Strategic Responses. Edinburgh, UK: Queen Margaret University.

Ghottehrer, Dean M. and Hostina, Michael. (1998). Essential Characteristics of a Classical Ombudsman. <http://www.usombudsman.org/documents/PDF/References/Essential.PDF>. 2012.10.03. 접속검색.

Gibson, Dale. (1992). Coping with Quasi-ness: Ombudsman and Quasi-Judicial Tribunals. *The Ombudsman Journal*.

Gill, Chris. (2014). The Evolving Role of the Ombudsman: A Conceptual and Constitutional Analysis of the "Scottish Solution" to Administrative Justice. *Public Law*. Westlaw, UK. <hhttps://www.researchgate.net/profile/Chris_Gill2/publication/267029082_The_Evolving_Role_of_the_Ombudsman_A_Conceptual_and_Constitutional_Analysis_of_the_Scottish_Solution_to_Administrative_Justice/links/5442140f0cf2a6a049a5cce4.pdf>. 2017.01.01. 접속검색.

______. and Creutzfeldt, N. (2017). The 'Ombudsman Watchers': the Collective Dissent and Legal Protest Among Users of Public Services Ombuds. *Social and Legal Studies*.

______, Williams, Jane, Brennen, Carol and O'brien, Nick. (2013). *The Future of Ombudsman Schemes: Drivers for Change and Strategic Responses*. Edinburgh: UK. Queen Margaret University

Gottehrer, Dean M. (2010). Functional Elements of an Effective Ombudsman Institution. a Paper Presented at Plenary Session II:

Developing the Working Methods and Tools of the Ombudsman of the 9th IOI World Conference, Stochholm, Sweden. 2010.05.25.

______. (2009). Fundamental Elements of an Effective Ombudsman Institution. a Paper Delivered at the 9th World Conference of the International Ombudsman Institute. Stockholm, Sweden. 2009.06.09. 2-17.

Gregory, Roy. (1998). Building an Omudsman Scheme: Statutory Provisions and Operating Practices? In Reif, Linda C. (ed.), *The International Ombudsman Anthology: Selected Writings from the International Ombudsman Institute.* Hague, Netherlands: Kluwer Law International.

______. (1997). The Ombudsman Observed. In Rief, Linda C. (ed.), *The International Ombudsman Yearbook, 1. the International Ombudsman Institute.* Hague, Netherlands: Kluwer Law International.

______. (1993). A Model Statue for Ombudsman Legislation in Botswana. a Paper Delivered at the International Seminar on the Feasibility of the Ombudsman Institution in Botswana. Gaborone, Botswana. 1993.11.

______. and Giddings, Philip. (2000). The Ombudsman Institution: Growth and Development. Gregory, Roy and Giddings, Philip (eds.), *Righting Wrongs: The Ombudsman in Six Continents.* Amsterdam, Netherlands: IOS Press. 1-20.

Hajadari, Enika. (2014). Ombudsman-Historical Views. *European Scientific Journal,* 1: 515-527.

Handerson, Gregory. (1968). *The Politics of Vortex.* MA: Harvard University Press.

Harlow, C. and Rwalings, R. (2009). *Law and Administration.* Cambridge: CUP.

Heede, Katja. (2000). *European Ombudsman: Redress and Control at Union Level.* Hague, Netherlands: Kluver Law International.

Hertogh, Marc. (2012). Why the Ombudsman Does Not Promote Public Trust in Government: Lessons from the Low Countries. University of Groingen Faculty of Law Research Paper Series No. 03/2012. Netherlands: University of Groningen.<http://ssrn.com/abstract=2182596>. 2016.02.02. 접속검색.

Hill, Larry B. (1999f). Institutionalizing Bureaucratic Monitoring Mechanism: The First Thirty Years of Hawaii Ombudsman, Human Resources Management.

______. (1999e). Institutionalizing Bureaucratic Monitoring Mechanism: The First Thirty Years of Hawaii Ombudsman, Managing Investigations.

______. (1999d). Institutionalizing Bureaucratic Monitoring Mechanism: The First Thirty Years of Hawaii Ombudsman, The Complaint Process in a Nutshell.

______. (1999c). Institutionalizing Bureaucratic Monitoring Mechanism: The First Thirty Years of Hawaii Ombudsman, The Ombudsman's Annual Report.

______. (1999b). Institutionalizing Bureaucratic Monitoring Mechanism: The First Thirty Years of Hawaii Ombudsman, The Ombudsman's Values.

______. (1999a). Institutionalizing Bureaucratic Monitoring Mechanism: The First Thirty Years of Hawaii Ombudsman, The Ombudsman's Bureaucratic Structure.

______. (1999). Institutionalizing Bureaucratic Monitoring Mechanism: The First Thirty Years of Hawaii Ombudsman, Americanizing Ombudsman.

______. (1997). American Ombudsman and Others; or, American

Ombudsmen and 'Wannabe' Ombudsman. Address Delivered at the 1997 Spring Meeting of the American Bar Association Section of Administrative law and Regulatory Practice. Hotel Washington, Washington DC. April 18.

______. (1983). The Self-Perceptions of Ombudsmen: a Comparative Survey. In Caiden, Gerald E. (ed.), *International Handbook of the Ombudsman: Evolution and Present Function*. CT: Greenwood Press.

______. (1976). *The Model Ombudsman: Institutionlizing New Zealnad's Democratic Experiment*. NJ: Princeton University Press.

Hirst, Carolyn. (2016). The Ombudsman Today - An International Context. a Keynote Address at ANZOA Conference, May 5.

Hodges, Christopher, Beno"hr, Iris and Cruetzfeldt, Naomi. (2012). *Consumer ADR in Europe*. Portland, Oregon: Hart.

Hollister, Brooke A. and Estes, Carroll L. (2012). Local Long-Term Care Ombudsman Program Effectiveness and the Measurement of Program Resources. *Journal of Applied Gerontology*, 32(6): 708-728.

Human Rights Ombudsman. (2000). Annual Report 1999. Republic of Slovenia. <http://www.varuh-rs.si/index.php?id=302&L=6>. 2018.11.08. 접속검색.

Hunt, Sara S. (2008). History and Role of the Long-Term Care Ombudsman Program. National Long-Term Care Ombudsman Resource Center. DC Washington.

Hyson, Stewart. (2010). The Ombudsman and E-Government in Canada. *Canadian Public Administration*, 33(2): 183-200.

IBA(International Bar Association). (1980). Report of the Ombudsman Committee. a Proceedings of the International Bar Association 18th Conference. Berlin, West Germany. 1980.08.24.-30.

IPCC(Independent Police Complaints Commission). (2004). *Making the*

New Police Complaints System Work Better. London: Independent Police Complaints Commission.

IOI(International Ombudsman Institute). (2019). Ombudsman Concept. <http://www.theioi.org/the-i-o-i> 2019.01.03. 접속검색.

Jacobs, Laverne. (2013). Evaluating Ombuds Oversight in the Canadian Access to Information Context: A Theoretical and Empirical Inquiry. In Jacobs, Laverne and Baglay, Sasha. (eds), *The Nature of Inquisitorial Processes in Administrative Regimes: Global Perspectives.* Surrey, UK: Ashgate. 295-324.

Jacoby, Daniel. (1999). The Future of the Ombudsman. In Reif, Linda C. (ed.), *The Ombudsman Anthology.* Hague, Netherlands: Kluwer Law International.

Jorgensen, T. B. (1994). Models of Governance and Administrative Change. In J. Kooiman. (ed.), *Modern Governance: New Government-Society Interaction.* London, UK: Sage Publications.

Karasoy, H. Alpay. (2015). Ombudsman n Turkey: Its Contributions and Criticism. *European Scientific Journal,* 11(22): 46-58.

Kariv, Anti, Becker, Isaac and Milo-Locker, Shiri. (2011). Mediation and the Ombudsman: A Look to the Future. *Studies in State Audit,* 62: 1-27.

Katz, Daniel and Kahn, R. L. (1966). *The Social Psychology of Orgnizations.* NY: Wiley.

Kirkham, Richard. (2012). The 21st Century Ombudsman Enterprise. A Paper Presented at the IOI Biennial Conference. Welington, New Zealand.

______. and Martin, Jane. (2014). Designing an English Public Services Ombudsman. *Journal of Social Welfare and Family Law,* 36(3): 330-348.

______. and Wells, Philip. (2014). Evolving Standards in the Complaint

Branch. *Journal of Social Welfare and Family Law*, 36(2): 190-207.

______, Thompson, Brian and Buck, Trevor. (2009). Putting the Ombudsman into Constitutional Context. *Parliamentary Affairs*, 62(4): 600-617.

Kirchheiner, H. H. (1983). The Ideological Foundation of the Ombudsman Institution. In Caiden, Geral E. (ed.), *International Handbook of the Ombudsman: Evolution and Present Function* 3. CT: Greenwood Press.

Kostelka, Peter. (1998). Austrian Ombudsman Board: Fostering Democracy by Mediation Between Citizens and the State. <http://members.aon.at/eoi/uk/varia40_uk.htm>. 2018.12.12. 접속검색.

Law Commission. (2010). Public Services Ombudsman: a Consultation Paper. <http://www.lawcom.gov.uk/docs/cp196.pdf.>. 2018.12.13. 접속검색.

Le Sueur, Andrew. (2012). Designing Redress: Who Does it, How and Why? Queen Mary School of Law Legal Studies Research Paper No. 109/2012. *Asia Pacific Law Review*, 20: 17-44.

Levine, Gregory J. (2007). *The Law of Government Ethics: Federal, Ontario and British Columbia*. Aurora, Ont.: Canada Law Book.

______. (2005). The Engaged Ombudsman—Morality and Activism in Attaining Administrative Justice. A Paper Presented in UBC's Law and Society Series, UBC Faculty of Law, February 23.

Lewis, Clare. (2001). Reaffirming the Ombudsman's Powers and Adapting its Actions. A Note Addressed at the Canadian Ombudsman Association Conference "Coping with Changes on All Fronts." Loews le Concorde Hotel, Quebec, Quebec. September 10.

Love, Lela P. (1997). The Top Ten Reasons Why Mediators Should Not Evaluative. *Florida State University Law Review*, 24(4): 937-948.

Lundvik, Ulf. (1983a). Sweden. In Caiden, G. E. (ed), *International*

Handbook of the Ombudsman: Country Surveys, vol. 2. Westport, CT.: Greenwood Press, 179-190.

______. (1983). New Zealand. In Caiden, G. E. (ed), *International Handbook of the Ombudsman: Country Surveys 2.* Westport, CT: Greenwood Press. 135-146.

Maer, Lucina and Priddy, Sarah. (2018). The Parliamentary Ombudsman: Role and Proposals for Reform. House of Commons Library. Briefing Paper CBP7496.

Magnette, P. (2003). Between Parliamentary Control and the Rule of Law: The Political Role of Ombudsman in the European Union. *Journal of European Public Policy,* 10(5): 677.

Masaood-ur-Rehman, Sajid, M.A. and Batool, Qudsia. (2013). Institution of the Ombudsman as a Mechanism of Public Services' Accountability. *International Journal of Management, IT and Engineering,* 3(12): 185-207.

Matsunaga, Robin K. (1999). The Ombudsman. A Paper Presented at the National Conference of State Legislatures Leadership Staff Annual Training Seminar, New Orleans, Louisiana, September 10.

Meltzer, D. Leah. (1998). The Federal Workplace Ombuds. *Ohio State Journal on Dispute Resolution,* 13(2): 549-606.

Menkel-Meadow, Carrie. (2016). The Case of Mediation: The Things that Mediators Should be Learning and Doing. *International Journal of Arbitration, Mediation and Dispute Management,* 82(1): 22-33.

Merricks, W. (2011). Where and How Should Private Sector Ombudsmen be Seen in the Administrative Justice Landscape? In Adler, M. (ed.), *Administrative Justice in Context.* Oxford: Hart.

Miewald, Robert D. (1983). Ombudsman and Citizen: A Critique. In Caiden, G. E. (ed.), *International Handbook of the Ombudsman: Evolution and Present Function. vol. 1.* Westport, Conn:: Greenwood

Press.

Mjemmas G.J. and Kimweri. (1990). The Effectiveness of an Executive Ombudsman. In Rief, L. C. (ed.), *The International Ombudsman Anthology: Selected Writings from the International Ombudsman Institute.* Edmonton, Canada: International Ombudsman Institute.

Modeen, T. (1981). The Finnish Ombudsman. *The Ombudsman Journal,* 1: 41-52.

Mullen, T. (2009). Administrative Justice in Scotland: The Final Report of the Administrative Justice Steering Group <http://www.consumerfocus.org.uk/scotland/files/2010/10/Administrative-Justice-in-Scotland-Summary.pdf>. 2018.12.30. 접속검색.

Nachmias, David and Rosenbloom, David. (1980). *Bureaucratic Government.* NY: St. Martin's Press.

National Democratic Institute. (2005). The Role and Effectiveness of the Ombudsman Institution. <http://www.accessdemocracy.org/library/1904_gov_ombudsman_ 080105.pdf>. 2018.10.12. 접속검색.

Nilsson, Per-Erik. (1983). The Ombudsman as Mediator, Reformer, and Fighter?(1). In Caiden, Gerald E. (ed.), *International Handbook of the Ombudsman: Evolution and Present Function.* CT: Greenwood. 65-69.

Nivarthi, Sarangapani, Quazi, Ali, Saleh, M Abu and Tucker, Tony. (2015). A Critical Review of Global Ombudsman System: A CSR Perspective. *World Journal of Management,* 6(1): 48-57.

Nozick, Robert. (1989). *The Examined Life.* NY: Simon and Schuster.

Nye, Joseph Jr. S. (2009). Get Smart: Combining Hard and Soft Power. *Foreign Affairs,* (July/August).

______. (2006). Soft Power, Hard Power and Leadership. Paper Presented at Seminar for Leadership at Harvard University, Cambridge, MA, October 27.

O'brien, Nick. (2015). What Future for the Ombudsman? *The Political Quarterly*, 86(1): 72-80.

OECD. (2018). The Role of Ombudsman Institutions in One Government. OECD Working Paper on Public Governance 29.

Ombudsman Association. (2018). Ombudsman Association Rules. <http://www.ombudsmanassociation.org/docs/Updated-OA-Rules.pdf>. 2018.12.26. 접속검색.

Oosting, M. (1999). The Ombudsman and his Environment: a Global View. In Reif, Linda C. (ed.), *The International Ombudsman Anthology: Selected Writings*. Hague, Netherlands: Kluwer Law International.

______. (1998). The Independent Ombudsman in a Democracy, Governed by the Rule of Law. An Address Given at the Opening Ceremony of the Third Asian Ombudsman Conference. Macau, 1998.05.04. International Ombudsman Institute. Occasional Paper No. 66.

O'Reilly, Emily. (2015). Key Note Address Delivered at Seminar on the Role of the Ombudsman in Modern Parliamentary Democracies. Brussels, November 18.

Parsons, Talcott. (1968). Interaction: Social Interaction. *International Encyclopedia of the Social Sciences*. 7. NY: Macmillan and Free Press.

Patel, N. (2013). Prosecution of Corrupt Officials in Light of Single Directive. *Social Science Research Network*, 1-15.

Pearce, Dennis. (1993). The Ombudsman: Review and Preview the Importance of Being Different. *The Ombudsman Journal*, 25.

Pegram, Thomas. (2008). Accountability in Hostile Times: the Case of the Peruvian Human Rights Ombudman 1996-2001. *Journal of Latin American Studies*, 40(1): 51-82.

Perry, Barry. (2000). Annual Report 27. Australia: The Ombudsman Victoria.

Pettigrew, Laura. (2003). Building the Mosaic, Foundations of Ombudsman Law. A Note Delivered at the Forum of Canadian Ombudsman, March 30- April 2,

Pickl, Victor. (1983). Investigating Complaints: a Comment. In Caiden, Gerald E. (ed.), *International Handbook of the Ombudaman: Evolution and Present Function*. CT: Greenwood Press. 91-94.

Popescu-Sla'nicaunu, Ion, Petrovski, Diana Marilena, and Enescu, Cosim Ionut. (2010). The Role of the European Ombudsman in the Implementation of the Right to Good Administration. *Acta Universitatis Danubius Juridica*, 2: 193-208.

Rawls, John. (1971). *A Theory of Justice*. Cambridge, Mass: Belknap Press of Harvard University Press.

Remac, Milan. (2013). Standards of Ombudsman Assessment: A New Normative Concept? *The Utrecht Law Review*, 9(3): 62-78.

Rief, Linda C. (2004). *The Ombudsman, Good Governance and the International Human Rights System*. Leiden, The Netherlands: Martinus Nijhoff Publishers.

Rowat, D. C. (2007). The American Distortion of the Ombudsman Concept and Its Influence on Canada. *Canadian Public Administration*. 50: 42-52.

______. (1984). The Suitability of the Ombudsman Plan for Developing Countries. *International Review of Administrative Sciences*, 50: 207-211.

______. (1983). The Need for an Ombudsman in Developing Democracies. *Indian Journal of Public Administration*. 30: 665-672.

______. (ed.), (1968). *The Ombudsman-Citizen's Defender*. (2d. Ed.). London, Britiain: G. Allen & Unwin.

Rowe, Mary P. (1995). Options, Functions and Skills: What an Organizational Ombudsman Might Want to Know. *Negotiation*

Journal, 11: 103-114.

______. (1991). The Ombudsman's Role in a Dispute Resolution System. *Negotiation Journal,* 11(3): 353-362.

______. and Gottehrer, Dean M. (1997). Similarities and Difference Between Public and Private Sector Ombudsman. <http://www.abanet.org/adminlaw /ombuds/g&rsimilar.html>. 2009.03.12. 접속검색.

Sandel, Michael J. (2010). *Justice: What Is Right Thing to Do?* London, UK: Macmillan.

Sander, F. E. A. (1976). Varieties of Dispute Processing. *Federal Rules Decisions,* 77: 111–123.

______. and Goldberg, S. B. (1994). Fitting the Forum to the Fuss: A User-Friendly Guide to Selecting an ADR Procedure. *Negotiation Journal,* 10: 49-68.

Sarker, Masud and Alam, Bayezid. (2010). Ombudsman for Good Governance: Bangladesh Perspective. *Journal of Management Social Sicences,* 6(1): 13-23.

Saunders, John F. (2014). The Efficacy of the Ombudsman in Modern American Society. <http://dx.doi.org/10.2139/ssrn.2635601>. 2017.01.20. 접속검색.

Scheufele, Dietram A. (1999). Framing as a Theory of Media Effects. *Journal of Communication.* 49(1):103.

Scott, I. (1984). The Functions of the Ombudsman in Underdeveloped Countries. *International Review of Administrative Sciences.* 50: 212-220.

Sengu"l, Ramazan and Istikbal, N. Isil Cetinkaya. (2015). Ombudsman in the Institutionalization of Administrative Ethics. *European Journal of Research on Education,* 3(2); 69-77.

Simon, Herbert A. (1990). Bounded Rationality. In Eatwell, J., Milgate,

M., Newman, P. (eds.), *Utility and Probability.* London: Palgrave Macmillan.

______. (1959). Theories in Decision-Making in Economics and Behavioral Sciences. *The American Economic Review*, 49(3): 253-283.

Snell, Rick. (2007). Australian Ombudsman: A Continual Work in Progress. In Groves, Matthew and Lee, H. P. (eds.), *Australian Administrative Law: Fundamentals, Principles and Doctrines.* Cambridge, UK: Cambridge University Press.

Stieber, Carolyn. (2000). 57 Varieties: Has the Ombudsman Concept Become Diluted? *Negotiation Journal*, 16: 49-57.

Stuhmcke, Anita. (2014). A Snapshot in Time: The Changing Systemic Role of the Australian Commonwealth Ombudsman. *GSTF Journal of Law and Social Sciences,* 4(1): 99-108.

______. (2012a). The Evolution of the Classical Ombudsman: A View from the Antipodes. *International Journal of Public Law and Policy,* 2(1): 83-95.

______. (2012). Evaluating the Effectiveness of an Ombudsman: A Riddel, Wrapped in a Mystery Inside an Enigma. A Working Paper Presented at the 10th World Conference of the International Ombudsman Institute, Wellington, New Zealand. 12-16 November. 1-10.

Stulberg, Joseph P. (1997). Faciliative Versus Evaluative Mediator Orientations: Piercing the "Grid" Locke. *Florida State University Law Review,* 24(4): 985-1006.

Sudama, Trevor. (1983). *The Ombudsman's Office in Trinidad and Tobago: A Preliminary View.* Three Occasional Papers, General No. 5. St. Augustin, Trinidad and Tobago, Southern Caribbean: Institute of Social and Economic Research, The University of the West Indies.

Tao, Pai-Chuan. (1967). The Chinese Ombudsman and Control System. *St. John's Law Review*, 41(3): 362-372.

TKSCM(Training and Knowledge Sharing Center in Mediation). (2011). The Powers of the Mediator and the Ombudsman in the Defence of Human Rights. Proceedings of the Second Training Session of the Mediator's Collaborators, Member of the Association of the Mediterranean Ombudsmen. Rabat, Morocco. 2011.12.13.-15.

Thompson, JD. and Tuden, A. (1959). Strategic, Structures and Processes of Organizational Decision. In Thomspn, James, Hammond, Peter B, Hawkins, Robert W, Junker, Buford H. and Tuden, Arthur. (eds.), *Comparative Studies in Administration*. PA: University of Pittsburgh Press.

Tsadira, Alexandros. (2015). Maladministration and Life Beyond Legality: The European Ombudsman's Paradigm. *International Review of Law,* 1-17.

Tyndall, Peter. (2015). Thirty Years of the Ombudsman: Impact and the Future. *Administration*, 63(1): 5-14.

Uggla, Fredrik. (2012). Through Pressure or Persuasion?: Explaining Compliance with the Resolutions of the Bolivian Ombudsman. In Goodman, Ryan and Pegram, Thomas. (eds.), *Human Rights, State Compliance, and Social Change*. Cambridge, UK: Cambridge University Press

UNDP(United Nations Development Programme). (2006). *Guide for Ombudsman Institutions: How to Conduct Investigations*. Bratkslava, Slovak.

USOA(United State Ombudsman Association). (2003). Governmental Ombudsman Standards.<http://www.usombudsman.org/documents/PDF/References/USOA_ STANDARDS.pdf>. 2017.11.20. 접속검색.

Veny, Ludo and Passemiers, Rita. (eds.), (2000). Looking for Ombudsman Standards. Proceedings for the International Ombudsman Conference in Gent, Belgium. 2000.03.16.-18. Gent, Belgium: Mys and Brecsch.

Vile, M.J.C. (1998). *Constitutionalism and the Separation of Powers.* IN: Libety Fund.

von der Esch, Marianne. (2011). Direct Means of Influence by the Swedish Parliamentary Ombudsmen. Paper Delivered at "the Powers of the Mediator and the Ombudsman in the Defence of Human Rights" Conference.. Proceedings of the Second Training Session of the Mediator's Collaborators, Member of the Association of the Mediterranean Ombudsmen. Rabat, Morocco. 2011.12.13.-15. 76-82.

Wagner, Marsha L. (2000). The Organizational Ombudsman as Change Agent. *Negotiation Journal,* 16(1): 99-144.

Wakem. Dame Beverely A. (2015). The Changing Role of the Ombudsman. *Administration,* 63: 15-25.

Ward, Halina. (2009). Learning from the Hungarian Parliamentary Commissioner for Future Generations. Published in UKELA's Electronic Journal, *e-law.*

Wiegand, Shirley A. (1996). A Just and Lasting Peace: Supplanting Mediation with the Ombuds Model. *Ohio State Journal on Dispute Resolution*, 12(1): 95-145.

Wikipedia. (2017). Ombudsman in Pakistan. <https://en.wikipedia.org/wiki/Ombudsmen_in_Pakistan>. 2017.01.21. 접속검색.

Winslade, John. and Monk, Gerald. (2000). *Narrative Mediation: A New Approach to Conflict Resolution.* SF: Jossey-Bass.

Wyner, Alan J. (ed.), (1973). *Executive Ombudsmen in the United States.* Berkeley, CA: Institute of Governmental Studies, 315.

Ziegenfuss, James T. Jr. and O'Rouke, Patricia. (2011). *The Ombudsm*

Handbook: Designing and Managaing an Effective Problem-Solving Program. Jefferson, NC: McFarland and Company Inc.

Zumeta, Zena. (2018). Styles of Mediation: Faciliative, Evaluative, and Transformative Mediation. <http://learn2mediate.com/resources/styles-of-mediation/E>. 2018.12.12. 접속검색.

일러두기

이 책은 저자의 다음 논문을 발췌, 수정, 보완, 참조하는 가운데 완성되었음을 밝힌다.

서문: 적폐청산과 환류 거버넌스

박재창. (2018). 제15장 대항관료제와 전문 옴부즈만. 「한국의 거버넌스」. 서울: 도서출판 휴인. 715-718.

제1장 옴부즈만의 등장 배경

박재창 편. (2018a). 「한국의 헌법개정」. 서울: 도서출판 휴인. 102-106.

______. (2018). 제15장 대항관료제와 전문 옴부즈만. 「한국의 거버넌스」. 서울: 도서출판 휴인. 720-728.

______. (2010). 거버넌스의 관점에서 본 옴부즈만: 과제와 한계. 「국가정책연구」. 24(3): 15-18.

제4장 옴부즈만의 유형 분류

박재창. (2018). 제15장 대항관료제와 전문 옴부즈만. 「한국의 거버넌스」. 서울: 도서출판 휴인. 760-777.

제5장 옴부즈만의 가치 준거

박재창. (2010). 거버넌스의 관점에서 본 옴부즈만: 과제와 한계. 「국가정책연구」. 24(3): 18-25.

제6장 옴부즈만의 역할 규범

박재창. (2018). 제15장 대항관료제와 전문 옴부즈만. 「한국의 거버넌스」. 서울: 도서출판 휴인. 730-759.

______. (2010). 거버넌스의 관점에서 본 옴부즈만: 과제와 한계. 「국가정책연구」. 24(3): 26-32.

제11장 옴부즈만의 사례 분석

박재창. (2018). 제15장 대항관료제와 전문 옴부즈만. 「한국의 거버넌스」. 서울: 도서출판 휴인. 761-769.

______ 편. (2009). 「위기의 한국 시민사회」. 서울: 도서출판 아르케. 122-124.

저자 소개

한국외국어대학교 석좌교수(현)
숙명여자대학교 명예교수(현)
숙명여자대학교 정법대학장
미국 뉴욕주립대학교 행정학 박사(의회행정 전공)
(사)한국미래정부연구회 이사장(현)

독일 자유베를린 대학교 훔볼트재단 연구교수
미국 버클리 대학교 정부학연구소 풀브라이트 교수
일본 동지사 대학교 정책과학대학원 객원교수
태국 창마이 라찻팟 대학교 방문교수
미국 메릴랜드 대학교 방문교수

한국 행정학회 회장
한국 NGO학회 회장

한국 국제지역학회 회장
한국 정치행정연구회 회장
미국 정치학회 의회연구원

국민고충처리위원회 명예 옴부즈만
KOICA 대표 청렴 옴부즈만
옴부즈만 포럼 대표
(사) 옴부즈만 연구소 이사장
대통령 소속 지방이양추진위원회 (국무총리) 공동위원장

아시아 태평양 YMCA 연맹 회장
공선협 집행위원장
시민사회 포럼 대표
지방자치발전실천포럼 공동대표
민주시민교육거버넌스 대표

<주요저서>
[한국의 거버넌스](증보판)(2018), [한국의 헌법개정](편저)(2018), [한국의 시대정신](2017), [한국의 국정개혁](2017), [한국YMCA운동의 전략 II](2017), [한국YMCA운동의 진로 I](2016), [Global Alternative Tourism Network](ed.)(2015), [New Governance: Issues and Challenges](2015), [정치쇄신 4.0](2014), [거버넌스 시대의 국정개조](2012), [Responses to the Globalizing World](2012), [지방분권과 한국시민사회](편저)(2012), [Global Citizenship and Social Movements](ed.)(2011), [지구화 시대의 한국시민사회](편저)(2011), [한국의 거버넌스](2010), [한국민주주의와 시민사회](편저)(2010), [국가와 시민] (2009), [위기의 한국시민사회](편저) (2009), [시민참여와 거버넌스](공저)(2009), [지구시민권과 지구 거버넌스](편저)(2009), [민주시민교육의 전략과 과제](공편)(2007), [지구시민사회와 한국 NGO](2006), [분권과 개

혁](공편)(2005), [한국의회윤리론](2005), [한국의회개혁론](2004), [한국의회정치론](2003), [한국전자의회론](2003), [혼돈의 시대, 개혁의 논리](2001), [정부와 NGO](편저)(2000), [이렇게 바뀌야 나라가 산다], (1998), [한국의회행정론](1995), [정보사회와 정치과정](편저)(1993), [오늘의 정치, 내일의 정치](1992), [까마귀 우는 곳에 백로가 가야한다](1991), [열린 세상, 막힌 정치](1991), [의회와 민중](1989), [Legislative Staff in Korea](1986) 외.

한국미래정부연구회 연구총서 17

옴부즈만 : 제4부

초판 인쇄 2019년 8월 1일
초판 발행 2019년 8월 8일

지은이 박재창
발행인 김인철
총괄 · 기획 가정준 Director, University Knowledge Press
편집장 신선호 Executive Knowledge Contents Creator
기획 · 물류 이현진 Planning Expert
사전 · 도서편집 정준희 Contents Creator
도서편집 장혜린 Contents Creator
이근영 Contents Creator
이병철 Contents Creator
재무관리 강현주 Managing Creator
발행처 한국외국어대학교 지식출판콘텐츠원
02450 서울특별시 동대문구 이문로 107
전화 02)2173-2493~7
팩스 02)2173-3363
홈페이지 http://press.hufs.ac.kr
전자우편 press@hufs.ac.kr
출판등록 제6-6호(1969. 4. 30)
디자인 · 편집 (주)이환디앤비 02)2254-4301
인쇄 · 제본 네오프린텍 02)718-3111

ISBN 979-11-5901-593-9 93340 정가 40,000원

*잘못된 책은 교환하여 드립니다.

HUiNE은 한국외국어대학교 지식출판콘텐츠원의 어학도서, 사회과학도서, 지역학 도서 Sub Brand이다. 한국외대의 영문명인 HUFS, 현명한 국제전문가 양성(International +Intelligent)의 의미를 담고 있으며, 휴인(携引)의 뜻인 '이끌다, 끌고 나가다'라는 의미처럼 출판계를 이끄는 리더로서, 혁신의 이미지를 담고 있다.

옴부즈만 : 제4부

OMBUDSMAN
THE FOURTH BRANCH